Arrebatos Carnales III

FRANCISCO
MARTÍN MORENO

Arrebatos Carnales III

Planeta

Diseño de portada: Factor 02 – Eleazar Maldonado / Vivian Cecilia González
Ilustración de águila: Miguel Ángel Chávez / Alma Julieta Núñez
Imágenes de páginas interiores: Gustavo Díaz Ordaz (Latinstock), Melchor Ocampo
(tarjeta de visita, catálogo de la Biblioteca del Congreso de Estados Unidos), Venustiano
Carranza (Latinstock), la Santa Inquisición (Getty Images/The Bridgeman Art Library),
Felipe Carrillo Puerto (sin crédito)

© 2011, Francisco Martín Moreno

Derechos reservados

© 2011, Editorial Planeta Mexicana, S.A. de C.V.
Bajo el sello editorial PLANETA M.R.
Avenida Presidente Masarik núm. 111, 2o. piso
Colonia Chapultepec Morales
C.P. 11570 México, D.F.
www.editorialplaneta.com.mx

Primera edición: octubre de 2011
ISBN: 978-607-07-0921-0

Impreso en los talleres de Litográfica Ingramex, S.A. de C.V.
Centeno núm. 162, colonia Granjas Esmeralda, México, D.F.
Impreso y hecho en México – *Printed and made in Mexico*

LOS BREVÍSIMOS E INDISPENSABLES AGRADECIMIENTOS

A Leonardo Tenorio; como siempre, tiene que aparecer en primer lugar por su contagioso coraje para dar con la verdad histórica, objetivo al que se acercará, pero que nunca alcanzará, porque el dinamismo de la Historia arroja cotidianamente nuevas pruebas y evidencias, elementos que enriquecen el acervo del investigador. Si tuviéramos en nuestro país mil Leos México tendría otro rostro y nuestros paisanos no padecerían tantas confusiones desde que no entienden el pasado y, por lo tanto, tampoco el presente.

No puedo ni debo ocultar la enorme alegría y satisfacción por haber trabajado al lado de María de los Ángeles Magdaleno, mi maestra, nuestra maestra, una talentosa y poderosa historiadora que arrojó voluminosas cubetadas de luz sobre estas páginas, en particular sobre el movimiento estudiantil de 1968, respecto al cual posee una información enciclopédica y objetiva indispensable para la construcción metódica y vertebrada de las páginas referidas al gobierno de Díaz Ordaz. Juan Velázquez, mi querido amigo, abogado imaginativo, contribuyó con gran espíritu de justicia a deslindar responsabilidades acerca del mismo 1968, de la misma manera en que Carlos Mendoza con su *Conexión Americana* arrojó muchas pistas para entender la participación de la CIA en dicho conflicto «estudiantil».

Incluyo también a Eduardo Dozal, joven ávido de conocimientos y sensible investigador, combativo y convincente. También a los responsables del archivo general del estado de Yucatán, que en todo momento hicieron su mejor esfuerzo por enriquecer esta investigación.

Gracias a Carmen Izaguirre por su infinita paciencia en los trabajos mecanográficos tan arduos y a veces tan desesperantes porque los novelistas nunca terminamos de escribir.

Imposible, verdaderamente imposible me resulta no incluir en este feliz recuento la presencia orientadora de mi hija Claudia, Co, la psicóloga, la doctorcita, quien me explicó la Teoría del Primer Objeto o la simbiosis entre madre e hijo y me acercó a las tesis modernas relativas a la secreción de la oxitocina que habla del apego entre madre e hijo y después entre hombre y mujer, el único camino que me permitió entender las relaciones amorosas entre Melchor Ocampo y su mujer.

¡Ah!, y claro, ¿cómo no darle las gracias a Beatriz?, siempre a Beatriz, quien careció de la más elemental piedad a la hora de opinar sobre este volumen de *Arrebatos*, en el que empeñó buena parte de su talento y de su tiempo para lograr el mejor resultado en esta narración.

UN INTROITO ÍNTIMO, AUDAZ Y GENUINO

¿Cómo comenzar un buen prólogo, cuyo contenido me salga del alma? La mejor fórmula, sin duda alguna, consiste en dejar fluir la pluma y expresarme con la obligada autenticidad que merece el lector. En concreto: ¡Pobre de aquella persona que en su vida jamás tuvo ni ha tenido un auténtico arrebato carnal, así, un arrebato como su nombre lo implica, ardiente, apasionado, vehemente, irracional, irresponsable e impetuoso que alcance niveles de éxtasis jamás imaginados y que perduren en nuestra memoria, traducidos en sonrisas traviesas, hasta el momento preciso en que la Pálida Blanca, sorda e implacable, venga por nosotros blandiendo su guadaña para segar nuestra existencia! ¿Cuántos pueden decir, parafraseando al poeta: *vida, nada te debo, nade me debes, estamos en paz...?* Y nada mejor para conquistar la paz de los sepulcros que el recuerdo vívido de un explosivo arrebato carnal...

Con la entrega de los *Arrebatos carnales III*, el de las sábanas verdes, doy por concluida la Trilogía Erótica de México que me permitió ver a algunos de mis semejantes a contraluz. Unos me llamaron hereje, blasfemo, descarado, deslenguado, desvergonzado y atrevido entre otros calificativos no menos severos, en tanto que otros lectores, sobre todo lectoras, me pidieron no arredrarme y seguir adelante contando mucho más de las pasiones que consumieron a los protagonistas de la historia de México. En mi experiencia fueron más las personas que me felicitaron por haber convertido en mujeres u hombres de carne y hueso a las figuras de bronce o mármol hasta ahora sacralizadas y santificadas, ídolos intocables carentes de pasiones y emociones, seres perfectos e inaccesibles, según nos cuenta la Historia oficial, cuyos narradores los subieron a enormes columnas o los encerraron en altares o en vitrinas inalcanzables para hacer de nuestro pasado un conjunto de relatos destinados a los especialistas, o bien, una suma de textos aburridos y mendaces que encierran verdades ocultas ciertamente relevantes para conocer y entender el México de nuestros días.

Hasta la fecha sigo sin entender por qué razón muchos lectores nunca me creyeron cuando describí lo acontecido en la habitación nupcial la noche de la boda de Porfirio Díaz y Carmelita Romero Rubio, en 1881. ¿Por qué no me dieron crédito cuando describí, encerrado en un armario, a principios de 1680, a Sor Juana Inés de la Cruz, la mejor escritora mexicana de todos los tiempos, extraviada en un formidable arrebato con la esposa del virrey de la Nueva España? ¿Y los que tuvo Tecuichpo, la hija del tlahtoani Moctezuma Xocoyotzin, Flor de Algodón, con Cuauhtémoc en un temazcalli para festejar su enlace real, para ya ni hablar, entre otros, de los episodios amorosos vividos en secreto por Lázaro Cárdenas, Morelos, Pancho Villa, Iturbide y Diego Rivera? ¿Por qué no me creyeron si el novelista puede cruzar paredes como un fantasma, volar en el tiempo, vivir más de 150 vidas... la literatura me ha permitido disfrutar, adquirir la personalidad de Napoleón I, l'*Empereur*, la de un pontífice máximo, la de un petrolero, un campesino o la de una simple piruja de Coatzacoalcos? Al novelista se le debe creer todo porque para ello ejerce, como nadie, el gran poder de la ficción...

Como todavía me encontraba con mucha tinta en el tintero, misma que no me acabé, aquí, en este último tomo, presento las vivencias íntimas de Díaz Ordaz y la Tigresa doña Irma Serrano a la luz de los acontecimientos de 1968, ahora sorprendentemente iluminados por la desclasificación de documentos muy comprometedores publicados por la CIA a más de cuarenta años de los hechos. La realidad en este sentido, fue muy distinta de la que nos presentaron. Retrato en este tomo, con lujo de detalle, los pasajes eróticos protagonizados por Melchor Ocampo y la mujer de su vida, con la que procreó cuatro hijas y cuya identidad se ha perdido en el anonimato, sin olvidar su gesta heroica durante los años de la Guerra de Reforma que lo encumbraron como uno de los Padres de la Patria. ¿Y Venustiano Carranza, un hombre poco atractivo para las damas, según pude comprobar a través de encuestas en el mágico universo femenino, quien engendró cuatro hijos fuera de matrimonio con Ernestina de la Garza Hernández y, en otro orden de ideas, se erigió como el verdadero promotor de la Constitución de 1917, cuando, en realidad, fue uno de sus más feroces enemigos?

¿Cómo evitar narrar uno de los episodios más oscuros de nuestra historia?, los arrebatos a cargo de uno de los más influyentes arzobispos de la colonia, un inquisidor feroz y sanguinario, además de depravado siervo de un supuesto Señor, en cuyo nombre cometió todo género de atropellos, canalladas y villanías, imposibles de ocultar al escrutinio público y por las que, según él, nunca sería castigado, en la inteligencia de que había recibido la indulgencia plenaria aquí en la tierra, misma que le sería válida en la eternidad... ¿Por qué los pastores la Iglesia católica no temen la ira de Dios y desprecian el veredicto del Juicio Final...?

Concluyo la presente narración con los arrebatos de Felipe Carrillo Puerto, uno de los más grandes mexicanos de todos los tiempos, virtuoso y malogrado político que dio su vida a cambio de acabar con la esclavitud que se daba en los campos henequeneros de Yucatán y que tuvo la inmensa fortuna de conocer a Alma Reed, el amor de sus últimos días que inspirara *Peregrina*, la famosa canción yucateca que inmortalizara su envidiado romance, de esos por los que vale la pena vivir...

FMM
Valle de Bravo, septiembre de 2011

Gustavo Díaz Ordaz

EL TERRORISMO DE ESTADO

La menor distancia entre dos puntos es la línea dura.

GUSTAVO DÍAZ ORDAZ

El PRI representa una monarquía sexenal, absoluta, institucional, perversa, corrupta, involutiva, reaccionaria y hereditaria. Todos los priistas son herederos de Díaz Ordaz.

Solo existe en la tierra algo peor que un gringo: dos gringos...

MARTINILLO

Los buenos políticos no son los que resuelven los problemas, sino los que saben crearlos...

ALFONSO MARTÍNEZ DOMÍNGUEZ,
presidente del PRI en 1968

Para Alejandro Martí,
mi querido amigo invencible

Me llamo Winston MacKinley Scott. Fui jefe en México de la Agencia Central de Inteligencia de Estados Unidos, la CIA, durante trece años que corrieron vertiginosamente, y con probada eficacia, de 1956 a 1969. Mis instrucciones consistían en generar las condiciones para que el ejército asumiera el poder en México sin que se descubrieran manos extrañas en la conjura. Mi gestión, por la cual fui condecorado por la Casa Blanca, abarcó parte del gobierno de Ruiz Cortines, la administración de López Mateos y casi la totalidad de la de Díaz Ordaz, mi gran amigo y confidente. Durante mi larga gestión en México diseñé el programa LITEMPO, tan exitoso que la CIA lo utilizó como modelo en otras de nuestras estaciones repartidas a lo largo del mundo. «LI» representaba el código de la agencia para operaciones en México, en tanto «TEMPO» significaba el proyecto en sí mismo, entre los jerarcas mexicanos y nuestra agencia. Sí, sí, Díaz Ordaz, el jefe de Estado, fue etiquetado con la clave LITEMPO-2; Luis Echeverría, LITEMPO-8; el capitán Fernando Gutiérrez Barrios, mi adorado Pollo, LITEMPO-4; Emilio Bolaños, sobrino de Díaz Ordaz, LITEMPO-1, mi contacto para relacionarme con el que fuera también secretario de Gobernación, además de Joaquín Cisneros, secretario particular del presidente de la República. Imposible olvidar al general Alfonso Corona del Rosal, jefe del Departamento del Distrito Federal, mi querido Poncho, *Ponchitou*, ni ignorar, por supuesto, al general Luis Gutiérrez Oropeza, jefe del Estado Mayor Presidencial, ni al comandante Miguel Nazar Haro, adscrito también a la Dirección Federal de Seguridad, ni al canciller *Tony* Carrillo, siempre tan dispuesto a servir a Washington, hasta llegar a doce mágicos LITEMPO. Lo anterior no es de sorprender porque me referiré a muchos otros políticos mexicanos, agentes de mi central, mis informantes secretos, todos ellos con el rostro de santitos inmaculados, perfectamente rasurados, invariablemente sonrientes, peinados y trajeados por sastres ingleses, dueños de carísimas propiedades en cualquier parte del mundo, titulares de cuentas de cheques secretas de ocho o más dígitos, registradas en instituciones de crédito europeas o en paraísos fiscales, en todo caso patrimonio mal habido, producto del peculado, que disfrutan impunemente, sin remordimiento alguno, en tanto dicen defender las causas populares en un país en el que todo se vale y todos niegan que, por supuesto, todo se vale...

Antes que nada es muy importante aprender a vivir en México y jamás olvidar las reglas vitales de supervivencia de las que me ocuparé en las siguientes cuartillas. Usted, lector que me obsequia leyendo estas breves líneas, ¿conoce a un solo priista pobre? ¿Usted había oído algo del programa LITEMPO? Prepárese entonces: le contaré todo aquello que pocos, muy pocos mexicanos, ya sean exfuncionarios, periodistas o historiadores mercenarios, se atreven a revelar, tal vez por vergüenza, miedo o corrupción. ¡Qué poco se ha hablado de la injerencia de Estados Unidos en el conflicto estudiantil de 1968, en ese trágico crimen del que fuimos coautores! Digamos, la verdad, ¿no...? ¡Contémosla! Acabemos con las imágenes de oropel, bola de cabrones, comenzando, eso sí, por mí mismo. Sí, encuerémonos todos, yo el primero. ¡Aquí voy!

Previo a revelar mi desempeño como jefe de la *Mexican Station*, la más grande del mundo, y de explicar la intromisión de la Casa Blanca en los asuntos internos del país para hacer creer que allí se gestaba una auténtica revolución comunista, entre otros objetivos, debo aclarar que gracias a mi español, aprendido a marchas forzadas en la CIA, entre otros conocimientos también de gran peso, mis pintorescos vecinos al sur de la frontera me abrieron de par en par las puertas de sus residencias y del gobierno, a pesar de haber nacido gringo. Soy gringo y moriré gringo y con tan solo abrir el hociquito todos *saber* que soy yanqui. No pude con los mixiotes ni con las criadillas que nunca comí por respeto a mis congéneres, como tampoco me atreví siquiera a ver, ya ni se diga oler, la asquerosa pancita de quién sabe qué bicho ni la moronga vomitiva: sangre, sí, sangre caliente de los animales; no probé los tacos de chapulines servidos con guacamole o los de buche, nenepil o de nana, imagínese usted, vísceras de cerdo sancochadas, *whatever that means*, en grasa con cáscaras de naranja y «tequesquite», un polvo mineral similar al bicarbonato, una bomba molotov para el estómago... Imposible digerir la famosa barbacoa que sabe a perro atropellado de los tantos que murieron cuando se inauguró el famoso Periférico, para ya ni hablar de los gusanos de maguey y otras cochinadas que comen, ¿comen?, tragan los tenochquitas de nuestros días. ¿Cómo deben ser unas personas que se deleitan devorando los testículos de los toros, envueltos en tortillas y sazonados con chile de árbol, y se los pasan con tragos de tequila, sangrita y cerveza sin expulsar fuego por la boca? ¡Carajo! *What about a good old hamburger and a Coke, with no jalapeño? Jesus Christ...!*

Sí, nunca superé la comida mexicana ni logré expresarme correctamente, menos, mucho menos logré entender a las pinches mexicanas y sus complejos saturados de un puritanismo pendejo. Tú, por ejemplo, te coges a una gringa y luego, cuando ya llevas un par de cigarros fumados encuerado en la cama, de pronto se te ocurre preguntar cómo se llama la interfecta pero solo por cortesía; a las aztequitas hay que invertirles mucho más tiempo que a las gabachas, contarles cuentos a sabiendas de que las engañas, bajarles el sol, la luna y las estrellas, prometerles, darles más garantías de seguridad futura que a una institución hipotecaria, hacer de sacerdote a la hora de las confesiones y juramentos por la Virgen de Guadalupe con tal de convencerte de que era la primera vez que cogían, no fueras a pensar mal de ellas. ¡Cuántos esfuerzos se requieren para llevarlas a la cama y cuánta paciencia se necesita para soportar sus culpas cuando ya te estás vistiendo y quieres largarte a tu casa...! Con las viejas de este gigantesco rancho empecé a darme cuenta de que a los mexicanos les gusta que les mientas, así escapan de toda responsabilidad. *Me mintieron, ¿ves? Soy víctima, pobre de mí...*

Aun cuando posteriormente abordaré el tema a fondo, no puedo dejar de incluir anticipadamente la letra de una canción que me enseñó Irma Serrano, mi querida Tigresa, quien la interpretaba como nadie en la guitarra.

—Si quieres entender a mi gente, a mi país, apréndete, pinche güerito, esta canción conocida como *Miénteme más*:

> *Voy viviendo ya de tus mentiras,*
> *sé que tu cariño no es sincero...*
> *Sé que mientes al besar*

y mientes al decir te quiero...
Me conformo porque sé
que pago mi maldad de ayer...
Siempre fui llevado por la mala,
es por eso que te quiero tanto,
mas si das a mi vivir
la dicha con tu amor fingido,
miénteme una eternidad,
que me hace tu maldad feliz...
Y qué más da... la vida es una mentira,
miénteme más, que me hace tu maldad feliz...

«Miéeenteme más, que me hace tu maldad feliz...» ¡*Carajitous*, qué país...!

Pero bueno, no vengo a hablar de mi incapacidad para hablar un idioma inventado por el diablo ni a criticar lo que tragan en México ni mucho menos a agredir a las chamacas mexicanas, que cuando se entregan finalmente te enseñan un mundo de dulzura y sometimiento que resulta inimaginable entre las de mi tierra, que cada vez imponen más obligaciones al hombre, son más rebeldes, más exigentes, más difíciles de convencer y se niegan a aceptar cualquier concepto de docilidad. Las gringas son intolerantes hasta el delirio, fijan reglas y condiciones, en tanto las mexicanas son sumisas, mansas y maleables. ¡Una maravilla!

Dos hechos cambiaron la manera de ser de mis paisanas: una, la explosión de la bomba atómica en Japón para concluir con la Segunda Guerra Mundial, y dos, el descubrimiento de la pastilla anticonceptiva. ¿Por qué? Pues porque, por un lado, todos conocimos la existencia de un arma mortal que podía borrar al ser humano de la Tierra con tan solo tronar los dedos, lo cual nos convenció de la importancia de dormir poquito y rapidito, y, por el otro, la pildorita subió de repente a las mujeres al mismo plano de igualdad sexual que los hombres. En nuestros días, una vez desaparecidos los peligros del embarazo, es permitido el todos contra todos. Somos iguales, ya nadie está en desventaja. Total, que entre la bombita y la pildorita se acabó con los privilegios de los machos, enfrentamos una revolución moral que ha cambiado todos los papeles y comportamientos. ¡Viva la vida y viva el desmadre! Ahora, después de un martini, la doncella se tiene que dar por seducida por aquello de que te pueda tronar un artefacto de esos en las purititas nalgas... Hay que vivir, ¿no...?, y además, sin complejos ni problemas, pero eso en Gringolandia, porque aquí tardará en llegar el cambio. Yo ya no lo veré en este país de persignados hipócritas que se confiesan en la iglesia para obtener de inmediato el perdón celestial a cambio de muchos o pocos pesos depositados en las urnas, todo para volver a pecar al día siguiente. ¡Cuánto daño ha hecho la «moral» católica en México, encabezado por curas igual de millonarios o más que los priistas. ¿A quién creerle? ¿A los políticos o a los sacerdotes? ¡Carajo!

Nací el 30 de marzo de 1909, en Jemison, Alabama, hermosa tierra de racistas, lo mejor del género humano. Me especialicé en matemáticas, en el uso de matrices, conocimientos que me permitieron ingresar en el FBI, en la sección de criptografía. Tiempo después, a solicitud mía, Edgar Hoover, mi reverenciado *chief*, me envió a Pittsburgh a vigilar a la población alemana local para localizar posibles simpatizantes nazis. Fue una experiencia fascinante. Si de niño me encantaba escuchar atrás de las puertas, de mayor descubrí que me gustaba espiar y acusar a las personas desde el anonimato, para luego ver sus caras en el momento mismo del arresto sin poder explicarse de dónde había venido el *chingadazo*, sí, el *chingadazo* a la mexicana. Etiquetaba y delataba a cualquiera que se expresara bien del comunismo, una peste que debíamos erradicar a cualquier costo y fuera donde fuera.

Los mexicanos son cabrones, pero como ellos dicen, *para uno que madruga, uno que no se acuesta*, y por esa razón yo no me acostaba ni tantito, porque *camarón que se duerme se lo lleva la...*, digámoslo bonito: *corriente*. Los mexicanos se transan y traicionan entre ellos, sin embargo, cuando los gringos entramos en escena andan muy derechitos porque saben que nosotros tenemos la mano realmente muy pesadita... Para comenzar debo decir que al llegar a México me di a conocer como *Win* Scott, mi nombre de cariño, mi apodo, sin saber que el general en jefe de las fuerzas militares norteamericanas que derrotó a las mexicanas en cuanta batalla se enfrentaron a lo largo de 1846 a 1848 se llamaba Winfield Scott, un hombre, según ellos, perverso, diabólico, asqueroso, como cualquier conquistador, sí, pero a quien también lo más selecto de la sociedad nativa le ofreció la presidencia vitalicia de la República durante el ágape servido en su honor, que pasaría a la historia como el famoso Brindis del Desierto. El gran Win llegó a pensar que, en esa ocasión, lo colgarían de cualquier árbol junto con su Estado Mayor, pero nunca pasó por su mente, ni en sus noches de insomnio provocado por la disentería, que lo invitarían a convertirse en presidente, y además por aclamación. ¿Quién pensó siquiera en la posibilidad de envenenarlo o eliminarlo? ¡Nadie! El jefe de los invasores, invitado a quedarse como titular del poder mexicano. ¿Qué tal? La misma cara habría puesto Hernán Cortés cuando los jerarcas mexicas le ofrecieron veinte esclavas hermosas, sus propias hijas, para su uso y goce. ¡Menudo banquete! Muy odiado, muy odiado Winfield Scott, ¿no?, pero, por amor de Dios, quédate a gobernar este país hasta la muerte, somos incapaces de autogobernarnos... De la misma manera en que nosotros nunca llegaremos a comprender a los mexicanos, ellos tampoco podrán entendernos a nosotros, los carapálidas... ¡Es un hecho! Integramos dos mundos absolutamente diferentes, no nos encontramos en nada.

No nos anexamos todo México, *all Mexico*, porque, ¿a dónde íbamos con millones de desnalgados si queríamos ser una potencia mundial en términos de las leyes del Destino Manifiesto? ¿Destino Manifiesto con indios huarachudos, fanáticos religiosos, ignorantes y resentidos? Por eso nosotros matamos a los sioux, a los comanches, a los navajos y a los apaches, entre otras tribus más, por inútiles, incapaces, borrachos y resignados. Nos convino mucho más quedarnos con millones de kilómetros cuadrados deshabitados y que desde entonces aprendieran a temernos para después poder manipularlos a nuestro antojo. El miedo, o mejor dicho, el pánico que nos tienen por las experiencias pasadas es una herramienta invaluable para sojuzgarlos y controlarlos. Apuesto a que, sobre todo en el caso de Díaz Ordaz, los mexicanos se ponían de pie cuando les hablaba por teléfono. Yo, por mi parte, descubrí muchas veces cómo le cambiaba el rostro al verme mientras los uniformados me abrían la puerta de su despacho en Palacio Nacional.

Mi obligación prioritaria en México, tal y como me lo hizo saber Allen Dulles, hermano de John Fuster —secretario de Estado que invariablemente argüía aquello de que Estados Unidos tiene intereses, pero no amigos—, consistía en purgar del sistema político, de la prensa, de la sociedad, de las universidades, vocacionales y preparatorias, a cualquier agente comunista incrustado en organizaciones políticas de izquierda o francamente guerrilleras, en movimientos de liberación nacional, en el Partido Comunista o en el de los pobres o en grupos trotskistas, maoístas, leninistas o terroristas de acción revolucionaria. Cualquier funcionario que hablara de nacionalizar o de expropiar debía ser considerado un comunista en ciernes, un importante peligro potencial, una bomba a desmantelar, por lo tanto, un enemigo de los supremos intereses de Estados Unidos de Norteamérica. Si hoy en día somos invencibles es, entre otras razones, porque cuidamos, impulsamos, promovemos, atendemos y vigilamos de cerca a nuestras empresas foráneas y las defendemos con nuestros cañones, nuestros diplomáticos, nuestros *marines* o nuestros espías, que derrocan a los jefes de Estado confundidos que se atreven a tener tentaciones antinorteamericanas. No hay espacio para ellos. Atacar a una empresa gringa equivale a atacar a la Casa Blanca sobre la base de nuestro reverenciado *In God We Trust*: Dios está con los ricos, no nos engañemos, las pruebas están a la vista. El Señor, *Our Dear Lord*, está con los poderosos, con los tecnólogos, con los dueños de los mercados, con quienes tenemos las mejores universidades, con quienes invertimos más en investigación y desarrollo científico, con quienes contamos con la mejor armada, el mejor ejército y el arsenal más grande de bombas nucleares para quien desee discutir con nosotros... Si los jodidos están jodidos es porque Dios no se preocupa por ellos, de otro modo ya los habría rescatado de esa terrible situación en que subsisten sepultados en el olvido y la frustración. Al Señor le valen pura madre los pobres. Si no, ya desde cuándo los habría rescatado de la miseria... ¿No está claro, clarísimo, quiénes somos los consentidos de la divinidad? Para comprobar todo lo anterior, basta con visitar cualquiera de nuestras grandes ciudades, auténticas megalópolis.

La verdad es que las plataformas nacionalistas de los países subdesarrollados han propiciado cadenas de expropiaciones de nuestras empresas, lo cual implica un atentado contra los ingresos del Tesoro de Estados Unidos. La cadena siniestra es muy clara: a menos utilidades foráneas, menos recaudación; a menos recaudación federal, menos inversión en *freeways* en nuestro país, menos construcciones de rascacielos, menos posibilidades de desarrollo, menos capacidad de gasto militar, y a menor gasto militar, menos control sobre los países que se encuentran dentro de nuestro campo de acción, además de restar enormes posibilidades de bienestar social para los nuestros. ¡Las ganancias foráneas son tan sagradas como

intocables! Entendámonos: el vigor de Estados Unidos, su fortaleza
nuclear, su poderío económico y financiero, en buena parte dependen
de la rentabilidad de nuestras compañías en el exterior; de ahí que
tengamos que acabar con los nacionalismos que amenazan nuestro
bienestar.

¿Cómo podemos permitir que un país se independice y empiece
a comprar mercancías a Europa y a vender sus materias primas a la
Unión Soviética? Imposible consentirlo: América Latina tiene que
consumir todos los productos manufacturados en Estados Unidos
con las materias primas de aquélla, cobrando, claro está, un valor
agregado en los bienes terminados. La independencia o la soberanía
deben estar perfectamente acotadas. Está bien, por supuesto, para
los discursos populacheros o de campaña, siempre y cuando no hagan que levantemos la ceja. Que hablen de soberanía; sí, que la ex-
pliquen, la ensalcen, la glorifiquen, la dignifiquen y que reciban
muchos aplausos; muy bien, pero que estas declaraciones populis-
tas de ninguna manera se conviertan en hechos que se traduzcan en
la exclusión de nuestros inversionistas en la aventura económica de
estos países. ¿Que muchos presidentes y políticos latinos resienten
nuestro control y les inspiramos miedo porque sienten que los estamos sepultando en una esclavitud económica? Es cierto, solo que
sin ella, Estados Unidos no podría prosperar a la velocidad con la
que soñamos. ¿Que los beneficios económicos de la inversión extranjera no son visibles para la población y por ello ponen bombas
en nuestras empresas y representaciones diplomáticas o comerciales? También es cierto, pero si los estudiantes o líderes obreros del
mundo se oponen a esta realidad, entonces los agentes de la CIA de-
beremos hacerlos entender.

Cambiaremos nuestros puntos de vista cuando los países dominados, nuestros mercados naturales, cuenten con un arsenal nuclear
como el que nosotros ostentamos, lo cual no sucederá en los siglos
por venir. Para desmantelar semejantes tentaciones contamos con
planes de sabotaje a todos los niveles. Hoy detectamos hasta el desplazamiento de una mosca en El Chamizal. Eso se llama «control
de oportunidades y dominio de las situaciones» para evitar acontecimientos repentinos que afecten la captación de ganancias de nuestros consorcios.

¿Ejemplos? Hoy en día no tenemos ya que mandar a nuestros
queridos *marines* para someter a una nación, como lo hicimos con

Nicaragua, Panamá, El Salvador o Guatemala, etcétera, etcétera y otra vez etcétera... No, eso sería ya el último recurso. En la actualidad, basta con hacer correr un rumor en aquellos países reacios a aceptar nuestro predominio y hegemonía, un rumor consistente en la inminente devaluación que se producirá en el corto plazo, para que los dueños de los capitales, locales y regionales, saquen sus recursos y los conviertan en dólares, produciendo una catastrófica quiebra a estas economías. ¿Quién se queda con todas esas divisas? Nuestros bancos, para más tarde volvérselas a conceder mediante empréstitos, eso sí, con sus respectivos intereses, de preferencia leoninos. El uso del rumor es una de nuestras grandes herramientas, a las que se suma la patológica desconfianza, ganada a pulso, que tienen los latinoamericanos en sus gobiernos, misma que debemos aprovechar con el talento y la oportunidad debidos. *Si sigues impulsando políticas nacionalistas, haremos correr un rumor que provocará la quiebra de tus finanzas en un plazo de no más de treinta días. Si quieres probamos, señor presidente o presidentito...*

Tenemos otros mecanismos de control antes de llegar a la invasión: dejar de vender llantas a líneas áreas latinoamericanas, con lo cual dejaríamos en tierra a toda la aviación civil y militar, o alegar contaminación química de algún producto agrícola importado de un país «enemigo», que puede generar efectos cancerígenos en nuestra población, o cerrar la frontera a la venta de atún por simples razones ecológicas, inventadas, desde luego. ¡Nosotros somos los amos en los mercados y nadie más!

Si Dios es nuestro aliado, más lo es el clero católico latinoamericano que exhibe, junto con nosotros, un odio feroz, igualmente implacable, en contra del comunismo. ¡Cuántas veces, alabado sea el Señor, nos hicieron el favor de bendecir a nuestros gorilas cantándoles misas de Tedeum, de agradecimiento! Las relaciones de los sacerdotes más encumbrados con la CIA son parte de una novela que tal vez algún autor audaz escribirá en el futuro, por lo pronto baste decir que muchos secretos obtenidos a través de la confesión nos fueron de particular importancia a la hora de montar o desmontar planes secretos sin que los involucrados imaginaran este origen. Entre los confesionarios y nuestras centrales logramos tener a muchos países controlados en el puño.

Cualquier asomo de comunismo que yo no detecte o aplaste es un atentado en contra de nuestros Padres Fundadores. Creo en el macartismo[1], soy defensor del macartismo, lo profeso como una religión. Sé distinguir de lejos a los comunistas, no requiero de evidencias. Apenas con verlos los identifico, es más, los husmeo como un perro de caza: el resto del trabajo corresponde a nuestros escuadrones de la muerte, cuyo origen pocos conocen, a los *marines* o a mi equipo de espías con el Instituto Lingüístico de Verano a la cabeza. Los extraigo de la sociedad con la misma facilidad con que saco una naranja podrida de una canasta llena de fruta fresca. Basta con que interprete o intuya un acto de deslealtad, subversión o traición a Estados Unidos, con pruebas o sin ellas, para que procedan las delaciones, las denuncias, los procesos irregulares, y comience a redactar las interminables listas negras integradas por personas sospechosas de ser marxistas o enemigas de la evolución o del progreso. ¿Cacería de brujas? En efecto. ¿Que pasamos por encima de las constituciones, leyes y normas? ¿Y qué acaso los latinoamericanos no pasan varias veces al día por encima de las constituciones, leyes y normas que ellos mismos promulgaron? ¿Cuál es la diferencia? ¿Cuál juicio justo a estos asesinos del capital y de la prosperidad de las sociedades? Propongo un nacionalismo mundial a favor de Estados Unidos, mi adorado país… Todos, en el fondo, deberíamos ser gringos: les conviene…

Todavía recuerdo cuando ingresé a la CIA y tuve que someterme a los severísimos procesos de contratación, que incluían una capacitación y un adiestramiento que rebasan la imaginación de los mejores novelistas. Para comenzar, se verifican puntualmente los antecedentes de los contratantes. Las mentiras implican la descalificación y el rechazo no solo de la CIA, sino de cualquier otra organización de inteligencia de Estados Unidos. Resulta indispensable una buena preparación mental para poder administrar la tensión emocional que produce cada uno de los exámenes. La formación de un espía es intensa y abrumadora. Dentro de los capítulos del adiestramiento, se pondrán a prueba hasta el límite las facultades físicas y mentales de cada persona, en la inteligencia de que de su conducta y respuestas depende la vida de otros que se encuentran en el mismo riesgo. Quien no sepa administrar bien sus emociones y no logre tener la cabeza absolutamente fría a cada paso que da, no nada más

---

[1] Corriente política dominante en Estados Unidos a partir de los años cincuenta, de corte anticomunista que llevó a la cárcel a intelectuales, políticos y ciudadanos. Debe su nombre a Joseph McCarthy, senador republicano.

habrá puesto en juego su existencia y la de los demás, sino los propios intereses de Estados Unidos, para ya ni hablar de otros países cuyas materias primas y mercados de consumo nos son vitales. Un agente debe tener el rostro educado como el de un jugador de póker, que arriesga todo su patrimonio en una carta sin tener absolutamente nada con que ganar y sin embargo ni su mirada ni su aspecto deben delatar la menor emoción. Eso se llama *bluff* y jamás puede ser descubierto en el rostro ni en ningún otro movimiento so pena de exponer su vida y su gestión.

Con el paso del tiempo me di cuenta de cómo el entrenamiento en la CIA me transformaba en un agente frío, calculador, suspicaz, incrédulo, receloso, escéptico y absolutamente desconfiado. Mi personalidad cambiaba día a día, en la misma medida en que nos convencíamos de la importancia de defender en cualquier lugar y coyuntura los supremos intereses en nuestro país. Si los kamikazes japoneses obsequiaban su vida al imperio del sol naciente, los espías de la CIA hacíamos lo mismo pero de manera encubierta, sin que nadie pudiera identificarnos, con sus debidas y muy específicas excepciones.

Después de cierto tiempo en el extranjero nos obligaban a regresar a Estados Unidos para una «readaptación psicológica». Se trataba de quitarnos cualquier sentimiento de empatía excesiva que hubiéramos podido adquirir durante nuestra misión secreta. Nos inculcaban ideas nacionalistas y convicciones patrióticas, subrayando siempre la importancia de nuestra tarea. Nos sometían al detector de mentiras. El contacto con el polígrafo implicaba experiencias traumáticas para nosotros porque, entre otras razones, nos hacían preguntas capciosas, cuyas respuestas apresuradas podrían exhibir alguna debilidad imperdonable, o hablar de desequilibrios emocionales inexcusables en un espía de respeto. En la CIA empiezas a desconfiar hasta de tu sombra y más te valía que así fuera...

Allen Dulles nos explicaba que nuestra carrera implicaba abnegación, desconocido sacrificio y silenciosa valentía al ejercer la segunda profesión más antigua del mundo. Si hubiera conciencias perturbadas en el grupo, estas serían calmadas por las citas bíblicas que muestran a la figura misma de Dios como un espía, por lo tanto, la CIA es el ojo de Dios. De modo que nada de culpas, reproches, arrepentimientos ni recriminaciones silenciosas, íntimas e inconfesables. En todo caso, estábamos benditos por el Señor, quien nos había autorizado a investigar, a hacernos de documentación confidencial, a robar, secuestrar, extraer confesiones por medio de la tortura sin menoscabo de llegar al asesinato y a la desaparición del cadáver y del cuerpo del delito, siempre y cuando no fuéramos descubiertos porque, en ese caso, no tendríamos perdón ni del Creador mismo. El castigo nos lo mereceríamos por imbéciles.

Uno de los primeros objetivos en los que fuimos adoctrinados se centró en la necesidad de combatir en todos los frentes, con todas las armas, con toda la imaginación de que fuéramos capaces, el expansionismo ruso dirigido por el Partido Comunista de la Unión Soviética y sus instituciones secretas. Nuestro país constituía un objetivo prioritario. Los soviéticos se habían cansado de decir que la paz en el mundo se alcanzaría cuando Estados Unidos fuera derrotado. Ya lo veríamos. Estábamos capacitados para detectar el menor asomo comunista en el mundo entero, ahí estaba el caso de Vietnam, pero poniendo la lupa fundamentalmente en América Latina, «nuestra América», como la llamó José Martí. En la CIA no diseñamos políticas. Nuestro trabajo consiste en proveer de información e inteligencia al jefe de la Casa Blanca, en general al gobierno de Estados Unidos, y por supuesto acatar las instrucciones de la superioridad.

Al asignarnos a un país nos daban cátedra de «factores ambientales», es decir, el nivel de amistad u hostilidad del gobierno, las posibilidades de seguridad interna, las inclinaciones políticas de los líderes, las características del régimen en cuestión, la solidez democrática, el papel de la oposición, la fortaleza y moralidad de las fuerzas policiacas y de las armadas, la integridad de la prensa, la posición de la Iglesia, los niveles educativos, las facilidades en materia de corrupción, las fuerzas ocultas, la estabilidad social, la identidad de los enemigos más poderosos, las coyunturas políticas, como el caso de una sucesión presidencial, así como la presencia de estructuras revolucionarias, entre otros estudios igualmente valiosos, esto es, nos proyectaban una radiografía total de la nación a la que seríamos destinados. Nos enseñaban a hablar el idioma o hasta el dialecto local; nos advertían acerca de cómo vestirnos, nos sometían a rudos cuestionarios para conocer las costumbres locales; aprendíamos a beber, a cantar como ellos, a comportarnos como naturales del lugar y a identificar la personalidad de los encargados de ejercer la represión o la violencia. Yo mismo aprendí a tararear *Fidel*,

Fidel, ¿qué tiene Fidel, que los americanos no pueden con él? Nos proporcionaban las claves para leer y descifrar documentos doblemente encriptados, los cuales, una vez interpretados por medio de códigos especiales, nos facilitaban el acceso a textos ultrasecretos. Un esfuerzo infernal. Nos sometían a tremendos entrenamientos físicos en campos alejados de los centros urbanos para cuidar la forma, ya que en cualquier momento podríamos vernos en la necesidad de echar mano de ella. Nos capacitaban en defensa personal, desarme, e inclusive en la habilidad de matar por asfixia a mano limpia y demostrar así nuestra capacidad de supervivencia. Nos impartían cursos de subversión política, manejo de la propaganda, es decir, la manipulación de una sociedad a través de la prensa, infiltración en grupos secretos y herméticos para influir en operaciones estudiantiles y obreras, como localizar y penetrar en las organizaciones enemigas para convencer a los militantes de la importancia de desertar antes de perder la vida y la de sus familiares.

Para obtener información expedita y fidedigna nos enseñaban a interrogar, con tortura o sin ella, para evitar pérdidas de tiempo y confusiones que nos apartaran de la verdad o difirieran su encuentro. Aprendíamos a resistir el dolor, como cuando nos introducían cerillos de madera por debajo de las uñas con la prohibición de gritar al prenderles fuego y quemarnos la piel y, por si fuera poco, nos imponían pruebas severísimas como colgarnos de los dedos con una cuerda de nailon para aprender a resistir el dolor y no revelar dato alguno en el evento de que llegáramos a ser arrestados. Las mujeres espías, escogidas en relación a su belleza y talento, estaban expresamente adiestradas para poder seducir a los hombres y a la vez evitar posibles involucramientos sentimentales. ¡Claro que iban preparadas para enfrentar cualquier agresión independientemente de su sexo!

En lo que hacía a la inteligencia militar, ésta se encontraba basada en dos principios: no entregar información, y recibir información. Se trataba de capturar a un sujeto sin que se enteraran los otros, interrogarlo mientras pudiera hablar y, una vez que el individuo moría, hacerlo desaparecer para que los comunistas jamás descubrieran la mano que movía la cuna. Eso era inteligencia militar: de pronto se borraba del mapa un espía o un soplón soviético del que jamás se sabría su paradero ni se encontraría su osamenta.

Donde tuve la oportunidad de conocer a muchos estudiantes extranjeros, mexicanos en particular, fue en el programa FMT (Foreign Military Trainee) en el canal de Panamá. Me refiero a la US Army School of the Americas, mejor conocida por los propios estudiantes como la «escuela de los golpes de Estado». Existe una gran cantidad de alumnos que han pasado por ella con notas sobresalientes, conocimientos adquiridos que en la práctica se han traducido en derrocamientos ordenados por nuestra agencia, sobre todo en América Latina. Quien pasa por dicha institución, como el coronel Carlos Manuel Abelardo Díaz Escobar Figueroa —pariente de Porfirio Díaz—, un militar mexicano de excepción de quien me ocuparé más tarde, aprende a combatir los desórdenes civiles en un país, además de adquirir técnicas para provocarlos hasta llegar a cualquier extremo dependiendo de las instrucciones recibidas, invariablemente sobre la base de aventar la piedra y esconder la mano. Un buen alumno debe desarrollarse en ambos sentidos, bien sea para sofocar o para promover un movimiento armado.

En la Escuela de las Américas se imparten cursos sobre la naturaleza de la amenaza comunista. Se explica cómo el marxismo puede ser una corriente filosófica de odio promovida por hombres poseídos por el demonio, cuyo cerebro desarrolla ideas que empobrecen, embrutecen a la sociedad y destruyen las economías del mundo a través de la siembra de rencor. Por todo ello, la democracia en América Latina, una presa fácil para los marxistas, representa un grave inconveniente para los intereses continentales de Estados Unidos. No, no queremos democracia, porque ello implica una mayor adversidad en las negociaciones y un fortalecimiento estructural de las instituciones estatales: el Estado, allí, debe ser perpetuamente fallido. En los discursos públicos exigimos y demandamos una mayor y más acelerada evolución política, respeto escrupuloso a los derechos del hombre y civiles so pena de cancelar privilegios comerciales y financieros, pero en la realidad, tras bambalinas, saboteamos cualquier progreso en ese orden. Resulta mucho más atractivo entendernos con un dictador impuesto por nosotros, de tal manera que ponga a nuestra disposición todo cuanto le solicitemos, cuidando las apariencias, a cambio de garantizarle su estancia indefinida en el poder, sobre la base de que se enriquezca a sus anchas, siempre y cuando no se atreva a afectar nuestros intereses. Es mucho más sencillo llegar a acuerdos con un gorila adiestrado por nosotros, que con un congreso de quinientas voces o más con el que es imposible discutir. No tenemos tiempo para alegar: nuestra paciencia se agota después de un breve lapso que va desde el momento en que arrojamos la banana hasta que el gorila la atrapa entre machincuepas, saltos y piruetas para exhibir, por medio de gruñidos inofensivos, su alegría. Podemos manejar al primate por la vía telefónica, con sonidos, señales o voces imperativas, siempre y cuando la explotación de su gente no se traduzca en una nueva revolución que tal vez no logremos controlar. De ahí que tengamos que ir matizando la dictadura para evitar que el desbordamiento de las pasiones, el desorden, el hambre y la desesperación acaben con todo nuestro teatrito. La explotación, sí, pero con un límite, para que no se derrumbe lo construido y los esfuerzos de años no se hagan añicos. Que no se pierda de vista que las revoluciones convienen cuando nosotros las organizamos y no cuando tienen una raíz popular producto de la miseria, en cuyo caso no nos quedan más opciones que asesinar a los líderes con nuestras propias manos o ayudándonos a través de terceros a sueldo.

Ruiz Cortines, un viejito al que nadie respetaba, antiguo gobernador de Veracruz y secretario de Gobernación en el gobierno de Miguel Alemán —presidente conocido como el Ratón Miguelito o *Alí Babá y los cuarenta ladrones* de su gabinete—, no solo denunció desde su toma de posesión la corrupción del mandato que le antecedió, todo un escándalo, sino que inició el descongelamiento de los vínculos diplomáticos con la URSS, a pesar de las presiones de la Casa Blanca. El anciano veracruzano era terco, muy terco, solo que nosotros lo éramos más, pero mucho más. El gobierno mexicano permitió a los comunistas abrir embajadas con mucho personal, de los cuales al menos la mitad eran agentes de inteligencia. En razón de la importancia estratégica de México para con Estados Unidos, su proximidad y la abundancia de actividades enemigas al sur de la frontera, se convirtió, sin duda alguna, en nuestra más grande estación de espionaje del hemisferio.

Lo primero que hice a mi llegada fue tratar de verificar la identidad de los agentes enemigos ubicados en cuanta embajada de la Europa Oriental abría el gobierno de Ruiz Cortines. Un domingo en la mañana, en agosto de 1958, el embajador Hill me invitó a un desayuno dominguero con el próximo presidente, Adolfo López Mateos. Este último, quien iba a tomar el poder en diciembre de ese año, quería conocerme, ya que estaba informado de que yo había sido entrenado y capacitado como un auténtico experto en comunismo… ¡Claro que sabía mi posición al frente de la CIA en México y quería saber la clase de bicho a que se enfrentaría! De ese desayuno veraniego, que tardé quince días en digerir pues tragué sin masticar moronga y menudo, además de pozole hecho de trompa y oreja —más tarde sería conocido como «a la Díaz Ordaz»—, emergió la operación LITEMPO, una red de agentes bajo sueldo además de colaboradores e informantes dentro de la oficina presidencial mexicana y que me catapultó a la fama, tanto en mi agencia como en la Casa Blanca.

Yo no llegué por casualidad en 1956. Si me aparecí en esas fechas en el país es porque tenía que investigar y espiar al famoso *tapado*, ese gran embuste antidemocrático de los mexicanos. Se sabía que el gobierno contaba con el más descarado y eficiente equipo de robaúrnas, conocidos como «mapaches», unos bichos asquerosos; porque, como bien lo sentenció Porfirio Díaz, quien cuenta los votos gana las elecciones. Se conocía que la voluntad nacional era ignorada, que los derechos políticos de la sociedad eran pisoteados en cada elección por los priistas, infalibles en lo que hacía a la interpretación de los deseos de la población… A pesar de que el famoso *tapado* era una burla a cualquier principio de evolución política y social, los mexicanos todavía hacían quinielas para adivinar la identidad de quien los gobernaría los próximos seis años. Para ellos el *tapadismo* no era una vergüenza, ¡qué va!, era una verdadera fiesta política, una oportunidad para apostar, especular y jugar con lo más caro de su país: su destino… ¿Ya me explico? ¿Está claro el lugar mágico al que vine a dar?

Si algo me sorprendió tan pronto pisé este suelo pintoresco, fue el sentido del humor de los mexicanos, su formidable capacidad de burlarse de todo, inclusive de la muerte, de la desgracia, de la tragedia, en los términos más macabros que se puedan imaginar. Esta tierra atrapa, de verdad atrapa. Cuidado cuando ya te empiezan a gustar los huevos rancheros con salsa molcajeteada y frijoles refritos con totopos: es la hora precisa de regresar a Washington para someterse a la «readaptación psicológica» y escapar a esa cursilería barata, pero caladora, muy caladora. No tengo duda: a este país puedes despreciarlo, sí, pero te enamoras de él si llegas a conocerlo a fondo. Yo ya he llorado, después de beber harto tequila, al acariciarle las chichis a una mexicana. ¿No me he adaptado bien?

En México se vota copiosamente, sin embargo, nada más existe un elector y ése, con sus debidas excepciones, es el presidente de la República. En realidad él elige a quien va a continuar su obra, esperando de su sucesor lealtad, consideración y respeto, que no necesariamente siempre recibe. En realidad el sistema priista implica la existencia de un tlahtoani sexenal, un cacique o un caudillo que se mantendrá en el cargo durante seis años, sin otro límite que su voluntad y con la impunidad garantizada. Y pensar que quienes más se quejan de la falta de democracia son los que más fuerte le apuestan al *tapado*... ¿Quién los entiende...? Alguien, por lo visto, siempre tiene que decidir por los mexicanos. El supuesto gobierno democrático en verdad no es más que una dictadura camuflada porque el Congreso de la Unión no es congreso ni mucho menos de la Unión, porque todos los legisladores son nombrados por el presidente de la República y lo peor, con la complacencia de la nación, al igual que acontece con los jueces, magistrados y ministros de la Suprema Corte, el Poder Judicial, supuestamente soberano. ¿Cuál impartición de justicia en estas condiciones, en un país que depende de los estados de ánimo de su máximo líder?

López Mateos y yo desayunábamos regularmente en Los Pinos. Hombre de risa fácil, gran sensibilidad, simpatía arrolladora, verbo elocuente y convincente, amable, accesible, creativo, intuitivo, imaginativo y hábil dominador. Imposible estar con él y no caer seducido por su estilo humilde, generoso y cordial. Abordábamos todos los temas, la mayoría de las veces entre sonoras carcajadas. En ningún caso adoptó su papel protocolario, el correspondiente a un jefe de Estado. Por todo ello, al constatar su transparencia, rara en un político de sus tamaños, no me preocupó la visita de Anastas Mikoyan, primer vicepresidente del Consejo de Ministros de la URSS, ni mucho menos la exposición que montaron en México para exhibir y presumir el avance de la industrialización soviética. No me alarmé cuando sostuvo que su gobierno era de izquierda, para rectificar de inmediato que era de extrema izquierda, sí, pero dentro de la Constitución. *Whatever that means.* Yo estaba convencido de que López Mateos no expropiaría un solo tornillo propiedad de los norteamericanos. Su discurso, como bien dicen los mexicanos, era *de dientes para afuera*... Tampoco me inquieté cuando recibió a Osvaldo Dorticós, el presidente de Cuba en 1960, ni me alteré con los actos terroristas organizados en Estados Unidos en contra de representaciones mexicanas porque el gobierno se negaba a romper relaciones con Castro. No me asusté cuando adquirió nuestras empresas eléctricas, mismas que no expropió sino compró para no confundirnos ni a la comunidad internacional con teorías expropiatorias. Que hablen, que hablen, lo que cuenta son los hechos y estos no tardaron en presentarse cuando, a la salida de Dorticós, la Procuraduría General de la República anunció una nueva campaña para reprimir movimientos comunistas. Era claro que la purga de estos bichos malvivientes continuaría y si no, por lo pronto le crearíamos a México un severo problema con Guatemala, gobernada por uno de nuestros gorilas. ¿Qué tal revivir el problema de Belice, reclamado como parte del territorio guatemalteco, o auspiciar otro movimiento cristero, de la extrema derecha radical, o ambas cosas?, en fin, de lo que se trataba era de incendiar y nosotros teníamos con qué lograrlo... ¿Por qué inquietarme si el propio Díaz Ordaz definió que en México «izquierda, centro o derecha son relativos y cambiantes: izquierda significa capacidad de lograr la justicia social»? ¿Qué tal? Con cinco políticos de estos bien podríamos controlar al mundo entero. Que hablen, ya todos sabemos que ellos manejan un doble discurso, por lo que me bastaba un simple guiño para entender que estábamos hablando de lo mismo. *Don't worry, Win, don't worry, my dear friend...*

Es hora de hablar de mujeres, de mis mujeres. Para ahorrar tinta, tiempo y papel no quisiera obsequiarle a Bessie, mi primera esposa, más allá de un renglón en esta breve crónica. Si me casé con ella fue porque Paula, el amor de mi vida en ese entonces, me había despechado. Conocí a Paula en Londres, en 1944, cuando yo trabajaba en la Oficina de Servicios Estratégicos, la OSS, para reunir información en relación a los espías alemanes ubicados en el archipiélago inglés. Cuando ella se mudó a París decidí ir a visitarla para comunicarle mi imposibilidad de vivir a su lado. Nos hicimos amantes el mismo día de nuestro reencuentro. ¿Adónde se va en la vida sin ilusiones y sin emociones? Después de mi tortuoso divorcio de Bessie, Paula y yo nos casamos en 1950, cuando fui promovido como jefe de la División Europea de la Oficina de Operaciones Especiales de la CIA. Ahí trabajaba con Richard Helms, que después sería mi jefe en la agencia y de quien solamente recibiría atenciones y promociones. Con ánimo de lucirme ante Paula cometí un error imperdonable: para compartir mi vida con ella le confesé secretos de Estado producto de mis investigaciones. ¿El objetivo de todo marido no consiste en despertar admiración en su mujer? Nunca lo hubiera hecho. Paula estaba sorprendida de todo aquello que millones de personas ni siquiera imaginaban, de los auténticos móviles del mundo, en el entendido de que todo se trabajaba bajo la cuerda. Incurrí en otra espantosa equivocación cuando confesé en un interrogatorio de la CIA que Paula también conocía «algunos» datos confidenciales propios de mis gestiones. Había ignorado el principal atributo de todo espía: la absoluta discreción.

Las pesadillas comenzaron cuando Paula resultó embarazada y su alegría parecía alcanzar niveles que escapaban a su imaginación. Una experiencia nunca antes soñada. Finalmente iba a ser madre. Solo que la vida le tenía preparada una serie de emboscadas: abortaba una y otra vez. Vinieron los exámenes en las clínicas de Londres y de París para hacer recuentos espermáticos o bien para conocer sus problemas de fertilidad. Los análisis descarnados y crueles no únicamente provocaban vergüenza y frustración, sino que atentaban contra nuestro pudor y el impulso romántico y natural que nos había unido. Aquello parecía un laboratorio zoológico lleno de las batas blancas de los veterinarios, toda una agresión en contra de la más elemental delicadeza. En 1956, después de adoptar a un niño, a Michel, Allen Dulles me nombró jefe de la estación de la CIA en México, en tanto Paula seguía abortando y abortando. Muy pronto los médicos descubrieron que tenía tuberculosis en el abdomen, sin que este mal pusiera en riesgo su vida. ¿Dónde habían quedado nuestras tardes coñaqueras en los cafés de Champs-Élysées? La pasión había desaparecido. Todo se perdió. Adiós, Paula, adiós, vida mía. Adiós *bistros* de Montparnasse, adiós ostras callejeras en la rue du Bac, adiós crepas del Barrio Latino, adiós Calvados, adiós Kir Royal, adiós *soupe de oignon, soupe de poisson, filet au poivre,* adiós *bouillabaisse, vin de Bordeaux,* adiós Chablis, adiós París, pero solo con Paula, porque tarde o temprano daría con otra mujer para disfrutar esa gran vida parisina. Pobre Paula...

En esas condiciones tuve la fortuna de conocer a Janet Leddy, esposa de Raymond Leddy, un alto funcionario de la embajada de Estados Unidos en México. Janet, Paula, Raymond y yo empezamos a salir juntos sin que me fuera posible ocultar una intensa atracción hacia Janet que no pude contener una noche que nos invitaron a cenar a su casa. Me presenté anticipadamente con la esperanza de encontrarme a solas con ella; me abrió la puerta y corrió a la cocina, advirtiéndome a gritos que estaba cocinando un exquisito *soufflé* como postre. La encontré de espaldas, preparando esa masa cremosa que me recordaba mis mejores días en París acompañado de Paula. Sin más, sin medir consecuencias, la abracé por la espalda y hundí mi cabeza en su cabellera castaña oscura, abundante y rizada, en tanto le confesaba mi amor. Afortunadamente para nosotros, sus cinco hijos se encontraban ausentes, al igual que el personal de servicio. La buena suerte me acompañaba. Al arrastrarnos enganchados hacia el lavabo sin resistencia alguna, supe que Janet era mía. Una vez enjuagadas sus manos giró, me abrazó y me besó con una pasión olvidada desde mis años de juventud. Ambos estábamos atentos al menor ruido, al timbre del teléfono, a la apertura de alguna puerta, al menor choque de llaves, al sonido de voces o de pasos. Parecíamos un par de bachilleres encerrados en secreto en un salón de clases, ocultos a la vista de nuestros compañeros. Mientras no escucháramos sonidos extraños o familiares, no habría mayores consecuencias. Por supuesto que hundí mis manos por debajo de su delantal, debajo de sus faldas y de su ropa interior. La toqué, me tocó, la palpé, me palpó, nos amamos en la cocina, a un lado de la licuadora, junto a un recipiente lleno de carne cruda en proceso de maceración. Nada nos importaba. Caían los cuchillos, los platos se convertían en astillas, las ollas se desplazaban a lo largo de la plancha de granito hasta estrellarse estruendosamente contra el piso.

—Cuánto tardaste, Win, cuánto tardaste —me repetía susurrando al oído con su aliento cálido y perfumado, cuando escuchamos la voz de Raymond que gritaba:

—*Love, I'm hoooome, where are you*?

No pasó mucho tiempo antes de que Raymond descubriera nuestras relaciones y pidiera su cambio al Army War College en Pennsylvania, no sin antes exigir la patria potestad de sus hijos y acusar a Janet de adulterio. Claro que perdí a un gran amigo de muchos años atrás, pero el sexo es el sexo, ¿no...? Según él, sus niños no podían convivir al lado de una mujer de la calle... Yo no podía permitir que Janet fuera privada de la presencia de sus vástagos, ni mucho menos que perdiera un juicio en el que hubiera sido acusada de abandono del hogar, por las consecuencias económicas, morales y sociales que esto hubiera ocasionado. Paula, mi Paula cayó absolutamente destruida hasta sepultarse en el alcohol.

Tuve que informar a la CIA, mi confesor, mi deseo de divorciarme de Paula para casarme con Janet. El divorcio no era procedente, me contestaron, porque mi esposa conocía muchos secretos y bien podría vengarse de mí en lo personal y de la propia CIA, de atreverse a revelar información secreta y restringida de los gobiernos de Ruiz Cortines y López Mateos, situación que afectaría las relaciones bilaterales. ¡Cuidado! Ni hablar del asunto. *¿Cómo que ni hablar? ¿Qué quieren ustedes decir con que ni hablar?*

Tiempo después Paula, mi querida Paula, amaneció muerta como consecuencia de un «ataque al corazón». La agencia la envenenó con una sustancia tóxica, el VX, que no es detectable en las necropsias. La CIA no perdona, se trata de pactos con el diablo. Por más que yo había sido capacitado y adiestrado para matar, incluso estrangulando con mis propias manos, justo es confesarlo, jamás habría podido asfixiar a Paula ni hubiera podido administrarle un narcótico, aun cuando tal vez sí hubiera accedido a hacerlo para preservar mi carrera y bueno, también para no perder a Janet, ¿o no...? Como viudo podía casarme en cualquier momento.

En 1962 Janet obtuvo el divorcio y contraje matrimonio por tercera ocasión. Como mi objetivo era impresionar a los oficiales norteamericanos de la CIA y a Raymond con mis influencias en México, pedí al presidente López Mateos y a Díaz Ordaz, como secretario de Gobernación, que me hicieran el favor de firmar como testigos en mi boda. Ambos accedieron y la fotografía apareció en las planas de sociales de los periódicos mexicanos y estadounidenses. Fue una muestra de poder para que Raymond no lograra mi remoción del país ni tuviera éxito en sus intentos de sabotaje de mi carrera. Acepto que fue una imprudencia exhibirme con los dos hombres más poderosos de México en público, pero la jugada no era para consumo nacional, sino para que los directivos de la CIA midieran mi invencible ascendiente aquí. No les convenía moverme ni reemplazarme. No, no lo hicieron, no son tontos.

López Mateos puso el acento en una palabra que los mexicanos jamás deberían olvidar: ¡educación! México no se merece el futuro que le espera con una juventud semianalfabeta, frívola y apática que muy pronto tomará las riendas del país. Cada generación que abandona la escuela es más ignorante y mucho más voluminosa que la anterior, lo cual nos conviene porque les podemos seguir cambiando cuentitas de vidrio por oro, es decir, tecnología barata y ya caduca por dólares, muchos dólares. Nada mejor que una sociedad idiotizada que no se queja ni protesta y se traga todas nuestras golosinas tóxicas. Que redactaran sus libros de texto gratuitos, que impulsaran sus campañas alfabetizadoras, que crearan el Instituto de Capacitación del Magisterio, fundaran la Biblioteca Enciclopédica Popular y construyeran escuelas en zonas marginadas por todo el territorio, que lo hicieran, sí, al fin y al cabo siempre seguirían siendo nuestros esclavos en tanto el gobierno continuara educando y la sociedad no intentara formar a sus muchachos como lo hacemos nosotros: en nuestras universidades privadas se fincan el progreso y el futuro de Estados Unidos.

¿Por qué razón, si finalmente tienen a un presidente exitoso como lo fue López Mateos, le impiden la reelección un sexenio más, al menos, con tal de permitirle concluir su obra? Los mexicanos imponen límites a su propia democracia, al igual que acontece con el *tapado*. Nosotros reelegimos tres veces a Roosevelt, con lo cual dimos continuidad a su labor colosal. ¿Y si solo se hubiera quedado cuatro años en la Casa Blanca? Cuando por fin uno les sale bueno, le dan con la puerta en la punta de la nariz.

Como un profesional del espionaje buscaba en reuniones, secretas o abiertas, en las conversaciones, en los cables, en los telegramas, en las escuchas telefónicas, todas las posibilidades para encontrar infiltrados comunistas. Sin pérdida de tiempo continuaba reclutando agentes e informantes mexicanos para LITEMPO, evidenciándoles las ventajas prácticas de cooperar con nosotros. De seis líneas intervenidas pasamos en un año a treinta, tanto en oficinas diplomáticas como en las de los rivales políticos de Díaz Ordaz y López Mateos, tales como Vicente Lombardo Toledano, Lázaro Cárdenas, David Alfaro Siqueiros, Carlos Alberto Madrazo y otros tantos más. Varios equipos de mexicanos y anglotranscriptores trabajaban todo el día escuchando las cintas de las llamadas, mismas que me entregaban, en forma mecanografiada, diariamente a las nueve de la mañana para que eligiera las más importantes y pudiera mandarlas a los más altos funcionarios del gobierno. Se trataba de información privilegiada invaluable de inteligencia sobre comunistas y otros enemigos políticos ubicados en México. LITEMPO me abasteció de una red de comunicaciones para unir la oficina de Díaz Ordaz con las principales ciudades del resto del país y la CIA, naturalmente. Nuestras operaciones encubiertas conjuntas con los organismos mexicanos de seguridad incluían controles de viajes, intervención telefónica, importación de explosivos y actividades represivas... Preparábamos a diario reportes de inteligencia para Díaz Ordaz con una sección de organizaciones revolucionarias y misiones diplomáticas comunistas, sin dejar de enviarle copia a Echeverría y a otros oficiales de seguridad. Nuestra estación prestaba mucho mejores servicios de inteligencia que los mexicanos, por lo cual Gobernación y las procuradurías podían planear redadas, arrestos y diferentes clases de acciones represivas, lo que sin esta ayuda hubiera significado una tarea imposible de cumplir. Durante varios años intervenimos los teléfonos de Lázaro Cárdenas y su familia. Justo es reconocer que los presidentes mexicanos me preferían a mí en lugar de los embajadores de Estados Unidos, dado que pocos tenían mi simpatía y preparación. Yo sabía cómo ganarme su confianza.

Así supe de cenas privadas y herméticas, amasiatos, conversaciones inconfesables, relaciones homosexuales de diversos funcionarios, planes desestabilizadores, nombres de infiltrados en diversas actividades oficiales, la identidad de porros, de agentes paramilitares, pleitos familiares, ambiciones personales desbridadas, hasta bailes, bodas, concursos hípicos, competencias de tenis o de golf donde podían presentarse personajes novedosos, dignos de ser sometidos a una investigación. Yo tenía evidentemente la obligación de espiar a propios y extraños. Los más humildes funcionarios de embajadas o de agencias comerciales de Europa del Este en México eran sometidos a escrutinio, en el entendido de que no había enemigo pequeño. En uno de estos encuentros sociales, en el domicilio de Fernando Casas Alemán, asistió Gustavo Díaz Ordaz, el secretario de Gobernación. En dicho ágape, Díaz Ordaz, un hombre ciertamente feo, con una dentadura protuberante y una boca enorme, pero eso sí, dueño de una gran simpatía en la intimidad que se acrecentaba con su enorme poder político, conoció a una cantante y actriz en ciernes llamada Irma Serrano. Esta mujer de aproximadamente treinta años de edad, una belleza singular y ciertamente muy atractiva, de estatura normal, piel blanca, ojos verdes y espesa cabellera rubia —teñida de negro—, tenía una voz de ensoñación que, junto con su físico admirable y su ostentosa juventud, la hicieron el polo de atracción de la velada. Casas Alemán, quien había raptado a Serrano —posteriormente conocida como la Tigresa— apenas tres meses después de haberla conocido, en 1946, cuando ésta contaba tan solo trece años de edad, pidió a Irma que interpretara un par de canciones de su enorme repertorio. Supe, según me lo contó la propia Tigresa años después, que Díaz Ordaz no le retiró la mirada un solo segundo durante su actuación, en tanto ella se acompañaba juvenilmente con la guitarra, lanzando miradas coquetas y provocativas a diestra y siniestra. Interpretó durante varias horas temas de José Alfredo Jiménez como *Paloma querida*, que él dedicó a su esposa, así como *Amanecí en tus brazos*, compuesta para Lucha Villa; *El rey*, *Si nos dejan*, que el autor escribió en honor de Irma, además de *Besos de tequila* y *Despacito, muy despacito*, entre otras tantas más. Estaba inspirada y hubiera podido cantar con el alma a lo largo de toda la noche. Díaz Ordaz se las arregló para acercarse a ella tocado por su belleza y sensibilidad artística que acompañaba con un gran sentido del humor, enorme confianza en sí misma además de sencillez en el trato, lo que impactó a este influyente político, de quien ya se decía que bien podía llegar a ser el próximo presidente de la República.

Mis investigaciones revelaron que, un par de días después, Díaz Ordaz le hizo llegar una invitación para que lo acompañara a una gira por el estado de Jalisco que culminaría en Puerto Vallarta, donde pernoctarían durante dos noches seguidas cuando ya se hablaba de que poco tiempo después Elizabeth Taylor y Richard Burton filmarían en Mismaloya *La noche de la iguana*, que pondría a ese puerto mexicano bajo los reflectores del mundo. Una súplica hizo el secretario de Gobernación: que se presentara en el hangar presidencial acompañada de su guitarra. Díaz Ordaz ya se encontraba dos días antes en la ciudad de Guadalajara, por lo que ella fue trasladada a esa ciudad en un avión de la Fuerza Aérea —custodiada por el Estado Mayor Presidencial—, donde se le instaló en el hotel Posada Vallarta en una habitación realmente pequeña, impropia de la investidura política de su anfitrión. Eran las seis de la tarde de aquel viernes de septiembre de 1963 cuando sonó el teléfono e Irma escuchó la voz de Díaz Ordaz:

—Irma, como sabes soy un hombre público y además casado, por lo que no puedo exhibirme ni en los restaurantes ni en los bares del hotel, porque sería la comidilla de la prensa al día siguiente. Te suplico, en aras de mi posición política y familiar, me hagas el favor de acompañarme a mi suite.

—Encantada, señor secretario —contestó Irma—. Solo dígame usted el número de la habitación y estaré con usted en un momento.

—Gracias, Irma, gracias por tu comprensión, pero te pediría dos favores antes de salir: que no me hables de usted, para ti yo soy Gustavo, y en segundo término, te suplico por lo que más quieras en tu santa vida que traigas tu guitarra.

Cuál no sería la sorpresa en tanto Irma se preparaba, acicalaba y ajustaba su vestido, uno muy atrevido con el escote muy pronunciado, y se daba los últimos toques estratégicos de perfume, cuando en ese momento se abrió una puerta, no la que comunicaba con los pasillos, sino otra, cuya presencia ella no había advertido, que unía su habitación precisamente con la suite del secretario de Gobernación. En ese momento apareció con una sonrisa enorme en los labios, haciendo gala de buen humor y excelente disposición:

—Irma, escogí esta habitación para que no tuvieras que caminar mucho. Como podrás ver somos vecinos por azares del destino.

«La suite presidencial, rodeada de inmensos ventanales, permitía contemplar la inmensidad del mar desde cualquier punto —me confesó Irma en su momento—. Yo no podía creer el lujo ni el tamaño de los espacios, más aún cuando apenas hacía yo mis primeros pininos como cantante y actriz y carecía de recursos económicos, que sin embargo, tarde o temprano, una voz interna me lo decía, llegarían en sonora abundancia a mi vida. Yo lo sabía, claro que sabía que sería rica, muy rica, poderosa, muy poderosa, popular, muy popular. Esa tarde, bien lo intuía, se dispararía mi carrera al estrellato».

Iré transcribiendo en las siguientes páginas, en su propia voz, lo que me contó sobre su trato con quien sería el próximo presidente de México.

Gustavo no dejaba de verme, ni cuando cruzaba las piernas, ni cuando me acomodaba la falda, ni cuando me arreglaba el pelo, ni cuando bebía champaña, ni cuando miraba al mar, ni cuando sonreía, ni cuando guardaba un repentino silencio sin saber qué hacer, ni cuando hacía uno y otro comentario, uno más estúpido que el otro, en torno a la belleza del trópico mexicano. Una mujer sabe cuando tiene a un hombre en el puño de su mano. Yo me di cuenta desde el principio. Con Gustavo Díaz Ordaz ya podría hacer lo que me viniera en gana. Así lo decidí y así lo hice. He ahí el verdadero poder femenino: con mis piernas, mi piel, mi sonrisa, mi pelo y mis senos, ¿a ver, quién tiene unas nalgas como las mías?, hago que los hombres caigan a mis pies y juego con ellos como un gato con el ovillo. De lo que se trataba era de dejarme hacer con algún pudor, para que la conquista no le fuera tan sencilla a este ilustre personaje, que jugaría un papel tan importante en mi vida y en la de México. Le pregunté si deseaba que yo cantara alguna canción, a lo que él repuso que lo intentáramos después, por lo pronto quería saber de mi pasado, deseaba conocer de mí todo cuanto pudiera contarle. Iba yo a cantar *El chile parado no cree en Dios*, la letra de una canción que estaba componiendo, pero desistí, al menos en ese momento. Hubiera sido algo torpe y precipitada mi presentación. Había que decorarla de otra forma, por lo pronto.

Le hice saber que había nacido en Chiapas como hija de una familia muy adinerada. Mi madre había heredado varias haciendas cafetaleras, en tanto que mi padre, un bueno para nada, pero un ser sencillamente maravilloso, la acompañaba en la administración de las fincas. Al autor de mis días todo le producía una espantosa pereza: el momento mismo de tener que levantarse, pereza que le heredé en cada uno de los pasajes de mi existencia. Era tan flojo que para tener un hijo hubiera preferido casarse con una mujer ya embarazada. Un buen día ella se aburrió de su marido y lo convenció de la necesidad de separarse.

—Vete por las cocas pero para siempre, ¿no, chulo...?

Cuando yo tenía nueve años finalmente se separaron y mi madre no tardó mucho tiempo en volver a encontrar compañía. Desde el primer momento en que traté a Raquel, quien después sería su nuevo marido, imagínense el puto nombrecito de ese seudohombre, un mantenido, aprendí a odiarlo, a despreciarlo, porque a pesar de mi corta edad percibía que el único objetivo de su existencia no era ni mucho menos la compañía de mi madre, sino su dinero. Los disgustos no se hicieron esperar, ni entre él y yo, ni entre mi madre y yo, ni entre ellos dos por culpa mía. Me llamaban «el diablo», «la diabla», «la Lucifer del hogar», «el demonio encarnado». En una ocasión, cuando mi madre y yo discutíamos en el patio del rancho y ella me recriminaba a gritos mi comportamiento, en su desesperación tomó un palo para tratar de golpearme. En un giro violentísimo, trató de alcanzarme las piernas sin suerte porque salté para atrás, pero ella perdió el equilibrio y azotó como un pesado saco de papas en el piso. Fue en ese momento, caída, cuando la desarmé antes de que pudiera levantarse. Dispuesta a partirle toditita su madre tomé el palo y empecé a golpearla sin importarme si le rompía los dedos de la mano o la nariz o lo que fuera, hija de la chingada. En ese momento, el tal Raquel nos sorprendió en el pleitazo. El gran mandilón me arrebató el palo, me zarandeó de las trenzas hasta hacerme llorar y empezó a darme de nalgadas que me encabronaron a no dar más. Desarmada y furiosa corrí a mi cuarto y me escondí debajo de la cama para tramar la venganza. Esa hijoputez no se quedaría así, no, no se quedaría así... El momento feliz llegó dos meses después, cuando una madrugada bajé a la covacha en busca del palo con el que mi madre había tratado de golpearme. Hoy entiendo que el plato de la venganza se come frío, bien frío. Subí en la oscuridad de la noche sin hacer el menor ruido, la puerta de la habitación donde dormía mi madre acompañada de este mierda, malviviente, estaba abierta. Raquel descansaba boca abajo, con la cabeza sobre la almohada y el brazo derecho colgado a un lado del colchón. Antes de que pudieran despertar, tomé todo el vuelo posible y asesté un sonoro golpe en la cabeza del asqueroso bicho que me robaba a mi madre y me había humillado como nadie. El señor leñazo sonó como cuando rompíamos las piñatas en las posadas pueblerinas. ¡Qué señor cabronazo! ¡Qué deleite, putete de cagada! Cuando me disponía a dar el segundo trastazo, de pronto despertó mi madre y gritó cuando mi poderosa arma hacía un segundo viaje furibundo en dirección a la cabeza de la víbora. Salí entonces muy espantada rumbo a las caballerizas para esconderme en el granero.

«Hija del diablo», gritó mi madre, no sé si más desesperada que enojada o asustada, en tanto llamaba a la servidumbre para que la auxiliaran a llevar a mi padrastro a un hospital, mientras las sábanas se llenaban de sangre. Raquel pasó un mes y medio en terapia intensiva en Tuxtla Gutiérrez, con siete fracturas en la base del cráneo. Con cuánto gusto lo hubiera matado, pero la vida no estaba dispuesta a premiarme con un regalo de esa naturaleza.

Díaz Ordaz me miraba con ojos de buey a medio morir. Escasamente podía cerrar la boca y mira que la tenía grande.

Obviamente mis relaciones con ellos se destruyeron, hasta que supe de la visita a Tuxtla Gutiérrez de Fernando Casas Alemán, quien se promovía como candidato a la presidencia de la República al término del mandato de Miguel Alemán. Un grupo de niños pasamos con él ratos muy felices durante su gira. Me escogió a mí para sentarme en sus piernas y acariciar mis rodillas con sus manos tibias. ¡Nunca olvidaré esa sensación! Cuando se despidió me prometió que volvería por mí. No tardó en cumplir su dicho, porque regresó tan solo tres meses después. Yo acudí a despedirlo al aeropuerto, momento que él aprovechó para tomarme de la mano y subirme al avión. Ni siquiera me pude despedir de mi madre. ¿Qué más daba...? Volamos a Acapulco, donde conviví con él mucho tiempo antes de que se atreviera a tocarme y a poseerme, cuando apenas había cumplido los catorce años de edad. Fernando me hizo mujer. Nunca olvidaré cuando este ilustre católico, candidato de la derecha más extremista del país a la presidencia, me colocó frente a él después de desayunar, y puesta de pie, mientras permanecía sentado a un lado de la mesa, me desabotonó, uno a uno, los botones de la blusa. Yo cerré los ojos y me mordí los labios.

—Llevo mucho tiempo deseando conocer tus tesoros, Irmita, es la hora de que me los muestres.

Fue entonces cuando me volteó despacito para soltarme el brasier, para verme completita y contemplar la belleza de mis senos, muy chonchos para una niña de mi edad. Los tenía tan erectos y sólidos que ningún lápiz podía sostenerse debajo de ellos porque caería al piso. Estaba muy orgullosa de ellos. En ese momento se levantó y cerró la puerta del comedor, de modo que nadie pudiera molestarnos. La bahía de Acapulco lucía más hermosa que nunca. Cuando regresó, recorrió en círculos, con sus dedos índices, las auréolas de mis pezones, para ver cómo despertaban al solo contacto de las yemas expertas de sus dedos. Luego me bajó el zíper, me quitó la falda y sin preguntarme me bajó las pantaletas, en tanto yo me cubría con el brazo derecho mis pechugas y con el izquierdo mi pubis recién cubierto de vello. Mi pena era mayúscula porque ni me abrazaba ni me besaba para poder esconderme con su cuerpo. Solo me veía y salivaba, el viejo garañón. Don Fernando me sentó entonces en sus piernas y me tocó toda, todita. Fue la primera vez que un hombre me vio como llegué el mundo y babeó mis tesoros que yo guardaba para el novio de mi vida. Nunca pensé que don Fernando, en aquel entonces de sesenta y tres años de edad, sería quien me descubriría el mundo del amor.

Convertirme en mujer fue muy doloroso porque los terribles

nervios dificultaban la penetración, hasta que esta se medio logró entre alaridos y eso gracias a unas cremas que don Fernando tenía por todos lados. Era un viejo pillín, rabo verde de a madres. En aquella ocasión nada más sentí dolor, pero me aseguró que con el tiempo empezaría a conocer el verdadero placer y no se equivocó el viejo zorro: el cuerpo de un hombre producía en mí sensaciones padrísimas. Me encantaba, me fascinaba hurgar en sus braguetas hasta enloquecerlos y suplicarme que me detuviera, pero lo confieso, nunca fui obediente y qué bueno que no lo fui...

Siempre me sorprendió que este hombre, padre de tantos hijos, que tenía el pecho lleno de cruces, escapularios y medallas benditas por el papa Pío XII, casado, mucho más que casado, y religioso, fanático religioso, mucho más que religioso y fanático, pudiera llevar una doble o hasta triple vida cuando contradecía las más elementales reglas de la moral católica. ¿Abusar de una muchachita inocente de escasos catorce años de edad no era un pecado súper mortal, además de graves delitos por los que la gente se va al meritito fresco bote? A don Fernando le importaba Dios un pito y dos flautas, de la misma manera que le valían auténticamente madres la autoridad o las decepciones matrimoniales, familiares o sociales. ¡Al carajo con todo, esa era la libertad! Un hombre que no le teme a Dios ni al diablo, además un ratero profesional, igual que el presidente Alemán, y que no le alarmaba ni la cárcel ni las respuestas de su esposa ni las críticas de nadie, ¿atropella a quien se le pega la gana porque sabe que nunca lo va a descubrir ni siquiera el Señor, que supuestamente todo lo sabe? Son cínicos o hipócritas o todo junto. No temen los castigos celestiales ni la cárcel. Nada, no le sacan a nada. ¿Cuáles son los valores que moverán a estos sujetos? ¿Estarán rotos por dentro? Se saben intocables políticamente, lo cual les permite violar lo que sea, sí, lo que sea, pero ¿también serán intocables el día del Juicio Final, de la misma manera que en vida nadie les reclamará nada...? Pero bueno, ese fue el episodio de cuando resulté desvirgada, mismo que le conté a Gustavo con lujo de detalles sin que él me ocultara su excitación ni su sorpresa. Todo quería saberlo, todo, a pesar de que don Fernando todavía vivía. ¡Claro que le confesé que después de tantos legrados que mi amante abuelo me pagara, me hice daños ginecológicos irreparables que me impedirían ser madre! ¿Culparlo? No podría hacerlo, me dio otras cosas a cambio...

No había terminado de relatar mis experiencias amorosas con don Fernando Casas Alemán cuando Díaz Ordaz deseó entrar en acción, para lo cual me pidió que le cantara unas canciones a él, solo a él y únicamente a él. En ese preciso momento, al entrar desarmado a mis terrenos donde yo era dueña, señora y soberana, hice de él lo que me dio mi chingada gana. Abrí entonces el estuche y saqué lentamente mi guitarra en tanto seleccionaba las mejores canciones para insinuarme a fondo y conocer su sentido del humor. Sentía algo parecido a los soldados cuando cargan las balas antes de echarse la carabina al hombro. Me sorprendió que el hecho de saber los pormenores de cómo había sido yo desvirgada por Casas Alemán no lo hubiera animado a tomarme en sus brazos y bailar muy apretaditos, pero, como entendí más tarde, no solo era tímido con las mujeres, sino como todo gran político, primero quería reconocer el terreno que iba a pisar. En el fondo me convenían sus titubeos.

—¿Qué tal, Gustavo —le pregunté audazmente a sabiendas de que me estaba dirigiendo al futuro presidente de la República, mi intuición de mujer me lo decía—, si te canto *Cartucho quemado*? Me fascina esa canción.

El secretario de Gobernación me lanzó una mirada de fuego seguida de una sonora carcajada.

—¿*Cartucho quemado*…? Sí que te sabes canciones provocativas, Irmita… ¿Qué quieres decirme, eh?

Me acercaba, bien lo sabía, me acercaba entre risotadas llenas de picardía.

—¿Y esta otra, *Virgencita*, que canta María de Lourdes?

Díaz Ordaz negaba con la cabeza y volvía reír en silencio.

—¿No te gusta o no me crees?

Antes de que pudiera contestar ya estaba preguntándole si le gustaba *Ahora que traigo ganas*, de Eva Garza. Bien, bien, iba yo muy bien. Luego siguió *No habrá modo* de Dora María y rematé con aquella tan conocida de Jorge Negrete, *Me he de comer esa tuna*, que lo hizo acercarse y acariciar por primera vez mi cabellera cepillada y perfumada. Las trampas estaban puestas y funcionaban a la perfección. Las arañas saben tejer muy bien su red, o ya no son arañas… Cuando se retiraba a contemplar la bahía de Vallarta y empezaba a anochecer, le canté una de Pedro Infante con el ánimo de disparar una flecha y dar en la diana.

—¿Te gusta esta?

> *Amorcito corazón,*
> *yo tengo tentación de un beso...*

Fue demasiado. Volteó a verme como si no alcanzara a aceptar mi audacia. ¿Acaso se podía ser más clara? Se quitó el saco y se aflojó la corbata. Lo iba yo teniendo a tiro de pichón, mejor dicho, de colchón. Me acordé entonces de aquella:

> *Hoy te he mirado sin quererlo,*
> *te he mirado a mi lado pasar...*

Díaz Ordaz no tenía experiencia con las mujeres. Era un hombre incomparable con don Fernando, siempre don Fernando. Quería abordarme y no decidía cómo hacerlo. Intenté entonces

> *Te he de querer,*
> *te he de adorar...*

El secretario de Gobernación se cruzaba de brazos. Me miraba, casi se ruborizaba. Me estremecía al constatar mis poderes sobre un hombre. Yo dominaba toda la escena. Disparé una y otra vez para continuar:

> *Si nos dejan,*
> *nos vamos a querer toda la vida...*

Cuando creía que el bombardeo había acabado, solté toda la artillería con *Amanecí otra vez entre tus brazos*:

> *Amanecí otra vez entre tus brazos,*
> *y desperté llorando de alegría...*

Cuando empecé a cantar «Cachito, cachito, cachito mío...», el señor secretario de Gobernación se desprendió de toda investidura y se acercó sin más, me quitó la guitarra lentamente, la colocó sobre un sillón y sin retirarme la vista me tomó de las manos y me jaló con delicadeza para que me pusiera de pie; empezamos a bailar estrechamente entrelazados. Se perdió en mi abundante cabellera, me olió, se enervó, enloqueció, me apretó con sus brazos delgados acostumbrados a la vida burocrática, respiró y se embriagó. Yo sabía qué caminos iba a recorrer mi adorado funcionario y los sembré de rosas y claveles para encantarlo. A saber cuánto tiempo había transcurrido antes de que se decidiera a invitarme a estar con él, y las fantasías que habría tenido conmigo en sueños o en la realidad antes de ese momento. Mientras me suspiraba en el oído y repetía una y otra vez mi nombre, decidí no cantarle *El chile parado no cree en Dios*. Seguía siendo prematuro aunque la tonadita me fascinaba. Tralalá, tralalá...

Más tarde supe el efecto demoledor que causó la letra de *Cachito mío* en la compleja maraña de las emociones de Díaz Ordaz. En ese momento me dejé hacer, me apreté a su cuerpo invitándolo a que me tocara cuando la luz del día agonizaba lentamente. Le retiré los anteojos, los coloqué sobre una mesa y volví a abrazarlo pidiéndole que cerrara los ojos. Me colgué de su cuerpo y luego me llevé sus manos, de una vez por todas, a mis nalgas para que las acariciara hasta hartarse. Me di cuenta de su provincianismo. No se aventaba, no se soltaba. Su religiosidad se lo impedía. Bien sabía yo que había pasado su infancia rodeado de curas, como su hermano, y más tarde su juventud en los juzgados o en las oficinas de gobierno o en las bibliotecas. De mujeres, nada de nada... De entrada, este poblanito, de San Andrés Chalchicomula, ni siquiera sabía bailar. Empezó a resoplar como un búfalo perseguido por los apaches. Lo último que yo deseaba es que se pudiera descontrolar... Yo era el ama de la situación y no quería bajarle la flama al encuentro. El juego había alcanzado una velocidad sorprendente pero me preocupaba que se me pudiera desinflar mi galán antes de tiempo. Le propuse que nos sentáramos un momento, a lo que él se negó entre gemidos como de gato consentido. Negaba con la cabeza, me estrechaba con más fuerza y se atrevía a meter las manos debajo de mi falda ligera, volada, tropical, si acaso una gasa floreada, fresca, volátil, impúdica. La trampa final estaba tendida y muy pronto la descubriría. Yo me había quitado previamente toda la ropa interior y esperaba enloquecerlo al tocar mi piel desnuda, bien lubricada y encremada.

—Irma, mujer, ¿qué es esto, por Dios?

—¿Qué, Gustavo, qué...? —me hice la gran pendeja.

Lo vi en su rostro: ya era mío. Era mi esclavo.

—No tienes nada abajo, nada...

—Sorpresas te da la vida, Gustavo, quería evitarte trabajos y que no tuvieras tropiezos.

—Gracias, mujer, gracias por tu comprensión —me dijo sonriente y sarcástico, mientras me estrujaba y yo echaba para atrás la cabeza disfrutando mi belleza. ¡Qué deleite! Un raro placer encontraba en la pronunciación y tono que utilizaba al llamarme mujer. Marcaba una diferencia que me fascinaba. Mujer, mujer, hombre, hombre... ¡Una maravilla...!

Le abrí la camisa y se la retiré para observar su pecho lampiño, esquelético, y besé sus tetillas mientras él apretaba mi cabeza como si fuera a arrancármela. Le bajé la bragueta y lo desprendí de los pantalones, obviamente arrodillándome. En esa posición le quité unos calzoncillos largos, muy largos, yo creo que se los había chingado del armario de don Porfirio, solo para descubrir que la patria, en este caso, no estaba debidamente representada. ¿Dónde quedaban el honor y la dignidad de la nación, de los que tanto se hablaba? Siempre me imaginé que el poder absoluto que ejercían estos hombres era proporcional al tamaño de su virilidad, pero ¡oh, decepción!, me equivoqué, sin embargo recordé las sabias palabras de mi difunta tía Lili:

—Acuérdate mijita que lo importante en la vida no es lo que te dio la madre naturaleza, sino cómo lo usas...

Y por supuesto que Gustavo no sabía ni cómo usarlo. De hecho, mientras acariciaba la máxima representación nacional, el Secretario, llevando al parecer aun más lejos el fanatismo de mi amado Fernando Casas Alemán, increíblemente se puso a rezar un Ave María. ¡Sí, sí, un Ave María Purísima!, que, lo confieso, me hizo pensar inicialmente que el señor secretario estaba enloqueciendo, que hablaba solo, en fin... Después continuó rezando un ceremonioso Padrenuestro que está en los cielos santificado sea tu nombre... ¡Carajo! ¿A qué horas...? Mal y de malas. A veces los poderosos aparentan atractivos de los que carecemos los mortales. Yo sabía que Napoleón Bonaparte, un enano, tampoco tenía nada para presumir ni para dignificar la grandeza imperial de Francia, ¡carajo!, pobres de sus viejas. Por eso la tal Josefina le pondría el cuerno con media armada...

Un chiste contado por un destacado político podía hacer reír a morir a los lambiscones, quienes sabían que su carrera, su fortuna, su futuro, su familia, su presente y su bienestar, dependían de aquella persona. ¿Cómo no iba a ser gracioso, graciosísimo? Con las cosas de comer no se jugaba. Yo fui víctima del mismo embrujo con Díaz Ordaz. Las caricias de los influyentes siempre me hicieron sentir diferente. Era algo así como arrebatarles o compartir algo de su gloria, de su poder, de su eternidad. Lo reconozco, sí, lo reconozco: me estremecí cuando sus manos me tocaron. Su señorío me conmovió, su voz me humedeció, mi cuerpo reaccionó, despertaron mis senos, mis aureolas, mis pezones y mis poros. La boca se me secó en tanto un sudor frío recorría mis cavidades y empapaba mi nuca. La magia estaba presente. Pero al galán tenía que capacitarlo, educarlo, sorprenderlo y guiarlo por los caminos favoritos de las mujeres, transmitirle mis conocimientos, mi experiencia, mis gustos, mis disgustos, mis delirios, mis puntos débiles, mis claves de entrada, las rutas equivocadas, las caricias favoritas, las actitudes prohibidas, los consejos del antes y las súplicas para el después, las conversaciones inconvenientes, los desplantes catastróficos, los prontos imposibles, el egoísmo imperdonable, las pausas necesarias, las cadencias exigibles, los juegos con la lengua, los momentos idóneos, en fin, a un burócrata de cincuenta y dos años que jamás había abandonado su oficina para poder llevar a cabo una carrera meteórica, justo era aceptarlo, no se le podía exigir ser un donjuán en la cama ni un Casanova a la hora del abordaje de una dama. Le enseñé las reglas elementales: el amor no solo existía para llevar a cabo el proceso reproductivo, como le habían dicho al señor secretario los curas en las iglesias en sus años de juventud, no, no, había mucho más y en ese más estaba precisamente el encanto. Él me haría rica, muy rica, y yo le haría rico, muy rico… En aquella ocasión, claro que se regó la pólvora antes de que se pudiera echar el mosquetito al hombro… ¡Coño…!

Cuando reposábamos y nos recuperábamos de las fatigas del amor, bueno, en todo caso cuando él se recuperaba, le pregunté si le gustaban los albures. Puso la cara de un perro cuando escucha un ruido raro.

—¿Qué, cuando eras joven en Puebla no hacían juegos con dobles palabras? Adió…

—Bueno, sí, pero ya pasó mucho tiempo y como tampoco los entendía, no me presté a entrar en terrenos donde tenía mucho que perder. No estaba ni estoy para que nadie se burle de mí. Bastante mal la he pasado con esta jetita que no escogí…

—¿Entonces no sabes la diferencia entre un chile y una silla? —pregunté mientras acariciaba mis senos.

—Noo... —repuso pensativo viéndome a la cara.

—Pues entonces, Gustavito querido, fíjate bien dónde te sientas —contesté soltando una carcajada en tanto el secretario de Gobernación, arrancado de su papel, solo jugueteó a estrangularme. ¡Cómo nos reíamos! Parecíamos un par de chamacos traviesos.

—¿Verdad que no es lo mismo el Consulado General de Chile, que el general con su chile de lado?

A reír en serio. Me encantó, desde un principio, sacar de sus casillas al hombre y no enfrentarme con el funcionario.

—Oye, Gustavo, ¿te gustan unas buenas pellizcadas, cariño?

—Síiii, claro, mujer...

—Pero de chile, amor...

—Irmaaa...

En aquel momento ya me había lanzado a matar:

—No te vayan a decir en una comida: *lo molesto con el chile, señor secretario, es que me agarra lejos...* Ni modo que no entiendas... ¿Pos dónde vives, tú?

Pobre de aquel que no se divierte con su pareja. Díaz Ordaz se secaba las lágrimas con las sábanas. Algún día le pediría comprar unas verdes de satén de seda donde el contraste con mi cuerpo podía llegar a ser brutal.

—Te pueden meter un gran susto con los albures, Gus, ponte listo...

Cuando lo tuve a tiro y no dejaba de soltar risotada tras risotada, cuando lo había sacado por completo de su mundo, le vacié la cartuchera:

—¿Sabes que la dicha dura mientras dura dura...? No es lo mismo chiles en el monte, que montes en el chile... No es nada personal, pero por ahí dicen que mientras más grande es el chile, como el poblano de tu tierra, es menos picoso, y mientras más chiquito, pica más, como el chile piquín, de modo que no te preocupes por el piquín que tienes, secretarito...

Era la gran fiesta de Díaz Ordaz. Hacía mucho tiempo que no disfrutaba tanto el sentido del humor mexicano, una auténtica obra maestra popular.

—¿Eres una experta en chiles, Irma? —me preguntó devolviéndome el albur. Sin hacerle caso, le pregunté ya encarrilada:

—¿Sabes que yo tenía un amigo que le decían el perico...?

—¿Por qué, Irma? —me preguntó con el rostro enrojecido por la risa.

—Pues porque se quedaba dormido a la mitad del palo...

Sin que pudiera recuperarse del nuevo estallido, le cuestioné:

—¿Cuál es el animal más ponzoñoso?

—¿Cuál?

—Pues el burro, Gus...

—¿Por qué...?

—Pues porque nadie le aguanta un piquetito... ¿O tú sí...?

Me hacía cosquillas y gozábamos a fondo. En realidad nos uníamos, nos identificábamos.

—¿Sabes cuál es el animal que pone los huevos más grandes?

—No, Irma, no sé, ¿el avestruz?, pero ya basta, no puedo más...

—Pues la avispa, Tavo —le dije, rompiendo todas las distancias.

—¿Por qué?

—Pos nada más que una te pique ahí y verás cómo te los pone...

El padre político de Díaz Ordaz fue, sin duda alguna, Maximino Ávila Camacho, el peor cacique de la historia posrevolucionaria, hecho que comprobé en mis estudios de historia de México. Maximino fue su maestro, su tutor, su padrino político, su «jefe máximo». Lázaro Cárdenas llegó a quejarse de la severidad de su línea política cuando él mismo lo designó emperador de Puebla y auspició todos sus excesos.

Maximino había sentenciado: «La izquierda jamás entrará en Puebla porque es destructiva y retrógrada, y nunca se ha visto que cree empleos ni riqueza». Por lo mismo había nombrado a Díaz Ordaz presidente de la Junta de Conciliación y Arbitraje para que acabara con la agitación obrera en el estado, pero no de una manera pasajera sino perdurable, de ser posible, definitiva... El joven abogado poblano nunca olvidaría cuando su admirado mentor le dijo despidiéndolo en un cuarto de hotel, rodeado de mujeres, que «la distancia más corta entre dos puntos es la línea dura». Menuda lección con la que nosotros estábamos totalmente de acuerdo. Pura sabiduría política.

¡Claro que don Gustavo utilizó la Junta de Conciliación para crear sindicatos falsos, controlar el campo electoral y los debates políticos! ¡Claro que utilizó golpeadores, infiltrados, espías y grupos de ultraderecha armados para oponerlos a quienes se negaban a cuadrarse a la esclavitud de la industria textil! ¡Claro que estuvo involucrado en las matanzas de obreros poblanos de 1938 y 1939, en pleno cardenismo! ¡Claro que se inspiró en su mentor para crear el *charrismo* sindical, una estupenda máquina de dominación! Maximino no estaba de acuerdo con Cárdenas en el sentido de que los obreros estuvieran sometidos a los sindicatos nacionales. Quería tener él mismo el total control de la situación en su natal Puebla. ¡Y otra vez claro, clarísimo, que nuestro Gustavito llegó a ser diputado federal en 1942 gracias al patrocinio de Maximino, y senador en la misma legislatura que Adolfo López Mateos, en 1946, aunque esta vez por sus propios méritos «de campaña»! Maximino, según se rumoró, ya habría sido asesinado por Miguel Alemán, o por su propio hermano el presidente Manuel Ávila Camacho, mejor conocido por el propio Maximino como el Bistec con Ojos. De ahí Díaz Ordaz brincó a la Oficialía Mayor de la Secretaría de Gobernación, desde donde asistió a la brutal represión del movimiento magisterial en septiembre de 1958, con saldo de varios muertos y heridos y la aprehensión de su líder, Othón Salazar, y otros más que fueron brutalmente torturados al más depurado estilo mexicano. ¿Se podía hacer otra cosa con los agitadores? La experiencia cuenta, ¿no...? Cuando López Mateos ascendió a la presidencia de la República nombró secretario de Gobernación a su antiguo compañero de bancada, para luego dedicarse a viajar por el mundo a fin de subrayar la importancia creciente de México. Díaz Ordaz gobernó con mano de hierro y sin guante de seda, así reprimió el movimiento ferrocarrilero en la primavera de 1959 con la espectacular detención de diez mil obreros en prisiones militares de todo el país y la toma de las instalaciones ferrocarrileras por los soldados. Desde el principio de su carrera recurrió al ejército para dirimir diferencias políticas. Los líderes Campa, Vallejo y Aroche fueron obviamente encarcelados, acusados de disolución social, un cargo tal vez válido durante la Segunda Guerra pero inaplicable en los años de paz salvo en los casos de una dictadura camuflada. Así, con la autorización de López Mateos, aplastó ese mismo año las huelgas de los telegrafistas, telefonistas, electricistas y otra vez los maestros, al tiempo que el general Alfonso Corona del Rosal, presidente del PRI y antiguo colaborador de la CIA, creaba bajo nuestra dirección grupos de choque, jóvenes porros, asesinos en potencia, verdaderos ejércitos de paramilitares al servicio del partido. Una policía política priista y además secreta, ¿no era una maravilla?

En los conflictos del sexenio de López Mateos, según me pude dar cuenta, Díaz Ordaz tuvo una participación inocultable. Él y solo él propuso y ejecutó la represión de los campesinos que protestaban por hambre; él y solo él acabó de embotellar la libertad sindical por medio de la fuerza; él y solo él sometió con las bayonetas a los estudiantes para no dejarlos salir de las aulas; él y solo él impuso a su arbitrio su punto de vista electoral. De la misma manera que nombraba a gobernadores, también lograba la desaparición de poderes en las entidades federativas.

Era muy desgastante para las instituciones democráticas de México y para el país en general seguir exhibiendo al ejército en cualquier conflicto. En la CIA apoyarían la iniciativa de Corona, uno de mis LITEMPO favoritos, sí, la de los porros paramilitares, pero el funcionamiento de esta organización clandestina de emboscados tenía que ser altamente eficiente, realmente perfecta. Me permití sugerir, en consecuencia, a uno de nuestros muchachos, Manuel Díaz Escobar, un notable militar mexicano graduado en nuestra Escuela de las Américas, la de los golpes de Estado, para que instruyera y disciplinara a la policía priista y se encargara de brindarle una óptima instrucción psicológica y militar. Inicialmente la organización se llamó «De la Lux», dividida en dos grupos, guante negro y guante blanco, que fue alimentada financieramente por Corona del Rosal desde la Confederación Nacional de Organizaciones Populares (CNOP) del PRI, a cargo de Alfonso Martínez Domínguez. Algunos de sus pioneros se estrenaron el 6 de noviembre de 1960, cuando los soldados del Vigésimo Cuarto Batallón de Infantería reprimieron una marcha pacífica de más de cinco mil personas en Chilpancingo. Otros más recibirían su bautizo de fuego durante la aniquilación del movimiento civil del doctor Salvador Nava, en San Luis Potosí, a quien le habían robado la elección a gobernador en 1961... Lo más importante era coordinarlos perfectamente con las intervenciones de las fuerzas públicas, que desde luego ignoraban la presencia de estos comandos en gran parte de sus operativos. ¡Este es el arte de la contrainsurgencia! ¡El arte de la verdadera paz! Y yo, un maestro consumado, un inventor de varias de estas técnicas de «control y manejo de las situaciones», que disfrutaba intensamente el desempeño de varios macartistas mexicanos en el gobierno, superiores en convicciones al propio senador Joseph McCarthy...

¿Pero qué hacer si este país está lleno de inconformes? ¿Qué hacer con los comunistas? Sí, comunistas, ¿o no lo son quienes desean apropiarse de la propiedad ajena? Si no se les dan tierras, las toman a la brava, y entonces, antes de una intervención encubierta de los soviéticos, solo cabe el recurso de la bala antes de ver emplazada una batería de cohetes rusos en Tijuana, Ciudad Juárez y Laredo, apuntando a nuestras megalópolis. Impensable, ¿verdad? Pues bien, en previsión de esos males es que llegué a México. ¿Podemos imaginarnos a un mundo presidido por campesinos mexicanos dirigidos por los *soviets*? ¿No, verdad?

Pero no estábamos solos en nuestro combate en contra de los marxistas, que envalentonados conformaron, bajo el liderazgo de Heberto Castillo y del expresidente Cárdenas, y en perfecta coordinación con La Habana, el Frente para la Liberación Nacional... ¿No constituían estos grupos auténticas amenazas que podían arrastrar a las masas a la debacle...? Ahí estaba para responder el arzobispo de Puebla, don Octaviano Márquez y Toriz, nuestro socio del alma y amigo íntimo de todas las confianzas de don Gustavo, quien nos ayudaba a mantener tranquilas a las bases populares, a las que, por otro lado, sangraba con limosnas cuando los pobres ni siquiera tenían para comer. ¿Cruel la CIA? ¿Y la Iglesia...? Vean qué párrafo tan hermoso, no tiene desperdicio alguno:

> Tenemos argumentos para afirmar que muchas de las cosas que están sucediendo en nuestra Patria, y últimamente en nuestra ciudad de Puebla, están profundamente ligadas a conjuras internacionales, a todo un plan mundial de destrucción de nuestra civilización cristiana, a un titánico esfuerzo de los poderes del mal para adueñarse de nuestra Patria y de todas las naciones... Los verdaderos dirigentes de estas convulsiones sociales son instrumentos del comunismo materialista y ateo, que parte de Rusia y pretende adueñarse de todo el mundo. Bastaría un solo caso, tristísimo y muy cercano. Lo que está sucediendo en nuestra hermana República de Cuba... ¡Católicos de Puebla! ¡Hombres libres! ¡Ciudadanos honrados! ¿Vamos a claudicar vergonzosamente de esas conquistas de la civilización cristiana, para caer en las redes maléficas del comunismo? ¿Quién de vo-

sotros se atrevería a mirar impávido que nuestra Patria cayera en poder del extranjero, que en nuestros edificios públicos, en vez de ondear la gloriosa enseña tricolor, miráramos una bandera extranjera, y que hombres exóticos, invasores, se adueñaran de nuestro territorio, de nuestras instituciones, de nuestro gobierno, de todo lo que es nuestro amado México? [...] A todos los hombres de buena voluntad de nuestra arquidiócesis, especialmente a los gobernantes del estado y los municipios; a los queridos obreros, patronos y campesinos; a los amados maestros y estudiantes: reiteramos nuestra estimación sincera y nuestro llamado a la paz, al trabajo, al orden, a la concordia, sobre las bases sólidas de nuestra Fe cristiana.[2]

La reacción no se hizo esperar. El lema *¡Cristianismo, sí; comunismo, no!*, se convirtió en el grito de guerra de la derecha montada en el anticomunismo del arzobispo. Es claro que yo hubiera puesto en aprietos a monseñor de haberle exigido el nombre de un solo comunista enviado por la URSS o Cuba para subvertir el orden en México. ¿Cuál amenaza? ¡Ninguna, por supuesto que ninguna, solo que teníamos que prepararnos para el caso de que la hubiera! El discurso de don Octaviano bien podía haber sido pronunciado por uno de los capacitadores de la CIA. Claro que envié una copia de la santa pastoral a Washington, que estalló, al igual que yo, en carcajadas. ¡Bravo, bravísimo!

Díaz Ordaz, hay que decirlo, no dejó de hacer méritos. ¿Para quién? Naturalmente que para nosotros: durante la llamada crisis de los misiles, en octubre de 1962, estando otra vez de viaje el presidente López Mateos, él se hizo cargo de la situación y se puso a las órdenes del presidente Kennedy. López Mateos me susurró días más tarde:

—En menos de veinticuatro horas, Gustavito encerró a todos los líderes de izquierda.

No se movió un alma. Entonces me repetí: *He is our man in Mexico*... Por todo lo anterior y sin ignorar otros méritos, la convención efectuada por el PRI el 16 de noviembre de 1963 consideró a Gustavo Díaz Ordaz como el más digno y capaz de todos los mexicanos para ser postulado como candidato a la presidencia de la República. Sobra decir que todos los militantes votaron sin

[2] XV *Carta Pastoral del Arzobispo de Puebla sobre el comunismo ateo*, Arzobispado de Puebla, 15 de mayo de 1961. Dávila, 2003: 136-141.

excepción por su candidatura, eso era democracia, lo demás eran pamplinas, puras pamplinas... ¡Ja! Cuando los empresarios le cuestionaron su filiación política, respondió:

—No soy de derecha ni soy de izquierda, ni soy del centro —dijo el entonces candidato al resumir la esencia del priismo—: soy de arriba señores, porque mi posición no puede estar distante de la de ningún mexicano y es desde arriba como se puede obtener la mejor perspectiva.

¿Hablaba Dios...? Ése era Díaz Ordaz, inasible, inabordable, que sabía escapar de preguntas difíciles con una gran simpatía, dejando un mensaje inteligente. ¡Lo sé todo sobre él! Y admito sinceramente que es uno de mis personajes favoritos... Veamos lo que apunté al respecto en ese tiempo: «Sabe analizar los problemas y tomar decisiones después de evaluar las consecuencias; escucha, evalúa y juzga; nunca procede con arrebatos. No se confía fácilmente, es un celoso vigilante de su autoridad y en cuanto asume un cargo, dice: "El único responsable soy yo". Odia el chisme y la intriga, es trabajador, honrado, católico abnegado, amoroso padre de familia, gran lector de historia, de biografías y hasta de novelas policiacas. Amante de la vida y del convivio íntimo, toca la guitarra, canta canciones mexicanas, particularmente boleros, y tiene un gran ingenio para las bromas, disfruta el box, el futbol y el beisbol. Juega golf. Le gusta vivir bien, viste trajes muy caros y camisas de seda mandadas a hacer especialmente para él en Londres y que llevaban grabadas sus iniciales. Restaurante favorito: La Cava, aunque es austero debido a que padece problemas estomacales».

Cuando empecé a recibir llamadas y cables de Washington preguntándome respecto de la personalidad del nuevo presidente mexicano, simplemente contesté:

—Díaz Ordaz actuará en la forma en que yo le he solicitado.[3] Será un soldado leal al servicio de la CIA. Cooperará en acciones encubiertas en contra de extranjeros cuyo auténtico papel en México nosotros hayamos logrado descubrir y estará de nuestro lado para poner a nuestra disposición a las fuerzas policiacas y militares para lograr extradiciones, encarcelamientos y diferentes acciones represivas. No abriguen ustedes la menor duda, Díaz Ordaz es uno de los nuestros, es nuestro hombre en México.

[3] Morley, 2008: 258-259.

Mientras invitaba a amigos y colaboradores cercanos a exhibiciones privadas de cine en Los Pinos y organizaba fiestas, construía un pequeño campo de golf ahí mismo, dos albercas, una cubierta y otra descubierta, además de canchas de tenis, frontón y un boliche electrónico, y doña Lupita, su esposa, inauguraba planteles educativos, casas hogar, asilos, hospitales y clínicas, guarderías y salones de costura, por su parte Vallejo, Campa, Salazar, Mata, Siqueiros, Moreno, Pérez, Lumbreras, Encinas y otros comunistas comenzaban a llenar las prisiones. Carlos Fuentes, todo un señor de la literatura, se preguntaba: «¿Es concebible que después de ciento cincuenta años de Independencia, cien años de Reforma y cincuenta de Revolución, haya presos políticos en nuestro país? ¿Un gobierno que mantiene encarcelados a los dirigentes sindicales y a los obreros, tiene derecho a llamarse revolucionario?». Lo mejor de todo era que la sociedad mexicana, eternamente adormecida, tal vez anestesiada, no protestaba en las calles ante la existencia de los presos políticos. Las ratas podían devorar los pies del pueblo de México y sin embargo nadie se rebelaba ni parecía despertar de un sueño eterno. ¿La sanguinaria intolerancia mexica, sumada al salvaje autoritarismo español, habían castrado para siempre a los mexicanos de estos tiempos? ¿Cómo debería ser una nación que había salido de la piedra de los sacrificios para caer en la pira de la Santa Inquisición? ¿Era preferible morir viendo al sol mientras un sacerdote endemoniado te sacaba el corazón después de asestarte una señora puñalada en el pecho con un cuchillo afilado de obsidiana, o perecer incinerado con leña verde por leer libros prohibidos o pensar diferente? ¿Y las guerras intestinas y las intervenciones extranjeras y los cuartelazos, las asonadas y los levantamientos armados, y los caudillos y los caciques y la revolución, no habían influido en la mentalidad colectiva? Eso sí, cuidado con volver a despertar al *México bronco* porque las consecuencias podrían llegar a ser fatales. Como agente de la CIA esto constituía un protocolo inocultable: que nada se derrame y que el fuego siempre se controle...

La administración de Díaz Ordaz se significaba por ser prudente y eficiente. Promulgó reformas importantes en materia del impuesto sobre la renta; llevó a cabo importantes esfuerzos para impulsar al sector agropecuario y la industria eléctrica; propició la estabilidad, el control financiero y la paz social; controló la inflación, el peor gravamen a los pobres; ejecutó más obras hidráulicas; amplió la red telefónica; incrementó la red de carreteras y modernizó y entregó sesenta nuevos aeropuertos; repartió cuatro millones de hectáreas; fundó el Instituto Mexicano del Petróleo para evitar la dependencia tecnológica del exterior; inició en el Distrito Federal la construcción del Sistema de Transporte Colectivo, el Metro, con dos grandes líneas subterráneas; limitó la expansión suicida de la ciudad de México; incrementó espectacularmente el presupuesto a la educación; creó aulas, talleres, laboratorios y escuelas rurales; aumentó el subsidio a las universidades y facilitó la entrega de recursos para la realización de la XIX Olimpiada, primera efectuada en un país latinoamericano. En fin, vio en todo momento por el bienestar de la nación, según rezaba el juramento ridículo de los presidentes que por cierto nunca cumplían y, por otro lado, la patria jamás se los demandaba.

No tardé en percatarme de que el presidente Díaz Ordaz era un hombre inseguro, tan lo era que necesitaba tener en sus manos todos los hilos, de manera que nada escapara a su absoluto dominio. De delegar ni hablemos… Tenía que conocer de todo y estar presente en todo. Que nada se le escapara o se le ocultara. Díaz Ordaz les concedía solo una oportunidad a sus opositores. Tan pronto se desesperaba o impacientaba, apretaba un botón para imponer por la fuerza sus determinaciones al modo de un tlahtoani moderno. Por ello obligaba a sus hijos a besarle la mano como él lo hacía con su padre, para demostrar su autoridad reverencial. Similar actitud asumió como Jefe de la Nación, en el entendido de que se tenía que respetar su elevada investidura por las buenas o por las malas. Vivía con una gran preocupación la posición geográfica de México, porque Estados Unidos bien podría imponer por la fuerza a un militar que le concediera todas las ventajas y seguridades al imperio, pero no era menos riesgosa la empresa si se trataba de una intromisión por parte de la Unión Soviética que quisiera subvertir el orden nacional precisamente para provocar a la Casa Blanca, tal y como acontecía con Cuba. Más le valía confiar en el Tío Sam… Nunca me dio muestras de lo contrario.

En una ocasión, cuando volvió a afirmar durante nuestros recurrentes *tea time* que «la menor distancia entre dos puntos era la línea dura», decidí alertarlo de los peligros y consecuencias de no tomar en cuenta las sugerencias provenientes de la Casa Blanca, así como de los cuarteles generales de la CIA. Díaz Ordaz tenía que reprimir los esfuerzos nacionalistas opuestos a la expansión del imperialismo norteamericano. ¡Imposible pensar en un Fidel Castro mexicano, de ahí que yo tuviera que infundirle miedo!

En alguno de nuestros tantos desayunos al aire libre en las terrazas de Los Pinos, le vacié, con la debida discreción, la cartuchera, de modo que nunca olvidara lo que éramos capaces de hacer en la CIA: porque la diplomacia es la policía en traje de etiqueta. Por supuesto que cité el caso de Vietnam, país al que rescataríamos del comunismo aun cuando estuviera del otro lado del mundo, en cuyo caso, ¿qué no haríamos con México en nuestra frontera? Omití Bahía de Cochinos por vergüenza y pudor, pero ya volveríamos por ese hampón de Fidel Castro, un ladrón profesional que muy pronto nos la pagaría.

Comencé por recordar cómo habíamos impuesto a tiranos paraguayos del corte del general Raimundo Rolón, en 1947, y a Alfredo Stroessner en 1954. Cómo habíamos elevado al cargo y depuesto a una serie interminable de dictadores bolivianos hasta quedarnos con sus inmensas riquezas mineras, que la gente y ciertos intelectualitos se resistían a entregarnos. Cómo habíamos largado al doctor Mohamed Mossadegh en Irán después de habernos negado el acceso a su petróleo, que finalmente nos proporcionó el famoso *sha* en 1953. ¡Claro que habíamos echado a patadas a Jacobo Arbenz, el presidente guatemalteco, por haberse atrevido a invitar a los indígenas de mierda a tomar tierras propiedad de la United Fruit en 1954! Por supuesto que habíamos mandado asesinar en 1961 a Leónidas Trujillo, uno de nuestros mejores hombres en la Dominicana, porque temíamos una revuelta popular originada en el hambre. Se armó un caos espantoso. Pobre país: hubiéramos dejado a Trujillo... No tuvimos más remedio que derrocar a Papandreu, un temerario izquierdista, en Atenas en 1967 para evitar daños mayores a nuestras empresas, y echar igualmente a la calle a Joao Goulart en Brasil para instalar a uno de nuestros gorilas, de la misma forma en que lo habíamos hecho en Argentina en 1963... ¿Estaba claro...? El planeta entero era nuestro después de la Segunda Guerra Mundial, salvo el caso de la URSS y sus satélites, nuestros enemigos.

El presidente de México dejó pasar por alto mis comentarios amistosos pero eso sí, tomó nota, los dejó debidamente registrados y cuidadosamente almacenados. Que no se le olvidara y nunca lo olvidaría, de ello me encargaría...

En esa misma ocasión y ya casi al despedirme, Díaz Ordaz me hizo saber de una conversación íntima con su antiguo ayudante en Gobernación, el general Gutiérrez Oropeza, jefe de su Estado Mayor:

—Coronel —le advirtió al darle a conocer su nuevo puesto—, si en el desempeño de sus funciones tiene usted que violar la Constitución, no me lo consulte porque yo, el presidente, nunca le autorizaré que la viole; pero si se trata de la seguridad de México o de la vida de mis familiares, coronel, viólela. Donde me entere, yo, el presidente, lo corro y lo proceso, pero su amigo Gustavo Díaz Ordaz le vivirá agradecido. ¿Estamos de acuerdo, coronel?

Ése era el lenguaje de los políticos mexicanos: en mucho se parecía a costumbres como el «acátese, pero no se cumpla» con que se gobernó la Nueva España a partir del siglo XVI. ¿Cómo cumplir con la instrucción de no violar la Constitución, pero si tenía que violarla lo hiciera siempre y cuando el presidente no se enterara, porque si éste lo sabía, lo cesaría del cargo, lo que no pasaría con el afecto de su amigo? El lenguaje era para enloquecer al que fuera, ¿no...? Ah, *mecsicanous, mecsicanitous*...! ¡Mi no entender ni *madreis*, verdá de *Diositou santou*...!

El gobierno de Díaz Ordaz siguió su marcha con un Carlos Madrazo como presidente del PRI, quien venía decidido a cambiar el sistema político mexicano y concederles a los presidentes municipales su derecho a ser electos y no que se les impusiera por *dedazo*. No era gratuito que fuera el primero en calificar a sus correligionarios como «dinosaurios.» La inconformidad crecía tanto por hambre como por autoritarismo. ¿Cómo negar que la desesperación social originada por el despojo de las tierras propiedad de los campesinos, provocó el nacimiento en Chihuahua del Grupo Popular Guerrillero (GPG), un movimiento esencialmente agrario con ramificaciones urbanas, justo lo más temido por Díaz Ordaz? Cuando el GPG atacó con furia la madrugada del 23 de septiembre de 1965, el cuartel militar de ciudad Madera, al pie de la sierra Tarahumara, el ejército repelió el fuego registrándose innumerables bajas por ambos lados. Frente a los campesinos tendidos, el general Praxedis Giner Durán, gobernador del estado, expresó su verdadero sentir: «¿Querían tierra? ¡Pues ahí la tienen!» ¿Estarían los rusos atrás, los cubanos, los chinos o cualquier otra organización violenta financiada desde el exterior? Otra matanza sin nombre, pero eso sí, justificadísima. En aquel momento Díaz Ordaz ya había nombrado a Gutiérrez Barrios, mi Fer, el querido Pollo, como titular de la Dirección Federal de Seguridad, la DFS, y había sustituido a Ernesto Uruchurtu, el famoso Regente de Hierro, por el general Alfonso Corona del Rosal, Poncho, mi *Ponchitou*. La administración de Díaz Ordaz se desarrollaba en relativa calma con mis LITEMPO, escogidos con pinzas de acuerdo a la gran escuela de la CIA. Las fichas se iban acomodando. Cuando los médicos que pretendían aumento de salarios, libertad y garantías jurídicas fueron sometidos, claro está, por medio de la fuerza y consignados a la autoridad penal, Díaz Ordaz declaró en su informe presidencial de septiembre de 1965: «Soy el único culpable de lo acontecido. Mis conciudadanos y la historia juzgarán mis actos». Ese mismo discurso pronunciaría en septiembre de 1969 para explicar los hechos del 68.

Díaz Ordaz tenía su propia escuela, justo es reconocerlo. Él y solo él decidió, en 1966, acabar con el doctor Ignacio Chávez, una autoridad mundial en cuestiones cardiacas, quien se desempeñaba como rector de la Universidad Nacional Autónoma de México. ¿Cómo se deshizo de él? Muy sencillo: recurrió a los porros, a los golpeadores capacitados con notable éxito por Corona del Rosal, la antigua policía priista, para que ocuparan su oficina disfrazados de estudiantes. Al frente de los futuros Halcones iba nuestro agente especial, el coronel Manuel Díaz Escobar, *our dear boy*, el Zorro Plateado, Rodolfo Sánchez Duarte, Miguel Castro Bustos, además del famoso *Fish*, de quien me ocuparé más tarde. Estos paramilitares, perfectamente adiestrados, llevaban la consigna desde Los Pinos de tomar por asalto la rectoría, secuestrar, vejar y amenazar a Chávez para obligarlo a firmar su renuncia. De nada valieron las denuncias presentadas ante las autoridades judiciales. Nadie oyó, nadie supo, nadie actuó. El presidente guardó silencio, se abstuvo de contestar las llamadas urgentes y desesperadas del rector por ser «muy respetuoso de la autonomía universitaria», en tanto los porros embarraban su traje con un pegamento y lo cubrían de plumas para sacarlo a la calle tirado por un cinturón, sin considerar que Chávez pertenecía a dieciocho sociedades de cardiología del mundo, había sido receptor de treinta y un condecoraciones de gobiernos y universidades que le concedieron doctorados *honoris causa*, además de medallas y títulos propios de una eminencia universal. ¡Ay, mira, mira: se veía maravilloso disfrazado de pollo…! Finalmente, de lo que se trataba era de demostrar cómo a través de los porros se podía manipular a los universitarios, que ignoraban de dónde provenía el golpe ni quién lo había organizado. ¡Bien, querido Zorro; muy bien, *Fish*, bien!, nuestro zoológico mexicano, junto con nuestro querido Pollo Gutiérrez.

A mí, en lo personal, me encantaba la idea de largar a patadas a Chávez por más títulos y reconocimientos que tuviera, porque así se dejarían de crear los cuadros técnicos que necesitaba el país. Mi experiencia me decía que a las universidades gobernadas por la tiranía solo asistían militares, hijos de empresarios poderosos de derecha y «sobrinos» de altos prelados. Al ser selectiva la capacitación de estudiantes, proliferaría la ignorancia en la nación y al ocurrir esto se incrementaría la dependencia hacia Estados Unidos, país que recibiría esclavos para trabajar nuestras enormes tierras y cerebros destacados, quienes, por otro lado, reforzarían nuestra inteligencia nacional en empresas y academias y jamás volverían a México a perderse en un frustrante vacío sin oportunidades. Se quedarían quienes tuvieran la posibilidad de consumir más chicle, cocacola y nailon si es que llegaban a tener un empleo.

¿En la caída de Chávez no se evidenció la misma escuela integrada por fuerzas paramilitares que después se utilizarían en el movimiento del 68 y en 71 con el famoso *halconazo*? A los hechos…

En los acuerdos de Díaz Ordaz con Gutiérrez Oropeza, el jefe del Estado Mayor, su antiguo jefe de ayudantes en la Secretaría de Gobernación, éste fungía como titular de un pequeño, pero selecto y poderoso grupo de militares, un secretario sin cartera. En la práctica, dicho Estado Mayor Presidencial se trataba de un ejército dentro del propio ejército, que seguía la línea inspirada por Miguel Alemán, creador de las «guardias presidenciales». Ambos citaban nombres, ponderaban grados y antigüedades y aprobaban promociones: de mayor a teniente coronel, de teniente coronel a coronel, de coronel a general brigadier, de general brigadier a de brigada, y de brigada a divisionario.

Había una clara tensión entre el titular de la Defensa Nacional y el jefe del Estado Mayor, que Díaz Ordaz deliberadamente fomentaba. Gutiérrez Oropeza movía los caballos, las torres y los alfiles sobre el tablero de ajedrez, habiendo consultado cada jugada con el Jefe de la Nación. ¿Quién se atrevía a realizar un desplazamiento, cualquiera que fuere, sin la autorización y el beneplácito de Díaz Ordaz, el hombre sin duda alguna mejor informado del país? El presidente era rencoroso, autoritario y controlador, imposible jugar a sus espaldas. Por ello ambos acordaron, en 1966, que el coronel Díaz Escobar, antiguo director de la policía priista y del grupo «la Lux», nuestro destacado agente-informante, fuera trasladado del Estado Mayor Presidencial a la Subdirección de Servicios Generales del Departamento del Distrito Federal, contando con una nómina de nada menos que catorce mil personas a solicitud expresa del general Alfonso Corona del Rosal, con quien el Zorro Díaz Escobar venía trabajando desde hacía varios años. Sería particularmente útil en octubre, en Tlatelolco. Se haría cargo de trescientos paramilitares reclutados por el PRI, entre luchadores, boxeadores, gimnastas, soldados de mala conducta, porros y golpeadores; Halcones profesionales dedicados a controlar la ciudad de México, por cierto muy noble y leal. El cambio me pareció estupendo. Gutiérrez Oropeza y Corona del Rosal se entendían a la perfección.

En Morelia, en octubre de 1966, los militares al mando del general José Hernández Toledo, el «general universitario», tomaron la universidad y detuvieron a decenas de estudiantes que habían convocado a una huelga. Díaz Ordaz se preparaba para el 68. En Sonora, en 1967, los estudiantes —otra vez los malditos estudiantes, los de verdad—, protestaron, esta vez por la imposición del gobernador. El mismo numerito: organizaron marchas callejeras, se identificó a los responsables, a los incitadores acusados de disolución social, había violencia en las calles, miedo en la sociedad, los inversionistas se asustaron, temían un desbordamiento. ¿Consecuencias? El ejército ocupó la universidad con disparos de bazucas, gases lacrimógenos y macanazos bien surtidos a diestra y siniestra. Días después sería ocupada la preparatoria de Navojoa por las fuerzas armadas. ¿Qué hacer? Hay males que se curan con aspirinas y otros con cirugía mayor. ¿Para qué llegar al quirófano cuando todavía es posible restablecer la salud con pastillitas...? Por todo ello, les receté una dosis de la «ola verde», mi grupo represor estudiantil en Sonora, que me valió muchas felicitaciones de la CIA.

A Genaro Vázquez Rojas, un priista rebelde, lo seguíamos con lupa. Tarde o temprano este guerrillero extraviado caería en nuestras manos y le daríamos su merecido por agitar a una inmensa mayoría de muertos de hambre tan analfabetos como resignados, con promesas que nunca cumpliría porque no lo dejaríamos ni el clero ni el gobierno ni el PRI ni la CIA. ¿No...? Entonces la bala. Cuando las palabras no sirven, las amenazas se desgastan, la excomunión no atemoriza y ni la cárcel ni el paredón imponen, no queda otro recurso que el proyectil disparado certeramente al centro de la frente con la debida impunidad. A Genaro le mandamos decir: «Si haces algún ruido, te carga la chingada, cabrón».

¿Qué hizo? Pues siguió haciendo ruido y mucho, por cierto. La suerte, su suerte, estaba echada... Murió en un «accidente» de tránsito.

¿Y Rubén Jaramillo, militante del Partido Comunista que, según él, siempre había estado al lado del pueblo en su lucha, en sus demandas, en sus sueños, peleando porque se terminaran las injusticias? No escuchaba razones ni amenazas, por lo que cayó víctima de una sordera suicida que por cierto pagaría muy cara, junto con toda su familia. Pa' cabrón, cabrón y medio, ¿no?

Me reunía cíclicamente con el presidente, tal y como había hecho con Ruiz Cortines y López Mateos. Nuestros encuentros no podían ser más afortunados, solo que nunca había vivido una experiencia con ningún jefe de Estado como la que experimenté con Díaz Ordaz. Si siempre entendí que mi posición militar y política inspiraba miedo, nunca me percaté de mis alcances hasta que en una ocasión, cuando acordábamos en Palacio Nacional ciertos aspectos en materia de seguridad nacional, el presidente empezó a hablar más rápido de lo acostumbrado, al extremo de que llegué a perder el hilo de la conversación. Fue entonces cuando le pedí al Primer Mandatario:

—*Stop, stop, stop, mister president*... Párese, párese —aduje mostrándole ambas manos con la debida simpatía.[4]

De pronto Díaz Ordaz, quien estaba sentado tras su escritorio, se puso repentinamente de pie. Me quedé perplejo y confundido sin saber qué hacer. ¿Lo habría yo ofendido?

—¿Qué hice mal? ¿Por qué se levanta usted? ¿Lo ofendí? —cuestioné preocupado. Imposible romper con el jefe del Estado mexicano. La CIA jamás me lo perdonaría. ¿Cómo explicar los hechos sin acabar con mi trayectoria?

—Es que yo entendí «párese, párese» y por eso me levanté —me explicó Díaz Ordaz con una terrible seriedad hasta que ambos reventamos a carcajadas, solo que yo había recibido una elocuente prueba de mis poderes.

[4] Morley, 2008: 259.

Continuamos hablando del papel que desempeñaban los porros
en la UNAM y en el Politécnico, los que supuestamente coordinaban
las porras de los equipos de futbol cuando en realidad se dedicaban a
realizar actividades parapoliciales, organizando grupos de choque
para hostigamiento, persecución y represión del sector estudiantil. Porros como Sergio Mario Romero Ramírez, el *Fish* —primo
hermano de Humberto Romero, mejor conocido como el Chino,
antiguo secretario particular de López Mateos—, quien también
cobraba con seudónimos en la oficina de Prensa del Departamento
del Distrito Federal, uno de nuestros más hábiles infiltrados, dependiente del coronel Manuel Díaz Escobar: organizaba grupos de choque y proporcionaba información de primera mano sobre lo que
acontecía en los medios universitarios para contrarrestar a los grupos de izquierda, ya que disfrutaba de la confianza del estudiantado
al haber sido presidente de la Federación de Estudiantes Universitarios. Utilizaba una oficina en Plaza de la República 30, noveno
piso, que pertenecía al licenciado Miguel Osorio Marbán, distinguido priista, director nacional de Acción Juvenil del PRI. ¿Suficiente? ¿No era evidente la liga? Mario Romero sería, en el futuro,
el encargado de mantener al gobierno al tanto de las actividades del
Consejo Nacional de Huelga en 1968. Al *Fish*, que formaba parte
del grupo Los Escuderos, filial de la organización católica Caballeros de Colón, después lo nombramos jefe de CARA, la Central de
Acción Revolucionaria Armada, que ametrallaba escuelas públicas,
asaltaba las oficinas de Telégrafos de México, robaba empresas particulares, cometía atentados dinamiteros contra instalaciones petroleras y asesinaba militantes de izquierda. CARA era un grupo de
choque de ultraderecha cristiana que contaba con al menos veintiún
miembros identificados, cuyas actividades fueron solapadas por el
aparato represivo del PRI-gobierno de Alfonso Martínez Domínguez, Gustavo Díaz Ordaz y Luis Echeverría Álvarez. ¿Nos vamos
entendiendo? Más le valía a Díaz Ordaz no perder el control de la
situación que revisábamos periódicamente, porque de otra manera
lo ejerceríamos nosotros con toda nuestra escuela y las obvias consecuencias. ¡Mexicanos! Paso redoblado... ¡ya!

Díaz Ordaz se sentía orgulloso ante mí y presumía el hecho de
haber eliminado durante la primera mitad de su mandato las sub-
versiones en contra de su administración. ¿Los líderes sindicales rebeldes? ¡Controlados! ¿Los estudiantes aguerridos? ¡Controlados!

¿Los médicos insaciables con pretensiones laborales imposibles? ¡Controlados! ¿Los intelectualitos indomables? ¡Controlados! ¿Los directivos infatigables de la oposición? ¡Controlados! ¿Los guerrilleros? ¡Controlados! ¿Los agentes infiltrados por otras potencias? ¡Controlados! ¿La prensa indómita? ¡Controlada a través de PIPSA que no vendía papel periódico a los criticones, para ya ni hablar de los medios electrónicos, como la televisión y la radio, los cuales podían perder su concesión en caso de necedad suicida! Al día siguiente no saldrían al aire por fallas técnicas... ¿El Congreso federal y las cámaras legislativas locales? ¡Controlados! ¿El Poder Judicial en todos los niveles? ¡Controlado! ¿La sociedad? ¡Controlada! Todo parecía tenerlo en el puño de su mano. Nuestro tirano funcionaba a las mil maravillas, ¿para qué otro? ¿Quién había inventado la sucesión presidencial en este paraíso...?

Pero en Washington tenían otra lectura y otros procedimientos. En 1967 Edgar Hoover, mi antiguo jefe en Europa durante los años de la guerra, ordenó sin más la operación «reventamiento», es decir, dispuso ametrallamientos nocturnos en escuelas, preparatorias y vocacionales para dividir a los líderes subversivos mexicanos. ¿Cuáles líderes subversivos? En ese momento yo todavía no entendía nada. Los ejecutarían integrantes del FBI. Por el momento no se trataba de matar a nadie sino de causar pánico y atemorizar a la sociedad, y de producir enfrentamientos entre las pandillas, que se culparían las unas a las otras. Sus directrices se adelantaban al estallido del conflicto estudiantil del año siguiente, que cimbraría a México al luchar en contra de un fantasma inventado en Washington: los agitadores comunistas. ¿Cuáles agitadores comunistas? No existían, y los que existían estaban en la cárcel, eran perseguidos por «la justicia» o descansaban varios metros bajo tierra. Hoover había sido preciso en sus instrucciones para no interferir con los elementos de ninguna otra agencia de inteligencia de Estados Unidos operando entre los universitarios, o sea, cuidaba nuestro trabajo, al menos era precavido. La verdad era que, a raíz de la paranoia del presidente Lyndon Johnson, se había echado a andar un plan desestabilizador orientado a imponer en México a un dictador de perfil franquista, un militar de extrema derecha muy vinculado al clero, para contar con una pinza entre cuyas fauces se controlaría espiritualmente a la nación y se le sometería con las fuerzas del orden. Yo tenía que cumplir órdenes y las esperaba de mi agencia. ¿Le confesaría a Díaz Ordaz lo que estaba aconteciendo? ¡Ni muerto! ¿Y si él lo descubría? Entonces lo negaría. Yo también tenía intereses, pero en ningún caso amigos. ¿Cuándo se había visto a un espía con amistades mientras en cualquier momento nos podían ordenar su estrangulamiento con las propias manos? ¿Los espías somos hipócritas? Por supuesto que sí...

La familia política mexicana recordaba cuando Carlos Madrazo había anunciado, tres años atrás, la necesidad de modificar la forma de elección de sus candidatos: no quería un PRI clientelar, por esa razón propuso que sus ocho millones y medio de militantes se volvieran a afiliar individualmente al partido. ¿Díaz Ordaz deseaba eternizarse en el poder y lo había hecho saber desde un principio? El último que lo intentó terminó acribillado a balazos en La Bombilla y se llamaba Álvaro Obregón... ¿Díaz Ordaz estaba dispuesto a enfrentar la ley de la bala? ¿Nosotros en la CIA deseábamos semejantes peligros e inestabilidad? De cualquier manera Madrazo ya había renunciado y no tardaría en ser asesinado por vanguardista. Cuidado en México con los vanguardistas que pisan callos ajenos...

Los planes trazados desde Washington continuaban. Johnson, quien visitaría el país tres veces durante su administración, más las ocasiones en que Díaz Ordaz viajaría a Estados Unidos, no perdía oportunidad de declararle su amistad al presidente mexicano a pesar de que pensaba derrocarlo el año entrante. Mentiras, absolutas mentiras que Johnson fuera un texano de mierda: rechazo tajantemente el cargo, bueno, después de todo no puedo ser tan «tajante»... Ningún pretexto mejor que las Olimpiadas, ese evento deportivo mundial a celebrarse en México, para ser aprovechado por las fuerzas del mal, los comunistas, con el fin de subvertir el orden en México causándole un dolor de cabeza al Tío Sam, además, por otro lado, el momento era el idóneo ya que se venía encima la sucesión presidencial y a saber qué pasaría con nuestro pintoresco vecino. Mejor, mucho mejor imponer, como bien dijera el presidente Roosevelt, *our son of a bitch* en Los Pinos y no esperar que alguien nos impusiera *their son of a bitch*... Por todo ello, de acuerdo a los planes, en junio de 1967 la revista *U.S. News & World Report* «alertó respecto a la posibilidad de una nueva revolución en México. La publicación presentaba a la débil izquierda mexicana como la amenaza comunista, predecía disturbios y un escenario extremo. Se hablaba de la eventual intervención de tropas norteamericanas en territorio nacional para salvar a México del comunismo».[5] Nadie entendía nada, ni una palabra, solo nosotros sabíamos a conciencia de qué iba aquello. Washington había empezado a filtrar noticias falsas en la prensa para ir preparando a la opinión pública del mundo. Adiós priistas, era claro que impondríamos un régimen militar de la misma forma en que lo habíamos hecho en casi toda América Latina. Johnson no confiaba en nadie, ni siquiera en Díaz Ordaz ni en su evidente y eficiente autoritarismo, nada, a los hechos... ¡Ay!, si no hubieran asesinado a Kennedy otro hubiera sido el destino de México.

Confundido, el gobierno mexicano se preguntaba, según escuchábamos a través de las intervenciones telefónicas: ¿se trataría de la Organización Latinoamericana de Solidaridad (OLAS), creada en Cuba, compuesta por diversos movimientos revolucionarios y antiimperialistas de América Latina? ¿Una guerra de guerrillas extendida por todo el hemisferio sur? ¿Quién estaría atrás de todo esto? ¿La CIA? No, la CIA no, Winston Scott es un gran amigo de México. Ni hablar, él nos lo contaría todo. Castro no puede ser porque está en deuda con el PRI debido a su amistad con Gutiérrez Barrios, quien le salvó la vida y le facilitó el dinero que puso Miguel Alemán para que pudiera comprar el *Granma* y zarpara rumbo a Cuba para iniciar la revolución en la Sierra Maestra. ¡Ay!, las carcajadas al leer las conversaciones que me transcribían los escuchas... Si supieran que nosotros le dimos al gobierno boliviano todos los hilos para que localizaran al Che y lo ejecutaran. ¿Cuándo iban a dar con él los de la «inteligencia» nativa? Los mexicanos sí creen en la amistad, por eso los aplastó Hernán Cortés: es muy fácil engañarlos... La verdad es que desde la lectura de aquella nota publicada por *U.S. News & World Report*, el gobierno mexicano andaba como perro sin dueño.

Como una muestra de amistad de parte del presidente Johnson y de Estados Unidos devolvimos a México, en octubre de 1967, el territorio fronterizo denominado El Chamizal. ¿Éramos o no amigos? Las pruebas estaban a la vista. La confusión también. Por todo eso y más insistimos en la ONU para que 1968 fuera el Año Internacional de los Derechos Humanos. Se trataba de crear un ambiente de confianza para ejecutar nuestros planes. Un escéptico es más di-

---

[5] Edición del 5 de junio de 1967: «*Now for Mexico: A New Revolution*», p. 97, citado por Carlos Mendoza en el documental *1968, la Conexión Americana*.

fícil de convencer que un confiado, ¿no? Por mi parte, ya saben ustedes por dónde me pasaba yo los derechos humanos: por el mismo
lugar que, en la realidad, se los pasaba Johnson. ¿No eran suficiente prueba de esto los bombardeos en Vietnam para matar a todas
las ratas comunistas, por más lejos que se encontraran de Estados
Unidos?

Al iniciar 1968, ¡ay, ese 1968!, la juventud mexicana, y la del
mundo también, fueron atraídas por la no violencia inspirada en
las tesis pacíficas de Mohandas Karamchand Gandhi y Martin Luther King, sí, pero las ideas de la revolución dominaban las universidades fundamentalmente por las ganas de vivir en otro ambiente,
de libertad, «haga el amor y no la guerra», por la feroz oposición
a nuestra política en Vietnam, mezclado con el consumo masivo de
marihuana para «ayudar» a entender la vida desde otros ángulos.
Estallaban movimientos estudiantiles a lo largo y ancho de Gran
Bretaña, incluidas las universidades de Cambridge y Oxford, así
como manifestaciones en Asia contra la guerra y el sistema educativo británico. En Italia, los enfrentamientos con la policía y las
manifestaciones callejeras no se veían desde los años de Mussolini.
Había centenas de heridos y detenidos en tanto los daños materiales sumaban millones de liras. Vietnam era una bandera de protesta
inevitable. Cuando Rudi Dutschke —líder estudiantil— fue víctima
de un atentado, toda Alemania Occidental se incendió como una gigantesca pira.

Los sistemas políticos amenazaban con derrumbarse estruendosamente. Lo mismo acontecía en Japón, Italia, España, Argentina,
Bolivia, Brasil, Perú, Uruguay y Turquía. En un mundo bipolar la
juventud progresista y liberal exigía sus espacios, para ella legítimos. Charles de Gaulle, en Francia, observaba angustiado cómo el
incendio estudiantil se propagaba de Nanterre hasta la Sorbona, en
París. ¿Hasta dónde llegaría la protesta de los jóvenes? Surgieron
barricadas como en los años de la toma de La Bastilla. Los jóvenes
franceses reclamaban, a diferencia de los mexicanos, mejores planes de estudio, ellos sí se proponían superarse en la vida. La alarma
cundía velozmente, como si el viento llevara de la mano el fuego devastador. Hasta nosotros en Estados Unidos contemplamos, con el
debido respeto, el movimiento por los derechos civiles y de las mi-
norías raciales, además de las constantes protestas callejeras opues-
tas a Vietnam. ¿Díaz Ordaz podría mantener al país bajo control

cuando el fuego llegara a México? Porque eso sí, de que llegaría, llegaría... El mundo entero se convulsionaba en buena parte por culpa nuestra, de la misma manera en que las epidemias medievales no respetaban fronteras religiosas ni políticas ni clases sociales, atacaban a todos por igual, pero ni hablar, ya nos lo agradecerían las generaciones futuras cuando se dieran cuenta de los peligros que implicaba la existencia de las ratas comunistas sobre la faz de la tierra. En nada ayudaron a pacificar nuestro orden doméstico los asesinatos de Martin Luther King y de Robert Kennedy. Se arrojaba gasolina a la hoguera. La policía golpeó a estudiantes y los encarceló, y al hacerlo los unió como no se había visto en los tiempos modernos. Los *hippies*, nuestros *hippies*, eran un ejemplo a seguir en todo el planeta.

¿Qué hacer para prepararnos en México y ejecutar los planes de la superioridad? Por lo pronto incrementamos el personal de nuestra embajada hasta llegar a un número de setecientos colaboradores, de los cuales la inmensa mayoría eran espías o agentes de la CIA, del FBI, del Pentágono o de cualquier otra agencia estadounidense y no era para menos dado que habíamos detectado, desde 1963, al menos cuarenta incidentes aislados de agitación estudiantil y temíamos la ingerencia soviética. Era un simple problema de tiempo para que el fuego llegara a nuestro flanco más frágil; bien lo sabían los enemigos. Los días de don Gustavo estaban contados porque eso sí, de que lo derrocaríamos, lo derrocaríamos este mismo año. ¿Quién se iba a enfrentar a Lyndon Johnson y sus delirios de persecución? Muy demócrata, muy demócrata, pero también era un gran hijo de la chingada... No podíamos confiar en la sucesión presidencial. A saber... Salvo prueba en contrario, que fuera muy evidente, tendríamos que imponer a nuestro gorila, *our son of a bitch*, para que cumpliera al pie de la letra las órdenes. Comenzaríamos por purgar a México de cualquier germen comunista. Ideamos entonces un programa de trabajo con Díaz Ordaz; Echeverría, secretario de Gobernación; García Barragán, secretario de la Defensa; Alfonso Corona del Rosal, jefe del Departamento del Distrito Federal; Gutiérrez Barrios, director de la Federal de Seguridad, y Gutiérrez Oropeza, jefe del Estado Mayor Presidencial. Por supuesto que yo no daba la cara. Me reunía con el presidente, con Echeverría, con Poncho Corona y con el Pollo Gutiérrez Barrios. Los demás ejecutaban los acuerdos.

En una ocasión, cuando ya estaba en marcha un plan desestabilizador encubierto para imponer a un militar de la más pura cepa, me reuní a comer con Díaz Ordaz en Los Pinos. El elegido por la CIA a sugerencia mía era, sin duda alguna, el señor general y licenciado don Alfonso Corona del Rosal, porque se trataba de un militar de reconocida mano dura, de un excelente universitario, un civil experto en derecho: nuestro dictador perfecto, *our good old Ponchitou*... En aquel momento yo sabía, por el espionaje telefónico, que le habían entregado a Díaz Ordaz un informe secreto elaborado por la Sección de Inteligencia del Estado Mayor Presidencial, la famosa SII, que consignaba, como el primer riesgo para la soberanía nacional, una intervención estadounidense o una desestabilización también provocada por nosotros. Él no sabía que yo sabía... Se trataba de una entrevista a puerta cerrada para analizar, no discutir —¡cómo hacerlo!, no había espacio para ello—, temas de agenda bilateral. El presidente no era particularmente afecto al alcohol, si bien podía tomar una copa de vino o hasta dos en privado, en familia o tal vez rodeado de sus colaboradores más cercanos, lo cierto era que conmigo nunca pasó del agua de jamaica o de tamarindo. Necesitaba echar mano de sus cinco sentidos para poder leer a gran velocidad las entrelíneas de nuestras conversaciones. Comimos una sopa seca de fideos con pollo deshebrado. A continuación nos sirvieron un mole poblano, el preferido de la tierra de don Gustavo, con arroz rojo y frijoles refritos con totopos. A título de postre, devoramos una copa de chicozapote con unas gotas de naranja, sin que faltara el típico café de olla. El Primer Mandatario se mostró inquieto durante la comida porque me había negado a abordar el tema que me ocupaba. Al concluir, y ante su confusión, le sugerí pasear por los jardines de la residencia oficial, a lo que accedió gustoso. Mi petición se fundaba en la posibilidad de evitar micrófonos ocultos en el florero, debajo de la mesa, adheridos en la parte baja del asiento de las sillas o bien en todos lados. Imposible saber.

Una vez afuera, después de comentar las esculturas de quienes habían sido jefes de la nación, dispuestas en las estrechas calzadas, me atreví finalmente a externarle mis preocupaciones. Me abstuve de tomarlo del brazo. Para variar, ambos caminamos con las manos colocadas detrás de la espalda, como si no quisiéramos comprometernos. Un buen lector de conducta corporal hubiera podido descifrar la seriedad de nuestra plática con tan solo observarnos a la distancia. Le repetí en voz apenas audible, tal y como habíamos aprendido en nuestra central en Washington, que la CIA se había visto obligada a imponer dictadores en Paraguay, Irán, Guatemala, República Dominicana, Argentina, Bolivia, Grecia, Brasil, Uruguay, Chile, Honduras y Perú, además de otras intervenciones militares en Venezuela, Ecuador y Costa Rica. El rostro del presidente se congestionó y endureció como nunca había visto. A continuación aduje hechos incontrovertibles que movieron a Estados Unidos a atacar cualquier posibilidad de surgimiento de gérmenes comunistas en diferentes partes del mundo. Díaz Ordaz guardaba silencio porque ignoraba hacia dónde se dirigían mis afirmaciones. Veía para adelante sin siquiera voltear a verme. Alegué que la CIA de ninguna manera toleraría otra Cuba, ya no se diga en América Latina, sino en ninguna otra parte del planeta y menos aún al sur de una frontera de casi tres mil kilómetros de longitud. Washington sabía que, tarde o temprano, chinos, rusos o coreanos del norte pretenderían desestabilizar a México para intentar reventarle el esqueleto a Estados Unidos. La entrada de los infiltrados comunistas sin duda se haría a través del país. Canadá, desde luego, no representaba la menor oportunidad para lograr una exitosa penetración.

En este orden de ideas, ante el absoluto silencio del Jefe de la Nación, me atreví a hacerle saber la intención de nuestro gobierno de imponer a un dictador, a lo que yo definitivamente me había opuesto en el entendido de que dicha estrategia era inútil, ya que don Gustavo tenía al país controlado en el puño, era nuestro amigo y además un convencido enemigo de los comunistas. Le dije que intenté convencer a mis superiores de lo absurdo de semejante decisión, ya que en México el gobierno no intentaba nacionalizar los bienes extranjeros, en particular los norteamericanos. No existían tentaciones de esa índole, por lo que deberíamos estar en absoluta paz con la administración actual, más aún cuando existía una muy eficaz inteligencia nacional que diariamente producía una enorme cantidad de datos e informes tanto de los estudiantes rebeldes, tal vez financiados por la Unión Soviética o China, como también se tenían debidamente ubicados y controlados los brotes guerrilleros a lo largo y ancho del país. Díaz Ordaz no estaba dormido. Conocía a su país como la palma de su mano y sabía hasta del movimiento de una hoja de papel en cualquier dependencia del Estado o de las entidades federativas. ¿Por qué entonces proceder a un derrocamiento, cuando se trataba de nuestro amigo, un anticomunista convencido, un gran investigador que se adelantaba a cualquier intento desestabilizador? Le conté que a través de mis cables explicaba cómo había controlado con el ejército, la policía y los granaderos brotes violentos de universitarios, golpeando y arrestando a los rebeldes para atrapar a los cabecillas y desmontar cualquier intentona golpista. Ahí estaban los casos de Morelia, Sonora, Guadalajara, además de otros tantos que se habían dado en el Distrito Federal y por si fuera poco, la detención o muerte de líderes sindicales como Campa o guerrilleros como Genaro Vázquez o Rubén Jaramillo. No, no tenía sentido terminar con Díaz Ordaz porque no era necesario explicarle nada, entendía perfectamente todo y habría cumplido con su tarea aun sin nuestras recomendaciones, de modo que debíamos respetarlo. ¿Cómo olvidar las represiones militares perpetradas en Chihuahua, Yucatán, Durango, Guerrero, Tabasco, Nuevo León y Ciudad Juárez? No era la primera vez que Díaz Ordaz mandaba matar... El presidente seguía sin hablar en tanto contemplaba los enormes ahuehuetes de aquel hermoso jardín que en otros tiempos fuera el orgullo del imperio mexica.

Ante el rostro confundido y el silencio hermético del Ejecutivo, concluí mi exposición afirmando que lo iban a respetar, claro está, con algunas condiciones. Detallé entonces que, para permitirle mantenerse en el cargo y no proceder como en otros países de América Latina y del mundo, era conveniente llevar a cabo de inmediato una purga de agentes comunistas radicados en México, purga en la que por supuesto estaríamos presentes por lo menos un centenar de agentes de la CIA para ayudarlo a cumplir con estos objetivos. Continué describiendo el horizonte político de México, advirtiendo dos acontecimientos muy importantes próximos a su realización. El primero, las Olimpiadas a celebrarse en octubre de este mismo 1968, y al año siguiente, en segundo lugar, la sucesión presidencial, el famoso *destape*. Si bien estábamos confiados con don Gustavo, no así podíamos estarlo con quien lo sucediera en el cargo, que bien podría tener un doble rostro o dobles intenciones, que hasta este momento no habían sido descubiertas. No hay político en el mundo que no ande disfrazado. Desde Washington gritaban: *¡Cuidado con la sucesión presidencial mexicana, ahí está la gran oportunidad para los infiltrados rojos! No queremos otro Che Guevara, como* *no queremos otro Castro Ruz.* A pesar de mis comentarios, mi ilustre interlocutor no parecía recuperar la calma.

—¿Pero adónde va usted con todo esto, Win? —repuso finalmente el Primer Mandatario, con aspereza y sobriedad. Su voz impresionaba. No se le movía un músculo de la cara. Se ajustaba los lentes nerviosamente. No podía ignorar que una conversación conmigo era como sostenerla con el presidente Johnson, con el vicepresidente Humphrey, con Hoover, del FBI, o con Richard Helms, de la CIA. Los informes que yo rindiera a Washington serían definitivos para el futuro del país. ¿Finalmente, quién tenía más poderes, el presidente o Winston Scott? La respuesta era muy sencilla: si Díaz Ordaz estaba dispuesto a hacer todo lo que le dijera, o mejor dicho todo lo que le ordenara, ¿quién mandaba entonces en México?

Bajé entonces una parte de mis barajas, según me habían autorizado en Washington: le propuse crear artificialmente una serie de conflictos estudiantiles en el país para que de esta forma, colocando a una serie de infiltrados en el interior de las universidades, las vocacionales y las preparatorias, pudieran emerger las cabezas visibles del comunismo nacional e internacional. *Agitemos el avispero, señor...* El gobierno mexicano, de acuerdo con la CIA, infiltraría a los porros y a fuerzas paramilitares dentro de las filas estudiantiles para provocar una sublevación, huelgas, manifestaciones callejeras, marchas, aparición de publicaciones clandestinas, fotografías con el rostro del Che Guevara, denuncias en contra de Estados Unidos, así como escandalosas pancartas contra los políticos y autoridades. Nuestros infiltrados exaltarían a los jóvenes, creando una atmósfera de confianza para que dentro de ésta surgieran más de los supuestos comunistas que tanto perseguíamos. Ahí estaban los trescientos Halcones del Departamento del Distrito Federal, paramilitares debidamente entrenados para confundirse con las masas estudiantiles que serían incendiadas con el discurso de nuestros propios agentes. La idea sería aprovechar cualquier conflicto o provocarlo para escalarlo, y entonces llamar primero a las policías locales y posteriormente al ejército ante la supuesta incapacidad de los granaderos de llegar a dominar a los estudiantes. Todo tenía que acontecer antes de las Olimpiadas, porque los comunistas aprovecharían los juegos para apoderarse de México y crear un conflicto monstruoso.

—Tenemos poco tiempo, señor presidente. He hablado en repetidas ocasiones con el general Corona del Rosal y con el capitán

Fernando Gutiérrez Barrios. Contamos con infiltrados, entre ellos envié a Philipe Agee como delegado de Estados Unidos al Comité Olímpico Mexicano, amén de otros provocadores, debemos comenzar a la brevedad de modo que en Washington se convenzan de que usted es el hombre que debe permanecer al frente del país y ningún otro. De nuestra eficiencia para provocar, descubrir y atrapar a los comunistas y encerrarlos, así como a los guerrilleros que debemos matar donde se encuentren, sin consideración alguna, dependerá la continuidad del PRI y la permanencia de usted como Jefe de la Nación mexicana.

En ese momento Díaz Ordaz se detuvo abruptamente. Por primera vez me clavó su mirada penetrante, con la que gobernaba. Se trataba de un hombre delgado, esbelto, de tupida cabellera, que demostraba una gran determinación en sus convicciones.

—Siento que me está usted amenazando, Winston.

—De ninguna manera, señor presidente, lo que intento es colaborar a su lado como un buen amigo para evitar que le den un golpe por la espalda y sea usted depuesto del cargo. Entienda que si supieran que estoy revelándole a usted los planes de la CIA, no tardarían en encontrar mis restos en el canal del desagüe. Entonces, por lo que más quiera, no me lo tome a mal. Así, a la distancia, Washington se niega a creer que usted es el hombre adecuado para regir los destinos del pueblo de México. Yo estoy aquí presente, y conozco una realidad que en la CIA y la Casa Blanca no desean aceptar. Por eso es que yo, brazo con brazo con usted, me propongo que llevemos a cabo la purga y de ser exitosos en nuestros objetivos, créame que los hechos hablarán por usted. Mis reportes ya serán completamente innecesarios ante la evidencia de los resultados.

Díaz Ordaz permanecía anclado en el estrecho paseo de los presidentes. A lo lejos veía yo el busto de Lázaro Cárdenas y el de Ávila Camacho. Más allá al fondo, el de Miguel Alemán. En realidad todos ellos no pasaron de ser unos dictadorzuelos que habían engañado a la nación y al mundo con una democracia inexistente, que habían convenido obviamente con los intereses norteamericanos pero en el fondo no dejaron de ser unos corruptos, entre los que se destacaba, sin duda alguna, Miguel Alemán, que había entendido el tesoro público como botín, ejemplo que siguieron al pie de la letra los integrantes de su gabinete y las futuras hornadas de descarados priistas.

—México ha hecho un gran esfuerzo a partir de la revolución para construir instituciones y adelantar en la integración de una democracia. No se vale torcer así el destino de un país que pagó con un millón de vidas su derecho a la evolución y al progreso, Winston, ustedes no pueden atropellarnos de esa manera —repuso Díaz Ordaz enfurecido, pero disfrazando sus emociones.

Aduje que no queríamos atropellar a nadie, que nuestro deseo simplemente era garantizar, como sin duda lo era su propia intención, la paz de la República y evitar que se apoderaran de ella las fuerzas oscuras del comunismo internacional. Nada más. Por si lo anterior fuera insuficiente, en realidad todos deseábamos lo mismo, el bien y la prosperidad de la nación.

Díaz Ordaz, sin ocultar su crispación y su enojo, continuó caminando sin esperar. Tuve que adelantarme. Sabía que su autoridad y su imagen no permitían que nadie se acercara a hablarle en términos que realmente eran amenazadores: o purgaba de comunistas a su país, aun cuando esto fuera un pretexto, o lo derrocaríamos. A quién le iba a gustar semejante conversación.

—Usted se ha dado cuenta, tal y como me lo acaba de decir, que hemos hecho esfuerzos ingentes por erradicar cualquier plaga comunista y que seguiré haciéndolo hasta el final de mi mandato. Esto no es por quedar bien con ustedes, sino porque me lo imponen la razón, nuestra historia, la política, la realidad y mi propia religión: no queremos saber de los comunistas, por eso el Partido Comunista ni siquiera se encuentra registrado, ni es una institución legal.

—Pero señor presidente...

—Permítame concluir, Winston, yo a usted no lo interrumpí.

Sentí un puñetazo en pleno rostro. Me enrojecí de la rabia. ¿Cómo era posible que este zángano, cuyo puesto y el futuro de su país dependían de mí, se atreviera a callarme? ¿Quién entiende a los mexicanos? Son seres pintorescos e incomprensibles, capaces de lanzarse al vacío como los Niños Héroes, envueltos en una bandera para salvar a la patria, y al mismo tiempo la acuchillan por la espalda saqueándola todos los días. ¿Qué era la patria finalmente para ellos?

—Por supuesto que colaboraré en todo aquello que sea necesario para que mi país no caiga en el comunismo, porque de precipitarse en una doctrina así, se acabarían nuestras libertades, el progreso que hemos alcanzado y los derechos que conceden nuestras leyes. A nadie escapa que nunca en el mundo se ha votado libremente por el comunismo, que implica una dictadura férrea, intransigente y sanguinaria en la que no existen las garantías individuales que preserva nuestra Constitución. Usted mejor que nadie sabe la cantidad de personas que ha mandado asesinar Fidel Castro —un traidor sin nombre que engañó a los cubanos con la bandera de la democracia al derrocar a Fulgencio Batista—, o Duvalier en Haití, para imponer una dictadura de izquierda que solo se puede detener con la fuerza de las bayonetas y nunca a través de las urnas. Yo no quiero para mi país una dictadura como la castrista, pero tampoco una de derecha como la de Batista o la de la familia Somoza en Nicaragua. En México sabemos lo que queremos y sabemos que lo podemos conquistar con dignidad.

Harto ya del discurso, yo también estaba obligado a demostrar mi sentido del honor como representante del Tío Sam:

—¿Está usted dispuesto o no a continuar con la purga comunista con todas sus consecuencias, señor presidente? —cuestioné para devolver el golpe. No ignoraba que mi prepotencia, por más delicada que fuera, lo irritaba, pero no tenía remedio.

—Cuente usted con ello, cuente usted con todo aquello con lo que pueda aportar mi gobierno para que no quede un solo comunista fuera de las cárceles de México o de las tumbas —repuso el Jefe de la Nación, maldiciéndome en silencio. Escuchaba yo sus razonamientos e insultos. ¿Qué le quedaba? De sobra sabía que lo podíamos derrocar si no demostraba eficiencia militar y policiaca. Imposible que me condujera a la puerta y me diera una patada en las nalgas. Los efectos se le revertirían violentamente. Un político que no sabe tragarse un sapo vivo en público y masticarlo sin expresar el menor malestar, no sirve para nada.

—Si no existe un conflicto a la vista, creémoslo, señor presidente, y si existe uno, aprovechémoslo para hacerlo grande, muy grande, de modo que sea necesaria la intervención de las fuerzas armadas. Montemos un gran borlote para detectar las cabezas visibles de nuestros enemigos cuando se sumen al movimiento y quieran aprovecharlo y hasta dirigirlo. ¿Está usted de acuerdo?

—Por supuesto que sí, hagámoslo. Hable usted con Corona del Rosal, con Gutiérrez Oropeza, con Echeverría y con Gutiérrez Barrios. Yo haré lo mismo. Solo quisiera hacer una pregunta que usted no me podrá contestar…

—Usted dirá, señor presidente.

—¿Quién me garantiza que después de erradicar a los comunistas ustedes no me darán un golpe de Estado de cualquier manera, porque nunca nadie sabe para quién trabaja?

La brutalidad del comentario mostraba un escepticismo y una experiencia notable. Ese día conocí a Díaz Ordaz. Si los indios eran hoscos, desconfiados y sospechaban de propios y extraños, después de trescientos años de Inquisición, de despojos, embustes, traiciones y engaños, ahí estaban las explicaciones de la personalidad nacional. Díaz Ordaz no creía tampoco en los extranjeros y en el fondo hacía muy bien.

—Tiene usted la palabra de mi gobierno.

Díaz Ordaz me iba a contestar, casi podía volver a escuchar sus reflexiones, que obviamente nunca me iba a externar, que la garantía de la palabra de Estados Unidos y de todos sus putos Padres Fundadores me la podía meter yo por el culo; sin embargo, la realidad y el respeto no podían perderse, aun cuando se supiera que don Gustavo era un hombre muy malhablado.

—Llegaré hasta donde tenga que llegar con tal de mantener la paz de la República —respondió adusto y extendiéndome como pudo la mano, advirtiéndome que ya conocía yo el camino de regreso...

Si el acuerdo había sido precisamente provocar un enfrentamiento, inventar uno, dos, tres o cuatro a lo largo del país para hacer que los comunistas salieran de sus madrigueras y se quitaran las máscaras y las caretas al subirse a los estrados y tomar los micrófonos para alborotar a la gente, en particular a los estudiantes, ahí se presentaba la oportunidad de seguirlos para conocer quién les pagaba, de dónde obtenían los recursos, quién los proveía de armas y en qué medios publicitarios o de difusión trabajaban en términos clandestinos. ¿Cuántos Ches habría en potencia en México en aquella coyuntura? Habría que crear los conflictos estudiantiles para que nos enseñaran el rostro. Yo sabía, por otro lado, que no existían comunistas salvo tres gatos extraviados en los montes. Era evidente que al crear el desorden con ese pretexto se propagaría un fuego en el país, fuego que aprovecharía el presidente Johnson para demostrar la ingobernabilidad en el país vecino y con arreglo a este argumento acabar con el gobierno de Díaz Ordaz para imponer a otro gorila norteamericano. ¿Una traición? ¡Claro que lo traicionaríamos a él y a quien se nos pusiera enfrente si de dólares se trataba! ¿Qué le quedaba a Díaz Ordaz? Si decidía no hacer la purga de comunistas, bien sabía que su gobierno tendría las horas contadas, y si por otro lado apoyaba la redada masiva, la gigantesca conflagración sería aprovechada para acabar con él. Desconfiaba, pero no podía sino desconfiar con justa razón de quienes el siglo pasado les habíamos arrebatado medio territorio nacional. La presencia de nosotros, los pinches gringos, siempre había sido traumática y no tenía por qué dejar de serlo...

Por aquellos tiempos, después de cinco años de noviazgo entre Díaz Ordaz y la Tigresa, supe que ella invertía buena parte de su tiempo en distraer al presidente de sus pesadas responsabilidades oficiales. Se trataba de romper la rutina, hacerlo olvidar sus obsesiones políticas, sacarlo de sus hábitos diarios, abrirle tantas ventanas como pudiera para ayudarlo a serenar su vida. Los viajes a los que era invitada no le reportaban a Irma Serrano ninguna atracción porque, como ella decía, se quedaba todo el tiempo como flor de sombra. Imposible viajar en el mismo avión con el Primer Mandatario, menos aún si lo acompañaba doña Guadalupe. Tenía que alcanzarlo, cuando era factible, por vías alternas, sin poder asistir a los banquetes ni a los actos públicos, ni a ceremonia alguna ni a las fiestas y espectáculos a los que era invitada la comitiva. Poco a poco empezó a renunciar a dichos peregrinajes porque se negaba a pasar la vida encerrada en una gran suite de hotel en espera del apuesto galán presidencial, en el entendido de que tampoco podía salir de compras por no aparecer cazada por un fotógrafo de la prensa nacional, lo que bien podía causar un escándalo mayúsculo en México. Sus encuentros amorosos se reducían a estancias de final de semana en Acapulco, en una casa que Díaz Ordaz le había regalado a la salida de la carretera a Cuernavaca, o a intercambios románticos en diferentes ciudades o puertos de la República, pero siempre extraviada en el anonimato. Le dolía el hecho de no poder ir a cenar a los restaurantes ubicados en centros de recreo que obsequiaban una hermosa vista al mar. Ella había aceptado las condiciones de convertirse en una flor de sombra, pero no a título gratuito, porque Echeverría materialmente la llenó de dinero. Nunca imaginó llegar a tener en su cuenta de cheques sumas tan estratosféricas. ¿Cómo fue posible el milagro de los pesos?

Díaz Ordaz se las arreglaba para regalarle bienes inmuebles, joyas, muchas joyas y algo de efectivo. Cierto, pero quien inundó de billetes a doña Irma, sin duda, fue el secretario de Gobernación.

Una mañana en que Nito y yo —así le llamaba de cariño a Gus, y a veces «Gustavo», cuando me hacía enojar— acabábamos de despertar en su casa de Acapulco, hasta ahí llegó a hacerse presente Echeverría para abordar algún asunto urgente de Estado. En lo que el presidente terminaba de arreglarse, Luis y yo pasamos un rato conversando en la terraza con esa inolvidable vista al mar. Fue en esa ocasión cuando le mencioné el problema de un amigo que deseaba importar un producto químico cuyo permiso estaba atorado en la Secretaría de Industria y Comercio. ¿Podría ayudarme a obtenerlo?

—Por supuesto, Irma, cuente con ello. La semana entrante haré que le entreguen la autorización en su mismísimo domicilio. Gracias, muchas gracias, por haberme tenido la confianza de planteármelo y por haber pensado en mí para ayudarla —concluyó sonriente Echeverría.

Por supuesto que cumplió su palabra y no solo en ese caso, sino en todos los que le planteé en lo sucesivo. La voz se corrió entre los industriales, a quienes yo les encajaba hasta el veinte por ciento del precio del material o maquinaria a importar —¿cuál diez?, no seamos corrientes—, recursos que me depositaban por adelantado en mis cuentas que crecían a diario como la espuma. ¿Cuándo me iba a imaginar tener depósitos de siete y hasta ocho cifras en el banco? ¡Qué sofisticados! A ver, ¿quién se iba a atrever a realizar una auditoría para verificar si pagué impuestos o no? Quien lo intentara se iría a la chingada pero cuando yo lo ordenara y ni un segundo antes. ¡Ya! ¿Impuestos? ¡Al carajo! Empecé a comprar propiedades con mis fondos, que no parecían disminuir a pesar de las elevadas inversiones que llevaba a cabo. Echeverría puso a mi disposición un «abogado» que llevaba mis asuntos, el mismo que me visitaba en casa para traerme el portafolios con el dinero, así como los permisos de importación. Se trataba de que yo no me molestara en nada. Mi trabajo consistía en entregarle a ese sujeto la solicitud dirigida a Industria y Comercio, y al día siguiente todo estaba resuelto como por arte de magia. La verdad, las influencias son muy chingonas. Hágase la luz, y la luz se hacía... ¿No era una maravilla? Así pude hacerme de propiedades en las Lomas de Chapultepec y adquirir, en su momento, mi querido teatro Fru-Fru, entre otros tantos bienes más. Traje decoradores de todo México, así como cuerpos de animales disecados, objetos de arte chino e indio, colmillos de elefante, tigres de Camboya y mil tesoros coleccionables más. ¿Ser rica, muy rica, no es una chingonería? Tienes esclavos que cumplen todos tus caprichos al tronar los dedos, comes lo que quieres donde quieres, compras lo que se te antoje, cueste lo que cueste, viajas a cualquier lugar del mundo como si fueras volando sobre un tapete mágico: tu voz y tus órdenes son la medida de todas cosas. Nadie se te opone ni te contradice. A nadie se le ocurre faltarte al respeto y, de repente, te conviertes en la más popular del jolgorio. ¿Sabes? También se siente un placer exquisito cuando descubres que la gente te teme. Una palabra tuya basta para que pierdan su patrimonio, su fama, su lugar en la sociedad o hasta la libertad. Con una llamada telefónica de Nito, mi Nito, puedo hacer milagros y los hice porque me enriquecí hasta decir basta y nunca dije basta…

Lambiscones conocí muchos, pero ninguno como Luis Echeverría. Nunca olvidaré cuando finalmente apareció Gustavo aquella mañana en Acapulco, sueltas las agujetas de los zapatos, y le pedí que se las amarrara antes de que se diera un señor azotón. ¿Qué sucedió? Pues que el señor secretario de Gobernación, a quien yo llamaba de cariño el Cargamaletas, saltó de su asiento como si lo hubiera mordido un alacrán pantanero para pedirle al ciudadano Jefe de la Nación que no se agachara, que él haría la tarea. Efectivamente asistí a una de las escenas más denigrantes y penosas cuando Echeverría se arrodilló ante Díaz Ordaz para atarle las cintas, mientras nos contaba que así se acordaba de sus años de niño. Nito no se oponía y se dejaba hacer en tanto me guiñaba un ojo. ¿Cómo no enamorarse del poder? Me llegué entonces a sentir invencible hasta que mi enemiga número uno, la señora Díaz Ordaz, me declaró abiertamente la guerra, ordenando al Banco Cinematográfico y a otros fondos y direcciones dedicadas a estimular el cine nacional, que me excluyeran de cualquier película o novela de la televisión, que no me contrataran de nada y para nada. En resumen: estaba vetada. Me quedaba sin trabajo, sí, pero no sin dinero, ese seguía llegando en cataratas a mis cuentas. Mi frustración consistía en ver desperdiciada mi carrera y mis mejores años como cantante y actriz. En el fondo era un problema de vanidad. Una artista como yo tiene una vida productiva relativamente breve y esta se desperdiciaría si permitía que ese vieja estúpida, maquillada peor que los payasos del circo Atayde, se entrometiera en mi camino. ¿Qué te queda cuando la voz se reseca, los senos se te caen hasta el piso y te quedan como un canicón metido dentro de un calcetín, la piel se te agrieta, te quedas pelona y chimuela, se te marchita la cara, te salen arrugas en las arrugas, comienzan las dificultades para caminar, se te opaca la mirada, la energía te abandona junto con el coraje y la audacia? No, no me iba a dejar...

Hablé con Gustavo, nada de Nito, en esos momentos. Le pedí que interviniera, que me ayudara como siempre lo había hecho, que no me dejara morir sola ante los poderes de la fiera de su esposa. Él me pidió paciencia, por el momento Lupita se encontraba muy enojada porque sospechaba de nuestra relación.

—Dale tiempo, Irma, tiempo para que se le baje la furia, mi vida.

—¡Qué mi vida ni qué madres! Me importan tres chingadas y media que tu mujer esté enojada y sospeche de nosotros. ¿Por qué me dices mi vida cuando me ves tan encabronada? Nada de mi vida, carajo... —Me perdí víctima de un ataque de rabia.

—Irma, amor...

—Nada de amor, carajo. En primer lugar no me pidas paciencia porque la he tenido toda contigo. ¿Sabes lo que es pasar la vida escondida? En segundo lugar —claro que le levanté la voz al muy pendejo—, no es Lupita sino Guadalupe, tus muestras de cariño con ella en mi carota te las puedes guardar donde ya sabes —agregué incontrolable—, y si solo tiene sospechas de lo nuestro después de cinco años juntos más los que nos faltan, es porque me has mentido y nos has tenido los güevos, presidentito del carajo, de hablarle derecho a la fiera —le respondí sin darme cuenta de lo que le decía. La sangre caliente me traicionaba. Con gusto le hubiera roto el cráneo a Nito con un palo, como había hecho con Raquel—. ¿Tiempo...? Tiempo es lo que te va a faltar a ti para volver a conquistarme, cabroncete. Si no vuelvo a filmar películas ni a grabar discos ya te puedes regresar con ese pellejo viviente de tu esposa... A mí déjame en paz...

Esa noche rompimos, pero al día siguiente, bien lo sabía yo, era el cumpleaños de Guadalupe, sí, Guadalupe, ¡carajo!, momento espectacular que yo no podía dejar pasar así porque sí. Era la oportunidad para vengarme de Nito y demostrarle que conmigo no se podía andar con pendejadas. Ni él ni nadie se iba a burlar de mí. Por todo ello llamé a mi mariachi, un conjunto de quince músicos con cuatro trompetas y magníficas voces, y me trasladé a Los Pinos para llevarle serenata a esa hija de la chingada que trataba de mutilar mi carrera, y sacudir por las solapas a ese cobarde que no me había defendido como correspondía a un hombre que sabe cuidar a su santa dama. Como los guardias presidenciales me conocían, no tuve mayor problema en ingresar a la residencia oficial, tal y como había ocurrido en otras ocasiones para amenizar un convivio. ¿Audaz de mi parte? Si Nito no se atrevía a enfrentarse a su mujer, a mí me correspondía demostrarle quién era quién en esta vida. Yo estaba acostumbrada a abrirme paso en mi carrera a cabronazo limpio. Este sería el momento cumbre para demostrar lo que había aprendido.

Cuando recorrí la explanada y llegué al fondo del jardín en Los Pinos, todos los integrantes del gabinete presidencial, acompañados de sus esposas, voltearon a verme como si se hubiera aparecido Lucifer en persona. Hubieran visto la cara de pendejo que puso Echeverría. Martínez Manautou, García Barragán y Corona del Rosal no se daban cuenta de que tenían el hocico abierto. Pedí a mi mariachi que empezáramos con *Las mañanitas*. ¿No era tierno y generoso de mi parte? Nadie se movía. ¿Quién se iba a atrever? La iniciativa correspondía a una sola persona, a mi Nito, al puto del presidente y a nadie más. Solo que Díaz Ordaz parecía estar atornillado a la silla. Permanecía tan inmóvil como acobardado ante la mirada de estupor de los presentes. Mientras mis músicos tocaban y tocaban, cantaban y cantaban, de pronto, como si pesara media tonelada, «don Gustavo» empezó a moverse y a dirigirse hacia donde yo me encontraba cargada de dinamita. El público estaba paralizado, nadie masticaba ni se servía fruta o bebía café, para ya ni imaginar el rostro chistosísimo de doña Guadalupe. Pinche vieja, a ver qué le quedaba de cumpleaños. Me hubiera encantado estrellarle el pastelote blanco de merengue en la puritita jeta. Cuando Nito me tomó del brazo para suplicarme que me retirara por donde había llegado, perdí la compostura y le arreé un santo guamazo en la mera carota porque no podía con la furia que me dominaba. El golpe fue tan tremendo que Gustavo perdió los lentes y mientras los buscaba arrodillado en el piso solo escuché: *clic, clic, clic*, el sonido de horror que me indicaba el corte de cartucho de las armas del Estado Mayor Presidencial.

—No la toquen, no la toquen, que nadie dispare —ordenó el presidente, en tanto uno de sus ayudantes ponía en sus manos sus lentes. Mientras se arreglaba el saco como podía y empezaba a sangrarle un ojo, me dijo en voz baja:

—O te largas o hago que te saquen de aquí como una perra rabiosa. Evítate la vergüenza. Lárgate a la mierda...

Habiendo cumplido mi propósito, cuando me sentí rodeada de sardos encabronados preferí chiflarle al mariachi para ordenarle la retirada. Vi que el presidente se dirigió de regreso al banquete con un pañuelo en la cara. A ver cómo le explicaba a Guadalupe lo acontecido. Era hora de que se hiciera hombre, el muy cabrón...

Quince días después se presentó en mi casa del Paseo de la Reforma con un parche en el ojo. Se le había desprendido la retina, lo cual no impidió que me gritoneara e insultara hasta cansarse. Me maldijo, me ofendió, me injurió, me aventó cuanto objeto encontró a su paso —y eso que solo veía con un ojo—, rompió piezas de gran valor, pateó los sillones, derribó dos de mis tigresas disecadas importadas de Tailandia, acabó con dos enormes colmillos de elefante traídos de África, hizo añicos varios espejos, me aventó mis pequeñas esculturas de Buda, me persiguió para madrearme pero no me alcanzó. Bramaba, vociferaba, se desgañitaba y chillaba como si estallara el último de los fuegos artificiales, el más vistoso y deslumbrante. Parecía un animal herido. De churro que no venía armado porque si no, jamás la hubiera yo contado. Cuando se cansó de mentarme la madre y comprendió que jamás me alcanzaría, se desplomó sobre una de las sillas del comedor sin dejar de jadear ni de resollar hasta casi llegar a la sofocación.

Me empecé a acercar sigilosamente como la tigresa que va a cazar un búfalo:

—¿Cómo te atreviste, Irma, cómo te atreviste? Eres una gran hija de la chingada. Me dejaste en ridículo frente a todos...

Me senté prudentemente enfrente de él, del otro lado de la mesa circular del comedor, eso sí, habiéndome desabotonado la blusa como si se tratara de un descuido propio de la escena de pánico. Le enseñaba al presidente mis mejores prendas, aquellas de las que se había enamorado perdidamente al extremo de no poder dejar de tocar ni de besarme los senos a la primera oportunidad que tenía. Yo deseaba probar cómo mi magia podía transformar la ira en apetito sexual en casi cualquier momento. Sin duda convertiría a la fiera en un perrito amaestrado. ¿No era cierto que un par de buenas tetas jalan mucho más que mil carretas? Pues a demostrarlo. Mientras más se tranquilizara y se atreviera a verme, el hechizo empezaría a funcionar. Lloró un par de veces más, se enjugó las lágrimas, negó con la cabeza. Era obvio que bajaba el tono, lo peor ya había pasado.

Cuando me volvió a preguntar «¿Cómo te atreviste?» y trató de clavar la mirada en mi rostro, no tuvo más remedio que contemplar mi pecho, mitad a mitad, desnudo salvo por la parte todavía cubierta por mi brasier. Discutimos en voz baja unos instantes en los que él se negaba a confesar su confusión y debilidad. Ya era otra persona. Casi lo tenía en mis manos. Me explicó, le expliqué. Me reclamó, le reclamé. Me amenazó, lo amenacé. Se calló, me callé. Lloró, lloré. En lo que guardaba silencio y continuaba negando con la cabeza, me atreví a quitarme la blusa y a exponerme desnuda ante él. Solo me dejé, por el momento, unos pantalones vaqueros muy ajustados que dejaban ver la monumentalidad de mis nalgas, un agasajo para mí y para cualquier mortal, humilde o no. Cuando había desaparecido toda posibilidad de violencia me acerqué hacia él. Nito se dio cuenta pero continuó cabizbajo maldiciendo su suerte. Volteó a verme, pero adoptó la misma posición. Ya lo tenía en mi poder. Al llegar a su silla, tomé una de sus manos y me la llevé a los senos. Gustavo respondió como el niño encaprichado que no desea recibir un regalo de sus padres. Me rechazaba. Insistí hasta que reaccionó encogiendo y estirando los dedos. Muy pronto empezó a estrujarme sin ver hasta que me jaló por las nalgas y se emborrachó con mi piel, mis perfumes y mis esencias de mujer.

—Cabrona, eres una cabrona, Irma…

Por respuesta yo le apretaba la cabeza contra mis pechos y le repetía:

—Come, mi niño, come, acábatelo, es tuyo, solo tuyo, mi amor —insistí hasta que sus amenazas dejaron de escucharse entre mis valles y colinas que apenas dejaban escapar ecos misteriosos e inentendibles. (Ahora resulta que hasta soy poeta o poetisa o como carajos se diga).

Después se puso de pie como un furioso centurión romano, de los que tantas veces me contó, se desnudó tratando de perforarme con una mirada desafiante que entendí como el final de mis días, a pesar de que me la había lanzado con un solo ojo. Antes de que pudiera darme cuenta, el príncipe de mis sueños ya volvía a habitar en mi interior y arremetía sin clemencia alguna como si quisiera partirme en dos, ¿en dos?, mejor dicho, como si quisiera descuartizarme. Uno, dos, tres, diez, veinte, treinta, mil, hasta que un grito agónico me reveló la entrega final junto con un alarido del eterno patriarca... La verdad, con el escaso equipo con que contaba, apenas sentía yo su furia, su coraje de hombre, en su ir y venir en mi cuerpo que lo enloquecía.

Mientras le daba unas palmadas en la espalda, sonreía en silencio confirmando, una vez más, los poderes secretos de que disfrutamos las mujeres. ¿Cuál honor cuando se habla del amor? El corazón tiene razones que la razón no entiende... Solo mi perra, la que el arzobispo me bendijo con el nombre de *Amor de mi vida*, contemplaba la escena, pero ella no hablaría si bien sería un testigo silencioso de los tantos que supo de mí y de mis andanzas. Rápido puse de pie a mis queridas tigresas tailandesas por aquello de la mala suerte...

No era nada difícil aprovechar la inconformidad estudiantil, en la inteligencia de que esta no únicamente se daba en México sino en todo el mundo. Nuestra coyuntura no podía ser más favorable ni más natural. El 6 de febrero de 1968, la izquierdista Central Nacional de Estudiantes Democráticos emprendió la Marcha de la Libertad, emulando el camino del cura Hidalgo, de Dolores Hidalgo, Guanajuato, a Morelia, Michoacán. Luis Echeverría, secretario de Gobernación, dictó órdenes a las autoridades municipales, a los ejecutivos de los estados, a los jefes de las zonas militares para prevenir a los marchistas de las agresiones de las que podían ser objeto, debido al acendrado catolicismo de esa zona del Bajío. Los estudiantes interpretaron la posición del gobierno como una excusa para desatar una oleada de represión y terror anticomunista, que amenazaba con extenderse por todo el país y de no ser detenida abarcaría a todos los sectores y tendencias democráticas progresistas y revolucionarias. Por su parte, Corona del Rosal ordenó que se pintaran los camiones de pasajeros de la ciudad de México para atacar al gobierno, al ejército, a la policía capitalina y fundamentalmente a la religión, para exacerbar los ánimos populares. En realidad se trataba de los mismos lemas que habíamos utilizado en toda América Latina durante varios años y diversos episodios golpistas:

«Viva el comunismo, muera el cristianismo, abajo el papa, comunismo sí, cristianismo no, fuera el clero y abajo la virgen». El proceso de confusión social continuó cuando varios edificios y bardas aparecieron con pintas, hechas obviamente por las propias autoridades: «Viva el Che Guevara, arriba el Che», en otras se decía: «El comunismo es la única solución», «Muera Díaz Ordaz el hocicón», «Díaz Ordaz, Díaz Ordaz, ves la bronca y te vas», «Los maestros también reprobamos al gobierno», «Queremos libros, no balas», «Prensa vendida», «No queremos Olimpiadas, queremos revolución.» Empezábamos a prender el fuego.

En este contexto, Hubert Humphrey, el vicepresidente de Estados Unidos, hizo una sospechosa visita a México a finales de marzo de 1968. Díaz Ordaz resolvió recibirlo como un invitado de honor, de la misma manera en que Moctezuma lo había hecho con Cortés. Humphrey había venido para refrendar las «preocupaciones» que tenía la Casa Blanca en relación a la expansión comunista en México. No iban a permitir una segunda Cuba en América Latina, más aún después del escandaloso fracaso en Bahía de Cochinos. El viejo cuento de siempre. Hubert Humphrey supo amenazar con su consabida sonrisa al presidente de la República, a quien ya no le quedó la menor duda de ejecutar las instrucciones de la purga estudiantil antes de la celebración de las Olimpiadas.

Cuando no se pudo prender la mecha a raíz de la campaña violenta desatada en contra del director de la Facultad de Medicina en marzo, tuvimos que buscar más oportunidades. Mientras tanto y para guardar las apariencias, Díaz Ordaz convocó a una reunión a los dirigentes del Partido Comunista con el ánimo de llegar a un feliz acuerdo, liberar a los presos políticos, la mejor prueba de la existencia de un gobierno autoritario, y acabar con las agresiones contra la izquierda mexicana. Los rostros confundidos de los líderes expresaban toda una realidad. ¿Díaz Ordaz se habría vuelto paranoico? La opinión pública recibió muy bien la realización de esta entrevista, puesto que hablaba de un presidente amigable, animado a resolver las diferencias por la vía del diálogo y la negociación, en tanto que Echeverría y el jefe de la policía no dejaban de insistir en una conjura internacional diseñada por los comunistas. Ahí estaba el doble discurso.

En mayo, a tres meses de la vista de Humphrey, Edgar Hoover, del FBI, recibió instrucciones de la Casa Blanca para declarar públicamente que acusaba «al Partido Comunista de México de hacer planes para almacenar armas y municiones en preparación de una revolución». A pesar de no contar con prueba alguna para demostrar su dicho, se atrevió audazmente a involucrar a Cuba, a la Unión Soviética y a China comunista. Sus declaraciones se adelantaron dos meses a agosto del 68, al estallido del conflicto estudiantil. Era palpable la política yanqui en torno a México. Solo un ciego no podría identificar las intenciones de la Casa Blanca.

La protesta estudiantil para solicitar en Villahermosa, Tabasco, el mejoramiento económico de la universidad tampoco logró desatar el conflicto como era deseable. No arrancábamos, no, no arrancábamos. Ni siquiera cuando en junio de 1968 Echeverría y Sánchez Vargas, el procurador de la República, acordaron imputarles delitos del fuero federal a ciertos líderes estudiantiles y proceder a su captura, se logró propagar el fuego. En esos días escuché una conversación telefónica del rector Barros Sierra con Juan José Arévalo, expresidente de Guatemala, en la que le mencionó:

—Tengo noticias de que se está agitando a los estudiantes sin motivo alguno, algo completamente artificial.

Hice llegar de inmediato a Díaz Ordaz el contenido de la charla una vez transcrito, con copia para Luis Echeverría. Barros Sierra se percataba de alguna doble intención en los hechos. ¿Por qué agitar a los estudiantes de manera artificial? El rector de la máxima casa de estudios de México no entendía quién estaba detrás del embrollo ni por qué se estaba originando. ¡Al grado de que nos ayudaba, sin saberlo, a financiar a varios de nuestros paramilitares incrustados en calidad de porros!

El 19 de julio informé a la CIA que en Veracruz y en Puebla los desmanes estudiantiles iban en aumento. En este último estado habían fallecido dos personas y se detectaron ocho heridos durante la elección de autoridades universitarias mientras que en Veracruz, con la ayuda del cónsul cubano, la agitación continuaba y ya existían veinte personas en huelga de hambre, maestros que buscaban una mejoría salarial. En el mismo cable informé que lo verdaderamente preocupante se encontraba en los desórdenes que podían llevar a cabo noventa mil estudiantes de la UNAM, que en realidad deseaban propiciar todo género de disturbios para frustrar las Olimpiadas y aprovechar la cobertura de la prensa internacional.

Por aquellos días llegó a mis manos un «memo» ciego redactado por Gutiérrez Oropeza y Corona del Rosal, donde constaba la ruta crítica para detonar el movimiento estudiantil de octubre de 1968. La purga, se trataba de la purga. Ambos lo habían acordado previamente con Díaz Ordaz y con Echeverría:

- Escoger un sector estudiantil con antecedentes violentos. Los jóvenes son, por definición, explosivos e iracundos. Los obreros y campesinos son más lentos y complejos. No hay tiempo.
- Se colocarán infiltrados en las preparatorias seleccionadas.
- Se deberá aprovechar el 26 de julio, fecha del inicio de la Revolución cubana, que los jóvenes celebran como símbolo de su izquierdismo. A partir de ese momento contaremos con casi tres meses para administrar la purga antes de las Olimpiadas.
- Con cualquier pretexto los infiltrados propiciarán un pleito entre estudiantes y la policía del DDF.
- Cuando finalmente detone el pleito callejero promovido por nuestros infiltrados, se recurrirá a los granaderos para imponer el orden con todos los excesos. Se trata de irritar y provocar a las masas.
- Cuando los estudiantes protesten por la dureza de la represión y organicen marchas por la ciudad y nuestros agentes lleven pancartas con los nombres del Che o de Mao o de Lenin para que la opinión pública se convenza del origen del movimiento, los manifestantes se encontrarán con nuestros Halcones del DDF, supuestamente pertenecientes a otras organizaciones estudiantiles, para provocar un furioso y masivo choque callejero a sofocarse por la policía.
- Al sumarse otras escuelas, universidades y vocacionales, intervendrá el ejército a solicitud de la autoridad. A más represión, más organización estudiantil y más aparición de cabecillas comunistas.
- Instruir a los infiltrados para descubrir a agentes internacionales. Sembrado de libros subversivos escritos por autores soviéticos y chinos. Los infiltrados sabotearán los acuerdos y negociaciones con el gobierno y entre los mismos estudiantes, radicalizando sus posiciones; para ello incendiarán transporte urbano en plena vía pública y destrozarán, tanto como puedan, aparadores y comercios a su paso.

- Manipulación de la prensa para acusar a fuerzas oscuras comunistas de generar un conflicto en México. Con el propósito de convencer a la opinión pública, los medios se dirigirán a los estudiantes detenidos como terroristas y guerrilleros.
- Escalar el conflicto hasta un extremo mayúsculo, un evento masivo donde se reúnan los líderes más destacados, coyuntura ideal para apresarlos conjuntamente y decapitar cualquier movimiento orientado a imponer un dictador soviético en México. Se les retratará en posesión de armas de gran calibre y se les arrancarán declaraciones firmadas, de ser necesario con arreglo a la tortura, en las que consten los datos de donde obtienen los fondos y a qué país u organización le rinden cuentas. Las confesiones de los terroristas, publicadas en la prensa, deberán dejar constancia de las intenciones de matar o secuestrar atletas extranjeros de los que concurrirán a las Olimpiadas.
- Sería conveniente que algún secretario de Estado resultara secuestrado para inventar culpables ante la opinión pública. Se requieren muertos para incendiar a la sociedad y volcarla del lado de la autoridad.
- Se asegurará un grupo de jueces leales al gobierno para garantizar la prisión de los revoltosos y evitar el ridículo de la autoridad ante acusaciones insostenibles.

La mecha finalmente prendió y arrojó miles de chispas inflamables en su eufórico y colorido camino hacia el barril de pólvora. El 19 de julio, 64 días después de las declaraciones de Hoover, se dio finalmente el choque necesario para detonar el conflicto estudiantil. Hubo un primer enfrentamiento entre alumnos de la preparatoria Isaac Ochoterena y las escuelas vocacionales 2 y 5 del Instituto Politécnico Nacional, situadas en la plaza de la Ciudadela, una histórica construcción ubicada en el centro de la capital. El pleito, nada raro, comenzó por un lío de faldas. Todo, como siempre, empezó por una uña pintada… Unos bachilleres se deshicieron en piropos subidos de tono respecto a unas jovencitas que pasaban, en plan provocativo, frente a su escuela. Los colegas del Poli no soportaron los agravios y salieron en defensa de las ofendidas. ¡Ya estaba! El conflicto estaba planteado. La bronca se dio de inmediato. La golpiza entre ellos fue de horror.

Los infiltrados y agitadores de Corona del Rosal finalmente pudieron entrar en acción. Los porros como el *Fish*, los Martínez Corona, el Superman, el Pepe y el Morsi, de la Vocacional 5; el Nazi, de la 7; el Musaraña, el Cayos y el Viejo, de la Vocacional 2, así como Lamy, Olague y el Puñal, entre otros tantos más, la inmensa mayoría «chicos» de Poncho Corona y de Alfonso Martínez Domínguez al mando de Manuel Díaz Escobar, perdidos entre las masas estudiantiles, finalmente agitaron, sabotearon, manipularon reuniones de estudiantes, azuzaron, exaltaron pasiones, promovieron desquiciamientos, provocaron y llamaron a la violencia para restaurar el honor perdido.

¿Nos vamos a dejar de estos cabrones?

Nooooo.

Revueltos entre dos pandillas de delincuentes, los Arañas y los Ciudadelos, hacían un estupendo papel. Si nadie distinguió a los infiltrados del Departamento del Distrito Federal, menos entendieron la repentina e injustificada irrupción del Décimo Noveno Batallón de Granaderos, al mando de Manuel Robles, en un pleito más o menos normal entre estudiantes. El objetivo de los granaderos no era de ninguna manera imponer el orden ni contener la trifulca, sino expandirla. Durante la riña el batallón simplemente observó inmóvil su desarrollo, solo que cuando los jóvenes, saciados sus impulsos guerreros sin haber causado daño alguno, decidieron volver a sus respectivas escuelas, la policía se lanzó, de acuerdo a las instrucciones a gritos de Díaz Escobar, en contra de los alumnos del Poli que huyeron despavoridos para refugiarse, presas de terror, en la Vocacional 5. Los granaderos golpearon con sus toletes a los alumnos y a los profesores sin consideración alguna. Dos maestras resultaron violadas, otras fueron gravemente heridas, como Ana María Silva de Meza, quien perdió un brazo en la refriega. El *Fish* llamó a los bachilleres a la defensa de las instalaciones, en tanto Santiago Alonso Torres Saavedra, alias el Johnny, incendiaba a los estudiantes de la Vocacional 2 para que se lanzaran en contra de la preparatoria Isaac Ochoterena. Curiosamente, en general no había autoridad universitaria que no financiara a estos grupos. Aunque también lo hacían Lauro Ortega, Caritino Maldonado, Miguel Osorio Marbán, Píndaro Urióstegui y Porfirio Muñoz Ledo, entre otros distinguidos priistas. Poncho Corona informaba a Díaz Ordaz, a cada paso, la evolución de los acontecimientos. *Good job, a real good job!* Era todo un privilegio contemplar como espectador esta obra de teatro tan bien montada. El Johnny recibía su sueldo del director de la Vocacional 2, el ingeniero Alberto Camberos López. Esa era la verdad, y yo esperaba, al menos, que en algún momento de la vida política de México todo esto se descubriera. El montaje había sido perfecto, solo que en esa coyuntura la sociedad no podía entender lo que estaba ocurriendo y realmente pensaba que se trataba de un pleito más entre estudiantes, cuando en realidad se aprovechaban sus diferencias para cumplir con los planes de la Casa Blanca. ¿Quién se iba a imaginar que en el pleito de una preparatoria y de una vocacional, de la Universidad y del Poli, iban a estar inmiscuidos el propio presidente de Estados Unidos, la CIA y el FBI, con el objetivo de derrocar a Díaz Ordaz? Nadie, ¿verdad? Los hechos y las intenciones bien podría demostrarlas un investigador acucioso o uno de esos novelistas cuyas elucubraciones fantasiosas bien podrían revelar la verdad. No había que desestimarlos.

Cuando cualquiera de los Arañas o de los Ciudadelos era detenido, bastaba con que repitiera la clave «Baena Camargo» para que fuera liberado de inmediato y poder volver a los recintos académicos. Las pistolas calibres .38 y .22, además de las metralletas, les eran devueltas después a través del *Fish* sin problema alguno.

Al mismo tiempo que los granaderos golpeaban a los estudiantes para provocar una alianza entre los alumnos de diferentes preparatorias, vocacionales y universidades por el atentado cometido en contra de sus compañeros, los agentes de la Dirección Federal de Seguridad, a cargo de Fernando Gutiérrez Barrios, allanaron la noche del 23 de julio las oficinas del Consejo Central del Partido Comunista Mexicano. En esa misma ocasión, ocuparon y destruyeron los talleres donde se imprimía su periódico *La Voz de México* y detuvieron a los trabajadores que ahí se encontraban laborando. El jefe de la policía capitalina explicó los hechos de la siguiente manera: «Estamos frente a una conjura internacional comunista». El secretario de Gobernación alegó que se trataba de «grupos comunistas los directamente responsables de estar propiciando estos desórdenes». Por supuesto que el allanamiento en las oficinas del Partido Comunista se llevó a cabo sin orden judicial, como lo dispone la Constitución mexicana. ¿Qué pasaba? ¿Y las órdenes de cateo? ¿Y las garantías individuales? A otro perro con ese hueso:

no se trataba de discursos de campaña... ¿A quién le importaba la Constitución? Díaz Ordaz había jurado defenderla y si no, que la patria misma se lo demandara. Solo que la patria era precisamente Díaz Ordaz; ¿entonces...?

Demetrio Vallejo, en la cárcel, se instaló en una huelga de hambre en defensa de la libertad. Trataba de aprovechar la presencia de corresponsales extranjeros que venían a cubrir las Olimpiadas para demostrar lo que realmente acontecía en México en materia de respeto a los derechos humanos. Se alegó que formaba parte de las filas comunistas y respondía a los intereses de la Unión Soviética. Una carcajada, eso era lo único que se merecían por semejantes imputaciones cuando Vallejo, quien llevaba una década preso, todo lo que pretendía era precisamente respeto a los intereses económicos de los trabajadores ferrocarrileros.

Los desmanes cometidos por los granaderos en contra de la comunidad politécnica despertaron la furia y la indignación de diferentes sectores estudiantiles que, unidos en contra de la represión, convocaron a una manifestación de protesta para el 26 de julio, precisamente el 26 de julio. ¿Quién organizaba la marcha? Los infiltrados del Departamento del Distrito Federal disfrazados de estudiantes, cuya verdadera identidad se desconocía en aras de su pertenencia a una vocacional o a la universidad. Ellos lograron su objetivo en la primera manifestación callejera de protesta.

El caldo de cultivo empezó a estar en su punto. Por otro lado, las juventudes comunistas de México, JCM, el sector juvenil del Partido Comunista, decidió marchar, como cada año, para conmemorar otro aniversario de la Revolución cubana. Las calles de la ciudad de México se convertirían en un campo de batalla entre los grupos de manifestantes y las diversas policías. El choque no se hizo esperar en las calles de Palma y 5 de Mayo. La policía, que horas antes por órdenes de Poncho Corona había llenado de piedras los botes de basura ubicados en las calles de Madero para que fueran lanzadas por Araños y Ciudadelos —además de los muchachos de Díaz Escobar, entre otros tantos provocadores—, arremetió en contra de todos los quejosos precisamente ese 26 de julio. Se trataba de aprovechar la gran fiesta de los comunistas para desencadenar un motín urbano. La bronca fue mayúscula. Los heridos se contaron por decenas.

El 27 de julio los estudiantes tomaron las preparatorias 1, 2 y 3 de la UNAM, a título de protesta ante los enfrentamientos ocurridos entre granaderos y estudiantes. El escalamiento surtía efectos. Resultaba una maravilla el hecho de agitar el avispero. Ese mismo día una comisión de estudiantes, lastimados por la policía y por los granaderos, resolvió solicitar una audiencia en las oficinas del general Corona del Rosal para exponerle sus quejas y reclamos y hacer entrega de un documento con sus respectivos puntos petitorios. Los recepcionistas los hicieron pasar a una antesala, donde fueron arrestados sin justificación ni explicación alguna y conducidos a los separos de la policía a cargo de Luis Cueto. *What?* Hasta ese momento el número de detenidos del Partido Comunista sumaba treinta personas.

Cuando los estudiantes se hicieron fuertes al tomar San Ildefonso el 29 de julio, Alfonso Corona del Rosal, Luis Echeverría y los procuradores decidieron la intervención del ejército con el objetivo de precipitar los acontecimientos. Los planes se ejecutaban con precisión cronométrica. Trataban inútilmente de esconder a Díaz Ordaz, el Comandante en Jefe de las Fuerzas Armadas, quien por supuesto sabía paso a paso lo que acontecía y sin embargo no declaraba nada a los medios.

Ante la supuesta evidencia de la incapacidad de los granaderos de desalojar los inmuebles universitarios tomados por los «terroristas», el ejército mexicano, a solicitud expresa de Alfonso Corona del Rosal, entró injustificadamente en la escena como si los acontecimientos ya se hubieran desbordado, la ciudad estuviera incendiada, el país amenazado y la violencia incontenible. Para aplastar la revuelta integrada por trescientos estudiantes totalmente desarmados, entraron en «combate» sesenta tanques ligeros, *jeeps* equipados con bazucas y cañones de ciento un milímetros, además de camiones transportadores de tropas con aproximadamente unos dos mil elementos para «tomar a bayoneta calada el edificio de San Ildefonso después de haber disparado un supuesto bazucazo a la puerta de entrada, una auténtica joya del arte novohispano, todo para atrapar a los comunistas». ¿A los qué...? La verdad es que Corona del Rosal y yo acordamos que fuera volada desde adentro por nuestros muchachos expertos en explosivos, que escondimos entre otros vagos contratados en la Merced. Varios planteles de la Escuela Nacional Preparatoria fueron recuperados por las fuerzas públicas. ¡Bravo!

Se trataba del uso de una desmedida fuerza militar utilizada en contra de estudiantes que reclamaban derechos civiles consignados en la Carta Magna. Resultaba evidente que con las fuerzas de los batallones de granaderos, más la policía del Distrito Federal, hubiera sido mucho más que suficiente para controlar y arrestar a los cabecillas del movimiento, siempre y cuando, claro está, no se tocara al *Fish* ni a los otros paramilitares infiltrados por el gobierno. De ninguna manera se necesitaba la intervención del ejército para someter a un número tan reducido e insignificante de civiles. La brutalidad militar, necesaria en estos casos para despertar a la opinión pública, quedó evidenciada con la gran cantidad de heridos en los hechos sangrientos. Se logró la detención de 125 presos acusados de daño en propiedad ajena, robo, secuestro, lesiones contra agentes de la autoridad y pandillerismo. Por supuesto que un cargo era más falso que el otro. ¿Muertos? Sí, los hubo, pero nunca lo supo la opinión pública. ¿Cuáles garantías individuales consignadas en la Constitución?

Luis Echeverría declaró en una conferencia de prensa que los disturbios habían sido «decididos durante la Conferencia Tricontinental celebrada en La Habana en 1966», con la participación de comunistas mexicanos. El ataque militar de esa jornada había sido para «preservar la autonomía universitaria de los intereses mezquinos e ingenuos, muy ingenuos, que pretendían desviar el camino ascendente de la Revolución mexicana». ¿Qué tal? ¿No era increíble? Luis Echeverría sabía que mentía. Conocía toda la verdad, misma que habíamos discutido personalmente en incontables ocasiones. Qué conferencia tricontinental ni qué nada. ¡Vamos, hombre, haber buscado una mejor excusa!

Al día siguiente la prensa consignó las declaraciones manipuladoras de Echeverría: que «la inconformidad estudiantil se debía a agitadores comunistas, extraños a los estudiantes y justificó las acciones policiacas y militares, argumentando que habían sido necesarias para acabar de raíz con la agitación». Claro que Echeverría conocía los nombres de los alborotadores, las dependencias en las que cobraban, los sueldos que devengaban y sus encargos específicos. ¿Verdad que nunca aparecieron los rostros de los «agitadores» tras las rejas? Reía en mi interior porque sabía que no existían los dichos agitadores comunistas, todos sabíamos que no existían. Echeverría, el primero.

El general brigadier Mario Ballesteros Prieto, jefe del Estado Mayor de la Secretaría de la Defensa, reportó la captura de un ruso. Nadie supo nunca del ruso ni se le identificó, no se le expulsó del país ni se le recluyó en ninguna cárcel ni lo reclamó la embajada de la URSS. Nada. Era obvio que Ballesteros Prieto mentía y traicionaba también a García Barragán, el secretario de la Defensa Nacional, al tener acuerdos secretos con Gutiérrez Oropeza, el jefe del Estado Mayor Presidencial. Por supuesto nunca se supo nada tampoco de un arsenal mencionado por el FBI. ¿Dónde estaba? Claro que no había tal.

El rector, los directores de las escuelas, las mesas directivas estudiantiles, las agrupaciones universitarias, la sociedad en general decidió protestar enérgicamente ante la intervención militar que no solo consideraban excesiva y desproporcionada, sino absolutamente innecesaria. Como la protesta por escrito publicada en la prensa resultó insuficiente, se acordó una movilización de los alumnos de todas las escuelas, facultades de la universidad y de la sociedad en general que quisiera sumarse a la marcha. Se trataba de no dejar solo al rector Barros Sierra, y de continuar con una acción severa que hiciera reaccionar al gobierno en torno a la agresión sufrida en las instalaciones universitarias. Este hecho no podía dejarse pasar por alto. En las conversaciones telefónicas que sostuvo Barros Sierra con Echeverría quedó evidenciado que el secretario de Gobernación no solo autorizó la marcha sino que la alentó y además acordó que antes de partir de la explanada de la rectoría, el rector haría descender la bandera nacional para colocarla a media asta, en señal de duelo, para dramatizar la violación de la autonomía universitaria. El gobierno arrojaba cubetadas de gasolina al incendio. ¡Bien hecho, íbamos de maravilla! En ese momento nadie podría saber que ambos se comunicaban permanentemente, y el secretario animaba al rector a seguir con la revuelta estudiantil. Aparecían más traidores y cobardes.

—Tiene usted razón, señor rector —contestó el secretario de Gobernación—, la comunidad universitaria no se puede quedar como si nada hubiera acontecido. Descienda usted la bandera y encabece la marcha por avenida de los Insurgentes, hasta donde se encuentra la avenida Félix Cuevas. Lo importante es dar un efectivo impacto a través de la prensa de que ustedes reaccionan y se opusieron al supuesto bazucazo en la puerta de San Ildefonso.

El propio García Barragán llegó a comentar que, en su presencia, Echeverría le había dado instrucciones al rector para organizar una manifestación de maestros y alumnos de la Universidad y del Politécnico.[6] Barros Sierra exigió «respeto a los recintos universitarios». Después del grotesco despido del doctor Ignacio Chávez era imposible que su sucesor, a sabiendas de los alcances de Díaz Ordaz, decidiera por sí mismo organizar una marcha masiva de estudiantes y poner la bandera a media asta, toda una provocación. ¿Acaso deseaba que lo sacaran cubierto de plumas pegadas con melaza y jalado del cuello por un par de cinturones como si fuera un pollo gigantesco, muy a pesar de sus merecimientos académicos? De no haber mediado un acuerdo, los mismos infiltrados de Corona del Rosal hubieran repetido la fechoría que cometieron con el doctor Chávez. Lo que sí se logró fue un efecto determinante en la comunidad estudiantil, ya que la figura del rector se disparó a niveles de una popularidad antes inimaginable. Ahí estaba el hombre audaz, valiente, que abanderaba la causa y se ponía del lado de los estudiantes, demandando respeto a la autonomía universitaria. Echeverría aplaudía debajo de su escritorio.

Se instaló de inmediato el Consejo Nacional de Huelga por parte de los estudiantes, el famoso CNH. Se estructuraba la revuelta. Se incendiaba artificialmente a la comunidad universitaria de acuerdo a lo establecido. En dicho consejo no tardaron en aparecer nuestros infiltrados, además de los de Alfonso Corona del Rosal, como su querido paisano Sócrates Amado Campos Lemus, Ayax Segura Garrido, y otros tantos que prendían fuego en cada asamblea llamando a la violencia, gritando todo tipo de insultos en contra de Díaz Ordaz, del jefe de la policía y del secretario de Gobernación. Los estudiantes no se percataban de que estaban siendo manipulados. Corona del Rosal recibió a una comisión secreta de estudiantes de la FNET, federación dependiente también del propio jefe del Departamento del Distrito Federal, a la que le aseguró que sus compañeros heridos en las acciones de San Ildefonso ya estaban siendo atendidos «con cariño» en las instituciones médicas del Departamento del Distrito Federal. Dicha federación señalaba como instigadores de los acontecimientos del 26 de julio por un lado a fuerzas derechistas de exiliados cubanos en Estados Unidos, y por otra parte, a los

---

[6] Scherer/Monsiváis, 1999: 40.

provocadores tradicionales organizados en las corrientes maoísta y trotskista quienes, según ellos, ya estaban preparados para el estallido de la violencia.

El 31 de julio elementos del ejército, auxiliados por policías y por perros, allanaron la Unidad Artística y Cultural del Bosque de Chapultepec, deteniendo a 75 alumnos de la Escuela de Arte Teatral cuando llevaban a cabo una asamblea. Se buscaron armas, así como propaganda comunista. No se encontró nada salvo libros, algunos que se consideraron subversivos por ser de autores soviéticos. Hasta ahí quedaba la evidencia de una intervención extranjera.

¿Por qué nunca nos preocupó la brigada especial bajo las órdenes de Fernando Gutiérrez Barrios e integrada por 120 elementos que provenían de la DFS, la Policía Federal Judicial, la Policía Judicial del DF y la Inspección Fiscal Federal, que usaban un guante blanco en la mano izquierda? Porque dependía de Díaz Ordaz... ¿Por qué nunca nos preocupó Ayax Segura Garrido que se presentaba como representante de la Escuela Normal Oral y agitaba y transmitía información del Poli? Porque Segura Garrido estaba en la nómina de mi querido Pollo Gutiérrez Barrios. Más claro, ni el agua... Habíamos armado un relojito de alta precisión para lo que pudiera ocurrir. Ni quien se las oliera, como dicen en México...

En una conversación telefónica que tuvo el secretario de la Defensa, Marcelino García Barragán, con uno de sus subalternos, le hizo saber que habían llegado a México cuatro agentes especializados de la CIA con el fin de observar los acontecimientos. El militar entendió que dichos agentes no venían a observar nada, sino a incendiar el país. García Barragán se percató de que una mano extraña estaba agitando las aguas, movida por intereses inconfesables y no menos oscuros.

El Consejo Nacional de Huelga, CNH, un órgano ingobernable, convocó entonces a una segunda manifestación el 1 de agosto. Todo México tenía que protestar, no solo los estudiantes, no solo los maestros, no solo las autoridades universitarias: todo México. En el problema universitario tendría injerencia toda la nación. La marcha sería multitudinaria. Nunca se habría visto una similar en la historia de la ciudad de México. Esa tarde, minutos antes de que iniciara la manifestación del rector, la radio comenzó a difundir la noticia de un llamamiento hecho desde Guadalajara por el presidente de la República. El mensaje fue repetido una y otra vez por los noticieros

de la televisión. Por primera ocasión el Ejecutivo abordaba el tema
después del allanamiento de San Ildefonso. Su actitud había resultado incomprensible. Sin embargo, en esa ocasión se refirió a la
mano tendida, la de un hombre «que a través de la pequeña historia
de su vida ha demostrado saber ser leal». El discurso fue entendido
«como una pieza arquetípica de perversidad y demagogia, una maniobra retórica apenas concebible en un sistema político donde ha
colapsado todo respeto por la ética y donde el cinismo ha invadido
todos los espacios de la política». Nadie le creía a Díaz Ordaz. Tan
esto era cierto, que se le identificaba como el gran culpable de los
hechos. Imposible ignorar los acontecimientos y haber respondido
una semana después de iniciados los movimientos. Los estudiantes,
irreverentes, pidieron que se le hiciera la prueba de la parafina a esa
mano extendida.... Díaz Ordaz les reprocharía más tarde: «Les di
mi mano y me la dejaron tendida en el vacío». De volverla a ofrecer
se la morderían. En realidad deseaba que se la besaran. ¿Cómo era
posible que alguien que había mandado al ejército a violar las instalaciones universitarias, lastimando a cientos de estudiantes y haciendo presos a otros tantos sin olvidar a los muertos, el gran autor
de la crisis, ahora viniera con la tesis de la mano extendida? Que
Díaz Ordaz se fuera a la mierda con su mano...

Empezaron a aparecer desplegados en los periódicos nacionales.
Algunos intelectuales apoyaban el movimiento de los estudiantes.
De inmediato el secretario de Gobernación observó con lupa a dichos intelectuales, los fichó e incluyó en listas negras, precisamente por haber firmado esos desplegados. A partir de ese momento se
les consideró sospechosos de ser agentes soviéticos. Por supuesto
que no se pensaba que se trataba de hombres y mujeres que reclamaban derechos elementales para los estudiantes y respeto a la dignidad universitaria. Por el solo hecho de protestar ya eran agentes
extranjeros. Quien se mostrara a favor de los estudiantes iba a dar a
las listas negras de la Secretaría de Gobernación con todas sus consecuencias. Echeverría se mostraba muy activo en la detección de
agentes provocadores comunistas. ¿Cobrarían en la embajada rusa,
en la cubana o en la de Corea del Norte? ¿Dónde? Los funcionarios
públicos que demostraban proclividad hacia los estudiantes, principalmente economistas, también fueron fichados.

Durante agosto y septiembre de 1968 la huelga se había extendido por todas las instalaciones de las preparatorias, las vocacionales, de la UNAM y del Politécnico. Los alumnos padecieron con verdadero horror a lo largo de las noches cómo de automóviles misteriosos salían ráfagas disparadas por metralletas en contra de quienes hacían guardia en los planteles. Estas acciones, ejecutadas por el FBI de acuerdo a las instrucciones de Hoover,[7] quien parecía perder la paciencia y la compostura, arrojaron numerosos muertos y heridos. ¿Quiénes serían los autores de esos criminales atentados? La mayoría culpaba a la policía sin que su imaginación les permitiera suponer que nosotros los habíamos organizado, por la prisa que deseábamos imprimir al movimiento. No bastaba que las escuelas de nivel superior estuvieran ya en huelga y el país a punto de estallar en mil pedazos, no, claro que no, desde Washington ordenaban los ametrallamientos para envenenar aún más el entorno y provocar una mayor descomposición social. La sociedad se enardecía y se colocaba al lado de los muchachos, sus hijos, sin comprender lo que estaba sucediendo. ¿Cómo entender los ametrallamientos en contra de personas y edificios universitarios? ¿Quién podría ser, la policía, los agentes secretos soviéticos o cubanos? ¿Quién? Muy pronto llegarían las Olimpiadas y el ambiente apenas empezaba a adquirir la temperatura idónea para asestar el golpe de Estado. Se requería más fuego, mucho más fuego, muchas más acciones, mucho más incendio para lograr el derrocamiento de Díaz Ordaz.

En el Consejo Nacional de Huelga, los estudiantes no confiaban en sus representantes, nadie podía tomar acuerdos si no eran autorizados por la asamblea, solo que la integración de esta cambiaba prácticamente todos los días sus posiciones. ¿Cómo llegar a acuerdos cuando día con día se rotaba a los representantes para que no se fueran a comprometer ni a vender el movimiento? La desconfianza histórica del mexicano jugaba otra vez a nuestro favor. El escepticismo estudiantil, políticamente hablando, también estaba de nuestro lado, puesto que les resultaba imposible organizarse y continuar con planes específicos. El CNH creó las brigadas políticas estudiantiles para visitar al sector obrero, a sindicatos, fábricas y centros de trabajo en general. Hacían pintas, pegas y distribuían millares de volantes en autobuses, plazas, terminales de transporte y mercados, a la puerta de los cines, de las iglesias y centros de reunión. Se realizaron brigadas de enlace con los estados de Veracruz,

[7] Mora, 1987: 194.

Guanajuato, Michoacán, Querétaro, Hidalgo, Chiapas, Durango, Tamaulipas, Zacatecas, San Luis Potosí, Aguascalientes, Baja California, Nayarit, Morelos, Tabasco, Oaxaca, Sinaloa y Puebla. El país se ponía de pie. ¡Qué bien marchábamos, caray!

Los estudiantes consignaban en su pliego petitorio de seis puntos lo siguiente: 1)Libertad de los presos políticos; 2)Destitución de los generales de la policía Luis Cueto Ramírez y Raúl Mendiolea, así como también del teniente coronel Alfonso Frías; 3)Extinción del Cuerpo de Granaderos, creado por Alfonso Corona del Rosal en 1966, instrumento directo de la represión, y no creación de cuerpos semejantes; 4)Derogación de los artículos 145 y 145 bis del Código Penal, sobre los delitos de disolución social, instrumentos jurídicos de la agresión; 5)Indemnización a las familias de los muertos y heridos víctimas de la agresión desde el viernes 26 de julio en adelante; 6)Deslinde de responsabilidades de los actos de represión y vandalismo por parte de las autoridades, a través de la policía, granaderos y ejército.

El CNH no solamente no lograba los acuerdos necesarios por el cambio cotidiano de sus integrantes, sino porque había otras organizaciones de extrema derecha como el MURO, el Movimiento Universitario de Renovadora Orientación —implicadas en la caída del rector Chávez, como lo estarían tres años después en la salida obligada del doctor Pablo González Casanova, también de la UNAM—, que participaban incesantemente en su intento de reventar la huelga. En realidad el movimiento se convertía en un ejercicio ciudadano ejemplar. Los estudiantes universitarios de primer ingreso discutían y comprendían por primera vez el significado de las palabras libertad, autoritarismo, democracia, justicia, movimiento y manifestación. De la misma manera que unos manejaban el mimeógrafo, otros redactaban un volante o desarrollaban habilidades para hablar en público, dialogar en grupo o levantar un acta. Se estaba frente a una auténtica escuela de civismo. Eran unos pendejos idealistas…

En otra marcha, la de 5 de agosto, se sumaron contingentes de la UNAM, de Chapingo, de la Normal y de otras preparatorias. Se acordó una manifestación de cien mil personas que se desplazarían de Zacatenco al Casco de Santo Tomás. Para la marcha del 13 de agosto, los estudiantes dialogaban acerca de prepararse para el enfrentamiento con la policía sin olvidar el ejemplo de los estudiantes franceses, que habían derrotado a las fuerzas del orden lanzándoles adoquines arrancados de las calles de París. Los mexicanos debían seguir ese ejemplo, aunque fuera con piedras. Se hablaba de conseguir cascos, limones y botellas con vinagre para contrarrestar el efecto de los gases lacrimógenos o para construir bombas molotov. Se iniciaba entonces el movimiento de defensa sin que aparecieran, por ningún lado, los agentes comunistas. ¿Todo este entuerto sería por la sucesión presidencial? Gutiérrez Oropeza apostaba por Corona del Rosal y al mismo tiempo por Emilio Martínez Manautou, tenía dos candidatos; como él decía, *dos fierros en el fuego*. Echeverría hacía su juego declarando o expresándose solo cuando ya no tenía remedio y era estrictamente indispensable. La discreción ante todo.

Cuando los estudiantes invitaron a diputados y senadores a un debate con la coalición de profesores y alumnos en la explanada de la Ciudad Universitaria, los legisladores no asistieron, alegando pretextos indigeribles como que no podían exponer su investidura «para convertirse en protagonistas y víctimas de un espectáculo inquisitorial». La verdad era que Díaz Ordaz les había prohibido asistir para no perder el control de los acontecimientos. Los legisladores alegaron que no se presentarían a dicha reunión ni a debate alguno porque se trataba de una trampa cuyo único propósito era la propaganda y la agitación. Argüían que no se prestarían a hacer juego a los estudiantes para promover fines oscuros. Veinte mil alumnos esperaron inútilmente su llegada. Ninguno hizo acto de presencia porque habrían dejado de ser en ese momento diputados o senadores propietarios, para que el suplente ocupara su cargo. Díaz Ordaz, no lo olvidemos, controlaba el Congreso así como el Poder Judicial, el ejército, la prensa, la Iglesia, las cámaras de comercio y obviamente a los gobernadores de los estados. Todo el poder en su mano, a la usanza de los dictadores latinoamericanos. ¿Qué clase de representantes populares eran estos que no acudían a los llamados de su pueblo?

La invasión soviética a Checoslovaquia el 20 de agosto de 1968, llevada a cabo con seiscientos mil soldados rusos y dos mil trescientos tanques del Pacto de Varsovia, sirvió para caldear aún más los ánimos universitarios y politécnicos. La protesta estudiantil se orientaba ahora hacia los poderes omnímodos de los gobiernos. Había que acotarlos, limitarlos. No era cierto que la invasión se hubiera originado en el supuesto de que Alemania quería apoderarse del país. Otra mentira más; no solo los mexicanos mentían, todos los políticos del mundo por definición eran unos embusteros. ¿Qué tenía que ver Alemania en todo esto, como no fuera para asustarse por tener a Checoslovaquia en su frontera? ¡Qué año el de 1968! ¡Qué año! *Sweet Lord...*

Una marcha seguía a la otra. La noche del viernes 23 de agosto, Sócrates Campos Lemus, Fernando Hernández Zárate y Sóstenes Tordecillas, infiltrados de Corona, reventaron una invitación del gobierno para dialogar con representantes universitarios. Profesores y estudiantes respondieron afirmativamente, siempre y cuando el diálogo se realizara en presencia de la prensa escrita, la radio y la televisión. La manipulación había sufrido efectos. No habría diálogo. ¿A quién le interesaba negociar para volver a la normalidad? El primero que jamás mostraría interés alguno sería el propio Díaz Ordaz. A la menor señal de un arreglo me tendría tirando la puerta de su oficina en Los Pinos...

En la marcha del 27 de agosto, del Museo de Antropología al Zócalo, una de las más nutridas en la historia del país, más de trescientas mil personas demandaron el cumplimiento del pliego petitorio. Un sueño guajiro. La sociedad aplaudió el paso de los marchistas, lanzándoles, junto con papel picado, vivas desde los edificios. Los jóvenes tildaron al régimen y sus integrantes de «fascistas», «asesinos» y «bandidos». Díaz Ordaz era «nieto de Porfirio Díaz», «santurrón», «güey», «cobarde», «chango hocicón», «gusano» y «bestia»; «el pozole», por estar hecho de trompa y oreja. Su esposa era ridiculizada con el nombre de la Changa Lupe. Al llegar a la Plaza de la Constitución se dieron tres hechos muy significativos. El primero, el audaz izamiento de una bandera rojinegra en el astabandera del Zócalo, que ondeó hasta terminar el mitin, hecho inspirado por mí y mis colaboradores de la estación. El segundo, el planteamiento imposible de nuestro Sócrates Campos Lemus para que el Primer Mandatario de la República se presentara el 1 de septiembre, el mismo día del informe presidencial, a las diez de la mañana en el Zócalo para inaugurar el diálogo; es decir, no habría diálogo... Muchos estudiantes se vieron sorprendidos a la cara porque sabían que ese no había sido el acuerdo del Consejo Nacional de Huelga y que Sócrates, *our dear golden boy*, estaba arrebatándoles la bandera para apoderarse del movimiento. El tercero, un grupo de estudiantes subió con el debido permiso de las autoridades católicas, a los torreones de la catedral para encender las luces y doblar las campanas, «allanamiento» que aproveché para acusarlos, ante la prensa nacional, de profanadores.

Por supuesto que los infiltrados lo único que deseaban era arrojar más combustible a los acontecimientos. Buena parte de la comunidad pensaba que nuestros porros, Halcones camuflados, golpeadores a sueldo, eran estudiantes como ellos y perseguían lo mismo, sin entender por qué las rabiosas convocatorias a la violencia que muy pocos deseaban. En la noche el gobierno desalojó por la fuerza el Zócalo capitalino al mandar 150 patrullas, 400 granaderos, 16 tanques ligeros y tres compañías de soldados para barrer la Plaza de la Constitución, donde los estudiantes entonaban canciones y se disputaban unos y otros el uso del micrófono. El ejército volvió a estar presente. Lo que bien valdría la pena destacar es que en la madrugada nosotros cambiamos la insignificante banderita rojinegra por una enorme tela cuatro o cinco veces más grande, vistosa y colorida que la izada en la noche por los estudiantes. Debo reconocer que yo deseaba provocar aún más a Díaz Ordaz y lo logré, créanme que lo logré porque, según me informó Fulton Freeman, el embajador de Estados Unidos, había oído decir al presidente que debido a una afrenta tan ostentosa pondría punto final a los desmanes estudiantiles.

El 28 de agosto, cuando en medio de una muchedumbre de burócratas acarreados que se decían «borregos» —y como tales empezaron a balar—, se descendía nuestra llamativa bandera rojinegra y se izaba la tricolor, se escucharon, por primera vez, disparos de francotiradores provenientes del edificio de la Suprema Corte de Justicia de la Nación. ¿Francotiradores? ¿Qué pasaba? Otra persona empezó a disparar su pistola al aire. Caían varios heridos al piso. Un soldado repelió el fuego en contra del edificio de la Corte. Posteriormente empezaron a aparecer francotiradores, otra vez francotiradores, en los edificios de la preparatoria Justo Sierra así como en la Vocacional 7 ubicada en Nonoalco-Tlatelolco, junto a la Plaza de las Tres Culturas. Había asaltantes enmascarados con aspecto militar, se escuchaban gritos: «Viva FNET», «Viva el MURO», organizaciones de derecha ambas. Como un elemento para incitar aún más al terror, se descubrieron bombas al pie de torres de electricidad, colocadas por dos de mis *marines*, Bernard Phillipe Ames y Charles Schultz, pero no detonaron porque yo solo quería sembrar más alarma. Un mero golpe de publicidad. La prensa los hizo pasar, claro está, como estudiantes incendiarios.

Díaz Ordaz y yo hablamos con la debida cordialidad, distancia y respeto un par de veces más antes del 2 de octubre. En su informe del 1 de septiembre, el presidente de la República mandó un mensaje muy claro a los jóvenes:

> Los excito a que se apeguen a su país, a su historia, que la conozcan, que la mediten y no sean instrumentos de quienes tratan de utilizarlos por un interés bastardo, empujándolos a acciones que los dañan... concierne a los universitarios de México, sin intervenciones extrañas, actualizar las universidades e insertarlas en las necesidades de la vida contemporánea del país [...] no solo respetamos su autoridad y su autonomía, sino la defendemos; pero no podemos permitir que las universidades, entraña misma de México, hayan dejado de ser parte del suelo patrio y estén sustraídas al régimen constitucional de la nación [...] preferimos los medios persuasivos, el convencimiento, la argumentación, aun a riesgo de parecer demasiado tolerantes, pero ni la prudencia es síntoma de debilidad [...] la prudencia es camino aconsejable, cuando hay posibilidades de comprensión; la energía es necesaria cuando los conflictos se plantean con el deliberado propósito de que se compliquen y no pueda llegarse a soluciones pacíficas o cuando se desbordan y pongan en peligro las instituciones [...] no ejercer el poder que la ley confiere al gobernante, es tan nocivo como abusar de él. La ausencia de autoridad induce a la anarquía y esta lleva inexorablemente a la dictadura, la Constitución nos da las facultades necesarias para poner a México y a los mexicanos a salvo.[8]

A su vez, el Consejo Nacional de Huelga repuso escuetamente al presidente, sin ignorar las amenazas de uso de la fuerza incluidas en el documento.

> Nuestro movimiento, por ello no es una algarada estudiantil más; esto debe comprenderse muy bien por quienes se obstinan en querer ajustar sus nuevas realidades a los viejos sistemas obsoletos de su «revolución mexicana» y de su «régimen constitucional», de su «sistema de garantías» y otros conceptos vacíos, engañosos, de contenido opuesto a lo que expresan. El presi-

[8] Díaz, 1967: 67-73.

dente solo dejó una disyuntiva a quienes desde el Zócalo hemos exigido una respuesta a las demandas con concentraciones populares: o aceptamos sus «soluciones» sin seguir presionando, o se reprime, ahora en definitiva, este movimiento popular apelando al ejército, la marina y la aviación [...] Negamos por nuestra parte existan presiones ilegítimas hacia el gobierno; pero la falta de respuesta a una demanda lleva necesariamente a la acción popular: única vía que queda abierta ante un régimen sordo y mudo [...] La disyuntiva que se nos plantea entre aceptar sus soluciones o esperar la represión total [...] Hasta hoy no hemos recibido otra respuesta que el aumento de la represión, las amenazas y las calumnias que pretenden cambiar la opinión pública para volverla desfavorable a nosotros [...] El gobierno puede solucionar este prolongado conflicto cuando quiera. Nosotros siempre hemos estado dispuestos a hacerlo...[9]

El informe era una gran oportunidad para invitar al diálogo. Éste no se dio, claro que no se dio, nunca se daría. Por el contrario, la CTM y su líder, Fidel Velázquez, el hombre que había embotellado la democracia sindical en México, otorgó todo su apoyo al gobierno y pidió que se continuara con las mismas acciones para evitar la anarquía en el país. Fidel era la piedra angular del sistema de represión y control del sector obrero, por eso mandó a Tlatelolco el 2 de octubre a su grupo de choque conocido como las Avispas. La prensa nacional, obsecuente y lambiscona como siempre, aplaudió la actitud determinante de Díaz Ordaz y destacó su temple, su coraje, su determinación por rescatar a la nación de manos extranjeras, en fin, su vocación por la paz antes de recurrir a la violencia. El movimiento empezó a adquirir otro cariz desde que grupos de campesinos y electricistas decidieron apoyar a los estudiantes. El ejército tomó precautoriamente la refinería de Azcapotzalco. De hecho habían desaparecido las garantías individuales, bastaba con que Gutiérrez Barrios, Echeverría o Corona del Rosal ordenaran la detención de alguien para que sin orden por escrito de un juez competente y demás *bla, bla, bla*, se privara de la libertad a cualquier ciudadano, acusado de ser sospechoso por la razón que fuera. En ese momento Díaz Ordaz, estimulado por una eventual suspensión de garantías, todavía soñaba con la reelección... ¡Qué iluso!

[9] Manifiesto del CNH en respuesta al informe presidencial de 1968. Ramírez, 2008: 226.

Mientras tanto, en el CNH nadie se ponía de acuerdo porque ningún delegado permitía que otro destacara por encima de los de-más. El Consejo Nacional de Huelga envió una carta al presidente exigiendo «el diálogo, antes de asistir a un mayor deterioro de los acontecimientos». Por supuesto que el gobierno la volvió a ignorar.

Para González Casanova, el futuro rector de la UNAM, el gobierno tenía dos alternativas: o aceptar el diálogo y resolver las seis demandas del pliego petitorio, o usar su poder represivo, cuidando que las formas fueran legales. Él sí supo interpretar a la perfección las entrelíneas de los hechos al consignar por escrito:

> Por lo pronto no parece previsible un golpe de Estado ilegal. Si acepta el diálogo el gobierno, tendrá que inaugurar un nuevo estilo político y cambiar las formas de gobernar que rigen al país desde la época de Calles, lo cual supone para él mismo una serie de riesgos en cuanto al control de las organizaciones gubernamentales y del aparato del poder dominante: el PRI, la CTM, CNC, etcétera, el aparato tendría que reajustarse muy seriamente para una lucha política de organizaciones populares y sindicales… Aún más: aceptar el diálogo y conceder los puntos del pliego petitorio supone alentar otros movimientos y demandas populares, no solo de democratización, sino de justicia social, a lo cual se opondrían los sectores más conservadores de dentro y fuera del gobierno y *todas aquellas fuerzas que tienen el proyecto de una sudamericanización de México, esto es, las que persiguen la concentración y acumulación inmediata de la riqueza* y que ven como objetivo muy secundario el incremento del mercado interno, de la demanda de otros bienes y servicios. Esta decisión, la de entrar al diálogo, implicaría acabar con el miedo al desarrollo, inaugurar un nuevo estilo político y responder de la manera más inteligente a demandas de democratización que corresponden a la estructura real del país.
>
> Optar, por otra parte, por la alternativa del empleo de la fuerza, *mediante encarcelamientos masivos, control militar de los centros de estudio, algo que está en la conciencia de todos como una posibilidad real puesto que se ha repetido inexorablemente en los países dictatoriales de América Latina. Las implicaciones que tendría esta decisión son evidentes: la represión tendría que alcanzar magnitudes sin precedentes en la historia contemporánea de México. En estas condiciones, se pasaría a una política en que necesariamente tendrían más y más funciones el ejército y la policía…* Se cerrarían los centros de cultura superior o vivirían una vida muy precaria y dejarían de formar los cuadros

técnicos y dirigentes que el país necesita, con las consecuencias conocidas. Se prepararían solo los hijos de las gentes más ricas en las universidades extranjeras y en algunas privadas, a lo cual se añadiría un aumento en el drenaje de cerebros, como ha ocurrido en Argentina y en Brasil. Los efectos políticos llevarían cada vez más a un primer plano de gobierno a los militares conservadores y hasta golpistas. Aumentarían las importaciones de pertrechos de guerra de Estados Unidos para combatir a las crecientes guerrillas. El gobierno, económica y políticamente debilitado, tendría que hacer concesiones cada vez mayores para la desnacionalización ya sea de industrias y recursos naturales.[10]

Si algo me llamó la atención de estas palabras de González Casanova fue el uso del término *sudamericanización*. ¿Habría escuchado mis conversaciones o leído mis cables secretos? Desde luego que nosotros nos proponíamos la sudamericanización en una atmósfera militar de respeto a los intereses económicos de Estados Unidos. Por otro lado, es evidente que tenía razón: si los estudiantes seguían en la misma línea de acción advendría la violencia y esta, claro está, se encontraba dentro de nuestro programa, y así, dentro de nuestro programa, se siguió hacia una ruta perfecta de colisión, a la rabiosa confrontación y, ante el descontrol, el necesario golpe de Estado.

La derecha continuó organizando eventos en los que se escuchaban gritos como los siguientes: «¡Vivan los granaderos! ¡Viva México! ¡Viva la Virgen de Guadalupe! ¡Viva Cristo Rey, Tú reinarás! ¡San Baltasar contra los traidores! ¡Dios, patria, familia y libertad! ¡Queremos Ches muertos! ¡Mueran todos los guerrilleros apátridas! ¡Mueran los estudiantes manipulados por los comunistas!», a lo que el público gritaba: «¡Mueran, mueran, mueran!»

Al contrario de lo que la gente pudiera pensar, Gustavo Díaz Ordaz disfrutaba mucho los boleros, sabía las letras de varias canciones pero eso sí, era malo, malísimo cantando. Varios domingos los pasamos juntos en mi casa de las Lomas o en la de la carretera a Cuernavaca o en Acapulco, viendo los partidos de futbol de los que era tan fanático. Le entretenían los deportes, por más extraño que pareciera. Se trataba de una persona de risa pronta y fácil, simpático, ima-

---

[10] Guevara, 2008: 261-266.

ginativo, rápido de respuestas, ágil y en ocasiones bromista. Solo un par de ocasiones bebimos de más y con muchas carcajadas, por cierto. Como se trataba de un hombre juguetón que empezaba a enseñarme al niño pequeñito que habitaba en su interior, con el tiempo descubrí que una de sus debilidades era la de acostarse sobre mis piernas para que yo le cantara una de sus canciones favoritas, una vez envuelta su cabeza con mis brazos:

—A la ru ru ru, duérmase mi niño, duérmase mi amor, duérmaseme ya... A la ru ru ru, duérmase mi niño, duérmaseme ya...

Tan pronto escuchaba esa melodía, el presidente de la República se sentía protegido y de inmediato caía en un sueño profundo. Debo confesar que a mí en lo personal me fascinaba dormirlo como a un lactante y facilitarle la fuga de la realidad. En otra ocasión, mientras descansaba y yo le hacía el «piojito» que tanto le fascinaba, tomé unos pasadores y le hice unas «anchoas» para matar el tiempo. Media hora después recibió una llamada del coronel Gutiérrez Oropeza solicitando su presencia en Los Pinos, algo espantoso acabaría de ocurrir. De pronto, Díaz Ordaz se levantó con una sorprendente agilidad para ponerse su saco, ajustarse la corbata y lavarse rápidamente los dientes antes de abandonar nuestro nido de amor. Fue entonces cuando, al verse en el espejo, descubrió que tenía la cabeza llena de «chinos» que en ese momento ya resultaba mucho menos que imposible deshacérselos.

—Irmaaa, ¿pero qué demonios hiciste, Irma?

—¡Ay, no seas fresa, Gustavito, te ves guapísimo de caireles!

—Si serás bruta, Irma: voy a una reunión urgente de gabinete y tú aquí con tus pendejadas. ¿Acaso crees que puedo salir retratado en la prensa con «chinos», vieja bruja? ¿Cómo me los quito, con diez mil carajos? Pero ahoritititita...

Corrí entonces al baño y le pedí que agachara la cabeza para sumergírsela en el lavabo y deshacer así mi obra maestra. Resultó inútil el esfuerzo. Al secarle el cabello con las toallas, lo tenía completamente rizado como un *hippie* de los suburbios de San Francisco. ¿Qué hacer? Se veía tan chistoso... Le eché aire caliente con una pistola pero los pelos se le pararon tanto que nos dio un verdadero ataque de risa. Sugerí que se llevara una gorra pero no tenía ninguna en mi casa, solo quedaban sombreros de mujer de ala gigantesca. En última instancia le supliqué que se diera un duchazo con agua caliente para que viéramos el resultado. Al salir más o menos iba peinado, aun cuando se despidió de mí lanzándome todas las maldiciones de su repertorio.

Viví muchas escenas jocosas al lado de Díaz Ordaz, un hombre del que llegué a enamorarme aun cuando nunca resistió dos quiebres míos de cintura —nunca nadie me los aguantó— que lo obligaron a derramar toda su virilidad anticipadamente y, por lo mismo, en muchas ocasiones me dejó insatisfecha. ¿Qué más daba? A cambio recibía homenajes todos los días. Uno de los momentos más felices que pasé a su lado fue, sin duda, cuando finalmente lo convencí de dormir una noche en el Castillo de Chapultepec, en la cama de Carlota. Los caprichos son los caprichos. El presidente no quería, le parecía una herejía, una falta de respeto. Sin embargo, todavía no había nacido el hombre que se negara a satisfacer todos y cada uno de mis antojos. Así las cosas, finalmente accedió a que cenáramos una noche en el alcázar del castillo con vista a la ciudad de México, en tanto escuchábamos música de violines de un aparato de sonido que el Estado Mayor había conseguido para nosotros. Gustavo pidió a su restaurante favorito, La Cava, que sirviera la cena y que su mesero de confianza de Los Pinos atendiera la mesa de tal manera que no existieran testigos ni pájaros en el alambre. Las velas no faltaron, al igual que las palabras románticas y los juramentos de amor eterno. Un número indefinido de guardias presidenciales y soldados del Estado Mayor Presidencial cuidaron los accesos al histórico castillo de modo que nos dejaran solos dentro del máximo margen de seguridad. ¡Claro que usamos la vajilla de Maximiliano de *Japspurgo* o de donde fuera el ojete, ese invasor!

Después de cenar y de bailar a la luz de la luna, nos dirigimos a la habitación de Carlota, en cuyo centro había una hermosa cama de latón dorado mexicano. Ahí pasamos la noche entre arrumacos y besos, muchos besos, todos los imaginables en las partes prohibidas, dedicados a convencer a mi galán, poderosísimo por cierto, de que si fuera realmente un caballero, me regalaría la cama de la emperatriz sobre la que estábamos pasando la noche, como un recuerdo inolvidable, y también el billar de su marido el emperador, para colocarlo en mi casa de la carretera a Cuernavaca. Tardé en convencerlo pero finalmente lo logré. Las mujeres tenemos armas que los hombres ni siquiera imaginan, por ello desde el verano de 1968 duermo a pierna suelta en la cama de la segunda emperatriz mexicana después de Ana, la esposa de Iturbide, según me explicó Nito.

No cualquiera duerme en la cama de una soberana europea. No cualquiera puede jugar una o varias partidas en el billar de Maximiliano. Yo sí lo hago. Es uno de mis privilegios, ¿o no...? ¡Ah!, también le bajé una de las vajillas francesas con filo de oro y el escudo nacional dorado en cada plato y taza, que Porfirio Díaz ya no se pudo clavar cuando se fue en el *Pirpiragua* o *Upiranga* o comoquiera que se llame el *chingao* barco en el que se pintó de colores el dictador, quien sí que sabía vivir bien...

Sobra decir que para aquella época ya todo México me conocía como la Tigresa. Ya no era solo famosa sino rica, muy rica, sí, ¿y qué...?

Lázaro Cárdenas se presentó a mediados de septiembre con el presidente Díaz Ordaz, quien tuvo la gentileza de recibirlo de pie antes de salir a un compromiso previamente adquirido. Cárdenas, sombrero en mano, le expresó a Díaz Ordaz su sentimiento con la debida claridad. El general estaba muy alarmado por la respuesta tan violenta que el gobierno estaba dando al movimiento estudiantil:

—He sido presidente y considero que se está violando la Constitución.

A esta afirmación, Díaz Ordaz contestó:

—Yo soy presidente y además abogado. El proceder de mi gobierno se ajusta a un artículo de la Constitución, señor general.

—¿Cuál es ese artículo? —replicó el general Cárdenas.

—Ese artículo es el mismo en el que usted se apoyó para sacar del país al general Plutarco Elías Calles.

Cárdenas quedó petrificado y descompuesto, sin saber qué decir. Guardó silencio.

Díaz Ordaz revisó de arriba abajo a su interlocutor. Antes de despedirse desenvainó estas palabras en el rostro del general Cárdenas en los siguientes términos:

—Ya me acordé de ese artículo, general —agregó el presidente—, el artículo es México, México, mi general, México. Alentar la subversión, dar asilo a los enemigos del orden y agredir a las instituciones, eso sí es violar la Constitución, señor general. Con permiso —agregó—, queda usted en su casa —remató y lo dejó allí plantado.

Díaz Ordaz salió del despacho presidencial abandonando a Cárdenas, quien irradiaba odio y furia en la mirada. Después de pasar la vista por esa oficina donde ejerció el cargo de presidente de la República, salió de Los Pinos sabiendo que había perdido una brillante oportunidad de quedarse callado.

El 9 de septiembre, una semana después de haber aplaudido de pie el informe presidencial, Barros Sierra, acatando las instrucciones de Echeverría, llamó a la comunidad estudiantil, afirmando que la mayor parte de las exigencias del movimiento habían sido satisfechas por Díaz Ordaz en su discurso y pedía el regreso a la normalidad. Mentía, él sabía que mentía, ¿pero quién no mentía? El CNH, por supuesto, respondió que mientras no quedara resuelto el pliego petitorio no se levantaría la huelga. La invitación descarada del rector sin duda constituía una nueva provocación. ¿Cuándo o cómo habían sido satisfechas las exigencias? El gobierno se mantenía implacable fusilando guerrilleros en Chihuahua, ante la mirada atónita de los pobladores. No había aprehensiones, había fusilamientos. Diferentes grupos sindicales manifestaron su solidaridad con los estudiantes. El país se unió en torno a los universitarios. Las mayorías estaban con ellos. Exigían democracia y libertad: solicitaban la cancelación de un gobierno autocrático, intolerante y fascista. En realidad los priistas no eran ni serían más que herederos de Porfirio Díaz, hechos a su imagen y semejanza. Todos coincidían en acabar con un sistema retrógrado y podrido, heredado del callismo y perfeccionado durante el cardenismo. ¿O se podía hablar de democracia durante el gobierno de Cárdenas, cuando él mismo era el Congreso de la Unión, el Poder Judicial, los gobernadores de los estados y los poderes legislativos de las entidades federativas? ¡Claro que no!

El 13 de septiembre se organizó la Marcha del Silencio de tal forma que nadie hablara, para que el gobierno no pudiera aducir el lanzamiento de nuevas injurias en contra del presidente. Fue un éxito. El silencio de más de trescientos mil jóvenes que marcharon con pañuelos en la boca impresionó a la sociedad y a la nación en su conjunto, que observó la disciplina y el buen comportamiento al que podían llegar los estudiantes.

El 17 de septiembre, los porros y grupos de choque atacaron las preparatorias 2 y 7, además de varias facultades de la Universidad Nacional. Díaz Ordaz desesperó porque faltaba menos de un mes para la inauguración de los Juegos Olímpicos y el país estaba sepultado en el caos, con los reflectores del mundo entero colocados directamente en su gobierno y, sin embargo, las condiciones de la gran purga todavía no se habían dado. ¿La historia lo juzgaría como traidor o patriota al haber salvado al país de la imposición de un nuevo primate al servicio incondicional de la Casa Blanca? ¿No era preferible una sangrienta refriega antes de permitir que Johnson y sus secuaces texanos manejaran el país a su antojo? ¿No sería mejor aprovechar la confusión y el conflicto político para reelegirse y madrugar a todos? Muy pocos entenderían en ese momento su dramática decisión, sin embargo tenía que tomarla por el bien de la patria. El tiempo tendría después la última palabra. ¿Qué político de esta o de futuras generaciones se iba a atrever a confesar las presiones a que había vivido sometido por parte de la CIA? ¿Conceder que el conflicto universitario se había originado artificialmente para detectar cabecillas de izquierda y tranquilizar a Estados Unidos, de modo que se respetara al sistema mexicano de falsificación democrática? ¿El estudiantado no estaba en paz? ¿Los granaderos y el ejército, además de los infiltrados, no habían ido a agitar el avispero? ¿Cuáles comunistas, carajo? ¿Dónde estaban con sus terribles e invencibles amenazas de que iban a acabar con el gobierno? ¿Dónde estaban los Fidel Castro mexicanos dotados de una atemorizante capacidad de fuego, ubicados en la Sierra Madre o donde fuera?

Era la hora de actuar, de asestar el golpe final, era el ahora o nunca. Los juegos comenzarían el 12 de octubre. Faltaban escasas tres semanas. Fue entonces cuando decidió patear en la espinilla con una bota militar a todos los alumnos del país: ¡ordenó al ejército la invasión de la Universidad Nacional Autónoma de México, la máxima casa de estudios de la nación!

Finalmente, a las diez de la noche del 18 de septiembre, el ejército mexicano, las fuerzas armadas nacionales, dirigidas por el general José Hernández Toledo al mando de su batallón de fusileros paracaidistas, invadieron la Ciudad Universitaria con carros de asalto blindados, tanques, tanquetas, cañones y camiones llenos de soldados y otros tantos vacíos, para llevar detenidos a la mayor cantidad de estudiantes posible. ¿Diez mil hombres para someter a estudiantes armados con resorteras...?

Se desalojaron con lujo de violencia todos los edificios donde se encontraban tanto alumnos como profesores e investigadores de diferentes ramas del saber humano además de terceros que visitaban ese lugar, sin olvidar desde luego a los funcionarios y empleados de dicha casa de estudios. Nadie se atrevió a oponer resistencia. Radio Universidad, dedicada a transmitir música clásica entre otras actividades culturales, dejó de transmitir en términos inmediatos. Se apagó el gran faro de la inteligencia mexicana, insignificante si se le comparaba con la luz que irradiaban nuestros centros educativos, como Harvard, Stanford, Yale o Princeton, pero de cualquier manera se trataba de una fuente de orgullo para los mexicanos aunque finalmente solo se incubara en ella la mediocridad. Qué más daba que estuviera abierta o cerrada, invadida o clausurada. Bastaba con salir a la calle para ver qué tipo de profesionales egresaban de ahí. Las transmisiones se suspendieron mientras León Felipe leía alguno de sus poemas en un disco de la serie Voz Viva de México. El pánico cundió. Las fuerzas armadas no justifican su existencia a través de razonamientos, convincentes o no, sino mediante el uso de la fuerza y esta no discriminaba. Se quedaron vacíos los laboratorios, las bibliotecas, las aulas, los anfiteatros, los cafés, el campus, las grandes salas de reunión donde los conferencistas impartían sus cátedras para iluminar la vida de los alumnos. Se detuvo a trescientos estudiantes y maestros, a quienes se les obligó a tirarse bocabajo en el piso y colocar las manos detrás de la cabeza. Era la ley, el orden, la autoridad. Se acabaron los razonamientos y la vida dedicada al estudio. A callar. Los soldados amenazaron con la bayoneta a quienes intentaron siquiera resistirse o insultar. De inmediato se ordenó retirar la bandera, colocada todavía a media asta. Los detenidos, para sorpresa de los militares, empezaron uno tras otro a cantar el himno nacional mientras intentaban ponerse de pie. «¡Al suelo, al suelo!», gritaban los soldados. Sin embargo, alumnos y maestros continuaron cantando. Los uniformados se confundieron. Las instrucciones consistían en no matar, ¿pero cómo imponer la fuerza de su voz? ¿Qué hacer? Los dejaron cantar hasta que se cansaran, en tanto, otras patrullas acordonaron toda la zona de la universidad en un doble cerco para tratar de capturar a la dirigencia del CNH. Fracasaron en su intento, lo pedregoso del terreno y la extensión del campus permitió que muchos huyeran.

El escándalo social era gigantesco. La sociedad se alarmó. Sí, pero el Poder Legislativo, un mero apéndice del Ejecutivo, aplaudió la ocupación militar de la UNAM. La prensa informó cautelosa, pero se abstuvo de criticar. ¿Era necesario que el ejército tomara la universidad como si esta estuviera inundada de guerrilleros fuertemente armados? Por supuesto que entre los detenidos no se encontró una sola pistola, ni un cartucho de dinamita, solamente localizaron un número reducido de cocteles molotov y otros tantos krushev. Nada. Únicamente se encontraron libros y estudiantes, junto con sus profesores. ¿Qué más podría hallarse en una universidad? Solo que el daño era incalculable. El gobierno había ido demasiado lejos, y además en términos insultantes. ¿Hasta dónde quería llegar Díaz Ordaz? ¿De qué se trataba? De sobra sabría el presidente de la República que la masa estudiantil tenía un poder de explosividad verdaderamente alto. La provocación tendría que surtir los resultados esperados, y aparte, en el corto plazo, en el muy corto plazo.

Echeverría aclaró, mordiéndose la lengua, que:

> Es del dominio general que los locales escolares —que son edificios públicos—, por ser propiedad de la nación y estar destinados a un servicio público, estaban ocupados ilegalmente, desde finales de julio, por distintas personas, estudiantes o no, para actividades ajenas a los fines académicos. Estas mismas personas han ejercido el derecho de plantear demandas públicas, pero también casi desde el anonimato han planeado y ejecutado actos francamente antisociales.[11]

¿Qué...? ¿Quién comenzó con los actos antisociales sino los granaderos, cuando ingresaron en la preparatoria Ochoterena para golpear a los estudiantes sin justificación alguna? ¿Quién había originado todo el entuerto? ¿Quién había hecho que los universitarios o bachilleres se dedicaran a actividades ajenas a los fines académicos, como sin duda lo era defender a su universidad y las libertades públicas? Y ahora se acusaba a los muchachos de ser los causantes de lo que el propio gobierno había provocado. Sí, sí, pero así es la política. De nada sirvió que Luis Echeverría declarara que la fuerza pública saldría de la Ciudad Universitaria cuando sus autoridades así lo solicitaran. El daño ya estaba hecho.

---

[11] Monsiváis, 2008: 141-142.

Los porros de Poncho Corona continuaron con sus actividades dentro de un esquema de absoluta violencia. Si se trataba de incendiar, había que hacerlo con la debida determinación y Díaz Ordaz estaba dispuesto a ello con tal de que la Olimpiada fuera un éxito total sin que se alterara el orden político en el país, objetivos ambos difíciles de alcanzar simultáneamente. Estaba mucho en juego. Por esa razón, el 20 de septiembre los cuerpos paramilitares ingresaron camuflados en la Preparatoria 4 de Observatorio haciendo destrozos en el edificio, además de golpear salvajemente y secuestrar a varios de sus alumnos. Esa misma noche, El Colegio de México sufrió también un atentado: sus instalaciones fueron ametralladas por interminables ráfagas de balas que destrozaron la fachada y los ventanales de su sede, en la colonia Roma. Además se atentó en contra de la Vocacional número 4. Ciento veinte efectivos del grupo especial de Gutiérrez Barrios que viajaban en diferentes camiones, tan pronto descendieron, dispararon hacia el inmueble, prendieron fuego al auditorio y a los archivos del plantel y secuestraron a varios de sus alumnos. Díaz Ordaz iba por todas. Echeverría y Corona del Rosal obviamente lo secundaban en términos incondicionales. La sucesión presidencial estaba en juego. En todo caso, si los resultados no se daban de acuerdo a lo esperado, sería sacrificado el jefe del Departamento del Distrito Federal, quien tendría que cargar con toda la responsabilidad de los hechos. Ya había concluido la época del militarismo en México: no había espacio político para otro general. Era claro quién sería el chivo expiatorio... *Poor Ponchitou*, se lo llevó el *carajou*... Eso sí, su prestigio de ciudadano respetable e impoluto, no obstante haberse robado también el original de la escultura de la Diana Cazadora, lo hará merecedor de esculturas, avenidas y escuelas en su honor.

Cuando los estudiantes descubrieron que el 21 de septiembre los granaderos tratarían de tomar Tlatelolco, se organizaron para enfrentarse a las fuerzas policiacas confeccionando bombas molotov y subiendo piedras a los edificios. Algunos de ellos decidieron igualmente armarse para resistir el embate de los uniformados. Antes se procedió a la quema de trolebuses, de patrullas, de automóviles propiedad de la Dirección de Tránsito, se interrumpió el tráfico por las calles de San Juan de Letrán como supuestos actos de defensa. La tarde de ese día empezó una batalla, si es que así se le puede llamar, con las armas que tenían los universitarios.

Los gases lacrimógenos acabaron con el cuadro. Hubo muertos por ambos lados, sin embargo, la prensa controlada por Díaz Ordaz y Echeverría lo volvió a negar. Efectivamente, ese era el papel que debían asumir. El 24 de septiembre cayó igualmente el Casco de Santo Tomás, uno de los campus del IPN, al grito estudiantil de «¡Viva el rector!» Detuvieron a más de 350 alumnos que fueron brutalmente golpeados para que confesaran su filiación comunista. Las cárceles, y no las aulas, se llenaban de estudiantes. Se dieron medio centenar de heridos y varios muertos como consecuencia del ingreso de 15 carros blindados, lanzagranadas y 600 efectivos, sobre todo en la Escuela de Medicina. Díaz Escobar reportó a Corona del Rosal:

—¡Misión cumplida, mi general!

Ballesteros Prieto coordinaba alevosamente, del lado de Gutiérrez Oropeza, los movimientos del ejército desde el Estado Mayor de la Secretaría de la Defensa. Mientras caía el Casco de Santo Tomás, automóviles anónimos del FBI y de Díaz Escobar, ametrallaron, por espacio de media hora, las instalaciones de la Vocacional 7, dejando un saldo de dos estudiantes muertos y nueve heridos de bala. Las víctimas fueron desalojadas del plantel por los propios granaderos, quienes impidieron la intervención de la Cruz Roja y por supuesto de la prensa. La operación hubiera sido impecable de no haber sido porque la gente, los vecinos, presenciaron cómo era la propia policía preventiva la que también disparaba contra el inmueble. ¿Adónde íbamos así? Las apariencias, carajo, las apariencias... Cuando Hoover ordenó que se ametrallaran edificios, esto invariablemente se hizo en la noche, en la inteligencia de que los disparos siempre salieron del interior de vehículos, sin que pudiera identificarse a los atacantes. Ésas eran acciones inteligentes, a eso me refería yo con aventar la piedra y esconder la mano. Nuestros agentes sí sabían cumplir fielmente sus instrucciones. El concierto de las naciones observaba y guardaba silencio. Unos países criticaban y amenazaban con abandonar México y no asistir a las Olimpiadas. No a la violencia, alegaban... ¡A callar o la CIA les mandará unos agentitos...!

El 23 de septiembre renunció el rector Barros Sierra, a modo de protesta por las ocupaciones militares de los edificios y terrenos universitarios: no había recibido notificación alguna, ni antes ni después de que se efectuaran... «Los problemas de los jóvenes solo pueden resolverse por la vía de la educación, jamás por la fuerza, la violencia o la corrupción». Los bonos del rector subieron en tanto Luis Echeverría lo aplaudía en privado. No se aceptó su dimisión. Ni la Junta de Gobierno ni el secretario de Gobernación estaban todavía de acuerdo. No era el momento. Echeverría decidiría cuándo...

Mis agentes de LIMOTOR en la UNAM, otro sector distinto de LITEMPO, me informaban de la realidad de lo acontecido en el campus universitario. Nuestros infiltrados insistían en una acción violenta en contra del gobierno. Exigían llegar a la lucha armada para derrocar a Díaz Ordaz. A ver qué resultaba. Sócrates Campos Lemus y sus colegas se encontraban optimistas en relación a la respuesta estudiantil para llegar a las armas.

Cuando el 24 de septiembre cayó finalmente Zacatenco, la principal instalación del Poli —debo reconocer que después de dar una larga y sorprendente batalla—, fue muy paradójico descubrir hasta qué extremo Díaz Ordaz tenía control sobre los medios. Gabriel Alarcón, director de *El Heraldo de México*, mandó una carta al presidente en los siguientes términos: «...para que no exista duda de mi buena fe y entrega a su gobierno y muy especialmente a que respaldo abiertamente su actitud valiente, sensata y patriótica». Claro está que Echeverría había orientado muy bien a los dueños de periódicos,[12] estaciones de radio y de televisión, para que por escrito enviaran al Jefe de la Nación sus muestras de solidaridad ante su patriótica gestión. Díaz Ordaz reconocía, en su soledad, el apoyo eficiente de su secretario de Gobernación. Echeverría convenció a la prensa escrita, lo mismo que a la radio y a la televisión —que dócilmente acataron la sugerencia—, de ya no dirigirse a los estudiantes como tales, en su lugar se debería hablar de «los conjurados», «los guerrilleros», «los agitadores», «los anarquistas», «los apátridas», «los mercenarios», «los traidores», «extranjeros» o «facinerosos». Los cientos de miles de alumnos que vivían amenazados, sus escuelas tomadas por el ejército, muchos de ellos encarcelados o hasta enterrados, varios de sus maestros golpeados o secuestrados, y ahora resultaba que eran agitadores o revoltosos. Sí, ya lo había dicho, así es la política.

El 27 de septiembre, cinco días antes del 2 de octubre de ese mismo 1968, recibí la visita en mi oficina, anunciada con la debi-

---

[12] Rodríguez, 2008: 171.

da anticipación, de Richard Helms, mi jefe, el director de la CIA. Hablamos extensamente del movimiento estudiantil. Venía con instrucciones muy claras de Washington. Se quejó amargamente de la lentitud de los procedimientos, comparados con la rapidez del asesinato del senador demócrata Robert Kennedy. Agregó su preocupación en torno a los Juegos Olímpicos, debido a que este tenía que haber sido el gran pretexto de los estudiantes para poner de rodillas al gobierno y asestar finalmente el golpe de Estado. Sí, pero la efervescencia no se había dado para justificar semejante estado de cosas. La lentitud era pasmosa, se tenía que llegar a una masacre gigantesca que provocara un levantamiento armado en contra de Díaz Ordaz, un tirano, un asesino, un genocida.

—Pero ya, Winston, ya, querido Win, ya es ya, no podemos esperar un momento más. Acuérdate lo eficientes que fueron nuestros agentes David Sánchez Hernández, Porter Goss, Barry Seal, Guillermo e Ignacio Novo Sampoll, Virgilio Rodríguez y David Phillips, para desestabilizar a México en otros momentos, no nos podemos quedar atrás. Ellos supieron asestar tremendos golpes militares en naciones de América Latina cuando acabaron su gestión aquí. ¡Actuemos, Win, actuemos...!

—Richard —aduje—, tenemos la última oportunidad enfrente de nosotros.

—¿Cuál? —cuestionó Helms intrigado.

—El 2 de octubre —repuse pensativo—, se llevará a cabo una gran marcha, de Tlatelolco al Casco de Santo Tomás, ese es el último momento que debe aprovechar el gobierno para atrapar a todo el Consejo Nacional de Huelga. Ahí se acabará todo, Richard, se acabará todo, lo juro, lo juro, lo juro...

—Esa es una parte, Win; el hecho de que atrapen a todos los cabecillas es solo una parte. Tú y yo sabemos que ni Cuba ni China ni la URSS ni Corea del Norte exportarán sus revoluciones a México, por lo que no debemos olvidar que lo más importante es provocar una gran balacera con muchos muertos de tal manera que proteste el país, que se incendie por la brutal e injustificada represión y se cree una efervescencia terrible, un furioso rechazo social que justifique la toma del poder por parte del ejército reacio a seguir matando civiles inocentes, acribillados por un presidente que enloqueció en el cargo. El escándalo debe ser de gran proporción, que obligue al ejército a darle un golpe de Estado a Díaz Ordaz, un carnicero incapaz de imponer el orden. De lo que se trataba era de que el ejército quedara como el gran asesino al servicio del tirano: tiene que deponerlo para arrebatarle el poder.

—¿Qué sugieres entonces?

—No sugiero, Win, ordeno que cinco de las personas que viajaron conmigo desde Washington, y que son francotiradores expertos, se sumen a las fuerzas de Gutiérrez Oropeza y Corona del Rosal. Son mexicanos perfectamente adiestrados, agentes de lujo. Tenemos que aprovechar el 2 de octubre para matar a la mayor cantidad de gente posible y de esta manera lograr que el ejército despierte para que impongamos a un militar en Los Pinos. Ésa es la idea y no otra, a la mierda ya con los lidercitos estudiantiles que no sirven para nada. Por lo que más quieras, Win, reacciona.

—Como sabes, tanto Corona del Rosal como Gutiérrez Oropeza comen de mi mano —alardeé para impresionarlo— y ambos tienen a dos de nuestros muchachos, Díaz Escobar y Ballesteros Prieto, que fueron capacitados por nosotros en Panamá. Hablaré con ellos para ubicar a nuestros hombres. Te adelanto que ellos tienen un plan armado para disparar desde los edificios, según lo acordamos en la recepción oficial del Grito de Independencia en Palacio Nacional. ¿Crees que sea necesario informárselo al presidente?

—Haz lo que quieras, pero en esta ocasión es importante que Díaz Ordaz quede expuesto como el gran carnicero de México, el que mató a los muchachos con francotiradores. Su posición será insostenible. El ejército acabará con él y nosotros nos saldremos con la nuestra. El próximo presidente de México se llama Alfonso Corona del Rosal, regente de la ciudad de México.

Se había armado el desmadre para derrocar a Díaz Ordaz, cumpliera o no con la desintegración de cualquier fuerza comunista, existiera o no existiera en el país. ¡Claro que Corona del Rosal era el nombre del nuevo amo de México!

—No nos vamos a esperar a la sucesión presidencial para ver por quién se inclina Díaz Ordaz como su sucesor —agregó Helms con su tradicional rictus en el rostro, como si tuviera la sonrisa congelada de un imbécil, algo que desde luego no era—. Si alguien va a decidir el nombre del nuevo presidente de México, no será él sino nosotros, en estos momentos de la Guerra Fría.

Mientras bombardeamos Vietnam todos los días, no podemos darnos el lujo de que Díaz Ordaz se equivoque y mande a un imbécil a gobernar este país, pensaban en Washington. Dado que en

México no hay democracia, porque aquí solo decide una persona, pues en ese caso que decida el presidente Johnson.

—Éste es un hecho, Win, es un hecho, un hecho definitivo. Si no se logra crear una masacre el 2 de octubre que justifique el golpe de Estado, todos estaremos perdidos. No nada más Díaz Ordaz, sino tú y yo por idiotas, por no haber sabido armar esto. De modo que habla con Gutiérrez Oropeza y con Corona del Rosal, que le informen al presidente lo de la balacera o que no se lo informen, es irrelevante, lo que importa es que entre todos organicemos una verdadera masacre que obligue al ejército a tomar el poder, y ese ejército por supuesto que estará de nuestro lado para mantenerse en el poder. Nunca pierdas de vista que García Barragán ya intentó dar un golpe de Estado en 1952 cuando Henríquez Guzmán peleaba la candidatura presidencial y él estaba de su lado. Ahí tienes al golpista en potencia. Basta un solo empujoncito y lo tendremos de nuestra parte. ¿Quién le dice que no a la Casa Blanca y menos, mucho menos con los antecedentes del secretario de la Defensa?

Mientras el presidente nombraba diversos representantes para entablar negociaciones orientadas a concluir con las hostilidades, en realidad intentaba lavarse la cara ante la opinión pública en la inteligencia de que si algo no habría nunca, eso sería un cese al fuego o un acuerdo de ninguna naturaleza. Entre tanto, los grupos paramilitares del Departamento del Distrito Federal asaltaban la Academia de San Carlos para arrestar a más seudocomunistas. El 30 de septiembre, el general Hernández Toledo entregó las instalaciones de la UNAM, sin que el rector lo hubiera requerido. Yo, por mi parte, empecé a reunirme con Díaz Ordaz, Gutiérrez Oropeza y Corona del Rosal. Echeverría ejecutaría los acuerdos. Hablé con los dos últimos y acordé que tanto Sócrates como los otros infiltrados deberían participar más activamente en la marcha del 2 de octubre e invitar a la toma de las armas y a la violencia a cuanto estudiante se encontraran y en cuanta asamblea asistieran. Ellos deberían de protestar e incendiar a la comunidad universitaria y politécnica para cumplir con las órdenes de Helms. Se trataba de animar a las masas a llegar a la violencia, en tanto las autoridades universitarias buscaban «negociaciones» entre los estudiantes y el gobierno.

El secretario de Estado, Dean Rusk, me lo confirmó en un telegrama en el que decía: «El ejército mexicano recibió la autorización para usar toda la fuerza contra los estudiantes». Cuando se produjo una manifestación de dos o tres mil madres de alumnos que exigían la liberación y la paz, por supuesto que se abstuvieron de recurrir a la violencia para dispersar a esas mujeres. Pero bueno, lo importante fue que mientras caminábamos Gutiérrez Oropeza, Corona del Rosal y yo a lo largo de la Calzada de los Poetas en el Bosque de Chapultepec para evitar micrófonos, escuchas o espías, pactamos que Poncho enviaría a 290 tiradores experimentados a la Plaza de las Tres Culturas, no tanto para acribillar a la gente sino para causar verdadero terror entre los manifestantes. De la misma manera, coincidimos en que tanto en la iglesia de Tlatelolco como en el edificio de Relaciones Exteriores —desde la oficina de *Tony* Carrillo, nuestro canciller amigo—, y sobre todo en el edificio Chihuahua, se apostarían varios francotiradores que dispararían contra los marchistas y también en contra del propio ejército, de tal manera que posteriormente se pudiera alegar que la refriega se debió a que los estudiantes inconformes les dispararon a las fuerzas armadas y que, dada su falta de pericia en el manejo de las armas, habían matado a muchos de los suyos. Ése era el pretexto. ¿No era una genialidad? ¡Cuántos militares seguirían creyendo esta historia décadas después...!

Una vez acordado que tanto cinco de los agentes de la CIA como cinco francotiradores de las guardias presidenciales dependientes del Estado Mayor Presidencial, todos camuflados, dispararían desde dichos edificios, lo anterior le fue comunicado a Díaz Ordaz por conducto de Luis Gutiérrez Oropeza, jefe de su Estado Mayor.

—No tenemos otra opción, señor presidente —agregó Gutiérrez Oropeza—, si realmente queremos acabar con este movimiento, solo será si las tropas del ejército arrestan a todos los líderes estudiantiles en la Plaza de las Tres Culturas; tendremos que disparar desde edificios en contra de los marchistas y de los soldados para culpar de los hechos a los estudiantes y garantizar así, ya sin revueltas, la celebración de los Juegos Olímpicos tranquilizando a la CIA, al FBI, al Departamento de Estado y al propio presidente Johnson, quien finalmente se convencerá de que logramos los dos objetivos propuestos: uno, atrapar a los comunistas, y dos, imponer el orden. La purga se habrá logrado y todos estaremos en paz.

Díaz Ordaz agregó:

—Sí, mi general, sí, pero yo me llenaré las manos de sangre y pasaré a la historia como el asesino de mi pueblo.

—No, señor, discúlpeme, nunca diremos que fuimos nosotros quienes disparamos sino los propios estudiantes quienes agredieron al ejército y no tuvimos otra alternativa más que devolver el fuego. Manipulados por la Unión Soviética, Cuba y China, quedarán como los asesinos y usted como quien salvó los intereses de la República. Eso de «asesino de su pueblo», con el debido respeto, señor presidente, olvídelo. El manejo de la prensa será lo suficientemente eficiente como para limpiar de manera perfecta su rostro de cara al porvenir.

Supe que Díaz Ordaz caminaba nerviosamente a lo largo y ancho de su despacho en Los Pinos. Sabía que carecía de opciones. De no poner un «hasta aquí» y utilizar la fuerza, como había anunciado un mes antes en su informe de gobierno, tal vez ni siquiera se celebrarían los Juegos Olímpicos, el desorden sería mayúsculo y la imagen de México quedaría por los suelos. Ese sonoro manotazo que se esperaba de él sonó primero sobre su escritorio, en la carpeta de cuero negro que ostentaba sus iniciales, GDO, abajo del escudo nacional de México grabado con polvo de oro.

—Adelante, mi general, es la hora de actuar, de otra suerte nos atropellarán los acontecimientos —ordenó a sabiendas de que temía el papel de la prensa internacional reunida precisamente en México para cubrir las Olimpiadas. En ese momento de su vida ya no creía ni en su sombra, aunque todavía soñaría con la posibilidad de suspender las garantías individuales y permanecer otro sexenio en el poder, cuando menos.

Yo tendría una reunión temprano en la mañana con Echeverría. Después de nuestro acuerdo, él visitaría a Díaz Ordaz antes de que volara a Guadalajara para pernoctar en Ajijic y no estar presente la tarde de la masacre. Echeverría sabía perfectamente bien cómo manejar a la prensa, para que los únicos culpables fueran los estudiantes. García Barragán quedaría encargado de garantizar que no escapara un solo integrante del Consejo Nacional de Huelga, Corona del Rosal y Gutiérrez Oropeza se encargarían de los francotiradores.

Por esos días se publicaron dos fotografías en el *Diario de México* con los pies de foto cambiados: una en la que aparecía Díaz Ordaz en un acto público de gasolineros organizado por la CNOP y otra que mostraba dos monos nuevos adquiridos por el zoológico. Díaz Ordaz, exhibido como primate, no aceptó que se trataba de un mero error editorial y mandó cerrar el periódico, mostrando muy poco sentido del humor. El diario de Federico Bracamontes volvió a circular hasta el gobierno de Echeverría. ¿Quién podía tener ganas de reír en esos momentos?

La CIA guardaría bajo siete llaves la identidad de los agentes infiltrados. Era evidente que con el paso del tiempo, cuando se tuvieran que abrir legalmente los archivos a la luz pública, filtraríamos nada más aquello que fuera conveniente a nuestros intereses, lo demás era «publicidad democrática». ¿Quién se iba a creer que desclasificaríamos nuestros expedientes revelando toda la verdad? Cuando dentro de treinta o cuarenta años la CIA tuviera que entregar sus archivos secretos, por supuesto que los mutilaría debidamente. No nos íbamos a picar solitos los ojos. El mismo Edgar Hoover dejó redactado en un informe secreto que «diez hombres en la manifestación del día 2 de octubre, supuestos estudiantes radicales, no eran suficientes para consumar los planes configurados».[13] No creía que con diez francotiradores se fuera a crear el escándalo y los sucesos que posteriormente se dieron.[14] Estaba equivocado. Yo no podía ocultar mi frustración por el hecho de que me responsabilizaran únicamente a mí de los actos terroristas en México cuando toda la operación no estaba a cargo de la CIA sino también del FBI, igualmente involucrado en los hechos, una intervención que hablaba de una manifiesta desconfianza hacia mi persona. Cuando detonaron bombas en diferentes partes del país o ametrallaron edificios en la noche, era obvio para mí que se trataba de acciones aisladas del FBI. Lo difícil era explicarle a Gutiérrez Oropeza, a Corona del Rosal y a Echeverría que yo, como jefe de estación de la CIA, era inocente de dichos bombazos, aunque ellos no tardaron en descubrir que las agencias norteamericanas de investigación y policiacas eran las responsables.

El 2 de octubre, la mañana del 2 de octubre de 1968, un día después de la salida del ejército del campus de la UNAM, Echeverría le encargó a Servando González que se ocupara de llevar seis cámaras o las que fueran necesarias para filmar todo lo que aconteciera en la Plaza de las Tres Culturas. González llegó a la Secretaría de Relaciones Exteriores desde las ocho de la mañana, autorizado por Rafael Hernández Ochoa, subsecretario de Gobernación, a ocupar los

[13] Mora, 1987: 192.
[14] Scherer/Monsiváis, 1999: 41.

pisos 17 y 20 para tener una visión completa de la plaza, la iglesia, el edificio Chihuahua, el Durango y la vocacional.

En tanto la tropa, los granaderos, el Estado Mayor Presidencial, el Batallón Olimpia, los francotiradores y el ejército ocupaban sus lugares, en la casa del rector se llevaban a cabo las últimas negociaciones con los representantes estudiantiles. Todos ignoraban en aquel momento que la suerte ya estaba decidida. ¿Qué sentido tenía que en la casa del rector se hablara de acabar con la represión, con el empleo del ejército y los granaderos? Las conversaciones continuaban orientadas a crear la confusión. Díaz Ordaz no permitió que se suspendieran las pláticas a pesar de que, como bien sabía, esa misma tarde se llevaría a cabo la gran masacre. ¿Qué pensarían de él los jóvenes que negociaban sin saber que el presidente había ordenado ya la colocación de los francotiradores para asesinar a sus compañeros? ¿Era esa su buena fe?

En las instalaciones politécnicas de Zacatenco los estudiantes preparaban el mitin de la tarde. En vista de que las calles por donde tendría que transitar la marcha al Casco de Santo Tomás estaban ocupadas por el ejército, se tomó el acuerdo de concentrar la manifestación únicamente en Tlatelolco, un espacio amplio en el que cabían miles de personas. Lo anterior, «como un acto demostrativo de la buena voluntad que existía de parte del sector estudiantil para llevar a buen término la solución al conflicto por medio del diálogo».

Sócrates Amado Campos y Áyax Segura Garrido habían exhortado el día anterior a las armas a sus compañeros, hablando de subversión, guerrillas, revolución. El primero llamaba cobardes a quienes no se sumaran al derrocamiento del gobierno, sacando a relucir su pistola y convocando a la formación de columnas destinadas a preservar la seguridad de los miembros del CNH y de los asistentes, disparates que en nadie hicieron eco salvo para meditar, otra vez, acerca del verdadero papel de Sócrates en esta trama.

García Barragán ordenó al ejército, una vez más, no disparar contra la gente sino única y exclusivamente arrestar al Consejo Nacional de Huelga. El coronel Ernesto Gutiérrez Gómez Tagle, al mando del Batallón Olimpia y en coordinación con la DFS de Gutiérrez Barrios, detendría a los líderes del CNH encerrándolos, por lo pronto, en los departamentos vacíos del edificio Chihuahua.

—Quiero vivos, no muertos, en la operación Galeana —tronó

García Barragán—. Les recuerdo que quien dispare en contra de los estudiantes será sometido a un Consejo de Guerra y pasado por las armas. Vamos a arrestar, vamos a interrogar, pero no vamos a matar. ¿Está claro?

—Sí —contestó la plana mayor del ejército a coro sin saber que los francotiradores atacarían tanto a los soldados como a los estudiantes y a la gente en general.

Antes de abordar el avión para dirigirse a Guadalajara donde se encontraría, claro está, con la Tigresa, quien había volado a esa ciudad en un avión comercial, Díaz Ordaz declaró:

—Hablen ustedes con los estudiantes y traten de hacerlos entrar en razón, yo ya desistí del intento, estoy muy lejos de hacer algo por ellos —dijo con fingida amargura y falsa tristeza.

¿Cuál amargura y cuál tristeza cuando no solamente conocía lo que sucedería a continuación, sino que también había ordenado los hechos y escapado a cualquier diálogo o negociación genuina y honorable?

Acto seguido, acordó concederle a Sócrates la cantidad de diecinueve mil pesos.[15] La suerte del país y la vida de quién sabe cuántas personas estaba echada. En ese momento también se estaba resolviendo, en silencio, la sucesión presidencial. El cruce de miradas lo decía todo. Echeverría solo susurró a algunos amigos de la prensa que se podrían «presentar problemas de violencia en el acto de esa tarde en Tlatelolco».

Fernando Gutiérrez Barrios, mi querido Pollo, estuvo en todo momento en contacto conmigo. Consiguió departamentos en Tlatelolco desde los cuales se pudiera disparar a la gente, además de habernos facilitado a Gutiérrez Oropeza, a Corona del Rosal y a mí un par de tiradores adicionales. Él sí que era un colaborador eficiente, puntual y confiable. Lástima que la CIA no le pudiera poner una medalla de honor.

El Batallón Olimpia iría vestido de civil con un guante blanco en la mano izquierda. El propio García Barragán recomendó el arresto de Sócrates Amado Campus Lemus, de tal manera que fuera aprehendido pero no lastimado . «¡Que no escape, acuérdense —ordenó el ilustre militar sin conocer la calidad de los padrinos de nuestro infiltrado—, no quiero muertos, quiero vivos!»

---

[15] Archivo General de la Nación, fondo Gobernación, sección «Investigaciones Políticas y Sociales», volumen 1462.

Cada quien se iba ubicando en su respectiva posición para la batalla. Unos en las azoteas, otros en el templo de Santiago Tlatelolco, los de más allá en departamentos, otros en los entrepisos de los edificios Chihuahua y, Durango, sin olvidar a los del Molino del Rey. A las cuatro de la tarde el Batallón Olimpia, la Policía Judicial Federal, elementos del Servicio Secreto, policías preventivos y agentes de la Policía Judicial del Distrito Federal y de la DFS se encontraban preparados para cubrir las salidas del edificio Chihuahua y evitar así la fuga de los líderes del CNH. Muy pronto todo estuvo dispuesto para ejecutar la masacre, mientras Díaz Ordaz hacía el amor con la Tigresa. Nunca volvieron a tener un arrebato carnal como el que disfrutaron aquella feliz e inolvidable tarde de octubre.

Por lo menos cinco mil hombres de las fuerzas públicas —entre soldados, agentes de la DFS, de la judicial, granaderos, policías, agentes de la CTM...— fueron desplegados en la Plaza de las Tres Culturas. ¡Eran en verdad la mitad de los asistentes al mitin! Verdaderamente no hay una imagen que retrate mejor la confrontación que ocasionamos en la sociedad mexicana en aquellos momentos. En esta obra maestra de seguridad hemisférica y control de situaciones, dos contingentes sobresalieron por su composición y por su misión: uno era un comando enviado por el Estado Mayor Presidencial, compuesto por una decena de francotiradores del más alto nivel, situados en el templo de Santiaguito, los pisos bajos del edificio Chihuahua y algunos otros puntos estratégicos. El otro contingente clave, cortesía de Corona del Rosal, era «un contingente nutrido y variado» dentro del cual destacaba un equipo de aproximadamente trescientos porros con entrenamiento paramilitar cuyo mando era ejercido por el Zorro Plateado, Manuel Díaz Escobar. En efecto, se trataba de los mismos que, preparados espiritualmente por los estupendos oradores jesuitas y cubiertos por los misioneros del Espíritu Santo, desde el 22 de julio habían servido a Díaz Ordaz para desacreditar el movimiento estudiantil, obligándolo a sacar el ejército a la calle y dar así credibilidad a su teoría del complot comunista.

Este contingente inverosímil, compuesto de falsos alumnos de la Universidad y del Politécnico, donde vendían droga y aterrorizaban a la población estudiantil para hacer crecer su salario en el DDF, no eran sino golpeadores a sueldo que habían venido tomando posiciones desde muchos días antes. El mitin celebrado en la plaza el pasado

28 de septiembre había servido al coronel Díaz Escobar como laboratorio para sus operaciones del 2 de octubre. Una excelente oportunidad de preparar el operativo y disminuir el margen de error.

García Barragán ignoraba que nosotros pretendíamos demostrar la incapacidad del gobierno mexicano para controlar el conflicto, y de esta suerte justificar la inevitable suspensión de garantías y apuntalar así el Estado fascista sobre la base de que no hay en América Latina mejor democracia que una dictadura, ¿no…?

En las cárceles, en los hospitales y en las morgues, se liberaban pabellones para acoger a los futuros detenidos, atender las urgencias o depositar los cadáveres, en tanto que con trescientos tanques ligeros, unidades de asalto, *jeeps* y diversas unidades de transporte militar, los soldados comenzaban a tender el cerco en torno de la plaza, desde luego ignorantes de la trampa en la que estaban a punto de caer.

A las 17.15 horas comenzó el mitin. Lo primero que se anunció fue la cancelación de la marcha programada hacia el Casco de Santo Tomás. La asistencia se calculaba alrededor de cinco mil personas, un acto regio. La historia se repetía: los mexicanos tendrían la oportunidad de recordar quién había financiado su revolución cuando no contaban con dólares para importar armas y municiones, y sin embargo, como por arte de magia, aparecieron los rifles y el parque para que se mataran a placer… ¡Claro, como que nosotros las enviamos desde Nueva York directo a la armería del Zorro Plateado en Oaxaca…! ¿Sabrían alguna vez cómo se armó, en la realidad, el movimiento del 68 antes de leer estas líneas?

Díaz Ordaz fue informado, minuto a minuto, de cuanto sucedía. El invariablemente discreto Echeverría, convertido en un ejecutor perfecto de las instrucciones presidenciales, pensaba en su interior: «El político se lava las manos en agua sucia». Si bien es cierto que no tramó la masacre, por supuesto que estuvo de acuerdo con ella y ayudó en todo lo que fue necesario para que se consumara porque bien sabía, no podía ignorarlo, que esa tarde del 2 de octubre se escribiría su futuro. Del resultado sería el presidente de la República o no. ¿El Congreso? Cómplice por guardar silencio. ¿La prensa? Cómplice por guardar silencio. ¿El clero? Cómplice por guardar silencio. ¿Los empresarios y sus cámaras? Cómplices por guardar silencio. ¿El Poder Legislativo, los jueces mexicanos? Cómplices por observar una neutralidad alevosa y cobarde y por dictar sentencias arbitrarias a sabiendas de que violaban la ley que estaban obligados a aplicar. Ese era el fiel retrato de la sociedad mexicana. Martínez Domínguez, el más acérrimo enemigo de Carlos Madrazo, presidente de nuestro mil veces bendito PRI, sostenía por su lado aquello de que «Los buenos políticos no son los que resuelven los problemas, sino los que saben crearlos».

Apenas pasadas las 18.10 horas, dos helicópteros empezaron a sobrevolar sospechosamente la plaza. Myrthokleia González fungía como maestra de ceremonias; Florencio López Osuna, orador, había hecho uso de la palabra. Sócrates permaneció oculto a su lado. De pronto se dejó caer una primera luz de bengala de un helicóptero que vigilaba y reportaba la marcha de los acontecimientos. Se trataba de la señal esperada para que las tropas saltaran a la plaza para arrestar a los integrantes del Consejo de Huelga.

«¡Los soldados! ¡Los soldados!», fue el grito unánime que se escuchó y provocó el pánico entre los asistentes.

En el tercer piso, Sócrates arrebató de pronto el micrófono al orador en turno, David Vega, como si hubiera recibido instrucciones para hacerlo sin tardanza: «¡Calma, compañeros, es una provocación! ¡No corran! ¡No corran...!», gritaba desesperado nuestro infiltrado con el ánimo de evitar que la gente se protegiera de la balacera y con ello impedir que se produjera la masacre. ¿Esperaba Sócrates, nuestro amado Sócrates, que las masas esperaran a ser ajusticiadas en tanto contemplaban la caída del atardecer? ¡Ay, muchacho, muchacho, pecaste de iluso!

Momentos después, del piso 15 del edificio de Relaciones Exteriores fue lanzada, por el coronel Gutiérrez Gómez Tagle, una segunda bengala, sin duda la orden necesaria para que comenzaran a detener, por medio del Batallón Olimpia, a los líderes estudiantiles del tercer piso. Un instante después empezaron a oírse los primeros disparos y gritos de horror provenientes de la plaza. Disparaba una y otra vez el contingente emplazado por el jefe del Estado Mayor, Luis Gutiérrez Oropeza, en dirección a los soldados y a los civiles asistentes. Los manifestantes estaban siendo acribillados de acuerdo a lo planeado. Díaz Escobar dirigía las operaciones con precisión matemática, no en balde los habíamos capacitado en Estados Unidos. *Yes, indeed...* Era uno de nuestros agentes más sobresalientes, un mexicano de excepción que más tarde participaría en el derrocamiento de ese monstruo llamado Salvador Allende.

Para sorpresa de todos, el primero en caer herido de bala en una nalga disparada de arriba hacia abajo, fue el general diplomado de Estado Mayor Aéreo, José Hernández Toledo, el «general universitario», enemigo público número uno de los estudiantes desde las funestas acciones del supuesto bazucazo en San Ildefonso y aun antes, desde los conflictos estudiantiles en las universidades de Morelia, Sonora y Tabasco... Pero la gente lo ignoraba y no tenía tiempo de pensar en ello. El ejército había cerrado dos vías de acceso a la plaza, por lo que solo quedaba un tercer camino abierto a los asistentes, quienes entendieron el acorralamiento como una encerrona, un callejón sin salida del que ya no saldrían con vida en medio del rigor de la espantosa balacera que estimulaba el terror de los presentes. Imposible que nadie entendiera en semejante coyuntura que los soldados eran precisamente quienes habían caído en una trampa mortal que muy pocos reconocerían en ese momento y en los tiempos por venir. La tarde de Tlatelolco, que en teoría debía culminar con la detención de los líderes y el desalojo de la plaza, apenas comenzaba. Las fuerzas armadas tendrían toda la razón en empezar a guardar luto...

Desde los departamentos, azoteas y rincones de la plaza, pero principalmente del edificio Chihuahua, asomaban los rifles de mira telescópica y las ametralladoras, algunas de pie, como en el frente de guerra. El tiroteo crecía por instantes aumentando al infinito la histeria colectiva. Unos saltaban encima de los otros, sobre todo de los soldados heridos que se retorcían en el piso presas de espantosos dolores. La sangre del ejército se derramaba injustamente, pero si algo sabían hacer los militares era disciplinarse y someterse a las órdenes superiores, oportunidad que no dejaríamos pasar. Si habían aprendido a callar y a acatar órdenes sin chistar con la debida disciplina, era el momento de demostrarlo.

En el tercer piso la confusión y la gresca no eran menos escandalosas. Se vivían escenas dramáticas. La sorpresa y el griterío eran estremecedores. La balacera era en extremo tupida. El mismo ejército, cuyos miembros desalojaban la plaza con riesgo de sus vidas, cubrían a los civiles de las balas. A pesar de llevar balas de salva y parque de urgencia en caso de un ataque, los soldados empezaron a devolver el fuego en dirección de los edificios de los que salían los disparos que hacían blanco puntual en los uniformados. Los francotiradores se desplazaban de forma admirable a lo largo de los edificios Chihuahua, 2 de Abril, ISSSTE, Molino del Rey, Aguascalientes,

Revolución de 1910, 20 de Noviembre, 5 de Febrero, Chamizal y Atizapán, así como la Vocacional 7 y el templo de Santiago.

Mientras tanto, en su sala de juntas, Echeverría recibía al stalinista David Alfaro Siqueiros y a su esposa, Angélica Arenal, quienes le solicitaban la expulsión del país de un argelino, por razones tan personales como arbitrarias. El secretario —quien se había negado a cambiar la cita para otra ocasión, según había solicitado el controvertido pintor— apenas empezaba a conocer el asunto cuando entró una llamada por el teléfono rojo. Mi querido LITEMPO-8 representó una farsa al exclamar:

—¡Qué barbaridad!, ¿cómo?, ¿pero qué dice...? —y demás expresiones de sorpresa. Atónito, con el alma sobrecogida ante su testigo, colgó el auricular por medio del cual le habían informado de los sangrientos acontecimientos en Tlatelolco—: Un enfrentamiento a tiros o algo así, imagínese nada más el desastre, estos muchachos ya llegaron muy lejos, ¿no...?

De inmediato, como corresponde a un gran actor, giró órdenes a sus subordinados para que resolvieran el problema de Siqueiros, en lo que él se ocupaba en conocer a fondo los detalles de lo ocurrido.

—Y pensar —dijo al cerrar la puerta— que el señor presidente ni siquiera se encuentra en México...

En el edificio Molino del Rey, desde tres departamentos del inmueble salían disparos en ráfagas macabras en dirección de la plaza. No se requería mucha imaginación para entenderlo. En apenas setenta segundos y ni uno más, se vació la plaza como por arte de magia. ¿Quién se iba a atrever a desafiar a los francotiradores? La multitud huyó para protegerse. Afortunadamente no se trataba de una muchedumbre de doscientas cincuenta mil personas o más, como las que se habían manifestado el día de la Marcha del Silencio. El tiroteo, sin embargo, no disminuía. Solo los cadáveres y los heridos quedaban expuestos a la lluvia de balas.

A Hernández Toledo le habían disparado desde el departamento 503 del edificio del ISSSTE, propiedad de Guillermo Hernández Guardado, un infiltrado al servicio de Corona del Rosal. Por el costado poniente del convento salieron minutos después varios de nuestros tiradores, quienes fueron detenidos por un grupo de soldados pero liberados de inmediato tan pronto se identificaron como miembros del Estado Mayor Presidencial. ¿Quién en su sano juicio iba a aceptar la posibilidad de que soldados dispararan contra soldados, aunque no estuvieran vestidos con el respectivo uniforme y llevaran un sospechoso, sospechosísimo guante blanco para distinguirse quién sabe de quién...?

El tiroteo continuó hasta las 19.45 horas aproximadamente, sin que quedaran ya blancos civiles a los que disparar además de los soldados, que bien parapetados devolvían el fuego. «Era obvio que los francotiradores ya solo disparaban contra los elementos del ejército», de otra manera Díaz Ordaz se hubiera quedado sin argumentos ni explicaciones ante la opinión pública, que debería enterarse de que los estudiantes eran los únicos responsables de la matanza puesto que habían disparado no únicamente en contra de los soldados, sino de sus propios compañeros: unos asesinos que habría que sancionar. Sin embargo, como siempre sucede en México, ninguno de los francotiradores fue juzgado ni condenado por asesinato. Los escasos estudiantes que, esos sí, fueron conducidos a los tribunales, salieron cuando mucho a los tres años una vez cumplida una ridícula pena corporal desvinculada de los supuestos crímenes de lesa humanidad cometidos en contra de la sociedad. Los auténticos culpables recibieron ascensos en sus carreras burocráticas además de importantes cantidades de dinero. ¡Viva México, cabrones...! Por esa razón Echeverría llamó esa misma noche a *Excélsior* para reportar «que en Tlatelolco caían sobre todo soldados».[16]

Gutiérrez Oropeza, encargado también de informar al presidente el desarrollo de los acontecimientos, le expresó en una de muchas llamadas telefónicas que la situación estaba controlada, que efectivamente habían sido arrestados todos los integrantes del Consejo Nacional de Huelga y había uno que otro caído. Díaz Ordaz contestó:

—El pueblo podrá perdonar que me falle la cabeza, mi general, podrá perdonar que se me imponga el corazón, pero lo que el pueblo no me perdonaría sería la falta de pantalones para tomar una decisión —adujo don Gustavo, el gran Nito, soñando en la suspensión de garantías para eternizarse en el poder.

—Tiene usted razón, señor presidente —contestó Gutiérrez Oropeza—, usted juró defender la Constitución y las leyes que de ella emanan, y mire usted que efectivamente está cumpliendo en buena lid con la palabra empeñada. Este doloroso evento —continuó hablando con el corazón— podría ser inscrito con las mismas palabras de Vicente Guerrero cuando sentenció para siempre, ante el irremediable fusilamiento de su padre, «La patria es primero...»

A las 19.30 horas, cuando la balacera tenía más de una hora de haber iniciado, el general García Barragán recibió una llamada del Estado Mayor Presidencial. Era la voz del general Luis Gutiérrez Oropeza.

—Mi general, tengo varios oficiales del Estado Mayor Presidencial apostados en algunos departamentos, armados con metralletas, para ayudar al ejército, con órdenes de disparar a los estudiantes armados; ya todos abandonaron los edificios, solo me quedan dos que no alcanzaron a salir y la tropa ya va subiendo, y como van registrando los cuartos temo que los vayan a matar. ¿Quiere usted ordenar al general Mazón, que relevó al frente de la operación Galeana al «general universitario», que los respeten?

El general secretario se quedó pasmado. Comprendió entonces que las órdenes eran presidenciales y que los hombres que le tiraban a sus muchachos eran gente del Estado Mayor Presidencial que había intervenido las radiocomunicaciones.

«¡Hijos de puta!», dijo para sí.

—¿Por qué no me avisaste que harías eso?

—Usted sabe, mi general secretario, son instrucciones superiores del presidente de la República y por lo tanto hay que acatarlas. Él le dará a usted las razones pertinentes de su conducta si así lo considera conducente.

—¿Por qué no me lo informó, mi general? —insistió furioso el secretario de la Defensa Nacional—. ¿Por qué dieron instrucciones paralelas y contrarias a las mías, cuando ordené que no hubiera muertos y que nadie saliera lastimado? Espero que usted se percate de que es una traición y como tal puede ser sentenciado a la pena capital por un Consejo de Guerra.

—Señor general secretario, yo todo lo que hago es cumplir instrucciones del ciudadano presidente de la República, nuestro Comandante Supremo, general de cinco estrellas, no tengo manera de contestar sus insinuaciones y si tuviera los argumentos tampoco podría hacerlo por mi lealtad incondicional al Jefe de la Nación. Si usted así lo estima prudente, exíjale a él las explicaciones, o sométalo al Consejo de Guerra, sería una novedad jurídica y política...

García Barragán azotó furioso el teléfono, sabiéndose absolutamente traicionado. Las dudas lo asaltaron violentamente. ¿Quiénes eran los francotiradores? ¿Quién los había mandado? ¿De quién dependían? ¿Habían engañado al presidente de la República, al igual que a él? ¿Lo sabría Díaz Ordaz? El ejército mexicano había caído en una trampa imperdonable. Si el presidente sabía que iban a disparar desde las azoteas, ventanas y pasillos, ¿por qué no se lo informó al alto mando del ejército? Si Díaz Ordaz ignoraba todo, tendría que haber severas consecuencias. Las cosas de ninguna manera se podían quedar así. El ejército mexicano había sido injustamente manchado de sangre, al igual que su prestigio. ¿Quién iba a creer, a partir de ese momento, que el ejército nacional era inocente? Era evidente que él, en su carácter de secretario de la Defensa Nacional, tenía que velar por las instituciones mexicanas; sí, pero también debía proteger la imagen de las fuerzas armadas, que no estaban de ninguna manera para disparar en contra del pueblo, al que supuestamente estaban obligadas a proteger. «¡En buena hora salí con mis hombres a la calle por los ruegos de Corona del Rosal y Echeverría!», se lamentaba... ¿Qué hacer? ¿Presentarle mañana mismo su renuncia al presidente, a falta de una explicación convincente? De ser cierto, Gutiérrez Oropeza, un mierda, y Díaz Ordaz llegaron a acuerdos que a él únicamente se le enviaban para su firma y aprobación; ¿lo habrían saltado de nueva cuenta? ¿Un salto de estas dimensiones? ¿Una omisión de esta naturaleza? ¿El jefe del Estado mexicano era un traidor que había ordenado disparar en contra de la gente, su gente, su propio pueblo? ¿El presidente de la República había ordenado disparar contra las fuerzas armadas en la tarde ciega de Tlatelolco? Si el presidente sabía de los hechos y los había ordenado, era un traidor a la patria, y si no lo sabía, era un imbécil. Sí, pero el Jefe de la Nación era el hombre mejor informado de México, después de la CIA, y por ninguna razón podía escapar a su control esta situación. Le esperaba una noche difícil y tortuosa, igual que a nosotros, porque en ese momento nos percatamos que al saberse traicionado el ejército, Corona del Rosal no podría sostenerse sin el apoyo de las fuerzas armadas. *Bye, bye, Ponchitou...* En esta coyuntura nuestro candidato natural y único solo podía ser el señor general secretario de la Defensa Nacional, don Marcelino García Barragán, auténtico representante de la legitimidad y la legalidad.

Sin más, García Barragán ordenó a Mazón Pineda, su hombre sobre el terreno, que apoyara a los elementos «del hijo de la chingada de Gutiérrez Oropeza». Posteriormente, Mazón le confirmó que en efecto había localizado a los dos hombres armados con metralletas, quienes aceptaron «haber disparado hacia abajo por órdenes del Estado Mayor Presidencial».

«Traidores hijos de puta —insistió en silencio García Barragán, incapaz de liberarse de sus razonamientos—, pero el más traidor y más hijo de puta de todos es Díaz Ordaz porque ordenó disparar contra nuestros soldados y lo que es peor, a mis espaldas», concluyó furioso. Una terrible sensación de asco le recorrió el cuerpo entero. La náusea era incontrolable. Deseaba escupir a todos lados pero su boca estaba seca. La rabia se le desbordaba. ¿Quién estaba al frente del país? Si las instrucciones consistían únicamente en arrestar a los líderes, ¿entonces por qué abrir fuego, no solo en contra de ellos sino de las propias fuerzas armadas, de las cuales Díaz Ordaz era el comandante en jefe? Imposible que un criminal de esa naturaleza continuara siendo presidente de la República. ¿Matar, convertirse en un asesino, por qué? ¿Quién podría entender su conducta? ¿Derrocarlo? No, esa no era la vía correcta, si Díaz Ordaz había traicionado a la Constitución y a la patria, para ello estaban los tribunales y las leyes; él, en todo caso, quedaba obligado a ser institucional porque de convertirse en un gorila más se pondría al mismo nivel del titular del Poder Ejecutivo Federal. Por supuesto que se negaría a ser etiquetado de la misma forma. Fue cuando recordó las palabras de Oropeza sobre «la imposibilidad de aprehender a los dirigentes sin echar tiros». Le informaron por la radio que la intensidad de la balacera comenzaba a disminuir. Se escuchaban ya solo tiros esporádicos. Y pensar que él había ordenado hasta el cansancio que no hubiera muertos.

Durante ese silencio transitorio concluyó casi el desalojo de todos los edificios y el traslado de detenidos del edificio Chihuahua a los transportes militares y de ahí al Campo Militar Número 1. No obstante, quedaban por arrestar Guevara Niebla, Anselmo Muñoz, David Vega, Eduardo Valle, además de al menos otros veinte líderes encerrados en el quinto piso del edificio Chihuahua. No tardaron en caer en manos del ejército, entre verdaderas escenas de pánico. Estaban seguros de que tenían los minutos contados. Cerrada la noche, los soldados apostados estratégicamente en los más diversos rincones de la plaza continuaban apuntando hacia arriba, en todas direcciones. De vez en cuando arrebataban a los fotógrafos sus cámaras y las estrellaban contra el suelo con todo y sus odiosos *flashes*, no había espacio en esos momentos para esos chismosos hijos de la chingada. Los francotiradores aprovecharon esa oportunidad para volver a disparar sus armas. Eran los 290 hombres de Corona del Rosal, *oh my dear good Ponchitou!*, quienes seguían instrucciones de causar ya solo más terror y ruido. Las bajas a esas alturas eran insignificantes, sin embargo, antes de las once de la noche se desató una segunda balacera más intensa que la primera, lo que parecía ya imposible, y volvieron a encenderse los focos rojos de la seguridad nacional. García Barragán no entendía nada. ¿De qué se trataba? Ya no había desde hacía un buen rato un solo civil en la plaza.

Eran, además, los muchachos de Díaz Escobar, los porros paramilitares comandados por el *Fish*, quizá los únicos que en ese cuadro de horror se sentían felices disparando sus armas: estaban acostumbrados a vender cocaína, a golpear médicos, obreros, electricistas, ferrocarrileros, estudiantes, a asesinar a sueldo, amenazar profesores, chantajear alumnos por dinero y a derrocar autoridades a mano armada. Al propio *Fish* se le entregaría su título —después de haber reprobado todas las materias—, con todos los honores en 1969, para ocupar un cubículo en la burocracia bien pagada, en lugar de un destacado espacio en cualquier prisión. No faltará mucho para que los funcionarios de la propia Universidad lo saluden con respeto y los directivos, que ahora solo lo tienen como dirigente de grupos de choque, lo contraten como profesor o burócrata… ¡Una maravilla de impunidad, uno de los orígenes del atraso que nunca debemos explicar a los mexicanos ni a nadie para que jamás salgan del agujero!

Después de un tiroteo de treinta minutos, los francotiradores restantes tendrían que camuflarse y perderse entre los estudiantes y habitantes de los diez edificios monumentales de Tlatelolco desde donde dispararon. La noche, cerrada como su mente, los favoreció. En caso de ser detenidos y trasladados a prisiones civiles o militares, se identificarían como ciudadanos comunes, estudiantes, asistentes al mitin, vecinos de Tlatelolco. Para todo tendrían una respuesta, y una clave secreta para ser inmediatamente liberados.

La balacera cesó finalmente en punto de las 23.30 horas. De inmediato se dio orden de peinar la zona y hacer descender a los francotiradores. García Barragán pensó en los fusilamientos, pues estaba seguro de que se trataba de militares y no de porros y agentes camuflados de la CIA. Rápidamente fue localizado el armamento en los lugares desde los que se hizo fuego a los soldados: rifles con mira telescópica, escopetas, carabinas, revólveres, pistolas tipo escuadra y cajas de cartuchos de diversos calibres y subametralladoras. Los tiradores, en su inmensa mayoría, se escondían en departamentos dispuestos al efecto por los jefes del DDF. Huían. No convenía que los atraparan. Pasada la medianoche, el general Mazón Pineda presentó a «290 francotiradores» capturados en los diferentes edificios desde los que se hizo fuego a la plaza, la mayoría de los cuales, 230 fueron capturados en el edificio Chihuahua. En su parte, Crisóforo Mazón se cuidó de distinguir entre éstos y «dos mil de los capturados, que eran concurrentes al mitin», muchos de los cuales habían sido resguardados en el convento anexo al templo de Santiaguito; Santiago Matamoros en España y Mataindios aquí en México.

A partir de entonces y hasta las cinco de la mañana se llevó a cabo la clasificación general de detenidos —donde una vez más se lograron evadir algunos asesinos, todos ellos debidamente equipados con sus respectivas credenciales—, así como su traslado a las respectivas prisiones, de las que saldrían los verdaderos criminales porque para ello el Pollo se ocuparía de arreglar los casos con los jueces, de modo que no se libraran ni órdenes de aprehensión en contra de ellos ni se les dictaran autos de formal prisión. No se trataba de dejar piezas sueltas...

Comenzó asimismo la limpieza de la plaza por los empleados de Servicios Generales del DDF, a cargo de Díaz Escobar, y el traslado de muertos y heridos en ambulancias militares a la Cruz Roja. Entre camiones de redilas, ambulancias de la Cruz Roja y de la Cruz Verde, sacaron de Tlatelolco los cadáveres esa noche. El gobierno redujo la cifra de muertos a 43: 39 civiles y cuatro militares. Sin embargo, mis números eran diferentes: a mí y a mi agencia nos convenía aumentar la cifra y la aumentamos para llegar a 128 muertos, ni uno más, entre los que se contaron 39 civiles y 89 soldados. 179 cadáveres fue la cantidad que sumaron cinco de los reporteros de AP. Sus números coincidieron con los de nuestra embajada. Mi dato era el bueno porque si bien resultaba imposible ocultar el número de los civiles en tanto que sus familiares reclamarían los cadáveres o harían marchas callejeras para protestar por los desaparecidos y mentir al respecto resultaba complejo y arriesgado, no era así en el caso de los militares, quienes podrían haber caído en combates en la sierra de Guerrero: bastaba con entregar a los deudos, si acaso, una carta de pésame firmada por sus superiores y tal vez su cadena con datos de identificación, que deberían haber tenido colgada obligatoriamente del cuello. Nada de enterrarlos con la bandera. Si fueron incinerados en el horno crematorio del Campo Militar Número 1, nunca nadie jamás lo sabría por tratarse de un secreto que quedaría guardado para siempre en los archivos de la Defensa Nacional.

Cuando pasadas las once de la noche finalmente terminó la balacera, Barragán sabía perfectamente que había caído en una trampa no solo militar sino política. Comenzó a repasar en su mente los sucesos. El descrédito de las fuerzas armadas a su cargo podría precipitar una crisis atroz. Era absolutamente indispensable aclarar que el ejército no había disparado contra la población, pero la única manera de hacerlo era afirmando que los soldados fueron recibidos a tiros, y que contra dicha agresión se defendieron disparando únicamente a los francotiradores. Sí, ¿pero quiénes eran los francotiradores en realidad? ¿Se atrevería a acusar de traición a la patria al presidente de la República? ¿Con qué consecuencias? Una declaración suya de semejante naturaleza, podría provocar el estallido de una guerra civil. ¿Quién iba a permitir que Díaz Ordaz permaneciera un minuto más en el cargo después de divulgar dicha información? Cuidado, mucho cuidado con la lengua, cuidado... El año entrante ya habría candidato presidencial. El sexenio no estaba comenzando. Era claro que ningún militar podría pretender el poder después de Tlatelolco. ¡Pobre *Ponchitou*!

Debo subrayar que Echeverría se comportó como un político imaginativo, porque a partir de las ocho de la noche mandó a diferentes grupos de agentes de la secretaría a su cargo a que ingresaran sin orden previa de un juez a las redacciones de los diarios de la capital de la República, para decomisar, destruir y secuestrar los negativos y las fotografías ya impresas, sobre los hechos ocurridos ese día. Solo él tenía la filmación completa de lo ocurrido, por esa razón quiso que el 3 de octubre García Barragán fuera a Televicentro a informar de los hechos, por supuesto que el militar lo mandó al carajo.

La prensa mexicana apoyó la versión oficial de la historia al privilegiar las opiniones del gobierno y minimizar los puntos de vista

críticos. Aceptó la justificación de la autoridad de que la represión
había sido inevitable por la «actuación de fuerzas extrañas» y reite-
ró «la exigencia de preservar las instituciones...» Asimismo, cerró
al país a «las ideas extranjeras que contradecían la versión guber-
namental», seguros de que «los extranjeros distorsionaban lo que
pasaba en México».

Todos los diarios afirmaron que la tropa fue recibida a balazos
por francotiradores, según declaró por la noche Marcelino García
Barragán, quien informó «que mientras el ejército usó en el tiroteo su arma reglamentaria —mosquetón 7.62—, los francotiradores
utilizaron metralletas...» ¡Claro que no precisó la identidad de los
asesinos, pero sí intentó limpiar el rostro de la institución, que había sido inocente en la tragedia! A ver quién lo desmentía... Aceptó
que los mexicanos estaban de acuerdo con las medidas tomadas por
las fuerzas armadas... Aseguró finalmente que no continuarían este
tipo de problemas porque el ejército los iba a evitar.

La Secretaría de Gobernación hizo sentir a los periodistas cuán
importante era para el gobierno mantener el más estricto control
de la información sobre lo sucedido, que aún es incomprensible y
lo será durante largo tiempo. «Barrió el ejército con foco subversi-
vo en Tlatelolco»[17] era, sin duda, el titular más recomendable para
las ocho columnas. Echeverría se acercaba a pasos agigantados a la
presidencia de la República.

Novedades, por su parte, rompió la tonada en primera plana:
«Balacera entre francotiradores y el ejército». Único diario que *ca-
beceó* la verdad.

Bajo el título de «Tlatelolco sangriento», afirmó el *Excélsior*:
«La desolación ha vuelto a invadir la capital mexicana, el corazón
de la República. La presencia del ejército demandada para dispersar un mitin que se realizaba en la Plaza de las Tres Culturas, dejó
un atroz saldo de muerte y sangre [...] Porque los hechos de ano-
che nada aclaran ni a nada responden. Por lo contrario, han creado nuevos agravios [...] la respuesta a tal desbordamiento [de los
estudiantes] no ha sido prudente ni adecuada [...] La sangre derramada exige, con dramática vehemencia, una reconsideración de
rumbos».

También el 3 de octubre en *Excélsior* Abel Quezada publicó,

---

[17] *El Día*, 3 de octubre de 1968.

como cartón, un rectángulo negro en señal de luto, al que tituló: «¿Por qué?».

Se trataba de controlar toda la información para que solamente trascendiera aquella autorizada por el gobierno. Se asesinaba la realidad y la memoria colectiva de México. De los primeros días de octubre de 1968 no quedaría ni rastro en la prensa mexicana. De nada sirvió que el general Hernández Toledo afirmara:

> Ni siquiera llevábamos los soldados las armas abastecidas con cartucho, pues la orden que cumplíamos era estricta en el sentido de no hacer fuego, claro está, siempre y cuando no se tratara de una legítima defensa. Tan es verdad esto que pensar lo contrario sería tanto como suponer que nuestros soldados carecen de puntería y que a una distancia de cincuenta a setenta y cinco metros no pudieron, disparando contra la multitud, obtener más de una treintena de muertos, lo cual es falso y absurdo por completo, pues cada bala que hubiésemos disparado contra la gente inocente, arremolinada entre la multitud, hubiese herido o matado cuando menos a cuatro personas.[18]

¡Claro que el ejército no había disparado! Solo nosotros sabíamos la verdad y sabríamos resguardarla porque al gobierno mexicano no le interesaba que se supiera, más aún cuando en la CIA, el FBI y el Departamento de Estado habíamos trazado los planes. ¿Acaso Díaz Ordaz o Echeverría o quien fuera iba a reconocer que la CIA, un instituto desprestigiado y salvaje, tenía tanta influencia en el gobierno, al extremo de que el presidente de la República y varios de sus subalternos más importantes ordenaran disparar en contra de la gente, de acuerdo a nuestras sugerencias? Nosotros teníamos un seguro contra cualquier indiscreción. De la misma manera que Echeverría sustrajo de los periódicos las fotografías captadas durante la masacre así como los negativos, también se quedó con todos los cientos de metros de película que había tomado Servando González, donde quedaba la evidencia de lo acontecido. Por supuesto que nunca se volverá a saber de esos rollos.

Algunos de los asesinos entrenados por nosotros, perfectamente serenos, fueron liberados durante las horas siguientes al no poder ser identificados como miembros del CNH ni del PC, únicas dos pre-

[18] Urrutia, 1969: 209.

guntas a las que se limitó el interrogatorio en el Campo Militar. Había sido el día más feliz de sus vidas. *¡Están ustedes en libertad!*[19]

La noche del 2 de octubre, García Barragán no recibió llamada alguna del presidente de la República si bien hizo contacto con Luis Echeverría, quien se mostró sorprendido por lo narrado. García Barragán no sabía, aun cuando lo intuía, que el secretario era un hijo de la chingada, como lo ratificó varias veces después en conversaciones telefónicas que yo pude interceptar. ¿Pero quién en México no es un hijo de la chingada? Tiras una piedra al aire y automáticamente matas a un hijo de la chingada...

Algunos, apenas algunos de los intelectuales, no los mercenarios de siempre que requerían de prebendas del gobierno para sobrevivir, protestaron por la represión militar y policiaca, por la violación a la autonomía universitaria, el anticomunismo del gobierno y de la iniciativa privada, el imperialismo y sus agentes y las fórmulas gastadas de un régimen antidemocrático cuya incapacidad para dialogar con el pueblo y resolver sus problemas con métodos políticos, no policiacos, se volvía cada vez más evidente. Agregaron que los estudiantes luchaban por reivindicar las libertades democráticas, por lo que las fuerzas armadas no se debían utilizar para intimidar al pueblo e impedirle el ejercicio de sus derechos y menos al margen de la ley. Exigían la liquidación de los mecanismos represivos y anticonstitucionales, la liberación de los presos políticos, la elaboración de una genuina reforma universitaria y de una política progresista capaz de liberar a México de la dependencia del imperialismo y al pueblo de su miseria secular... Yo me reía a carcajadas: los mexicanos solo se sacudirían de encima al «odioso» imperialismo yanqui cuando contaran con arsenales nucleares superiores a los nuestros. Así y solo así les podríamos devolver sus territorios de California, Tejas —con jota— y Nuevo México, junto con la actual Arizona. Mientras tanto que hablaran y volvieran a hablar, como también protestaban Jean-Paul Sartre, Simone de Beauvoir, Jean-Luc Godard, Alfred Kastler, Premio Nobel, y el Pen Club Internacional, firmado por Arthur Miller. ¿Tienen bombas para detenernos? ¿No...? ¡Pues a la chingada con su sabiduría...!

---

[19] En 1971, invitados una vez más a trabajar el trágico Jueves de Corpus, el día del Halconazo —según confesión de uno de ellos—, responderían orgullosos: «Si se puede, lo haremos más terrible que lo de Tlatelolco. Mientras más muertos mejor... Si ordenan disparar sobre una masa, así vayan los hijos o la mujer, o los padres de uno, hay que cumplir haciendo fuego. Eso bien lo sabíamos... Nadie nos quita el mérito de haber acabado la huelga del 68». Solís, 1975: 100, 108, 186.

Ante tanta reclamación justificada, justificadísima, tanto de origen interno como externo, los jueces mexicanos, como Eduardo Ferrer McGregor, antiguo agente de gobernación al servicio incondicional del Pollo Gutiérrez Barrios, firmaban los autos de formal prisión sobre un machote para no perder tiempo en la reclusión «legal» de los detenidos. Bastaban las instrucciones del Pollo al Poder Judicial para que se declarara la pérdida de la libertad de los acusados sin averiguaciones previas, con cargos inventados y sin pruebas contundentes. Los abogados de la Procuraduría General de la República, los agentes de la DFS y algunos representantes del Poder Judicial habían hecho una alianza obscena en contra de los ciudadanos. ¿Los francotiradores? ¡Libres! ¿No decía la Constitución mexicana que nadie podría ser privado de la libertad sin orden previa dictada por autoridad competente? Pues ahí estaba la autoridad competente, bueno, en realidad medio competente, a la mexicana.

Todo pudo imaginarse García Barragán en relación a las traiciones cometidas en su contra, tanto por el presidente de la República como por Echeverría, Gutiérrez Oropeza y Corona del Rosal, pero lo que nunca pasó por su mente fue que el 3 de octubre, al día siguiente de la carnicería, el embajador de Estados Unidos, Fulton Freeman, solicitara una audiencia urgente e inaplazable con el secretario de la Defensa. El embajador yanqui llevaba en su *aide-mémoire* que en 1952 García Barragán había llegado a contar con setecientos oficiales leales y capacitados para tomar el Palacio de Gobierno y la Comandancia de Policía para que «se garantizara la legalidad de los comicios o tomaría el control». Estaba del lado de Henríquez Guzmán, rival del candidato presidencial. Lázaro Cárdenas le había solicitado esperar al resultado de la elección nacional antes de asestar el golpe.

—Levántese en armas, bien, Marcelino querido, pero no sea el primero porque a ese seguro se lo chingan. En estos casos conviene ser el segundo —había aconsejado el expresidente.

La idea era que la tentación golpista y totalitaria que prevalece en las mentes de muchos militares no hubiera desaparecido dieciséis años después. No se podía perder igualmente de vista que el destacado oficial había desistido a última hora de sus planes, para evitar un baño de sangre en aquel 1952.

Por supuesto que hizo pasar de inmediato al ilustre diplomático. No habían transcurrido tres minutos de conversación cuando Freeman le disparó a bocajarro la siguiente oferta:

—Tengo instrucciones del señor presidente Lyndon Johnson para invitarlo a que encabece un golpe de Estado y se convierta usted en el nuevo presidente de México, con todo el apoyo de las fuerzas armadas norteamericanas.[20]

García Barragán se quedó paralizado, escrutando el rostro bronceado del jefe de la misión diplomática yanqui. El general secretario recordó sus años de revolucionario, sus convicciones patrióticas grabadas a sangre y fuego en los campos del honor para construir un México mejor, más libre, más próspero. Recordó los años constitucionalistas con Venustiano Carranza, los del arribo de Álvaro Obregón, el gobierno de Calles y su Maximato, los esfuerzos que había hecho este país para construir las instituciones con que finalmente contaba. ¿Que la democracia todavía no existía? No, pero la nación se encontraba en vías de alcanzarla, era un problema de tiempo. Cuántas veces expuso la vida y vio caer a los suyos en el campo de batalla y vivió traiciones, zancadillas, dobleces de los políticos, y ahora a él, un soldado de extracción revolucionaria, el representante del imperio le ofrecía convertirse en un gorila latinoamericano del corte de Trujillo, Somoza, Ubico, Castillo Ar-

---

[20] La tremenda revelación sobre la propuesta de Fulton Freeman a Marcelino García Barragán, general secretario de la Defensa Nacional, fue manifestada en el año 2003 por el general Alberto Quintanar, quien en 1968 entrenaba a una de las compañías que integraban al Batallón Olimpia. Su histórica declaración fue como sigue: «Los militares mexicanos demostraron su lealtad al presidente, pese a que Washington ofreció la conducción del país al entonces secretario de la Defensa Nacional, Marcelino García Barragán, quien rechazó la propuesta». (Gustavo Castillo García, «Dos generales clave en el golpe en Chile y Tlatelolco», *La Jornada*, jueves 2 de octubre de 2003).

Un año antes, el mismo general afirmó en entrevista para el periódico *La Jornada* que «el gran general Marcelino García Barragán» era «el más leal que ha habido [...] el mismo que pudo haber tomado la presidencia y no lo hizo [...] ¡Que revisen las nóminas de 1968 del Departamento del Distrito Federal! ¡Muchos eran pagados! [*sic*]. No se ha dicho la verdad todavía ni de los estudiantes ni de lo que pasó [...] En Tlatelolco [el objetivo] era simplemente disuadir a los estudiantes a que abandonaran la plaza. La orden era "¡no montes cartucho!"»

En su libro *La realidad de los acontecimientos de 1968*, el propio general Luis Gutiérrez Oropeza afirmó: «Freeman organizó una conjura con la mira de derrocar al presidente Gustavo Díaz Ordaz con la asesoría de la CIA, buscando adeptos entre militares mexicanos».

Además de lo anterior, Carlos Mendoza, director del excelente documental *1968, la Conexión Americana* (www.canalseisdejulio.org, 2008), afirmó que «al menos tres versiones indican que el embajador Fulton Freeman ofreció a García Barragán el apoyo de Washington para encabezar un golpe de Estado».

mas, Batista, entre otros tantos más. ¿Su destino sería volverse un simio amaestrado al servicio de la CIA, el FBI y el Departamento de Estado? ¿Sería otro más de estos primates a los que Estados Unidos les tira un cacahuate y ellos los atrapan en el aire? ¿Un triste mico más, devorador de bananas? Por supuesto que Estados Unidos le permitiría enriquecerse, robándose todo aquello que él decidiera del tesoro mexicano. Sería, sin duda alguna, uno de los hombres más ricos del mundo. ¿Pero quién tenía interés en convertirse en el hombre más rico del mundo? ¿Para qué? ¿Cuánto valían su dignidad, su historia personal, el destino de su país? ¿Cuánto valía su imagen ante él mismo, ante las fuerzas armadas a las que destinó toda su vida, y ante los suyos? ¿Cómo se vería su retrato, vestido con uniforme de gala y con la banda tricolor cruzándole sobre el pecho, a sabiendas de que sería un golpista? García Barragán sabía que Álvaro Obregón había caído a balazos porque rompió las reglas del juego de la reelección y además se había atravesado en la carrera de su paisano Plutarco Elías Calles. No por miedo a la bala, claro que no, sino por un concepto de dignidad y de honor rechazaría la oferta de Fulton Freeman. ¿Pero quién sería el primero? Destituir a ese primero ocasionaría una nueva revuelta nacional.

—Señor embajador, permítame decirle que aceptar su ofrecimiento implica traicionar a mi país, mi carrera, a los míos, mis convicciones y el destino político de México; descarto cualquier posibilidad de dar un golpe de Estado. Se equivocó usted de hombre. Como se equivocó también al proponerle al capitán Alberto Quintanar asesorarlo para asestar el golpe junto con otros integrantes del ejército mexicano.

El embajador no salía de su asombro. ¿Cómo había llegado a oídos del secretario una información tan delicada y ultrasecreta?

Fulton Freeman palideció, parecía no creer lo que le decían las palabras de García Barragán.

—¿Necesita usted tiempo para pensarlo? —cuestionó en tanto buscaba cómo hacerse de argumentos ante la catarata contundente del secretario.

—Por supuesto que no necesito ni un segundo para pensarlo. Insisto: lo que usted me propone es una traición y yo no soy un traidor. En este mundo todavía existimos personas con sentido del honor. Si alguien le dijo a usted que yo era un militar corrupto, venal y podrido, como otros tantos más, lo mal informaron, señor embajador.

Después de guardar un pesado silencio, tratando de medir sus palabras, Freeman agregó:

—En ese caso, si usted no acepta mi oferta, me veré en la necesidad de ofrecérsela a cualquier otro militar mexicano, porque no estoy acostumbrado a dar malas noticias en Washington.

En ese momento García Barragán se puso de pie. Colocó ambos puños sobre la cubierta de su escritorio de caoba. Apuntó a los ojos del embajador de Estados Unidos, para disparar las siguientes palabras:

—Debo decirle a usted que si está pensando en el general Alfonso Corona del Rosal, él tiene la simpatía del ejército, efectivamente, solo que yo tengo el control absoluto de mis hombres y el respeto de mis soldados. Si procede con él o con cualquier otro militar a sobornarlo, al estilo de ustedes, para que dé un golpe de Estado en mi país, todo lo que logrará es provocar una nueva revolución, una guerra civil, porque debe saber que combatiré una decisión semejante con todos y cada uno de los efectivos y la plana mayor del ejército mexicano. Basta que yo llame a filas para que el 99% de los militares de este país esté conmigo. Ante su insistencia, usted le prenderá fuego a un bosque, sin saber que el viento puede jugar veleidosamente y quemarlos a ustedes mismos; un incendio pavoroso puede ser de consecuencias imprevisibles. Le aseguro que un golpe de Estado en México, en contra de mi voluntad, se convertirá en una guerra civil y esto no creo que sea conveniente no solo para nosotros, sino tampoco para ustedes. Cuidado con los incendiarios, señor embajador, cuidado, el fuego puede prender para todos lados.

—Todo se puede hacer sabiéndolo hacer...

—Nadie sabe más que yo de respuestas militares en este país. Entrarían ustedes en un campo minado.

—México ya es un campo minado con tanto comunista.

—Pues yo no he visto ni a uno solo. Nomás no vengan a jalarle la cola al tigre.

—No nos preocupa su tigre, general, lo que México necesita no son presos políticos, sino políticos presos —volvió a disparar Freeman, insinuándole a García Barragán que él era uno de los bandidos.

—Lo corrijo, señor Freeman, lo que México necesita son embajadores respetuosos de nuestras instituciones y no perros mastines.

—En ese caso...

—En ese caso —agregó el general secretario—, mucho le agradeceré a usted tenga la gentileza de abandonar esta oficina a la brevedad.

El embajador norteamericano se quedó petrificado en el asiento. Su rostro despedía una ira incontrolable. De golpe enrojeció y las venas de su frente, inyectadas de sangre, amenazaron con reventar en cualquier momento. Nunca nadie lo había corrido de una oficina. ¿Tenía que ser un chango mexicano el que lo despidiera por primera vez? No entendía que los muertos de hambre también tenían dignidad; más, mucho más si eran mexicanos. Tírale un pedazo de pan a un hambriento y te puede sacar los ojos con los pulgares.

Ante su inmovilidad total, García Barragán todavía agregó:

—Si requiere usted ayuda, señor embajador, puedo pedir a mis auxiliares que lo conduzcan hasta su automóvil en este preciso instante.

Fulton Freeman se levantó furioso de la silla y sin extenderle la mano ni despedirse, se dirigió a la puerta de la oficina. Con el picaporte en la mano izquierda, giró sobre sus talones para disparar un tiro al centro de la frente de García Barragán, quien contemplaba todavía de pie la escena:

—No debe perder de vista, general Barragán, que a la hora que se nos dé la gana, no solo acabaremos con Díaz Ordaz o con usted y todo su mugroso ejército de muertos de hambre, de la misma manera en que impusimos al famoso *sha* de Irán en 1953, a los Somoza en Nicaragua, a los Trujillo en la Dominicana, o a los Castillo Armas en Guatemala... No lo olvide... —Sin detenerse todavía alcanzó a agregar—: En los últimos años impusimos tiranos hechos a nuestra medida en Laos, Haití, Brasil, Bolivia, Indonesia y Grecia, tan cerca como el año pasado... ¿Sabe usted cuánto tiempo nos llevará colocar a un monigote nuestro en su Palacio Nacional?

—Lárguese o convoco en este momento a una rueda de prensa para que el mundo sepa quién es Fulton Freeman y el imperio al que presta servicios delictivos —concluyó García Barragán blandiendo el dedo índice como si amenazara con una espada desenvainada—. ¡Largo, carajo...!

En ese momento se había hecho patria en México.

Yo no podía creer el relato de Fulton cuando el día 4 en la mañana me explicó con detalle su conversación con García Barragán.

—Creía que los mexicanos eran uno más corrupto que el otro, y ahora me sale este estúpido militar con pretensiones de santo... como si no los conociera. A título de represalia, a la que tenía derecho, mandé distribuir miles de volantes con la biografía del Mariscal Cimarrón, *Chelino* García Barragán.

—Fulton, conozco a los mexicanos muy bien, después de doce años de estancia en este país algo te puedo decir. Efectivamente provocaríamos una revolución, de modo que creo que nuestros informes a Washington debemos enviarlos sobre la base de explicar que todo aquello que pretendíamos se ha logrado. ¿Qué se ha logrado? En este momento, todos los líderes estudiantiles están presos. Se ha desarticulado la estrategia comunista urdida en el extranjero, de la cual debo confesar que nunca logré tener la menor evidencia de alguna infiltración maoísta, leninista, trotskista, soviética o cubana: ¡nada, nada, querido Fulton, lo que es nada! Entonces tenemos que escoger entre sobornar a cualquier otro militar para que se enfrente al ejército capitaneado por García Barragán, y en ese caso asistir una guerra civil en México, o aceptar que Díaz Ordaz puede llevar la fiesta en paz y en orden, sin ninguna amenaza comunista de ninguna naturaleza. De esta manera, nuestros intereses estarán perfectamente bien preservados, el presidente de la República estará de nuestro lado y todo lo que tenemos que hacer es esperar a que la persona que designe como su sucesor nos garantice igualmente la seguridad que necesitamos para nuestros inversionistas, así como evitar filtraciones extranjeras en México que puedan afectar los intereses continentales de Estados Unidos. Eso, querido Fulton, te garantizo que lo lograremos.

—¿No crees entonces en la conveniencia de insistir en el golpe de Estado, Winston?

—Lo descarto por completo, Fulton, creo, con la mano en el corazón, que sería un error gravísimo. Si aquí estuviera el presidente Johnson, él mismo aceptaría nuestros argumentos: si ya tenemos a un hombre que nos garantiza y que es custodio de nuestros intereses, para qué un golpe de Estado que bien podría tener como consecuencia la instalación de un dictador que acabe convirtiéndose en un dolor de cabeza como algunos. ¿Para qué corremos el riesgo de un nuevo Castro? Si a Trujillo lo sustituimos definitivamente porque temíamos que había llegado a los extremos y podía explotar una guerra civil en la Dominicana, y precisamente para que no estallara cambiamos de dictador, entonces en México, ¿para qué nos arriesgamos a una guerra civil cuando nos unen tres mil kilómetros de frontera y además tenemos a un monigote que nos garantiza la tranquilidad que buscamos...?

—Sí, Win, pero Díaz Ordaz pronto se irá de Los Pinos, ¿y entonces?

—Entonces no hay más hombre que Echeverría y se tragará todo lo que le demos de comer en nuestra mano. Lo tenemos controlado, controladísimo. Los militares como Corona del Rosal están quemados ante el pueblo durante los siglos por venir. Martínez Manautou se incineró desde que se *autodestapó* sin la consigna presidencial. Está más muerto que los muertos, el muy imbécil.

Si García Barragán no se imaginaba la invitación que le había formulado nuestro Fulton Freeman para encabezar un golpe de Estado, menos, mucho menos pudo suponer que ese mismo 3 de octubre Díaz Ordaz, ya de regreso de Guadalajara, lo citara, ya entrada la noche, a su oficina en Palacio Nacional para entregarle un sobre cerrado que incluía un escalofriante decreto del que no tenía noticia alguna. La reunión no pudo ser más fría ni cortante. El secretario de la Defensa expuso hechos de sobra conocidos por el presidente, pero se abstuvo de enrostrarle absolutamente nada en torno a los francotiradores de Gutiérrez Oropeza. La imagen del ejército había sido severamente castigada, argumento que no aceptó el Jefe de la Nación aduciendo que quienes habían abierto fuego eran los universitarios y los politécnicos en contra de las fuerzas armadas, que no habían tenido otro remedio sino contestar la agresión en legítima defensa. De ahí nadie lo sacaría. Imposible contradecirlo y exhibirlo como un mentiroso puesto que había autorizado la balacera y ordenado la liberación de los asesinos por razones hasta ese momento desconocidas. La fractura entre ambos era irreversible y sin embargo ninguno de los dos podía hablar, claro, salvo que Díaz Ordaz confesara las presiones y amenazas ejercidas por la CIA en contra de su gobierno o que el secretario llamara hijo de puta a su superior por haber ordenado matar a tanta gente, sobre todo a su gente. ¿Resultado? A callar.

Sentado frente al escritorio de caoba del presidente, García Barragán abrió el sobre pensando que se trataría de la renuncia a su elevado cargo. ¿Cuál no volvería a ser otra terrible sorpresa cuando al terminar la lectura del texto contenido en tres hojas se percató de que se trataba, nada menos, que de un decreto que implicaba la suspensión de garantías individuales en todo el país?[21] Al concluir la lectura volteó a ver el rostro del Jefe de la Nación. ¿Estaría soñando? En la mañana Fulton Freeman le había ofrecido encabezar un golpe de Estado y ahora Díaz Ordaz hacía lo mismo sin la grosera claridad del diplomático.

—¿Pero qué es esto, señor? —preguntó García Barragán en su azoro.

—El país está muy convulsionado y para atrapar a los comunistas no podemos andarnos por las ramas, mi general, ni esperar a que los jueces dicten órdenes de arresto porque se nos escapan. Como abogado le digo: agarrémoslos donde los encontremos y encarcelémoslos de inmediato antes de que ahora sí acaben con el Estado mexicano.

Mientras Díaz Ordaz explicaba sus razones, García Barragán entendió que su poderoso interlocutor deseaba eternizarse en el cargo. Se cancelaban los derechos de los mexicanos indefinidamente, incluido tal vez el de votar. A saber hasta dónde se podría llegar con un decreto así. La suspensión de garantías implicaba un adiós a la dignidad de las personas, adiós a la libertad de expresión, de prensa, de asociación, de reunión, de tránsito, la libertad religiosa... A partir de hoy cualquier político se podría apropiar del patrimonio de los demás, desaparecería la seguridad jurídica y las personas bien podrían perder su libertad según los caprichos de quién sabe quién y por cuánto tiempo, tal y como había acontecido ayer mismo en la noche.

—Señor presidente —repuso con voz severa y ruda, la de un militar de carrera que se había formado a balazos en combate desde los años de la Decena Trágica, cuando de manera conjunta con militares mexicanos asesinamos a Madero y a Pino Suárez—, si los líderes estudiantiles ya están en la cárcel y pasarán buen rato recluidos, y además está garantizada la celebración de los Juegos Olímpicos, no veo la necesidad de suspender garantías.

—Los comunistas están sueltos y pueden causar desórdenes —contestó Díaz Ordaz.

—Con el debido respeto, no veo, es más, nunca vi a los tales comunistas y menos ahora que ya saben el precio a pagar si asoman

[21] Scherer/Monsiváis, 1999: 24.

la cabeza. Después de la balacera de ayer, México tardará muchos años en volver a vivir manifestaciones callejeras porque la gente no ignorará en largo tiempo la presencia de francotiradores que podrían disparar detrás de cualquier ventana. No se preocupe, señor presidente, en el caso de que hubiera más comunistas libres, éstos se meterán en sus agujeros por un buen rato: la lección fue muy severa, créamelo...

—¿Usted se compromete a preservar el orden en la República? —cuestionó el presidente quitándose los lentes y limpiándolos con vaho para después, sin ocultar su nerviosismo, frotarlos contra su corbata de seda francesa.

—Me comprometo, señor —adujo el miltar a sabiendas de que se interponía en los planes del Primer Mandatario. ¿Estaría pensando en la reelección indefinida? ¿Sería un tirano en potencia? ¿Qué habría detrás de semejante propuesta? ¿Con quién estaba hablando?

—En ese caso, usted será el responsable, mi general, de cuanto pueda acontecer —agregó Díaz Ordaz con el gesto fruncido a sabiendas de que se le estaba escapando la oportunidad de su existencia. A ningún lado iría sin el apoyo del ejército. Su frustración era inocultable. Al Congreso y al Poder Judicial los tenía en el puño, no así a las fuerzas armadas, más aún cuando García Barragán ya sabía a esas alturas que los francotiradores habían sido hombres del Estado Mayor Presidencial y por lo tanto la traición estaba al descubierto. Sin embargo, no se atrevió a encararlo. Adiós a la reelección o a la dictadura, adiós, adiós, adiós...

—Es curioso, señor —respondió el secretario tratando de esconder la cólera al culparlo a él de lo que pudiera suceder en el futuro—, pero hoy en la mañana el propio embajador Freeman me amenazó de alguna manera con lo mismo.

—¿Freeman? ¿Qué tenía que hablar Freeman con usted y menos en estas circunstancias? —se estremeció Díaz Ordaz saliéndose de sus casillas.

—Me pidió encabezar un golpe de Estado contra su gobierno —contestó el general secretario lanzando un obús directo a la cabeza de Díaz Ordaz.

—¿Freeman?

—Sí, Freeman —agregó García Barragán experimentando un gran placer, como quien se solaza metiendo el dedo en una herida, removiendo carnes ensangrentadas. ¡Qué pronto había podido vengarse del momento en que Gutiérrez Oropeza le solicitó liberar a sus francotiradores por órdenes del presidente, lo cual le permitió descubrir toda la estrategia criminal urdida a sus espaldas! Si ayer le habían hundido un puñal en el cuello, hoy devolvía la afrenta asestándole a Díaz Ordaz un sonoro machetazo en la nuca.

El Primer Mandatario se puso violentamente de pie y después de golpear con los puños cerrados la cubierta de su escritorio, gritó perdido de furia:

—¡Cabrones! Son una bola de cabrones hijos de la chingada, los gringos son unos hijos de la chingada, no se escapa ni un solo —concluyó con los ojos inyectados de sangre.

—Lo son, señor, lo son...

Díaz Ordaz recordó en silencio sus interminables conversaciones conmigo sin olvidar las garantías que yo le había extendido para mantenerlo en el cargo si de verdad limpiaba de comunistas al país. Le retumbaba en la cabeza aquello de protegerlo siempre y cuando ejecutara a fondo la purga de agentes enviados por la Unión Soviética, Cuba, Corea del Norte y China. Ahora descubría que el escándalo del 68 no había sido sino parte de un plan para derrocarlo e imponer a un gorila de la CIA, originado en la invención de un conflicto estudiantil que lo exhibiría como un inútil o, tal vez, como un sanguinario político que debería ser removido de su cargo. El pretexto aparecía en ese momento con la debida claridad. La jugada era evidente pero no podía abrirse el pecho delante de García Barragán ni de nadie más. Se llevaría el secreto y la traición a la tumba. ¿Cómo vengarse? ¿Derrocar a Johnson? ¿Acusarme a mí, a Win Scott, ante él cuando el propio jefe de la Casa Blanca había aprobado los planes? ¿Quejarse en el Pleno de la Asamblea de las Naciones Unidas? ¡Bah! Tendría que aprender a dejarse golpear sin expresar el menor lamento. «Se necesita ser muy hombre para hablar, pero más hombre se necesita ser para quedarse callado», le dijo alguna vez a Echeverría.

Después de serle reconocida su patriótica respuesta ante el embajador yanqui y de reiterarle la confianza en su persona, García Barragán abandonó Palacio Nacional con la fundada convicción de que nunca recuperaría la seguridad en su propio presidente, un traidor que por lo que fuera ordenó abrir fuego en contra de soldados y estudiantes, tan leales unos como inocentes otros. De cualquier manera le había asestado una señora puñalada en el estómago y le amargó para siempre no solo la presidencia, sino la vida misma. Bien sabía que, a partir de esa noche, en Los Pinos viviría un cadáver insepulto.

¿Correr a Gutiérrez Oropeza, a Corona del Rosal, a Echeverría y a Gutiérrez Barrios? Imposible, todos sabían demasiado. Al primero lo haría general de brigada y a Poncho no lo nombraría su sucesor, ¿un militar en el poder después del 2 de octubre?, ¡imposible!, pero en cambio lo dejaría robar como premio de consolación y así garantizarse su silencio y lealtad. Echeverría sería premiado con la presidencia de la República por su fidelidad, en principio a Díaz Ordaz, no así a las instituciones del país. ¿Supo paso a paso de la elaboración de los planes y su posterior ejecución? ¡Sí! ¿Calló y guardó solidaria discreción para no comprometer su carrera política? ¡También! Un hombre con esos antecedentes no merecía premio alguno sino ser igualmente acusado como cómplice del cargo de traición a la patria. Pero en México no existe nada de eso de que «quien la hace, la paga», aquí nadie paga nada... ¿Qué político implicado en el movimiento del 68 explicaría en el futuro la verdad de lo acontecido? ¿Quién se iba a atrever a confesar que todo había sido un plan para imponer a nuestro *son of a bitch*, sobre la base de acabar con los comunistas que nunca encontramos? ¿Las marchas, los infiltrados en escuelas preparatorias, vocacionales y universidades, la organización de los paramilitares para enardecer y golpear, la colocación del país en extrema situación de riesgo, los disparos, las matanzas, los arrestos, las persecuciones, todo había sido tramado y ejecutado por instrucciones de la CIA? ¿No había vergüenza? ¿Hasta dónde llegaba la dependencia? ¿Quién gobernaba, en realidad, en México? Nunca, nadie, ningún político o gobernante volvería a hablar del tema para evitar ser acusado de traición a la patria, salvo que masacrar a militares y civiles inocentes por orden presidencial de acuerdo a instrucciones provenientes del extranjero no sea considerado como grave traición a la patria. Díaz Ordaz no podía acusar a nadie, sino absorber toda la responsabilidad política y ver por el hermetismo del sistema, un sistema integrado por delincuentes por más que fueran nuestros socios.

Ese 3 de octubre de 1968, en este gran teatro del mundo, en el escenario mexicano todo se convirtió en traiciones: García Barragán,

quien declaró a los medios que no habría suspensión de garantías[22]
—¿por qué él?—, envenenó, entre otras poderosas razones, la vida de
Díaz Ordaz hasta el último día de su existencia. Don Gustavo traicionó a su secretario de la Defensa Nacional y los gringos trainciona-
mos al presidente. ¿No traicionó el Jefe de la Nación su juramento
al no guardar ni hacer guardar la Constitución ni las leyes que de
ella emanan, por lo que la nación habría de demandárselo...? Solo
que, ¿cuándo y cómo se lo habría de demandar...? *Bullshit!*, como
decimos en Estados Unidos, pura demagogia *mexican style*; noson-
tros por nuestra parte, tuvimos que traicionar a nuestro *good old
Ponchitou*, ya que no pudimos cumplir nuestra promesa de sentar-
lo en la silla presidencial en calidad de dictador vitalicio... Al aceptar nuestra oferta de convertirse en golpista, Corona del Rosal había
traicionado a su vez a su jefe y amigo, el propio presidente, a su país,
a su ejército y a su universidad. Luis Gutiérrez Oropeza traicionó a
su patria, a su Estado Mayor, al ejército, al que debía honores y lealtad, traicionó a sus iguales e hizo recaer sobre las fuerzas armadas
una injusta responsabilidad que le correspondía a él y a Corona del
Rosal. Pero hubo más traiciones: los porros traicionaron a los estudiantes engañándolos con ardides y manipulaciones alevosas, de la
misma manera en que la prensa traicionó a la opinión pública some-
tiéndose al poder del gobierno, ocultando los hechos y maquillando
la realidad para preservar sus intereses. El rector traicionó a la Universidad al acatar instrucciones de Echeverría, quien a su vez traicionó a la máxima casa de estudios del país al violentar alevosamente
su autonomía y someter bajo su poder político a Barros Sierra. Los
empresarios traicionaron a la sociedad al no protestar a través de sus
cámaras y organizaciones y aceptar un silencio cómplice. ¿Quién se
salvaba...? Nadie, nadie se salvaba. Senadores y diputados traicionaron a sus representados al no intervenir activamente y limitar las facultades de la autoridad a través de la emisión de leyes adecuadas y
oportunas, porque en lugar de condenar la masacre y convocar a juicio político a los responsables, aplaudieron de pie a un presidente que
en su infinito autoritarismo reconoció, ante la soberanía nacional, su
culpa en la matanza, a sabiendas de que no habría consecuencia alguna en el esquema de una sociedad tan impune y herméticamente
cerrada como la mexicana. El clero traicionó a los feligreses al no de-

---

[22] Scherer/Monsiváis, 1999: 24.

nunciar desde los púlpitos y por medio de desplegados periodisticos, la ostentosa violación de derechos humanos y la matanza de su rebaño el 2 de octubre. El Poder Judicial traicionó a los ciudadanos al no impartir justicia pronta y expedita y por el contrario, aceptó actuar bajo consignas políticas. ¿En qué prisión están los culpables del 68? ¿Dónde quedó todo aquello tan mexicano de que se actuaría hasta las últimas consecuencias, «cayera quien cayera...»? *More bullshit, my dear friends...* Salvo Octavio Paz, ¿la intelectualidad mexicana, además de publicar un desplegado para lavarse las manos, también traicionó a la sociedad? ¿Cuántos creadores y autores, en general, se convirtieron en presos políticos al ventilar sus protestas ante el escandaloso atropello en Tlatelolco? ¿Y la sociedad? ¿Qué reclamó la sociedad? La sociedad, adormilada como siempre, guardó silencio y se divirtió en los Juegos Olímpicos. Ya tendrían tiempo de lamerse las heridas y olvidar...

EPÍLOGO

Cuando Díaz Ordaz inauguró los XIX Juegos Olímpicos, «la Olimpiada de la Paz», el sábado 12 de octubre de 1968, un grupo de manifestantes lanzó un papalote negro en forma de paloma a modo de protesta por la matanza del 2 de octubre.

Ninguno de los francotiradores sufrió pena corporal ni de ninguna otra naturaleza en el país de la histórica impunidad. En cambio se les reincorporó al Estado Mayor Presidencial o a la regencia del Distrito Federal después de recibir ascensos militares o burocráticos además de jugosas prestaciones.

Gutiérrez Oropeza, ascendido al grado de general de brigada, se mantuvo en su elevado cargo hasta el final del mandato de Díaz Ordaz. Nunca se pudo comprobar el papel que jugó en la muerte de Carlos Madrazo, el político decidido a democratizar al PRI y al país, cuando se «accidentó» su avión en Monterrey.

En junio de 1969, Richard Helms distinguió a Winston Scott con la Medalla de Distinción en Inteligencia, la máxima condecoración en la CIA. Ese mismo año Scott se retiró de la agencia para dedicarse a los negocios en México. En 1971 apareció muerto en condiciones sospechosas, después de intentar publicar un libro con su experiencia como cabeza de la CIA en el país.

A mediados de julio de 1969, Díaz Ordaz le comunicó a Echeverría que en el mes de octubre sería postulado como candidato a la presidencia de la República por la CNC, la central campesina, como reconocimiento a su solidaridad criminal.

Después de octubre del 68 Díaz Ordaz, frustrado, amargado y enfermo, solo pensaba en entregar el poder con la confianza de que ya no sería derrocado. ¿Había cumplido con la patria desde que impidió, como pudo, la materialización del golpe de Estado promovido por la CIA? ¿La historia se lo reconocería o sería etiquetado para siempre como un sanguinario represor? ¿Se llegaría a saber que intentó reelegirse? ¿Héroe o traidor? Doña Guadalupe Borja falleció víctima de padecimientos nerviosos, paranoia, delirios de persecución que le hicieron perder la razón y muy poco tiempo después la vida.

El 24 de noviembre de 1969 Echeverría, en acto de campaña en la Universidad de San Nicolás de Hidalgo, en Morelia, aceptó guardar un minuto de silencio por los estudiantes caídos en Tlatelolco el 2 de octubre. ¿Y los soldados masacrados por francotiradores? Díaz Ordaz exclamó entre sus incondicionales allegados: «Pero qué pendejo soy, ya vamos a acabar con él [Echeverría], se va a la chingada, lo vamos a enfermar y se va a enfermar de a de veras».

Pero era demasiado tarde. Nadie sabe para quién trabaja. El intercambio de acusaciones no hubiera convenido al sistema dictatorial mexicano ni a la «familia revolucionaria», una pandilla.

El general Ballesteros Prieto fue relevado por García Barragán después de su desleal participación del 2 de octubre. Tras los sucesos de 1968, Díaz Escobar siguió encabezando al grupo paramilitar conocido como los Halcones, entrenado en Estados Unidos, responsable de la matanza de decenas de estudiantes el 10 de junio de 1971 en la ciudad de México. La nueva masacre le costará el cargo a Alfonso Martínez Domínguez, jefe del Departamento del Distrito Federal. Dos años más tarde, Ballesteros Prieto será nombrado agregado militar de la embajada de México en Chile, en momentos en que la CIA trabajaba para derrocar al presidente Salvador Allende. Un infarto lo sorprendió en Santiago durante el mes de enero de 1973; su lugar sería ocupado por su viejo amigo el coronel Díaz Escobar, el famoso Zorro Plateado.

Díaz Ordaz murió en julio de 1979, después de haber sido embajador de México en España por unos cuantos días. Cuando se supo invadido por un cáncer fatal sentenció, a modo de despedida:

«queda a mis familiares despedirme con lágrimas, dejo al pueblo las grandes reflexiones y las dudas, pero igualmente la conducta que se debe seguir en las grandes decisiones». López Portillo resolvió cubrir su ataúd con la bandera tricolor, otorgándole el tratamiento de Héroe de la Patria.

En el mensaje fúnebre pronunciado por Gutiérrez Oropeza ante su tumba, recordó unas palabras pronunciadas por el exJefe de la Nación en momentos críticos: «gobernar implica también... no prohijar los pretextos o razones para un golpe de Estado, y tener los pantalones para impedir que la rebeldía hundiera al país en la anarquía o en una revolución».[23]

Víctima de una insuficiencia cardiaca, Marcelino García Barragán falleció el 3 de septiembre de 1979 a los 84 años de edad.

Fernando Gutiérrez Barrios se relacionó en la década de los setenta con actos de desaparición forzada y tortura de integrantes de grupos guerrilleros mexicanos. En 1987 fue gobernador del estado de Veracruz; en 1988, secretario de Gobernación. Murió en condiciones extrañas en enero de 1993.

La CIA siguió asolando al mundo, imponiendo distintas dictaduras latinoamericanas como la de Augusto Pinochet en Chile, donde Manuel Díaz Escobar jugó un papel muy destacado; Alfredo Stroessner, en Paraguay; Jorge Rafael Videla, Roberto Viola y Leopoldo Galtieri en Argentina, de 1976 a 1983; Juan María Bordaberry, en Uruguay; el general Hugo Bánzer, en Bolivia, de 1971 a 1978; sosteniendo a la dinastía de los Somoza en Nicaragua, o la de El Salvador durante sus más sangrientos años de guerra civil, sin olvidar a Julio César Turbay Ayala con su famoso Estatuto de Seguridad en Colombia, de 1978 a 1982.

La agencia combatió con vehemencia a los independentistas de Angola, impuso al *sha* de Irán y años más tarde lo depuso; movilizó fuerzas islámicas en contra de los soviéticos en Afganistán, como había hecho en Argelia, Turquía, Jordania, Egipto e Israel. En los años ochenta, el gobierno estadounidense dio tres mil millones de dólares en armas y ayuda a los muyahidines islámicos y contribuyó a crear una red global de combatientes musulmanes, algunos de los cuales pasarían a ser el núcleo de Al Qaeda... La CIA concedió apoyo, asimismo, a Saddam Hussein, presidente de Irak, para atacar a Irán.

[23] Gutiérrez, 1988: 100.

En 1990 y 1991 se organizó la operación Tormenta del Desierto que desató la guerra del Golfo Pérsico para apoderarse del petróleo de Kuwait. La CIA intervino en Somalia en 1992-1994; en Haití en 1994; en Bosnia-Herzegovina, entre 1992 y 1995. Estados Unidos bombardeó Irak, Sudán, Afganistán en busca de Osama bin Laden, al igual que Serbia en 1999. En 2002 intentó un golpe fallido en contra de Hugo Chávez, en Venezuela. Intervino Haití en 2005 para deponer al presidente Jean-Bertrand Aristide.

Recientemente, el secretario de Defensa de Ecuador ha acusado a la CIA de estar involucrada en el bombardeo colombiano de Angostura, en la frontera ecuatoriana, contra un campamento de las FARC el 1 de marzo de 2008.

Estados Unidos invadió Panamá para deponer y secuestrar al presidente Manuel Antonio Noriega, antiguo aliado de la agencia, quien hasta la fecha purga una condena en territorio estadounidense.

Después de 34 años de los sucesos de Tlatelolco, Luis Echeverría fue el primer servidor público citado a declarar ante la justicia mexicana en relación a esos hechos. A más de tres décadas de la masacre, Echeverría fue exonerado de la concepción, preparación o ejecución del mencionado ilícito... «La acusación [de genocidio] es carente de fundamento jurídico y probatorio...», estableció para siempre la sentencia inapelable.[24]

Hoy en día la CIA continúa siendo una agencia siniestra. El mundo está lleno de hombres como Richard Helms, Winston Scott, Edgar Hoover, Lyndon Johnson, George Bush y otros tantos bichos asesinos de la peor ralea.

«Desde finales de los noventa la CIA dejó de ser el principal órgano de inteligencia de Estados Unidos. Solo tiene en la actualidad un 10% del presupuesto total de 28 billones de dólares que manejaba entonces la comunidad de inteligencia anualmente. Desde 1997 el espionaje electrónico y satelital es efectuado por la invisible Agencia de Seguridad Nacional y la Oficina Nacional de Reconocimiento, a las que se les destinó más del doble de empleados y presupuesto que a la CIA. Existen además, la Agencia de Inteligencia de la Defensa, la Agencia Nacional de Imaginería y Mapas; la Inteligencia Naval de los Cuerpos de Marines, Inteligencia de la Fuerza Aérea, Buró de Inteligencia y Búsqueda del Departamento de Estado, y otras».

[24] Suprema Corte de Justicia de la Nación. Amparo en revisión: 132/2007, pág. 1001.

Entre los jóvenes detenidos durante aquella noche trágica del 2 de octubre, figuraban, ¿quién lo diría?, dos futuros presidentes de la República, Carlos Salinas de Gortari y Ernesto Zedillo, dos ilustres estudiantes, cuyos nombres y aventuras en Tlatelolco ha guardado celosamente la historia.

Gustavo Díaz Ordaz Bolaños fue tío de Roberto Gómez Bolaños, Chespirito, creador de personajes como «El Chapulín» y «El Chavo».

«El humor mexicano nunca deberá de faltar porque entonces lo habremos perdido todo», escuché decir a la Tigresa quien siguió filmando películas y, por supuesto, continuó grabando discos y después hasta escribiendo libros como *A calzón amarrado* y *Sin pelos en la lengua*. Seguiría siendo taquillerísima además de invencible. Vive ciertamente feliz saturada de bellos recuerdos...

Melchor Ocampo

EL GRAN FILÓSOFO DE LA REFORMA

El robo, el saqueo, el asesinato, el cautiverio, la violación, nunca fueron en México armas de ningún partido; estaba reservado su uso a la facción de aventureros y gentes perdidas, que con insulto del buen sentido se llaman soldados de la religión.

FRANCISCO ZARCO

En la guerra en contra de Estados Unidos la excomunión de soldados o civiles por haber atacado a los yanquis invasores, además de las antipatrióticas homilías pronunciadas desde los púlpitos, hicieron más daño que las bombas norteamericanas.

MELCHOR OCAMPO

Para Alberto López de Nava, el ejemplar
empresario-filántropo-amigo y hermano

Corrían los primeros días del mes de octubre de 1860. Agonizaba la guerra de Reforma, un enfrentamiento armado entre hermanos, financiado por la Iglesia católica con las limosnas entregadas por el pueblo de México. Las tropas clericales eran derrotadas en cuanto combate sostenían con el ejército liberal, integrado por soldados y generales improvisados como Santos Degollado y González Ortega. Refugiado en Veracruz casi desde el inicio de la contienda armada, Benito Juárez, presidente de la República, analizaba con Melchor Ocampo, el ilustrísimo ministro de Relaciones Exteriores, la marcha de los acontecimientos en espera de un desenlace que permitiera volver a imponer el orden constitucional. De pronto, sobre en mano, ingresó un mensajero en la habitación en la que ambos dignatarios intercambiaban apasionados puntos de vista. A pesar de tener dos ventanas abiertas al mar que permitían el acceso gratificante de la brisa, el modesto despacho presidencial parecía un auténtico horno en aquellos últimos días del verano. El rostro de Melchor Ocampo se endureció al recibir un mensaje proveniente de su finca Pomoca, nombre que era un anagrama de su apellido, ubicada en el estado de Michoacán. La plática, tan caliente como el ambiente, se detuvo bruscamente cuando Melchor, con quien Juárez tenía contraídas deudas políticas, morales y amistosas impagables, adquirió repentinamente una palidez de muerte. Se produjo un silencio tan espeso como incómodo. Ocampo, quien había permanecido de pie como era su costumbre cuando la discusión subía de tono, se apresuró a sentarse, apoyó ambos codos sobre el escritorio y se cubrió la cara con las palmas de las manos.

—No, por favor, no… —gimió Melchor con la voz ahogada.

—¿Qué ocurre, hermano? —preguntó Juárez levantándose y colocándose a un lado de su querido amigo en tanto le rodeaba la espalda con el brazo.

Por toda respuesta Melchor Ocampo le alcanzó una hoja de papel en la que Josefa, la mayor de sus cuatro hijas, sin duda alguna su consentida, le anunciaba que Ana María, su mujer, agonizaba, por lo que era imperativo que su padre tomara las providencias necesarias para cabalgar hasta Michoacán y tratar de encontrarla todavía con vida. En un giro repentino, como si Ocampo intentara recuperar su fortaleza, se dirigió hacia una de las ventanas para tratar de encontrar explicaciones en la línea azul del horizonte del golfo de México. El grupo liberal mexicano, una ilustrísima generación de políticos y de pensadores que el año pasado había promulgado en aquel heroico puerto las Leyes de Reforma, etapa final de un arduo proceso legislativo que habría de cambiar para siempre el rostro de la patria, podía prescindir transitoriamente, al menos en esos momentos, de uno de sus dos genios inspiradores y eficaces constructores del México del futuro. De golpe, Melchor Ocampo giró sobre sus talones y encaró al presidente Juárez:

—Benito, tú mejor que nadie sabes lo que significó y significa Ana María en mi vida. Disculpa si salgo apresuradamente.

—Ve, Melchor querido, pero no olvides que tu cabeza, la mía, la de Guillermo Prieto, la de Manuel Ruiz, la de Miguel Lerdo de Tejada, tienen un precio muy elevado entre los reaccionarios. El clero católico pagaría una fortuna con tal de decapitarnos y colgar nuestros cráneos en cada esquina de Palacio Nacional, tal y como hicieron en la Alhóndiga con Hidalgo y sus queridos colegas. Acuérdate que son los mismos asesinos de principios de siglo... Disfrázate y llega con bien a Pomoca —agregó Juárez a sabiendas de que Ana María había sido la gran debilidad de Ocampo, su inseparable compañera, amorosa y comprensiva, por la que se había desvivido, además de ser la madre de sus hijas.

En ese momento los dos hombres sin duda alguna más importantes en la historia de México se abrazaron como si fuera la última vez que se vieran.

Melchor Ocampo decidió no viajar en diligencia: contra toda su costumbre, prefirió cabalgar para evitar cualquier emboscada de los ladrones o de los reaccionarios apostados en los caminos, plagados de curas disfrazados de facinerosos o a la inversa. Dos horas después, vestido de aventurero o de pordiosero, inspirando una gran lástima debido a su indumentaria, salía de Veracruz en dirección a Xalapa, donde recibiría la ayuda y la comprensión de varios compañeros leales a la causa. Su único objetivo era apresurar el paso, llegar a tiempo para poder tomar de las manos a Ana María y darle un beso amoroso en la frente, después de recordarle lo importante que ella había sido en su existencia.

Cuando cabalgaba, unas veces al paso y otras a galope tendido, recordó la presencia de Ana María desde los primeros momentos de su vida, cuando él, justo al día siguiente de haber nacido, fue abandonado en la puerta de la casa de doña María Josefa Ocampo, quien, según le habían dicho, lo recogió amorosamente y lo bautizó poniendo agua bendita en su frente al tiempo que hacía la señal de la santa cruz, de modo que el menor llevara el apellido de esa devota mujer. Al paso de los años, algunas almas caritativas revelaron a Melchor el gran secreto que escasamente se pudo probar: él era hijo natural del sacerdote Antonio María Uraga, sí, vástago nada menos que de un cura, el mismísimo líder espiritual de Maravatío y de la señora doña Francisca Xaviera María Tapia, una terrateniente de gran solvencia económica, quien solicitó a Josefa González de Tapia, su cuñada, que fungiera como madrina del menor para cuidar las apariencias, según consta en la propia fe de bautismo. Raras paradojas de la existencia el hecho de que este gran protagonista de la historia mexicana, quien luchó como pocos para lograr la separación de Iglesia y Estado, el mismo que le extrajo violentamente los dientes y le cortó las uñas al clero, fuera precisamente él, el hijo de un sacerdote. Ana María había visto llegar a la hacienda de doña Francisca un humilde canasto en el que transportaban al pequeño Melchor e incluso le había cambiado los pañales en cuanta ocasión le había sido propicia. ¡Claro que le había dado el pecho todo el tiempo que fue necesario, ofreciéndose generosamente como nodriza cuando ella contaba tan solo diecisiete años de edad, pues había dado a luz a una niña que moriría dos meses después! El padre de Melchor se negó invariablemente a reconocer su paternidad ante la sociedad, la Iglesia y la ley, por el desprestigio en que hubiera incurrido como pastor de la Iglesia. No temía el Juicio Final ni la excomunión ni su arribo al infierno ni la supuesta furia de Dios por haber violado sus votos de castidad y cometer un sinnúmero de pecados mortales; el día de la indulgencia plenaria, anterior a la Navidad, quedaría exonerado ante el Señor de todos sus cargos. ¿Los curas, supuestos representantes de Dios en la tierra, eran hipócritas y mentirosos?

En realidad había pasado muy pocos días en casa de María Josefa Ocampo antes de que ella lo pusiera en manos de doña Francisca Xaviera, su verdadera madre y propietaria de una de las haciendas más florecientes y grandes de Michoacán, una mujer conocida por su generosidad con los desamparados, quien además aportaba importantes recursos económicos a la causa de la independencia. Si la identidad de los padres de Melchor se mantuvo siempre entre el misterio y la confusión, por lo menos éste sabía, a ciencia cierta, que había nacido en la ciudad de México el 5 de enero de 1814 y que en la hacienda de Pateo había convivido con otros niños recogidos de la calle, como Ana María Escobar, Josefa Rulfo, Estanislao Hernández y Luz Tapia, todos huérfanos, a quienes la hacendada atendía con el corazón abierto y exhibiéndose como madre universal sin confesar jamás su maternidad respecto a Melchor, por quien sentía una marcada debilidad.

Desde muy pequeño, el niño Melchor empezó a deslumbrar a propios y extraños con su inteligencia, talento y portentosa imaginación, al extremo de que, en alguna ocasión, el maestro que educaba a buena parte de los chiquillos de Maravatío se presentó con doña Francisca para decirle:

—Señora mía, aquí tiene usted a su niño. Yo no le puedo enseñar más, todo lo que sé lo sabe ya… Tiene mucha inteligencia, todo lo aprende y todo lo abarca. Este niño llegará muy lejos.

Mientras en la mañana Melchor era capacitado para llegar a ser el sacristán de Maravatío y escuchaba largos sermones de catecismo para aprender la historia de Jesús, de los apóstoles y las Sagradas Escrituras, en la noche escuchaba, tras las puertas, las discusiones de los insurgentes con doña Francisca, y sin percatarse empezó a aprender los principios liberales, oponibles a lo visto y oído en las aulas del seminario, y más tarde los defendería con las armas en las manos. Melchor Ocampo sonreía recordando aquellos años felices en la hacienda de Pateo en Michoacán, con la protección de doña Francisca Xaviera y la feliz compañía de chamacos abandonados como él. ¡Cuánto cariño desinteresado!

En tanto la noche empezaba a caer y Melchor se resignaba a dormir a cielo abierto, recordó cuando un maestro lo había azotado en la escuela, un hecho indignante que lo hizo protestar airadamente ante su mentor, encarándolo con un precoz sentido del honor:

—Usted no tiene derecho a servirse de mí como de un criado. Me quejaré con mi tutor para que lo multen por haberme golpeado.

El maestro no podía aceptar la madurez de aquel chamaco, quien con tan solo once años de edad se atrevía a reclamar en voz alta y sin timidez alguna cuando sus derechos eran atropellados.

—Otra cosa le advierto, señor —concluyó el niño Ocampo—: si me pierde el respeto a mí, en ese momento tendré todo el derecho a perdérselo a usted, de modo que si me jalonea los cabellos, yo le responderé con una patada. No se le ocurra volver a tocarme.

El maestro boquiabierto y encogido de vergüenza jamás volvió a molestar a ese chiquillo tan singular que se expresaba como un adulto.

Al cumplir trece años de edad ya había pasado por el seminario tridentino de Morelia, donde había aprobado con excelencia latín, mínimos y menores, lógica, metafísica, ética, matemáticas, física y derecho, y también había concluido los estudios de bachillerato en derecho canónico y civil. Su popularidad se catapultaba desde que nadie había logrado vencerlo en un solo debate, ni siquiera Pelagio Antonio de Labastida y Dávalos y Clemente de Jesús Munguía, sus condiscípulos, quienes con el paso del tiempo, se convertirían en dos de los más encumbrados jerarcas de la Iglesia católica en el país, y sus más feroces adversarios en los años anteriores y posteriores a la guerra de Reforma.

Ya en aquellos años se evidenciaba, entre sus compañeros, la marcada propensión de Melchor hacia la independencia y la absoluta libertad de pensamiento, un tema inadmisible en los ambientes reaccionarios que negaban y castigaban a quien hacía uso de la razón, se apartaba de los dogmas y no temía al clero cuando éste rechazaba conceder la absolución o la indulgencia plenaria.

Con la cabeza gacha, cabalgando al paso, trajo a la memoria el momento en que terminó sus estudios en el seminario y de regreso en Pateo se encontró con que doña Francisca Xaviera, su «madre postiza», agonizaba víctima de diversas dolencias. ¡Cuál no sería su sorpresa que a la muerte de ella, el 29 de marzo de 1831, cuando él escasamente había cumplido diecisiete años de edad, se le notificó su calidad de heredero de la hacienda de Pateo! A esa mujer que nunca dejó de llorar y por la que experimentó por primera vez un doloroso vacío imposible de llenar, le debía cuanto era y tenía. Por muchos años sintió el contacto de su mano cálida en la espalda, además de las caricias en sus mejillas y su cabello. El golpe fue verdaderamente terrible al extremo de producir un cambio absoluto en la vida de Melchor, quien se enclaustró a piedra y lodo en la biblioteca de Pateo durante los siguientes meses de su segunda orfandad. Por supuesto que no le había sido sencillo aceptar ser un huérfano, ni tampoco caer de nueva cuenta en esa condición. El joven heredero buscó refugio en los libros y se adentró en el estudio de la botánica y las lenguas, que le permitió escapar transitoriamente de su dolor. Concediéndole más importancia a continuar sus estudios de abogado en la Universidad Pontificia de la ciudad de México, decidió encargar su hacienda en administración a don Juan Antonio Tapia, hermano de la difunta Francisca Xaviera, su tío solo de cariño. Lo más importante para Melchor era el conocimiento, la herramienta mágica que descubrió desde edad muy temprana, con la que podría conquistar todos los horizontes, arrojar luz en el mundo tenebroso de la ignorancia e iluminar el mejor camino para llegar lo más rápido posible a las metas que justificarían su paso por la vida.

Mientras se adentraba lentamente en la densa selva veracruzana, tras cabalgar por espacio de tres horas, decidió dejar descansar a la bestia. Después de apearse, jaló al animal de las bridas y caminando al paso sintió como lo asaltaban múltiples recuerdos de su remota infancia. Desde luego que nunca estuvo de acuerdo con los sermones dominicales en los que se amenazaba con la excomunión a quien leyera escritos en cualquier idioma que fueran heréticos, blasfemos, escandalosos, subversivos, injuriosos a la religión. ¿Cómo era posible que fueran condenados a pasar la eternidad en el infierno quienes se atrevieran a leer la *Historia crítica de la vida de Jesucristo* o el *Emilio* de Juan Jacobo Rousseau, así como las novelas de Voltaire? Por supuesto que se sorprendía por la intransigencia absurda de los sacerdotes que trataban de impedir la evolución intelectual, el arribo de la luz al mundo y más aún, no solo se negaban a aceptar la validez de la Constitución de 1824 sino que todavía invitaban a sus rebaños a la sedición y a la rebeldía. Pronto abandonaría su carrera de leyes porque según él, «no se necesitaba mucha jurisprudencia, sino influencia y mañas para resolver los asuntos judiciales». El clero tenía que regresar a las sacristías y dedicarse a la divulgación del evangelio en lugar de intervenir en política apartándose de su sagrada misión celestial.

¿Cómo volvió a descubrir a Ana María? Una vez decidido a descansar a la vera del camino, después de liberar al caballo de la montura y llevarlo a abrevar en un canal cercano, se recostó, apoyó la cabeza sobre una de las alforjas y se cubrió escasamente con una frazada. Las temperaturas de la selva veracruzana eran de tal manera elevadas que permitían dormir en descampado sin resentir el frío del amanecer. Acostado, apoyando la quijada en la mano derecha, recordó cómo cuando tenía veinte años de edad, en 1834, recién derrocado Valentín Gómez Farías por Santa Anna debido a los intentos de aquél de limitar los poderes y la riqueza de la Iglesia católica, Melchor empezó a fijarse de más y a frecuentar regularmente a Ana María, su nana, en la hacienda de Pateo. No alcanzaba a discernir la atracción que sentía por aquella mujer humilde.

Ocampo había forjado ya la memorable efigie que lo caracterizaría: su cara alargada en consonancia con su semblante delgado y su aspecto de caminante feroz; sus cejas tupidas y negras, perfectamente delineadas, como sus profundos ojos negros, su nariz chata, su boca grande y carnosa, y su estatura media. En su calidad de patrón se cruzaba de tiempo en tiempo con ella: o bien la encontraba cargando sobre el hombro pesadas canastas de manzanas o de aguacates, o llevando en su mandil elotes, chayotes o calabazas o acarreando agua en guajes sin que jamás la escuchara proferir un solo lamento. La buscaba con insistencia porque su voz, una de las primeras que escuchó durante la lactancia, le despertaba un sentimiento de seguridad y protección inexplicable. Necesitaba su compañía, la disfrutaba, la requería. En uno de tantos viajes al río, al pozo o al granero de aquella abnegada sirvienta que a la sazón contaba con treinta y siete años de edad, él aprovechó un momento en que descansaba a la sombra de un enorme laurel de la India para volver a hablar con ella. ¿Por qué el roce accidental de sus manos con las de la nana le producía una sensación desconocida y particularmente sensual y placentera, sin que pudiera relacionarla con su infancia o con cualquier otro momento de su niñez?

Días después, en el mismo lugar, alejados de la vista de los curiosos, sentado a su lado Melchor al fin se atrevió a acariciar su brazo, sus dedos y a arreglar su cabello, retirándole una breve cofia que llevaba para cumplir con la tradición y exhibir, ante propios y extraños, su calidad social de sirvienta. En su lugar colocó varias margaritas silvestres a modo de corona nupcial. Melchor no la contemplaba como parte de la servidumbre, evidentemente que no. El atractivo enigmático que experimentaba por ella, el curioso hechizo que le hacía vivir lo trastornaba. Tocó entonces con la yema de su índice derecho la mejilla de aquella mujer toda generosidad y amor; Ana María se ruborizó e intentó huir del lugar y de un momento tan difícil para ella. ¿Qué hacer? ¿Corresponderle y confesar sus sentimientos ocultos? Después de todo se trataba, quisiéralo o no, del mismísimo patrón, por más que lo hubiera amamantado en múltiples ocasiones y tenido en sus brazos otras tantas veces y en diversas condiciones. Melchor no pudo contenerse. Tomó con delicadeza una de sus manos y besó su palma tratando de esconder, como mejor podía, su timidez. Acto seguido se incorporó de rodillas para besarla, a lo que ella opuso una leve resistencia, hasta ceder a sus pretensiones. Ambos se besaban tímida, fugazmente, se dejaban llevar por la fuerza del instinto hasta que él en un suave movimiento la invitó a recostarse, a lo cual accedió, entregada y obsecuente, y embriagándose con sus alientos, con su desacompasada respiración de fuego, el joven hacendado trató de montarla. En ese momento, como si hubiera recibido el impacto de un rayo, Ana María salió corriendo en dirección a la cocina de la hacienda sin voltear ni responder a los llamados del joven patrón.

Fueron inútiles sus gritos, la nana se perdió de vista en su fuga hacia el casco de la finca. Al otro día la esperó y la volvió a esperar, pero Ana María no apareció ni lo hizo al día siguiente, ni al otro ni al otro. ¿Ordenarle que se presentara, en ejercicio de su autoridad? Antes muerto. La culpa lo devoraba. Se había excedido, ella no era mujer para él, ni él hombre para ella, por lo demás se había precipitado sin lograr entender ni controlar su impulso. Imposible ocultar las diferencias sociales y sobre todo culturales; solo que el amor no respetaba clases, fortunas ni educación. Si los arrebatos se daban, era precisamente porque los arrebatos eran furiosos, repentinos, incontenibles e imprevisibles. Llegada la hora de la cena, Melchor le pidió a Ana María que después de servir la mesa lo acompañara para arreglar algunos asuntos. Ella se presentó más tarde, tímida, acomplejada, recogiendo entre las manos el delantal empapado por el sudor. No levantaba la cabeza, tenía la mirada clavada en el piso como si esperara un terrible regaño del patrón. Asegurándose de que no quedaba nadie en el comedor y que el resto del personal de servicio había abandonado la cocina, Melchor se dirigió a ella. La cuestionó de pie, le habló, le expuso razones, echó mano de los recuerdos, pero Ana María se limitó a guardar silencio y a contestar escasamente las preguntas. Fue entonces cuando el joven hacendado acarició su frente, su pelo, sus párpados, hasta tener entre las manos sus mejillas para contemplar muy de cerca su rostro y poder verla a los ojos, a lo que ella se negó cerrándolos. Fue el momento en que Melchor la besó una y otra vez, en cada intento con más pasión, con más gusto, con más fuego, con más entrega, hasta que ella, receptora del hechizo, lo devolvió: lo abrazó, se colgó de su cuello, se apretó contra su cuerpo, se ciñeron, se rodearon, se estrecharon, se enlazaron, se envolvieron, se estrujaron, se oprimieron y se transmitieron abiertamente el fuego guardado, escondido, como si hubieran estado esperando ese momento durante mucho tiempo y ninguno de los dos se atreviera a dar el paso al frente. Ahora lo habían hecho. Para acabar con los curiosos, Melchor se apartó de Ana María para apagar todos los candelabros, las velas y los cirios. De pronto quedaron en la más absoluta oscuridad.

Melchor sonreía cubierto por la escasa cobija que llevaba, esperando que ningún bicho ponzoñoso se acercara a picarlo o a morderlo en aquella noche veracruzana. ¡Ah, cómo esperaba encontrarla todavía con vida!

Ambos gozaban el feliz momento de la entrega, la hora de la verdad, de las confesiones silenciosas, del lenguaje de las manos, los labios y las lenguas. ¿Para qué esconder ya nada ni reprimir los impulsos? En muchas ocasiones Melchor había deseado acariciar los senos de su nana y, sin embargo, se había abstenido pensando que se trataba de un pensamiento reprobable, un abuso de autoridad por tratarse precisamente de una empleada, de la servidumbre. ¿Pero por qué una atracción tan incontrolable, una auténtica obsesión por aquella mujer como jamás había experimentado con anterioridad? Sí, lo que fuera, pero en ese momento no tenía tiempo para reflexiones. Melchor, sin poder contenerse, finalmente se atrevió a abrir la blusa de Ana María. Deseaba verla, palparla y beberla para apagar una sed histórica que se remontaba quién sabe cuántos siglos atrás, a saber... Después de retirar el corpiño, en tanto ella mantenía los ojos crispados como si en cualquier momento fuera a escuchar un estallido, Melchor se encontró con unos pechos perfectamente acabados, colmados, saturados, rebosantes, henchidos, repletos, erectos, sinceros, poderosos, una belleza singular ante la cual tuvo que arrodillarse no solo para besarlos, sino para contemplarlos y beberlos hasta saciarse, como corresponde a un hombre adorador de la belleza femenina. Cuando los tuvo en sus manos y extravió su rostro en ellos, Ana María, mi nana, alcanzó a decir:

—Nene, nene, ¿qué me haces, nene?

—Te homenajeo, nana de mi vida, nana de mi corazón, te disfruto, te gozo. Algo habré hecho bien en mi vida que me premia con lo que más he deseado —alegaba en tanto recorría, goloso, la exquisita geografía de la mujer amada.

—Nene, nene, ya, nene, nene, ya —repetía Ana María a sus treinta y siete años de edad, la antesala del esplendor de una mujer.

Con la debida delicadeza, propia de un primer encuentro, se recostaron sobre un tapete a un lado de las sillas del comedor donde tantas veces había cenado con doña Francisca, aquella generosa mujer que lo rescatara de la orfandad. En ese momento, cuando Melchor decidió montarla Ana María ya no opuso la menor resistencia sino que apretó fuertemente a su niño, ahora su hombre, entre sus brazos y piernas, enervándose con las esencias de su saliva, dejándolo hacer a su gusto y antojo. Ya era suya. «Di, haz, ordena, lo que tengas que hacer, amor de mi vida, mi amo, mi Dios, mi nene...»

Levantándole el mandil y las faldas, desprendiéndola delicadamente de los refajos y sin dejar de escuchar el milagroso llamado nocturno de los grillos al amor, hicieron feliz contacto con sus sexos, Ocampo se hundía lentamente en las carnes de su nana, quien lo recibía entre gemidos de placer y de temor por haberse decidido a incursionar en lo prohibido. ¿Pero qué más daba lo prohibido cuando sentía en su interior a Melchor, quien arremetía una y otra vez, cada ocasión con más empeño, como quien desea derribar a golpes desesperados las puertas del paraíso? Cuando Ana María sintió una inmensa sensación de júbilo, una alegría incontenible, el griterío incontrolado de muchas voces, el sonido que produce la estampida de mil caballos, el estallido simultáneo de mil cohetes de feria, se apretó del cuello de Melchor, se afianzó, se sujetó con firmeza como si ambos fueran a dar un gigantesco salto rumbo al infinito. Él la acompañó con un gemido, con un grito jamás escuchado, se encogía, se resistía a seguir la inercia que lo conducía a una cascada interminable, infinita, en la que no quería caer y luchaba a contracorriente para no precipitarse en el abismo, en un vacío en el que se hundiría irremediablemente se resistiera o no, luchara o no. Pronto cayó exangüe sobre el piso, rodó sofocado al lado de Ana María viendo el candil del comedor, testigo único y mudo de aquel momento inolvidable. Recuperaban la respiración, se secaban el sudor, paseaban sus lenguas sobre sus labios agrietados y resecos por una sed mortal, se abrazaban, reían... «Nena, nene», se dijeron el uno a la otra. Se volvieron a besar después de jurar que no se arrepentirían, pasara lo que pasara. Se consolaron, se explicaron, se contaron, se reforzaron, se obsequiaron seguridad recíproca, se comprendieron, se ayudaron y se comprometieron por toda la eternidad.

Al día siguiente repitieron el encuentro en el granero, recostados sobre la paja; en otra ocasión en la sala, en la biblioteca, en uno de los baños, al pie de unos árboles de aguacate, a un lado del río que cruzaba la hacienda de Pateo; en la casa, por supuesto que en la habitación principal, la que antes ocupara Francisca Xaviera, y en la de los invitados; en el depósito, a un lado de la cocina, donde manufacturaban las tortillas y las gorditas; en la alacena, en las caballerizas, a un lado del pozo; en la capilla, de cara al Señor y a las mil vírgenes que todo lo sabían; en el invernadero de Melchor, donde cultivaba sus orquídeas únicas; en la noria, en el cuarto de Ana María, cuando todos los campesinos se habían retirado para cumplir con las arduas tareas del campo; en el estanque, sin importar el agua fría proveniente de las montañas; en los caminos rumbo a Maravatío, la gran travesura; en la bodega, donde los caballerangos guardaban sus monturas; en el trapiche, recostados sobre los barriles de aceite; sobre el mostrador del almacén, donde se despachaban los alimentos para los peones; en el hórreo, en la panera, en la troje llena de aceitunas, en cualquier lado, lo importante era estar juntos, tenerse, adorarse, sentirse, tocarse, penetrarse, hasta que Ana María quedó embarazada. El hecho no podía escapar a la atención de la joven pareja. Ocampo enfrentó la decisión como hombre y como caballero: claro que ella recibió todas las garantías y seguridades en esta vida y las que siguieren en el sentido de que a su hijo jamás le faltaría nada. Como en Maravatío todos veían en Ana María Escobar a la segunda madre del joven Melchor, ambos decidieron escapar de las lenguas viperinas, por lo que acordaron el discreto traslado de ella a Morelia acompañada de Josefa Rulfo, otra de las huérfanas, para esperar el nacimiento de su primogénito, el fruto de su amor.

En sus interminables arrebatos con Ana María, el joven Melchor no cayó en cuenta en ese momento de las diferencias sociales, culturales y económicas entre ellos ni en las consecuencias y la confusión que volvería a vivir, porque él mismo había sido un huérfano abandonado a su suerte, registrado como hijo de padres desconocidos. No podía permitir que la historia se repitiera ni invitarla a abandonar a su descendiente en la banca de una iglesia, no, imposible, pero por otro lado ninguno de los dos deseaba reconocer ante la ley y la sociedad la identidad del menor. ¿Adónde estaban su padre o su madre, un hermano, un tío o un familiar cercano, para poderles pedir consejo? Estaba absolutamente solo. ¿Qué hacer? A tempranos veinte años de edad se encontraba por primera vez sepultado y maniatado en un conflicto que ignoraba cómo resolver.

Una de las ventajas, si se podía llamar así, consistía en el hecho de que Ana María también deseaba ocultar la verdad a propios y extraños. Por diferentes motivos cada uno sentía vergüenza y se negaban a confesar las consecuencias de la debilidad de la carne. Ella tampoco se postraría frente a un altar para recibir el sacramento del matrimonio al lado de Melchor; la pena la devoraría. ¿Casarse? ¡No!, ninguno de los dos aceptaba semejante alternativa. ¡Que naciera el vástago! Sí, que naciera. ¿Que lo amarían? ¡Sí, lo amarían hasta el último día de su existencia! No cabía la menor duda. Ni hablar, serían padres abnegados, dedicados, gozosos, risueños, ilustradores, pero no se casarían, eso sí que no. Melchor hubiera accedido si ella se lo solicitara, pero por lo pronto la mejor opción era dar a luz en Morelia y esconderse de la sociedad. Al igual que él, su crío, tuviera el sexo que fuera, sería registrado como «de padres desconocidos». Ana María escuchaba despierta o dormida las condenas de su confesor por haber procreado otro hijo sin la bendición celestial, en realidad el segundo porque anteriormente quedó preñada por un recolector de aguacate de la región, de quien jamás se volvió a saber nada. No podía escapar a los sentimientos de persecución ni extraerse fácilmente la cruz de fuego que llevaba remachada en el cogote. «Los mexicanos», apuntó Melchor en su cuaderno, «estamos llenos de miedos y temores, como si los inquisidores todavía existieran». Si su hijo no recibiría el apellido Ocampo, en cambio sería receptor de amor, ternura, seguridades y compañía que lo harían feliz hasta el último de sus días. ¿Qué hacer con los convencionalismos sociales y religiosos…? Sin embargo, el nacimiento de su hija Josefa cambiaría para siempre su vida. La niña lo conmovió desde el primer día en que abrió los ojos.

Ocampo se acomodó boca arriba, recargándose en la alforja, y colocando ambas manos en la nuca, se dedicó por unos momentos a contemplar la bóveda celeste identificando constelaciones: la Osa Mayor, la Osa Menor, Orión, Unicornio, Sagitario y Capricornio, su propio signo zodiacal, entre otras tantas más que podía ubicar como un experto desde ese diminuto lugar en el corazón de Veracruz. Según avanzaba la noche, el frío húmedo calaba cada vez más sin que preocupara a este singular científico, filósofo, botánico, hombre de letras y fervoroso amante de la historia. Revisando el infinito recordó de forma inevitable los términos de la conversación que sostenía con Juárez en el momento preciso en que los interrumpió el odioso mensajero, de seguro enviado por Satanás. Ambos analizaban, paso a paso, el papel desempeñado por la Iglesia católica, ni decir desde el inicio de la conquista espiritual de México en 1521, una gigantesca catástrofe, sino a partir de la llegada de Iturbide al poder en 1821, porque en ese momento se contabilizaba noventa y ocho por ciento de analfabetos y por ende muertos de hambre, ya que el clero había sido el responsable, entre otros desastres, de la educación del pueblo durante los trescientos años de colonia. ¡Claro que recordaron cómo la Iglesia había aceptado la inmigración de extranjeros a Tejas —con jota—, Nuevo México y California siempre y cuando fueran católicos, por lo que millones de kilómetros cuadrados, gigantescas y ricas extensiones permanecieron despobladas e indefensas ante un Estados Unidos goloso y expansionista que deseaba engullirlos sin siquiera una sola masticada! Por esa y otras razones se había decretado la separación Iglesia-Estado, ningún ejemplo mejor que ése. Al césar lo del césar y a Dios lo que es de Dios.

¿Y después de la consumación de la independencia de España? Repasaron el derrocamiento del gobierno de Gómez Farías auspiciado por la curia eclesiástica, furiosa opositora de las leyes liberales dictadas por aquél. ¿Quién se atrevía a negar que el clero había sido un terrible agente desestabilizador de la República en el siglo XIX con sus ejércitos privados, sus policías secretas, sus salas de tortura, sus cárceles clandestinas y su sistema de espionaje a través de la confesión de los fieles? ¿No bastaba saber que había derogado la Constitución de 1824 echando mano de sus fuerzas armadas para imponer las Siete Leyes y convertir a México en una república centralista, con tal de cumplir su viejo deseo de gobernar al país a través de un tirano incondicional que clausurara congresos y privara a personas y entidades de voz y voto? Ahí estaba el cabildo metropolitano de México que elevó a Santa Anna a la calidad de dictador en 1834 y se había atrevido a comparar su arribo a la ciudad de México con la venida del Mesías a Belén en el primer día de la era cristiana. ¿Más?

—Una expresión de despotismo insoportable —había sostenido Juárez en voz baja sin mostrar la menor emoción, como correspondía a un impasible ídolo zapoteca.

Ocampo agregó que al romper el pacto federal y crear un supremo poder conservador, se había vuelto a México un país de un solo hombre: sin posibilidades democráticas, sin consulta ciudadana y con un dictador al frente del gobierno, pretexto que habían aprovechado los texanos, norteamericanos camuflados, para no pagar impuestos y declarar su independencia de México en 1836. ¿Y la solicitud de autonomía de Yucatán no era un caso similar que explicaba la desintegración del país por culpa de las intromisiones de la Iglesia en el mundo de la política?

Juárez y Ocampo se felicitaban por pertenecer y encabezar a una generación de ilustres mexicanos que habían concluido con el papel de la Iglesia como jefe y director de la política nacional y como monopolizadora de la riqueza y de la educación del país. Las diversas estancias de Santa Anna en el poder solo se explicaban por la intención de proteger con la fuerza las inmensas propiedades y privilegios del clero. ¿La alta jerarquía católica no era titular del cincuenta y dos por ciento de la propiedad inmobiliaria del país? ¿No era la única institución que contaba con establecimientos industriales, financieros e hipotecarios, fincas rústicas y citadinas de las que obtenía enormes ingresos por arrendamiento, además de conventos y monasterios, templos, capellanías, cofradías y hermandades dueñas de excelentes propiedades, sin olvidar las escuelas, donde se iniciaba el ciclo económico de la Iglesia, que comenzaba con la primera comunión y concluía con la extremaunción, además de ser dueña de múltiples empresas cuyos dueños habían sido despojados de sus bienes al caer en la insolvencia y no poder pagar los intereses leoninos sobre préstamos fijados por los juzgados de capellanías y obras pías, en realidad bancos clericales disfrazados que practicaban la usura a pesar de haber sido condenada por la teología católica desde los primeros tiempos de la cristiandad?

—¿No sentenció san Lucas, el evangelista: «Dad prestado sin esperar nada de ello»? —interrumpió Ocampo para dejar en claro la inconsistencia ética de los sacerdotes.

Si en algo coincidían ambos personajes era en que el clero se había constituido en el principal capitalista de la República, en la institución de crédito más grande y rica del país. La agricultura, la escasa industria y el comercio dependían de la capacidad económica eclesial. Si las altas clases adineradas, la aristocracia y la burguesía habían estado invariablemente de su lado, aun cuando defendieran las causas más insostenibles, era porque nadie se iba a exponer a perder todo su patrimonio por los caprichos de un arzobispo, ante quien no cabía refutación alguna. Por esa razón Lucas Alamán sostenía que el patrimonio de la Iglesia rebasaba los trescientos millones de pesos, y se negó a prestar tan solo quince para estructurar la defensa nacional cuando la invasión yanqui en 1846...

A Melchor Ocampo le resultaba verdaderamente inadmisible que la curia hubiera podido cobrar el diezmo a través de los siglos, es decir el diez por ciento de los ingresos brutos de las corporaciones o de las personas y empresas sin deducción alguna. ¿Adónde iba a dar semejante cantidad de dinero, más aún si no se perdía de vista su extraordinaria capacidad recaudatoria, pues excomulgaba a quien defraudaba el patrimonio sagrado del Señor? Así, y solo así se explicaba que la Iglesia católica en 1836 hubiera tenido un presupuesto seis veces mayor al del propio gobierno de la República. En resumen, se trataba de un Estado dentro de otro Estado, sin ignorar que el eclesiástico dependía de las indicaciones del máximo jerarca católico, quien además de lucrar con los ingresos provenientes de México todavía lo incendiaba con sus bulas y pastorales terroristas; una traición tras otra. ¿A quién eran leales los sacerdotes, los obispos, los arzobispos o los curas más humildes? ¿Al gobierno mexicano o al vicario de Roma? La respuesta era muy clara: no había lealtad hacia la patria.

—Nunca se había visto un crimen social ejecutado por una institución dedicada supuestamente a la piedad y a la caridad y, sin embargo, no le importa quitarle al pobre el pan de la boca, dejarlo sin parcela para trabajar y todavía sangrarlo con limosnas y donativos en las fiestas religiosas en las que a diario inventan más santos con nuevos milagros, razón de más por las que las cancelé, Melchor, e impusimos un calendario oficial con los días feriados —agregó Juárez para tratar de justificar aún más la validez de la Constitución de 1857.

Sí, sí, todo ello, pero las Leyes de Reforma, oxígeno, aire puro, energía vital, esperanza y justicia, ya habían sido promulgadas el año pasado y solo faltaban tal vez tres o cuatro meses, pensaba en ese octubre de 1860, para imponerlas por la fuerza, tan pronto los ejércitos liberales aplastaran a la hueste clerical. Entonces y solo entonces, al acabar la guerra, Melchor Ocampo continuaría sus estudios sobre botánica y cactografía y actualizaría sus *Apuntamientos sobre la villa de Maravatío, sus pueblos y haciendas circundantes.* Mandaría encuadernar en cuero rojo con iniciales doradas *El retrato de los Papas*, de Llorente, las obras de Linneo, en latín y en español, profundizaría en la *Filosofía vegetal* de Gerardin, en los trabajos de Candolle, así como en los viajes de Humboldt y Bonpland. En fin, investigar era para él la mejor aventura de la existencia. Regresaría al sur de Veracruz para estudiar plantas y hierbas medicinales. Dedicaría más tiempo a recorrer el curso del río Lerma, una arteria poderosa del país cuyas aguas caudalosas enriquecían y fertilizaban diversos estados hasta llegar a su desembocadura en la laguna de Chapala. Al terminar el conflicto armado levantaría un cuantioso inventario de la flora y la fauna a lo largo de su accidentado trayecto. ¡Claro que lo haría!

Ante la imposibilidad de conciliar el sueño, se puso de pie para admirar la luna llena, plena, enorme. Según avanzaba la noche, cambiaba de color y de ubicación hasta desaparecer con los primeros rayos del sol de la madrugada. Admiraba los tonos de amarillo encendido como el oro puro, luego un color anaranjado hasta adquirir una palidez tremenda con la que despediría a la noche. ¡Cómo lo maravillaba la naturaleza! ¡Cuánta sed tenía de saber y de exprimirle a la vida todos sus secretos! Su insaciable curiosidad, la necesidad de descubrir y de vivir, lo había llevado a tomar una determinación que cambiaría para siempre su existencia, recordó cuando miraba un amplio sembradío de papayos que se perdía en lontananza: a los veintiséis años se había embarcado rumbo a París, Francia, para poder ver con sus ojos y escuchar con sus oídos todo aquello que los libros le habían dicho, despertado y señalado cuando Josefa tenía apenas unos meses de vida. Ana María siempre lo comprendería: a pesar de las deudas contraídas en el rancho y la situación económica de la hacienda, se la encargó a don Ignacio Alas, exinsurgente a quien quería como su padre, para que la administrara en su ausencia. En Europa se llenaría de historia, de filosofía, de política, de derechos universales del hombre, de ideas democráticas de vanguardia, de pintura, de botánica, así como de razones y explicaciones que por sí solas justificaban la existencia. Melchor Ocampo era una inteligencia en llamas: manejaba fluidamente el latín aprendido en el seminario, el francés adquirido durante el estudio del derecho, se hacía entender en inglés, portugués e italiano, cuyas gramáticas había llegado a dominar.

Muy poco tiempo después de su llegada a París, le resultó imposible dejar de comparar las abismales diferencias filosóficas, económicas y culturales que existían entre Francia y México, donde al regresar aplicaría todo lo descubierto, investigado y conocido. Desde entonces soñó con la separación de la Iglesia y el Estado, con la educación pública laica y gratuita sin contaminación ni corrupción religiosa, el abatimiento de la miseria social, la erradicación del analfabetismo para que sus compatriotas leyeran, se formaran y abrevaran en otras corrientes de pensamiento y se abrieran miles de horizontes para la superación nacional. ¿Cómo era posible que durante siglos la Iglesia hubiera quemado vivas en la hoguera o torturado hasta la muerte a las personas que deseaban instruirse y crecer intelectualmente? Crearía tribunales para impartir justicia y rescatar la confianza de sus paisanos en su tierra, en sus instituciones y en su futuro. ¿A dónde se iba en un país sin un verdugo que impusiera la ley y el orden indiscriminadamente? ¿A dónde se iba sin confianza, el pegamento indispensable para la construcción de una comunidad evolucionada? Francia lo enriquecía por todos lados y en todo momento. Resultaba inevitable transportar aquellos conocimientos adquiridos y aplicarlos para empezar la fabulosa expansión cultural, social y económica de México, tal y como ya se había dado en el deslumbrante imperio azteca antes, mucho antes de la invasión armada española en el siglo XVI.

Las cartas enviadas a su nana, a Ana María, en alguna ocasión serían recogidas por la historia. Ahí le contaba de sus visitas a museos y galerías de arte, bibliotecas, librerías, calles, plazas, palacios, jardines y restaurantes, además de cafés, bares, conciertos, teatros y espectáculos. Francia no sería más que una etapa en el largo viaje que pensaba emprender. Más tarde visitaría, de ser posible, el imperio ruso y hasta llegaría al Lejano Oriente, en cuyo corazón se encontraba la legendaria China, país que lo fascinaba de manera especial. Pensaba recorrer esas ignotas tierras y seguir la ruta del Galeón de Manila, regresando a México a través de Acapulco; soñar siempre se valía.

En Europa pasó dos años espléndidos, llenos de paz y de tranquilidad. Si bien conoció a muchas mujeres, no dejaba de extrañar la piel, los aromas, los alientos, las caricias de Ana María, la única que había logrado despertarle los auténticos placeres de la carne. Bien sabía ella que tenía totalmente controlado al patrón y que Melchor volvería, ¡ah, que si volvería...! En 1842 se dio la feliz fecha del reencuentro, que festejaron recorriendo la hacienda de Pateo, nadando en las pozas o en los ríos entre beso y beso, arrumaco y arrumaco, intercambios de caricias, suspiros y anhelos a pesar de aquello de «no, nene, aquí no, no más, espérame...». El tiempo no había pasado, es más, jamás pasaría al lado de su amada nana. ¿Cuántos planes y proyectos podría abrazar al imponerse la paz? Disfrutaría como nunca a su familia. Jamás olvidaría cuando estudiaba la obra de Voltaire y la pequeña Josefa entró a la biblioteca llevando una bandejita con chocolate caliente y una rebanada de pan de elote que Ana María había preparado para obsequiar a su señor. Momentos después, cuando la niña ya se había dormido y su mujer entró de modo apenas perceptible para recoger la charola con los trastes sucios, el joven hacendado, quien estaba a punto de cumplir treinta años, la abrazó, la retuvo, le sonrió sin soltarle la mano y la jaló para sentarla encima de sus piernas. Ana María sacaba lo mejor de él como hombre. El poder de la carne volvió a hacerse presente. La insinuación era bien clara. ¿Por qué esperar a estar en el lecho para entregarse a las fantasías amorosas? El impulso carnal no debería diferirse, porque se congelaban el júbilo y la ilusión. Se trataba de besar a Ana María y tenerla y poseerla cuando la ocasión fuera propicia, por más que ella protestara:

—No, nene, mi nene, nenito, aquí no, mi vida…

—Aquí sí y ahorita salvo que quieras que la odiosa rutina acabe con nosotros, nana, nanita… No importa que no hayas rezado el rosario, ya tendrás tiempo después.

Melchor dejó la pluma de ganso entre las páginas del libro de Voltaire y ahí mismo, con las ventanas abiertas en tanto entraba la suave brisa campestre de Pateo, se volvieron a entregar a las delicias del amor. ¿Que jamás se casarían? No era el momento para esas reflexiones. Se atropellaron entonces, se fundieron, se tocaron, rodaron por el piso, sin importar ya si alguien pudiera o no sorprenderlos y volvieron a devorarse, a poseerse, a deleitarse, a gozarse, a entregarse como si apenas hubieran transcurrido un par de días desde su primer encuentro al pie del famoso laurel de la India.

—Aprovechemos —comentó Melchor al oído de su mujer— la magia de la atracción entre nosotros porque no sabemos cuándo va extinguirse la flama. La poderosa fuerza que nos une no depende de la voluntad ni de la razón. Un buen día se apaga y no podrás hacer ya nada para volverla a prender, de modo que, nanita mía, ven a mis brazos y suéltate, prenda de mi vida.

Dejaron ahí su tarjeta de visita, al igual que al amanecer en un manantial cercano y dos días después en una de las bancas del atrio de la iglesia de Maravatío, cuando la noche caía y los habitantes se encontraban descansando el sueño de los justos. De uno y otro arrebato carnal dominado por el fuego no pudo sino resultar el nacimiento de la pequeña Petra, una segunda hija, en aquel 1844. Se iba creando una familia: dos niñas producto feliz de un amor genuino, intenso, en el que si bien se daba cabida a los convencionalismos sociales, religiosos y jurídicos, nada detenía su impulso ni su deseo de procrear. Por un tiempo trataron también de esconderla y de mentir, sin embargo, de la misma manera que la humedad se filtra por las paredes, poco a poco, con el tiempo se habló de que tanto Josefa como Petra eran hijas de Melchor y de Ana María, la sirvienta, la nana, la amante, la mujer, la confidente del patrón que todos adoraban.

Petra nació en uno de los momentos de máxima plenitud de Ocampo. La niña tampoco sería reconocida, si bien también sería profundamente amada por sus padres. Ya sabrían qué inventar o qué decir para justificar el arribo de la nueva menor, igual a Melchor en las facciones, con lo cual sería ciertamente muy difícil ocultar su origen paterno.

Durante el embarazo de Ana María, Ocampo escribió una memoria sobre las cactáceas, otra sobre la variedad del encino, un ensayo sobre las frutas aplicadas a la higiene y a la terapéutica, así como sus investigaciones en torno al lobo rabioso y los remedios para atacar la enfermedad consecuente. Además de trabajar intensamente en Pateo al emplear diversos métodos y técnicas de cultivo novedosos, Melchor desarrolló un sistema de servicio social. «Su altruismo, espontáneo y fecundo, su generosidad y desprendimiento no eran en él una postura fácil para ganar el aplauso ni la gloria pasajera o eterna; concebía esa actitud como función natural de los seres humanos, la que no cumplían por egoísmo o por malformación moral». Melchor tenía permanentemente la mano abierta, por lo tanto se quejaba de los préstamos que los hacendados hacían a los peones, mismos que éstos no pagarían jamás con su trabajo, por lo cual se constituía una vergonzosa y eterna esclavitud que jamás permitía a los hombres del campo escapar de su terrible condición.

Si el peón no tenía dinero, alegaba Ocampo, ¿con qué comprar carne? Entonces la ganadería se resentiría... ¿Y si el peón carecía de recursos para adquirir ropa? Entonces la industria textil se dañaría... Si el hacendado ganaba menos, disminuiría su poder adquisitivo, comprimiendo la economía. La renta nacional sufriría estragos, el erario enflaquecería, el fisco se enfermaría, el Estado detendría la construcción de caminos, escuelas, hospitales y obras en general por falta de recursos. A nadie le podía convenir tener un campesinado pobre, simplemente porque no consumiría, y si no consumía no fomentaba el crecimiento de la industria y del comercio ni la capacidad de gasto del Estado. Solo a la Iglesia le interesaban los analfabetos paupérrimos, a quienes podía asustar con el infierno salvo que le pagaran unas escasas monedas extraídas de un mugroso paliacate escondido bajo la axila. Si el gobierno no recaudaba fondos entonces se entraba en un círculo infernal porque no habría dinero para la educación pública ni para la salubridad ni para contar con un ejército bien adiestrado en caso de guerra. La base de la prosperidad consistía en contar con campesinos solventes y educados. Todo lo demás caería por añadidura. Se daba tiempo también para escribir el sainete «Don Primoroso», un tema casi inimaginable en la época porque se refería, ni más ni menos, a la homosexualidad. Melchor Ocampo era un curioso profesional, de todo quería saber y de todo sabía.

A pesar de haber tenido que vender partes de la hacienda de Pateo para solventar deudas adquiridas, de cualquier manera se quedó con la suficiente superficie del terreno para disfrutar la vida rural que tanto le atraía. Un buen día resolvió que su propiedad tenía que cambiar de nombre, por lo cual le puso Pomoca, anagrama de Ocampo, donde estableció su residencia y puso en práctica sus conocimientos, enriqueciendo el lugar con un parque de piñones, olivos, cedros y el arbusto rarísimo de la cruz, idéntico al que existe en el convento del mismo nombre en la ciudad de Querétaro. Aprovechando una quebrada del terreno, hizo un estanque para baños y otro de forma circular para la procreación de peces con un jardín de aclimatación en su centro; introdujo el agua trayéndola de muy lejos en una bien construida cañería. Se entraba en esta estancia por una avenida de cedros de Líbano, y comunicaba de la casa al baño tupidamente cubierto de plantas trepadoras una callecita estrecha y ondulada bajo enredaderas de fragancia indecible, que bajaban a trechos sus ramas cuajadas de hojas hasta ocultar los asientos de mampostería. Pomoca era, sin duda alguna, una belleza. En aquella incendiaria soledad, solo disminuida por los encuentros amorosos con Ana María y los juegos espontáneos con Josefa y Petra, escribió sobre electrotipia, la curación de la parálisis por medio de la cirugía de los nervios, además del cultivo de la vid y del gusano de seda. A nadie podía escapársele que Melchor Ocampo se convertía en un sabio, lo que no le permitía apartarse del malestar de sus paisanos, por lo que solicitó y logró la construcción de una nueva cárcel en Michoacán para que los presos tuvieran una vida digna.

Fue precisamente en aquel momento, cuando la luna parecía bañarlo con una espléndida luz de plata, que recordó cuando trató de explicar a su nana la guerra con Estados Unidos.

—¿Cuál guerra, Ana María? Se trató de una escandalosa intervención armada en contra de un país débil y dividido que bien hubiera podido vencer a los yanquis si no nos hubieran sorprendido desunidos e inmovilizados por las traiciones.

En esos momentos era cuando más se dolía de la escasa formación intelectual de Ana María. Tenía que explicarle los acontecimientos «con frijolitos»... La sensación de vacío no superaba todo aquello que esa mujer podía darle a cambio. ¿Discusiones airadas? A buscar, entonces, a otro obsesivo de la historia.

—¿Y por qué nos invadieron, nene? —preguntó cautelosa Ana María en aquella ocasión.

—La envidia, nana, la envidia, que se da entre hombres, sociedades y países —repuso Melchor—, pero si la provocas y estimulas al dejar abandonado Tejas, Nuevo México y California al lado de un vecino goloso, prepotente y arbitrario, ávido de salidas al Océano Pacífico y que sabe a México débil y dividido, ya solo faltaba la llegada a la Casa Blanca del hombre capaz de perpetrar el despojo, y ese hombre llegó.

—¿Cómo se llamaba? —inquirió Ana María sorprendida.

—Polk, James Polk, reina, un político mentiroso y ratero que llegó al poder dispuesto a robar o a comprar al precio que quisiera, poniéndonos una pistola en la cabeza...

—¿Así fue...?

—Peor, nana, peor, porque nosotros los mexicanos también pusimos de nuestra parte —aclaró apesadumbrado—. Polk, un descarado esclavista podrido, ya había anunciado sus intenciones expansionistas durante su campaña presidencial, por lo que entendí que la guerra entre México y Estados Unidos era apenas cuestión de tiempo. Sabía que nosotros no venderíamos ni un milímetro de tierra, así que buscaría pretextos para arrebatárnosla. Tenía que inventar un conflicto armado para lavarse la cara ante el mundo y no exhibirse como un vulgar asaltante. Tejas ya se había anexado amañadamente a Estados Unidos después de la pérdida de la batalla de San Jacinto a cargo del asqueroso traidor de Santa Anna; ahora irían ya solo por Nuevo México y California, que volveríamos recuperar cuando nuestro país contara con las mismas fuerzas que Estados Unidos... A saber...

Ana María escuchaba y cuestionaba, aprendía detalles de algo que jamás se conversaría en el lavadero ni en la cocina. ¡Qué inteligente era su señor, de todos los señores! ¡Cuánto sabía!

—Mientras los norteamericanos consideraban cínicamente

como una misión divina el despojo que padeceríamos y su ejército se preparaba para llevar a cabo la invasión, en México continuaban los derrocamientos, los golpes de Estado y las asonadas, al extremo de que en tan solo ocho años, de 1840 a 1848, pasaron por el poder Anastasio Bustamante, Francisco Javier Echeverría, Santa Anna, Nicolás Bravo tres veces, Santa Anna de nuevo otras tantas, Valentín Canalizo, José Joaquín Herrera, Mariano Paredes y Arrillaga, Valentín Gómez Farías, Pedro María Anaya, Manuel de la Peña y Peña y nuevamente José Joaquín Herrera, dieciséis mandatos, en tanto Polk era el décimo primer presidente yanqui en setenta años desde su independencia de Inglaterra en 1776. ¿Adónde íbamos —se preguntaba Melchor— con tanta inestabilidad, sin rumbo, sin congruencia, sin estrategia, sin orden, sin respeto, sin autoridad y sin gobierno? Las condiciones estaban dadas para debacle y la debacle se dio. Ellos habían tenido once presidentes en setenta años y nosotros dieciséis gobiernos en tan solo ocho, entre golpistas, dictadores, tiranos y jefes de Estado legítimos. ¿No estaba claro que la estabilidad y el orden democrático son la base de la evolución? ¿Dónde quedaba México?

—Sí, me acuerdo cuando llegaste a gobernador de Michoacán, en plena guerra, después de haber sido diputado —aclaró Ana María—. Si te hubiera visto la patrona, nuestra difunta Francisca Xaviera, ¿no, nene?

—Ella era una reina. Yo habría hecho hasta lo imposible porque estuviera orgullosa de mí, tal y como trato de hacerlo contigo.

—Conmigo ya no puedes más, de sobra sabes que eres mi dios... ¿O crees que ya se me olvidó cuando *reabristes* el Colegio Nacional de San Nicolás Hidalgo, *ordenates* que a los chamacos se les enseñara de todo, *construites* escuelas por todos lados, *cerrates* cantinas, *castigates* a los jueces bandidos y los *encerrates*, como a los que se robaban los impuestos...? ¿Te acuerdas de las caras de nuestros campesinos cuando les *enseñates* a trabajar la tierra como en Francia? —Ana María recordaba todo, aunque parecía lo contrario—. El pueblo nunca olvidará ni yo tampoco cómo *ayudates* a los jodidos que preferían pagarle sus limosnas a la Iglesia cuando no tenían ni pa' tortillas. Gracias a ti supe lo cabrones que eran los curas...

—Me llené de enemigos, nana —acotó Melchor—: un día el obispo Munguía se vengará de mí por mis reformas liberales en el estado, acuérdate que me condenó alegando que yo era un bribón astuto, que no creyendo en Dios ni en el diablo, me servía de ambos para mi provecho. Si todavía existieran las salas de tortura de la Inquisición, sin duda me sentaría en el potro del tormento hasta no dejarme un hueso sano.

Ana María no entendió esto último, por lo que Melchor cambió el tema para recordarle cómo, después del bombardeo norteamericano a Veracruz en 1847, él, en cuanto gobernador, había invitado al pueblo a sumarse a la defensa del país mediante la creación del Batallón Matamoros de Morelia, ejemplo que lamentablemente no habían seguido otras entidades porque no se consideraban responsables del estallido de la guerra con Estados Unidos, y por lo mismo no mandarían ni dinero ni soldados para el rescate de la patria... Los empresarios, por otro lado, tampoco ayudaron con fondos para la liberación adquiriendo o hipotecando bienes de la Iglesia, porque ésta había amenazado con la excomunión a quien comprara cualquier bien propiedad del clero, según lo dispuesto por las leyes de Gómez Farías. ¿Más pruebas de desunión que ya nos anunciaban el desastre inminente? Melchor aclaró entonces que la curia se había negado a otorgarle un préstamo al presidente Gómez Farías por quince millones de pesos destinados al pago de la tropa muerta de hambre y a la compra de pertrechos de guerra. Fue un señor portazo en la nariz: ni en los momentos de mayor asfixia financiera, ni en coyunturas militares tan desafortunadas como las que vivió el país, la Iglesia abrió sus caudales para ayudar a México. Ocampo maldecía a la alta jerarquía desde la gubernatura del estado. Los dineros del Señor son intocables, así como su sacratísimo patrimonio, ¿verdad...?

—¿O sea que nuestra Iglesia tan rica no dio dinero pa' ayudar a salvar a México? —preguntó Ana María llena de candor—. ¿Y entonces pa' qué tanta tierra, como bien dices, tantas iglesias por todos lados, tanta plata y joyas, tantas vírgenes cubiertas de oro y brillantes y tanto cura vestido con mantos bordados de perlas, si a la hora de la hora no utilizaron esos dineros pa' ayudarnos en contra de los malditos güeros?

—No, nana, no, los sacerdotes no solo no nos ayudaron con dinero, sino que, de acuerdo con el ejército de Estados Unidos, excomulgaron a los soldados o civiles mexicanos que atacaran a los yanquis. La guerra la perdimos por las traiciones de la Iglesia, además de los acuerdos secretos de Santa Anna con Polk. Escúchame bien —agregó con voz de fuego—: hicieron más daño los discursos pronunciados desde los púlpitos que las bombas norteamericanas.

Ana María estaba atónita y no perdía detalle de la conversación. Ocampo se mostraba incontenible.

—Pero como te decía, nana, no solo no dieron dinero y excomulgaron a diestra y siniestra, sino que, en plena invasión, todavía el clero se atrevió a financiar un golpe de Estado conocido como «la rebelión de los polkos», para derrocar al presidente Gómez Farías y evitar que éste los pudiera obligar a dar los quince millones de pesos para la defensa de la patria, cuando el patrimonio eclesiástico estaba valuado en más de trescientos. El derrocamiento de don Valentín sirvió para desquiciar la escasas posibilidades defensivas de la nación, nana, un horror... ¡Son un asco!

—Entonces sí tenían dinero para dárselo a los polkos, pero no para defendernos de los invasores —adujo Ana María con una lógica sorprendente—. Sí tenían centavos, pero no pa' sacar a los güeros a patadas de México.

—Así es, por eso los fieles y los frailes recorrían las calles gritando «Viva la religión, muera Gómez Farías», «Que nadie se permita atentar en contra del Señor ni de la Virgen de Guadalupe». Oremos para salvar a la patria pero, por lo que Dios más quiera, de dinero ni hablemos...

Hacía fresco y el gran reformista tenía hambre. Llevaba en las alforjas cecina y frijoles, que devoró sentado sobre una piedra. ¿Cómo estaría Ana María? ¿La encontraría con vida? ¡Cuánto sacrificio el que implicaba el servicio civil! Llevaba tanto tiempo sin ver a su amada nana y a las niñas y ahora, tal vez, no llegaría a tiempo para despedirse siquiera de ella. Solo que el esfuerzo al lado de Juárez y de los demás liberales, uno mejor que el otro, había producido los resultados esperados porque de ganar la guerra, como todo parecía indicarlo, a México se le retiraría del cuello una gigantesca sanguijuela que devoraba las mejores esencias de la nación. ¡Cuánto coraje de siglos acumulado en contra de la Iglesia, y ahora a él le tocaba en gracia convertirse en el verdugo del clero de todos los demonios! ¡Qué fortuna! Las Leyes de Reforma le habían permitido reconciliarse con la existencia desde que aniquilaran para siempre a esa institución demoniaca y perversa.

¡Claro que la alta jerarquía católica, durante la guerra en contra de Estados Unidos, entregó a Santa Anna dos millones de pesos en calidad de préstamo a cambio de que, de inmediato, procediera a la derogación de las leyes de ocupación de los bienes de manos muertas y derrocara a Gómez Farías en plena guerra! ¡Cómo se habrían frotado las manos los invasores al descubrir el desorden prevaleciente en las filas enemigas y más gozarían al instalar la Mexican Spy Company, integrada por mexicanos traidores contratados por el ejército de Winfield Scott para espiar en los cuarteles mexicanos y revelar a los malditos yanquis los planes y las estrategias diseñadas por el alto mando nacional! De nada sirvió finalmente que él, como gobernador, hubiera llamado abiertamente a los michoacanos a la pelea ni que reuniera escasos recursos económicos para fabricar armas, parque y equipo para las tropas, que elaborara planes para organizar grupos guerrilleros que sabotearan el paso y los campamentos yanquis, y tampoco que se declarara en contra de posibles tratados de paz con el gobierno estadounidense que menoscabaran la soberanía nacional. Más no podía hacer...

—¿Te acuerdas —llamó la atención de Ana María— de que renuncié al gobierno de Michoacán desesperado por la inacción social y política, porque yo no quería ser parte de la asfixia de la patria ni de su irremediable mutilación?

—Y yo estuve de tu lado, nene.

—Sí, nana, sí, solo que muchos mexicanos no nada más estaban conformes con la mutilación del país, sino con su anexión total a Estados Unidos. ¿Seremos unos descastados? ¿Por qué me ignoraron cuando propuse que con las guerrillas sabotearíamos el acceso de las tropas norteamericanas a la capital de la República? ¿Por qué no interrumpimos las líneas de abasto de comida de los invasores convenciendo a los indígenas que les vendían alimentos para que no lo hicieran, o les vendieran víveres envenenados? ¿Por qué en las noches no les disparamos a los caballos, o contaminamos la cebada o la paja? «¡Envenenémoslos —les grité— si no tenemos con qué vencerlos militarmente, rompamos sus filas, no les demos de comer, vendámosles agua tóxica!». Mis gritos se hundieron en el olvido, la guerra se perdió batalla por batalla y nadie escuchó. Nadie, ¿me oyes, nana? —gritaba Ocampo desaforado—. Todos estaban callados. ¡Pobre de México! Jamás, jamás, jamás debimos haber reconocido tratado alguno hasta que el gobierno yanqui no aceptara nuestro derecho a la indemnización por los males que nos causaron.

Cuando el 2 de febrero de 1848 se firmó el ignominioso tratado de paz, Melchor Ocampo regresó a Pateo porque no quería servir un día más a una administración que iba a tener que apoyarse en los enemigos naturales de la patria. Lo sustituyó Santos Degollado, el hombre que posteriormente capitaneó el ejército liberal en contra de la hueste clerical al estallar la guerra de Reforma.

En ese momento, Melchor Ocampo se quedó por fin dormido. Soñó con su nueva hija, Julia, la tercera, nacida durante la guerra, y que Ana María se había aliviado de la ceguera que la imposibilitaba a esas alturas, finales de 1860, cuando cabalgaba apresurado para encontrarla en su lecho de muerte. No importaba que estuviera ciega, todo lo que deseaba y anhelaba era volver a conversar aun cuando fuera un minuto con esa santa mujer, una segunda madre que había sido su guía espiritual, su amorosa consejera en los primeros años de la vida, su protectora, su educadora, su impulsora, su amante finalmente y la madre de sus hijas. ¿Cómo poder agradecer a quien ya no existía todo cuanto había hecho por él? Si tan solo pudiera besarle la frente y murmurarle al oído para ver si todavía lo reconocía... Ya no pensaba obtener de ella una sonrisa, ni esperaba un gesto a modo de respuesta; no, apenas, si fuera posible, un asentimiento con la cabeza. Más no quería.

Luchando contra el sueño en aquel diminuto espacio de la selva veracruzana, Melchor Ocampo pasaba lista de su vida como si fuera a fallecer al mismo tiempo que Ana María, su nana. No habían transcurrido sino apenas escasas doce horas desde su salida del puerto, y ya sentía que era toda una eternidad. ¡Qué difíciles fueron los años siguientes!

—Me dio mucho gusto cuando *regresastes* al rancho después de la guerra —le confesó Ana María a su patrón a finales de aquel funesto 1848—. A toda mujer le conviene tener a su hombre en la casa bien controladito: con la de tentaciones que tendrías con las chamacas en la capital.

—¿Cuáles chamacas, Ana? Aquí no hay más chamaca que tú.

—Sí, cómo no, yo ya tengo cincuenta y tres añotes y tú treinta y seis, yo ya voy de salida, nene...

Aquellas conversaciones de regreso a Pomoca lo hacían olvidar la política. El tiempo libre le permitía volver a sus investigaciones, a sus estudios, a sus técnicas, a trabajar en la hacienda para generar recursos y que no pasara a ser propiedad de los acreedores, pero claro está, también se encontró de nueva cuenta con Ana María solo para percatarse de que ni el tiempo ni las penurias ni la distancia habían asfixiado el fuego. La mujer estaba entera, era de buena madera, «del árbol del aguacate», como ella bromeaba. Bastó con volver a verla, día tras día, hora por hora, minuto por minuto en los cobertizos, en la caballeriza, en los graneros, cruzando el patio, cortando naranjas o fresones, para que mientras cumplía con las faenas domésticas, Melchor intercambiara con ella puntos de vista y aprovechara, evidentemente, la menor oportunidad para acariciarla, para palparla, para tenerla, para poseerla. El amor era una fuerza inexplicable, el mejor premio que podía recibir cualquier ser humano. No se trataba de que él quisiera, añorara, deseara a Ana María con todo el poder de su mente; no, algo mágico acontecía. Su solo aliento lo abrasaba. La atracción no resistía argumentos, era irracional por definición. Bastaba con tocarla, verla u olerla o acercarse a ella para que su cuerpo reaccionara de diferentes maneras hasta llegar a enervarse, excitarse y revivir después de todos los tropiezos y catástrofes que habían padecido tanto él como el país. Por supuesto que volvieron al mismo árbol, el mismo laurel de la India donde intentaron por primera ocasión amarse y perderse entre suspiros, donde procrearían a Lucila. Ya habían nacido Josefa en 1836, Petra en 1844, Julia en 1846 y ahora Lucila vendría al mundo en 1850; la primera, con la derrota de Santa Anna en San Jacinto; la segunda, con el sexto regreso de Santa Anna al poder; la tercera, con el estallido de la guerra contra Estados Unidos, y la última, exactamente a la mitad del siglo XIX. La pequeña Lucila tampoco sería reconocida como hija de Ana María y Melchor: correría la misma suerte que sus hermanas. También se dirigiría a Ana María como nana y jamás como «mamá». Por más que dijeran que era hija de otra mujer y que las malas lenguas de Pomoca repitieran incansablemente este argumento, Melchor bien lo sabía, también era sangre de su sangre, bastaba nada más verla; sin embargo, la única que atrapaba su atención y lo animaba a compartir su compañía públicamente era Josefa, la primogénita, la niña que día con día le producía más sonrisas y despertaba mayores ilusiones; para él, la verdadera razón de existir. ¿Adónde se iba en la vida sin ilusiones? A pesar de tener cuatro hijas, ni aun así quiso Ana María gritar al mundo su amor y revelar su estirpe. No, no podía ser, ni ella sería su esposa ni él su esposo, ni ellas sus hijas de cara a la sociedad. Jamás se casarían.

Melchor se convenció de la necesidad de tratar de conciliar el sueño por unos momentos o correría el peligro de caer del caballo por fatiga al día siguiente. ¡Qué frustrante había sido su paso por la Secretaría de Hacienda cuando el presidente Joaquín Herrera lo llamó en 1850, interrumpiendo su estancia en Pomoca, solo para estar un par de meses al frente de dicha cartera! Los quince millones de dólares pagados por Estados Unidos para cubrir el despojo territorial, en cinco exhibiciones de tres millones cada una, se habían dilapidado y desperdiciado miserablemente. La nueva quiebra del erario era una vieja realidad. Deseaba bajar los derechos de los aranceles para impulsar el comercio exterior de México, definir las ministraciones a los estados, abolir las alcabalas, uniformar los impuestos, capitalizar los empleos públicos para exhibir moralidad y eficiencia en quienes los desempeñaban. Fracasó, sus ideas no prosperaban, no contaba con aliados, no se daban más respuestas, no existía solidaridad alguna ni apoyo para sus propuestas. Su mejor alternativa consistía en renunciar y volver al lado de Ana María y de sus hijas, a esperar en Pomoca el nuevo estallido, provocado esta vez por la quiebra de las finanzas públicas. ¿Encontraría la paz?

¡Cuánta riqueza tenía México, se dijo al contemplar el altivo Pico de Orizaba! Tenemos todo para vencer: agua, tierras fértiles, plata de sobra, oro, pesca, ganadería, excelente mano de obra, la laboriosidad de nuestra gente, sol en abundancia, todo tipo de tesoros de nuestros abuelos, riqueza por doquier, y sin embargo somos un pueblo pobre porque no sabemos nada: somos lo que sabemos, somos lo que recordamos, y no sabemos nada ni recordamos nada. ¿De qué sirven tantas herramientas si no las sabemos utilizar? ¿De qué sirven tantos bienes si no los podemos explotar?, se dijo cabalgando al paso rumbo a la ciudad de Puebla, una capital tradicionalmente reaccionaria en la que tendría que tener cuidado, mucho cuidado.

¿Se dirigía a la muerte junto con Ana María? ¿Por qué entonces repasaba su vida con tanta precisión? ¿Algo presentía? Ese sentimiento funerario lo obligaba a hacer un balance del pasado y por ello recordó cuando fue nombrado por segunda vez gobernador del estado de Michoacán en mayo de 1852, mientras Juárez lo era de Oaxaca. No desperdiciaría, como no lo hizo, la oportunidad para decretar e imponer coactivamente las leyes liberales que exigía su estado natal, a pesar de que la feroz oposición del obispo Munguía, su antiguo condiscípulo, había llegado a extremos alarmantes.

Nunca olvidaría el enfrentamiento con el cura parroquial Agustín Dueñas, cuando éste se negó a enterrar en el cementerio del obispado a un hijo de Esteban Campo, mayordomo de Pomoca, cuya familia carecía de recursos para pagar los servicios fúnebres.

—Si no tienes dinero para pagar el camposanto —amenazó Dueñas, un sátrapa fugado del infierno—, pues tienes que salar el cuerpo de tu ser querido y comértelo, porque de otra manera aquí no tendrás espacio para nada.

Con estos hechos don Melchor no tardaría en modificar el importe de las obvenciones parroquiales. En ese nuevo paso por el gobierno estatal ejecutó sin tardanza la revolución política que Francia había impuesto prácticamente setenta años atrás. Apoyado en las tesis de los derechos universales del hombre y las de la Revolución francesa, decretó la libertad de cultos, la secularización de los cementerios, el establecimiento del matrimonio y el Registro Civil, así como una reforma en materia de aranceles y obvenciones parroquiales. Melchor estaba convencido de llevar a cabo una reforma agrícola y minera, de estimular las relaciones mercantiles y esforzarse en desestancar la propiedad clerical para socializarla y ponerla en manos de la nación. ¡Se adelantaba en el tiempo a las Leyes de Reforma que se promulgarían siete años después! Limitaría el cobro de los servicios religiosos, que por caridad y piedad deberían ser gratuitos o al menos no elevarse a cantidades monstruosas que atentaban en contra de los más desprotegidos. Rechazaba cualquier tipo de fuero y privilegio clerical. Denunciaba abiertamente la falta de virtudes evangélicas de los curas, la corrupción de costumbres de la mayor parte de los ministros, que habían financiado revuelta tras revuelta en Michoacán, dentro de las fronteras de aquella diócesis ciertamente siniestra. ¿Qué acontecía con las virtudes del cristianismo? ¿Se le había olvidado al clero que para derrocar a los gobiernos en 33 y 47 había derramado el oro para que nos matáramos entre hermanos los hijos de Jesucristo? Si Jesús volviera a nacer, no solo largaría a los mercaderes del templo, sino que faltaría madera para hacer cruces y colgarlos a todos boca abajo, tal y como crucificaron a san Pedro.

¡Melchor Ocampo con horror veía venir una guerra civil, un incendio nacional estimulado por la Iglesia para no perder sus privilegios jurídicos ni su enorme patrimonio económico! La alta jerarquía católica jamás toleraría que alguien tocara sus cuantiosos intereses, antes provocaría una revolución aun cuando el país se destruyera por completo. Esas eran, según el clero, las órdenes de Dios y las consignas divinas...

El obispo Munguía acusó a Ocampo de acarrear desgracias y calamidades sobre la nación al proponer e imponer leyes cismáticas, anárquicas, impolíticas, innobles y estériles. México se hundía en la barbarie, se dividía entre pronunciamientos, el arribo de filibusteros, además de escaseces infinitas. Cuando el clero derrocó al gobierno del presidente Arista e impuso de nueva cuenta a Santa Anna, Melchor se negó abiertamente a transigir con la maldad, con la corrupción, la degradación y la inmoralidad. No podía resistir, aceptar ni permitir el regreso del corrupto tirano, un político podrido, la servidumbre misma de la Iglesia, por lo que presentó su renuncia el 25 de enero de 1853 al gobierno del estado de Michoacán antes de cumplir siquiera un año en el cargo. Era evidente que todas sus reformas se perderían en la nada, su esfuerzo se desvanecería y la burla se impondría de nueva cuenta.

Cuando llegó Santa Anna a la ciudad de México proveniente de Colombia, las campanas de todas las iglesias repicaron gozosas anunciando la llegada de su héroe, un auténtico engendro del demonio. Por doquier se escuchaban cañonazos, en tanto una población de léperos harapientos rodeaba el carro del héroe y tiraban de él entre ovaciones y porras. El miserable traidor de San Jacinto y de la guerra contra Estados Unidos declaró ante el pueblo de México: «Yo, Antonio López de Santa Anna, juro ante Dios defender la independencia y la integridad del territorio mexicano y hacer todo por el bien y la prosperidad de la nación, conforme a las bases adoptadas por el Plan de Jalisco».

Ni Melchor ni Ana María ni sus cuatro hijas olvidarían jamás aquella mañana de 1853 en que él les mostraba sus azaleas japónicas en la parte trasera del jardín de Pomoca, cuando una brigada pesada de soldados se presentó a arrestar al reformista de parte de Santa Anna, a sugerencia, claro está, de Clemente Munguía. Ana

María se interpuso entre los militares y el ilustre preso. A tirones y empujones, como si se tratara de un perro sarnoso, sin permitirle siquiera tomar algún libro, un medicamento o algo de ropa o sus lentes de lectura, fue jalado del cuello y obligado a subir a un carruaje, esposado y con grilletes, sin que Ocampo intentara defenderse de la agresión y de aquella violación a las garantías de ley. Nada, absolutamente: ese era el estilo de Su Bajeza Serenísima. Melchor recordó para siempre el rostro desencajado de su hija Petra al saber, sin entenderlo, que se llevaban a su padre a la cárcel. Después de estar confinado en Tulancingo, Hidalgo, fue enviado a San Juan de Ulúa, en una pocilga encerrada, sin aire, sin baño ni cama ni luz, tres metros por debajo del nivel del mar, con la facultad de optar entre permanecer preso allí o marcharse a Estados Unidos, donde fue informado de que todos sus bienes habían sido expropiados por Su Alteza Serenísima. Desterrado en Nueva Orleans comenzó, como bien lo dijera él mismo, la gran historia de la Reforma. Fue el momento en que los más distinguidos liberales mexicanos del siglo XIX, los verdaderos forjadores de la patria, sus auténticos padres fundadores, tuvieron la oportunidad de reunirse durante doce meses en el exilio impuesto por la alta jerarquía católica a través del tirano. Los liberales conjuraron, confabularon, conspiraron, maquinaron, se coligaron, tramaron, intrigaron, maniobraron, se aliaron y se asociaron armando una estrategia política para derrocar otra vez, la última, a Santa Anna. Los reformistas expulsados entendieron que cuando cayera el dictador llegaría una nueva etapa en la historia de México. Esta vez el clero las pagaría todas juntas, más aún cuando el *mocho* endemoniado, el Hijo Privilegiado de Dios, su instrumento favorito, ya no estaría para defenderlos.

Claro que Santa Anna, pensaba Ocampo después de haber pasado ya a las orillas de la ciudad de Puebla, que advirtió a la distancia sin acercarse más de lo que aconsejaba la prudencia, violó su juramento constitucional porque volvió a vender, esta vez cien mil kilómetros cuadrados del territorio de La Mesilla a Estados Unidos, de la misma manera que en otros tiempos enajenara los ricos metales de Fresnillo, las salinas nacionales, los fondos piadosos de las Californias, los bienes de temporalidades y casi todas las propiedades públicas. Y claro está, hubiera vendido Sonora, la Sierra Madre, la península yucateca y cuanto fuera necesario para enriquecerse, de la misma manera que permitió el tránsito por el istmo de Tehuantepec, obsequiándole a un amigo —obviamente un prestanombres— dicha concesión, dando origen a uno de los peores martirios de la diplomacia al concluir la guerra en 1848. Si sus hijos o Dolores Tosta, su esposa, valieran algo, también hubieran corrido la misma suerte, entregados al mejor postor. Desde el destierro, Santa Anna fomentó la discordia civil, lucró con el contrabando, prestó con usura al gobierno, vendió lo ajeno, pagó esbirros, fomentó bacanales: era el jefe de la canalla, se pagaba con lujo, se retribuía en grande. Tan era cierto que hizo traer tres regimientos suizos para que le sirvieran de escolta y comprobaran el libre y espontáneo sufragio universal, como si éste le importara. Su Alteza Serenísima desperdició los escasos recursos del erario, exigió a sus cónsules el envío de cartas lisonjeras, dilapidó el insignificante presupuesto público en el ejército, en la adquisición de una nueva artillería, además de cobrar comisiones por cada operación de compra realizada. El destino de más de siete millones de pesos obtenidos por la venta de La Mesilla se perdió en la noche de los tiempos. El despilfarro, el gasto, el robo, el peculado y la corrupción destruyeron definitivamente las finanzas públicas a partir de su proclamación como dictador perpetuo de México.

Después de pasar por San Martín Texmelucan y dirigirse a Santa Rita Tlahuapan contemplando a la distancia al Ixtacíhuatl y el Popocatépetl, Ocampo recordó los horrores sufridos durante el destierro, por más que unían a sus compañeros la mística revolucionaria y la pasión por la construcción del México nuevo, libre de la oprobiosa tiranía clerical. Si era necesario llegar a la guerra, llegarían a la guerra, comenzando por derrocar a Santa Anna para hacerse cargo del país. Ninguno de ellos sabía cómo sobrevivir en situación tan adversa en Nueva Orleans, pero eso sí, subsistirían hasta llegar al límite de sus fuerzas con tenacidad, inteligencia e imaginación, encabezados por el recio indio zapoteca y por el ilustre michoacano. El destierro los animaba, los embravecía, los fortalecía y los entusiasmaba la posibilidad de ejecutar una venganza inaplazable para lograr los grandes cambios requeridos por México. No sucumbirían ni ante la enfermedad ni ante las privaciones, ni siquiera ante el vómito negro que los amenazaba a todos por igual. Se sabían distinguidos por una misión superior que sabrían cumplir al pie de la letra. Ahí, en Nueva Orleans, alejados de todo lo mexicano, los grandes protagonistas, los constructores del liberalismo mexicano del siglo XIX, Juárez, de cuarenta y siete años, y Melchor Ocampo, de cuarenta y uno, empezarían a tejer las primeras ideas que más tarde se materializarían en la expedición de las Leyes de Reforma. Separación Iglesia-Estado; igualdad ante la ley; carácter voluntario de las limosnas; libertad religiosa y de expresión, educación laica, construcción masiva de escuelas, universidades y academias; desaparición de los juzgados de capellanías y obras pías, los bancos camuflados de la Iglesia; nacionalización de la minería, del campo y de una buena parte de la industria; cancelación del tribunal de la censura y elecciones directas, entre otros objetivos más. ¡Claro que tenía razón Juárez cuando decía que México era un país independiente, sí, pero no era libre! Ahí estaba todavía el yugo de la Iglesia, del ejército, del hambre y de la ignorancia; educarían a las masas para que nunca nadie las pudiera volver a sojuzgar ni a hechizar, ni a asustar arrojándoles incienso en la cara.

¿Cuáles votos de castidad cumplían los sacerdotes, si tenían mujeres e hijos por doquier, a los que señalaban invariablemente con una identidad de sobrinos? Los curas actuales tampoco habían cumplido sus votos de pobreza, porque viajaban en lujosos carruajes, vestían ropajes de seda bordados con hilos de metales preciosos, ostentaban alhajas y cadenas de oro, cruces pectorales, anillos pastorales, y en lugar de vivir en apestosos jacales sin agua, sin iluminación y con fétido aire interior, no, claro, ellos vivían en inmensos palacios, en opulentas viviendas diseñadas por arquitectos de renombre mundial, muy distintas al pesebre donde naciera el niño Dios. ¿Y las enseñanzas de Jesús? Todos coincidían en que la única opción para someter a la Iglesia era la violencia, la guerra entre hermanos, la revolución, la destrucción del país y la muerte de cientos de miles de mexicanos, lo que separaría a las familias y las dejaría mutiladas para siempre. Se trataba, sin duda, del nuevo nacimiento de México. El alumbramiento sería dolorosísimo, pero era inevitable.

Claro que se trataría de convencer a la población de que nadie agredía su fe, no se prohibirían las misas, la impartición de sacramentos ni la ejecución de rituales y de la liturgia. Los liberales lo eran porque respetaban las creencias de terceros, con sus convicciones y principios. Imposible practicar ahora una cruzada a la inversa en la que se pasara por las armas a los sacerdotes o a los católicos. ¿Dónde quedaba en ese caso la libertad? Se trataba de convencer al pueblo de que los liberales no estaban en contra de la religión, sino en contra de los abusos de los hombres de la Iglesia que representaban a dicha institución. No se trataba de criticar al Verbo encarnado, sino tan solo de instrumentar una educación laica y separar a la Iglesia del Estado. Ellos le zafarían las manos a los mexicanos, se las liberarían, les soltarían los brazos para recuperar la fortaleza del organismo social. El objetivo de la Reforma no consistía en regular las relaciones del hombre con Dios; allá cada quien con sus creencias. Esa era la base del liberalismo: cada quien podía adorar a Dios como mejor le viniera en gana, o no adorarlo.

¡Cuánta furia le había producido el hecho de saber que Santa Anna confiscó sus bienes, comenzando por Pomoca! Se sabía que Ana María y sus hijas fueron expulsadas a empujones de su propiedad y que ahora la disfrutaba un sacerdote como premio a su misión pastoral. ¿Cómo encontraría su finca, si es que alguna vez volvía a visitarla y a habitarla? ¿Cómo estaría su familia, sus campesinos, su gente? ¿Qué les esperaba? ¿Cómo sobrevivirían?

De México llegaban, sin embargo, buenas noticias. El puerto de Acapulco se encontraba en poder de don Juan Álvarez, los revolucionarios del Plan de Ayutla estaban dispuestos a acabar con la última dictadura santannista e imponer posteriormente una reforma liberal por medio de la revolución. Comonfort, Ignacio Comonfort era el brazo derecho de don Juan Álvarez y estaba llamado, desde un principio, a sucederlo en el cargo al frente de la revuelta. El grupo de desterrados constituía un verdadero dolor de cabeza tanto para la Iglesia como para el propio Santa Anna, quien no ignoraba los apoyos que los exiliados podrían llegar a reunir para derrocarlo. Por su parte, la alta jerarquía católica sostendría, como siempre, la estancia de Santa Anna en Palacio Nacional para garantizar sus propios intereses y privilegios. Los arzobispos despachaban en el gobierno, ellos y solo ellos mandaban en la dictadura. Santa Anna no era más que un triste payaso, una marioneta que había venido a robar todo lo que pudiera y a permitir que en realidad quienes condujeran los destinos de México fueran los sacerdotes más encumbrados. Ambos estaban para consentirse: uno para robar y saquear y además convertirse en una especie de faraón o de Napoleón mexicano, y el otro para eternizar sus canonjías derivadas de trescientos años de coloniaje español.

Los desterrados hacían planes. No solamente diseñaban estrategias de gobierno, sino que urdían cómo evitar que la rebelión del sur se viera reducida a un simple pronunciamiento militar de carácter local. Harían lo posible por profundizar y ampliar en breve el levantamiento armado que se transformó en una revolución popular de dimensiones nacionales. Se trataba de producir chismes, incendiar aquellas áreas y regiones que condujeran a Santa Anna a la convicción de renunciar antes de jugarse el pellejo. De acuerdo a lo anterior, una parte de ellos se quedó en Nueva Orleans y la otra se dedicó a sublevar el norte de México, sin perder de vista el desarrollo de la contienda en el centro y sur del país. Llegado el 28 de febrero de 1855, decidieron finalmente volver a México. Si bien Santa Anna se mantenía en el cargo y aún no había sido revocado, Juárez, Mata, José María Gómez, Ponciano Arriaga, José Dolores Cetina, Miguel María Rioja, Manuel Cepeda Pedraza y Guadalupe Montenegro insistieron ante Ocampo, el líder indiscutible del grupo, en prestar todos los servicios que fueran necesarios a cambio de concluir con la oprobiosa dictadura clerical que mantenía sojuzgado a todo México.

¡Cómo festejó Ocampo cuando recordó la renuncia de Santa Anna a su supuesta dictadura perpetua en 1855! Cuando el tirano, cobarde como todos los tiranos, se vio asediado por la fuerza del movimiento de Ayutla, convencido de su impotencia y del peligro que corría su integridad física, a pesar de las súplicas del padre Miranda y de los comunicados insistentes de Pelagio Antonio de Labastida y Dávalos y de Clemente Munguía, ignoró todas las peticiones, y una vez sustraído hasta el último centavo del tesoro público, volvió a huir de México para concluir su décimo primer mandato como dictador en un país que inexplicablemente le había permitido regresar tantas ocasiones al poder, a pesar de haber demostrado hasta la saciedad su temperamento traidor, alevoso, perverso y corrupto. Bien sabía él que de haber permanecido en México, los liberales lo hubieran colgado de inmediato de cualquier ahuehuete en el bosque de Chapultepec.

Cuando Santa Anna huyó como corresponde a una rata letrinera, Juárez fue nombrado ministro de Justicia por Juan Álvarez, en tanto que Melchor Ocampo se había retirado a su hacienda de Pomoca a resultas de pleitos reiterados con Ignacio Comonfort, de quien solo se podían esperar desaguisados, inconsistencias e incongruencias por ser un hombre inestable, indefinido, liberal y antiliberal, conservador y anticonservador, progresista y antiprogresista, llamado a conducir a México a la debacle. ¿Qué quería Comonfort, estar con los conservadores y clericales, o con los liberales? Imposible estar con los dos bandos al mismo tiempo y eso era precisamente lo que pretendía. Los cambios no se hicieron esperar, Juan Álvarez propuso la redacción de una nueva Constitución. Comonfort ignoraba cómo proceder; bien sabía las ventajas de la reforma liberal, pero no desconocía la dimensión ni el poder del enemigo a vencer y, pobre de él, entró a dos fuegos. Su posición moderada, según Melchor, de un hombre que iba por la vida con muy buen viento pero sin timón ni rumbo ni destino, conduciría a México al infierno, como acontecía por lo general con las buenas intenciones.

Cuando en febrero 18 de 1856 se dio la apertura del Congreso Constituyente, el más distinguido de los diputados, sobra decirlo, no podía ser otro sino Melchor Ocampo, el líder natural del movimiento y eterno provocador en los debates parlamentarios.

Para la sorpresa de propios y extraños, Comonfort comenzó por desterrar a Labastida, el siniestro arzobispo de Puebla, entre otros prelados más, por inspirar y financiar un golpe de Estado en su contra. Munguía fue conducido también al exilio gracias a las gestiones de Ocampo. Nadie podía creer que Comonfort tuviera la audacia como para desterrar a los más agresivos líderes de la jerarquía católica. Se publicó la Ley Lerdo para estimular el mercado de propiedad territorial removiendo la tenencia clerical de la tierra y poniendo a trabajar los bienes de manos muertas. Fue entonces cuando Melchor escribió en su cuaderno de notas: «Los indios regarán la tierra con el sudor de su rostro, trabajarán sin descanso hasta hacerla fecunda, le llegarán a arrancar preciosos frutos, y todo ¿para qué?, para que el clero llegue como ave de rapiña y les arrebate todo, cobrándoles por el bautismo de sus hijos, la primera comunión, el sacramento del matrimonio, la extremaunción y la inhumación de sus deudos, entre otros muchos servicios. Dad tierra a los indios y dejad subsistentes las obvenciones parroquiales y no haréis más que aumentar el número de esclavos que acrecienten la riqueza del clero».

¡Las carcajadas de Juárez, de Ocampo, de Zarco y de Guillermo Prieto cuando empezaron a leer la defensa del clero ante la publicación de la Ley Lerdo! Al concluir la lectura apretaron las quijadas: el arzobispo Lázaro de la Garza y Ballesteros aclaró que dicha norma era inaplicable en el país porque la Iglesia había adquirido dichos territorios según la voluntad de Jesucristo y esto con el mismo derecho con que un operario hace suyo el pago por su trabajo. Si Dios ordenó que se compraran esos bienes, ninguna ley podía atentar en contra de los dictados de la divinidad, por lo tanto no la acatarían en ningún caso, y estarían dispuestos a defender su patrimonio con las armas que el Señor pusiera en sus manos. ¿La guerra? Sí, la guerra. Se empezaban a escuchar los tambores en lontananza... ¿Cómo que los inmensos latifundios de manos muertas los había comprado la Iglesia avara y podrida según la voluntad de Jesucristo? ¿Dios ordenó tal adquisición y por lo tanto se atentaría en contra de la Divinidad al socializar la tierra y ponerla a trabajar en manos de los muertos de hambre? ¿Quién interpretaba las palabras del Señor? ¿Unos históricos usureros que habían pasado por alto sus votos de castidad y de pobreza, quienes además mantenían culturalmente atrasada a la nación e incendiaron al país? ¡Cuánto cinismo que no alcanzaban a comprender los analfabetos ni los ignorantes, a quienes el clero utilizaba no solo para llenar los cepillos con sus limosnas, sino como carne de cañón en los conflictos armados para defender las supuestas palabras «divinas»!

«Gusanos, son unos gusanos», pensó Melchor para sí, «son capaces de alimentarse de la carroña pero jamás permitirán tocar sus dineros, a sabiendas de que no se llevarán al Juicio Final ni la mismísima sotana», se decía en tanto apoyaba los codos en la silla de montar cuando los tres gigantescos espejos de agua, los lagos de Xochimilco, de Chalco y de Texcoco aparecieron a sus ojos. Concluyó que los ciudadanos querían que la cosa pública anduviera como un cronómetro sin querer contribuir ni con la mínima parte de su fortuna ni el menor sacrificio de su persona. ¿Adónde íbamos con un país donde los contribuyentes no cumplían con sus obligaciones y los gobernantes y funcionarios malgastaban la escasa recaudación o se la embolsaban para fines personales inconfesables? ¿Por qué tan pocos se comprometían con la patria?

No era fácil para Ocampo, en aquellos días agotadores de viaje rumbo a Pomoca a finales de 1860, recordar tantos pasajes vividos, diversos momentos de lucha y de agonía que solo habían sido coronados por el éxito gracias a la tenacidad y al coraje de los liberales mexicanos. Cuando se perdía en sus recuerdos y ensoñaciones y recreaba los complejos trabajos realizados con enormes sacrificios para construir un mejor país, en el destierro, en la cárcel o huyendo a salto de mata, vino a su mente el momento en que su hija Josefa decidió casarse con José María Mata, el ilustre liberal que lo había acompañado en los doce meses críticos del destierro en Estados Unidos. Melchor, amante de la legalidad, sometido a un escrupuloso código de ética, deseaba publicar y difundir su vida íntima, su vida amorosa, de modo que todo mundo conociera a su esposa y a sus hijas, gritar su verdad, sobre todo él, quien consideraba a la familia como el único medio para preservar la especie y el respeto individual; ese hombre convertido en amoroso tutor de sus hijas, en marido pródigo y generoso, el portador de la alegría y la cultura a su hogar, cuidadoso proveedor de la prole, vivía sus relaciones amorosas en el clandestinaje. Tendría que esconder para siempre a Ana María y evitar, a como diera lugar, reconocer la paternidad de sus hijas. Toda una paradoja para él, un huérfano, un infante expósito. Cuando su hija Josefa se casó con Mata sintió un desgarramiento interior: su hija se había convertido en su sombra, en su confesora, en la mujer que lo conocía como la palma de su mano y sin embargo la entregaría anónimamente para que ella pudiera iniciar una nueva vida, una nueva estirpe legítima con su querido amigo José María. Fue la única ocasión en que no pudo contener las lágrimas. ¿Cómo hacer para no revelar el nombre de la madre, cuando ella hubiera muerto de la vergüenza? ¡Qué difícil pasar por encima de uno mismo con tal de respetar los sentimientos y convicciones ajenas! Lo peor de todo fue que Ana María ya no pudo ver el matrimonio de Josefa, su hija mayor vestida de blanco, porque en ese 1856 había perdido casi toda la visión.

Melchor gritó y explicó a quien lo quería oír:

—Las confusiones de Comonfort y sus estúpidas transacciones habrán de enfrentarnos a todos los mexicanos, no confiemos en él: su madre, doña Lupita, se ha apoderado de él y a su vez es dominada por el padre Miranda, el diablo, el cerebro de todas las revueltas, el cura organizador de la resistencia armada, el brazo ejecutor de Munguía y de Labastida. Acatará las instrucciones de la infeliz autora de sus días, las mismas dictadas por Miranda según los secretos de confesión. Cuidémonos de él, es un títere manipulado por hilos invisibles a la distancia. ¿Acaso no se opone a la libertad religiosa? Una Carta Magna tan moderada, funestamente moderada, que ni siquiera concibiera la libertad de cultos ni fuera contundente en lo relativo a la separación de Iglesia y Estado y a todos los proyectos liberales, un texto corto y mediocre sin los alcances que pensamos en Nueva Orleans, ni siquiera ese sería del agrado de Comonfort.

Melchor, por lo pronto, no firmaría la Constitución de 1857 ni volvería al Congreso Constituyente por considerar tibio y con escasa consistencia el máximo ordenamiento legal. Mientras él escribía textos políticos delatando la moderación de un código conservador, en el país había movimientos armados que proponían el regreso de la religión y de los fueros y la cancelación de la Ley Juárez, que suprimía los tribunales especiales, así como de la Ley Iglesias, que finalmente regulaba el cobro de los servicios religiosos y la administración de sacramentos. Para atrás, todo para atrás, regresemos al pasado, gritaba desesperada la Iglesia mientras se abría fuego en contra de los fieles.

El papa Pío IX arrojaba más leña al fuego desde Roma cuando condenaba la Constitución en ciernes así como las leyes reformistas, y elogiaba a los obispos rebeldes que cumplían con las palabras divinas. ¿Quién tenía más autoridad, el jefe de la Iglesia católica o Comonfort? ¿Qué era más respetable, la palabra de Dios o las leyes redactadas por los hombres? ¿Qué tenía más trascendencia, las Sagradas Escrituras o las normas propuestas por los liberales?

¡Qué gran diferencia con otros sacerdotes!, los humildes, los genuinos, alegaban que nada era más bello ni más tierno que el misionero que abandonaba su patria y a su familia para llevar las revelaciones del cristianismo a regiones remotas, sobre la base de que en el martirio encontrarían la recompensa. Nada más venerable que el párroco humilde que consagraba la vida entera al servicio de los fieles y se convierte en padre del pueblo. Nada más respetable que el obispo ilustrado, caritativo y digno que, comprendiendo su misión de paz y de concordia, empleaba su influjo en calmar las pasiones, en apagar los odios y en evitar trastornos a la sociedad. Cuando las almas se encendían en el fuego sagrado de la caridad, cuando llamaban a unidad, como hermanos, a todos los hombres, cuando se desprendían de los intereses mundanos, cuando no tenían más inspiración que purificarse, ennoblecerse a los ojos de

Dios, los resultados eran prodigiosos y la virtud llegaba a ser tan extraordinaria, que sorprendía y conmovía a cuantos la contemplaban. Ahí estaban los párrocos que, vestidos con una humilde sotana de manta y unos mugrosos guaraches cubiertos de costras de lodo, servían al pueblo sin interés material alguno como sacerdotes, médicos, maestros, consejeros de comarcas enteras y que procuraban la virtud y el bienestar de sus feligreses, respetando sus sagrados votos y apartándose de todo tipo de política.

Jamás debería olvidarse de los misioneros que, dejando las grandes capitales de Europa, sin más armas que una imagen del crucificado, su estudio y su elocuencia, marchaban a los desiertos de África, a la soledad de Oceanía o a los países de Asia infestados por la peste, a llevar consuelo espiritual a los desamparados. El clero católico debería distinguirse por su prudencia, por su moderación y por su respeto a las leyes y a las autoridades. Por dondequiera que la clerecía pretendiera mezclarse en la política, ya prestando a los gobiernos su influencia para oprimir, ya poniéndose en pugna con el poder civil por cuestiones en que solo se trata de intereses materiales, sufren a un tiempo la respetabilidad del clero, la causa del Estado y de la religión. La intolerancia y el rencor sustituyen a la calidad evangélica. La Iglesia se convertía en facción política. La cuestión religiosa se mezclaba en todas las cuestiones de gobierno y al fin se entablaba una lucha de funestos resultados y se corría el riesgo de llegar por ambas partes a lamentables exageraciones. De la inquisición a la impiedad no había más que un paso, tiempo era ya de volver la vista a nuestro país y de contemplar la extraña actitud en que una parte de religiosos se ha colocado desde el triunfo de la revolución de Ayutla. Una vez más nos complacemos en reconocer que la mayoría del clero mexicano no ha dado motivo de queja, son muy pocos los que han contribuido a despertar fundadas alarmas y que de éstos algunos han obrado por error y no por perversidad, sino todavía muchos menos los eclesiásticos que, olvidando su carácter y su deber, se han lanzado a la rebelión ya sea en armas contra el gobierno nacional, cuando éste en ningún caso ha atentado en contra de nuestra religión.

Aquella noche, al pasar Amecameca y parar a dormir a un lado de la ciudad de México, Melchor definitivamente no pudo conciliar el sueño. Giraba de un lado a otro; se acomodaba en el suelo, le molestaban las piedras, el frío, la preocupación de un asalto de bandidos; el hecho, nada remoto, de que pudieran llegar a matarlo y no volver a ver jamás a Ana María. De pronto se levantó, arrojó la frazada a un lado y se dirigió adonde estaba el caballo amarrado a la rama de un pino enorme. Cruzándose de brazos recordó una noche de 1857 cuando Mata, su yerno, le advirtió por medio de una carta, con el respeto que le caracterizaba, que corría mucho riesgo en Pomoca, cerca de un pueblo de enemigos de la libertad. Insistía en que Melchor le había levantado las faldas a la Iglesia y que esa institución demoniaca jamás se lo perdonaría, por lo que procuraría por todos los medios posibles, directos e indirectos, perseguirlo, molestarlo, herirlo o hasta asesinarlo. En la misiva, Mata le suplicaba que se fuera de ahí, que se apartara por un tiempo de Pomoca porque ahí en la región, el territorio sagrado del arzobispo Munguía, estaba en muy mala posición. Él lo había descubierto por diversos conductos. «Usted es un acérrimo enemigo de la Iglesia católica, por lo que no puede permanecer indefenso en su finca al alcance de semejantes criminales».

Se hubiera quedado el tiempo necesario en la hacienda para esperar a los asesinos y conocer su rostro, sin embargo la repentina llegada de Josefa, la niña de sus ojos, en enero de 1857, lo conmovió y lo privó de golpe de toda la seguridad y confianza que tenía en sí mismo. Por supuesto que podía jugársela solo, sí, pero a Josefa no quería exponerla, no debía exponerla. En esas reflexiones se encontraba cuando fue notificado de que un grupo de guerrilleros, hombres armados, luego de cometer robos con violencia en haciendas aledañas a Maravatío, avanzaba con dirección a Pomoca con notorias malas intenciones. Todos sabían que era gente de Clemente Munguía, su enemigo jurado, que operaba gavillas y delincuentes a la distancia. Ocampo, avisado a tiempo, pudo salir por un pasadizo secreto burlando, junto con su hija, a los malhechores. Venían por él, a matarlo y tal vez hasta a su propia hija, por lo cual decidió retirarse hacia Papantla, en la propiedad de un conocido suyo, para gozar de cierta paz y esperar la noticia de la promulgación de la Constitución, que finalmente se dio el 5 de febrero de 1857.

Desde el momento mismo en que se promulgó la Carta Magna, la tercera en medio siglo, se empezaron a escuchar los tambores de la guerra. México se incendiaría. Era claro que la Iglesia católica, apoyada por el papa, gastaría hasta el último peso depositado en sus cepillos y urnas para financiar una guerra entre todos los mexicanos. El país estaba quebrado y lo último que necesitaba era una guerra, sin embargo, ahí estaba ya presente, de nueva cuenta, la violencia a menos de diez años de la salida de los norteamericanos del territorio nacional.

Si bien la Iglesia jamás permitiría el surgimiento del Registro Civil debido a que le significaría la pérdida de ingresos que antes obtuviera por matrimonios, nacimientos, defunciones, entierros en campo santo, legitimaciones de hijos, testimonios de patria potestad, dotes, arras y demás acciones que competían a la mujer, la administración de la sociedad conyugal que correspondía al marido, menos, mucho menos consentiría la aplicación de la Ley Iglesias, la de reglamentación de las obvenciones parroquiales, porque esta última implicaba la quiebra de la institución. Pelagio Antonio de Labastida y Dávalos, consejero áulico del papa Pío IX, emitió pastorales incendiarias desde Roma y envió cartas al padre Miranda, a Clemente Munguía y al arzobispo de México mediante las cuales convocaba a la violencia, a no sucumbir, a la desobediencia civil, a no pagar impuestos que financiaran el gobierno de Lucifer. Invitaba a la quiebra financiera del Estado mexicano. ¡Cómo extrañaban a Santa Anna, dócil y doméstico!

Juárez abandonó el cargo de gobernador de Oaxaca para ir en su carácter de secretario de Gobernación a la capital de la República a sofocar el descontento del partido liberal que ya desconfiaba de Comonfort, quien un día asistió a la renuncia en masa de sus colaboradores, y otro, descubrió que Pelagio Antonio de Labastida y Dávalos había contratado dos mil mercenarios, con cargo a su propio peculio, para iniciar la primera parte de la defensa armada del patrimonio eclesiástico. Los sacerdotes declararon que jamás jurarían la nueva carta federal, por lo que continuaron las expulsiones del país. Pero si el gobierno desterró a los rebeldes, la Iglesia excomulgó a quien jurara la Constitución. Desde los púlpitos se combatía la nueva Carta Magna: los servicios religiosos serían cobrados con o sin autorización del gobierno, dijera lo que dijera la ley. La violencia estaba puesta de pie.

Después de ganar las elecciones de acuerdo a lo previsible en aquel volcánico 1857, y antes de tomar posesión como presidente de la República el 1 de diciembre de ese mismo año, Ignacio Comonfort ya había llegado a un acuerdo con Manuel Payno, Juan José Baz y Félix Zuloaga para darse él mismo un golpe de Estado. En su discurso de toma de posesión confesó que vaciló muchas veces en aceptar el cargo debido a los tempestuosos momentos por los que atravesaba México. Ocampo ya lo sabía y maldecía lleno de furia desde Papantla. Comonfort propuso ciertos remedios para salvar a México y entre los más eficaces estaban unas reformas convenientes y prácticas a la Constitución...

—¡Canalla! —gritó Ocampo—. Nada más que a mí nunca me engañaste. —El reformista se revolvía en sí mismo.

El golpe, instrumentado de acuerdo al Plan de Tacubaya por Félix María Zuloaga, compadre de Comonfort y sicario de la Iglesia, se produjo el 17 de diciembre de 1857, a poco más de dos semanas de la toma de posesión. Comonfort cambió su título de presidente de la República por el de un patético golpista más. Seguiría en el poder con facultades omnímodas después de disolver el Congreso y arrestar a Juárez en su carácter no solo de secretario de Gobernación, sino también de presidente, con licencia, de la Suprema Corte de Justicia, por haberse negado a participar en la desaparición del orden legal por el que tanto habían luchado los de Ayutla. ¡Juárez a prisión por negarse a derogar la Constitución recién promulgada! Comonfort propuso una más moderada, diseñada para reconciliar la tradición y la reforma, la Iglesia y el Estado. Aguascalientes, Colima, Michoacán, Querétaro, Guerrero, Guanajuato, Zacatecas y Jalisco conformaron una alianza contraria a la deposición del presidente y a la derogación de la Carta Magna; más tarde se sumaron Nuevo León y Coahuila. El liberalismo ya había cundido en una buena parte del país.

Comonfort intentó negociar con los conservadores. Inconmovibles, se negaron a cualquier transacción que no fuera la derogación total de la máxima ley de los mexicanos; le dieron el consabido portazo en la nariz. Buscó entonces a los liberales, quienes resentidos, traicionados y decepcionados, también le dieron la espalda: el presidente, prófugo de sus poderes, se quedó completamente solo; ni con unos ni con otros. ¿Resultado? Zuloaga lo desconoció de acuerdo a las instrucciones recibidas del padre Miranda. Se impondría una nueva dictadura, la de los reaccionarios: Comonfort ya no solo no era presidente de la República ni tampoco dictador, sino un simple ciudadano escupido e ignorado por propios y extraños.

En su desesperación, perdida la causa de Ayutla, decidió en última instancia liberar a Benito Juárez para que se convirtiera en el presidente sustituto de la República. Cuando Miranda se presentó en la intendencia de Palacio para fusilar a Juárez, éste ya había desaparecido. Tendría que rendir cuentas a Labastida. La muerte del indio zapoteca hubiera evitado muchos problemas en el corto y largo plazo. «¿Quién lo habría liberado?», gritaba fuera de control.

Cuando Melchor supo cómo Benito Juárez salió a pie del Palacio Nacional, acompañado solo de Manuel Ruiz, para iniciar con lo que tuviera a la mano la reconquista de la legalidad constitucional, enfrentándose sin nada a una organización poderosa, dueña de millones en bienes y de otros millones de espíritus, admiró aún más la bravura y la estirpe de los mexicanos. ¿Quién dijo que en nuestro país no había igualdad de oportunidades, si Juárez empezó a usar calzado al cumplir los doce años, misma edad en que logró aprender el castellano para entenderse con la mayoría de sus semejantes? Melchor supo entonces que Zuloaga, el nuevo dictador clerical, un personaje igualmente maleable que el propio Comonfort, había integrado un gabinete de reaccionarios a ultranza, claro está, y que el padre Miranda, el siniestro padre Miranda, fungía como su ministro de Justicia para que éste tuviera el control total de su gobierno. No hubo discreción alguna en este nombramiento. A nadie escapaba que detrás de Félix María Zuloaga gobernaba la Iglesia católica. Se armaban dos frentes, uno liberal en Guanajuato adonde concurrían Santos Degollado, Juan Antonio de la Fuente, Marcelino Castañeda, Manuel Ruiz, José María Cortés Esparza, Mariano Ariscorreta, León Guzmán, Guillermo Prieto y también, claro está, Melchor Ocampo, Ignacio Vallarta, Pedro Escudero Echánove y José María Castillo Velasco, Mata, Zarco, y por supuesto Ponciano Arriaga, y por el otro los seguidores de Zuloaga, los conservadores, lo más excelso de la reacción mexicana.

La guerra de Reforma había estallado; México se convertiría en astillas en el muy corto plazo. En el nombre de Dios se cometerían muchos crímenes, fusilamientos, matanzas, sangrientos arrestos, torturas, además de otros castigos impuestos por la Iglesia católica. México volvería a desangrarse al detonar una nueva guerra, esta vez no para defendernos de una invasión armada extranjera, sino para resolver un conflicto armado entre hermanos organizado por el clero voraz.

Miranda, hombre de Dios, redactó gozoso los decretos para derogar la Constitución de 1857, la Ley Lerdo, la Ley Juárez y la Ley Iglesias, en resumen, el orden legal liberal. El papa, arzobispos, obispos y sacerdotes daban gracias al cielo porque habían cesado los mandatos que intentaban llevar a tantos a la inmoralidad y al desprecio de la justicia. Reclamaron la reanudación inmediata de relaciones diplomáticas con Roma y se felicitaron porque la sagrada religión volvía a estar en auge en México, en el grado que ardientemente deseaban todos los buenos mexicanos...

Melchor hubiera vuelto a romper una y mil veces las relaciones con la «Santa» Sede. El malhechor del papa solo arrojaba más fuego a los graneros de la nación, estimulaba el incendio. De Guanajuato, el breve contingente liberal se trasladó a Guadalajara en busca de un lugar más seguro; allí, según contaba Ocampo, el canónigo Rafael Homobono Tovar y el prior del Carmen, fray Joaquín de San Alberto, coludidos con Landa y un piquete de soldados, estuvieron a punto de ejecutar a Juárez si no hubiera sido porque Guillermo Prieto se interpuso a la voz de «Los valientes no asesinan». Mientras Miranda maldecía al canónigo, al fraile y a Landa, ¿cómo se habían dejado engatusar por una frase tan hueca como la de Prieto?, el ilustre grupo conducido por Juárez se dirigió a Colima para zarpar de Manzanillo a Panamá, donde, ya una vez en la costa atlántica, se embarcarían rumbo a Cuba, posteriormente a Nueva Orleans y de ahí a Veracruz, el estado liberal que los recibiría con los brazos abiertos. ¿Por qué habían escogido Veracruz, a pesar de las epidemias, el vómito, la viruela y la fiebre amarilla, las enfermedades tropicales y los escasos medios técnicos para vencer? Porque confiaban en la lealtad del gobernador, un liberal convencido y entusiasta, y porque en el puerto se abastecerían de divisas provenientes del comercio exterior: dólares, libras esterlinas, marcos, oro y plata para aplastar a los ejércitos clericales. No, no se trataba de enfrentamientos entre reaccionarios y demonios, sino de una guerra entre católicos liberales y católicos conservadores; finalmente, todos católicos.

Juárez veía a Melchor Ocampo como un hombre de sabiduría universal, el amigo incondicional, el liberal del que todos debían aprender, el guía, el líder. Éste insistía en la promulgación de la ley de nacionalización de los bienes del clero porque de esta suerte ningún banco extranjero se atrevería a concederle un crédito a la Iglesia católica, en la inteligencia de que si Juárez ganaba la guerra, simplemente no podrían recuperar sus capitales porque el gobierno liberal desconocería cualquier trato hecho con los clericales y por tanto no honraría ningún tratado firmado con ellos ni consentiría en entregar a extranjeros bienes ya convertidos en propiedad de la nación. Alegaba que si se privaba de liquidez a la Iglesia de tal manera que no pudiera traducir sus bienes en efectivo y por otro lado se cancelaba su acceso a los mercados mundiales del dinero, en el muy corto plazo tendría que rendirse. Ocampo destacaba en verdad por su genialidad financiera: sabía cómo romperle el espinazo a la Iglesia. Muy pronto sus colegas empezarían a llamarlo, además, el Gran Filósofo de la Reforma, un título mucho más que justificado pues tenía un proyecto para México a diferencia de los conservadores, cuyo único objetivo era mantener los bienes del clero en su poder. ¿Quién obtendría más ventajas con el triunfo de los liberales: el pueblo o la Iglesia? Melchor lo entendía a la perfección: de esta revolución armada vendría la revolución económica para México y el lanzamiento del país a niveles nunca antes pensados.

Después de bordear Toluca y dirigirse abiertamente a Michoacán, pasando muy cerca de la Villa del Valle, decidió pernoctar cerca de Atlacomulco, donde se abasteció de víveres, no sin antes devorar unos tacos de huevo con chorizo en la plaza pública, a un lado de las arcadas. Su cuerpo agradeció un baño en tina y luego el reposo en la cama de una fonda, donde pudo descansar sin miedo a los animales ponzoñosos ni dolerse por las piedras que le lastimaban los costados y la espalda.

Zuloaga nunca imaginó los conflictos que enfrentaría con sus superiores, la jerarquía católica, cuando les pidió nada menos que doce millones de pesos para contratar un cuerpo de soldados y oficiales franceses comandado por sus respectivos generales, que facilitaría Su Majestad, el emperador Napoleón III. Sin entrar a discutir los alcances de una traición a la patria como la que implicaba el hecho de convocar a un ejército extranjero para invadir México, la curia simplemente ignoró a carcajadas estruendosas la petición de Zuloaga. ¿Se trataría de una broma? Los dineros del Señor eran sagrados y pertenecían a la esfera divina, sin embargo no podían negar la necesidad de satisfacer las demandas de sus ejércitos, que no se alimentaban con oraciones ni disparaban con rezos ni se calzaban con plegarias por más eficientes que estas fueran. Mientras Juárez, en Veracruz, se hacía de los recursos para ganar la guerra, la reacción no estaba dispuesta a abrir las arcas de la Iglesia aunque la vida y el futuro le fueran en ello. Tarde o temprano tendrían que hacerlo, víctimas de un profundo dolor, porque el general Miramón alegaba con angustia justificada que sus tropas morían de hambre y que con tan solo doscientos mil pesos acabaría con los liberales en el estado de Guanajuato. La soldadesca conservadora estaba a punto de levantarse en armas en contra de sus superiores o bien llegar a la conclusión de desertar en masa, con lo cual los liberales, ubicados en el puerto del golfo, brindarían a rabiar con sangría de cava, *mint juleps*, mojitos cubanos y canelazos, acompañados de marimbas, jaranas, requintos, punteadores, arpas, quijadas de burro, huapangueras, platillos de pandero, tambores huastecos, baquetas, flautas de carrizo, violines de cedro y bongós, además de bailarinas de los Tuxtlas, de Mandinga y de Tlacotalpan; los jarochos explotarían de felicidad como los fuegos artificiales.

Zuloaga intentó imponer préstamos forzosos a los empresarios poderosos. Fracasó. Trató de convencer a los generales Miramón, Márquez, Mejía, Liceaga y Casanova de las ventajas de invitar al ejército francés. Fracasó, alegaban que podían solos en contra de las ratas liberales. Luchó por convencer a Miranda: o conseguía el dinero o su gobierno se hundiría junto con la causa clerical. Fracasó. Los conservadores flaqueaban. El gabinete, de hecho, no existía, carecían de energía, unidad, impulso, espíritu de continuidad y compromiso económico. Juárez conocía a la perfección esta situación a través de sus infiltrados en el gobierno de Zuloaga. El espíritu agiotista y explotador de la Iglesia, su egoísmo, su desbordada ambición, en este caso jugaban a favor de la República liberal, porque si bien algunos estaban de acuerdo en defender con la vida el alevoso proyecto político en contra de México, la mayoría no estaban dispuestos a comprometer sus ahorros ni su patrimonio. Mejor esperar al futuro, la Iglesia siempre se acomodaría...

Las limosnas pagadas por el pueblo para el sostenimiento de la obra social eclesiástica, para construir obras de caridad y en ningún caso para matar, empezaron a desviarse hacia este fin: a destinarse, gota a gota, para la compra de municiones, armamento, cañones y mosquetes. Labastida y Dávalos, desde Roma y con el apoyo del papa, propuso el nombramiento de un príncipe europeo para gobernar a México. Descartaban la idea de un protectorado yanqui porque los norteamericanos podrían traer consigo a la Iglesia protestante, otra auténtica amenaza para el futuro católico.

El tiempo pasaba, la guerra ya desatada enlutó de nueva cuenta los hogares. En lugar de que los mexicanos emplearan el ahorro público para construir un mejor país, puertos, vías de ferrocarril, escuelas y hospitales, tenían que disponer de todo su patrimonio, emplear todos sus recursos para combatir a un clero alevoso y traidor. ¡Qué diferencia con Estados Unidos y su religión protestante! ¿A cuántos presidentes norteamericanos habían intentado derrocar los pastores? ¿A cuánto ascendía el patrimonio de los representantes de aquella Iglesia? ¿Acaso era dueña también de más de medio país? ¿Qué influencia tenía en política, en la vida social y económica del país? ¿A cuántas revoluciones había convocado? ¿Acaso la Iglesia protestante integraba un Estado dentro de otro Estado? ¿Tenía salas de tortura, quemaba viva a la gente, contaba con policía secreta y ejércitos clandestinos, cobraba el diezmo, utilizaban el mecanismo de la confesión para detectar y someter a sus enemigos? No, claro que no, los mexicanos teníamos que gastarnos lo que no teníamos para defendernos de un enemigo interno, un clero rapaz, mendaz, insaciable, desleal y abusivo.

Mientras Melchor tomaba agua de chía en los portales de Atlacomulco en aquel octubre de 1860, recordaba su discurso del 16 de septiembre de 1858 para conmemorar el movimiento de independencia de México. Ahí había gritado bajo el impío sol veracruzano que Jesús luchó solamente contra los vicios del altar y que los liberales tenían que luchar contra los mismos vicios y también los del trono. Jesucristo se airaba porque los mercaderes del templo hubieran vuelto caverna de ladrones la casa de Dios. ¿Qué diría hoy si viese a una parte de los guardianes mismos del templo empuñar la espada contra el césar o emplear los tesoros a su alcance en volverse asesinos, fratricidas mandantes? ¡Oh, México! ¡Hoy infeliz y por lo mismo para mí, venerada patria mía! ¡Tú, dueña de todos los climas y de todos los productos posibles! ¡Tú, la más rica en metales de todas las tierras del globo! ¡Todo te lo dio Dios y casi todo hemos sabido desaprovecharlo…!

En diciembre de 1858, a casi un año de iniciada la guerra, Ocampo y Juárez se frotaron las manos al saber que Zuloaga, el militar consentido de Pelagio Antonio de Labastida y Dávalos, había sido derrocado por inútil. El propio Labastida y Miranda pensaron en traer nuevamente a Antonio López de Santa Anna a gobernar México por décima segunda ocasión. Su escaso sentido de la prudencia no resistió un nuevo análisis. Santa Anna permanecería en el destierro mientras que Miguel Miramón ocuparía la jefatura del país con tan solo veintisiete años de edad. La desesperación de la reacción era incomparable con el entusiasmo liberal. Dios no estaba escuchando sus oraciones. Los conflictos armados se ganan con arrojo, conocimiento, audacia y, por supuesto, con dinero. ¿Dinero? Sí, dinero, pero resultaba más sencillo obtener de un usurero un préstamo sin intereses que convencer al clero de aportar recursos a la causa, y si no que se lo preguntaran al depuesto Zuloaga con todo y su ejército francés...

Juárez y Ocampo se mantenían informados de la marcha de los acontecimientos en Estados Unidos y Europa. Al presidente Buchanan no le preocupaban los ideales liberales ni el proyecto retardatario conservador, solo lo movían los intereses económicos, es decir, el grupo que proveería de más riquezas al Tío Sam. Por todo ello, cuando recibió en Veracruz a Churchwell, enviado del presidente para negociar importantes prerrogativas territoriales y políticas imprescindibles para lograr su reelección, Ocampo se ofreció a tratar la entrega de la península de Baja California —«ofrecer no mata, el dar es lo que aniquila», repetía gozoso el ilustre michoacano— así como derechos perpetuos de tránsito a cambio de obtener el reconocimiento diplomático de la Casa Blanca.

Mientras Ocampo negociaba con Churchwell en marzo de 1859, Miramón atacó infructuosamente Veracruz solo para ser derrotado por el clima, las enfermedades y los liberales. ¡Las caras del alto clero cuando Santos Degollado, el general en jefe del ejército liberal, por toda respuesta se atrevió a sitiar temerariamente la ciudad de México! La fortuna le sonreía al célebre indio zapoteca porque Buchanan, entusiasmado, mandó a otro diplomático, esta vez a Robert McLane, ministro extraordinario y plenipotenciario de ese país, quien vendría con instrucciones específicas de firmar un tratado con el gobierno mexicano de acuerdo a las conversaciones y las promesas vertidas por Ocampo. Por supuesto que jamás se quedarían con Baja California, ni siquiera con un solo metro cuadrado de territorio nacional. Al tiempo: «de lengua me como un plato», se relamía aún más Melchor, sobre todo cuando poco tiempo después de la llegada de McLane el gobierno de Juárez fue reconocido diplomáticamente por la Casa Blanca, todo un éxito político cuyos alcances financieros y militares entendió la comunidad internacional a la perfección. Si los ejércitos clericales enfurecieron con la derrota de Miramón en Veracruz y se aterrorizaron con el sitio de la ciudad de México, cayeron en una profunda confusión cuando Washington decidió jugar todas sus cartas con Juárez y con Ocampo, quien escribía carta tras carta a Josefa, su hija, para que le explicara a Ana María los alcances de sus negociaciones en aquel abril de 1859.

El atole era una de las bebidas favoritas de Ocampo, la disfrutaba desde niño. Sentado en la plaza pública de Zitácuaro, después de haber recorrido interminables zonas boscosas, en tanto veía pasar a la mayoría de sus compatriotas vestidos con trajes de manta y descalzos, comprobaba una vez más que ese patético estado de cosas era la mejor demostración del escandaloso fracaso de la educación. A más títulos profesionales, más bienestar económico; podía apostar a que ninguno de los transeúntes había concluido siquiera la primaria, y por ello tenían que resignarse a vivir en la miseria y a ser carne de cañón del clero. Al gobierno y a la Iglesia les interesaba lucrar políticamente con la ignorancia, con las supersticiones del pueblo y con su histórica apatía. ¡Cuánta diferencia con el nivel cultural de los franceses, fiel reflejo de su desempeño económico! Al contemplar ese escenario que se repetía a lo largo del país, Melchor recordó cómo a partir del reconocimiento diplomático de Estados Unidos entró él en una frenética y febril actividad que le absorbería todo su tiempo. Por un lado la inminente suscripción de un tratado que le urgía a McLane para ayudar a la reelección de Buchanan, y por el otro la promulgación, a la brevedad, de las Leyes de Reforma, que empezarían a aparecer para bienestar de la presente y de todas las futuras generaciones de mexicanos.

En agosto de 1859, sentados en el café de la Parroquia, Juárez y Ocampo leyeron en los diarios del país que los curas habían excomulgado a los hombres que firmaran los decretos de Veracruz. La lectura de las notas vino acompañada de estruendosas carcajadas.

Según ambos reformistas, la reacción respiraba por las heridas, hablaba la voz de la derrota: «¿Con qué derecho y con qué título tratáis de trastornar la sociedad desgarrando sus entrañas?» «Vosotros que para sostener esa guerra de vandalismo que asola a la República os amparáis en la legalidad; vosotros que para talar los campos saqueáis poblaciones y dejáis en todas partes regueros de sangre, invocáis la legalidad; vosotros que traicionáis a vuestras creencias y a nuestra patria en nombre de la legalidad; vosotros, que no reconocéis otros poderes ni otra extensión de su ejercicio que los que manda la soberanía del pueblo, ¿adónde y cuándo habéis recibido del pueblo la misión para acabar con el culto y subvertir la sociedad...?» «...Vuestra conducta que os pone en contradicción con los principios que hipócritamente invocáis, dice muy alto que para vosotros ni hay respeto al pueblo ni amor a la patria ni a la libertad, ni a la constitución ni a la ley, ni a los hombres ni a Dios y que vuestra única bandera es el robo y la tiranía...»

—Imagínate —aclaró Juárez mientras movía su café negro servido en un vaso muy grueso y golpeaba con la cuchara para que le fuera servida la leche—, si así protestan por lo que ya hemos publicado, puedes suponer lo que acontecerá al salir a la luz pública la Ley del Registro Civil que regulará los nacimientos, el matrimonio y defunción de las personas, con la que cancelaremos la intervención del clero en los cementerios y camposantos. Es un golpe a su bolsillo...

—Y otro más al rostro, ahora que cancelamos las relaciones con la supuesta Santa Sede.

—Se lo merecen, Melchor...

—¡Claro que sí, el papa Pío IX no se cansa de intervenir en nuestros asuntos ni de excomulgar y enviar al infierno por la eternidad a los mexicanos que hubieren jurado la Constitución!

Juárez y Ocampo festejaban no solo la ocurrencia, sino su audacia después de mucho tiempo de llevar a cabo sesudas deliberaciones.

—¿Quién les va a prestar ahora si todos sus bienes son propiedad de la nación? ¿Quién?

—No, nadie, solo un suicida, Melchor. Lo que sí creo que fue un exceso de tu parte fue el texto de tu epístola para que se lea en los enlaces civiles...

—¿Por qué...?

—¿Por qué? Bueno —repuso Juárez reteniendo una carcajada—, porque tú no te has casado ni lo harás y proponer que el matrimonio es el único medio moral de fundar la familia, de conservar la especie y de suplir las imperfecciones del individuo que no puede bastarse a sí mismo para llegar a la perfección del género humano, al menos me pareció un exceso. De acuerdo contigo en que es una pieza literaria, hermosa por cierto, pero no tiene nada que ver con tu vida y tus cuatro hijas.

—Es cierto, Benito, pero quiero dejar un buen ejemplo a las futuras generaciones. ¡Además ya existirá un registro civil! Yo nunca tuve familia por haber sido un niño expósito y si ahora la tengo, me duele que Ana María y mis hijas estén fuera de la ley y de la Iglesia. ¿No te parece una maravilla que «los casados deben ser y serán sagrados el uno para el otro, aún más de lo que es cada uno para sí»? ¿Qué tal eso de que «el hombre, cuyas dotes sexuales son principalmente el valor y la fuerza, debe dar y dará a la mujer protección, alimento y dirección, tratándola siempre como a la parte más delicada, sensible y fina de sí mismo, y con la magnanimidad y benevolencia generosa que el fuerte debe al débil, esencialmente cuando este débil se entrega a él, y cuando por la sociedad se le ha confiado»?

—De que es maravilloso lo es, y espero que muchos mexicanos se sometan a tus palabras en los siglos por venir, pero tú y yo sabemos que no hay congruencia con tu vida personal.

—No, no la hay, Benito, y en buena parte, tú mejor que nadie lo sabes, es porque Ana María nunca quiso, por vergüenza, que fuéramos ni al altar ni ante la ley para casarnos. Ahora bien, a esa mujer la respeto como la parte más sensible de mi familia y de mi existencia.

Cuando Juárez sintió que tocaba una fibra sensible de su ilustre ministro de Relaciones Exteriores, decidió cambiar el tema para no lastimarlo.

—¿Y qué sugieres ahora que sabemos del tratado que firmó Miramón con España, el Mon-Almonte?

Con el rostro nuevamente descansado, Ocampo contestó:

—Es una traición más de la reacción a los derechos legítimos de nuestro país. Son estipulaciones contrarias a la dignidad, soberanía e independencia de la nación mexicana. Es tal la desesperación de los conservadores por obtener recursos que Miramón no tuvo empacho en suscribir el tratado para recibir un millón quedando a deber, eso sí, quince millones de pesos que devolverían al terminar el conflicto y todo para garantizarse el apoyo de buques de guerra de la armada española con los que van a atacarnos el año entrante aquí, en Veracruz, por mar, en tanto que Miramón volverá a intentarlo, al mismo tiempo, por tierra.

—Pues van a volver a fracasar a pesar del apoyo español, Melchor...

—No tengo la menor duda, más aún si contamos con el respaldo yanqui.

—A ver quién puede más, si la flota española o la norteamericana...

—Está claro, Benito, dejemos venir a los ensotanados disfrazados de soldados...

—Cierto, pero no nos va a ser fácil negarnos a pagar ese crédito, Melchor: el tratado Mon-Almonte es una canallada —arguyó Juárez recuperando su conocida seriedad—. Son capaces de invadirnos españoles y franceses con tal de fundar una nueva colonia en México. Lo verás, Melchor... ¡Ese es el verdadero objetivo de ese pacto siniestro!

—Es muy probable, Benito, muy probable, pero también lo es que nosotros suscribiremos nuestro tratado con Robert McLane sobre la base de aceptar las servidumbres de paso a perpetuidad, con las que los gringos nos construirán miles de kilómetros de vías férreas.

—A mí no me preocupa la perpetuidad, Melchor —adujo Juárez—, lo que importa es que retengamos Baja California, evitemos una invasión de Estados Unidos como la que está tramando Buchanan y al mismo tiempo nos salvemos de una intervención armada europea con aquello de «América para los americanos», ¿no? —A continuación agregó para la historia—: Acuérdate, hermano, que la Constitución de 1824 establecía que la religión de la nación mexicana es y será perpetuamente la católica, apostólica y romana, y ahora incorporamos la tolerancia religiosa. ¿Cuál perpetuidad a partir de la Constitución de 1857? Pero hay más —agregó satisfecho—: que no se nos olvide que Santa Anna y el clero ya habían consignado en el Tratado de La Mesilla el paso por tiempo indefinido en el mismo istmo de Tehuantepec, y además sin pago de aduana ni otros impuestos ni pasaportes en ningún tiempo. ¿Está claro? ¿Perpetuidades? —Volvió a preguntarse—: Acuérdate que perpetua también aspiraba a ser la casa de Iturbide y ya ves cómo acabó, afortunadamente acabó...

Ocampo admiraba la claridad jurídica y política con que Juárez analizaba los hechos. Por algo era el Jefe de la Nación.

—Bien, Melchor, bien, nadie puede apostarle a la perpetuidad, ¿qué es eso? Ahora, volviendo a nuestro asunto, si mantuviéramos nuestro territorio sin que nos lo vuelvan a mutilar los yanquis y también lográramos evitar nuestra conversión a colonia europea y comunicáramos al país, el gran trabajo lo habríamos hecho —concluyó Juárez.

—Y lo haremos, Benito, lo haremos —agregó Melchor con soltura—, lo importante es que siento a McLane en la bolsa. Creo que traigo dormidito al cara pálida. ¿Por qué no soñar con los derechos que les vamos a cobrar por el uso de la servidumbre y cómo podremos unir en el país a los centros de producción con los de consumo, qué tal?

—Podemos soñar lo que quieras, Melchor, pero la realidad es que si logras que el tratado incluya en el clausulado una alianza ofensiva y defensiva con Estados Unidos, de modo que si otra potencia nos llegara a atacar ellos estuvieran de nuestro lado, arrinconaríamos al clero...

—Todo lo que necesitamos es suscribir el tratado con Buchanan y que lo ratifique el congreso yanqui antes de las elecciones del año entrante en Estados Unidos. Ya veremos si llega al poder un presidente esclavista o un abolicionista, como suena el tal Abraham Lincoln... Pronto tardará para que lo sepamos, como dicen en España —concluyó Ocampo mientras ya le servían unos huevos a la veracruzana y otros aporreados para el oaxaqueño, y ambos pedían tortillas calientes...

En aquella ocasión Ocampo pudo volver por unas semanas a Pomoca para regresar al gabinete en diciembre de 1859. No pudo disfrutar a Ana María como hubiera deseado. La ceguera avanzaba implacablemente, de la misma manera la pérdida de luz la había avejentado en forma agresiva y alarmante. Veía sombras, solo sombras, y en su mente parecían existir igualmente sombras y más sombras. ¡Claro que pasó días interminables conversando con sus hijas, en particular con Julia y Petra, en compañía de su madre! Ana María sonreía esquivamente como quien se sabe tocada de muerte. Fue muy gratificante y divertido escuchar a sus niñas menores hablar como dos mujercitas de sus planes respecto al futuro. El servicio público les había arrebatado una buena parte de sus vidas. Respecto a Ana María, en realidad llegó a cuidar a una anciana de cuya juventud no quedaban sino restos intrascendentes. A pesar de ello cuestionaba y preguntaba, quería saber de todo, como siempre. El mejor momento y al mismo tiempo el más difícil se dio cuando ella le pidió que se acercara para tocar el rostro de su hombre, el magnífico reformador.

—Ven, nene, ven, mi nene, mi nene del alma...

Él obedeció de inmediato en tanto cerraba los ojos, recordando tiempos que jamás volverían. Era la hora de resignarse. Por ello salió momentos después a recorrer sus jardines, a hablar con su gente y a revisar los progresos en materia agrícola. Al concluir la guerra continuaría con sus experimentos y culminaría los planes que abrazara infructuosamente desde sus años dorados en Francia.

A principios de diciembre debió volver a Veracruz solo para firmar el tratado McLane-Ocampo: salvar a México del desmembramiento territorial y de la intervención armada norteamericana, otorgando a cambio el tránsito por el istmo y por la frontera desde el río Bravo hasta los golfos de California y de México. Juárez y Ocampo se abrazaron porque quedaban incólumes los derechos de soberanía de la nación, porque nada se concedió con mengua del decoro y porque se había afianzado la nacionalidad sin perjuicio de las ventajas recíprocas para ambos países. No se había perdido ni un milímetro cuadrado de territorio nacional. Se habían resistido todas las presiones ejercidas por los diversos embajadores y enviados secretos de la Casa Blanca. El abrazo entre aquellos grandes patriotas era obviamente justificado. Ellos no habían suscrito un préstamo ominoso y leonino como el Mon-Almonte, cuya imposibilidad de pago implicaría en el futuro, ahora sí, una intervención militar por parte de Francia y de España: un nuevo cargo en contra del clero y sus brazos armados.

Si bien era cierto que Estados Unidos se negó a ratificar el tratado McLane-Ocampo por temor a que en el futuro se anexaran nuevos territorios esclavistas, como había acontecido con Texas, y se rompiera el equilibrio político en el Congreso, también era válido afirmar, tal y como no se cansó de repetir el propio Melchor, que Lincoln se había convertido en un fanático juarista, por lo que subsistió el pacto de asistencia militar, utilizado cuando Miguel Miramón inició un nuevo sitio a Veracruz en marzo de 1860, fundado en la esperanza del apoyo naval español proveniente de Cuba. Cuando finalmente los barcos *Miramón* y *Marqués de La Habana* emplazaron sus baterías y empezaron a bombardear el puerto de Antón Lizardo, los marineros españoles se llevaron la sorpresa de su vida cuando la fragata de guerra de la marina norteamericana *Saratoga*, además de la *Indiana* y el *Wave*, respondieron el fuego para provocar la rendición inmediata de Tomás Marín, el contraalmirante hispano, quien fue llevado preso, encadenado, a Nueva Orleans para ser juzgado por los tribunales norteamericanos. Fue precisamente el 21 de marzo de 1859, día del natalicio de Benito Juárez, cuando Miramón decidió levantar de nueva cuenta el sitio de Veracruz. Había vuelto a fracasar y ahora sí, sin recursos económicos y sin los refuerzos españoles ni la confianza de su Iglesia, quedaba en manos del ejército liberal para ser aplastado en el corto plazo. Tan pronto se supo que Tomás Marín había sido arrestado por los marinos norteamericanos, el clero se percató de que la guerra estaba perdida. Juárez, quien había empezado la guerra de la nada, saliendo por propio pie a solas de Palacio Nacional en enero de 1858, en 1860 cambiaba los papeles: el pez chico estaba devorando al grande. El insignificante indio zapoteca los había derrotado sin un quinto en la bolsa ni un soldado a su lado, pero eso sí, con un coraje y unas convicciones que no cabían en el país.

Cuando Miramón fue derrotado de nueva cuenta en la batalla de Silao, en agosto de 1860, y la curia se cansó de echar mano de las limosnas de la más remota parroquia, Labastida elevó sus plegarias en los siguientes términos, arrodillado frente al altar mayor de la Basílica de San Pedro. Su voz trataba de incendiar a los liberales del otro lado del Atlántico: «¡Ve, oh Dios mío!, este precioso don sobre todos nosotros, sobre la Iglesia desolada, sobre el Estado roto y deshecho a los reiterados golpes de la anarquía, sobre esta sociedad, cubierta de heridas, agotada de sangre y henchida de miserias: *Fiat pax in virtute tua...* Apiadaos, ¡oh Padre!, de esta nación infeliz penetrada de dolor, víctima de todas las desgracias, que desfallece consumida en su lecho de muerte. Mirad cómo la persiguen todas las plagas desoladoras. Compadeceos, Señor, de nosotros: enviadnos el remedio universal para nuestros males: paz que restituya los bienes perdidos por la guerra y alimento abundante que salga en nuestros hijos. Que acaben para siempre, Señor, estos odios enconados que perpetúan la guerra entre nosotros; esos intereses injustos que han roto nuestros vínculos sociales, esas pasiones intransigibles que han transformado en un circo de gladiadores a un pueblo de hermanos».

Miranda y Labastida rezaban, elevaban sus plegarias, oraban, se flagelaban, se castigaban, se infligían castigos con el cilicio, sí, pero Dios estaba con Benito Juárez, con la verdad y con la Constitución; al menos por esta ocasión, Dios estaba y estaría con los liberales católicos.

Miramón, Márquez, Robles Pezuela, Zuloaga, Miranda, Labastida, Nepomuceno Almonte y Munguía sentían cómo perdían la fuerza de los brazos, se desvanecían, se precipitaban en un gigantesco pozo oscuro sin posibilidad alguna de sujetarse de sus paredes húmedas. Iban en caída libre hasta el espejo de agua ubicado a una distancia indescifrable y remota. Empezaron los intercambios de culpas. Miranda acusó a Miramón de torpeza, de ineficiencia, de estupidez, de candor, en tanto que Miramón intentó defenderse alegando que nunca obtuvo los recursos económicos para hacer frente a la guerra, mientras que Juárez había tenido acceso a capitales en Veracruz, donde la fiesta, el entusiasmo y la algarabía llegaban por momentos a su máxima expresión. Juárez, eternamente impasible, ni siquiera sonreía en espera del veredicto final, militar, que no tardaría en emitirse. Los ejércitos clericales bien pronto serían aplastados.

—Las guerras se ganan con dinero y no con plegarias —sentenció furioso e insolente Miramón...

Fue precisamente en octubre de 1860 cuando Melchor Ocampo recibió aquella carta ominosa en la improvisada oficina presidencial en el puerto, por medio de la cual le anunciaron la muerte irremediable y próxima de Ana María. Salió a caballo precipitadamente para intentar encontrar a su mujer todavía con vida.

Cuando llegó a Pomoca y se apeó de la bestia a toda prisa para correr a la recámara donde agonizaría Ana María, se encontró a Josefa, Lucila, Julia y Petra, sus queridas hijas, las cuatro vestidas de negro con la cabeza gacha y la mirada extraviada. Ana María había muerto quince días antes de su llegada. Los crespones colocados encima de la puerta principal así lo indicaban.

Dos veces lloró Melchor Ocampo: una, cuando se casó Josefa con José María Mata, y la otra, en aquel momento. La carrera que emprendiera llena de ánimo para llegar a los brazos de Ana María y tal vez escuchar sus últimas palabras, sentir su último aliento, encontrarla con la piel aún tibia y oír su voz mágica, que podía regresarlo a la más tierna infancia, había sido en vano. Ana María fue su madre, su amante, su confidente y jamás protestó como jamás exigió un lugar, un espacio social, un nombre, un apellido ni demandó una posición para su familia. Nada. Ana María parecía resumir doscientos años de imperio azteca, trescientos años de colonia y cincuenta años de México independiente. Ella condensaba los horrores de la piedra de los sacrificios y los años siniestros de la Santa Inquisición, en que por el hecho de pensar quemaban a las mujeres, acusadas de ser brujas. Había sido parte de los cientos de «damas de compañía» de los tlatoanis, que las usaban y despreciaban a su antojo, de la misma manera que fuera abusada a lo largo de trescientos años de la colonia española. Tenía cincelado en la nuca el concepto de la esclavitud, de la servidumbre, el sometimiento incondicional, el silencio obligatorio, el respeto escrupuloso y el deber de acatar sin preguntas la voz de su amo, de su patrón, de su jefe. Ana María no podía opinar; Ana María, como todos los de su clase, solo estaba llamada a obedecer y a servir, una de las fracturas que explicaban el atraso mexicano.

Ocampo quedó petrificado; pegado al piso como un clavo mientras sentía cómo la fuerza de las piernas lo abandonaba gradualmente. Al soltar al suelo unas alforjas que llevaba en ambas manos, sus hijas corrieron a socorrerlo y a abrazarlo. Bien pronto se vio rodeado de amor, de ternura y de comprensión. Le resultó imposible contener el llanto. Solo alcanzaba a repetir una y otra vez:

—Miren lo que nos pasó, miren lo que nos pasó, miren lo que nos pasó…

Las hijas lo condujeron hasta la sala de la hacienda, donde una a una dieron a su padre su versión de los hechos. La vida de su madre empezó a parpadear como la flama de una vela a punto de la extinción. Mientras más se acercaba a su final, más preguntaba por Melchor y sin embargo él no llegaba. La debilidad de su organismo era manifiesta. Sabía que se iba, por supuesto que lo sabía, pero se resistía a partir a su viaje sin retorno hasta no ver al menos el rostro de su niño, de su amante, de su jefe, de su marido, de su amado nene en toda la extensión de la palabra.

—Que venga Melchor, por lo que más quieran, que venga Melchor, tengo que acariciar su frente, tocar una de sus manos, quiero irme con una caricia de él, la última.

Ninguna de las hijas ignoraba sus orígenes ni su identidad, ¿no estaba claro? Pues ninguna de ellas abrigaba el menor rencor. Guardaban un prudente silencio cómplice.

Pero todo había sido inútil. La mañana del 16 de octubre de 1860 amaneció muerta con una sonrisa angelical en el rostro. Se fue en paz, ya estaría descansando en el paraíso, mil veces bendita por el Señor. Su última voluntad consistió en ser enterrada a los pies de un árbol muy particular, un frondoso laurel de la India bajo cuya sombra ella empezó a vivir a los treinta y siete años cuando, según relatara a sus hijas, conoció una aparición celestial que cambió para siempre su existencia. Ninguna de ellas parecía comprender nada, sin embargo, su madre insistió en que a partir de ese día, el más feliz de su existencia, había vuelto a creer en Dios.

Al escuchar estas palabras, Melchor explotó en un ataque de llanto peor que cuando vio a sus hijas vestidas de negro en la puerta del casco de Pomoca.

Ocampo pasó entonces varios días en la hacienda, recorriéndola de arriba abajo para volver a llenarse los ojos de ella y también para pasar el mayor tiempo posible al lado de la tumba de Ana María. Las mujeres mexicanas eran unas heroínas que cargaban la cruz sin proferir el menor lamento desde que la historia era historia, y nunca nadie se apiadó de ellas ni les ayudó a soportar las cargas de la vida. Por esa razón escribió en su cuaderno de notas:

> Señoras: Vosotras que sois el sostén de nuestra infancia, la adoración y encanto de nuestra juventud, el consejo y compañía de nuestra edad madura, el consuelo y alivio de nuestra vejez y en todas épocas de nuestra vida, la belleza, la ternura y el descanso de ella, de vosotras depende el bienestar futuro de México, del mundo, de la humanidad. Sois el arca que encierra a las generaciones futuras. ¡Educadlas en el amor de una libertad que las vuelva justas y benéficas, y os habréis acercado, más que vuestra mitad grosera, el hombre, a ser la imagen y semejanza de Dios![25]

Después de la muerte de Ana María, los acontecimientos políticos y militares se desarrollaron meteóricamente. Apenas transcurrido cierto tiempo del desastre sufrido por Miramón en Silao, fue derrotado en Zapotlanejo y en Guadalajara. El general presidente se sen-

---

[25] Discurso de Melchor Ocampo en la conmemoración del Día de la Independencia, el 16 de septiembre de 1858 en Veracruz. Ocampo, 1901: 24-25.

tía perdido. Sabía que los ejércitos clericales serían definitivamente vencidos en cualquier momento; todo se reducía ya a un problema de tiempo. El golpe de gracia era inminente. Juárez, imparable, publicó el 4 de diciembre de 1860 la última reforma proclamada en Veracruz: la ley sobre la libertad de cultos, piedra angular de este enjundioso movimiento emancipador, la revolución de Reforma, choque frontal entre dos contendientes absolutamente desiguales. A partir de ese momento, cada mexicano tendría el derecho de tener la religión que prefiriera. Se acababa el oprobioso monopolio espiritual de la Iglesia católica. ¡Viva la libertad de religiones, que cada quien adore a la deidad que más paz y tranquilidad le reporte! ¿Cuál tiranía sobre las almas? ¿Cuáles perpetuidades establecidas en leyes y tratados?

Cuando el 22 de diciembre de ese mismo año Miramón fue definitivamente aplastado por el ejército liberal al frente de González Ortega, se dio por concluida la guerra de Reforma después de casi tres años de enfrentamientos entre hermanos.

«Juárez conoce la noticia del triunfo del ejército constitucionalista... en Veracruz... Allí también comisiona a don Melchor Ocampo para que se traslade a la ciudad de México, llevando consigo la enseña de la ley y el orden. Y llega Ocampo a la vieja capital el 30 de diciembre de 1860... Ocampo es ministro de Relaciones y Hacienda. Tiene en sus manos el ejercicio de la autoridad civil, y lo practica. Destituye así a todos los empleados públicos que sirvieron a la ilegalidad; suspende los pagos a los pensionistas civiles y militares desafectos al gobierno constitucional; hace salir del país a los señores Francisco Pacheco y Felipe Neri del Barrio, ministros de España y Guatemala en México "por los esfuerzos" que ambos habían hecho "a favor de los rebeldes usurpadores"; acusa al clero de "principal promovedor, sostenedor e instigador de la rebelión de Tacubaya y de la guerra que de ella se ha seguido"; pide que se abra juicio a don Manuel Payno y a otros caudillos políticos, señalados como los autores del golpe de Estado de 1857; ordena la confiscación de los diezmatorios y de los emolumentos de los curas párrocos complicados en los negocios políticos contrarios al gobierno constitucional, y acuerda la expulsión de tres obispos mexicanos y del arzobispo don Luis Clementi».

Juárez decidió llegar a la ciudad de México precisamente el 11 de enero de 1861, tres años después de ser liberado por Ignacio Comonfort de la cárcel en Palacio Nacional. Precisamente en esa fecha inició la guerra de Reforma, en la misma concluyó y ni así era posible que este recio y formidable indio zapoteca sonriera. Vestido permanentemente de negro, llegó en una carroza a una recepción solemne y entusiasta. Había mucho por hacer, decía Juárez, «dejemos los festejos para otra ocasión», y las celebraciones siempre se diferían como si jamás hubiera ocasión para la alegría. Claro que las amenazas estaban presentes; bien lo sabía él, la Iglesia jamás se dejaría derrotar, más aún cuando se había lastimado tan severamente su sacratísimo patrimonio.

La primera gran contrariedad o doloroso enfrentamiento con la realidad lo tuvo cuando se encontró con una gigantesca catarata de ataques en contra de Melchor Ocampo y de su propia persona por haber suscrito el famoso tratado con Robert McLane. Ocampo le hizo saber por escrito al presidente de la República su punto de vista al respecto: «Vuestra Excelencia ha podido observar con mejores datos que yo, ciertos síntomas de impopularidad accidental a mi persona que me hacen creer conveniente a la causa y amor a la persona misma de vuestra excelencia, mi separación del gabinete».

Juárez intentó por todos los medios retener a su lado a Melchor, su hermano, su mentor, su gran amigo, el hombre incondicional, el de las convicciones liberales que nutrieron a tantos desde el inicio de la guerra: en Guanajuato, en Guadalajara, en Colima, en Nueva Orleans y después en Veracruz, hasta ver nacer ese gigantesco aparato legislativo de más de ciento sesenta leyes que entre todos expidieran desde el heroico puerto. Si bien el presidente suplicó a Ocampo que no renunciara, también lo hacía con el ánimo de disuadirlo porque conocía los planes de su genial exsecretario de Relaciones Exteriores y de Gobernación: se iría a su hacienda de Pomoca, acosada y rodeada por bandas criminales de filiación clerical, ávidas de venganza por lo acontecido.

—Melchor, si no quieres permanecer en el gabinete, por lo menos quédate en la ciudad de México o regresa a Papantla. En Pomoca te matarán, Melchor, te juro que te matarán. Tú mejor que nadie sabes el coraje que te guardan el arzobispo Munguía y el padre Miranda además de Zuloaga, Márquez y el propio Miramón. La Iglesia nos colgaría piadosamente del primer ahuehuete. Todos sabemos que Miranda coordina bajo el agua cada ataque proveniente de Labastida en Roma y del arzobispo de Michoacán. Lo acaban de ver en compañía de Márquez, ese sanguinario asesino, en Jalapa. Quédate aquí en la ciudad como mi consejero y podré darte la mínima seguridad que necesitas.

—Nada tengo que temer, Benito, hermano, no he hecho mal a nadie; he procurado servir a mi país conforme a mis ideas, es todo lo que puede exigirse a un ciudadano.

Tiempo después de la llegada de los ejércitos liberales a la ciudad de México, Melchor Ocampo salió en una diligencia rumbo a Pomoca. Terco y obcecado, se negó a seguir los consejos y las sugerencias fraternales de los suyos. Con la convicción del deber cumplido, empezó a reorganizar su vieja hacienda e intentó practicar nuevos injertos, diversas técnicas agrícolas para aumentar la productividad y el bienestar de quienes le prestaban con tanta lealtad sus servicios; en tanto él se dedicaba otra vez a la filosofía, a la botánica, a las matemáticas, Juárez desistió de sus planes para decretar una amnistía tan completa como lo permitiera la buena política.

El escándalo fue mayúsculo. Los liberales no querían amnistía, sino un feroz castigo para los criminales representantes de la alta jerarquía católica. «El perdón jamás, señor presidente», solo que Juárez, un hombre necio, insistió en la exoneración a pesar de las amenazas y los llamados a la traición de sus propios hermanos de combate y de convicciones. Con tal de tranquilizar a las masas liberales, según lo prometido por Ocampo, ordenó la expulsión de obispos y arzobispos hasta llegar a monseñor Luis Clementi, el nuncio papal, quien había permanecido en México a pesar de la ruptura de relaciones con Roma.

Fueron escoltados hasta Veracruz junto con Joaquín Francisco Pacheco, el embajador español, Felipe Neri del Barrio, representante de Guatemala, y Francisco N. Pastor, del Ecuador, todos enemigos de la causa de la República. Los jarochos nunca olvidarían la recepción que le tributaron en Veracruz a Clemente Munguía y a De la Garza y Ballesteros, así como al nuncio y a los ministros de España y de Guatemala, recibidos a pedradas por los veracruzanos, furiosos y heridos todavía por los horrores de la guerra que estos personajes habían auspiciado. Los *mueras* a estos sujetos se escuchaban hasta el otro lado del Atlántico.

Francisco Zarco saltó a la arena y declaró: «Las leyes de Reforma no son, como ha dicho el espíritu de partido, una hostilidad contra la religión que profesa la mayoría de los mexicanos: lejos de eso, otorgan a la Iglesia la más amplia libertad, la dejan independiente para que obre en los espíritus y en la conciencia, la apartan del bastardo influjo de la política y hacen cesar aquel fatal consorcio de las dos potestades...»

Juárez prohibió las actividades religiosas públicas en los términos de las leyes promulgadas en Veracruz; decretó el 5 de febrero como fiesta nacional; secularizó hospitales y establecimientos de beneficencia; impuso la libertad de prensa; extinguió comunidades religiosas; redujo a nueve el número de conventos; obligó a los jueces a fundar sus sentencias en la ley, de modo que desaparecieron los criterios subjetivos; ordenó la construcción del ferrocarril a Veracruz; decretó que los diezmos debían ser limosnas voluntarias, en ningún caso obligatorias; hizo valer la educación laica, a la par que se enteraba de que bandas y pandillas de conservadores resentidos empezaban a asolar, a robar y a matar con el ánimo de causar pánico en diferentes partes de la República. Las tropas clericales derrotadas, ahora convertidas en pequeñas gavillas, asesinaban sin piedad a quien pretendiera cumplir las leyes juaristas, y sin embargo Melchor Ocampo parecía no reaccionar ante esta realidad.

En Pomoca, entregado a la labranza y a la lectura, Melchor casó a su hija Julia, en tanto mandaba una carta tras otra a sus seguidores y amigos para manifestar la importancia de sostener y apoyar el régimen de Juárez. Se mostraba enemigo abierto de cualquier división en el sector liberal de México. Si bien lo alarmaban los enfrentamientos políticos entre los suyos, no menos le preocupaba la caótica situación financiera del país al final de la guerra. Era imposible hacer frente a la deuda pública, y por lo tanto resultaba absolutamente previsible una intervención militar de las grandes potencias europeas, a las que la Iglesia presionaría para imponer por la fuerza un régimen monárquico que apoyara la causa clerical y derogara las Leyes de Reforma. Eran obvias las gestiones de la alta jerarquía católica y de poderosos conservadores que maniobraban, fundamentalmente ante Napoleón III, la posibilidad de instaurar en México una colonia francesa por medio del ejército más poderoso del mundo. Por esa razón, bien lo sabía, Juárez no sonreía: si era cierto que había concluido exitosamente para ellos la guerra de Reforma, también lo era que se cernía una gigantesca invasión francesa propiciada por el bando derrotado para imponer un imperio en México, más aún cuando Estados Unidos, el aliado, estaba inmerso en la guerra de Secesión entre esclavistas y abolicionistas. Era la gran oportunidad del clero para recuperar todos los derechos y privilegios perdidos, escribió en su cuaderno de notas.

Mientras Juárez decidió no elevar por lo pronto a rango constitucional las Leyes de Reforma, para dejar respirar al menos un momento a la nación antes de volver a provocar al clero, Ocampo paseaba por Pomoca acompañado de Clara Campos, la hermosa hija mayor de su mayordomo, por quien sintió atracción con tan solo verla arrodillada lavando ropa a la orilla de un río. Se trataba nuevamente de una mujer de extracción indígena, de piel color canela intenso, negros ojos rasgados del tono de la obsidiana y una cabellera larga del mismo color que se recogía con unos lacitos multicolores que le reportaban una gracia particular. De su escote pronunciado se podía advertir la presencia de unos senos plenos y tal vez intocados que la muchacha exhibía al patrón sin el menor pudor. Claro que Melchor se sentó a un lado de ella, se descalzó y metió los pies desnudos en el río mientras platicaba, jugueteaba y trataba de hacer ciertas bromas con Clara, hasta que metió la mano en el agua y talló con delicadeza los brazos quemados por el sol de aquella muchacha que escasamente tendría veinte años de edad y nacía a la vida con una sonrisa atractiva y pícara que le hacía recordar sus mejores tiempos con Ana María. Sin duda alguna tenía el aire de ella; de nuevo su historia personal se hacía presente. Su atracción era obvia; la vida le daba a Melchor una segunda oportunidad con alguien como la querida madre de sus hijas.

La chica no protestó cuando él volvió a mojarle los hombros con agua, por el contrario, le lanzó una gratificante sonrisa de agradecimiento. No estaba con cualquier persona; no, claro que no, estaba con el patrón, don Melchor Ocampo. Acto seguido, le acarició la cabellera y más tarde la frente, cuando apenas llevaba una hora escasa de haberla conocido y descubierto. Tenía tanto tiempo de no estar con ninguna mujer y ahora se presentaba ésta, que resumía a todas las que conociera a lo largo de su historia. Ella y solo ella se convertiría en su nueva obsesión. Le pidió entonces que se levantara, que dejara de lavar y lo encarara para no verla de perfil. Clara obedeció de inmediato. Entonces él, mientras los pies parecían quemársele con las piedras, con ambos índices empezó a retirarle la blusa, haciéndosela descender por los hombros hasta dejar totalmente descubierto el torso de aquella mujer, por lo visto una aparición. Ella no intentó cubrirse en ningún momento; parecía haber estado toda la vida enamorada de Melchor Ocampo. Lo dejó hacer sin voltear siquiera a los lados para ver si su padre los observaba o algún curioso espiaba la escena. Nada, no le importaba nada.

Pasados unos matorrales, unos altos juncos donde se escondían los patos en el invierno, en un pequeño espacio, protegidos de las miradas fortuitas, ahí cayó la feliz pareja. Melchor empezó a devorarla con besos totalmente correspondidos. Ella parecía la encarnación de Ana María: obtenía de la muchacha las mismas respuestas que sin duda habría recibido de su nana de haberla encontrado todavía sana y con vida. Cuando Clara estuvo totalmente desnuda, con lentitud y delicadeza empezó a desabotonar la camisa del patrón como si tuviera experiencia con muchos hombres. Melchor no dejaba de contemplar a esa hembra maciza, en realidad inexperta, cuya virginidad muy pronto podría constatar. De alguna manera o de otra, al recluirse en Pomoca empezó a despedirse de la vida. Pasó mucho tiempo y dificultades antes de poderse hundir en aquella princesa, idéntica a las de su raza, las únicas con las que él podía entenderse. De los gemidos pasaron a los alaridos, de los alaridos a las súplicas, de las súplicas al éxtasis, del éxtasis al arrebato, del arrebato a la consagración y de la consagración a la paz. Tan pronto terminaron de ofrendar sus cuerpos a los dioses, los dos permanecieron entrelazados besándose nuevamente y felicitándose por este glorioso encuentro. Como atardecía, con la máxima discreción posible se deslizaron hasta el río, donde volvieron a abrazarse y a besarse con la pasión de los adolescentes. Así, en diferentes lugares de Pomoca, escondiéndose de los extraños o de los curiosos, un buen día Clara tuvo su primera y su segunda falta hasta comprobar que estaba embarazada del patrón, un buen hombre ahora perdido de amor que se negaba a aceptar día tras día que las gavillas de conservadores y las pandillas clericales estimuladas por Zuloaga, Márquez y Munguía cercaban su hacienda para arrestarlo, secuestrarlo y fusilarlo por ser un traidor a la gran causa de Dios.

Destacados militares de alto rango, al frente de bandas organizadas y de pandillas al servicio del clero, sostenían campañas de sangre casi sin encontrar resistencia, arrasando pueblos y haciendas, imponiendo contribuciones forzosas, asesinando sin piedad a los que no podían o se negaban a pagar, sembrando la muerte y el espanto hasta las mismas puertas de las grandes ciudades y capitales. No tardó en conocerse el paradero de Melchor Ocampo en su rancho de Pomoca, hecho que divulgaron los canónigos Camacho (más tarde obispo de Querétaro), De la Peña (después obispo de Zamora) y el doctor Romero, alias Chaquira, en tanto otros mandaron correos al general Leonardo Márquez, el Tigre de Tacubaya —un sangriento militar reaccionario—, dándole aviso. Éste no tardó en informarle tanto a Zuloaga como a Mejía, al arzobispo Munguía y al propio padre Miranda, quienes a su vez notificaron al arzobispo Labastida en Roma respecto de esa fabulosa oportunidad que no debían dejar escapar: Dios se los ponía a tiro. Las instrucciones no tardaron en llegar. De la misma manera en que ese primer semestre de 1861 se produjeron diversos apresamientos de liberales distinguidos en contra de quienes se habían ejercido venganzas personales, Leonardo Márquez ordenó de inmediato a Lindoro Cajiga que se presentara en Pomoca acompañado de un buen piquete de soldados clericales sin uniforme para secuestrar a Ocampo antes de que pudiera huir de dicho lugar. Tenía que apresurarse para impedir la fuga de ese mamarracho, hijo del diablo, que tantas debía a la justicia divina. Había que congraciarse con Dios y fusilarlo.

El martes 28 de mayo de 1861 Juan Velázquez, un hombre leal a don Melchor, le hizo saber de la proximidad de grupos de bandoleros asesinos que merodeaban su propiedad, por lo que le pidió que partiese de inmediato a un lugar seguro y dejara de correr riesgos con toda su familia.

—Si yo no he hecho nada, Juanillo, ni he ofendido a nadie, ¿por qué he de huir? —cuestionó Ocampo con la convicción de que había cumplido con la ley y como ciudadano, y que por lo mismo no podía ser acreedor a castigo alguno.

Esa noche la pasó Melchor contemplando la luna inmóvil, colgada de la inmensidad del firmamento. En realidad nadie pudo conciliar el sueño. Al día siguiente, movido por la prudencia y decidido a no permitir que sus hijas corrieran peligro alguno, les pidió que saliesen juntas a Maravatío, en el entendido de que él las alcanzaría unos días más tarde. Para sorpresa de todas, Melchor insistió de manera tan particular como extraña en que Clara, la hija del mayordomo, las acompañara en esta primera parte de la fuga; era curioso que fuera ella y ninguna otra de las mujeres de Pomoca, la que su padre quisiera proteger con tanta puntualidad. El grupo le insistió en que partieran juntos, pero el Mártir de la Razón se resistió a hacerlo. En su juicio, tenía que concluir algunos asuntos todavía en Pomoca y no podía dejar la finca abandonada; en realidad se estaba suicidando a sus cuarenta y siete años de edad. La decisión no podía estar más acorde con los planes de quienes habían tramado su asesinato en el oscuro fondo de la hacedría de la catedral de Morelia. Los días de Melchor Ocampo estaban contados.

El viernes 31 de mayo se apersonó Lindoro Cajiga en Pomoca acompañado de un nutrido grupo de maleantes para secuestrar a Ocampo, a quien encontraron buscando un libro de botánica en su inmensa biblioteca, donde custodiaba textos escritos en los más diversos idiomas y en las más diferentes materias, de muy distintos años de edición. Para cualquiera hubiera sido muy gratificante acompañarlo en el lugar favorito de su finca de modo que él, ese sabio universal, pudiera señalar con lujo de detalles sus libros consentidos y pasar un rato absorbiendo los conocimientos deslumbrantes de ese único intelectual mexicano, del que pasarían muchos años antes de que se reconociera su gigantesca obra política y social.

—¿Es usted Ocampo? —cuestionó Cajiga, el cabecilla de los bandoleros.

—¿Qué mandan ustedes, mis señores? —contestó Melchor a los rufianes con la debida cortesía, sin inmutarse.

Cajiga presentó entonces una orden escrita por Leonardo Márquez en la que se le comunicaba su arresto. Obviamente el documento carecía de la más elemental legalidad y había sido redactado, como bien lo sabía Ocampo, por un vil y vulgar asesino. A pesar de lo anterior, contestó:

—Está bien, estoy a sus órdenes —dijo, y agregó—: ¿quieren ustedes tomar la sopa?

—Nada de sopa, hijo de puta —repuso enfurecido Cajiga tomándolo de la solapa del saco y jalándolo hacia el patio como si se tratara de un forajido, un criminal.

Montado sobre un burro con las manos atadas, don Melchor, el «Gran Filósofo» y uno de los singulares padres de la Reforma, pasó la mirada por última vez al casco de su hacienda de Pomoca. A su paso por Maravatío la gente, su gente, a los que tanto había ayudado, lo aclamaron y lo lloraron al verlo pasar en esa terrible condición. Adivinaban su suerte. Los asesinos se sorprendieron al ver la respuesta del pueblo. Se preguntaban: «¿Quién será este tipo que hace llorar a hombres y mujeres?»

Finalmente Cajiga entregó a su ilustre preso a los generales Félix Zuloaga y Leonardo Márquez, quienes a través de Antonio Taboada lo condujeron hasta Tepeji del Río, adonde llegaron el 3 de junio de ese crítico 1861. En Tepeji, don Melchor fue encerrado en el cuarto número ocho del mesón de Las Palomas, custodiado por centinelas de vista. En una casa cercana, Zuloaga y Márquez disfrutaban el feliz arresto de tan singular reo. Exhibían ansiedad por ejecutarlo y anunciar esa dichosa noticia al arzobispo Munguía, al padre Miranda y al arzobispo Labastida y, por supuesto, al arzobispo de México, De la Garza y Ballesteros, en el exilio. Félix María Zuloaga todavía se ostentaba, a pesar de la victoria liberal, como general y presidente de la República, reconocido por las partidas reaccionarias.

Una vez instalado en un pequeño cuartucho donde no había nada más que una tarima, una silla de tule y una mesita, el reformador, el glorioso revolucionario, recibió la visita de un religioso, el cura Morales, quien se presentó piadosamente para confesarlo.

—Padre, estoy bien con Dios y Él está bien conmigo —le contestó Melchor con el rostro contrito y en voz sumamente baja—. No tengo nada de qué arrepentirme, hice por la gente pobre todo lo que tenía que hacer, tanto en mi hacienda como en la nación, quienes ahora contarán con tierra para cultivarla y salir de la pobreza y la ignorancia. Acabé con las supersticiones y con el poder de la Iglesia que tenía sojuzgado y destruido a este país; usted me perdonará, padre, no todos son iguales. Luché por un México libre y ahora tenemos un México libre y con un futuro que antes no teníamos, ¿cree que debo arrepentirme de eso o confesar algún pecado al respecto?

El cura Morales guardó silencio.

—¿No tienes nada entonces de qué arrepentirte?

Ocampo cerró los ojos mientras pensaba en Ana María y en Clara, las mujeres que tendría en la mente y en el corazón en el momento en que el capitán de los asesinos gritara «¡Fuego!»

¿Acaso tenía que arrepentirse por haberlas amado, respetado, darles un hogar, subsistencia económica, compañía cuando se pudo, ternura cuando la ocasión fue propicia, comprensión, conocimientos y ayuda en cada momento?

—No, padre, no tengo nada de qué arrepentirme, por lo que le agradeceré que abandone usted este lugar tan pronto le sea posible.

No había acabado de salir el cura Morales cuando entró don Nicolás, el presidente municipal de Tepeji del Río, para llevarle un vaso de agua así como tinta y papel para escribir su testamento. Estaba claro que lo fusilarían en las próximas horas, en realidad lo ejecutarían sumariamente sin haber sido oído ni vencido en juicio. ¿Cuál juicio? ¿Cuáles garantías individuales si esos miserables solamente respondían a la voz de la alta jerarquía y, como los cobardes, solo les quedaba el recurso del asesinato de inocentes ante la derrota militar? Recordó que en el testamento de Ana María Escobar, su mujer, ella había reconocido como hijas suyas a Josefa, Julia, Petra y Lucila. Declaró entonces por escrito que reconocía por sus hijas naturales a Josefa, Petra, Julia y Lucila y que en consecuencia las nombraba herederas de sus pocos bienes. De igual manera, en ese mismo acto adoptaba como su hija a Clara Campos para que heredara el quinto de sus bienes, a fin de recompensar de algún modo la singular fidelidad y distinguidos servicios de su padre, Esteban, su querido mayordomo.

En un último párrafo agregó que el testamento de doña Ana María Escobar estaba en un cuaderno en inglés, entre la mampara de la sala y la ventana de la recámara de la hacienda de Pomoca. Legaba todos sus libros al Colegio de San Nicolás en Morelia, después de que sus señores albaceas y Sabás Iturbide tomaran de ellos lo que gustaran. «Muero creyendo que he hecho por el servicio de mi país cuanto he creído en conciencia que era bueno.» Fue lo último que escribió este ilustrísimo mexicano, de esos que nacen uno cada mil años.

Momentos más tarde y con prisa lo condujeron a la hacienda de Caltengo, a las dos de la tarde, donde lo colocaron de espaldas a un paredón improvisado. Los asesinos le pidieron que se arrodillara, instrucción que rehusó con energía.

—¿Para qué quieren que me hinque? Estoy bien a la altura de las balas. Mi última gracia es que no me tiren a la cara sino al pecho —agregó tranquilo sin agredir a nadie ni condenar a los homicidas con los debidos calificativos.

Andrade, el jefe de la escolta, ordenó de inmediato la ejecución. La descarga del nutrido grupo de criminales produjo un eco siniestro que se escucharía durante los siglos por venir en toda la República. Habían asesinado a uno de los mejores mexicanos que existieran y tal vez jamás volvería a nacer alguno de la estatura de don Melchor Ocampo.

Una vez fusilado y asestados tres tiros de gracia en el cráneo del gran reformador, los bandoleros le pasaron una cuerda por debajo de las axilas y lo colgaron de un árbol, de un pirul, donde lo dejaron varios días para que las aves de rapiña dieran cuenta del cadáver.

Márquez, Leonardo Márquez, uno de los hijos predilectos de la Iglesia, el soldado de la cruz, el verdugo, fue el primero en disfrutar la noticia junto con Zuloaga, su cómplice, quien de inmediato informó a Munguía, el arzobispo de Michoacán, momento que éste aprovechó para levantar desde el exilio su copa y festejar la impartición de justicia. Gracias, Dios mío, por permitirnos el ojo por ojo y el diente por diente aquí en la tierra como en el cielo.

Cuando Juárez supo la noticia, se puso de pie violentamente y estrelló los puños contra la cubierta de su escritorio. Acto seguido, como si lo hubiera partido un rayo, se dejó caer sobre el asiento y ocultó el rostro entre las manos. Solo la muerte de los hijos del presidente de la República le había sido tan intensa como la pérdida de su querido amigo y hermano. Al recuperarse y sentir un terrible remordimiento por no haberlo retenido en la capital aun a la fuerza, objetivo imposible de cumplir, ordenó que se le rindieran los honores fúnebres correspondientes «al relevante mérito del ciudadano cuya funesta muerte se deplora y que con una energía sin ejemplo, con la más clara inteligencia y con una lealtad nunca desmentida, sostuvo constantemente los principios salvadores que hoy dominan en la República». Días después, una multitud dolida y expectante siguió hasta el panteón de San Fernando el cadáver del héroe. Previamente se le practicó una autopsia para extraer el corazón y conservarlo intacto en el Colegio de San Nicolás, donde habría de latir día con día al ritmo de Michoacán y de México. El diputado Ezequiel Montes, encargado de pronunciar la oración fúnebre, declaró: «Los que quedan en pie sobre la tierra de México habrán de seguir su ejemplo y continuar su obra para asegurar el futuro destino de la nación. Ahí, junto a la tumba de su amigo Miguel Lerdo de Tejada, muerto poco antes, queda el cuerpo de aquel hombre que hizo de la vida un deber, del trabajo una disciplina, del estudio una vocación, de la naturaleza un canto, del poder un medio de servir, del sacrificio una lección y de la idea liberal una fórmula de vida».

El Congreso declaró fuera de la ley a Zuloaga, Márquez, Cajiga y Lozada, al margen de toda garantía de sus personas y propiedades, ofreciendo recompensas al que «liberte a la sociedad de cualquiera de estos monstruos».

Santos Degollado, Santitos, el gran líder militar del ejército liberal, salió a vengar a Ocampo y cayó también ante las balas clericales. Lo mismo acontecería con Leandro Valle, también asesinado por Márquez y Zuloaga. Miranda aplaudía desde el anonimato, escondido como siempre, disfrazado como acostumbraba. Volvió a escribir a Santa Anna para insistir en su regreso. «El general Márquez», sostenía, «le dará a usted la recepción que se merece». La moción fue rechazada definitivamente.

Juárez suspendió las garantías individuales para contar con todas las facilidades y atribuciones para atrapar a los asesinos. Días después el Congreso, erigido en colegio electoral, aprobó con sesenta y un votos contra cincuenta y cinco el dictamen por medio del cual se declaró presidente constitucional de la República al ciudadano Benito Juárez, quien no tardaría en declarar la suspensión, ahora de pagos, que tendría como consecuencia la Intervención francesa en México, tan solo un año después de la conclusión de la guerra de Reforma. Sí, pero ese dramático capítulo de la fundación del segundo imperio mexicano ya no lo vería Ocampo, ni se pudo percatar de que el clero no había aprendido nada y que se saldría con la suya al imponer a un príncipe europeo en el trono de México, a quien Benito Juárez afortunadamente fusilaría tiempo después. Melchor, el hermano, aplaudiría rabiosamente en un más allá en el que sí creía...

Venustiano Carranza

EL CONSTITUCIONALISTA
QUE NO AMABA LA CONSTITUCIÓN

Si el señor Madero y el licenciado Pino Suárez han renunciado libre y espontáneamente a sus altos cargos, por debilidad o cobardía, no hay remedio: Huerta es el presidente de la República por ministerio de ley.

Venustiano Carranza

Estoy llegando a un punto en que pienso que deberíamos colocar un poco de dinamita con el objeto de despertar a ese soñador [Madero] que parece incapaz de resolver la crisis en el país en el cual es presidente.

Howard Taft,
presidente de Estados Unidos de América

A la señora Ilse Novoa, mi querida maestra
de literatura española y alemana, quien me enseñó
a escribir, a creer en mí y, sobre todo, a sonreír.
Que descanse en paz

Si bien es cierto que dediqué toda mi vida a coleccionar libros antiguos, entre otros objetos, nunca pasó por mi mente que el feliz hallazgo de unos simples papeles cambiaría el rumbo de mi existencia al extremo de convertirme en un arrebatado y fogoso investigador de los anales de la historia, en lugar de un simple coleccionista curioso y rutinario pero tenaz e incansable. La narración que someto a la consideración del amable lector es producto de un descubrimiento personal, a pesar de que cualquiera podría pensar que se trata de la fantasía de un novelista alucinado cuya imaginación desbridada podría haberlo orillado a confundir la realidad con la ficción o a creer en frustrantes espejismos, en burbujas que desaparecen al simple contacto con la razón. En este caso particular, cuento con fuentes de diversa naturaleza para probar las auténticas intenciones de Venustiano Carranza, antes y después del sangriento asesinato del presidente Madero, Pancho Madero, don Pancho, en febrero de 1913. Puedo, es más, evidenciar el doble discurso del famoso Varón de Cuatro Ciénegas, algo inédito, en los trágicos años del estallido de la Revolución mexicana y en los complejos acontecimientos que se dieron durante el arduo proceso de pacificación. Falso, absolutamente falso que Carranza se hubiera levantado en armas ante la imposibilidad de soportar el derrocamiento y el magnicidio del Jefe de la Nación y, más falso aún, que él hubiera deseado redactar una nueva Constitución como la promulgada en 1917, a la que se opuso infructuosamente con todo el poder a su alcance. Pero bueno, bueno, vayamos por partes, porque en lugar de adelantar vísperas en este breve proemio, debo concederle el debido tiempo al tiempo.

Para mí la Revolución mexicana se llevó a cabo en tres diferentes etapas: la primera comenzó el 20 de noviembre de 1910 y terminó cuando Porfirio Díaz, el octogenario tirano, furioso y deprimido, suscribió su renuncia en mayo de 1911; la segunda arrancó con el pavoroso asesinato de Madero, el presidente mártir, un magnicidio que cambió para siempre el destino de México, y acabó con el derrocamiento del Chacal, Victoriano Huerta, uno de sus múltiples victimarios. La tercera estalló cuando los altos mandos militares y civiles no pudieron llegar a un acuerdo político para repartirse el poder en la Convención de Aguascalientes, de octubre de 1914, feroz desencuentro que produjo la detonación de la última parte del conflicto armado, esta vez entre el invicto Ejército Constitucionalista y la División del Norte capitaneada por Pancho Villa, el famoso Centauro del Norte, quien resultaría derrotado gracias a la astucia militar de Álvaro Obregón y a la indiscutible ayuda proporcionada a éste por Woodrow Wilson, el jefe de la Casa Blanca, siempre la Casa Blanca.

¿México se ganó el derecho a la democracia, a la evolución política y a un vertiginoso desarrollo social y económico a partir de la espantosa devastación que implicó la muerte de decenas de miles de compatriotas, la inmensa mayoría unos analfabetos muertos de hambre, y de la destrucción de buena parte del territorio? ¡Qué va! La Revolución, como siempre sucede, sirvió para concentrar aún más el poder entre unos cuantos privilegiados que se enriquecieron a manos llenas y dominaron tiránicamente al país por décadas, o no sirvió para nada…

Vayamos al grano. Así se dieron los hechos: Días después del arribo al poder de Adolfo López Mateos, a principios de 1959, caminaba yo por la Alameda metropolitana recorriendo, uno por uno, los diversos puestos de libros antiguos que se instalaban los domingos en el parque más antiguo y famoso de la capital de la República, cuando encontré un viejo cartapacio lleno de hojas escritas por ambos lados, con letra apresurada, a veces ilegible, como si al autor le fueran a arrebatar de repente el manguillo y la tinta, sin dejarlo concluir la narración. Extraño, ¿no…? Al no tratarse de un libro impreso, el vendedor, don Miguelito, mi marchante de tiempo atrás, no le concedía, afortunadamente para mí, el valor comercial que a los textos impresos, expuestos sobre unas improvisadas tablas de madera que curioseaban diferentes lectores a mi lado. Como una auténtica rata de biblioteca, abrí el cartapacio para tratar de desentrañar el contenido de tantos y tantos párrafos garrapateados precipitadamente. Cuando concluí la lectura, sentado a la sombra de un antiguo ahuehuete, me percaté de la importancia de mi feliz descubrimiento. Sonreí con la obligada discreción, apreté los puños, soñé, eché a andar la imaginación, pagué y me retiré con ganas de rodar sobre el césped ejecutando un par de machincuepas. Lo tenía, yo sabía que lo tenía. El texto aparecía firmado por Alberto García Granados con fecha 8 de octubre de 1915, a tan solo unos días de la llegada de Venustiano Carranza a la ciudad de México al concluir definitivamente el movimiento armado.

La historia aparecía contada de la siguiente manera:

Soy Alberto García Granados, domiciliado en la colonia Juárez de esta ciudad, señalado de ser huertista y de haber coadyuvado en el asesinato de Francisco I. Madero, atribuyéndoseme dolosamente la frase «la bala que mate a Madero salvará al país». Fui arrestado el 28 de septiembre de 1915 en la ciudad de México por el general Pablo González, un incondicional de Venustiano Carranza, el Barbas de Chivo, quien me sometió a un juicio sumarísimo incoado ante un tribunal militar, sin ser parte del ejército, acusado de complicidad en dicho magnicidio, y sin haber sido oído ni vencido en proceso civil como correspondía a las garantías contenidas en la Constitución de 1857, fui brutalmente sentenciado a muerte el 7 de octubre de 1915. ¿La verdad? Por haberme negado a entregar una delicadísima correspondencia secreta que comprometía gravemente al propio Carranza de cara a la historia, según referiré más adelante. Por supuesto que no se me concedió el indulto a pesar de haber cumplido ya más de sesenta años de edad y difícilmente podía ponerme siquiera de pie en razón de una vieja dolencia cardiaca que me tenía postrado en cama, con los días ya de por sí contados. A pesar de lo anterior, Carranza ordenó mi fusilamiento sin considerar que ya me encontraba mortalmente enfermo y carecía de la fuerza necesaria para levantarme. Me ejecutarían como a un perro rabioso, amarrado a un poste, sujetándome muy bien las rodillas para que no me doblara y atándome el cuello contra el palo. Cuando fui informado de mi suerte no tuve más remedio que sentarme a escribir estas líneas que entregué a mi abogado defensor, el licenciado Francisco A. Serralde, para que se conocieran las verdaderas razones de mi ajusticiamiento.

¿Por qué Carranza tenía tanta urgencia en privarme de la vida? Bien sabía él que yo era absolutamente inocente de la liquidación —¿por qué asesinato?, no seamos tan dramáticos— de Madero y de Pino Suárez, como también sabía que quienes la ejecutaron fueron Aureliano Blanquet, Manuel Mondragón, Félix Díaz, Cecilio Ocón, y desde luego, Victoriano Huerta y Henry Lane Wilson, el querido «don Henry», embajador de Estados Unidos en México. Jamás mi nombre fue mencionado por nadie, simplemente porque estaba exento de toda culpa en ese homicidio, tan justificado como necesariamente artero. Si lo primero que hizo Venustiano Carranza al ocupar con sus tropas la ciudad de México fue ordenar mi arresto, se debió a que fui secretario de Gobernación en los primeros tres meses del gobierno, no de la dictadura, como intentan denigrarlo, de Huerta, de mi admirado general Victoriano Huerta. Lo que se desconoce es que durante dicha brevísima gestión pública recibí innumerables cartas y telegramas del gobernador de Coahuila, Venustiano Carranza, quien reconocía por escrito a Huerta como presidente de la República y le otorgaba justificadamente el título de Jefe de la Nación, ante cuya autoridad formulaba, entre otras peticiones verbales vertidas a través de sus representantes personales, la cartera de secretario de Gobernación, misma que ya en su momento había demandado, también infructuosamente, al propio Madero, el iluso, el loco, el espiritista. ¡Pobre diablo! Carranza sabía que tenía en mi poder esas comunicaciones que comprometían abiertamente su causa y lo exhibían como un hipócrita, un embustero y ruin falsario ya que si Huerta, accediendo a su solicitud, lo hubiera invitado a formar parte del gabinete, el más ilustre de la historia de México, por supuesto que ese resentido y tramposo coahuilense no hubiera hecho estallar la Revolución con tan catastróficas consecuencias para México.

Por lo anterior, Carranza me exigió una y otra vez por diversos conductos, la entrega inmediata de la correspondencia cruzada entre él y yo en febrero y marzo de 1913. No podía cumplir con lo requerido, lo juro por Dios, porque esos documentos tan delicados los había puesto en poder del embajador de Alemania en México, Heinrich von Eckardt, quien a su vez los había enviado al Ministerio de Relaciones Exteriores de su país, donde permanecían debidamente archivados. Es la verdad, lo juro por Dios de todos los Cielos y su Santísima Madre y por mi sacratísima Virgen de Guadalupe, patrona de los mexicanos. Me encontraba en la imposibilidad física de devolvérselos, menos aún en un plazo tan perentorio, por lo que Carranza me amenazó a través de terceros con el fusilamiento si no se los entregaba, objetivo imposible de satisfacer, por lo que escribo este breve introito a escasos minutos de que venga por mí el pelotón de fusilamiento en esta mañana fresca del 8 de octubre en que, es evidente, acabarán mis días. Sí, sabemos cuándo llegamos, pero no cuándo nos vamos, solo que en mi caso eso es falso pues me iré para siempre en los próximos minutos. Es mi hora. Es mi final.

Que se escuche, que se sepa: ¿gritar?, gritar ya no puedo, la voz se me acaba, acaso apenas y tengo energía para sostener el manguillo entre los dedos de la mano. Mi vida, bien lo sé, muy pronto concluirá porque este viejo corazón mío se niegue a seguirme acompañando, o porque las balas disparadas alevosamente por órdenes de Carranza acabarán conmigo en cualquier momento. Lo que sí puedo hacer es dejar mi testimonio por escrito para que alguien, en algún momento, lo recoja, al igual que los náufragos lanzan al mar una botella cerrada con un mensaje sin saber quién, cómo y cuándo lo encontrará. Este es mi caso. Muero sepultado en el más extremoso escepticismo después de haber sufrido traiciones de quien menos lo esperaba, dolorosas puñaladas asestadas una y otra vez por la espalda, cuando escasamente alcanzaba yo a ver el rostro sádico de mi victimario al introducir, gozoso, la hoja helada de acero en mis carnes. ¡Cuántas veces conocí el asfixiante sentimiento de una felonía cometida en mi contra por personas que habían comido de mi mano extendida! Me la mordieron, sí, me la mordieron, abusaron de mí, ignoraron mi buena fe y se vengaron cuando solo había tratado de ayudar de acuerdo a las circunstancias y a mis condiciones personales. Los alacranes siempre serán alacranes...

¿Quién hace a Carranza presidente municipal de Cuatro Ciénegas, Coahuila? Porfirio Díaz, pero justo es reconocerlo, gracias a la intervención de Bernardo Reyes, el gobernador de Nuevo León, gran amigo de la familia Carranza. ¿Quién lo hace diputado a la XV Legislatura de Coahuila, por el distrito de Monclova, en 1897? Porfirio Díaz, nuestro Porfirio Díaz. ¿Quién lo hace posteriormente senador suplente? Porfirio Díaz. ¿Quién lo hace después senador propietario? Porfirio Díaz, el gran líder mexicano de todos los tiempos, a cuyo gobierno Carranza etiquetó como dictadura cuando ya no obtuvo las gratificaciones políticas solicitadas. ¡Malagradecido!

¿Acaso Venustiano Carranza no votó en su momento por la reelección de Díaz, de acuerdo a la fórmula política Díaz-Corral, en una convención reunida en el Teatro Fábregas? ¿Se desean acaso más evidencias de la complicidad de Carranza con el régimen porfirista? Venustiano Carranza tenía engatusado a Madero, a pesar de que a este último le despertaba ciertas reservas, sin dejar de reconocer que sentía simpatías hacia él por tratarse de un hombre recto, un verdadero coahuilense, celoso guardián de la soberanía y de la dignidad del Estado... ¡Pobre de Madero, nunca supo dónde se metía!

Venustiano Carranza fue un traidor de punta a punta. Se decía antirreeleccionista, sí, pero se había reelecto en tres ocasiones en Cuatro Ciénegas como presidente municipal. Ya en diciembre de 1908, cuando apareció en las escasísimas librerías del país *La sucesión presidencial en 1910*, el libelo escrito por Francisco I. Madero, Carranza, eso sí, lector voraz de historia y de política, se dirigió, como buen lambiscón que era, a Porfirio Díaz, adhiriéndose «a la buena marcha de su gobierno, hoy criticada por persona de ninguna significación política». ¡Claro que Venustiano era porfirista como todos nosotros, y claro, también, que Madero era una «persona de ninguna significación política»! Faltaba más. ¡Claro que a don Porfirio lo reverenciaba el Barbas de Chivo, como lo reverenciaba el pueblo de México por igual! Sin embargo, al mismo tiempo que Carranza se dirigía al presidente Díaz en dichos términos, también se acercaba, con la astucia de un felino, al grupo opositor encabezado por Madero. ¿Y la nula significación política...?

¡Qué gran error cometió Díaz, el héroe de las Américas, como lo llamó James Creelman, del *Pearson's Magazine* de Nueva York —en marzo de 1908—, cuando le confesó su intención de retirarse del poder porque México ya estaba finalmente listo para la democracia y le esperaba un porvenir de paz con instituciones libres! Carranza, y claro está, Madero, vieron la posibilidad de arribar al poder puesto que, entre otras razones, don Porfirio estaba próximo a cumplir los ochenta años de edad, situación que preocupaba, además de a la comunidad política mexicana y a los hombres de negocios de México, Estados Unidos y Europa, también al presidente Taft, quien veía con alarma la sucesión presidencial de su pintoresco vecino al sur de la frontera. ¡Qué bien le hubiera hecho Díaz a la patria y a su carrera política si hubiera renunciado a la contienda en 1910 habiendo impuesto, con su más que probada sabiduría y autoridad, a la figura idónea para sucederlo! Si don Porfirio, en razón de su edad, se hubiera retirado a tiempo de la presidencia de la República, no solo hubiera podido permanecer y morir en su país disfrutando de su prestigio bien ganado a lo largo de tantos años de eficiencia política y honradez administrativa, sino que habría pasado a la historia con sus sienes coronadas con laureles de oro, impuestos por el pueblo agradecido de México al auténtico e indiscutible Padre de la Patria. ¿Por qué al reelegirse torpemente tuvo que manchar su imagen de estadista, la de verdadero forjador de generaciones, la de genuino constructor del México moderno, para ser desterrado violentamente a Europa a pesar de sus indiscutibles méritos, en lugar de permanecer en el país con la autoridad de un juez tan severo como imparcial, una voz inatacable, la necesaria para controlar los acontecimientos e imponer el orden, sin permitir el estallido de un movimiento armado?

Cuando en septiembre de 1909 Porfirio Díaz invitó a Carranza a formar parte de su gabinete, no por otra razón, sino para tenerlo controlado en la capital de la República e impedir su candidatura a gobernador de Coahuila, Madero todavía creía en don Venustiano, confiaba en su persona y lo impulsaba vehementemente, como un militante de la causa antirreeleccionista, a pelear por dicha gubernatura sin conocer el doble juego, avieso y perverso, de su paisano, puesto que al mismo tiempo se entendía con Bernardo Reyes, quien profesaba principios políticos diametralmente opuestos al maderismo. Carranza rechazó el cargo de ministro en la última administración de Díaz no porque se trataba de una tiranía, sino porque no veía porvenir al lado de don Porfirio, quien podía morir o ser derrocado en un futuro corto y previsible. Carranza no tenía palabra de honor y juega, jugó y jugará invariablemente con diferentes barajas, sin que los que lo rodean conozcan, supongan o imaginen sus niveles de perversión.

Mientras que Madero iniciaba su campaña electoral desde finales de 1909, ante la mirada absorta de la ciudadanía que lo abucheaba en Oaxaca, Puebla, Querétaro, Guadalajara, Nayarit, Sonora o Chihuahua, entre otras ciudades, subestimó, como siempre, las dimensiones faraónicas de su tarea al no haber evaluado los enfrentamientos que tendría con hacendados porfirianos, caciques porfirianos, gobernadores porfirianos, industriales porfirianos, ciudadanos porfirianos, prensa porfiriana, como lo era la inmensa mayoría de los mexicanos. La faena por realizar era gigantesca, más aún cuando su campaña estaba fundada en un libro publicado en un país donde nadie lee. ¿Cómo pensaba convencer electoralmente Madero escribiendo un texto cuando casi noventa por ciento de los mexicanos no saben leer ni escribir, a pesar de la titánica labor de don Porfirio para rescatarlos de las tinieblas de la ignorancia? ¿No era un iluso? A la gente de bien le son irrelevantes el analfabetismo y las miserias terrenales a cambio de disfrutar una eternidad prometida y garantizada, cómoda y gratificante, en el más allá, en el paraíso. ¿Es tan difícil entenderlo…? En aquel momento muy pocos sabían que si algo movía a Madero para alcanzar el éxito, eso eran sus convicciones espiritistas, ya que desde los años en que estudió con su hermano Gustavo en Francia había logrado incorporarse a grupos que decían comunicarse con los muertos para recibir todo género de consejos. En muchas de estas reuniones celebradas en las noches cerradas y heladas de París, le fue anunciado a Francisco I. Madero su feliz destino, que debía abrazar con toda su fuerza porque así ya estaba escrito. ¿A dónde iba un sujeto así, extraviado por la vida, y además con semejantes pretensiones políticas? Los errores cometidos por un Jefe de la Nación no solo los paga éste y al riguroso contado, también los padece el país con todas sus fatales consecuencias. Las equivocaciones de Madero no solo lo lastimarían a él y a su familia, sino a todo México, a la patria misma y por muchos años por venir. ¿Por qué los espíritus con los que Madero tanto se comunicaba, por qué la cuija no le informó que llegaría a la titularidad del Poder Ejecutivo, pero que sería derrocado y liquidado junto con Pino Suárez y su propio hermano Gustavo? Sí, ¿por qué esas siniestras voces de ultratumba nunca le advirtieron de los peligros que corría, así como del daño que podía ocasionar a los suyos y al país en general? Las voces solo parecían decirle lo que le convenía…

Cuando en mayo de 1910 Madero y Vázquez Gómez fueron recibidos en la ciudad de México por treinta mil personas, o más, que vitoreaban a la democracia y a la libertad frente al Hotel Iturbide, el senador reyista, sí, claro que reyista, don Venustiano Carranza, saludaba al público desde uno de los balcones de los bellos edificios coloniales del centro de la capital. Díaz pudo tragar, sí, pero no digerir la recepción popular obsequiada a Madero, la entendió como un insulto y una traición del pueblo, por lo que el 6 de junio

siguiente Madero fue detenido en Monterrey y trasladado a San
Luis Potosí en tanto se llevaban a cabo las elecciones presidenciales, mismas que por supuesto ganaría legítimamente, otra vez, don
Porfirio Díaz, por una simple razón: la gente, su gente, los buenos
mexicanos lo amaban.

En octubre, después de las elecciones y de las fiestas del Centenario, durante las cuales Madero gozaba ya de libertad condicional
en San Luis Potosí, decidió fugarse a Estados Unidos para preparar
el famoso Plan de San Luis en compañía de otros revolucionarios,
entre los que, desde luego, no se encontraba Venustiano Carranza,
quien continuaba su juego aparte con Bernardo Reyes. Pero eso sí,
el maldito Barbas de Chivo no dejaba de enviarle recados de adhesión solidaria a Madero, el suicida que había lanzado una con-
vocatoria para hacer estallar la revolución el 20 de noviembre de
1910, a las seis de la tarde. ¿Acaso se había visto en la historia política de la humanidad que alguien fuera tan iluso como para invitar a un movimiento armado un día preciso a una hora específica,
con el riesgo de que sus prosélitos pudieran ser detenidos y hasta
asesinados, tal y como ocurrió en el caso de los hermanos Serdán
en Puebla?

Haría mal en no confesar mi sorpresa cuando supimos de movimientos armados en Chihuahua, Nuevo León, San Luis Potosí y
otras entidades federativas, donde pusieron en libertad a los presos
políticos, en particular en la efectiva prisión de San Juan de Ulúa,
en el puerto de Veracruz, en el cual se enfrentaron a las fuerzas del
gobierno, cortaron los cables conductores de energía eléctrica, incendiaron fábricas y se remontaron a la sierra como auténticos cobardes. Lo mismo aconteció en Durango, en los centros mineros del
Bajío, en Tlaxcala y Zacatecas. Surgieron pequeños grupos violentos de cuarenta o más hombres con carabinas, acaso con pistolas,
también en Saltillo, en la tierra de Madero, así como en otros lugares del país. ¿Qué pasaba? ¿Por qué tanta violencia y malestar?

Derrotado en las elecciones para gobernador de Coahuila, Venustiano Carranza, con ánimo de guardar las apariencias y temien-
do represalias de don Porfirio por no haber acudido a su llamado
al gabinete, se exilió en San Antonio, Texas, en el número 140 de
North Street. En febrero de 1911 Madero lo nombró Comandante
en Jefe de la Revolución en Coahuila, Nuevo León y Tamaulipas,
con la condición de que abandonara Estados Unidos y se internara

en dicha zona a proseguir la revuelta que ya muchos otros habían iniciado valientemente. Pero claro está, la celeridad y la prisa nunca fueron virtudes de Carranza, quien jamás estuvo cerca de donde estallaban los cañones, olía a pólvora y detonaban los 30-30: el peligro de ser herido o morir en campaña no era lo suyo. Cuidaba su delicada piel como un príncipe europeo. Siempre encontraría un pretexto útil para no estar en el frente, como lo demostraré posteriormente.

¿Quién, como siempre, se adelantaba a los acontecimientos...? Sin duda, el verdadero político de la familia, por más que me choque reconocerlo: ¡Gustavo A. Madero! Gustavo informó a su hermano Pancho que Carranza se resistía a volver al territorio nacional porque continuaba entendiéndose en secreto con Bernardo Reyes, de quien había recibido instrucciones de permanecer en Estados Unidos hasta nuevo aviso. Gustavo tenía información fidedigna: Carranza traicionaba al movimiento y por esa razón no hacía uso de los recursos que se le habían concedido para cruzar la frontera y batirse al lado de los demás revoltosos. Al sentirse engañado, Madero empezó a pensar, solo a pensar, en la posibilidad de retirarle su confianza a Venustiano. Sin embargo, no actuó en consecuencia. Menudo líder revolucionario que no se da cuenta de nada, y cuando se da cuenta, tarda siglos en reaccionar, y cuando reacciona, se equivoca. ¡Pobre México! La debilidad debería ser castigada como pecado mortal. ¿Y el candor y la inocencia...?

Cuando Bernardo Reyes, exiliado en Europa por órdenes de Porfirio Díaz, empezó sigilosamente su regreso a México, Carranza no tuvo más remedio que internarse en el país después de setenta días de inacción desesperantes para los Madero. ¿Qué pasaba con el viejo pachorrudo, de verdad era un traidor que recibía consignas del enemigo? En mayo de 1911, a días de la renuncia de Porfirio Díaz, cuando la parte más expuesta y compleja del plan revolucionario había sido ejecutada y de hecho, se había decretado una amnistía, es decir, cuando ya se había obsequiado un alto al fuego, Carranza se incorporó finalmente, como todo buen oportunista, a las negociaciones de Ciudad Juárez en el ramo de guerra en el Consejo de Estado. ¡Claro que ya no corría peligro alguno y contaba, como siempre, con dos alternativas viables: la de don Bernardo y la de los Madero! Algún día se sabrá que, al mismo tiempo que Carranza aceptaba convertirse en el ministro de Guerra maderista, proponía a Vázquez Gómez, a través de una carta, convertirse en el verdadero jefe de la Revolución. ¿Qué tal...? Carranza la jugaba con Madero, con Vázquez Gómez y con Bernardo Reyes, su honorable mentor, quien se negó reiteradamente a organizar un cuartelazo en contra de don Porfirio, nuestro padre, la persona que tanto admiraba y por quien tenía pruritos y principios de nobleza y de lealtad. ¿Cómo comparar al uno con el otro? Hijo de la gran puta...

Yo observaba de cerca la conducta de Madero y comprobaba, día con día, la ingenuidad con que se desempeñaba este novedoso revolucionario, un auténtico ignorante del medio político y de los móviles e intenciones de los hombres. En un principio me pareció absurdo que llegara a creer que podía derrocar a Porfirio Díaz, el amo y señor de México y del ejército. ¿De dónde sacaría el enano la fuerza armada para llegar a la presidencia de la República? Creí que nadie podría disputarle el poder militar y político a don Porfirio, sin embargo, me equivocaba: alguien podría lanzarse contra Díaz, sobre todo después de treinta años de gobierno progresista. Madero, el iluso que se atrevió a proponerle al presidente Díaz la renuncia de Corral como compañero de fórmula electoral para 1910, ¿era el líder a seguir? ¿Quién se atrevía a darle órdenes o siquiera sugerencias a Díaz? ¿Quién era, finalmente, este advenedizo obnubilado que en los tratados de Ciudad Juárez aceptó que no se tocara al ejército, la piedra angular de la dictadura? ¿Cómo era posible que dejara íntegros los poderes que por décadas habían sostenido a Díaz? Cualquier persona sensata los hubiera desmantelado de inmediato. ¿No era obvio que el ejército intacto, integrado por porfiristas, podía atentar en contra del nuevo gobierno y de la vida de Madero? ¿Por qué no lo desarmó cuando, según él, era el feroz enemigo a vencer? Ni el espiritista ni su cuija entendían el ABC de la política...

Si Madero hubiera sabido a lo que se enfrentaba, debería haber fusilado a Porfirio Díaz y a los nostálgicos de nuestro *ancien règime*; tenía que haber memorizado aquella sentencia de Villa, el carnicero simpático: «de la cárcel salen, del hoyo no...», es decir, el lenguaje de los paredones, para adquirir dimensiones de gigante al acabar con las tentaciones golpistas y evidenciar que no jugaba a gobernar, sino que mandaba con el fuete en la mano. El hecho de haber autorizado a León de la Barra, un consumado porfirista, a ocupar la presidencia provisional en lo que se convocaba a elecciones a la salida de Díaz, equivalió a poner la Iglesia en manos de Lutero. Una auténtica locura, como si Díaz le hubiera encargado la presidencia a Madero en tanto aquél se iba a conferenciar con Taft... ¿Cuándo se ha visto...? Aquella decisión suicida estuvo a punto de descarrilar todo el movimiento maderista. ¡Claro que quien hace la revolución a medias cava su propia tumba! ¡Por algo Porfirio Díaz pudo mantenerse por más de treinta años en el poder y Madero tan solo quince meses! ¿Razones? El enano creía en la verticalidad de las personas, confiaba en sus semejantes, en su dignidad y sentido de la lealtad, ya fueran políticos o militares, como un ilustre catedrático de filosofía y letras supone la honorabilidad de sus alumnos. ¡Cuánta desubicación!

Cuando Porfirio Díaz renunció, ayudado por Carmelita, su esposa, y Madero se presentó como el gran líder revolucionario en la capital de la República y se produjo un espantoso terremoto, entendí el movimiento telúrico como un mensaje de Dios, una señal divina de lo que sería su gobierno. Las masas de pelados, sin embargo, salieron jubilosas a las calles a celebrar el arribo del libertador, al grito jocoso de «Poco trabajo, mucho dinero, pulque barato, viva Madero». Nunca antes en México se había visto una recepción tan multitudinaria como la que se vivió a la llegada de Madero cual campeón de la democracia. Lo aclamaban ochenta y cinco por ciento de los analfabetos, el verdadero México huérfano de padre desde la aciaga conquista, que celebraba tronando cuetes, explotando palomas, soltando globos, arrojando confeti, lanzando por doquier gritos, entonando porras, silbando desde los balcones adornados con banderas tricolores y flores que las mujeres lanzaban al paso de la caravana de la libertad. Se escuchaban mariachis, cantos, versos recitados por los poetas en diferentes esquinas, el sonido lejano de una que otra locomotora, las porras de los estudiantes, los chiflidos interminables de la plebe, los cantos del Himno Nacional en diferentes lugares, donde Madero se detenía poniéndose respetuosamente la mano en el pecho, en tanto se oían los organilleros perdidos en la muchedumbre, las muestras de júbilo de la juventud, los aplausos de los mayores, los vivas más entusiastas de la nación, sin faltar cautelosos repiques de campanas. Los mismos que hoy vitoreaban, mañana abuchearían, como acontece en los toros. Era la gran fiesta de la política, tal vez comparable con la entrada de Iturbide también a la ciudad de México en 1821 para consumar nuestra independencia. ¿Cuál habrá sido más estremecedora, la de Iturbide o la de Juárez cuando llegó al Distrito Federal como el gran triunfador de la Guerra de Reforma? ¿Triunfador de la Guerra de Reforma? ¿Qué he dicho? ¿Cómo que triunfador...? No, no nos confundamos, si Juárez tuvo éxito fue gracias al apoyo militar de Estados Unidos, porque de otra manera a esa maldita rata estercolera oaxaqueña la hubiéramos aplastado con cualquiera de los carruajes que machacaban a las ranas, ratas y otros bichos en la época de lluvias en la capital.

Mientras Madero se reunía con Emiliano Zapata para tratar de empezar a resolver los complejos problemas agrarios del estado de Morelos, por otro lado inexplicablemente invitaba a Bernardo Reyes, su enemigo natural, ya de regreso en México, a encabezar el Ministerio de Guerra, e instalaba por la fuerza, a partir de junio de 1911, a Venustiano Carranza como gobernador de Coahuila, en la inteligencia de que hasta los porfiristas locales se negaban a aceptarlo en su estado. Carranza creía que con la educación se podría construir el futuro de México, sin detenerse a pensar que al populacho solo le interesaban los toros, tronar cuetes, emborracharse con pulque y divertirse con las putas cuando había dinero para ello. ¡Resulta tan sencillo controlar a los idiotas, a los resignados, a los fanáticos religiosos y a los frívolos, y en México existían por millones...! A más y mejor educación, menor control sobre ellos... ¿Para qué educarlos entonces y picarse un ojo, como gobierno o Iglesia? Por todo ello prohibió las peleas de gallos, limitó la venta de alcohol y cerró las plazas de toros, entre otros espectáculos más.

Carranza, como gobernador, reemplazaba a los jueces porfirianos y a los administradores públicos con hombres que él pudiera dominar. Esa era su obligación. Brindó ayuda a la clase obrera, a los mineros, industriales, al extremo de que logró aprobar leyes que compensaban a los trabajadores por accidentes propios de su empleo. Para mi sorpresa, todavía en ese momento no había tenido reparo alguno en que se realizaran huelgas y los empleados subordinados pudieran protestar con la suspensión de actividades. Eliminó los impuestos de carácter personal, redujo los gravámenes a la minería para tratar de mejorar la situación financiera del estado. Se exhibía como un liberal a ultranza. No tardaría en darse a conocer con sus ambigüedades.

Una vez celebrados los comicios federales, ungido Madero como presidente de la República, no demoraron en presentarse, como era de esperar, las diferencias entre Carranza y el nuevo jefe del Estado mexicano, que se prolongarían hasta el asesinato de éste, en 1913. Al considerar desleales a las fuerzas militares porfiristas ubicadas en Coahuila, Carranza deseaba retener el mando de las milicias irregulares allí asentadas y lograr, además, que el gobierno maderista las financiara. Su intención oculta, según los consejeros presidenciales, no era otra sino mantener una gran cantidad de soldados a su servicio para levantarse en armas, en su momento, en contra del gobierno de la República. Lo veían venir. ¿Cómo creerle a Venustiano Carranza cuando declaró ante Madero que los hijos de su estado se sentían muy orgullosos porque los coahuilenses habían llegado a ocupar la primera magistratura nacional, y un breve tiempo después diseñaba la estrategia más discreta y eficiente para derrocar a su paisano, al que tanto decía admirar? ¿A quién le fue finalmente leal? ¡Claro que a Reyes, quien convencido por sus incondicionales de hacer uso del prestigio de que gozaba en el sector militar, desechó la invitación a incorporarse al gabinete maderista —que había aceptado efectivamente de un momento de ingenua confusión— y se levantó en armas!

1912 fue el año del gobierno de Madero, sí, pero también el de las conspiraciones para derrocarlo. ¿Quién no iba a convertirse en golpista ante el imbécil enano de Coahuila, a pesar de que ni siquiera se le había concedido, justo es reconocerlo, ese periodo de gracia con que la nación obsequia a sus nuevos gobernantes? Los científicos, abiertamente impacientes, se pronunciaron como golpistas. Hasta Victoriano Huerta se proyectó también como golpista, todos golpistas... ¿Más golpistas? Imposible ignorar a Félix Díaz y a los suyos, sin olvidar a Lane Wilson, el embajador frustrado porque Madero le había comunicado dos posturas inamovibles desde un principio: la primera, «México ya no sería gobernado desde la embajada de Estados Unidos», y la segunda, que «de ninguna manera seguiría cobrando las espléndidas gratificaciones económicas valuadas en 50,000 dólares anuales» con que Díaz lo distinguía para asegurarse excelentes reportes, las pruebas de buena conducta necesarias para tranquilizar al presidente Taft y a Wall Street, que no ignoraban que 78% de la industria minera, 58% de la petrolera, 70% de los ferrocarriles y 68% del caucho, entre otros latifundios y diversas inversiones, estaban en manos norteamericanas. Madero no solo se negó en términos absolutos a concederle o solicitarle cualquier tipo de ayuda económica, sino que además canceló las entrevistas con él, le impidió seguirle dando «consejos a su gobierno» y solicitó su remoción como representante diplomático. Un tiro disparado en el centro del paladar. Cualquier buen político, a sabiendas de la influencia que Lane Wilson tenía en Washington y entre sus colegas diplomáticos del mundo aquí acreditados, tendría que haber aprendido a coger con pinzas a un bicho ponzoñoso como él: continuar «integrando» su sueldo amañadamente, sin dejar de enviar al mismo tiempo representantes a la Casa Blanca para hacerle saber a Taft la calidad moral de su representante en México. ¿Dónde quedaba el arte exquisito de la diplomacia? A Henry Lane Wilson no le bastaba su sueldo como representante de la Casa Blanca ni los cuantiosos sobornos que percibía de las compañías norteamericanas ni cualquier otro ingreso obtenido de donde fuera: había venido a México a enriquecerse, y por lo mismo había que aventarle carne fresca ensangrentada a la fiera para tenerla satisfecha. Díaz lo entendió; Madero, ajustado a principios de moralidad, lo invitó a comportarse de acuerdo a criterios éticos de universal observancia... ¿Entonces...? ¡Adiós Madero, y de pasada, adiós, México entero! A nosotros nos convenía que don Pancho rompiera lanzas con el imperio y Madero lo hizo, como buen suicida. Los buenos mexicanos nos frotamos las manos.

El espiritista se quedaba solo, absolutamente solo con su hermano Gustavo. A diario se estrechaba su espacio político de maniobra. Todos conjuraban en su contra. Su derrocamiento y muerte era una cuestión de tiempo. Del hoyo jamás saldría, como jamás salió: Villa *dixit*... En octubre de 1912, precisamente el 7, Rodolfo Reyes, el hijo de don Bernardo, visitó a Victoriano Huerta en su casa de la colonia Popotla para invitarlo a encabezar el golpe de Estado. Contestó: «Miren, yo quiero a mi general Reyes y lo respeto. Yo jalo si otros jalan, porque la verdad no quiero meterme entre las patas de los caballos». Suelta una carcajada y añade: «Las pezuñas del chaparro me parecen blandas pero Ojo parado [su hermano Gustavo] las tiene muy duras». El presidente estaba totalmente rodeado de fuego prendido por los científicos o por los reyistas, los huertistas, los felicistas, o los zapatistas. ¿Quién faltaba además de Victoriano Huerta, Bernardo Reyes y Félix Díaz? Nada más y nada menos que

Venustiano Carranza, quien sentenció en privado, a dos meses del cuartelazo: Coahuila debe ser el primer estado que levante su pendón en contra del inepto de Madero. Fuego, fuego por todos lados. ¿Quién lo prendería primero...?

Tan pronto como en marzo de 1912, a cinco meses de haber iniciado Madero su gobierno, Pascual Orozco se levantó en armas al no haber recibido del presidente de la República la recompensa que él esperaba después de la caída de Ciudad Juárez y de la dictadura. ¿Qué jefe de Estado puede voltear a su país como un calcetín en tan poco tiempo? Nos importaba un pito y dos flautas: lo primordial era que se largara el enano.

Madero invitó a conversar entonces a los directores de los principales diarios del país para explicarles las dificultades por las que México atravesaba. No era conveniente inquietar al país con hechos irreales y en apariencia incontrolables, desvirtuando la realidad. Hacía una invitación a la paz, al respeto, al sosiego, para que los lectores no se hicieran una mala imagen de su gobierno. Subrayaba la importancia de haber conquistado la libertad, porque era la base del engrandecimiento de los pueblos que permitía a todos los ciudadanos cooperar y ayudar al bienestar de la patria. Para él la libertad resolvería por sí sola los problemas del municipio, de los estados y del país. Madero no pondría el territorio de Baja California en manos de extranjeros, como cuando Díaz les había entregado dos terceras partes de su extensión. Rechazaba el hecho de que compañías extranjeras fueran dueñas del estado de Chihuahua —al igual que lo era Terrazas— una superficie similar a la del reino de Inglaterra. Vería la forma de revocar títulos de propiedad porfiristas que implicaban la tenencia en manos extranjeras de veintidós millones de hectáreas de territorio nacional. Se empezaba a enfrentar a los terratenientes y hablaba de la soberanía agrícola en materia de algodón, trigo y maíz, el alimento indispensable del pueblo mexicano. Se pronunciaba a favor de la creación de cajas de préstamos para que los terrenos que repartieran las grandes empresas a los pequeños propietarios contaran con ayuda financiera para resolver el problema del campo. Para él, el capital honrado, el que proporciona bienestar y orgullo a su poseedor, era el conquistado por el esfuerzo personal. Madero trataba de ayudar y cambiar la realidad y para comenzar intentaría desarmar al poderoso, como si éste fuera a esperarlo cruzado de brazos hasta que acabara con él...

Nunca entendió a su pueblo, ni a los políticos o los militares, ni a los embajadores ni a los empresarios prepotentes e intocables, no entendió nada, absolutamente nada. Así le fue y así nos fue...

Tenía que haber comprendido, forzosamente, que Porfirio Díaz se había convertido en una figura indeseable para Estados Unidos ya no solamente en razón de su edad, sino porque había invitado principalmente a Gran Bretaña a invertir importantes cantidades en México con el ánimo de compensar el predominio yanqui en el país. La creciente penetración europea envenenó la relación con Taft y con la mayoría de las grandes empresas estadounidenses. Después de la entrevista que sostuvieron Taft y Díaz en la frontera en 1909, nuestro Porfirio supo que sus días en la presidencia estaban contados: no estaba dispuesto a cancelar las inversiones europeas y Taft no estaba dispuesto a consentir que se privilegiara a otras corporaciones además de las de su país. Solo así es entendible que cuando Madero huyó de San Luis Potosí y se refugió en Texas durante cinco meses, hubiera podido permanecer libre sin ser acusado de violar las famosas leyes de neutralidad, muy a pesar de las protestas airadas del gobierno mexicano en ese sentido, y escuchadas en cuanto a otros opositores. Taft no iba a mover un dedo para arrestar a Madero porque Wall Street así se lo había ordenado. Éste no solamente recibió entonces el apoyo político de la Casa Blanca, sino también el financiero de las empresas petroleras, ferrocarrileras y mineras que tenían inversiones en México. Díaz percibió que el candidato antirreeleccionista no estaba solo, y tan no lo estaba, que Taft mandó veinte mil hombres de la Guardia Nacional para que se ubicaran en la frontera sur, así como un número indeterminado de cruceros, dotados de una buena artillería, para que anclaran cerca de los puertos más importantes de la República. El mensaje para Porfirio Díaz era muy claro: «Lo que quieras con Madero o contra Madero, lo entendemos como una agresión en contra nuestra». ¿Por qué iba a renunciar Porfirio Díaz con la toma de Ciudad Juárez, cuando era un punto muy lejano y escasamente se habían producido una serie de escaramuzas? ¿Cuál revolución, si el ejército federal estaba intacto? No había pasado nada. Cuando Porfirio Díaz, a bordo del *Ypiranga*, empezó a perder de vista el puerto de Veracruz, a donde lo había escoltado Victoriano Huerta, mientras se secaba las lágrimas con su pañuelo de seda blanco solo alcanzó a decir: «Pobre de mi país, pobre de México, tan lejos de Dios y tan cerca de Estados Unidos».

Tanto en la Casa Blanca como en Wall Street, en particular los petroleros yanquis, esperaban en justa reciprocidad la recepción de nuevas concesiones, nuevos territorios petroleros, la protección indiscriminada a sus gigantescas haciendas, y sobre todo una exención masiva de impuestos. Por esa razón la Standard Oil Company de Rockefeller, entre otras más, habían ayudado a Madero cuando se encontraba en Texas, a cambio de una serie de recompensas económicas cuando llegara al Castillo de Chapultepec. Extendían la mano para recibir el control de los ferrocarriles; demandaban que el petróleo mexicano no se compartiera con Inglaterra, al menos en un porcentaje tan elevado que implicaba la mitad de las reservas nacionales; solicitaban que se archivaran para siempre los proyectos de ley *anti-trust*; que se concedieran todo género de facilidades a las empresas mineras sin privilegiar a las de la familia Madero. Esperaban la expropiación de empresas inglesas para ponerlas en manos norteamericanas, ¿y qué sucedió? Pues que el chaparro lunático comenzó por imponer gravámenes a la explotación del petróleo mexicano porque, según él, el país estaba siendo saqueado por dichas compañías insaciables sin recibir beneficio alguno. Apuñalaba a quienes les debía todo y más, mucho más.

¿Quién era el principal representante de las empresas norteamericanas en México? ¡Henry Lane Wilson! ¿Quién cobraba caras sus gestiones políticas para cumplir con sus encargos económicos? ¡Henry Lane Wilson! ¿Quién lo había impuesto en la embajada en México cuando en Wall Street se dieron cuenta del viraje de Porfirio Díaz para beneficiar a las firmas inglesas? Guggenheim, el titular de la American Smelting and Refining Company, con plantas en México y en Estados Unidos, un consorcio minero invencible. Guggenheim lo nombró para defender no solo sus propios intereses, sino los de su país. El cónclave había sido armado con mucho talento y oportunidad. ¿Entonces? Madero tocó intereses de los petroleros, de los mineros, la competencia industrial de su familia, afectó a Wall Street; Rockefeller, Pierce y Guggenheim se sintieron traicionados, y para rematar le quitó su subvención a Lane Wilson, además de declarar que desde la embajada estadounidense ya no se seguiría gobernando a México. ¿Estaba claro? Solo faltaba jalar el gatillo.

Lane Wilson se convirtió entonces en el primer sostén y cómplice de Félix Díaz, a quien impulsaba como el sucesor de Madero. Wilson, y solo Wilson, organizó un levantamiento armado en Veracruz en octubre de 1912; decía que ninguna rebelión contra Madero había tenido un jefe tan destacado como el propio Félix Díaz. Lane Wilson, ignorado y resentido, me invitó a mí, en lo personal, a conjurar, junto con otros militares y miembros del clero, para buscar la mejor manera de acabar con el gobierno maderista. Wilson se reunía como una fiera herida con la prensa y la agitaba, la sobornaba disponiendo de enormes recursos de las corporaciones de sus paisanos. Wilson conspiraba con los enemigos naturales de Madero y con la alta jerarquía militar y católica. La embajada de Estados Unidos se había convertido, ya desde mediados de 1912, a ocho meses de su toma de posesión, en un conocido cuartel del que salían los chantajes y sabotajes para acabar con el gobierno del maniático Madero, quien sin carrera política ni conocimiento del medio ni de su gente, ni del pueblo ni de las relaciones internacionales, pensaba conducir al país guiado por las voces de los espíritus.

Claro que yo organizaba reuniones secretas tanto en mi propia casa como en el templo de la Profesa, a las que asistía el señor arzobispo José Mora y del Río, sin faltar Lane Wilson, León de la Barra y Victoriano Huerta, entre otros tantos, para acordar la estrategia más segura y eficiente para derrocar al gobierno del espiritista. Wilson nos ofreció y garantizó una y otra vez abundantes recursos económicos de las compañías norteamericanas para destinarlos a la compra de armamento y al pago de la tropa, además de otros gastos para ejecutar lo más pronto posible el golpe de Estado. Taft se hacía el desentendido mientras los poderosos hombres de negocios deliberaban. Nuestros socios y cómplices eran los amos del mundo. No estaba mal, ¿verdad…?

La vida del gobierno maderista se acortó radicalmente cuando conocimos, en noviembre de 1912, la terrible noticia de que Woodrow Wilson había ganado las elecciones presidenciales. Para nuestra tragedia, Taft había sido derrotado. Wilson había hecho saber, como candidato demócrata a la Casa Blanca, el orgullo que le inspiraba la democracia maderista, un ejemplar modelo político y económico que pensaba apoyar en América Latina, en la que deseaba desterrar cualquier tentación totalitaria, erradicar las dictaduras, regresar a los militares a sus respectivos cuarteles y al clero a las sacristías. ¿Estaría enloqueciendo, al igual que el enano…? Tomaría posesión el 4 de marzo de 1913, por lo que contábamos con escasos cuatro meses para acabar con el gobierno de Madero antes de que el nuevo inquilino de la Casa Blanca nos amarrara las manos. Para uno que madruga, decíamos en mi tierra, uno que no se acuesta. Wall Street jamás toleraría una mancuerna Wilson-Madero, porque en ese caso el daño que sufrirían las empresas norteamericanas, no se reduciría, como ellos mismos aducían a México, sino que sus inversiones al sur del río Bravo también se verían severamente afectadas. Adiós democracia; era más fácil entenderse con un gorila corrupto que con un congreso, algo impensable. Teníamos que derrocar forzosamente a Madero antes del 4 de marzo y, de ser posible, asesinarlo, para evitar que pudiera exiliarse en Estados Unidos y contar con el apoyo de la Casa Blanca. Huertistas, felicistas, reyistas, científicos resentidos, carrancistas, orozquistas, todos estimulados por Henry Lane Wilson, no lo consentiríamos. Nosotros no haríamos la revolución a medias...

El propio Villa, encarcelado en la ciudad de México después de un conflicto con Victoriano Huerta, quien había intentado fusilarlo, supo cómo se conjuraba dentro de la prisión en contra de Madero, su querido héroe. En ese momento se arrepentía de haber confesado su deseo de mandar fusilar a todos los políticos. El presidente pensaba que al tener encerrados en la cárcel y bien vigilados tanto a Félix Díaz como a Bernardo Reyes, las conjuras en su contra habían sido desmanteladas porque, además, ambos personajes no contaban con el apoyo del pueblo. ¿El pueblo...? ¿De cuándo acá el pueblo mexicano opina o se le permite siquiera intentar hacerlo? La cuija se equivocaba y Madero también: las visitas de los militares eran recurrentes y los planes se acordaban fundamentalmente a través de Gregorio Ruiz, un incondicional soldado reyista que hacía saber a Félix Díaz, Victoriano Huerta y Venustiano Carranza las instrucciones y los deseos de don Bernardo Reyes. ¡Claro que Barbas de Chivo sabía, a ciencia cierta, todos y cada uno de los planes de Reyes! Imposible negarlo de cara a la historia: ¡que se sepa!

Por supuesto que existían individuos supuestamente liberales que coincidían con las políticas maderistas y rechazaban cualquier posibilidad de que el ejército se manchara las manos con la sangre del presidente de la República. Para eso no estaban las fuerzas armadas, sino para hacer prevalecer el orden y acatar las instrucciones del jefe del Estado mexicano, sin chistar y sin cuestionar. Alegaban que las políticas de Madero, orientadas a educar, a distribuir la riqueza agrícola, a cobrar impuestos a las empresas extranjeras que saqueaban al país, su proyecto en contra de los gigantescos latifundios porfiristas, su objetivo de evitar que tan solo ochocientas familias fueran dueñas del país, debería apoyarse para mejorar la vida de once millones de mexicanos, la inmensa mayoría de ellos sepultados en la miseria.

¿Los pobres? ¡Que se jodan, más aún si jamás han entendido la importancia del dinero y tal vez ni les interese! ¿Es muy difícil comprender que no se deben arrojar margaritas a los cerdos porque no las saben apreciar? ¿Quién les dijo a los maderistas que la gente que come en cuclillas frente a un *tecuil* o un comal desea hacerlo sentado a la mesa, con manteles largos, copas de vino de Baccarat, vajillas de Sèvres y cuchillería Christofle? ¿Quién les dijo que quieren cambiar su sombrero de paja por uno de fieltro, o que prefieren beber whisky añejado veinte años en lugar de pulque, o que desean cambiar sus trajes de manta por telas de seda manufacturadas en Europa? Ellos se limpian el hocico con la manga de la camisa y nosotros con servilletas bordadas en Brujas, de la misma manera que les tiene sin cuidado usar huaraches cubiertos por costras de lodo, en lugar de zapatos italianos manufacturados con piel de cocodrilo y calcetines escoceses de cachemira. ¿Por qué cambiar estas costumbres si ni siquiera saben ni aspiran ni les importa nada mejor? ¿Vamos a becar a un indio zapoteca en Harvard? Tienen razón los empresarios metalúrgicos de Guggenheim cuando dicen que llenan de altares sus empresas en México, así como sus talleres y fábricas, para que los obreros le soliciten a la Virgen de Guadalupe los aumentos de sueldo e incrementos en prestaciones, en lugar de pedírselos a ellos. Si el Señor no les hace caso, Él sabrá por qué, para eso es infalible y sus decisiones incuestionables, ¿no...? Cuando algún empleado mexicano se acerca a Guggenheim o a los suyos para gestionar un permiso o una solicitud económica, ellos siempre responden: *Primero pídeselo a la virgen, ella es tu patrona, ella te dará una respuesta y a mí me iluminará el camino. Hagamos lo que ella ordene...*

Todos sabíamos, a principios de 1913, que Carranza ya se había reunido con los gobernadores de San Luis Potosí, Sonora y Aguascalientes en Saltillo, supuestamente para llevar a cabo una cacería de venado, cuando en realidad estaba solicitando su colaboración militar en relación con el derrocamiento. Por todo ello, cuando Madero le ordenó que las tropas federales debían permanecer en Chihuahua combatiendo a Pascual Orozco en lugar de devolverlas a Saltillo, como había solicitado Carranza, éste enfureció y se enfrentó con el presidente haciéndole saber que dichas fuerzas, al mando de Pablo González, regresarían a la capital coahuilense con o sin su autorización. El desafío ya era abierto. ¡Claro que estaba a la espera de que Reyes fuera liberado! Carranza quería tener a toda su tropa en el estado antes del cuartelazo del 9 de febrero, una evidencia adicional de su participación en los hechos. El 11 de febrero, en plena Decena Trágica, cuando Madero continuaba siendo presidente, el tal Pablo González, carrancista con tropas carrancistas, combatía en el norte al gobierno federal, colaboraba con nosotros en el cuartelazo.

Como Venustiano Carranza siempre jugaba un doble papel, no es de extrañar que al mismo tiempo que organizaba la conjura en Saltillo, informara a Gustavo A. Madero de la posibilidad de un golpe militar en contra de su hermano. Invitaba a ambos a visitar Coahuila, desde donde podrían organizar, juntos, la defensa de la República antes de que cayera en manos de los porfiristas y de los reyistas resentidos.

¿Doble juego de don Venustiano solo en política? Para refutar este argumento bien vale la pena traer a colación a dos mujeres: Virginia, su primera esposa, y Ernestina, su amante, el verdadero amor de su vida. Carranza tenía tendida siempre, por lo visto, una red de protección por si alguno de sus proyectos fracasaba. Jugaba con Díaz, si fallaba tendría a un Bernardo Reyes y si éste no alcanzaba a llenar sus expectativas, ahí estaría entonces un Madero. Si Virginia ya no lo llenaba, ahí estaría siempre Ernestina Hernández Garza, y si esta última se encontraba indispuesta, pues se consolaría con una ilustre queretana u otra dama, invariablemente dispuesta, que vivía en Celaya, sin olvidar a otra hermosa paisana con la que se entrevistaba esporádicamente en Cuatro Ciénegas sin que los uniera una pasión desbordada ni nada parecido.

Venustiano había nacido a finales de 1859, un momento de gran traumatismo histórico para todos los mexicanos porque apenas habían transcurrido once años de la salida de los norteamericanos, quienes con una pistola en la cabeza nos habían arrebatado la mitad del territorio nacional. Carranza, como otros tantos chiquillos de la época, creció lleno de rencor y coraje hacia los gringos, los malditos gringos, unos ladrones ventajosos con los que en algún momento se entendería si es que llegaba a abrazar una carrera política importante y las condiciones se lo permitían. Por otro lado, la Guerra de Reforma había estallado en enero de 1858 y dejaría huellas confusas en su personalidad por las divisiones ideológicas existentes en su familia y en el país. Al terminar en 1861 este conflicto armado entre mexicanos, financiado por la Iglesia católica, cuando apenas la nación recuperaba el aliento, Carranza conoció de la invasión francesa, de la heroica batalla de Puebla y de la instauración del imperio de Maximiliano y su consecuente y afortunado fusilamiento. En 1872 supo de la muerte de Juárez, su supuesto ídolo, y cuatro años más tarde asistió al golpe de Estado de Porfirio Díaz en contra de Sebastián Lerdo de Tejada y al fallecimiento, también en 1876, del gran traidor Antonio López de Santa Anna, de modo que se desarrolló pleno de experiencias políticas impactantes que lo marcaron, como a la juventud de aquellos tiempos. Además de lo anterior, había sido un estudiante exitoso, un auténtico curioso del latín, las matemáticas y, sobre todo, de la historia, en particular de pasajes de Roma como las luchas de Tiberio Graco y de Cayo Graco contra la oligarquía del Senado. En su biblioteca llegaría a tener cuadros y efigies de Juárez, Hidalgo, Jefferson, Washington y Napoleón, así como obras clásicas de Plutarco y Cromwell, entre otros más. Como la vida es búsqueda, después de la preparatoria empezó la carrera de medicina, cuando ya había cursado un año de francés y otro de dibujo. Sus inquietudes intelectuales eran más que manifiestas, de ahí que estudiara medicina y se decepcionara, ingeniería y la abandonara, física y no le encontrara mayor sentido, al igual que a las raíces griegas. Una enfermedad de los ojos lo obligó a abandonar para siempre la academia y dedicarse a la ganadería, y más tarde a la política, donde encontró la justificación de su existencia. Tenía buena memoria, sabía escuchar, era culto en historia, ecuánime, tenaz, impasible, sereno, muy formal, serio, hablaba en voz muy baja, odiaba comprometerse o discutir, lo ofendían los enfrentamientos verbales desde muy joven y no se alegraba ni desesperaba ante nada, parecía más bien un ídolo azteca de piedra que no reflejaba emoción alguna.

Como a García Granados no le alcanzó la vida para contar algunos pasajes personales y fundamentales de la vida de Carranza, por más que se haya apurado a escribirlos antes de ser fusilado, me he permitido agregarlos: Su primer amor platónico fue, sin duda, Mariana Matilde «Ana» Martí y Pérez, hermana del poeta José Martí, con quien compartió días muy felices en la ciudad de México hasta que ella empezó a sufrir de toses feroces acompañadas de sangre, la señal inequívoca de la tuberculosis, enfermedad que acabó con su vida a los dieciocho años de edad. Venustiano asistió destrozado al entierro, sin embargo, había vivido su primera gran experiencia con el amor sin llegar, en ningún caso, a disfrutar un arrebato con la cubana. No era el momento. Llegaría, ya llegaría.

Carranza tenía una constitución vigorosa, una sólida musculatura que se consolidó a lo largo de su vida en el campo. Algo obeso, alto, mucho más que la media mexicana, barba florida y espeso bigote, usaba espejuelos de manera permanente, a través de los cuales tal vez no pudo captar en su máxima expresión el físico desagradable de Virginia, «una mujer enjuta y fea, originaria también de Cuatro Ciénegas, Coahuila, hija de una respetable familia de terratenientes, que tenía entonces veinte años de edad y era considerada como un buen partido». Que con Virginia también practicó el doble discurso, los dobleces, las deslealtades y las mentiras, no me cabe la menor duda, porque salió con ella por interés, por su dinero, para garantizarse una vida cómoda y con lujos, pero aburrida y sin emociones. Ella tenía cuatro años menos que él. Había nacido en 1862 en sábanas de seda, como bien decía su padre, pero como puedes tenerlo todo en la vida, y nada más, la naturaleza compensó el exceso de gratificaciones materiales concediéndole una estatura insignificante comparada con la de su galán, Carranza, el ganadero. Cuando ambos estaban de pie, ella escasamente le llegaba al hombro, y eso parándose de puntitas... Menudita, pequeñita, dueña de una nariz escandalosa por su tamaño, desproporcionada en relación a su rostro, los labios sobresalientes sin que pudiera encontrarse su mentón por algún lado, el cuello corto, casi inexistente y el pelo corto, como el utilizado por los hombres, hacían de ella una candidata poco atractiva salvo por la fortuna de la familia, que ni así la hacía parecer siquiera un poco menos mona, si es que hablamos de primates. La pareja se veía ridícula, más aún con la personalidad altiva y prepotente de Venustiano, en el entendido de que Virginia pronunciaba las palabras estrictamente indispensables y estas por lo general estaban destinadas a criticar o a denostar a alguien porque, como bien se mencionaba en los corrillos de Coahuila, el esperpento, además, estaba lleno de resentimientos y rencores, razón de más por la que nunca se le vio sonreír.

Cuando se cansaban de dar vueltas alrededor del reducido zócalo de Cuatro Ciénegas y se sentaban en el kiosco a comer helado, Venustiano se quedaba muy pronto sin conversación, ya que ella no había estudiado ni pasado cerca siquiera de alguna institución académica, porque las «niñas de familia» tenían que ser hacendosas y prepararse para cumplir a la perfección con las labores del hogar y las obligaciones inherentes a la maternidad. De leer y capacitarse, nada, mejor ni hablemos. A la hora de los arrumacos y los besos, resultaba que o para Virginia todo estaba prohibido por la moral y la religión, o se resistía a las caricias propias de un noviazgo normal porque sus senos jamás se habían desarrollado y estaba plana, más plana que una tabla, a lo que había que agregar un severo problema de halitosis que su madre adjudicaba a los malos pensamientos que tenía acerca de la gente, porque para ella todos eran malévolos, perversos o tramposos o ingratos o hipócritas. Nunca se supo que se expresara bien de alguien, salvo acaso de su novio. ¿Quién podía resistir a una mujer así? Únicamente José Venustiano Carranza Garza, el undécimo hijo de una familia «liberal» coahuilense. Resultaba imposible tocarla, y cuando lo lograba después de vencer un número indeterminado de prejuicios, Venustiano no solo se decepcionaba al no sentir a una mujer plena a su lado, sino que ambos se separaban de inmediato en el feliz acercamiento de los besos porque a Virginia le daban cosquillas las barbas y el bigote de su pretendiente, o él se retiraba tratando de llevarse los dedos índice y pulgar a la nariz para escapar al aliento mefítico que le producía un impulso natural al vómito.

Como poderoso caballero es don dinero, Venustiano y Virginia, aunque el lector no lo crea, se casaron en 1882. Me encantaría relatar el arrebato más sensacional de la historia erótica de la humanidad, sin embargo, los hechos se sucedieron como sigue: al acabar la celebración, una vez bailadas las piezas de rigor y después de haber cortado el pastel de bodas en el que el repostero parecía burlarse de la diferencia de estaturas, ya que de los muñecos que colocó hasta arriba del merengue blanco una era disparatadamente más chaparra que el otro, los dos cónyuges se retiraron con la debida discreción, como si desearan apartarse del escrutinio de los invitados. En la mesa reservada para los novios alguien distinguió un cojín en el asiento de Virginia, seguramente empleado para que su aspecto no fuera lastimoso, tomando en cuenta el tamaño de hombrón que era Venustiano si se comparaba con su mujer. Al cerrarse la puerta de la habitación nupcial se hizo un pesado silencio. ¿Cómo comenzar? ¿Qué hacer? Para abrazarla tenía que subirla de pie a la cama, porque no alcanzaba los labios de su adorado tormento ni haciendo una pronunciada genuflexión. ¿Solo eso? No, claro que no, en el caso de llegar a besarla todavía tenía que superar el efecto del aliento y, por si fuera poco, vencer otro desagradable detalle del que se había percatado apenas unos días previos al enlace: Virginia tenía una pelusa ingrata y desmotivadora alrededor de los labios, la que Venustiano esperaba ignorar con su barba y bigote muy bien poblados. Sí, sí, lo que fuera, pero el hecho era que ahí estaba el señor mostacho...

Virginia se encontraba permanentemente de mal humor y con el rostro contrito, a lo que había que agregar su rígida formación religiosa. Por supuesto que no hubo intercambio de besos, ni atrevidos ni de ningunos otros, para ya ni hablar de las caricias previas, imprescindibles para perder el pudor e incentivar el arrojo, es más, ni siquiera se dieron los arrumacos que esperan las parejas de enamorados, quienes al sentirse en su dichosa soledad, se desnudan el uno a la otra lo más rápidamente posible, como si la ropa estuviera incendiada y tuvieran que quitársela sin tardanza alguna entre carcajadas contagiosas y sonrisas socarronas. Cuando don Venustiano iba a cumplir con sus obligaciones de hombre, pensando, eso sí, en las dimensiones de la herencia de Virginia —gratis ni madres—, y cuando digo obligaciones lo expreso en la más precisa acepción de la palabra, en ese momento la abnegada esposa levantó los brazos invitando al príncipe azul a la contención porque tenía que recluirse unos momentos en la sala de baño de la hacienda coahuilense en la que pernoctarían. Como corresponde a todo un caballero norteño, se detuvo a esperar sentado sobre un viejo arcón que decoraba la estancia. La sorpresa fue mayúscula cuando después de un buen tiempo, en el que Venustiano sentía envejecer, apareció la radiante esposa enfundada en una bata de satén blanco y un rollo de tela debajo del brazo. El esposo creía estar asistiendo a una obra de teatro, más aún cuando ella, haciendo un esfuerzo sublime, se subió como pudo a la cama, quitó los pétalos de rosa con forma de corazón que alguien había puesto sobre los cobertores en un alarde de romanticismo, y pidió al joven Carranza que le diera la espalda en lo que ella se acomodaba. Cuando todo estuvo listo de acuerdo a las instrucciones —Virginia nunca se cansaba de dar instrucciones para compensar sus vacíos—, le ordenó a su esposo que girara para encontrarse a su mujer acostada boca arriba y cubierta por una gran sábana blanca de la que no salían los pies. En el centro de la tela, muy bien bordada, por cierto, se encontraba un agujero por el que tendría que penetrar el galán sin descubrirla en ningún caso, según había ordenado el señor arzobispo para no cometer pecado alguno.

—Ven, Venus; ven, Venustiano. Si quieres puedes quitarte la ropa o dejártela, como tú te sientas mejor, siempre y cuando apagues las linternas y yo no te pueda ver desnudo.

—¿Qué....? ¿Vamos a hacer el amor con la pecadora? —preguntó aquél sin salir de su asombro.

—No le digas así a la sábana, que recibió todas las bendiciones divinas —contestó Virginia con sequedad, abriendo las piernas en compás—. Esto no puede llevarnos más de diez minutos. Hagámoslo, acabemos con el trámite y que Dios nuestro Señor nos premie con un retoño lo más pronto posible, que sacralice nuestra unión con un Venustianito, ¿no, Venus?

Carranza no se movía. ¿De dónde sacaría la fuerza para cumplir con su mujer, sí, cumplir y salir airoso del trance? ¿Desvestirse a medias y subirse encima de Virginia, así y ya...? ¿A oscuras y a ciegas? ¿Y si ella no cooperaba a la hora de penetrar por la sábana y dirigir a su orgullo del universo, al gran capitán general, campeón de mil batallas, a un recinto cálido y seguro desde el que pudiera abrir fuego? ¿Qué tal que el cura también hubiera prohibido tocar el joven cañón totalmente cargado y lleno de pólvora? Además de aplastar a la doncella y jamás encontrar la entrada al laberinto, bien podría estallar en carcajadas al parecer aquello la representación de una ópera bufa. A ver, sí, ¿cómo...?, díganme cómo... A oscuras, sin encontrar nada, sin inspiración ni fantasías, sin palabras sensuales y sin colaboración de Virginia para no caer en pecado. ¿Jugamos a la gallina ciega, pero en la cama, a nuestra edad y en este momento?

Mientras Virginia cerraba los ojos y Venustiano recordaba el origen del nombre de su mujer, obviamente proveniente de la palabra virgen, con todo su contenido religioso, se descalzó y empe zó a desprenderse de los tirantes que le detenían los pantalones del chaqué en tanto veía con cierta nostalgia su sombrero de copa colocado sobre una silla. Se quitó el saco con cola de golondrina, el corbatín y la camisa sin dejar de lamentar su suerte, o mejor dicho, la decisión que había tomado. Bien pronto se encontró en calzoncillos, largos, muy largos y sueltos, que le llegaban a la altura de la rodilla, donde se encontraban los ligueros que sostenían los calcetines. Metió entonces los dedos de la mano izquierda por debajo de la barba y se la alisó, como era su costumbre. ¿Qué hacer? Apagar la luz y disponerse a montar a esa potranca salvaje, sujetándola por las crines y apretando con fuerza la montura con las piernas para no salir despedido por los aires. Se trataba de domar a esa hermosa yegua negra, una purasangre que nunca, nadie había logrado someter y dominar. El desafío era tremendo, sobre todo en el momento en que ella tuviera que aceptar el mando y la autoridad del jinete. Venustiano salió de sus fantasías cuando apagó la luz y se dirigió a la cama y montó no a la yegua embravecida sino a Virginia, quien ya había escondido hasta las manos para evitar hasta lo posible el contacto entre las pieles. Ella se resistía a ayudar por el pánico a tocarlo y tener que pasar la eternidad en el infierno, y él no respondía como hombre a falta del más elemental de los estímulos femeninos. ¿Así cómo iba a llegar al mundo el pequeño Venustianito, amor?

Carranza no pudo, desesperó. ¿Cuál arrebato, cuál maldito arrebato? Virginia no cooperó en nada, ni dirigió ni tocó ni contribuyó ni orientó ni animó ni encarriló ni encauzó ni mucho menos enderezó ni ayudó a lograrlo, ni encabezó ni capitaneó ni gobernó ni guió ni asistió en las maniobras de arribo ni encaminó ni encañonó ni piloteó ni timoneó, en resumen, no asistió en nada y dejó el éxito de la empresa en manos del Señor, quien tampoco está precisamente muy informado de esos menesteres. Venustiano entonces se dirigió al baño con sus armas menguadas en busca de una de las cremas para desmaquillar de su mujer. De regreso, untándosela en abundancia, como el soldado raso que carga su fusil con balas que, bien sabe, son de otro calibre, escéptico y frustrado, volvió a montar a la pinche bigotona, ¿cuál yegua ni potranca salvaje?, quien protestó, pataleó y arañó al sentir profanadas sus carnes sin poder distinguir qué le producía más malestar, si el peso mortal del hombre sobre ella y el sentimiento de asfixia, o el calvario sufrido al sentir a su marido en su interior por primera vez. Ella solo pensaba en el día de la crucifixión de Cristo y deseaba obsequiarle su tormento como una compensación al suyo, al final una prueba de su amor…

De esta «feliz» unión nacieron tres hijos: Leopoldo, quien falleció a los cuatro años de edad; Virginia y Julia Carranza Salinas.

Pero dejemos aquí esta parte de la narración para continuar con la historia contada por Alberto García Granados.

En la capital de la República existía un rumor, un secreto a voces que ignoraban solamente dos personas: Francisco I. Madero y su hermosa esposa, Sarita. En cafés, restaurantes, merenderos, parques, sobremesas domésticas; en atrios, sacristías, escuelas, universidades y en los diversos círculos sociales de todos los niveles solo se hablaba de que en el muy corto plazo el presidente demócrata, la gran promesa mexicana después de la presidencia de Porfirio Díaz, ¿cuál dictadura?, sería finalmente derrocado después de quince meses de anarquía, desorden y atraso. Los espíritus confundían a Madero en las noches de luna inmóvil sin aportar soluciones en torno a su futuro. Las voces de ultratumba guardaban silencio. El presidente pensaba que el pueblo lo apoyaría ante un levantamiento armado, que ningún ciudadano que hubiera votado por él permitiría que se volviera a asfixiar la democracia en un charco de sangre. Madero soñaba, idealizaba, de alguna manera se sentía intocable o inalcanzable por la maldad. Se olvidaba de que el pueblo de México no tenía memoria y que la santa pira de la Inquisición lo había enseñado a callar y a aceptar resignadamente su suerte. Perdía de vista que los mexicanos se preocupan exclusivamente de la puerta del zaguán de su casa para adentro. Había pedido tibiamente la remoción de Lane Wilson a Taft en lugar de concederle al embajador veinticuatro horas para abandonar el país; era preferible el destierro del representante de la Casa Blanca que permitirle a Henry seguir armando, a ojos vistas, una sanguinaria conjura.

Gustavo, su hermano, entendía con claridad meridiana lo que estaba aconteciendo. Siempre pensé que el presidente tenía que haber sido él y en ningún caso Francisco. El hombre agudo, perspicaz, conocedor, dotado de una malicia precoz, era Gustavo, sin embargo, día con día el hermano menor irritaba aún más al Jefe de la Nación con comentarios que este último consideraba fuera de lugar, producto de una alucinación desequilibrada o de unas emociones

descontroladas. Gustavo era el que repetía, presa de una justificada angustia:

—Te van a matar, Pancho. Me van a matar, Pancho. Nos van a matar, Pancho. Van a acabar con tu gobierno, Pancho. Van a aplastar la
democracia, Pancho. Los porfiristas van a destruir las libertades que tú
deseas construir, Pancho. Encierra a los militares, Pancho. Fusila a los
cabecillas, Pancho, yo los conozco, hermano: fusílalos, fusílalos, fusílalos a todos, Pancho.

Los militares sesionaban en los cuarteles y recibían instrucciones de Bernardo Reyes, quien enunciaba desde la cárcel los pasos
a seguir al igual que lo hacía el propio Félix Díaz, también en prisión. Los líderes de nuestra Santa Madre Iglesia Católica, Apostólica y Romana también deliberaban, como siempre, buscando lo
mejor para México. Soñaban, con justa razón, con el regreso de un
Porfirio Díaz que bien podría llamarse Bernardo Reyes, Félix Díaz
o Victoriano Huerta, uno de sus hombres, un porfirista consumado que impidiera la destrucción del viejo régimen. Ni los zapatistas
ni los orozquistas estaban conformes con el gobierno de Madero.
Sí, solo que la prensa, también agitada por Henry Lane Wilson, expresaba una realidad desconocida. ¡Claro que magnificábamos los
problemas para provocar la desesperación de la sociedad! ¡Claro
que el país no se encontraba en el estado ruinoso que se publicaba,
ese era nuestro trabajo, confundir, desorientar para justificar el golpe de Estado y la imposición de uno de los nuestros en el más alto
cargo de la República! ¡Claro que la prensa nacional jamás había
conocido un derecho de imprenta como el que les había concedido
el presidente Madero, por imbécil! ¿Nosotros, acaso, teníamos la
culpa de que les hubiera otorgado tantas libertades a los periodistas para que distorsionaran su imagen con caricaturas y editoriales
sin que fueran a dar a una de las galeras de San Juan de Ulúa? Nosotros éramos inocentes, pero teníamos que aprovechar la apertura
periodística para alcanzar nuestros fines. Ni Rockefeller ni Guggenheim, ni Aldrich ni Taft ni el propio Cowdray y sus setenta y cinco mil hectáreas de concesiones petroleras, otorgadas por Díaz en
la última década de su gobierno, estaban dispuestos a permitir, ni
un día más, la supervivencia del gobierno democrático de Francisco I.
Madero: que le cobrara impuestos a quien se dejara. Ninguno de
ellos aceptaría condición alguna para explotar el subsuelo mexicano. Madero tenía que largarse y si no, lo largarían o lo largaríamos,

y si no, Wall Street lo asesinaría, como en realidad lo hizo. Esa era la mano que movía la cuna. Si los empresarios estadounidenses estaban hartos de Díaz y por eso lo echaron de México, los mismos capitalistas ahora estaban hartos de Madero y volverían a asestar otro golpe de Estado en menos de dos años.

De nada servía que Madero estuviera en contra de la persecución, el encarcelamiento y la desaparición ilegal de personas. No impactaba que se opusiera a la concentración de riqueza en un par de manos ni que este coahuilense, física y mentalmente pequeñito, hablara de la construcción de instituciones para escapar a los caprichos de un solo hombre. ¿Un solo hombre? ¿Acaso hay otra manera de gobernar un país de analfabetos, apáticos, somnolientos e indolentes? Madero se oponía al «mátenlos en caliente», sí, pero la fórmula era eficaz, muy eficaz para pacificar al país. ¿De cuándo acá una mano fuerte, implacable y sabia, iba a conceder derechos a los opositores de un sistema, a los líderes sindicales, que decían luchar por el bienestar de la clase obrera, cuando en realidad vendían la causa de los suyos a cambio de unas monedas de oro o plata? A quien se oponga, la bala. Pero no, Madero llegó a decir, el muy imbécil: «Antes de cometer un asesinato prefiero dimitir.» Todos advertimos entonces que aquello había llegado demasiado lejos y no podía durar más tiempo. ¿Cuáles instituciones, don Panchito? ¿Pues dónde vive usted? ¿No conoce su país ni a su gente? La bala, la bala, solo la bala. Aquí en México no hay más ley, ni puede haberla, que los estados de ánimo de un hombre todopoderoso como los tlahtoanis, los caudillos o los caciques que saben dirigir a los suyos. Los mexicanos somos hijos de la mala vida y por ello un tercero debe resolver invariablemente en nuestro lugar. La libertad en México equivale al caos. Que no se olvide que hemos sobrevivido siempre en un ambiente autoritario donde alguien debe decidir por nosotros. Por esa razón, porque no sabemos autogobernarnos, Santa Anna regresó once veces al poder y Maximiliano vino a dirigirnos hasta que el maldito indio oaxaqueño, de cuyo nombre no quiero acordarme, lo pasó por las armas; por la misma razón Porfirio Díaz, el gran intérprete de la voluntad popular, pudo mantenerse más de tres décadas en el cargo.

Henry Lane Wilson, Bernardo Reyes, Aureliano Blanquet y yo hacíamos saber que Madero no había logrado satisfacer las aspiraciones de las clases campesinas y obreras; había perdido el apoyo de los intelectuales radicales que tanto colaboraron para filtrar la importancia del derrocamiento de Díaz. No había alcanzado la pacificación en el campo ni en los pueblos ni en las ciudades; no podía satisfacer los deseos de los inversionistas extranjeros ni los de las cúpulas empresariales mexicanas, ni los de los grandes terratenientes de todas las nacionalidades. Se hablaba de su incapacidad para proteger las propiedades de los capitalistas foráneos y domésticos. Los militares lo consideraban un advenedizo y débil que no lograba obtener el respeto ni de su propia esposa. Madero no convencía. No podíamos permitir que se arraigara en el poder, porque su consolidación en el cargo nos hubiera complicado a todos la existencia. Era nuestra obligación exhibirlo como un demente, un loco, un maniático, un incapaz, para que la sociedad aceptara los hechos y los plazos no nos atropellaran. Los despachos tan alarmantes de Wilson a Washington, más las presiones de Wall Street, convencieron a Taft de la necesidad de invadir México, solo que Knox hizo valer argumentos para simplemente derrocar a Madero. La acción era menos costosa en todos los órdenes y además implicaría menos daño a la imagen de Estados Unidos en el mundo. ¿No era más barato dar un cuartelazo y matar al presidente, que mandar cien barcos a las costas mexicanas para facilitar el desembarco de por lo menos cien mil soldados norteamericanos, manchando, además, otra vez las fachadas impolutas de la Casa Blanca? Mejor liquidar a Madero.

Finalmente, el 9 de febrero de 1913, tal como estaba previsto —entre otros por don Venustiano—, trescientos dragones del primer regimiento y cuatrocientos del segundo y quinto de artillería liberaron a Bernardo Reyes, quien los esperaba resplandeciente de optimismo. Acto seguido, rescataron a Félix Díaz de la penitenciaría. Una vez libres los cabecillas se dirigieron a Palacio Nacional donde Bernardo Reyes, montado en su hermosísimo caballo *Lucero*, recibió una descarga que acabó con su vida. Fue el primer muerto ilustre del cuartelazo. Cuando detuvieron a Gregorio Ruiz, nuestro enlace con Félix Díaz, Victoriano Huerta lo mandó fusilar sin previo juicio y sin explicación alguna. De haber hablado Gregorio, nos hubiera exhibido a todos y se hubiera frustrado el plan. Madero jamás entendió la prisa por privar de la vida a Gregorio, el buen Gregorio.

Las pesadas descargas de la artillería disparadas desde la Ciudadela produjeron el pánico en la capital del país, además de una gran cantidad de muertos civiles. El tiempo pasaba, las armas financiadas por los inversionistas norteamericanos llegaban puntualmente al bastión. Todos cumplíamos nuestros compromisos. Gustavo descubrió desde el principio que el ejército traicionaba la causa de la República y de que los días del gobierno de su hermano estaban contados. Al saber demasiado, sería el primero en morir. Se atrevió a detener a Victoriano Huerta una vez comprobada su complicidad en los hechos, y lo condujo esposado y desarmado, como si fuera un forajido, hasta la oficina presidencial en Palacio Nacional. En un arranque de furia, Madero, el afortunadamente iluso, le devolvió su espada y la libertad concediéndole veinticuatro horas de plazo a mi general Huerta para que demostrara su lealtad a las instituciones mexicanas. Si el susto fue grande, nuestras carcajadas también. Muerto don Bernardo, nos quedaba Victoriano y a él lo necesitábamos con las manos sueltas. Los informes de Wilson a Washington nos llenaban de entusiasmo: Taft aceptaría de inmediato al gobierno surgido en sustitución del de Madero. Lo que sufrió el pobre de don Henry cuando jamás obtuvo ni de Taft ni de su sucesor el reconocimiento diplomático de Victoriano, a sabiendas de las tremendas consecuencias de no lograrlo. ¡Qué decepción!

Cuando Carranza fue informado de la muerte de Bernardo Reyes, su jefe, invitó a Madero a trasladarse a Coahuila para controlar desde ahí la revuelta. Ahí estaba el hombre leal y solidario en los momentos difíciles, sí, pero días después negociaba conmigo una posición preponderante en el nuevo gobierno ante la pérdida irreparable de don Bernardo. ¿Dónde quedaría él en este abrupto cambio? Se había quedado repentinamente solo. ¿Qué le tocaría cuando finalmente muriera Madero? Jugaba como los avestruces, creyendo que al meter la cabeza en un agujero nadie lo veía: otro iluso. A mí no me iba a engañar a pesar de que Pablo González cumplía órdenes superiores de Carranza de combatir a los federales comandados por Rábago entre Lampazos y Bustamante, Nuevo León. ¿No era un traidor? ¡Carajo, el chaparro seguía siendo presidente y por lo tanto su jefe, y aquél ya levantado en armas…! ¡Con las mismas armas que Madero le dio!

Finalmente, el 19 de febrero, mientras continuaba la batalla en las calles de la ciudad de México, hicimos prisioneros a Madero, a José María Pino Suárez y a Gustavo. En la noche convencimos al presidente de la importancia de su renuncia, a cambio de la cual le concederíamos un salvoconducto para que saliera del país junto con su familia. Por supuesto que no debía haber renunciado jamás y tenía que habernos mandado decir: *No van ustedes a asesinar a un ciudadano, a un presidente prófugo de sus poderes, sino que tendrán que asesinar al presidente de la República y llenarse las manos de sangre de un inocente.* Sí, evidentemente esa hubiera sido la postura de un líder, de un estadista, pero no la de un enano ciertamente apremiado por la inminencia de una intervención armada estadounidense que caería toda sobre su conciencia y responsabilidad, con los resultados que fuera. Mientras el jefe del Estado mexicano dimitía de su elevado cargo como corresponde a un cobarde, nuestro Victoriano se deshacía de Gustavo, un severo estorbo. No, no lo mandaba matar de veintisiete puñaladas y le sacaba el ojo parado con un picahielo, simplemente se deshacía de él, ¿estamos? Nosotros no eramos unos imbéciles ingenuos como Madero, quien nunca supo nada de política. ¡Cuidado con el lenguaje! ¿Qué tal el Congreso mexicano, que admitió la dimisión de Madero con 123 votos contra 8? He ahí otra muestra de genuino patriotismo.

¡Qué coraje le habría dado a Carranza saber que nosotros ya teníamos al presidente de la República en nuestro poder en una pocilga en Palacio Nacional! Lo habíamos madrugado. La muerte de don Bernardo lo había dejado como perro sin dueño. Yo estaba presente en la embajada de Estados Unidos cuando Sara Madero visitó a Lane Wilson para solicitarle la libertad de su marido. Wilson le dijo:

—Seré franco con usted, señora, la caída de su esposo se debe a que no sabía gobernar y nunca quiso consultarme. En realidad debería estar encerrado en un manicomio.

¡Las carcajadas que soltamos cuando se fue la señora Madero! Solo alcancé a decirle a Henry:

—¿No crees que te pasas de cínico exigiéndole al presidente de un país que venga a consultarte para saber cómo gobernar? Lo del manicomio fue genial.

—Cierto —me contestó—, pero en México todo se vale y nunca hay consecuencias para nadie. Apréndetelo de memoria.

Momentos después de que la señora Madero gimoteando abandonara la residencia del embajador, llevamos a cabo una reunión histórica en el magnífico salón de recepciones ubicado en la planta baja, con vista a los jardines. En ese momento nuestro querido don Henry acordó con Huerta, enfrente de Félix Díaz, que Victoriano sería el presidente provisional, el mismo que convocaría a elecciones que por supuesto ganaría Félix. El sobrino de don Porfirio, que no era más que eso, el sobrino de don Porfirio, otro iluso, otro imbécil, le creyó a Victoriano Huerta y aceptó que éste se convirtiera en el presidente provisional, en la inteligencia de que después le entregaría el poder. ¡Sí, cómo no, claro que se lo entregaría…!

Si algo me llamó la atención de esa histórica reunión, que seguro pasará a la historia como el Pacto de la Embajada, fue el rostro de todos los embajadores extranjeros acreditados en México cuando se corrió una cortina y aparecieron don Henry, Victoriano y el idiota de Félix, los tres personajes de pie, debo confesarlo, perdidos de borrachos. En aquel histórico momento que nunca olvidaré, Wilson hizo uso de la palabra, guardando el equilibrio como Dios le dio a entender: «Tengo mucho gusto en presentarles a todos ustedes al nuevo presidente de México».

Dado que ninguno de los dos militares se movía, de repente, trastabillando, Victoriano dio un paso al frente. Con una breve genuflexión, peligrosa por cierto porque bien pudo caer al piso de duela perfectamente barnizado, hizo saber a la ilustre audiencia en quién había recaído el honor de ocupar la presidencia de México. Claro que para algunos podría parecer exagerado que al Jefe de la Nación mexicana lo presentaran en la representación de Estados Unidos, sí, ¿pero qué más daba? ¿A quién no le convenía tener un socio semejante? Si éramos dependientes, bien lo sabía Dios nuestro Señor, ¿qué más daba que lo supiera el mundo entero?

¿Cuál fue la respuesta de Venustiano Carranza cuando supo que Victoriano Huerta era el nuevo presidente de México? Se comunicó con el cónsul estadounidense, Mr. Holland, para informarle su conformidad con la nueva administración de México. Le hizo saber que toda oposición quedaba abandonada a partir de ese momento. Reconocía abiertamente al nuevo gobierno de la República. Al día siguiente en la mañana, confesó que se había equivocado, por lo que solicitó a la legislatura ignorar a Huerta como presidente. Horas más tarde volvió a aceptar la legitimidad de Victoriano. Un día después, según consta en los despachos del diplomático, volvió a negarlo y así sucesivamente. Knox, el secretario de Estado de Taft, había declarado en una conferencia en Pittsburgh que el propio Carranza le había manifestado su adhesión a Huerta. ¿Con quién quería jugar o a qué quería jugar el Barbas de Chivo? Su doble juego y su confusión volvían a ser notables: al mismo tiempo que se comunicaba con los gobernadores del norte del país para anunciarles su rebeldía y solicitarles su adhesión a la causa, le comunicaba a Knox, en Washington, que se sometía a la nueva administración de México. Ése era Venustiano Carranza, y no otro. ¿Que hacía tiempo para ver si lograba mantenerse como gobernador de Coahuila? ¿Que deseaba que le respetaran las fuerzas federales acantonadas en el estado? ¿Que esperaba ser reconocido? Era evidente que buscaba acuerdos con gobernadores para levantarse en contra de Huerta y logró que el Congreso del Estado desconociera a Victoriano por medio del decreto 1421, llamándolo «asesino y traidor», mientras al mismo tiempo nos hacía propuestas para mejorar su posición política. ¿A quién quería engañar este mequetrefe? Porfirio Díaz no confiaba en él, por ello no lo nombró gobernador de Coahuila; Madero jamás confió en él, por ello tampoco lo nombró secretario de Gobernación. Francisco Villa no confió en Venustiano Carranza, como tampoco lo hizo, obviamente, el propio Huerta. ¿Quién confiaba, al final de cuentas, en Venustiano Carranza?

Carranza le confesó al propio cónsul Philippe Holland que había decidido conformarse con el gobierno huertista tras haber recibido los detalles de la ascensión de mi general Huerta a la oficina presidencial y las recomendaciones de Lane Wilson de aceptar al nuevo Ejecutivo. Las renuncias de Madero y de Pino Suárez habían hecho de Huerta el presidente legal. Por todo ello, Venustiano mandó una delegación a la ciudad de México el mismo 22 de febrero, para negociar con Victoriano. El 23, Carranza le volvió a comunicar a Holland que otra vez se encontraba en rebelión en contra de Huerta, sin justificar su nuevo cambio de decisión en la muerte del presidente y el vicepresidente. Y es que sin Madero y sin Pino Suárez, el movimiento revolucionario quedaba decapitado, lo cual constituía una oportunidad maravillosa, única, de ponerse al frente de la misma y de pasar a ocupar, ahora sí, el sitio histórico que le correspondía. Nosotros creíamos que en ese hecho, en ese supuesto atropello, se apoyaría su rebeldía, pero no, su frustración se debió a que nadie lo había tomado en cuenta ni se le abrían las puertas para recibirlo en la nueva administración. Estaba fuera de la jugada. Esas eran sus razones para levantarse en armas, y no la protesta por la muerte de Madero. ¿Quién iba a creer que le importaba el enano? Ahí están una catarata de evidencias en contra.

Yo, recién nombrado secretario de Gobernación en el ilustre gabinete de Victoriano, recibí una y otra carta de Venustiano Carranza desde Coahuila, en las cuales se dirigía al general Victoriano Huerta como presidente de la República. Recibí telegramas y diversos comunicados para anunciarnos que el licenciado Eliseo Arredondo y el ingeniero Rafael Arizpe y Ramos eran los representantes del gobierno del estado para entrevistarse con el nuevo titular del Poder Ejecutivo. Estos comunicados en los que Carranza negociaba un cargo en el ilustre gabinete o su confirmación como gobernador, con el tiempo no solo lo exhibirán como un falsario, sino que me costarán la vida. De ahí la importancia de sacarlos del país y ponerlos a buen resguardo en algún lugar del extranjero fuera de su alcance y el de los suyos, para que con el tiempo se conozca la verdad y se haga justicia.

Mientras tanto Madero, encerrado en la intendencia de Palacio Nacional, recibió la visita de su madre quien le confirmó, entre lloriqueos, la muerte de Gustavo. El expresidente se puso a llorar entonces como un niño, y de rodillas comenzó a pedirle perdón. El derrocamiento de don Porfirio, sí, de don Porfirio y el supuesto arribo de la democracia se convertían en fantasías que concluirían en una tragedia de dimensiones históricas. Shakespeare era un imbécil al lado de este drama nacional. Ni modo: el fin justifica los medios. Yo, por lo pronto, volvía a recordar y criticaba las declaraciones de Díaz a Creelman: México no estaba listo para la democracia y tal vez jamás lo estaría hasta que se eliminara a millones de analfabetos que utilizaban su voto de la misma manera en que un niño juega con una pistola .45 cargada.

Yo podía escuchar, a la distancia, los razonamientos de Madero cuando su final era inminente y él lo sabía. Se arrepentiría de no haber sabido contentar a todos y no confiar en sus verdaderos amigos. Le dolería su incapacidad para descubrir las intenciones ocultas de sus semejantes, su desconocimiento de los hombres y su ausencia de malicia. Se lamentaría de no haber mandado fusilar a Huerta, Félix Díaz, Bernardo Reyes y Porfirio Díaz, quien tal vez habría ayudado al golpe de Estado desde el París de sus sueños. Lo agobiarían las visiones equivocadas de la cuija y creer en las instrucciones de los espíritus de haber nacido para una misión superior como lo era acabar con el gobierno y el poderoso ejército de Díaz, y encauzar al país hacía un nuevo derrotero que jamás alcanzaría. Le corroería las entrañas haberse puesto en manos de los hermanos Vázquez Gómez, haber designado a Carranza comandante en jefe de la Revolución en Coahuila, Nuevo León y Tamaulipas, creyendo que proseguiría la lucha iniciada dos meses atrás, y después nombrarlo gobernador de su estado en 1912. ¿Por qué lo promovió si lo consideraba vengativo, rencoroso y autoritario? Al menos se había negado a nombrarlo ministro de Gobernación porque lo consideraba un viejo pachorrudo que le pedía permiso a un pie para adelantar el otro. Su lentitud no solo era física y política, sino también verbal. Era muy mal orador porque no era un hombre inteligente. «Los enamorados de Carranza se arrepentirán», concluyó en sus escasos momentos de lucidez. Se compungía por licenciar a los soldados revolucionarios, dejando incólume al ejército porfirista que jamás le perdonaría el hecho de haberlo vencido, y por dejar en pie la estructura política de la dictadura, además de permitir al traidor Francisco León de La Barra convertirse en presidente provisional mientras se convocaba a elecciones. ¿Cómo fue a tolerar que yo, Alberto García Granados, fuera gobernador del Distrito Federal y posteriormente secretario de Gobernación bajo el gobierno interino de De la Barra, cuando la Revolución ya había triunfado? ¿En dónde estaba cuando le ofreció a Bernardo Reyes la Secretaría de Guerra en su futuro gobierno? ¿Por qué no sobornó a la prensa y en cambio aceptó que mordieran su mano a quienes les había quitado el bozal? ¿Cómo había ido a decirle a Wilson en su cara que ya no gobernaría en México y que no le integraría su sueldo como lo hacía don Porfirio? ¿Se habría vuelto loco Madero peleándose con el representante del imperio en lugar de darle de comer en su mano?

¡Claro que la libertad por sí sola jamás resolvería los demás problemas del país! ¡Claro que había sido un error gravísimo permitir el libre ejercicio de la conspiración durante su gobierno, error en el que también había caído Lerdo de Tejada en su momento! ¡Claro que jamás debería haber financiado las fuerzas militares de quienes se iban a levantar contra él, como en el patético caso de Carranza! ¡Claro que nunca debió mandar a Victoriano a combatir a Orozco ni mucho menos ascenderlo al rango de general de división ni devolverle la espada en Palacio Nacional cuando su hermano Gustavo,

¡ay, querido Gustavo!, ya había descubierto la conjura. ¡Claro que tenía que haberlo fusilado, en lugar de encargarle las operaciones de defensa en la capital de la República! ¡Claro que no debió conmutarle a Félix Díaz la pena capital y menos trasladarlo a la ciudad de México para ayudar al estallido del cuartelazo! ¡Claro que estaba pagando muy caro el hecho de desoír a quienes le advertían de los peligros que corría su gobierno, alegando «No tengan ustedes cuidado; no hacen nada, y si lo intentan irán al fracaso, porque no cuentan con el pueblo»! ¡Claro que debió ordenar la aprehensión de Venustiano Carranza cinco días antes del cuartelazo, cuando aquél se declaró rebelde y ordenó a Pablo González el regreso de las fuerzas armadas federales a Coahuila, otra señal que demuestra que estaba al tanto respecto del levantamiento! ¡Claro que tenía que haberse entrevistado con el general Gregorio Ruiz ante la sospechosa urgencia de Huerta por fusilarlo, porque de no haber sido tan cándido hubiera tenido los elementos de la conspiración! ¡Claro que debió haber escuchado y respetado la voz y la opinión de Gustavo, él sí sabía de qué iba todo aquello, y también negarse a firmar su renuncia a la presidencia, creyendo todavía en la palabra de Victoriano, quien le había ofrecido a cambio un salvoconducto para desterrarlo en Cuba!

Por último, el 22 de febrero de 1913, a las ocho y media de la noche, Madero y Pino Suárez fueron afortunadamente ejecutados y rematados en una caballeriza a espaldas de Palacio Nacional. Al estúpido espiritista se le tomó por el cuello, se le estrelló contra la pared y se le disparó un tiro en la cara, cayendo en seguida pesadamente al suelo junto con su gobierno de alucinados. La alta jerarquía católica, que nunca nos abandonó, declaró antes de cantar la misa de Te Deum en honor de Victoriano: «Bendita, mil veces bendita la bala que segó la vida de este loco que hubiera torcido para siempre el destino de México». Tenía, como siempre, razón, por lo mismo Huerta agradeció al papa Pío X sus preces y ardientes votos por el éxito de su gobierno.

¿El pueblo de México protestó? ¿El qué...? El pueblo no es más que un fantasma que nunca ha existido. ¿Acaso Santa Anna o Porfirio Díaz vivieron preocupados por el pueblo? No nos deben asustar con un ente intangible y que si alguna presencia tiene, solo ha sido en la mente calenturienta de idiotas como Madero. ¿Esperaba acaso que alguien lo fuera a ayudar? ¿El pepenador, el vendedor de lotería, el bolero, el empresario, el hacendado, el latifundista, un diputado, un senador, un periodista? Nadie nunca movería un dedo por Madero, de la misma manera que nunca ningún mexicano moverá un dedo por otro, si no es para hundirlo aún más. ¿Cuál fraternidad, cuál solidaridad, cuál comunidad? Madero era un iluso, todos lo sabíamos, por lo mismo no administraría las medidas necesarias para velar por su seguridad personal como jefe de Estado, y al no hacerlo nos facilitaría sensiblemente la tarea. Derrocar a Madero y matarlo era igual de sencillo que asaltar a una borracha en plena vía pública. ¿Cuál resistencia? Cuando Victoriano salió a dar un discurso desde el balcón central de Palacio Nacional, la ovación fue conmovedora al decir: «Desde hoy habrá pan, en lugar de balas».

Pocos levantaron la mano para defender a su presidente y menos se organizaron para volver a imponer su supuesta democracia y libertad. ¿A quién carajos le iba a importar que Madero hubiera sido electo constitucionalmente en acatamiento de la suprema voluntad de la nación? ¿La voluntad popular? Acabemos con los cuentos en un país de huarachudos, desnalgados, sombrerudos, resignados y apáticos. ¿Cuál voluntad popular? ¿Dónde está la voluntad popular? ¿A quién le importa más allá de un bledo? El presidente ha muerto, pues que viva el presidente, por todo ello se ofreció a Victoriano un Te Deum en el interior de la Catedral Metropolitana, decorada como nunca. Ahí estaba nuestro glorioso príncipe, sentado sobre una silla verde de respaldo elevado, a un lado del altar perfectamente iluminado, vestido regiamente en traje de gala y condecorado, en tanto escuchaba devotamente la misa e hincado elevaba sus plegarias cuando así lo ordenaba la liturgia católica. Su rostro reflejaba que era el mejor de los cristianos, el más respetuoso de los mexicanos. Un hijo privilegiado de Dios, como sin duda lo fue Iturbide, nuestro amado Agustín, el día de su coronación.

Pero no tengo tiempo, no puedo detenerme más. Podría garrapatear muchas páginas más, pero sé que en cualquier momento me conducirán al paredón. No, ya no debo detenerme, no, no debo hacerlo. Es evidente que cuando Woodrow Wilson supo de la muerte repentina de Madero, golpeó la palma de su mano izquierda con el puño derecho. Al llegar a la Casa Blanca el 4 de marzo de 1913, sabía que había perdido a su gran aliado mexicano. Era evidente que Wilson también era otro iluso. Si bien no era espiritista como Madero, sí ostentaba el comportamiento de un pastor protestante, adorador de las moralinas y lleno de prejuicios éticos. Al verse obligado a olvidar su alianza Wilson-Madero, solo le quedaba aceptar a nuestro Victoriano y reconocer las ventajas y beneficios de tratar con un neoporfirista dispuesto a hacer múltiples negocios con Wall Street sin provocar conflicto alguno con la Casa Blanca. La lección estaba tan bien aprendida, como la docilidad garantizada. Huerta derogaría los impuestos petroleros, así como todas las restricciones impuestas por Madero en contra de las empresas norteamericanas. Estábamos para ayudarnos recíprocamente como buenos socios.

Los problemas comenzaron, por un lado, cuando Woodrow Wilson nos hizo saber que «Un gobierno justo también ha de descansar en el consentimiento de los gobernados... No podemos tener simpatía con aquellos que buscan tomar el poder de un gobierno para satisfacer tan solo intereses personales» y, acto seguido, decidió no reconocer la presidencia de Victoriano Huerta; y, por el otro, cuando Carranza decidió levantarse en armas, una vez convencido de que ni se le toleraría como gobernador ni se le concedería el cargo de secretario de Gobernación. Dos estallidos: uno interno y otro externo.

¿Por qué Carranza publicó el Plan de Guadalupe, una abierta declaración de guerra en contra de Victoriano, hasta el 26 de marzo de 1913, un mes y cuatro días después del asesinato de Madero? ¡Que nadie se confunda: durante esos días negociaba con nosotros sin que le importara un pito la suerte del estúpido espiritista! Es importante subrayar que dicho plan, carente de cualquier contenido social, solo tenía por objetivo acabar con el gobierno sin aprovechar la ocasión para atacar algunos errores de Díaz, por ejemplo exigiendo el fin de las tiendas de raya, la cancelación de deudas de los peones, el fraccionamiento de los latifundios, la conquista de derechos obreros, entre otras libertades que ya veíamos nosotros si las concedíamos. No, simple y sencillamente Carranza desconocía a Huerta como presidente, al Poder Legislativo, al Judicial, a los gobernadores de los estados y organizaba un ejército denominado constitucionalista que él encabezaría. ¿No era claro que se trataba de una lucha de poder por el poder? Era más claro aún que Holland le había confesado a Carranza que el presidente Wilson jamás apoyaría a Huerta y que, sin el respaldo de la Casa Blanca, Victoriano se desplomaría en el corto plazo, por lo que Estados Unidos solo necesitaba de un líder mexicano que se opusiera al supuesto Chacal para volver a imponer el orden constitucional. ¿Carranza iba a organizar un movimiento armado en contra del poderoso ejército federal con una mano atrás y la otra adelante, si no fuera porque contaba con la bendición de Wilson?

Y mientras Carranza afinaba las negociaciones para levantarse en armas, también decidió que su vida personal debía tomar un giro. ¿Acaso Venustiano Carranza se iba a quedar con los brazos cruzados para ver y comprobar si Virginia se convertía, con el paso del tiempo, en una Dulcinea, en la sílfide que siempre soñó? Por supuesto que no. La única fórmula que encontró para no divorciarse, ciertamente muy eficiente y altamente recomendable, consistió en buscar relaciones con otras mujeres. Oportunidades no le faltaban como gobernador del estado de Coahuila ni por su estilo exquisito para abordar a las damas, que caían seducidas por su imagen pública y por su voz, que parecía haber sido educada en el teatro de La Scala de Milán. En esas condiciones, solo que en su carácter de senador, un año antes de la penúltima reelección de Porfirio Díaz conoció a Ernestina Hernández Garza en una de sus tantas visitas a Piedras Negras. Cualquiera podría pensar que don Venustiano iba a buscar una pareja de clase más baja que Virginia, de mejor trato, menos impulsiva y violenta, menos respondona y enojona, pero no, no fue el caso porque Ernestina, si bien era rubia y hermosa, al menos en los años en que empezó a tratarla tenía un temperamento irascible cuando perdía la paciencia. No podía con ella misma ni con su intolerancia ante las debilidades ajenas. ¿Cómo era la madre de Carranza en lo que hacía a su temperamento? Igual que Virginia y Ernestina. Sin percatarse, el coahuilense buscaba figuras femeninas parecidas, en carácter, a la autora de sus días. En la última encontraba un oasis de ternura y de amor, al menos mientras un evento exterior no la desequilibrara. Ella le obsequiaba paz y comprensión, risa espontánea y generosa, hasta que explotaba como un polvorín, ocasión que aprovechaba don Venustiano para retirarse a estudiar complejos asuntos de Estado.

Venustiano conoció a Ernestina en una recepción porfirista en 1904, cuando ella acababa de cumplir treinta años de edad, y aunque era bajilla y menudita, no dejaba de ser una belleza que impactó al senador de la República, quien no le retiró la mirada a lo largo de toda la reunión ni dejó de hacer preguntas discretas respecto a su identidad y estado civil. Era soltera, afortunadamente, por más que don Venustiano siempre sostuviera aquello de que «casados con casados y solteros con solteros...». Conversaron animadamente hasta la conclusión del convivio, oportunidad que aprovechó para acompañarla a su casa con el ánimo de invitarla al día siguiente, y al siguiente, con cualquier pretexto insignificante, atraído por la cautivadora personalidad, recia, por cierto, de aquella paisana enojona, sí, pero hermosa, altiva, buena conversadora, volcánica, en efecto, que así, apasionada, exaltada, conmovedora y desbocada sería en la cama, sin necesidad de padecer los horrores de la «pecadora». Con Ernestina los intercambios amorosos serían abiertos, francos, alborotados, con ella experimentaría los verdaderos arrebatos carnales por los que valía la pena vivir. Cuando te vayas de este mundo no te podrás llevar contigo nada material, apenas los recuerdos que habrán de acompañarte por toda la eternidad. ¡Pobre de aquella persona que en vida no ha disfrutado de un auténtico arrebato ni ha podido llegar hasta el delirio carnal con la mujer de sus sueños, pobre, pobre, pobre...!

A lo largo de una gira por la ciudad de Monclova, los tórtolos encontraron la feliz oportunidad del esparcimiento íntimo. Ya no se trataba de caminar en la plaza pública mientras la banda del pueblo tocaba canciones norteñas ni de comer helado en el kiosco, cruzar miradas saturadas de deseo e insinuaciones con alguno que otro roce con las manos, no, aquí, en la Posada del Caminante, después de una cena en la que disfrutaron unas agujas con mucha salsa picante, frijoles de la olla y tortillas de harina, no pudieron contener sus impulsos ni sus ímpetus cuando don Venustiano cerró finalmente la puerta de la pequeña habitación alquilada por Ernestina. Ambos se desprendieron no solo de la ropa, sino de todos los prejuicios conservadores. Ella no se quejó de las cosquillas que le producía la barba, ni de los largos calzoncillos ni de los ligueros para sostener los calcetines del pretendiente, en tanto que a él no le preocupó la estatura de su pareja ni extrañó la pelusa alrededor de los labios de Virginia ni su mal aliento ni su eterna indisposición hacia todo y sí, por el contrario, gozó la rabiosa entrega de Ernestina, su alegría por el amor, su fascinación por las caricias cuando Venustiano recorría delicadamente la piel de su espalda con las yemas tibias de sus dedos, después de haberle quitado el corsé y dejarla expuesta sin fondo ni bragas ni nada a sus ojos curiosos, que podían todavía deleitarse a la luz parpadeante de unas velas.

Venustiano no se enfrentó a una esposa consagrada al Señor, una monja como cualquiera otra de sus novias, púdica, conservadora, casta, pudorosa, reservada, cautelosa, precavida, discreta y recatada, ¡qué va!, no, nada eso, dio con una hembra viva, entera, briosa, revoltosa, intensa, ansiosa, rebelde, deseosa, codiciosa, receptiva, apetente, hambrienta, voraz, glotona, insaciable, avariciosa y vehemente. Después de unos arrumacos y unos besos sentidos, en los que el senador tomó la cabeza de Ernestina animado de hacer más contacto con su boca, deseoso de devorarla, una vez recorrido su cuerpo de mujer lleno de fuego y de recibir inesperadas respuestas, vigorosas, desafiantes, irrespetuosas para una pueblerina, se estrellaron entrepiernados en abrazos fogosos hasta chocar contra la puerta de entrada al haber perdido repentinamente el equilibrio. Las carcajadas furtivas no los detuvieron, por supuesto que no: continuaron tocándose, recorriéndose febrilmente, ejecutaban un concierto a cuatro manos en el que desvariaban, deliraban, alucinaban y se enajenaban el uno a la otra, con la respiración perdida, embebiéndose, enervándose con sus respectivas salivas. De pronto, Ernestina le arrebató a Carranza las iniciativas:

—Quítate, siéntate, estira la pata, dame una bota, ahora la otra —lo desprendió de los calcetines—; ponte de pie —tronó sofocada; le zafó los botones de la camisa hechos de hueso de borrego hasta dejar su torso desnudo. Obviamente no le permitió al galán la menor ayuda. Era la labor de una dama obsesionada, quien por lo visto había soñado mucho tiempo con ese feliz momento. Cuando le desabotonó la bragueta, Venustiano levantó la cabeza con los ojos crispados sin haber podido imaginar los alcances de este encuentro. Ernestina no se preocupaba por lo que pudiera pensar la Virgen de Guadalupe. Ahí tenía al corcel, al rocín, al semental, al garañón a su disposición, que todavía tenía prohibido intervenir sin que Carranza entendiera, en dicha coyuntura, que había comenzado una lucha de poderes. ¿Provincianita? Tu madre...

Cuando Venustiano se vio desnudo y con la lanza en ristre, desprotegido, sin casco ni peto ni escudo ni árbol u objeto para guarecerse, entendió que la mejor defensa era el ataque, y por esa razón levantó en vilo a Ernestina, una prueba inequívoca de superioridad física, de vigor masculino, una dulce invitación al sometimiento ante el más fuerte, la evidencia biológica, la fortaleza del instinto. La besó sosteniéndola para que no se precipitara en el vacío. La sujetaba firmemente sin mostrar fatiga ni debilidad. Así podía haber permanecido el resto de la existencia y mucho más allá de la eternidad. Se trataba de un hombre fuerte, capaz de montar cinco días a caballo y de dormir en laderas a cielo abierto, sin siquiera una frazada. Tras depositarla gentilmente en el lecho y fundirse en un abrazo que podría explicar las dimensiones del infinito, se poseyeron, se apretaron el uno al otro, se presionaron, se tuvieron, se aplastaron, se estrujaron, se exprimieron, se apisonaron, se condensaron en una sola persona, se estamparon y agarrotaron sudorosos y bramaron, exhalaron, se suplicaron, se lamentaron y explotaron entre risas, arañazos, suspiros, ruegos, demandas e imploraciones para que nunca se acabara, ambos se habían convertido en seres interdependientes. Cuando empezaban a recuperar el aliento, el pulso cardiaco y salían gradualmente del trance, los dos entendieron la importancia del hallazgo, de la fuente de felicidad y de placer que habían encontrado, el privilegio de haber dado con ella si no se perdía de vista que la inmensa mayoría de la humanidad jamás había conocido la trascendencia de un arrebato como el que ellos habían experimentado. Gracias a Dios por haber creado a la mujer y al hombre y haberlos integrado tan genialmente con esa magia complementaria. Quedó muy claro que, por más que Carranza estuviera casado, ya no podría vivir sin Ernestina porque se parecía a su madre en la voz, en la estatura y en el temperamento. Así se volvía a sentir en casa, más aún cuando procrearon a cuatro hijos varones, con los nombres de Venustiano, Jesús, Rafael y Emilio, todos ellos asentados valientemente en el registro civil de modo que nunca hubiera duda de su augusta paternidad, por más que hubieran nacido fuera de matrimonio. ¿A quién le importaba? Lo trascendente era el amor y éste lo recibieron a raudales, con la debida dignidad y respeto. Eso sí, ¿cuándo moriría Virginia? ¡Demonios!

Sí, yo, Alberto García Granados, podría narrar paso a paso lo acontecido durante la revolución que hizo estallar Venustiano Carranza con la discreta benevolencia de Wilson, sí, batalla por batalla, pleito por pleito, decreto por decreto, pero no tengo tiempo, la mente me hace escuchar los pasos del pelotón que se acerca a mi crujía, por lo que debo obviar el relato con el ánimo de llegar a lo sustancial. La fuerza abandona los dedos de mi mano. Apenas y puedo detener el manguillo en uno y otro de sus repetidos viajes al tintero. Mi corazón late y si acaso lo escucho como una voz lejana que se pierde en la inmensidad del infinito. Me voy, sé que me voy, pero me gustaría morir antes de que mis asesinos abran la cerradura.

¿Qué más da relatar todas las contiendas que al final condujeron de manera increíble a la derrota de las tropas federales comandadas por Victoriano? ¿Un humilde gobernador de Coahuila, con sus evidentes limitaciones presupuestales, iba a oponerse al ejército mexicano en pleno si no hubiera contado con el formidable apoyo de Woodrow Wilson, nuestro feroz enemigo, y sus agentes secretos infiltrados por todos lados? Benito Juárez, el mugroso indio zapoteca, ganó la Guerra de Reforma con el apoyo final de Estados Unidos en la escaramuza naval de Antón Lizardo. Díaz gobernó con la anuencia estadounidense hasta que este país se cansó de él sintiéndolo viejo y proclive a Europa y decidió su decapitación. Madero llegó al poder financiado por las empresas norteamericanas, en particular las de Rockefeller, porque estaban hartas de la preferencia porfirista hacia las inglesas, principalmente. Ahora nos tocaba el turno a nosotros los huertistas, la gran promesa de México, quienes habíamos integrado un gabinete de notables y el futuro de nuestro país parecía no solo promisorio, sino insuperable. La mano dura, tan necesaria, finalmente se iba a imponer, ahora sí con resultados espléndidos. Los mexicanos somos hijos de la mala vida: somos menores de edad y, por lo tanto, requerimos de alguien que presida nuestra existencia y dicte las decisiones por tomar. Nosotros éramos la mejor opción porque ningún intérprete más idóneo de la voluntad popular que el gran Victoriano. Carranza era otro porfirista como nosotros, pertenecía a nuestra generación y compartía las convicciones respecto a la imposibilidad de la democracia en un país de analfabetos que, en su lugar, requería la presencia de un líder severo que supiera como nadie lo que más conviniera para México y sus habitantes.

¿Carranza era ese líder? Lo fuera o no, él y Wilson acabaron con el régimen huertista en quince meses. ¿Qué dije, qué...? El Barbas de Chivo no nos ganó, quienes nos derrotaron, al frente del movimiento, fueron Álvaro Obregón, Pancho Villa, ese brutal asesino, y Pablo González. Carranza, instalado cómodamente en Sonora hasta marzo de 1914, fue informado de las primeras, centellantes victorias de Villa, así como de los avances de González y Obregón. En Chihuahua supo del triunfo completo de su hipócrita constitucionalismo y del exilio de Victoriano a Europa, sin haber escuchado siquiera el zumbido de una bala ni estar cerca de donde tronaban los cañones, ni correr peligro alguno, ya no se diga de morir, sino de resultar herido. ¿No es claro que era un cobarde? ¿Cuándo se ha visto a un líder militar que jamás pisó el campo del honor? ¿Cuándo? A ver, sí, ¿cuándo?

Por otro lado, es absolutamente falso que nosotros hubiéramos sido los culpables de la muerte de un millón de mexicanos a lo largo de la Revolución. En primer lugar, de haber responsables el único fue Carranza al sublevarse en contra de un gobierno constitucional, pero además, ¿de dónde iban a salir un millón de muertos? ¡Por Dios! ¿De dónde? En la toma de Ciudad Juárez, cayeron setenta y una personas; en Zacatecas, ocho mil doscientas; en la Decena Trágica perdieron la vida tres mil; en la batalla de Torreón, cinco mil; en la de Orendáin, dos mil trescientas; en la de Celaya, diez mil; en la de Trinidad, cinco mil setecientas. ¿De dónde, insisto, de dónde sacan un millón de muertos? Se debe aclarar que la principal causa de muerte en nuestro país jamás fueron las balas, sino el virus de la influenza española que mató a cerca, eso sí, de quinientas mil personas, a lo cual debe agregarse la pavorosa hambruna de este 1915 así como las decenas de miles de mexicanos que huyeron hacia Estados Unidos cuando estalló la violencia. Basta ya de inventar cifras. Cualquier militar que las estudie podrá darse cuenta del número de combatientes en cada uno de los enfrentamientos armados y comprobará que a pesar de que el ejército ocultó sus números hasta la caída de Victoriano, no perdieron la vida, entre ambos bandos, más de ochenta mil personas. Mienten, mienten para denigrarnos, mienten para humillarnos y mienten para insistir en el salvajismo de Huerta, que jamás existió.

Hablemos de realidades: Carranza nos ganó gracias a Álvaro Obregón, Plutarco Elías Calles y Adolfo de la Huerta, los sonorenses. En Coahuila hubiera muerto de hambre. Nos venció en razón de los dólares que aportaban algunas empresas norteamericanas para financiar la revuelta, obtenidos a través de Félix Sommerfeld y Sherbourne Hopkins, sus agentes secretos. Nos derrotó con la ayuda de los recursos de petroleros como Henry Clay Pierce, la Standard

Oil de Rockefeller y los apoyos financieros de Edward Doheny, de la Huasteca Petroleum Co., quien anticipaba pagos importantes de impuestos a cambio de franquicias y territorios; pudo en contra nuestra a través de la intervención de John Lind, un infiltrado especialmente útil en la adquisición de armas en el extranjero. Nos destruyó militarmente por el soporte obsequiado desde la Casa Blanca, como si el embargo de armas decretado por el presidente Wilson no hubiera sido mucho más que suficiente para dejarnos indefensos ante el poder creciente de Venustiano, quien chantajeaba hábilmente al pastorcito protestante para que no apoyara a un «gobierno ilegítimo producto de una asonada militar». Pero no nos confundamos, si logró atraer la simpatía de una gran cantidad de naciones al integrar un ejército «constitucionalista», debe saberse que dicha estrategia fue producto de una genial sugerencia de Sherbourne Hopkins, quien le propuso adoptar dicho nombre para atraer la conformidad y confianza no solo de los mexicanos, también del extranjero. ¿Cuál constitucionalismo? Carranza jamás pensó en promulgar una nueva Carta Magna, pero sí en atraer militantes a su causa con un título muy atractivo, más aún cuando se nos etiquetaba como asesinos de la democracia y a él como el gran resucitador de la libertad y la legalidad.

¡Claro que los ingleses nos ayudaban a cambio de concesiones petroleras y comprábamos rifles alemanes y armamento de aquel país con libras esterlinas, pero la distancia y las complejidades de la guerra europea nos complicaron la existencia! Bien pronto Alemania dejó de abastecernos por razones obvias, cuando Carranza ya había acordado con los alemanes, a principios de 1915, promover el Plan de San Diego, por medio del cual instaba a los mexicanos radicados en Estados Unidos a unirse a negros, sudamericanos y hasta pieles rojas y apaches para restituirles sus tierras de Arizona y formar así la República del Sur de Tejas en los territorios perdidos por México en 1848. ¿Cuándo se hablará del Plan de San Diego…?

Recibíamos golpes mortales todos los días. No bastaba con que muchos países europeos nos reconocieran diplomáticamente. Perdíamos batallas de manera inconcebible, los supuestos constitucionalistas ganaban terreno todos los días, en tanto Wilson se negaba siquiera a hablar y a entenderse con nosotros. Las puertas de la Casa Blanca estaban cerradas para Victoriano. Una tragedia. ¿Otra más? Sí, claro: el pastorcito Wilson le pidió su renuncia a Henry

Lane Wilson, según un cable que recibimos de Nueva York. Perdíamos a un aliado imponente. Desarmaban nuestro movimiento, además de la falta de dinero y de apoyo político internacional, por más que tuviéramos tratos con Gran Bretaña y otras naciones. El nuevo representante de la Casa Blanca, consejero de la embajada, llegó a México con las siguientes proposiciones: uno, el cese inmediato de las hostilidades; dos, seguridades de una pronta y libre elección en la que todos tomarían parte de mutuo consentimiento; tres, la garantía de que Victoriano Huerta no participaría en las elecciones de presidente de la República y el compromiso de respetar el resultado de los comicios, así como la intención de organizar de manera leal la nueva administración. ¿Qué…? ¿A quién se le ocurre el armisticio y sobre todo condicionar las elecciones a que mi general Huerta no participara en ellas, después de todo lo acontecido? Estábamos hartos de las intervenciones norteamericanas abiertas o encubiertas. ¿Cómo se atrevían? ¿O sea que nuestros esfuerzos por construir un mejor país no habían servido de nada? ¿Ahora tendríamos que convocar a elecciones para que ganara cualquier patán traidor como el Barbas de Chivo, o un ilusionista o un nuevo espiritista, en lugar de nuestro Victoriano? Claro que Huerta rechazó la petición de Wilson de manera airada, alegando que buena parte del movimiento en contra nuestra se orquestaba en territorio norteamericano, violando las leyes de neutralidad. Esto era imposible de sostener y también de justificar. ¿Por qué a Bernardo Reyes, Pascual Orozco, Vázquez Gómez y a Huerta, tiempo después, sí les aplicaron las leyes de neutralidad en su estancia en Estados Unidos, y a Madero no? ¿Por qué la subjetividad y los privilegios? ¿Por qué a Carranza sí le vendían armas y a nosotros no? ¿Por qué a Villa le vendieron municiones de palo, las cebadas, para que pudiera vencerlo Obregón un tiempo después?

Los problemas de salud que me aquejaban, me obligaron a presentar mi renuncia como secretario de Gobernación a los tres meses de iniciado el movimiento carrancista, ¿cuál constitucionalista? Urrutia, mi sucesor, no tuvo opción más que mandar liquidar a quienes se oponían a la marcha de los asuntos huertistas, orientados a rescatar lo mejor de México. Por todo ello no tuvo otro remedio que mandar matar al diputado Adolfo Gurrión, un necio intratable, quien no nos dejaba en paz y todo criticaba. El fin justifica los medios, y a cambio de la democracia había que deshacernos de ciertos forajidos políticos, como fue el caso de Serapio Rendón, al igual que del senador Belisario Domínguez, enemigo feroz de nuestra causa. Los muertos no hablan, como tampoco nunca hablarán el diputado Pastelín ni Adame Macías.

Victoriano escapaba de la tensión diaria, es cierto, acordando en el Teatro Lírico con su gabinete. No podía prescindir de la compañía de María Caballé, la actriz de moda, una auténtica belleza que había materialmente enloquecido al presidente de la República, quien recibía a su gabinete, lo confieso, en el camerino de aquélla únicamente durante los intermedios, con su acostumbrada botella de Hennessy XO al lado. Cuando la muy bruta supo de la suerte de los legisladores, una noche desapareció de México dejando muy lastimado a mi general Huerta. ¡Nunca supo esa idiota lo que se perdió...! Sí que la buscamos, sin olvidar que el novio de María mostraba inequívocas señales de preocupación, para nosotros infundadas. ¡Ay, el amor, el amor, el amor...!

Según avanzaba la Revolución, empezamos a conocer el verdadero rostro de los constitucionalistas, en particular de los obregonistas, quienes, movidos por Satanás, cometían a diario actos de verdadero sacrilegio en contra de nuestra amada y reverenciada religión, atentados contra la Santa Madre Iglesia Católica, Apostólica y Romana, que tanto había hecho por nosotros. Si asistimos devotos a la misa de Te Deum que cantó el arzobispo de México en la catedral en honor de Victoriano cuando llegó al poder, no pudimos soportar cuando supimos que estos maleantes, revolucionarios en aspecto, bebían cerveza o vino en cálices sagrados o se orinaban en ellos, o robaban los ornamentos de las parroquias y desfilaban perdidos de borrachos por las calles, ensuciándolos e insultándolos. No podíamos contener nuestra furia cuando las tropas de herejes hicieron hogueras, chimeneas o fogatas con los confesionarios, o fusilaban entre trago y trago de aguardiente las imágenes sacras de los templos, ejecutaban a los santos ante los cuales nosotros nos arrodillábamos, y convirtieron las iglesias en cuarteles, caballerizas y hasta prostíbulos. Cuando saquearon las casas del obispado, destruyeron la biblioteca y quemaron sacristías, capillas y parroquias en Guadalajara y Monterrey, pensamos que el público, la grey, los fieles, se pasarían a nuestro lado, y ni así logramos su apoyo. Parecía que el pueblo se había vuelto en contra nuestra a pesar de todos los excesos. En el Estado de México prohibieron los sermones, los ayunos, los bautizos, las misas, las confesiones y hasta los gestos del debido respeto hacia los curas. ¿A cuántos condujeron al paredón por haber besado las santas manos de un prelado? En los templos se instalaron linotipos para imprimir periódicos de oposición contra el gobierno y la Iglesia; los altares fueron despedazados y utilizados como leña por las mujeres para calentar los comales enfrente de Nuestro Señor del Santo Poder.

Imagínense ver a estos salvajes degenerados, que salían con las cananas llenas de rosarios, medallas y escapularios arrancados a nuestros santos, a nuestras vírgenes, a nuestros beatos. ¿Ese era el gobierno del futuro? ¿Eso era lo que deberíamos esperar de los revolucionarios, que pisoteaban nuestras convicciones espirituales? ¿Por qué denigrar a la divinidad que rige los destinos de México y ve por todos aquellos que nada o poco tienen? Justo es decir que los zapatistas ostentaban estandartes con la imagen de la Virgen de Guadalupe, y guardaban generalmente cierta distancia y respeto por la vida religiosa. Nunca se les vio entrando a caballo a la casa de Dios, escupiendo ni violando a tantas mujeres se encontraban a su paso. También eran unos bárbaros, pero de otro corte.

La desesperación de Wilson se desbordó cuando ordenó la invasión naval a Veracruz en abril de 1914. Pensaba que los carrancistas le estarían profundamente agradecidos por su gesto de apoyo contra nosotros. Su sorpresa fue mayúscula cuando, a pesar de que había decretado el embargo de armas, se encontró con que Carranza, en ese momento instalado en Chihuahua, reclamaba el legítimo derecho del pueblo de México de arreglar sus asuntos domésticos por sus propios medios, y evitar la posibilidad de que dos naciones honradas, la estadounidense y la mexicana, rompieran las relaciones pacíficas que todavía los unían. Es decir, amenazaba a la Casa Blanca nada menos que con la guerra, cuando México se encontraba atenazado por la Revolución. ¿Cómo no iban a enloquecer Wilson y Knox, el secretario de Estado, con estas respuestas inentendibles por parte de Carranza? Wilson tal vez soñaba encontrarse con un sujeto dócil, maleable y obsecuente, y sin embargo se topó con un individuo inasible, inabordable, intratable. Por eso alegaba que era imposible comprender a sus vecinos del sur de la frontera. Ni eran agradecidos ni leales, ni aceptaban ni reconocían su ayuda Si los huertistas hubiéramos estado en la posición de Carranza, recibiríamos con todos los honores no solo a los marinos norteame-

ricanos, sino al ejército entero si venían a ayudarnos a derrocar a
Carranza. Era claro que ni Victoriano ni yo, ni Urrutia ni nadie de
nosotros, entendíamos por qué desaprovechaba una bellísima ocasión para aplastarnos. Si Madero era un iluso, Carranza estaba re-
matadamente loco. ¿A quién irle de los dos?

El bombardeo a Veracruz produjo que la turba derribara la es-
tatua de Washington en la calle Dinamarca y la arrastrara por toda
la capital hasta despedazarla por completo. Las divisiones entre Villa y Carranza continuaban, no solo porque el primero rechazaba la
injerencia del otro en áreas de su propia responsabilidad, sino porque Villa abiertamente aprobó la invasión norteamericana, siempre
y cuando se hubiera producido para precipitar la derrota del huertismo. Ese sí sabía... Las discrepancias entre ambos aumentaban y
seguirían haciéndolo hasta el rompimiento total. Wilson decía: «No
tenemos otra idea ni otro ideal que ayudar a los mexicanos a que
arreglen sus diferencias, ponerlos en el camino de la paz continua-
da y de la renovada prosperidad, para que ellos labren su propio
destino, pero vigilándolos estrechamente e insistiendo en ayudarlos cuando la ayuda sea necesaria». Sin embargo, Carranza fingía
rechazar el apoyo militar de Wilson, cuando en realidad lo aprovechaba cabalmente, en tanto nosotros no avanzábamos sino que
perdíamos territorios día con día, sin que nos beneficiaran los enfrentamientos internos entre los constitucionalistas.

Cuando Carranza intentó fraccionar amañadamente a la tropa del Centauro del Norte, una ridiculez de nombre, para enviar
auxilio militar en la toma de Zacatecas, Villa se negó obviamente
a dividir sus fuerzas y llegó al extremo de presentar su renuncia. El
Barbas no iba a desperdiciar la oportunidad ni los impulsos rabiosos de Villa y propuso que entre los dieciocho jefes subordinados de
este último designaran a quien desearan para sustituirlo. ¿Resultado? Las renuncias de los asquerosos sombrerudos se presentaron en
masa, por lo cual, contra nuestros deseos, ese criminal degenerado
de Villa, a quien Victoriano le mandó matar a un hijo para que es-
carmentara, se mantuvo en el cargo y continuó siendo el líder más
destacado del norte, ¿cuál norte?, mejor dicho, del centro de México, dado que ya también Guadalajara había caído en manos de
Obregón. Bien pronto tendríamos que encaminarnos rumbo al mar
porque el carrancismo, a pesar de nuestra rabia incontrolada, nos
lanzaría del territorio. ¿Quién iba a decir que un mediocre y traidor

gobernador de Coahuila, un don nadie de la política a quien nadie quería, iba a acabar con este gobierno que había llegado legítimamente al poder después de la renuncia de Madero? ¿O no renunció el muy cobarde? Con el dinero a borbotones que recibió Carranza de los petroleros, mineros e inversionistas yanquis, nuestro amado Victoriano Huerta, que Dios lo bendiga, tuvo que renunciar en julio de 1914 y abandonar el país como consecuencia de la persecución de esos criminales que lo hubieran colgado de cualquier ahuehuete, ignorando su probada calidad de estadista. Cuando se embarcó en Puerto México, en el *Dresden*, un barco alemán, es cierto que Victoriano, ese varón humilde y probo, se llevó dieciséis millones de oro del tesoro nacional, además de ropa, tapicería, vajilla, un piano, cubiertos y uno que otro cuadro y obras de arte, como recompensa a sus servicios prestados modesta y eficientemente a la patria que con nada compensaría los esfuerzos de ese gran héroe, quien se despidió con estas históricas palabras: «Que Dios los bendiga a ustedes y a mí también...»

¿Por qué demonios no se sabe que cuando Carranza incautaba bienes de la familia Madero en Coahuila, al mismo tiempo brindaba con el cónsul Silliman y Sherbourne Hopkins por la caída de Huerta y, copa en mano, prometía los castigos más severos para los cómplices en el asesinato del presidente? ¿Cómo entender aquel despojo? Hopkins tenía que formar parte obligatoriamente de los festejos al haber sido la cabeza financiera y política de la Revolución, haber acuñado el título del Ejército Constitucionalista y filtrado cantidades inmensas de dinero destinadas a la compra de armas, actividad con que se hizo absurdamente millonario. Yo ya no tendré vida para leerlo, pero espero y deseo que, con el paso del tiempo, un historiador o un novelista escarben en el protagonismo, hoy desconocido, de dicha figura ignorada de la Revolución mexicana, que jugó un papel tan predominante. ¡Que se conozca quién fue Sherbourne Hopkins y el papel que desempeñó al lado de Venustiano Carranza, entre otros tantos líderes revolucionarios! ¡Que se sepa de dónde salió el dinero para que nos matáramos entre todos los mexicanos! ¿Quién financió el movimiento armado? ¿Es un traidor o no el personaje que aceptó fondos de las compañías norteamericanas para la compra de armamento y aceptó el apoyo político y militar de la Casa Blanca y sobre todo, a cambio de qué...? ¿Qué dieron por dicha ayuda? ¿Vendieron a la patria? Bandidos, hijos de puta: ¡que se haga justicia! Que se diga, por ejemplo, que Manuel Peláez, cacique de la Huasteca, sustrajo una buena parte de la zona petrolera de la jurisdicción del gobierno central por consejos del propio Hopkins, otro hombre de dos caras, dos perfiles, dos objetivos, dos personalidades, quien impidió el cobro de los impuestos carrancistas a las compañías extractoras, las cuales entregaron dichos recursos a Peláez, el que se enriqueció a manos llenas con su supuesta «rebeldía» en contra de la nación. Peláez disfrutaba el control total de la zona petrolera de Tampico y llegó a contar con el respaldo de otros once caciques que comandaban tropas entre Veracruz y Oaxaca. Que se diga y se repita que Peláez, el patriota, aliado al infausto senador norteamericano Albert Fall y un grupo de petroleros, pretendió separar de México los estados de Baja California, Sonora, Chihuahua, Coahuila, Nuevo León, Tamaulipas y Veracruz, con la finalidad de «formar una nueva República». Gran mexicano, ¿no? ¿Verdad que nunca conoció el significado de la palabra traición? Los ejércitos carrancistas, eso sí, evitaron que el territorio nacional fuera nuevamente mutilado, por lo pronto, y anexado, tal vez en un futuro cercano, a nuestro vecino país del norte. Las compañías petroleras, el Foreign Office y el Departamento de Estado norteamericanos siguieron apoyando y defendiendo a Peláez como jefe de la «rebelión en la zona petrolera». ¿Se sabrá algún día algo de Peláez? ¡Que vengan los historiadores a escombrar la verdad!

Cuando el 15 de agosto de 1914 las fuerzas de Álvaro Obregón y Pablo González entraron en la ciudad de México, secundados por Carranza el día 20, se escucharon repiques de campanas en todos los templos, así como silbatos de trenes y la música de las bandas de guerra que no cesaban de inundar el aire con sus notas marciales. Los tratados de Teoloyucan legalizaron la muerte del huertismo, de la misma manera que la batalla de Calpulalpan significó el éxito de Juárez sobre las tropas clericales en la Guerra de Reforma. Por supuesto que quienes habíamos trabajado en o apoyado al régimen de Victoriano, nos escondimos y algunos huyeron de la ciudad. Nos habíamos convertido en auténticos apestados y objetivo de las más encarnizadas persecuciones. Hubieran visto ustedes cómo los grandes militares carrancistas se apoderaron de las inmensas residencias de Alberto Braniff, Joaquín Casasús y Tomás Braniff, entre otros tantos más. Jamás estos pelados habían dormido en colchones ni se habían emborrachado con vinos franceses, ni entrechocado las copas de Baccarat que tenían estos destacados hombres que habían hecho su fortuna legítimamente en los años del porfirismo. Me imaginé muchas veces a estos criminales, destructores de nuestra religión y nuestro país, quienes habían dormido únicamente en petate y jamás habían comido caliente, sentarse en los muebles franceses y comer en los salones de estilo napoleónico que vestían las casas de estos potentados. Ese era el futuro de México, los ricos se harían pobres y los pobres se harían más pobres. De nada servía quitarle a quien tenía, si no se sustituía el patrimonio confiscado o robado por bienes productivos que tuvieran otro destino social. Las propiedades solo cambiaron de dueño, pero los nuevos dueños, los constitucionalistas, o Consusuñaslistas, según decía mi querido arzobispo de Guadalajara, monseñor Francisco Orozco y Jiménez, eran unos ladrones.

Cuando Carranza asumió legalmente todos los poderes del país, incluidos el político y el militar, desconociendo lo que él llamaba la dictadura de Victoriano Huerta, y se afirmaba como el primer jefe del movimiento, ya consumado, jamás imaginó que al convocar semanas más tarde a una convención de gobernadores y generales para formular un programa de gobierno, le sería pedida, ¡oh, sorpresa de sorpresas!, su renuncia y sería así, democráticamente, cesado de su elevado cargo, a pesar de todos sus méritos de campaña, que indudablemente le debía a Obregón. La idea de dicha convención no era otra que la consolidación de Carranza en el poder, sin embargo, a pesar de haber ascendido a Francisco Villa al rango de general de división y de haber sostenido conversaciones con Emiliano Zapata, éste se percató de que Carranza jamás sustituiría el Plan de Guadalupe por el Plan de Ayala y, como siempre, perdió la paciencia y rompió relaciones con el carrancismo, al igual que Villa lo haría al poco tiempo. Los bandidos, los Consusuñaslistas, no se ponían de acuerdo para repartirse el botín. En razón de estas marcadas diferencias, ciertamente irreconciliables, empezaría la tercera parte de la Revolución, es decir, la tercera y última parte de la matanza entre los mexicanos.

El 25 de septiembre, días antes de la inauguración de la convención, Pancho Villa desconoció a Carranza en su carácter de encargado del Poder Ejecutivo y Primer Jefe del Ejército Constitucionalista, en el entendido de que éste le había impedido abastecerse de carbón y utilizar los ferrocarriles, según lo obligaban las circunstancias. En esas condiciones, cómo poder viajar a la ciudad de México. Villa se negó, a título de represalia, a cumplir con el Plan de Guadalupe y se opuso a que Carranza, un civil disfrazado de militar, ocupara provisionalmente la presidencia de la República, aunque solo fuera para convocar a elecciones con la idea de establecer un nuevo orden en el país. ¿Adónde iba Carranza en su discurso de inauguración de la convención cuando calificó a Villa de «bandido» y etiquetó a sus seguidores de «jefes descarriados»? En una maniobra política muy propia de él, amagó con renunciar a la jefatura del Ejército Constitucionalista a fin de que Villa hiciera lo propio con su División. ¡Cómo disfruté cuando en Aguascalientes, el 15 de octubre de 1914, Venustiano Carranza, con todos sus deslumbrantes y altisonantes títulos a cuestas, fue cesado por más de noventa votos contra veinte! ¡Cuánta alegría! A cada iglesita le llega su fiestecita… ¿Creía el estúpido Barbas de Chivo que todos los convencionistas llegarían de rodillas a aplaudirle e instalarlo como dictador, ya que en el fondo, bien lo sabía yo, no perseguía otro propósito? Se equivocaba, siempre se equivocó: fue cesado.

¡Qué bien le hubiera hecho a México seguir la propuesta de Pancho Villa cuando éste sugirió que tanto él como Carranza fueran pasados por las armas, para que los que quedaran pudieran salvar a la República y conocieran los sentimientos de sus verdaderos hijos! Lamentablemente nadie siguió esta moción, pero México se habría ahorrado muchos contratiempos si hubieran fusilado a ese par de malhechores.

Cuando Carranza conoció el nombramiento de Eulalio Gutiérrez como presidente de la República, votado por la mayoría de los convencionistas, rechazó, no faltaba más, la jurisdicción de la convención que él mismo había propuesto, ¡cuántas incongruencias, Dios mío!, y se retiró a Veracruz, donde haría estallar la tercera parte de la revuelta. Porfirio Díaz y Huerta contemplaban desde Europa los acontecimientos como quien asiste a una obra de teatro. Los mexicanos, incapaces de parlamentar y de llegar a acuerdos políticos, trataban de dirimir sus diferencias con las manos de nueva cuenta. Esta vez se pelearían unos Consusuñaslistas en contra de otros Consusuñaslistas. Rateros contra rateros. Villa contra Carranza. A ver cuál de los dos ganaba. Por supuesto que lo primero que hizo éste al llegar a Veracruz fue echar mano de todos los impuestos al comercio exterior para financiar la creación de un nuevo ejército, oponible a la naciente y poderosa División del Norte de Villa. Para adquirir más personalidad política y arraigo popular, introdujo reformas al Plan de Guadalupe que haría efectivas, claro está, hasta la conclusión del movimiento armado y una vez que se iniciara el proceso de pacificación del país. Siempre tendría un pretexto para no aplicar la ley, ni siquiera las normas contenidas en su propio Plan de Guadalupe.

Propuso reformas como la libertad municipal, la reorganización del ejército y del Poder Judicial, que contaba con facultades para decretar expropiaciones por causas de utilidad pública. Con el ánimo de ganar adeptos y restar simpatizantes al movimiento zapatista, en enero de 1915 propondría su solución al conflicto agrario mediante la emisión de una ridícula ley, además de una ley reglamentaria para la expropiación del petróleo bajo el control de las empresas extranjeras, así como la Ley del Municipio Libre, con el objeto de que dichas entidades pudieran administrar sus propios recursos y votar a sus propias autoridades. Las petroleras empezaron a levantar la ceja. ¿Ley reglamentaria para la expropiación…? ¡Caray! ¿Eso era para Rockefeller y Hopkins agradecimiento? ¿Quién podía entender a los mexicanos…? ¿Otro Maderito camuflado?

¿Cómo era posible que si a Carranza le urgía el reconocimiento diplomático de Estados Unidos, al mismo tiempo le pidiera a Woodrow Wilson que sacara sus manos de México, en el entendido de que no tenía ningún derecho para intervenir en los asuntos internos del país y, además, se hablara de expropiaciones que bien podrían afectar a los inversionistas norteamericanos? ¿Hasta dónde podía llegar la gratitud de un político…? Desde luego que Wilson no podía creer lo que estaba aconteciendo y llamaba a Carranza desleal y malagradecido, por lo que decidió convocar a una convención integrada por Argentina, Brasil y Chile, la ABC, para resolver el entuerto mexicano. Mientras Carranza seguía discutiendo con Wilson, y lo haría eternamente, la hambruna en México llegaba a niveles insoportables. La basura se acumulaba en todas las calles, los puestos de los mercados estaban vacíos porque el campo estaba quebrado y la gente cortaba árboles y arbustos de los parques para convertirlos en leña y calentar su comida, cuando finalmente tenían acceso a ella. La influenza, por otro lado, hacía verdaderos estragos sin que se pudiera contener a falta de medicinas y de presupuesto para comprarlas.

Mientras Victoriano Huerta llegaba a España y se instalaba en Barcelona para disfrutar un poco de paz y de los recursos que se había llevado del tesoro mexicano, un patrimonio que nadie podía discutirle ni arrebatarle, al mismo tiempo que buscaba una señora residencia para instalarse de acuerdo a su jerarquía, Villa era derrotado en Celaya. El muy iluso descubrió muy tarde que las municiones que le había vendido Woodrow Wilson, tanto las bombas como las balas que apenas podían volar si acaso treinta, cuarenta metros sin provocar estallido alguno, eran de salva. Álvaro Obregón, el general invicto, quien perdiera un brazo en dicha batalla, quedó en absoluta desventaja respecto al resto de sus colegas porque ya solo podría robar la mitad, es decir, tendría que jalar el dinero mal habido con una sola mano.

¿Estuvo presente Carranza en la batalla de Celaya? ¡No, por supuesto que no! Mientras se daban las más fieras batallas de la Revolución, Venustiano Carranza se había instalado cómodamente en Veracruz, en una majestuosa residencia donde ocupaba las oficinas de Primer Jefe del Ejército Constitucionalista y encargado del Poder Ejecutivo de la Nación, según el Plan de Guadalupe. ¡Por supuesto que no estaba en el campo de batalla, donde Villa y Obregón hacían el trabajo por él, exponiéndose en cada combate! Era mucho mejor esperar los partes de guerra bebiendo mojitos helados en Los Portales, devorando camarones, pescado a la diabla, asistiendo a los bailes, fumando puros de San Andrés Tuxtla, sus favoritos, recreando el ojo al admirar a mujeres con su cabello negro trenzado con moños de colores, disfrutando el humor del trópico, que asistir a la feria de las balas en casi todo el resto del país. Era claro que la metralla le producía conflictos insuperables.

En la primera parte de la Revolución, Taft le había retirado su apoyo a Porfirio Díaz. Al estallar la segunda etapa, Wilson estuvo en contra de Victoriano Huerta y a favor de los Consusuñaslistas. Al detonar el tercero y último periodo de la revuelta, a raíz de la Convención de Aguascalientes, el pastorcito tendría que decidir entre un bandolero y rufián analfabeto, asesino y ladrón, o un tipejo con el que no se podía entender, traidor por definición, alevoso por costumbre e inentendible por tradición. Menudo conflicto para la Casa Blanca. Finalmente se decidió por los constitucionalistas porque de alguna manera esperaba que, a través de ellos, se podrían volver a imponer el orden y el respeto en México honrando su nombre, en la ignorancia de que, en el corto plazo, el verbo *carrancear*, un neologismo, se traduciría en robar...

Disfruté como nadie los comentarios de los villistas cuando se quejaban de que les habían dado «puras balas de palo recubiertas con plomo, pero muy bien hechas las desgraciadas», o bien, «el parque de remesas anteriores era bueno, pero todos los que se municionaron con el parque nuevo no mataban porque traían balas de madera, con el casquillo de cobre niquelado», o «era parque que no caminaba más de veinte metros», o «las balas solamente traían una cuarta parte de la carga de pólvora que debían tener...» Cómo les dolió que Wilson les mandara parque de palo, pero no había otra manera de consolidar al carrancismo que después lo haría casi perder la razón. Villa fue destruido para siempre. Todos volvían a brindar, Wilson tomó un simple chupito de jerez. El pastor no bebía, pero no ocultaba su felicidad.

En otro orden de ideas, ¿cuando se desterró Victoriano a Europa se le perdió de vista para siempre? ¡Por supuesto que no! Carranza desconfiaba profundamente de él y por lo mismo, aun alejado del país, al otro lado del Atlántico, no dejaba de observar todos y cada uno de sus movimientos. Como lo mandó espiar de día y de noche, no tardó en descubrir que diferentes militares y agentes alemanes se reunían sospechosamente con él en su casa en Barcelona. A través de un marcado sistema de espionaje supo que el káiser alemán le había ofrecido dinero para que regresara ese mismo año, 1915, al país, para que con su apoyo militar y financiero acabara con las fuerzas e influencia de Venustiano Carranza. Villa se encontraba severamente lastimado después de la derrota de Celaya y no podría, por lo pronto, sumarse al ataque; esa era la mejor coyuntura para volver al poder, aprovechar la debilidad de los agotados beligerantes. ¿Cuál podría ser el interés del káiser alemán en intervenir en los asuntos de México? Muy sencillo, Guillermo II deseaba diferir el ingreso estadounidense en la guerra europea que había estallado en agosto de 1914. Requería de tiempo para acabar con Inglaterra y Francia, por lo que le urgía crear un conflicto militar de gran envergadura entre Estados Unidos y México, distraer al ejército yanqui con el objetivo de que dicha nación no pudiera enviar hombres al frente europeo, al lado de Francia y de Inglaterra, por tenerlos comprometidos en una batalla campal contra México. Para ello, nada mejor que Huerta acabara con Carranza para que aquél, una vez recuperada la presidencia de la República, buscara los pretextos necesarios para declararle la guerra a Estados Unidos con el velado apoyo teutón, todo ello a cambio de cientos de miles de marcos en oro, obviamente para comenzar...

Mientras Woodrow Wilson ordenaba, a finales de 1915, el desalojo de Veracruz después de más de un año y medio de estancia y de haber cobrado injustificados tributos a los comerciantes del puerto para pagar el costo de la intervención armada que México nunca solicitó, en el país estallaban huelgas que paralizaban a la menguada economía nacional. Envidiando la mano dura de don Porfirio cuando resolvió a balazos la suspensión de labores en Cananea y Río Blanco, incapaz de negociar por el profundo desprecio que sentía hacia la clase obrera, Carranza decidió, en su lugar, imponer la pena de muerte a los líderes sindicales que impidieran la marcha de las empresas con todas sus consecuencias. Acto seguido militarizó a los trabajadores ferrocarrileros, limitó a la prensa al prohibir que ésta promoviera campañas políticas a favor de partido o de personalidad alguna, seguramente para no incurrir en los mismos errores de Madero sin percatarse de que, día con día, se convertía en un nuevo dictador. ¿Cuál democracia, cuál libertad, cuál constitucionalismo? Tarde o temprano Venustiano caería en la tentación de la tiranía o México jamás avanzaría. Añorando las ventajas de la dictadura, llegó a sus manos un telegrama de Biarritz, fechado el 15 de julio de 1915, en el que se le anunciaba la muerte de Porfirio Díaz a los ochenta y cinco años de edad. Nuestro Porfirio se había ido para siempre.

Finalmente hoy, el 8 de octubre de 1915, escuché cómo abrían la puerta de mi celda, donde garrapateo este, mi testamento político. El capitán del piquete de soldados pidió que me pusiera de pie. Imposible hacerlo. Me preguntaron si yo era Alberto García Granados, el antiguo secretario de Gobernación de Victoriano Huerta. Sin poderme mover y viendo a mis victimarios a los ojos, confirmé mi identidad. El encargado del pelotón ordenó con voz estentórea que me levantara, a lo que aduje una imposibilidad manifiesta. Expuse que se apiadara de mi vejez, mi ancianidad y mi decrepitud. Me dijo que yo era un asesino y un viejo pendejo y además cobarde, y que si no cumplía sus instrucciones, ahí mismo me mataría. Dándose cuenta de mi situación, trataron de arrebatarme el manguillo, por lo que solicité, como última gracia, que me permitieran concluir el párrafo que estaba redactando, muerto de miedo, y que todas las cuartillas escritas se las pudiera llevar Francisco Serralde, mi abogado, ahí presente. Los matones accedieron inexplicablemente a mi petición. Aproveché su inesperada paciencia y generosidad para redactar, como pude, este último párrafo en el que me repito, pero siento que no he dejado suficientes testimonios, por lo que mi insistencia compulsiva en semejante coyuntura debe ser perdonada por el lector:

A raíz de mi salida del gabinete del general Huerta, entregué al embajador de Alemania en México, Heinrich von Eckardt, un importante paquete cerrado con documentos muy comprometedores para Carranza. Contenía cartas y telegramas enviados por él tanto a Victoriano Huerta como a quien suscribe la presente. En dicha correspondencia, además de comunicaciones verbales, no solo reconocía a Victoriano como presidente de la República, sino que solicitaba que lo confirmara como gobernador del estado de Coahuila y, más tarde, como su secretario de Gobernación, a lo cual Huerta no accedió, en un principio al menos. Como respuesta a las negativas del gobierno federal Carranza se levantó en armas, no porque protestara por el asesinato de Madero, sino porque deseaba el máximo poder a toda costa. Von Eckardt hizo llegar estos documentos a Alemania para que fueran archivados en la Secretaría de Relaciones Exteriores con el debido cuidado y secreto. Es verdad que con semejante información el gobierno alemán podrá manipular a Carranza a su antojo, según avance la guerra europea. Carranza me manda asesinar no por haber sido secretario de Gobernación con Huerta, sino porque me negué a regresarle las cartas que lo comprometían de cara a la historia patria. Viva México. Adiós a los que tanto quise. Adiós, amado Victoriano. Espero que mi sangre sea la última que se derrame en el país. Muero sin rencores.

Estoy a sus órdenes, señores.

Hasta aquí el texto redactado por Alberto García Granados que encontré en el viejo cartapacio y que terminé de leer sentado a la sombra de un antiguo ahuehuete. ¿No constituye tan feliz hallazgo una formidable revelación? Tan importante fue el descubrimiento que no tuve más remedio que dedicar un tiempo importante de mi vida a la investigación de los acontecimientos que se sucedieron en México de octubre de 1915 al asesinato de Carranza, para no dejar inconclusa la narración de don Alberto. ¿Don Alberto...? Yo me forjé en el seno de las más puras esencias liberales, por lo que soy un adorador de las figuras de Juárez, Ocampo, el Nigromante Ramírez, Guillermo Prieto, Zarco y toda aquella generación de próceres amantes de la libertad y la democracia, como lo fueron igualmente Madero y Pino Suárez, por lo que me resulta imposible compartir los puntos de vista políticos de García Granados. Yo creo en las tesis maderistas y pienso que la democracia es un vivero donde se desarrolla lo mejor del género humano. ¿Cuándo se ha visto una dictadura que estimule las ideas revolucionarias y de vanguardia, las necesarias para construir el país con el que todos soñamos y creemos merecernos? El tirano es un déspota por definición y en una atmósfera de despotismo e intolerancia solo se produce el estancamiento, se provoca el atraso y se proyecta la involución. ¿En qué acabó la tiranía porfirista? En la exclusión del noventa por ciento de los mexicanos de cualquier posibilidad educativa o de mejoramiento social, económico y cultural. Si a Madero no lo hubieran asesinado los militares reaccionarios que torcieron para siempre el destino de México, el sistema democrático y liberal habría abierto espacios para la inmensa mayoría de nuestros compatriotas en las aulas, los centros de trabajo, las instituciones académicas, en el campo, la industria, el comercio, en la banca y el gobierno. En las sociedades abiertas el progreso es evidente y palpable, de la misma manera que en las cerradas son comprobables la depresión, el atraso y la resignación, es decir, la pérdida de toda esperanza, sin la cual es imposible colocar un tabique encima del otro.

¿México se convirtió en una nación democrática después de haber padecido los horrores de la Revolución, la destrucción masiva del país, la muerte de cientos de miles de personas, la fuga de otros tantos desterrados que huyeron a Estados Unidos en busca de empleo y paz, de crédito y de respeto internacional? No, la realidad fue evidente: Carranza siguió teniendo conflictos con los trabajadores, con la casa del Obrero Mundial, de la misma manera que los había tenido Huerta en su momento. Los encaraba alegando que ellos tenían pretensiones económicas injustificadas, en la inteligencia de que el ejército era mucho más moderado en sus demandas a pesar de haberse jugado la vida en el campo de batalla. En tanto trataba de acomodarse a las circunstancias políticas como vencedor indiscutible en la contienda armada, continuaba teniendo acuerdos con sus agentes secretos: Félix Sommerfeld, Jack Dacinger y, claro está, Sherbourne Hopkins, entre otros tantos más. Su agradecimiento hacia ellos era ilimitado sin que supiera que, por otro lado, Von Eckardt, embajador alemán, tenía en la nómina a Mario Méndez, el secretario de Comunicaciones, para que le informara puntualmente de todos los acuerdos privados y de gabinete; de la misma manera el diplomático se reunía con militares y arzobispos opuestos a Carranza, para dominar todos los espectros políticos en caso de una revuelta o un repentino magnicidio.

Si de algo me sirvió el tiempo que pasé investigando la vida de Carranza, fue sin duda para descubrir su deseo de parecerse a Benito Juárez y emular al Benemérito. Lo imitaba, claro está que trataba de hacerlo y lo más importante era su deseo inocultable de ser acreditado históricamente en los mismos términos. El reconocimiento diplomático de Venustiano Carranza no estaba condicionado a obsequiar la exención de impuestos a las empresas petroleras ni a entregarles una carta en blanco para que la llenaran a su gusto. ¿Cómo no coincidir con él en esta afirmación? Carranza impuso gravámenes a la extracción de crudo. Lansing, el secretario de Estado, exigió a los inversionistas norteamericanos que se abstuvieran de pagarlos, con la seguridad de que los cañones de la Marina los protegerían. Los agentes le reclamaban discretamente a don Venustiano su actitud, alegando que gracias a aquellas había obtenido recursos para financiar y ganar la Revolución. Resultaba imperativo reciprocar la ayuda y el esfuerzo. Sí, pero había que contribuir al gasto público, impedir un saqueo indiscriminado del patrimonio público mexicano y revertir tres siglos de opresión y uno de luchas intestinas que habían desquiciado al país. La reciprocidad y el agradecimiento, por supuesto, tenían un límite. Los capitalistas extranjeros fruncían el ceño, arrugaban la frente y juntaban las cejas: *¿A quién fuimos a ayudar para que llegara al poder? Nos volvimos a equivocar como con Madero. ¿Pero de qué estarán hechos estos mexicanos intratables, impresentables, inabordables, inentendibles?* Era evidente: no podían con nosotros, estábamos hechos de otra arcilla. Ellos matan, destruyen e invaden, invariablemente por dinero, sintiéndose protegidos por Dios; nosotros no tenemos semejantes visiones, por más que padecemos un conflicto muy claro con el dinero.

Si bien es cierto que Carranza descansó en enero de 1916 al saber de la muerte de Victoriano Huerta en un hospital de Texas, cuando éste se dirigía a México para cumplir las instrucciones del káiser, no tardó en sobresaltarse dos meses después al ser abruptamente informado de que Pancho Villa, resentido por el reconocimiento diplomático estadounidense a Carranza, y además por haberle vendido balas de salva, con lo cual se había logrado la derrota irreversible de la División del Norte, esta vez el Centauro y las fuerzas restantes de sus queridos *dorados* habían ingresado a Estados Unidos el 9 de marzo, para matar y secuestrar a los escasos pobladores de Columbus, un pueblo de Nuevo México que también fue incendiado. El káiser, quien había financiado a Villa para consumar la empresa a falta de Huerta, fracasó, volvió a fracasar porque en lugar de provocar una invasión de quinientos mil estadounidenses a México, Wilson, sabedor de los planes del emperador alemán, fundamentalmente gracias a la inteligencia inglesa, solo envió la mañana del 15 de marzo una expedición encabezada por Pershing, integrada por unos siete mil hombres que penetrarían casi cuatrocientas millas adentro del territorio nacional para tratar de encontrar a Villa a como diera lugar. Se trataba de una nueva invasión norteamericana con un plazo de dos años, después de la de Veracruz de 1914. En derecho internacional se seguía imponiendo la ley del más fuerte, la misma norma primitiva que derogaba convenciones, tratados y acuerdos. ¿Dónde estaba el todopoderoso verdugo capaz de imponer el orden entre las naciones? ¡Bah!

Para Wilson sería imposible encontrar a Pancho Villa, puesto que era un individuo muy querido en México. De la misma manera que se disfrazaba de campesino o de soldado o de peón o de chalán, lo hacía de maestro rural con bigote o sin él, de sacerdote, prostituta o de indígena. El pueblo lo arropaba, lo quería, lo patrocinaba. Si Wilson enfurecía de impotencia, sufrió un mayor arrebato de coraje cuando Venustiano Carranza se negó a aceptar el ingreso de Pershing en territorio nacional, por más que el jefe de la Casa Blanca amenazó con pulverizar a los gobernantes mexicanos que no fueran de su agrado, echando mano de toda la fuerza de su brazo y de la última onza de su poder. El pastorcito, como decía García Granados, cambiaba el tono. Si no mandó quinientos mil hombres para aplastar a Carranza y hacerse de todo el país, era simplemente porque la inteligencia inglesa y la norteamericana le habían informado

de la inminencia de la entrada de Estados Unidos en la guerra europea, con lo cual se convertiría en conflagración mundial. Imposible
caer en las provocaciones del emperador de Alemania. Muy pronto
tendría que llamar a Pershing, uno de sus militares más destacados,
para enviarlo al frente europeo, sí, pero mientras tanto que encontrara al forajido de Villa buscando debajo de las piedras, a como
diera lugar. Era más fácil que encontrara una aguja en un pajar...

Con el país invadido por la expedición Pershing, una auténtica
basura en los ojos de Carranza, todavía ordenó a Obregón atacarlos cuando la ocasión fuera propicia... Carranza atiende huelgas
generales, hambre, desempleo, caos institucional, quiebra de las finanzas públicas, parálisis económica, inflación galopante, la peste
de la influenza, y además se ve obligado, por presiones del clero, a
detener las expropiaciones en contra de su cuantioso patrimonio.
Gobernar México en semejante coyuntura resultaba una tarea faraónica, pero a pesar de ello Carranza deseaba diferir lo más posible las elecciones en el entendido de que si lograba alargar los
comicios por lo menos dos años irregulares, después tendría otros
cuatro, el cuatrienio legal, según la Constitución, para disfrutar
las mieles del poder. De ahí que inventara pretexto tras pretexto
para demorar el proceso electoral que finalmente se llevaría a cabo
hasta marzo de 1917, casi dos años después de la derrota de Villa. Carranza postergaba la elección de presidente de la República hasta que Obregón, consciente de la estrategia, puso un «hasta
aquí» con un puñetazo sobre el escritorio. El famoso Manco tenía también, por supuesto, aspiraciones presidenciales. ¿Qué hacer? ¿Cómo retrasar los tiempos? Carranza resolvió convocar a un
Congreso Constituyente únicamente para reformar la Constitución
de 1857, de ninguna manera para redactar una nueva. Era innecesario. Pensaba que dicho proceso legislativo, ciertamente complejo,
podría llevar más de un año, tiempo más que justificado para modificar la Carta Magna y permanecer, en forma irregular, en Palacio
Nacional. Mientras tanto, se abstuvo de ejecutar la reforma agraria y de quitar a los porfiristas de puestos clave. El Primer Jefe del
Ejército Constitucionalista, encargado del Poder Ejecutivo, deseaba
constituir empresas petroleras con capital cien por ciento mexicano, intentaba construir fábricas de pertrechos militares con recursos enteramente nacionales. Quería originar una industria militar y
otra petrolera, entre otras más, que no dependieran del extranjero.

Se trataba de un asunto clave de soberanía nacional. Su patriotismo era tan contagioso como difíciles de alcanzar los objetivos. Mientras a él le interesaban la independencia energética y armamenticia, afuera del país se insistía en la subordinación en todos los órdenes de la vida económica y política. Se resistía a pedir prestado a los bancos foráneos y a aceptar ayuda financiera alguna, a pesar del desorden monetario doméstico que crecía por instantes en razón de la gran cantidad de papel moneda en circulación. Imposible olvidar que Carranza había autorizado a los militares de su confianza imprimir billetes en sus diversas zonas de control, por lo que llegaron a existir veintiocho diferentes tipos de dinero en México, con lo cual la inflación, el caos económico y la insolvencia del país crecieron hasta extremos tan preocupantes como irresponsables. La devaluación se produjo de manera inevitable. Por todo ello, Carranza suspendió el funcionamiento de los bancos e incautó sus reservas. A continuación hizo saber el contenido de la Doctrina Carranza, en la que insistía que todas las naciones, empresas y personas, extranjeras o no, eran iguales ante el derecho y debían someterse a la soberanía del estado en que se encontraban. Ni la diplomacia ni el peso corporativo deberían servir para ejercer presión sobre los gobiernos débiles, a fin de obtener modificaciones a las leyes que no convinieran a los súbditos de regímenes poderosos. Se proponía imponer la justicia de modo que ningún país se pudiera sentir amenazado por otro, por cualquier razón o injerencia diplomática. Hermosa teoría, si no fuera por la cantidad de cañones y de soldados con que contaba sobre todo Estados Unidos para derogarla al primer capricho.

Por aquellos días, cuando Carranza tenía alojada a Virginia nada menos que en el Castillo de Chapultepec, y a Ernestina en una hermosa casona en las calles de Lerma, también en la ciudad de México, el jefe del Ejecutivo en funciones visitó a esta última notablemente alterado, desubicado, extraviado y confundido. Rechazó la comida y la acostumbrada conversación con sus hijos. En esa ocasión no estaba para charlas ni para dormir su tradicional siesta vestido con el pijama, despojado de su sombrero de fieltro gris confeccionado con alas anchas al estilo de su tierra, de su saco de gabardina con botones dorados, pantalón de montar y botas de charol, como si se tratara de la indumentaria de gala de un militar, pero sin exhibir insignia alguna ni medallas o condecoraciones al estilo de Díaz. En lugar de expresarse con el debido reposo, muy a su estilo, con la voz baja para inspirar mucho respeto y distancia, Venustiano venía descompuesto: habían secuestrado a su hermano Jesús y a su sobrino Abelardo, y amenazaban con matarlos a los dos si los delincuentes no recibían el importe del rescate solicitado. Carranza no había estado dispuesto a ceder ante el chantaje para impedir el asesinato de sus queridos familiares. Jamás transigiría con criminales. El Estado mexicano no sería, por ningún concepto, rehén de una pandilla de bribones. Sin embargo, su fortaleza se derrumbó esa mañana, como quien recibe una puñalada en la yugular, cuando fue informado de que Chucho y su hijo habían sido alevosamente privados de la vida por sus captores. El sentimiento de culpa lo devoraba. Imposible sujetarse de algo para no caer en el fondo de un pozo, sin contención alguna. Carranza se hundía y lloraba en los brazos de Ernestina sin que las palabras de consuelo de su amada pudieran aliviarlo. El precio por detentar el poder podía ser elevadísimo, como en esa terrible y dolorosa circunstancia. Si pudiera tener a los victimarios en sus manos, una soga para colgarlos, un mosquete para fusilarlos, unas piedras para lapidarlos o gasolina para quemarlos vivos. Nada, imposible vengarse ni traerlos atados a un palo, como animales salvajes, para encerrarlos en una prisión.

—Cobardes, son unos cobardes, Ernestina, y sin embargo, perdidos en la sierra difícilmente podría encontrarlos para darles su merecido.

En lugar de acariciarle la cabeza, enjugarle las lágrimas e invitarlo a la resignación con palabras perfectas que aligeraran el peso insoportable del dolor y evitaran que la culpa lo devorara, Ernestina lo animó a buscar a los homicidas y castigarlos, no descansar hasta pasarlos por las armas. Ella no era mujer que perdonara ni serenara, sino que invitaba en todo trance a luchar, a sacudir, a cobrar una a una las afrentas. Esa mujer tenía la magia de hacer y decir lo indicado en el momento indicado. Con el tiempo Venustiano también superaría la crisis siempre que no le faltara Ernestina, por más violenta e iracunda que fuera. Ahí siempre estaría ella.

Como no hay plazo que no se cumpla, Carranza convocó a elección de diputados para integrar el Congreso Constituyente que se reuniría en Querétaro, una ciudad que no lo recibiría con el entusiasmo esperado en razón del recuerdo que privaba de julio de 1914, cuando los carrancistas saquearon sus iglesias, conventos, haciendas, bibliotecas y casas particulares. No se puede gritar quedito, la revolución es la revolución. Las sesiones formales en el Teatro Iturbide no deberían extenderse más allá del 31 de enero de 1917, según se propusieron los jacobinos —los obregonistas— en contra de los liberales moderados —los carrancistas. En su proyecto de reforma a la Constitución y en su discurso inaugural del Congreso, el 1 de diciembre de 1916, Carranza dejó muy en claro que solo pretendía ligeras modificaciones a la Carta Magna de 1857.

> Se respetará escrupulosamente el espíritu liberal de dicha Constitución, a la que solo se quiere purgar de los defectos que tiene ya que por la contradicción u oscuridad de algunos de sus preceptos, ya por los huecos que hay en ella o por las reformas que con el deliberado propósito de desnaturalizar su espíritu original y democrático se le hicieron durante las dictaduras pasadas... Por todo lo anterior, vengo a poner en vuestras manos el proyecto de Constitución reformada...[26]

Muy pronto se evidenció que los radicales, manipulados por Obregón, impondrían su criterio sobre el proyecto presentado por Carranza. El Primer Jefe de la Revolución fue uno de los principales enemigos de la promulgación de la Constitución de 1917. Según sus propias palabras, era un reformista, no un revolucionario, al extremo de que ni siquiera creía en la educación pública: «Solo cuando se sustraiga la educación del gobierno se formarán carácteres independientes», declaró en septiembre de 1914.

Carranza, claro está, se opuso a la laicidad del artículo tercero y a la exclusión de la Iglesia católica en la educación que impartiera el Estado. Se proyectaba como el gran conservador que en realidad era. Pero los conflictos entre los jacobinos y los carrancistas no se limitaron a la disputa por la educación y la conciencia de los mexicanos. La propuesta del artículo 123 desesperó a Carranza, un antiobrerista consumado que se resistió al conjunto de principios de protección al trabajo más avanzado del mundo en ese momento.

Lo mismo aconteció con el artículo 27, donde resultaron derrotadas las ideas de Carranza para que el país recuperara la pro-

[26] Tamayo, 1983: 157.

piedad de los recursos del subsuelo, se diera un paso adelante en materia de reforma agraria y se regresara al clero a las sacristías con las uñas recortadas que Porfirio Díaz, el gran enterrador del liberalismo mexicano del siglo XIX, les permitiera crecer temerariamente. Juárez volvía a nacer contra la voluntad de Carranza, que como decía muy bien García Granados, tenía un disfraz para cada ocasión. Estaba en contra de los privilegios de los petroleros, pero no estaba en contra de ellos; estaba en contra de algunos abusos del clero, pero no estaba en contra del clero; estaba a favor de la educación, pero se oponía a la educación pública.. ¡Qué hombre tan complicado y contradictorio!

En el Senado estadounidense declararon que el artículo 27 de la Constitución era de extracción bolchevique y que había sido confeccionado en un estercolero. Carranza era un ladrón al quererse apropiar de los bienes ajenos con un viso de legalidad. Las empresas mineras, ferrocarrileras y petroleras protestaron airadamente, ¿y cómo no iban a hacerlo si el suelo y el subsuelo eran propiedad de la nación a partir de la entrada en vigor de nuestra Carta Magna? Las minas, los manantiales, los yacimientos, las vetas y la superficie del terreno donde descansaban los rieles y los durmientes pasaban a ser del dominio y del derecho exclusivo del pueblo de México. Únicamente las instalaciones quedaban a favor de los empresarios y corporaciones de la nacionalidad que fueran. ¿Qué tal? ¿Qué hubiera dicho Madero cuando apenas llevaba cuatro años de haber sido asesinado y tan solo había intentado imponer gravámenes a las compañías insaciables? ¿Y el clero? ¿Qué diría cuando todo su patrimonio volvía a ser expropiado y sus actividades reguladas por la ley? Carranza no estaba de acuerdo, pero estaba obligado a hacer valer las disposiciones constitucionales, objetivo que cumplió a su conveniencia y capricho. México podría volver a incendiarse en cualquier momento por haber afectado en forma tan directa y flagrante intereses foráneos y domésticos muy poderosos que habían acabado con varios jefes de Estado anteriores. Como sucedió por algún tiempo, los sucesivos gobiernos decidieron no aplicar, por lo pronto, la Constitución para asegurar transitoriamente la supervivencia del país. Eso sí, por alguna razón Carranza fue masacrado al intentar acercarse a una zona petrolera —curiosamente— en su huida en 1920, crimen alevoso del que me ocuparé más adelante. ¿Por qué no mencionar aquí, si el lector me lo permite, y antes de que la memoria me traicione, que en tan solo 15 años, de 1913 a 1928, asesinaron a balazos a tres presidentes mexicanos: Madero, Carranza y Obregón?

¿Cómo imaginar que Carranza hubiera dicho que la Constitución era «ilegal» y había sido redactada por un grupo insignificante del Congreso, que representaba a una pequeña minoría de la nación? Él había invitado a la Convención de Aguascalientes al Constituyente y ahora les quitaba toda jurisdicción. ¿Cómo entender que hubiera preparado dos iniciativas de reforma para desbaratar en el próximo Congreso lo que el de Querétaro había hecho contra su voluntad en 1917? Comonfort, en 1857, había declarado que con la Constitución no se podía gobernar y sin ella tampoco. Obviamente fue derrocado y estalló la violencia, la Guerra de Reforma entre los mexicanos. ¿Qué suerte correría el país en manos de don Venustiano? Afortunadamente no nos esperaba otra guerra parecida.

Si el káiser alemán había fracasado en sus intentos de provocar un conflicto armado con Estados Unidos al recurrir a Huerta y después a Villa, tocaba ahora el turno a Carranza, un incuestionable germanófilo, quien había ofrecido a Alemania la posibilidad de instalar bases de submarinos en las costas del golfo de México. Fue entonces cuando Zimmermann, el ministro alemán de Relaciones Exteriores, propuso a Carranza y a Japón, a través de un telegrama secreto, una alianza tripartita para atacar a la potencia con la promesa de devolver a México los territorios de Texas, Nuevo México y Arizona, los dos últimos perdidos en 1848, en el entendido de que California y el canal de Panamá pasarían a ser propiedad del imperio del sol naciente si entre los tres países lograban derrotar a la potencia.

En ese momento nadie podía suponer que el Reino Unido, de la misma manera que había seguido en detalle los pasos de Huerta en Barcelona, también espiaba de cerca las actividades de los alemanes en México, ya que sabían el alto costo que pagaría la corona inglesa si Estados Unidos se llegaba a involucrar en una guerra contra su vecino del sur. Cuando los ingleses lograron descifrar y desencriptar el mensaje que pasaría a la historia como «el telegrama Zimmermann», lo enviaron de inmediato a Woodrow Wilson, quien furioso ordenó su publicación en todos los diarios de la Unión Americana para que cinco días después escalara la Primera Guerra Mundial al entrar ellos en la conflagración europea, antes principalmente europea. El káiser había fracasado en su tercer intento en tanto Wilson no quería ni oír hablar de Carranza, quien evidentemente había coqueteado con los alemanes y jamás se enfrentaría a ellos militarmente muy a pesar de las presiones norteamericanas. México había sido, de modo indirecto, el detonador de su entrada en el enorme conflicto.

¡Claro que Carranza ganó las elecciones y claro, también, que protestó como presidente constitucional el 1 de mayo de 1917 con la idea de reorganizar la administración pública y tratar de rescatar al país de la catástrofe padecida! Antes de la toma de posesión, acompañado de Secundino Reyes, dio un paseo a caballo rumbo al Castillo de Chapultepec y desayunó su platillo favorito: cabeza de ternera tatemada al horno, muy picante, carne asada, tortillas de harina y café negro, muy cargado. El nuevo Jefe de la Nación estaba rodeado de enemigos internos y externos entre los que se encontraba, como siempre, el clero católico resentido y vengativo, al igual que las corporaciones extranjeras. El tesoro público estaba quebrado al igual que el ánimo popular. El desastre era generalizado. A lo largo de su gobierno, Carranza convocó a establecer el respeto mutuo e implícito en las relaciones internacionales, la no intervención en asuntos internos, el rechazo al extraterritorialismo; deseó fomentar la riqueza nativa permitiendo la participación de los extranjeros sobre una base de igualdad y de justicia con los mexicanos. Estableció políticas proteccionistas de las industrias nacionales, se negó a pedir prestado y no suscribió créditos con el exterior, ya que deseaba hacer del gobierno mexicano una entidad financiera independiente. Creó el banco único de emisión, liquidó a los bancos nacionales y dejó muy en claro que las empresas de servicios públicos como los tranvías, los ferrocarriles, los telégrafos, los teléfonos, la provisión de agua potable, el abasto de luz y fuerza motriz debían ser propiedad de los gobiernos municipales, locales y el federal. Se convertía en un nacionalista a ultranza. Sin embargo, vivía con la obsesión de una intervención armada estadounidense. Lo dominaba una insuperable pesadilla en la que Inglaterra capitaneara un golpe de Estado en su contra ya que el Reino Unido dependía en un setenta y cinco por ciento del petróleo mexicano en plena guerra. No dejaba de pensar en un derrocamiento propiciado por Von Eckardt y los militares opuestos a su gobierno ni en los incendios repentinos de los pozos petroleros por parte de los alemanes, con lo cual Estados Unidos intervendría en México para proteger a sus aliados ingleses. ¿Cómo conciliar el sueño así?

La noche anterior Carranza le había dicho al oído a Ernestina que hasta ese día había sido el Primer Jefe y que mañana se levantaría con el presidente de la República.

—¿Crees que como presidente seré tan feliz contigo que como Jefe? —le preguntó a la mujer de sus confianzas. Sus relaciones con Virginia eran distantes y frías. Su carácter conservador le impedía tramitar el divorcio, no obstante haber decretado una ley al respecto orientada a las personas que por la razón que fuera ya no deseaban vivir juntas. Estaba condenado a soportarla hasta que la muerte los separara, tal y como había sentenciado el cura el día en que unieron sus vidas ante la fe del Señor, su Señor...

Ernestina quería la compañía del hombre exitoso y triunfante. Lo demás la tenía sin cuidado. Su humor seco siempre sacaba a Carranza de balance. Aquella noche, precisamente la previa a su toma de posesión, fue cuando ella le sugirió mientras se abrazaban en la cama:

—¿Oye, Venus, y si te quitaras la barba y el bigote y en la foto presidencial aparecieras bien rasuradito, amor?

—¿Estás loca? La gente me conoce así. Si cambio de aspecto sería como si a un pato le quitaran el pico, Erne...

—Chamba nueva, cara nueva, presi nuevo y amante nuevo...

Todo acabó en un ataque de cosquillas.

Unos meses más tarde, al concluir la Primera Guerra Mundial, Wilson se trasladó a Europa para suscribir los Acuerdos de Versalles y visitó al papa en el Vaticano, quien le suplicó que ejerciera su influencia sobre Carranza para que se protegieran los intereses del clero mexicano de manera adecuada. Wilson le externó al Sumo Pontífice su punto de vista respecto al presidente de México, alegando que se trataba de un hombre incomprensible, errático, impredecible y ciertamente enloquecido. Resultaba imposible hablar con él, sin embargo, ofreció ejercer sus mejores oficios para reconciliar a las partes.

Para lograr la última etapa de la pacificación del país y ante la imposibilidad de entenderse con Emiliano Zapata, Venustiano Carranza decidió asesinarlo en abril de 1919. ¿El que a hierro mata, a hierro muere? No siempre. ¿El que la hace la paga? A veces, pero consuela el dicho. Nadie se va de este mundo sin pagar hasta la última cuenta. La tesis es inmejorable siempre y cuando no se le contraste ni compare con la realidad. En el caso de Carranza los refranes se aplicaron a la perfección. Por esa razón, Pablo González, el militar incondicional de Carranza hasta que dejó de serlo, contrató a Jesús Guajardo para hacerle creer al Atila morelense que estaba descontento con don Venustiano y deseaba convertirse en un furibundo zapatista. Como prueba de su lealtad fusiló a cincuenta de los suyos, cincuenta soldados federales, obsequiándole al Caudillo del Sur, acto seguido, armamento y municiones para continuar la lucha. Para celebrar la alianza acordaron reunirse en la Hacienda de Chinameca, Morelos, el día 10. Zapata llegó acompañado únicamente por una escolta de trescientos hombres, quienes fueron sorprendidos por una lluvia de balas cuando cruzaban por una valla de honor integrada por los hombres de Guajardo. De poco le sirvió a Guajardo que Carranza lo hubiera ascendido a general brigadier y le obsequiara cincuenta mil pesos a título de recompensa por su alevoso crimen, porque el traidor moriría fusilado por Obregón un año más tarde, con lo cual apenas pudo disfrutar su nuevo grado militar y su dinero. ¿El que la hace la paga...? No, pero al mismo tiempo nadie sabe para quién trabaja: ¿quién disfrutó los cincuenta mil pesos, una fortuna para aquella época? Adiós Plan de Ayala, adiós proyectos para rescatar a los campesinos morelenses de la miseria, adiós esperanza de bienestar: bienvenidas las posibilidades de una nueva revolución en protesta contra el hambre y así no romper jamás este círculo vicioso diseñado por Mefistófeles en una noche de insomnio.

Cuando Obregón renunció el 1 de mayo de 1917 al gabinete carrancista como secretario de Guerra, don Venustiano entendió, con la debida claridad, que lo hacía para preparar su campaña a la presidencia de la República. La candidatura del Manco acabaría con la carrera política de Carranza; esto lo hubiera entendido un lactante. Obregón se había retirado de la contienda electoral de 1917 por sugerencia de Adolfo de la Huerta, pero en esta ocasión «iría por todas». Con la debida discreción se dirigió a Estados Unidos con el pretexto de someterse a un tratamiento médico, cuando en realidad su único deseo consistía en entrevistarse con el presidente. Nunca se supo quién trató de envenenarlo en el Hotel St. Francis, en San Francisco, adonde pasó unos días como parte de su periplo diplomático. Una actriz que ocupaba la habitación anexa había prometido acabar con la vida del Manco de Celaya a cambio de diez mil dólares. ¿Habría sido Carranza el autor de este atentado? A saber, lo que sí fue cierto es que Obregón tomó debida nota de las intenciones del exjefe del Ejército Constitucionalista. ¿Quién más podía haber tenido interés en matarlo sino Carranza, sola y únicamente él? Sin externar sospecha alguna, continuó su viaje hacia Washington donde visitó la tumba de Abraham Lincoln y se entrevistó con James Ryan, comandante de una base de entrenamiento, para dar a entender que sus visitas a las instalaciones militares norteamericanas tenían por objetivo contrarrestar el aparente sentimiento de simpatía del gobierno carrancista hacia Alemania. Obregón no tenía, desde luego, la menor proclividad germánica. Desde West Point viajó a Washington, donde finalmente pudo reunirse con el presidente Wilson y con Lansing. Se trataba de dejar muy claro el sentimiento de solidaridad que sentía hacia Estados Unidos y no hacia cualquier potencia europea. En realidad trataba de tranquilizar al gobierno yanqui para contar con el apoyo de la Casa Blanca cuando se lanzara el año siguiente a conquistar la presidencia de México. El Manco de Celaya hilaba muy fino. Bien sabía la suerte que habían corrido Porfirio Díaz, Pancho Madero y Victoriano Huerta por no haberse entendido oportunamente con ellos.

Al mismo tiempo que Obregón aceptaba el 1 de junio de 1919 su candidatura a la presidencia, Venustiano Carranza nombraba a Ignacio Bonillas, el embajador mexicano en Washington, como el opositor del Manco para ocupar un cargo tan distinguido. ¿Bonillas? ¿Quién era Bonillas sino un ilustre desconocido en la política nacional, que desde luego sería manipulado como una marioneta por el propio Venustiano? Se repetía la historia de Porfirio Díaz cuando nombró a Manuel González, de la misma manera que se repetiría cuando Obregón eligió a Calles y cuando éste hizo lo propio con Portes Gil, Ortiz Rubio, Abelardo Rodríguez y Lázaro Cárdenas durante los años oprobiosos y vergonzantes del Maximato. ¿Acaso México no tenía derecho a la democracia después de haber padecido los horrores de la Revolución? No, no, las revoluciones o sirven para concentrar aún más el poder, o no sirven para nada. Ahí estaba el caso de la Revolución china, cuando en 1948 Mao Tse-tung derrocó a Chiang Kai-shek, el tirano, para instalar a su vez una nueva tiranía en China que dura hasta nuestros días. La Revolución rusa también sirvió para concentrar aún más el poder, ya que después de acabar con generaciones y generaciones de zares, unos más déspotas que otros, se instaló la dictadura del proletariado, en la que por supuesto no existió jamás la democracia. ¿Más casos? La Revolución francesa y hasta la cubana, ya que cuando Fidel Castro echó a Fulgencio Batista, los cubanos pensaron que advendría sin duda alguna la democracia y ésta nunca se presentó, igualmente hasta nuestros días. El caso de México no podía ser una excepción: después de la dictadura de Díaz, el asesinato de Madero, la llegada de Victoriano Huerta, el nuevo estallido de la Revolución y la llegada de Venustiano Carranza al poder, tampoco se dio la democracia, ni con todos los presidentes que lo sucedieron en el cargo. La Revolución mexicana tampoco trajo libertad, educación, riqueza compartida, evolución cultural, ni se cumplieron los viejos anhelos sociales del movimiento armado. El campo, hoy por hoy, está absolutamente quebrado, como lo estuvo cuando estalló la revuelta que condujo al derrocamiento de Porfirio Díaz. Si bien había haciendas muy productivas, el peonaje, la esclavitud, la desesperación rural, el hambre y la enfermedad existían como un infierno que por lo visto jamás se superaría.

¿Otra mala noticia además de conocer la candidatura de Álvaro Obregón a la presidencia de la República en aquel 1919, decisión que amenazaba abiertamente su futuro político? Sí, la muerte de Virginia Salinas, su legítima esposa, en la ciudad de Querétaro en noviembre de ese año. Después de todo, esa mujer le había sido leal en la adversidad y fiel como compañera después de treinta y siete años de casados, durante los cuales el Varón de Cuatro Ciénegas no se divorció, a pesar de que su relación con Ernestina era un secreto a voces que conocían sus hijas Virginia y Julia, de quienes ya no habría nada más que agregar salvo en el caso de la mayor, la primera, que contrajo por aquellos años matrimonio con el general Cándido Águilar, quien fungiera en dos ocasiones como ministro de Relaciones Exteriores de su suegro. Mentira que Virginia Salinas no asistiera a eventos públicos en su carácter de Primera Dama: se presentó a muchos actos oficiales acompañando a su marido, o por su lado, en reuniones filantrópicas donde se distinguió principalmente por regalar ropa entre los pobres. Sobra decir que escogía vestidos y sombreros con los que lucía, según ella, muy emperifollada, pero que la hacían quedar en ridículo si no se perdía de vista su triste figura ni mucho menos su estatura. Si no fue homenajeada con ninguna honra fúnebre fue porque Ernestina se negó a hacerlo «para no hacerle ningún ruido a la difuntita»… Carranza, como siempre que ella solicitaba algún favor o servicio, sabía complacerla para que los gritos no se escucharan afuera de la lujosa casona de la calle de Lerma.

Carranza, como bien lo dijo Alberto García Granados —nada de don Alberto—, continuó con sus dobles juegos, amenazando a Wilson con defender la soberanía nacional de intereses extranjeros, y al mismo tiempo protegiendo las inversiones norteamericanas. Apoyaba al clero, pero dejaba que sus fuerzas lo golpearan. Recibía soporte financiero de los petroleros, pero hablaba de cobrarles más impuestos y aun confiscar propiedades. A la Casa Blanca le hace saber que no había recibido el telegrama Zimmermann, cuando Wilson tenía evidencia de lo contrario, y por otro lado negociaba con Japón y Alemania. Las relaciones México-Estados Unidos se acercaban precipitadamente a la ruptura irreversible. Don Venustiano le comunica a Pablo González, su esbirro, que él será su sucesor en la presidencia, cuando tenía en la mente a Bonillas, Flor de Té. González no resistió el coraje ni el ridículo, al igual que Obregón, quien no solo rechazó a Bonillas sino que se levantaría en armas: con él no cabían los dobles juegos ni las dobles palabras ni las dobles caretas…

Bonillas, una vez convertido en el Jefe de la Nación, se encargaría de instrumentar una reforma constitucional para suprimir la no reelección del presidente de la República, de tal manera que al término de los cuatro años de su gobierno, sin ocultar que sería en todo caso un títere, Carranza se haría reelegir indefinidamente. ¿Y quién no quería verse en semejante posición? ¿Santa Anna, Juárez, Porfirio Díaz, Victoriano Huerta, Carranza, Obregón, Calles, Cárdenas, Miguel Alemán o Salinas de Gortari? ¿Quién no? ¿Echeverría tampoco? Los políticos mexicanos casi siempre han querido eternizarse en el poder. ¿En el fondo de cada funcionario público no existirá invariablemente un espíritu autoritario, caciquil y hasta cerril?

—Si no consigo que me elijan como presidente, será porque no quiere don Venustiano, pero antes de que el viejo barbón falsee las elecciones o me haga arrestar, me levantaré en armas en su contra —declaró Obregón dejando en evidencia la claridad con que contemplaba los acontecimientos.

Carranza buscaba cualquier pretexto para arrestar a Obregón, sin percatarse o sin confesarlo, de que el Manco de Celaya contaba con toda la popularidad y el respaldo del ejército así como el apoyo absoluto del Congreso, de innumerables gobernadores y funcionarios, además de los más influyentes representantes de la prensa. La ambición de don Venustiano le impidió ver con transparencia la posición desde la que jugaba. Antes, cuando inició el movimiento armado contra Huerta, contaba con Pancho Villa, Obregón y los indomables y agudos sonorenses. Cuando después de la Convención de Aguascalientes volvió a estallar la violencia, Carranza contó nuevamente con Álvaro Obregón, para acabar esta vez con la División del Norte. En aquel momento todavía disfrutaba, con sus debidas comillas, del apoyo del presidente Wilson, quien en esta coyuntura, sobre todo después de haber conocido las políticas liberales de Obregón y compararlas con las tendencias confiscatorias y nacionalizadoras de Carranza además de sus hipócritas dobleces, jamás apoyaría un movimiento armado conducido por este último. Nunca volvería a estar de su lado. La Casa Blanca procedería a un embargo radical de armas y por supuesto que ni los petroleros, los mineros o los ferrocarrileros extranjeros le darían un quinto para financiar su defensa militar. ¿Apoyarse en la Iglesia? Ni pensarlo. Estaba absolutamente solo y se negaba a darse cuenta de ello. Cuando propuso a un civil como Ignacio Bonillas, ignoró que el ejército no deseaba, desde luego, sino a un militar, a un líder destacado que contara con todas las simpatías de las fuerzas armadas. En este evento no existía nadie con más merecimientos que Álvaro Obregón, y sin embargo Carranza continuó con su postura absolutamente suicida. En el momento que Díaz se dio cuenta de que había perdido el apoyo de Taft y de Wall Street decidió retirarse, caminar por los Campos Elíseos del brazo de Carmelita, vivir en paz, disfrutar su dinero, su prestigio y los últimos años de su vida. Sabiduría política pura.

Al primer intento de Carranza de arrestar a Obregón, éste publicó el Plan de Agua Prieta en Sonora y lo desconoció como presidente. ¿Verdad que con el Manco no se jugaba? En el plan constaban las razones por las que había llegado el momento de revocar el poder que se había conferido a don Venustiano.

Después de la justificada defección de Pablo González, su viejo y leal colaborador, Carranza se quedó apoyado en la ciudad de

México por una pequeñísima fuerza militar que en cualquier momento también lo abandonaría; estaba perdido y se suicidaba. De haber sido un hombre sabio y entregar el poder a Obregón en una gran fiesta popular y política, y luego retirarse tomando en cuenta su avanzada edad, sin duda alguna habría pasado a la historia como uno de los grandes líderes mexicanos de todos los tiempos. Sin embargo, al enfrentarse a Obregón, quien contaba con apoyo social y sobre todo militar, sin olvidar la simpatía que sentían por él en la Casa Blanca, don Venustiano se introducía el cañón de una pistola en el paladar, por lo que solamente faltaba apretar el gatillo y esto ocurrió cuando decidió salir rumbo a Veracruz, llevándose el tesoro público a bordo de unos trenes, en una comitiva integrada por cincuenta vagones. Ahí vemos a un Carranza absolutamente solo, un presidente prófugo de sus poderes, que recogió lo que pudo del gobierno. Invitó a su fuga a algunos representantes de la Comisión Permanente del Congreso de la Unión y a algunos ministros de la Suprema Corte de Justicia. Empacó todo lo que consideró necesario para trabajar en Veracruz, incluidos los caudales públicos con que contaba y abordó un convoy preparado al efecto con una premura que no rebasaba las doce horas de anticipación. Llevó una escasísima guarnición integrada por algunos leales ignorantes de su posición y de los riesgos que corrían al acompañar al Primer Mandatario al cadalso. El gobernador de Veracruz le había confirmado su lealtad a la causa. ¿Y si lo traicionaba, como en realidad aconteció? Carranza se exhibió como una presa fácil y accesible, más aún cuando se enfrentaba a un militar de las dimensiones de Obregón y se dirigía solo, sin protección suficiente, al territorio petrolero dominado por Manuel Peláez. La ceguera era suicida.

El 5 de mayo de 1920 Carranza decidió casarse con Ernestina Hernández. Estarían unidos por la ley y por la Iglesia tan solo quince días. Ella lo sabía con anticipación, su instinto femenino se lo advertía, y tal vez previendo la suerte de su marido, su destino irreversible, insistió por primera vez en el matrimonio después de tantos años de amasiato. No se equivocaba. Venustiano le prohibió acompañarlo. Por lo visto, todos podían anticiparse a su futuro.

—Quiero que sepas, Venustiano, que eres el hombre de mi vida, siempre fuiste generoso y comprensivo conmigo a pesar de mis arrebatos verbales, que siempre disculpaste. Sé que estuviste permanentemente presente y viste por mí, te preocupaste por mí y por nuestros hijos, a quienes nunca dejaste de procurar ni besar ni atender. Fuiste un padre pródigo, un amante caudaloso, un proveedor puntual, un compañero amoroso, leal y entregado, un cómplice confiable y un hombre inteligente que compartió conmigo su existencia. Sé que te ofendí en muchas ocasiones con mi manera violenta, a veces iracunda de hablar, pero siempre fuiste un caballero y nunca dejaste de amarme, al menos eso creo. No tengo nada que reclamarte. Sé que no te volveré a ver ni en esta vida ni en la otra, por más que tú digas lo contrario. Sábete respetado y querido, amado Venus, y que tu Dios y tus vírgenes te salven. Yo solo puedo darte las gracias —le dijo Ernestina el último instante antes de despedirse—. Solo puedo decirte gracias, gracias, gracias, hombre, gracias, marido, gracias, compañero, gracias, padre: me quedo con cuatro frutos de nuestro amor...

Después de un abrazo que parecía no tener final, don Venustiano giró sobre los talones y abordó su automóvil rumbo a su destino.

¿En qué soñaba Carranza al dirigirse de nueva cuenta a Veracruz? En disponer de los fondos recaudados por la aduana, con los que adquiriría pertrechos del extranjero. Si todo fallaba, entonces tendría garantizada una ruta de escape hacia el exterior.

Don Venustiano no únicamente perdió de vista quién era Álvaro Obregón, también olvidó el viejo apotegma: *Quien hace la revolución a medias, cava su propia tumba*, con tanto acierto aplicado por Porfirio Díaz y Victoriano Huerta. Siguiendo lo anterior, el general Rodolfo Herrero, empleado de Peláez y suscriptor del Plan de Agua Prieta —¿quién no jugaba un doble juego?—, recibió órdenes de acabar con la vida de Carranza a través del general Alberto Basave y Piña, uno de los hombres de quienes se sirvió Obregón para adherir el mayor número de militares a su exitoso plan para derrocar a don Venustiano. Las instrucciones rezaban:

Bata usted a Venustiano Carranza y rinda parte de que murió en combate.[27]

Carranza aceptó pasar la noche del 20 de mayo de 1920 en una humilde choza de Tlaxcalantongo, en el estado de Puebla, de la nunca más salió con vida. En la madrugada del día 21 fue ejecutado.

[27] Manero/Paniagua, 1958: 146.

Peláez y Herrero brindaron ruidosamente. Los petroleros lo hicieron por su lado al igual que Obregón, quien levantó dos veces su copa, una por la feliz muerte de Carranza y la otra por el próximo acribillamiento a balazos del general Basave, quien sabía demasiado... Su cuerpo fue encontrado sin vida en las afueras de la ciudad de México.

Álvaro Obregón no hizo la revolución a medias, mató más que nadie en su carrera al poder sobre la base de una fundada convicción: gobierna más quien mata más... Calles y la Iglesia católica, cada uno por su lado, aceptaban la validez de esta sentencia y por ello conjuraron exitosamente contra su vida el 17 de julio de 1928. Lo masacraron en La Bombilla.

Si Obregón no escapó al apotegma de *el que a hierro mata a hierro muere*, Calles sí lo logró. Plutarco Elías Calles, uno de los fundadores de la Dictadura Perfecta junto con Lázaro Cárdenas, que tantos daños y atraso acarrearían a México durante más de siete décadas, murió en la cama sin haber sido confortado con todos los auxilios espirituales. En eso fue congruente...

Cuando los asesinos de Carranza escularon el cadáver del Varón de Cuatro Ciénegas, encontraron en su cartera vacía una medalla grabada con la imagen de una virgen y la siguiente inscripción al reverso: «¡Madre mía, sálvame!». Es evidente que no lo salvó. ¿Dios estaba con Obregón? ¡Por supuesto que no! Obregón también fue asesinado. Imposible entender a la divinidad...

Por lo pronto, Ernestina renunció a la pensión del gobierno, alegando que no podía recibir dinero de Obregón, el asesino de su marido. Para subsistir con sus hijos rentaría cuartos en la casa donde vivía: eso era dignidad.

En cuanto a la Revolución y sus resultados, debe comprenderse que de principio a fin ésta estuvo, si no dirigida (en el honroso caso de Madero, por ejemplo), sí limitada en sus alcances y vigilada en sus procedimientos por Washington y Wall Street, de modo que su resultado fuera siempre un mayor sometimiento del gobierno de México a sus directrices. Es cierto: Madero tuvo su apoyo político y por eso Porfirio se retiró de la escena antes de una previsible intervención militar. Madero esperó de pie esa tragedia cuando lo abandonaron y le hicieron la guerra a través de Lane Wilson. Huerta escapó como Porfirio cuando no pudo combatir a Carranza, quien apoyado por Wall Street y Washington escalaba la cima del poder.

Cuando ese apoyo dejó de existir, huyó con éxito, sin saber que se dirigía directamente hacia el cadalso. Obregón, beneficiario ahora de ese respaldo militar, financiero y diplomático, escaló al poder creyéndose listo, esta vez sí, para emular la obra de Don Porfirio, pero fue Wall Street, una vez más, quien a través de uno de sus directores, el tristemente célebre Dwight Morrow, habilitado al efecto como embajador en México de los Estados Unidos, se colocó, desde un principio, al lado de Calles para instrumentar una dictadura, quizá la más exitosa de toda la revolución, pues así convenía, otra vez, a Wall Street y a la Casa Blanca, los eternos socios y amigos.

La Santa Inquisición

EL GRAN ORGULLO DE SATANÁS

La guerra que se hizo a los yndios fue toda hecha por Dios.

SUÁREZ DE PERALTA

Si Dios, su santo Señor, era todo sabiduría y bondad, como decían sus sacerdotes, ¿por qué Él permitió que nos quemaran vivos?

ULIZOC SCMITLIC

La unión de Estado e Iglesia en España y sus colonias produjo uno de los episodios más atroces de la historia humana.

Los frailes hicieron a los mexicanos un agregado de seres hipócritas y abyectos, ignorantes como ellos, sucios, como ellos, inmorales como ellos y holgazanes como ellos.

AGUSTÍN RIVERA,
sacerdote católico

Santo Domingo de Guzmán fue el fundador de los dominicos, mejor conocidos como los *Domini Canes*, los perros de Dios, los primeros inquisidores...

PRIMITIVO MARTÍNEZ

A Roberto Martínez Guerrero, el abogado y el
amigo incondicional que todos quisiéramos
tener en las noches de insomnio

Hay quien sostiene que la conquista militar de la Nueva España fue mucho más salvaje, cruel y devastadora que la así llamada «conquista espiritual». Nada más falso, absolutamente falso, como lo demostraré a continuación, hecho por hecho, palabra por palabra, mutilación por mutilación, tortura por tortura, azote por azote, amuleto por amuleto, fetiche por fetiche, castigo por castigo hasta llegar a la pira, a la maldita hoguera de la Santa Inquisición, donde fueron quemados leño por leño, libro por libro, ídolo por ídolo, incontables indígenas, además de judíos y otros herejes, junto con las esperanzas, las creencias, las ilusiones y las promesas de los aborígenes de tener en el futuro una vida mejor.

Yo viví en silencio, muerta de pánico, la historia en carne propia y la escribí día a día, a sabiendas de los suplicios que me impondrían si mis cuadernos llegaban a dar a los ostentosos escritorios de los temidos y odiados inquisidores que castraron para siempre a los mexicanos de todos los tiempos, regiones y sexos. ¡Claro que me hubieran quemado en leña verde como bruja en la Plaza del Volador! Corrí grandes peligros como mujer, más aún porque se nos tenía prohibido aprender a leer y a escribir para que no nos pudiéramos comunicar en secreto con nuestros pretendientes, sin que los morbosos ensotanados, viciosos y crueles, ávidos de oro, se percataran de que nosotras, las madres, somos quienes educamos a los hijos, y que sepultadas en la ignorancia, en lugar de forjar hombres de bien solo podríamos echar al mundo generaciones y más generaciones de iletrados llenos de supersticiones y prejuicios con los que construiríamos un país de fracasados, mediocres y resignados, el México que nadie desearía tener. A pesar de todos los riesgos, conseguí tinta, manguillos y cirios pascuales, como los utilizados en la vigilia, para redactar estas líneas durante las noches hasta perder casi la vista, con tal de escapar al constante escrutinio de mi padre; una vez escogido sigilosamente el escondrijo donde relataría la realidad de lo acontecido, empecé a narrar mi vida y la de mi familia para hacer saber lo que sentí y padecí al descubrir que yo era hija de un verdugo, sí, sí, uno de los brazos ejecutores del Tribunal del Santo Oficio, por más vergüenza y asco que me produzca revelar un secreto de semejante naturaleza. Si en otros tiempos se identificaba a los verdugos, a quienes se obligaba a pintar sus casas de rojo y eran apartados de la sociedad como leprosos, en nuestros días esos sanguinarios martirizadores, esos criminales carniceros al servicio de la Iglesia católica, esos castigadores inmisericordes que debían ocultarse para no perecer apuñalados, envenenados o ahorcados por el pueblo, aquí y en algunos otros lugares de la Nueva España no convenía su identificación personal ni la de los suyos y menos conocer su domicilio porque las terribles consecuencias no se harían esperar. Todos correríamos, sin la menor piedad, su misma suerte. Muy tarde entendí por qué mi padre nos había confesado en una ocasión el placer que le producía decapitar gatos y perros y cortarles las patas a los gallos cuando apenas era un niño.

Tal vez debería comenzar la narración desde el momento mismo en que, contando apenas dieciséis años de edad, me atreví a bajar en contra de todas las prohibiciones y advertencias paternas al sótano de nuestra casa ubicada en Texcoco, en las afueras de la capital de la Nueva España. Pudiendo controlar el terror como Dios me dio a entender y sosteniendo un pequeño candelabro en la mano temblorosa, pasé por un diminuto subterráneo hasta dar con una puerta de metal enmohecida que rechinó al abrirla para encontrar el lugar que mi padre utilizaba para guardar sus vinos y aguardientes, entre otros objetos que no tardaría yo en descubrir y que cambiarían para siempre mi existencia. Entre los parpadeos de horror de la vela que parecía llorar por la cantidad de cera quemada, distinguí un baúl viejo de madera roja extraviado en esa auténtica catacumba de la que bien podrían haber salido volando innumerables murciélagos, mucho más asustados que yo.

Mi hermano gemelo y yo nacimos el 14 de diciembre de 1788, el mismo día de la coronación de Carlos IV, otro Borbón, uno más imbécil que el otro, para ya ni hablar de su hijo, el tal Fernando VII, Narizotas, en realidad un borrico, un papanatas como todos los de su estirpe, que desquició al país y a su imperio allende los mares. ¡Qué poco aprendieron los españoles, la aristocracia incluida, de la Revolución francesa que estalló medio año después! ¡Qué maravilla cuando Napoleón se apoderó de España en 1808 y después de deponer de su cargo a Carlos IV, acabó de un plumazo con los horrores de la Inquisición, según él una institución demoniaca que, entre otros dramas, no era sino un agente eficiente de atraso social, educativo, económico y político! Nuestra madre murió desangrada en el parto por la catastrófica ignorancia de los médicos, impedidos de capacitarse ni practicar necropsias en cadáveres desnudos porque la Iglesia consideraba una herejía, un pecado mortal, la exhibición en público del cuerpo humano, conducta reprobable que bien podía conducir a los practicantes a enfrentarse al Santo Oficio con todas sus desastrosas consecuencias. Nos quedamos huérfanos desde recién nacidos sin saber que nuestro padre purgaba una pena corporal por homicidio, era un reincidente, aunque tiempo después recuperaría su libertad con la condición de que se constituyera en un verdugo inquisitorial, pues era bien sabido que el clero reclutaba a sus brazos ejecutores entre criminales o personas de muy escasos recursos, a quienes recompensaba espléndidamente por sus servicios en las oscuras mazmorras donde castigaban a los supuestos herejes.

Jamás olvidaré el momento en que con irresponsable curiosidad abrí, muerta de pánico, el baúl para encontrar, en mi inaudita sorpresa, una máscara de cuero negro que cubría toda la cabeza y que se ajustaba por atrás con unas agujetas del mismo color. De dicha prenda siniestra que en su momento entendí como indumentaria para una fiesta de disfraces se desprendía una larga capa que arrastraría quien la usara, en razón de las huellas de polvo que advertí en la parte más baja. De pronto sufrí un espantoso estremecimiento al descubrir manchas de sangre seca en unos pantalones que hacían juego con la toga igualmente salpicada y teñida de rojo oscuro. Nunca sabré por qué razón no salí corriendo de esa horrenda catacumba, oscura y llena de aire viciado de mil siglos, y todavía, en lugar de aventar el candelabro, tuve la entereza de seguir hurgando hasta dar con un enorme látigo con puntas de acero que permanecía enredado como una serpiente en el fondo del arcón. No pude más. Aventé como pude todo de regreso en el maldito cofre y salí corriendo con ganas de llorar y de gritar en busca de una madre, un consuelo que ya no tenía. En mi desesperación me escondí debajo de la cama en lo que recuperaba la respiración, el habla, la paz y trataba de olvidar lo vivido. Esa tarde me quedé dormida ahí, en mi escondite favorito, sin suponer que mi padre me buscaría por doquier imaginando que algún familiar resentido de cualquiera de sus cientos de torturados o quemados me había identificado y desaparecido para siempre a título de venganza. Cuando bajé a merendar, ajena a la angustia que propiciara, recibí una reprimenda severísima acompañada de varios golpes, la suspensión de alimentos por varios días y la prohibición de salir de mi habitación por otros tantos. Si ese fue el castigo que me impusieron por estar escondida debajo de mi cama, ¿qué me hubiera ocurrido si se supiera que descubrí tanto la auténtica profesión de mi padre como su indumentaria de verdugo para torturar y quemar vivos a los apóstatas, a los renegados, a los herejes y a los blasfemos, supuestos enemigos del Señor?

Él, mi padre, torturó o quemó, en acatamiento de sentencias dictadas por la Santa Madre Iglesia Católica Apostólica y Romana, a quienes se decía habían tenido un pacto implícito o explícito con el Demonio o conspiraron en contra del rey, su señor, o eran herejes sectarios de Calvino, Pelagio, Jan Hus o Lutero, y de los alumbrados y otros heresiarcas, dogmatistas e inventores de nuevas herejías, fautores y defensores de herejes. O bien los quemaba vivos o les chamuscaba las carnes en el brasero, les marcaba la cara con un hierro incandescente al rojo blanco o les daba garrote para ayudarlos, según el Santo Tribunal, a no pasar la eternidad en el infierno. ¡Cuántas veces tiró la antorcha sobre la leña verde para encender la espantosa hoguera, produciéndose una densa nube blanca entre terroríficos gritos de dolor, hasta que los cuerpos de esos miserables, devorados por las llamas, se convertían en parte en humo que escalaba a las nubes, para que solo quedaran cenizas aisladas antes de que el viento juguetón las esparciera por la historia! Ahí estaba la divina justicia triunfando sobre la herejía por órdenes del Tribunal Sagrado de la Fe, que tomaba justa venganza en contra de las supuestas injurias a Cristo y su santísima ley.

Con el tiempo descubrí que en el antiguo Santo Oficio dos inquisidores eran los encargados de aplicar el tormento, y «no el uno sin el otro» hasta que recurrieron a un verdugo que actuaría en presencia de representantes del Santo Oficio y de un notario que registraría en actas lo sucedido en la sesión. Estos seres macabros, los sacrificadores extraídos del inframundo, eternamente amenazados de las penas que sufrirían si se llegaba a descubrir que aceptaban sobornos para suministrar drogas a los atormentados de modo que aliviaran el dolor a la hora de la tortura, se encontraban desamparados por las leyes y excluidos de cualquier contacto social al modo de los leprosos. ¿Cómo podrían acabar sus días quienes marcaban el rostro de los acusados, una infamia, con hierros incandescentes al rojo vivo, les mutilaban los dedos, las orejas o los genitales, decapitaban, aplicaban el garrote, ahorcaban con las manos, colgaban a los reos, quebraban a los pecadores en la rueda, los desmembraban o los quemaban en la hoguera? ¡Claro que mi padre tuvo un final trágico al buscar, al final de sus días, refugio en el alcohol y en las prostitutas que se quejaban de su salvajismo, hasta que optó por colgarse del balcón de nuestra casa, donde fue encontrado por los vecinos que no tardaron en conocer su identidad y su empleo satánico que, por otro lado, nos permitió vivir como intocables, y además con muchas comodidades!

Cuando mi padre llegaba a cenar con nosotros antes de retirarse a trabajar en sus misteriosas actividades, si acaso pronunciaba una palabra, lo hacía en los siguientes términos:

—¡Agua! ¡Sopa! ¡Pan! ¡Vino!, ¡y a callar…!

No había conversación posible ni bromas ni sonrisas ni comentarios en torno a la vida diaria, los planes, las expectativas ni los recuerdos. Era evidente que el sadismo inicial se había convertido en veneno y en amargura. Podía negar lo que le viniera en gana, pero a la larga no tendría modo de engañarse. A un asesino vulgar le asistirían más justificaciones que a él. La merienda transcurría en absoluto silencio, en una atmósfera oscura y densa, hasta que de pronto se limpiaba la boca con la manga de la camisa y se levantaba de la mesa, la misma mesa de siempre, apolillada, vieja y llena de astillas, sin despedirse siquiera ni pronunciar palabra alguna. A saber cuándo nos volveríamos a ver. Así había sido siempre, no había de qué sorprenderse.

Como las niñas no teníamos autorizada la educación ni la convivencia libre y sin prejuicios con los niños varones salvo que lo hiciéramos a escondidas, como siempre fue mi caso, mi hermano Patricio, claro, por tratarse de un hombre, se fue a Valladolid a vivir con una tía, quien lo adoptó para que pudiera estudiar en un seminario y graduarse como sacerdote. Su carrera, bien escogida, lo llenaría de canonjías, dinero, privilegios, de vástagos camuflados que siempre tendrían grandes oportunidades en la colonia, de viajes a España y en general a Europa, todo permitiéndole hacerse rico y poderoso sin importarle que la Inquisición se convirtiera en una casa de comercio, llena de pleitos y enredos. Tendría acceso a mujeres, a lujos, a influencia en el gobierno, a ropajes caros, sedas, vinos, grandes residencias si no es que a espléndidos palacios repletos de hermosas obras de arte, personal a su servicio, deslumbrantes carrozas, además de delicados secretos de Estado conocidos a través de la confesión o de la información de la administración virreinal. ¿Qué más daba creer en Dios o no ante un nivel de vida tan apabullante si no se le dejaba de comparar con los millones de indígenas vestidos con raídos trajes de manta que, si acaso, tenían por alimento una tortilla dura y un poco de agua, y que subsistían patéticamente a la intemperie o tal vez en una humilde choza envueltos en petates desgastados usados por sus abuelos, por sus padres, y que heredarían a sus hijos y nietos? ¿Cómo no incursionar en la carrera clerical o en la militar y escalar hasta la máxima jerarquía? ¿Y las mujeres? ¿Por qué las mujeres no podíamos ser «arzobispas» y enriquecernos al igual que los hombres con las limosnas, donaciones, diezmos y otros ingresos provenientes de los fieles? ¿Por qué la discriminación? ¿Por qué no podíamos ordenarnos y cantar la misa y administrar los santos sacramentos? ¿Por qué nosotras no podíamos disfrutar de las canonjías, es decir, de una cuarta parte de los diezmos cobrados a los fieles, el diez por ciento de sus ingresos brutos, ni se nos repartían los censos, aquellos intereses obtenidos de la colocación leonina de créditos con garantía hipotecaria, o la gran cantidad de bienes confiscados y las jugosas multas que imponían los inquisidores en proporción a la fortuna del reo y a sus faltas, las donaciones pagadas por los creyentes o el alquiler de propiedades? ¿Por qué solo los curas y no las monjas podían enriquecerse hasta llegar al absurdo? ¿Por qué no podíamos participar de los legados para obras pías ni se nos permitía penetrar en la cámara del secreto, atestada de joyas y objetos de gran valor? A nosotras, en cambio, según decía fray Luis de León: «El mejor consejo que les podemos dar a las tales mugeres, es rogarles que callen, y que, ya que son poco sabias, se esfuercen a ser mucho calladas... Mas como quiera que sea, es justo que se precien de callar todas, así, a quienes les conviene encubrir su poco saber, como aquellas que pueden sin vergüenza descubrir lo que saben; porque en todas es no solo condición agradable, sino virtud debida el silencio y el hablar poco».

¿Qué hubiera sido de mí si mi padrino de bautizo, apartado de alguna manera de los prejuicios contra lo femenino, no me hubiera enseñado el alfabeto y a leer desde los cinco años de edad, sobre la base de que mi padre jamás se enterara? Pasé la mayor parte de mi infancia en su casa, más concretamente en su biblioteca, leyendo cuentos, en un principio, de hadas y de príncipes encantados, hasta que abordamos, con el paso del tiempo, la vida de personajes como el arzobispo Aguiar y Seixas, el asesino intelectual de sor Juana Inés de la Cruz, quien además como una medida de higiene social encerraba a mujeres supuestamente confundidas. Su ilustrísima decía que la lujuria era la gran flota del infierno, por lo que impedía la visita de mujeres sin grande causa a su palacio, y que aun entonces, cuando era necesaria la visita, prohibía que ellas lo miraran a la cara… «De llegar a saber que algunas mugeres habían entrado en su casa, mandaba arrancar los ladrillos que ellas avían pisado. No quería cocineras en casa suya ni permitía que metiesen mano en su ropa ni que le guisasen ni oyrlas cantar, ni aun oyrlas hablar consentía». ¿Qué hacer con los recurrentes encuentros con la señora virreina? ¿Cómo explicarle, sin que ella lo mirase a los ojos, que en la cárcel de Belén, en realidad una casa de asistencia para mujeres, hermosas muchachas pobres sumidas en el desamparo, maromeras, cómicas de baja estofa, mulatas lujuriosas, hembras amancebadas, altaneras y rebeldes, o ancianas duramente castigadas por la vida, se les sometía a leyes draconianas ni siquiera aplicables a los conventos de monjas? Esas infelices tenían la obligación de levantarse a las cinco de la mañana, entrar al adoratorio, besar al suelo, adorar el Misterio Altísimo de la Beatísima Trinidad, rezar tres credos y darle gracias a Dios por haberlas retirado del mundo y de sus peligros, llorar sus culpas y ponerse en el camino de salvación. Después escuchaban la lectura del libro del Año Virgíneo, oían misa, trabajaban en sus aposentos y a las doce volvían al oratorio; se entregaban a la meditación, rezaban el rosario de las Llagas, hacían examen de conciencia y de nuevo daban gracias a Dios por los beneficios recibidos y pedían perdón por su faltas pasadas y presentes. A las dos y media rezaban el rosario de las Aleluyas; en la noche se les leía un libro piadoso; debían tener media hora de oración mental, rezar y finalmente recogerse, sin olvidar los azotes y ayunos de los lunes, miércoles y viernes. ¡Pobrecitas! ¿Y cómo no hacerlo si eran las culpables del pecado original?

Para la mayoría de los sacerdotes, Patricio incluido, el mal y la fealdad eran lo mismo. Dentro de esta teología, la bruja era una mujer vieja, desastrada y de aspecto repugnante. Imposible concebir la existencia de una bruja hermosa. O somos vírgenes o ángeles custodios, eternamente jóvenes y núbiles o madres, o bien éramos putas, viejas o busconas, aun en sus expresiones más simples y cotidianas. ¿Y todavía hay quien niegue la existencia privilegiada de los hombres en nuestra sociedad? «Hombres necios que acusáis a la mujer sin razón, sin ver que sois la ocasión de lo mismo que culpáis...»

Mi hermano y yo nos reuníamos cuando después de trámites, explicaciones y pretextos interminables le permitían visitarnos, oportunidades que aprovechábamos para intercambiar información, hechos, datos, noticias, chismes, en fin, nos actualizábamos, nos arrebatábamos la palabra sin temor a una delación, las que tan bien recompensaba la Inquisición. ¡Cuántos casos me hizo saber de hijos que denunciaban a sus padres por una supuesta herejía, como tener la escultura de un Cristo de mármol negro con polvo en los hombros, injuria que podía producir penas corporales siempre y cuando el jefe de familia gozara de una espléndida posición económica! Las multas podrían comprometer el patrimonio familiar o llegar hasta la confiscación de todos los bienes, en el entendido de que el denunciante recibiría indulgencia plenaria y con ello un espacio garantizado en el paraíso por toda la eternidad, en tanto la Iglesia se enriquecía sin limitación alguna. Entre Patricio y yo hicimos un pequeño inventario de herejías severamente castigadas hasta llegar a ser quemado en la hoguera, en medio de un público sádico dispuesto a disfrutar intensamente el dolor ajeno. Empecé a entender cómo nos convertíamos en un país de traidores a cambio de dinero o de un espacio en el paraíso obsequiado por la Iglesia, así como a comprender dónde radicaba la crueldad de nuestra gente que peleaba por conseguir un lugar los días en que se llevaban a cabo los autos de fe, cuando quemaban o torturaban a los herejes en vistosas ceremonias ambientadas por sonoras fanfarrias y macabros sonidos de tambores, además de llantos desaforados de las lloronas.

Si bien pude entender la existencia de edictos que prohibían la tenencia y la lectura de libros contrarios a la buena fama del clero secular, por heréticos, impíos e injuriosos a la Santa Iglesia Católica, al Sumo Pontífice, a los santos padres y a los autores eclesiásticos, y se ordenaba la denuncia ante el Santo Oficio de quienes tuvieran en su poder textos de semejante naturaleza, jamás acepté, por más que las discutí con Patricio, las razones por las que se impidió en la Nueva España la lectura de la Biblia.

En la Nueva España se consideraban herejías punibles los siguientes hechos: tomar baños calientes sin estar enfermos; afirmar que no existía el infierno y que solo tres almas se habían condenado, la de Caín, la del rico avariento y la de Judas; murmurar de los inquisidores; negar que la simple fornicación era pecado mortal; asegurar que no era una vileza tener relaciones sexuales con una india; afirmar que en el infierno muchísimas ánimas no tenían pena; decir que Dios muchas veces quería hacer bien a los hombres y no podía; divulgar que el infierno y las excomuniones se habían inventado para causar temor; declarar «aquí estamos Padre, Hijo y Espíritu Santo» al hallarse con otras dos personas; desconfiar de la misericordia de Dios cuando alguien era incinerado en la pira; proponer que los diezmos no debían pagarse; sugerir que era un gran necio quien mandaba prohibir ciertos libros; expresar que no existía justicia en la tierra ni Dios en el cielo; insinuar que no haría ciertas cosas aunque se lo mandara Dios; alegar que «no era justo descomulgar a los que tratan con descomulgados»; exclamar «Malhaya Dios»; blasfemar al manifestar que «Ya no me puede Dios hacer más mal que el que me ha hecho», aducir que «No hay poder en Dios para ciertas causas» u opinar que en la hostia no estaba Jesucristo, haber comulgado sin confesarse, poseer libros prohibidos, haber dicho «asnos dei» en vez de «agnus dei», o proponer la simple fornicación.

Patricio agregó otras causales de herejía aprendidas en el seminario. Según él, la Inquisición castigaba a los bígamos, a los ladrones de iglesias, a los blasfemos, a los sacerdotes que se casaban, a quienes seducían mujeres y las incitaban a no confesar sus pecados; a los fabricantes de filtros de amor, a los carceleros que violaban en las prisiones a mujeres inculpadas, a los pretendidos santos y místicos, a quienes ocultaban su filiación judía, islámica, luterana o ejercían la brujería; a quienes hacían uso ilícito y profanaban los sacramentos, ritos y símbolos sagrados o atentaban con palabras u obras en contra de los artículos del dogma o a quienes proferían expresiones insultantes en contra de la Iglesia, la Virgen o los santos o profanaban un crucifijo o la hostia consagrada o no cumplían con el precepto de comulgar y confesar una vez al año, u ocultaban la identidad de personas vivas o muertas que hubieran dicho o hecho algo contra la santa fe católica o cultivado y observado la ley de Moisés o la secta mahometana o los ritos y ceremonias de los mismos; o a quienes comían pan sin levadura y apio y hierbas amargas o rezaban plegarias de pie ante la pared, balanceándose hacia atrás y hacia adelante y dando unos cuantos pasos hacia atrás o no comían cerdo salado, liebres, conejos, caracoles o pescado sin escamas, o estaban circuncidados o escondían los nombres de otros que lo estaban o decían que Nuestro Señor Jesucristo no fue el verdadero Mesías a que se referían las Escrituras, ni el verdadero Dios ni el hijo de Dios o negaban que murió para salvar a la raza humana o rechazaban la resurrección y su ascensión al cielo o sostenían que Nuestra Señora, la Virgen María, no había sido la madre de Dios ni virgen antes de la Natividad y después de ella, o influían en cualquier infiel que pudiera verse atraído hacia el catolicismo o impedían que se convirtiera o afirmara que el sagrado sacramento del altar no era el verdadero cuerpo y sangre de Jesucristo, Nuestro Redentor, o que Dios no era omnipresente o afirmaran que la vida no era más que nacimiento y muerte sin paraíso ni infierno, manifestaran que ejercer la usura no era pecado, o a quienes supieran de personas que tuvieran bienes confiscados, muebles, dinero, oro, plata u otras joyas pertenecientes a los condenados por herejía y que no hubieren sido depositados en los caudales de la Santa Madre Iglesia Católica, Apostólica y Romana. ¿Causales de herejía? Todas. La inmovilidad social inspirada en el terror era total.

Con el paso del tiempo, según me iba yo convirtiendo en mujer hasta llegar a serlo, Patricio me contaba detalles de su vida, del mundo clerical tan desconocido para mí, en tanto yo, en un principio, le abría mi juego hasta hacerle saber que nuestro padre fungía como verdugo, descubrimiento que lo conmovió y lo destruyó por dentro. Jamás olvidaré la expresión de horror en su rostro cuando conoció la verdad. No podía creerlo, casi me golpea víctima de una furia repentina.

—No me cabe la menor duda —le confesé gimoteando y con palabra entrecortadas por la emoción—, aquí mismo, en nuestra casa, en la parte más baja del sótano, está su máscara, su capa negra que apesta a sudor rancio, sus guantes malolientes, llenos de sangre, además de varios ejemplares intitulados *Manual del torturador*, su látigo para azotar a los supuestos herejes, junto con varios dibujos de instrumentos de hierro hechos para atormentar a los infelices que llegan a caer en sus manos.

Le expliqué, para su insufrible sorpresa, que también había localizado planos para construir diferentes aparatos de tortura, mandados a forjar con diversos herreros de la región y así trabajar las piezas por separado, de modo que nadie supiera o imaginara su uso. ¿Qué podrían pensar dos jóvenes de su padre al descubrir que era verdugo de profesión? Cuando subimos del sótano después de demostrar mi dicho, mi hermano escupió, hasta quedarse sin saliva, sobre un dibujo del autor de nuestros días hecho con carbón y sanguina por un artista poblano, ignorante, claro está, de la identidad de quien posaba para él. A partir de ese día Patricio entendió su historia personal y cambió radicalmente su estructura ética: al regresar ya como diácono a la catedral de Valladolid, el primer grado del sacramento del orden sagrado, emitió una frase que me dejó pensativa por mucho tiempo:

—Si Dios no existe, todo está permitido, querida Matilde...

Una afirmación de tal naturaleza en boca de un sacerdote tenía connotaciones muy impactantes de cara a su futuro. La decepción había sido mayúscula, pero más aún lo eran los cambios radicales que observaría en su conducta. El funesto descubrimiento de la máscara ensangrentada de verdugo en sus manos lo invitó abandonar cualquier tipo de escrúpulo o principio moral, contenciones que le restaban, según él, diversión y felicidad a la existencia. La fractura interna había sido total e irreparable, a saber las consecuencias que ello provocaría en el futuro. Él, quien soñara ingresar a las filas de la Iglesia para cambiarla de adentro para fuera, ahora estaba decidido a escalar hasta la máxima altura establecida por la jerarquía católica y defenderla con todas las herramientas a su alcance para disfrutar los privilegios del poder espiritual, político y económico, los tres juntos y a su máxima expresión, al fin y al cabo siempre lograría indulgencia plenaria y la extremaunción antes de ir al Juicio Final, adonde llegaría ya perdonado por sus excesos y confiado en la misericordia divina. Patricio seguiría su camino meteórico hacia la conquista de las estrellas y yo conocería de sus éxitos por medio de cartas o de visitas recíprocas que nos hacíamos cuando las circunstancias lo permitían. ¿Todo había sido mentira, consejos, ejemplos y actitudes? ¿Todo era falso? ¿La vida era una gran farsa, un baile de disfraces? Él entonces entraría al juego con sus condiciones y sin respetar fronteras ni reglas hasta alcanzar sus objetivos: si tienes un marro en la mano, úsalo de manera piadosa, rompe caritativamente cráneos y esqueletos, aprópiate con la debida compasión de cuantos bienes tengas al alcance y esconde con devota religiosidad tu patrimonio de modo que seas un ejemplo de clemencia y altruismo para tu sagrado rebaño... Hijos de puta, me han de conocer...

Al igual que en el caso de Patricio, fue tan traumática mi experiencia que por mi parte decidí investigar a fondo el origen y evolución de la Santa Inquisición no solo en la Nueva, sino en la vieja España, para lo cual comencé por estudiar los libros prohibidos que se encontraban, curiosamente, en lo que en mi inocencia llamé «la caverna del baúl», que escondía muchos más secretos de lo que jamás llegué a suponer. No di únicamente con planos y dibujos de diferentes e inimaginables instrumentos y aparatos de tortura, sino con compendios, manuales, raros ejemplares y apuntes que explicaban la historia del Santo Oficio, así como las razones perversas de su existencia. Según me pude adentrar en el tema, haciéndome como pude de documentos, un atrevimiento imperdonable porque el descubrimiento de estos me hubiera costado la vida después de sufrir torturas inenarrables, pude entender que detrás de todo este proyecto clerical diseñado supuestamente para expiar culpas y llegar limpio de pecados al paraíso eterno, no se encontraba el deseo de salvar a las almas, sino que el gran móvil de la Inquisición era la avaricia, la fiebre de poder económico y político vacía de cualquier contenido espiritual, por extrañas y falsas que parezcan mis aseveraciones.

¡Cómo puede cambiar la vida de una persona con el solo hecho de saber leer y escribir! Me faltará tiempo en la existencia para agradecerle a mi padrino del alma, ese viejo bigotón tan cálido y dadivoso, la ayuda que me dio, la luz que me regaló, con la que pude iluminar mi camino y el horizonte al poder devorar libro tras libro que él generosamente ponía en mis manos al comprobar en todo momento mi apetito por la cultura y por el saber. Entendí que la curiosidad mueve al mundo al ser el verdadero origen del progreso. Cuando se amputa la necesidad de saber, se cancela el futuro de una sociedad o de un país. ¿Cómo agradecerle a ese hombre tan querido las pacientes horas que me regaló con comprensión y risas en su biblioteca?

Jamás olvidaré cómo me obligaron a repetir en mis clases privadas de catecismo: «Júrame ante ese Cristo que está ahí, bañado en la sangre que derramó por ti, júrame que perseguirás con la espada y con el fuego a todos los descreídos y a todos los renegados, a los relapsos y a los herejes, a los promovedores de desórdenes y a los locos que pretenden criticar los misterios de nuestra santa religión». «¿Para qué la violencia?», empecé a preguntarme con el tiempo. ¿Por salvar a las almas o para consolidar el poder eclesiástico manteniéndolo sin fisuras? ¿Dónde quedaba en ese caso la dulzura y la benevolencia con que vivió Jesús y educó a sus discípulos? ¿Y la palabra y la ternura y la comprensión? ¿Por qué hablar del fuego y de la espada y de torturar y matar a quienes criticaran al catolicismo? ¿Por qué las Cruzadas para crucificar infieles, cortarles los labios y la lengua para que no dijeran blasfemias, las narices para que no respiraran y vaciarles los ojos para que ya no vieran al diablo? ¡Cuántas contradicciones! La religión católica, concluí, se dio al mundo con sangre y no con razones ni fe ni amor ni piedad ni convicciones ni esperanza ni tolerancia ni comprensión ni bondad ni gracia ni indulgencia, no, lo peor del ser humano se empleó para imponer con crucifixiones, mutilaciones, persecuciones y ejecuciones dogmas y principios que no resisten el menor análisis de la razón.

¿Hay quien piense todavía que los papas promovieron, siglos atrás, las Cruzadas para salvar a los infieles de los horrores del infierno? Con el ofrecimiento de otorgar la indulgencia plenaria a todo aquel que se convirtiera en guerrero de la Iglesia católica, llevaron a sangre y fuego la Santa Cruz por Europa y Tierra Santa solo para obtener riquezas, robando y saqueando a los «infieles» en su propia tierra.

Al modo de los bárbaros, los cruzados se dedicaron al saqueo, al pillaje, a las violaciones de mujeres, a la matanza de la gente, a la mutilación de narices, manos y orejas, al incendio de ciudades, pueblos y campos hasta convertirlos en cenizas, sin olvidar el descuartizamiento de sus habitantes, pasar a cuchillo o quemar en la hoguera sin distinción de edad o sexo a quienes consideraban herejes. ¿Cuál cruzada espiritual? ¿Cuál voluntad suprema e indiscutible de Dios? El único objetivo de los pontífices era adueñarse de áreas estratégicas como Israel y Palestina que geográficamente eran punto de conexión entre Europa, Asia y África, lo que para cualquier imperio que tuviera ansias de expansión era entonces irresistible. Las riquezas ajenas volvieron a despertar la codicia de la Iglesia.

Los católicos siempre consideraron un derecho infligir castigos mortales a quienes admitían como sus adversarios. Las Cruzadas, auténticas carnicerías, verdaderas matanzas, fueron sostenidas en contra de musulmanes, eslavos, judíos, cristianos ortodoxos, griegos, rusos, mongoles, cátaros, husitas, valdenses y prusianos. Las guerras despiadadas dirigidas fundamentalmente hacia los enemigos políticos de los papas, en apariencia para recuperar el Santo Sepulcro, sirvieron, sin que Europa se percatara en un principio, para absorber los beneficios de la cultura de los árabes, sus bibliotecas y observatorios, sus universidades, hospitales y farmacias, sus grandes bazares, el ágil comercio organizado, sus tecnologías venidas de Oriente, como la pólvora, la brújula, el astrolabio, el papel, la imprenta, que impulsaron a la Europa del Medievo, la cual después adquiriría una poderosa dinámica con la que sorprendería al mundo entero. La imposición de la Santa Inquisición y en particular de la Inquisición española, poco después, determinaron un nuevo tipo de cruzada, más moderna, que revolucionó y sofisticó el salvajismo católico dando a luz a un nuevo tipo de bárbaro. El mismo que se presentaría ante el gran Motecuhzoma.

Ávida de conocimientos para entender cómo habíamos llegado a estos niveles de tragedia social, descubrí que en noviembre de 1478 Satanás, en una noche de insomnio, fundó el Santo Oficio en Castilla y Aragón por una bula del papa Sixto IV. Si alguien desquició a España, los culpables del atraso centenario en que la hundieron, esos fueron los Reyes Católicos y sus fanatismos criminales: en 1492 firmaron el edicto que expulsaba a todos los judíos de la península aun cuando la reina, a pesar de su acendrado catolicismo, se ocupó de esconder con buen éxito sus arrebatos carnales nada menos que con el almirante Cristóbal Colón, quien a no dudarlo era judío.

¿Pero solo los Reyes Católicos fueron los responsables de la debacle española? Hay que recordar a Felipe II cuando asistió a un auto de fe en el que serían incinerados vivos unos protestantes que le pidieron clemencia:

—Yo mismo traería la leña para quemar a mi propio hijo si fuese tan perverso como vos —respondió el monarca ordenando al verdugo el inicio de la fiesta religiosa.

La intolerancia de Felipe II llegó a extremos fanáticos cuando en Aranjuez, en 1559, amuralló a España para protegerla del protestantismo al promulgar un edicto por medio del cual mandaba «bajo penas severas, que ningunos naturales o súbditos del reino, de cualquier estado, condición o calidad que fuesen, no puedan ir ni salir destos reinos e estudiar, ni enseñar, ni aprender, ni estar ni residir en universidades, ni estudios ni colegios fuera destos reinos». ¡Claro que fue el golpe de gracia al progreso intelectual de España, ya de por sí moribundo en razón de la Inquisición, del papel involutivo que desempeñaba la Iglesia católica, que impidió el surgimiento de científicos como Galileo, Kepler, Descartes y tantos otros grandes forjadores de la humanidad...! Muerta la evolución intelectual en España tras la expulsión de Moisés Maimónides, Averroes y los grandes pensadores del Al-Andalus, el militarismo clerical, el furioso Estado eclesiástico, acabó hasta con las últimas simientes de esperanza, prosperidad y florecimiento propio de las verdaderas civilizaciones.

La instalación de la Inquisición contribuyó con eficiencia suicida a la despoblación del suelo español al expulsar a judíos, moros y moriscos, miles de familias industriosas, y sacrificar en tres siglos cerca de dos millones de almas imprescindibles para construir un país avanzado a la altura de Europa en lugar de una nación de granjeros y aristócratas que después construiría un imperio mundial gracias al oro mexicano y al peruano. ¿Por qué el odio y el desprecio por los judíos, cuya expulsión y sacrificio condujeron al empobrecimiento masivo de la población, además de las restricciones económicas de la corona? Muy simple: los judíos se habían convertido en dueños de las finanzas hispanas y por ende coloniales sin perder de vista a los prestamistas clericales. Los créditos con intereses se consideraban moralmente cuestionables por implicar la comisión de un pecado de usura, mientras que los judíos los consideraban perfectamente lícitos moral y religiosamente. Éstos eran considerados como un Estado dentro del Estado, pues antes que buenos y leales súbditos de la Corona, eran, por sobre todo, judíos: una nación sin territorio y por ende en busca de uno propio, objetivo incompatible con los del reino.

Los españoles suprimieron todo rastro de la cultura, «borraron la memoria» de los pueblos sometidos, operación tan cruel y devastadora como la que padecieron los indígenas aniquilados al ejecutar los trabajos forzados en las encomiendas, en los repartimientos y en las minas, sin olvidar la construcción de las catedrales, las iglesias, los monasterios y los conventos. ¿Por qué los españoles no aprendieron nada de los árabes que ocuparon la península durante ocho siglos? «Empero, nada tuvo que sufrir el catolicismo español de la dominación de los árabes, porque siendo tanto o más liberales que los godos, dejaron al pueblo conquistado el libre y pleno ejercicio de su culto. Merced a esta generosa tolerancia pudo España no solo construir nuevas y numerosas iglesias, sino continuar celebrando sus concilios, como el de Sevilla en 782 y el de Córdoba en 852. Alejandro Magno impulsó en sus dominios una especie de multiculturalismo que culminó en el helenismo, en tanto Roma fue condescendiente con otras hasta la llegada, claro está, de los cristianos, que nunca aceptaron los cultos politeístas». ¿Por qué destruirlo todo, quemarlo todo, incluidos los hombres?

Muchos de los judíos conversos, llamados «marranos», nunca imaginaron que el Santo Oficio buscaría hasta pretextos nimios para arrestarlos, confiscar sus bienes y quemarlos vivos para no dejar huella de su paso por la vida. ¿Cuáles prácticas judaizantes? Lo que le importaba a la Iglesia era la posición económica de los reos, el dinero que el acusado o sus herederos debían entregar a los inquisidores, quienes continuaban cobrando deudas supuestamente contraídas por el acusado, ya quemado en la pira por hereje o por bruja, todo ello al amparo de las bulas emitidas por el papa Alejandro VI, nada más ni nada menos que Rodrigo Borgia, el pontífice más corrupto y depravado que jamás haya producido Roma, según me dice mi memoria privilegiada.

La Inquisición no discutía ni trataba de convencer ni dialogaba, sino que imponía brutalmente sus determinaciones en una atmósfera de terror, delaciones y absoluta arbitrariedad mientras era defendida por la alta jerarquía, que no tenía por qué rendir cuentas de sus acciones a los representantes de la autoridad civil, los cuales bien podían ir a dar al cadalso si medían fuerzas con el gran poder clerical. ¿Cómo los inquisidores no iban a tener un fundado interés en recurrir a diario a la hoguera si recibían la tercera parte de los bienes confiscados de quienes, a su juicio, hubiesen incurrido en herejía? ¿Cómo no se iban a sentir apoyados si el propio papa, el representante de Dios en la Tierra, Sixto IV, había expedido una bula que permitía proceder contra los herejes condenándolos a la hoguera?

¿La hoguera? Bueno, hablemos de ella, de la pira, del quemade-
ro, ingenio macabro de los inquisidores y de sus geniales verdugos
pues tenía diversas variables, entre las que se encontraba la existencia de cuatro estatuas huecas de yeso, imágenes de los grandes
profetas bíblicos, Isaías, Jeremías, Ezequiel y Daniel, en cuyo interior se encerraban con exceso de fuerza los cuerpos vivos de los
impenitentes, quienes morían lentamente sufriendo, por anticipa-
do, los tormentos del infierno. ¿Cómo imaginar los horrores indeci-
bles padecidos durante la agonía de esos desgraciados que fallecían
asfixiados y al mismo tiempo víctimas de la combustión que los
consumiría lentamente? Solo Belcebú podía tener semejante imaginación y capacidad para producir tanto dolor y angustia. ¿Dónde quedaban aquellas sagradas enseñanzas de Jesús de «Amaos los
unos a los otros como Yo os he amado», «Misericordia quiero, y
no sacrificio», «El que de vosotros esté sin pecado sea el primero en
arrojar la piedra», «Cualquiera que se enoje contra su hermano será
culpable de juicio, y cualquiera que le diga necio será culpable ante
el concilio y quedará expuesto al infierno de fuego»? ¿Quemar vivo
a un semejante encerrado en una caja sin poder respirar, estrangu-
larlo a garrote o mutilarlo era acatar el mandamiento divino de
amaos los unos a los otros? ¿Yo por qué iba a creer en los curas y en
su religión si ellos mismos ignoraban, sin remordimiento ni temor
alguno, sus más elementales principios? Si se atrevían a torturar a
los fieles era porque contaban con un permiso previo extendido por
la divinidad o porque no creían en Dios ni en el Juicio Final ni en el
infierno ni en el paraíso ni temían, por ende, castigo alguno…

En esta parte del relato debo apoyarme en un cuaderno de apuntes de mi padre donde dejaba descritas no solo las técnicas más so-
fisticadas de tortura, sino el diseño de los aparatos para ejecutar
tormentos de modo que los reos confesaran al primer giro de las
manivelas o después de inyectarles en la boca un par de enormes ja-
rras de agua por medio de un embudo —lo que producía terribles
calambres—, entre otras posibilidades no menos efectivas para declarar hasta el último detalle de su existencia. Mi padre apuntó: «El
interrogatorio debe ser repentino, tratando de tomar desprevenido
al hereje. De esta manera, asombrado, confesará todo, ya que se
creerá abandonado por el demonio. Si metemos primero al hereje
en prisión, el demonio tendrá tiempo de decirle qué es lo que debe
hacer y decir. En caso de que el hereje no confiese a pesar de las tor-

turas, habrá que clavarle instrumentos afilados en las uñas de pies y manos. El lugar de las torturas debe tener un ambiente de pena y dolor para atemorizar a la víctima. Se debe procurar que estén a la vista toda clase de instrumentos de tortura, cuerdas, cadenas, grilletes, clavos, martillos, pinzas, ganchos. En fin, todo aquello que pueda asustar al malvado...»

La tortura era una técnica interrogatoria, según entiendo ahora de la lectura, empleada al término de la fase probatoria del proceso, debía tener lugar cuando el reo entrara en contradicciones, realizara una confesión parcial o reconociera una acción torpe negando su intención herética. Para estos efectos era menester aplicar tres procedimientos: la garrucha, el potro o la rueda, entre otros tantos más. El primero consistía en sujetar los brazos de la víctima detrás de la espalda, alzándole desde ellos con una soga por medio de una polea, de ahí su nombre; a la víctima se le colocaban pesos en los pies para después dejarlo caer de golpe contra el suelo; esto se repetía varias veces. Al izado se le descoyuntaban las articulaciones de hombros, codos y muñecas, además de las fracturas y magulladuras en cuerpo y piernas resultado de las múltiples caídas.

En el potro, el preso era acostado y atado de pies y manos con unas cuerdas de cuero unidas a dos extremos del aparato, por medio del cual se estiraban lentamente las extremidades hasta luxar muñecas, tobillos, codos, rodillas, hombros y caderas, en fin, todas las articulaciones.

Por medio de la rueda, el aparato más versátil de la Edad Media, el torturador colocaba un miembro de la víctima o todo el cuerpo entre los radios de la pesada circunferencia de madera y, al hacerla girar, rompía poco a poco los huesos del hereje, al que, en caso de resistencia inexplicable, todavía se le quemaba con hierros candentes además de practicarle cortes y mutilaciones para realmente obligarlo a confesar las razones de su herejía y de su comportamiento anticatólico. Como remate se sugería dejar al reo atado en el aparato a la intemperie, para que los animales carroñeros lo devoraran poco a poco. Una obra maestra de Lucifer, ¿no...?

El «borceguí», un calzado de hierro, o un casco que actuaba como una prensa, cubría el tobillo de la víctima o su cabeza por medio de varias maderas enlazadas por unas correas o gatos de hierro, para administrar presión hasta quebrantar los huesos o los dientes, la mandíbula o los huesos del cráneo según las instrucciones de los inquisidores, que fungían como testigos en los interrogatorios. La «doncella de hierro» era una especie de sarcófago provisto de estacas metálicas muy afiladas en su interior, de este modo, a medida que se iba cerrando la tapa se clavaban en la carne de la víctima que se encontrara dentro, provocándole una muerte lenta y sangrienta. Las más complejas disponían de estacas móviles, regulables en altura y número, para acomodar la tortura a la medida del «delito» cometido por el indiciado. Además, era posible encontrar desde el tipo más básico, un sarcófago de hierro puro y duro, hasta las más refinadas obras de arte, ricamente decoradas con relieves. «Debo dejar constancia de mi sorpresa», apuntó mi padre en una esquina del manual, «de una chiquilla de doce años, Isabel Magdalena, que resistió inexplicablemente el suplicio, por lo que ya solo fue condenada a cien azotes. De la misma suerte, debo confesar que muchos otros niños herejes, hijos de Lucifer, no demostraron la misma fortaleza y perecieron traspasados».

Dios, decía él, no nos da la misma fuerza a todos, por lo que además de las penas corporales como la pera —instrumento para la tortura de mujeres y sodomitas, que se introducía en la vagina o el ano y una vez dentro era abierto para destruir órganos internos—, las «garras de gato», la crucifixión, la flagelación, la sierra, las jaulas colgantes, los grilletes, el cepo, la cigüeña, la horca, el garrote vil y la cuerda, entre otros cientos de aparatos de tortura, muchos de ellos perfeccionados por mi padre, también existían castigos como las confiscaciones, el destierro, los azotes, las multas impuestas a los penitenciados, quienes subidos en asnos y desnudos hasta la cintura recorrían las calles con una capucha en la cabeza para que se divulgara la magnitud de su delito, mientras el verdugo iba propinando los azotes con la penca o látigo de cuero. Imposible olvidar el uso del sambenito, o saco bendito, que no solo fue un castigo para la víctima sino también para su familia e incluso para sus descendientes, un hábito penitencial cuyo uso se remontaba a la Inquisición medieval. En los primeros tiempos se condenó a llevar el sambenito de por vida, lo que acarreaba el escarnio y mofa de los vecinos. Quitárselo constituía una falta grave.

Si bien la cantidad de ejecutados es incontable, se ha ocultado a lo largo de la historia el número de presos que murieron o perdieron la razón encerrados en las mazmorras inquisitoriales secretas antes o durante el proceso. Las cárceles se anegaban en tiempo de lluvias, y en invierno eran inhabitables, «por el frío que en días hay; además desto las tarimas en que los presos duermen y la ropa que hay para los pobres que no traen cama porque no la tienen, se pudre toda», pero a pesar de eso no se repararon jamás. ¿Qué tal los casos de reos encarcelados indefinidamente sin conocer el motivo de su reclusión ni la identidad del denunciante? Cuando gritaban y pateaban las puertas de la cárcel sin ventanas ni aseos ni velas ni baños, sin olvidar la pestilencia ni el contagio de enfermedades ni las tarántulas, además de cualquier familia de roedores; cuando suplicaban explicaciones solo se escuchaba una voz lúgubre que los conminaba a buscar en su memoria en qué, cuándo y cómo habían actuado contra la fe. Ante la ausencia de respuestas, el Santo Oficio provocaba su rápida y profunda destrucción moral y mental, por lo que enloquecían gradualmente, razón de más para confiscar sus bienes ante la imposibilidad de administrarlos. Según lo establece el *Manual de los inquisidores*, «entre las diez argucias de los herejes para responder sin confesar, la novena consiste en simular estupidez o locura fingida, por lo que el inquisidor, para tener la conciencia limpia, someterá a tormento al loco, verdadero o falso, y así conocerá la realidad». Eso sí, Inocencio IV, quien igualmente había autorizado el uso de las torturas, dejó muy en claro que se podía lograr el «rescate» de algunos castigos mediante la entrega de generosas limosnas que se destinarían a la salvación y a la purificación de las almas de nuestros semejantes, los doloridos penitentes.

¿Y mi querido hermano Patricio? Él había hecho una carrera eclesiástica ciertamente meteórica y tenía un futuro espléndido en la institución. A sus treinta años de edad había ascendido de simple diácono a presbítero, párroco, vicario episcopal, obispo coadjutor y estaba a punto de convertirse en obispo titular de Valladolid. Su fortaleza espiritual, su compromiso con la Iglesia, su sorprendente capacidad recaudatoria, su arrastre con los feligreses, su imagen intachable, la profundidad y poder de convencimiento de sus homilías, su credibilidad, el respeto que inspiraba, la transparencia de su administración, la entrega puntual de las limosnas y de otros ingresos parroquiales, su conocimiento del Evangelio y la calidad ilustrativa y luminosa de sus publicaciones hicieron de él, en el corto plazo, un joven y envidiado representante de Dios en la Tierra.

Me contó cómo era siempre el primero en los oficios, cómo podía rezar durante horas, de rodillas, sin proferir la menor queja o lamento, de la misma manera en que tampoco lo había hecho Jesús cuando lo encaminaban a latigazos rumbo al Gólgota. Podía orar con los brazos en cruz durante toda la noche como si en su frenesí quisiera fundirse con Dios y se flagelaba en público, desnudo de la cintura para arriba, sangrándose la espalda con terribles disciplinas para castigarse por los pecados cometidos y los malos pensamientos que atravesaran por su mente. Patricio, bien lo sabía yo, era ambicioso, calculador, frío, metódico, enemigo de vicios salvo los que le deparaban mucho placer, casto cuando no se le antojaba ninguna feligresa durante las misas, todo un ejemplo de pureza en materia de convicciones religiosas dentro de su parroquia y a veces en el interior de la sacristía, un ejemplo a imitar cuando se hablaba de las virtudes sacerdotales, siempre y cuando las muchas mujeres que pasaron por sus manos guardaran silencio y el arzobispo no hallara el pequeño tesoro que Patricio guardaba en diminutas bóvedas, todas ubicadas en diferentes lugares, donde escondía las obvenciones parroquiales sustraídas a su Santa Madre Iglesia muy a pesar de que, como proclamaba, Dios Nuestro Señor todo lo sabía. Como cura era conocido por la rigidez con que juzgaba a los demás, sin embargo, se sabía que era mucho más estricto consigo mismo cuando, claro está, su conducta podía ser escrutada por el público: no comía carne si estaba acompañado, y dormía sobre una tabla rasa cuando contrataba nuevos sirvientes y necesitaba que se divulgara su conducta entre su adorado rebaño. Era reconocido como un obispo incorruptible, inaccesible a toda lisonja o promesa, sin que se supiera cómo apartaba para sí el dinero recaudado de las limosnas, y le entregaba su parte al Señor cuando no era visto por nadie. El dinero era un azote para el hombre siempre y cuando jamás se conocieran sus ahorros, por supuesto mal habidos, por lo que gastaba cuanto podía en obras piadosas y caritativas en el entendido de que siempre alguien cobraba comisiones a cambio de otorgar los trabajos. Nadie como él para castigar a todos aquellos que especulaban con la credulidad pública o atentaban de una forma u otra en contra de la Iglesia, su generosísima fuente de poder social, económico y político.

En razón de sus comentarios, anécdotas jocosas, peripecias, estrategias y visiones para alcanzar la gloria aquí en la tierra como en el cielo, tal y como él se jactaba antes de estallar en carcajadas en nuestra dorada y silenciosa intimidad, pude conocer, gracias al vino, lo que acontecía en las tripas de la jerarquía católica no solo en lo relativo a su estructura y políticas, sino muy en particular en lo que hacía a las relaciones de mi hermano con las mujeres devotas, apostólicas y romanas que iban al templo en busca de paz espiritual, aun cuando otras se presentaban en plan abiertamente provocativo. Por supuesto que los curas constituían el fruto prohibido por el Señor, limitación que las enloquecía, llegando en sus apetitos y fantasías eróticas a extremos inenarrables, en los cuales se encontraban a un cura receptivo, bien parecido y comprensivo como sin duda lo era Patricio, un libro abierto conmigo cuando conversábamos a solas, hasta que con ellas repentinamente se quitaba la piel de cordero para encontrarse con un hombre hecho y derecho.

—Yo barro las impurezas, mando al fuego las inmundicias y salvo las almas, como lo exige la sacratísima voluntad del Señor —me dijo en una de sus visitas pastorales a nuestra casa en Texcoco, mientras yo lo veía vestido con una simple sotana, su alzacuellos blanco e impecable y, eso sí, una cruz pectoral con su respectiva cadena de oro con rubíes y esmeraldas que hacía juego con un ostentoso anillo que lo distinguía como un destacado pastor de la Iglesia.

—¿Sabes cómo extirpo la herejía en las mujeres de no muy aprobadas costumbres, Mati? —me cuestionó una mañana mientras conversábamos, en voz baja, en el pequeño jardín del hogar paterno; mi padre otra vez no se encontraba pues había salido a un «compromiso» que curiosamente coincidía con uno de los espantosos autos de fe en la capital de la Nueva España.

—No —repuse llena de curiosidad—. ¿Cómo les espantas al diablo?

Antes de estallar en una carcajada, me hizo asegurarle que jamás se lo haría saber a nadie, menos aún a mi confesor, a nadie era a nadie... Una vez extendidas las debidas garantías de seguridad, soltó una señora risotada al tiempo que me decía enjugándose las lágrimas:

—Le extirpo las herejías con el pene, el instrumento creado por Dios para perpetuar la especie. ¿Qué haría el género humano sin esa varita mágica, Mati? —insistía extraviado en una contagiosa hilaridad.

—¿Pero cómo haces para convencerlas? —cuestioné candorosamente mientras recuperaba el habla—. Cualquier mujer al ver tus intenciones saldría corriendo despavorida.

—No, mi Mati, no —agregó recobrando, como pudo, la serenidad—, es claro que antes debes saber trabajarlas muy bien, primero en el confesionario, a fuego lento, como la buena comida, luego en la sacristía y más tarde en una casa de campo dedicada a trabajos apostólicos de los sacerdotes.

—Pues sí que lo tienes bien montadito, Patricio...

—Pero eso sí, Mati, no te llevas a cualquiera porque la discreción es la reina de las artes de la seducción: yo prefiero a las muy brutas, pendejas, bien pendejas, muy religiosas, muy ignorantes y supersticiosas pero muy gozables de cuerpo, o a las aristócratas enamoradas de mí que saben que nos lo jugamos todo y a nadie le interesa por ningún concepto la divulgación del secreto.

Fue entonces cuando me hizo saber cómo después de confesar una y otra vez a una chiquilla de apenas diecisiete años, le comentó a través de la rejilla del confesionario: «Cuídate de tener mucho vello púbico, hija mía, porque mientras más tengas, más evidencia habrá de que se te está metiendo el diablo en el cuerpo».

—Eres un malvado, Patricio —agregué irritada, pero de forma que no suspendiera la narración—. ¿Pero por qué te había ido a ver? —cuestioné llena de curiosidad.

—Porque se había robado unas piezas de pan de su abuela para llevárselas a una amiga castigada por mentirosa, a la que se le había privado por tres días de alimento alguno.

—Y claro está, se encontraba llena de culpas.

—Así es, y la culpa y el miedo, no lo olvides —sentí que hablaba con la personificación del demonio—, son dos de las mejores herramientas para manipular la conducta, sobre todo de las mujeres, y por ello al advertirle el peligro que corría de no salvarse el día del Juicio Final, la convencí de la importancia de mostrarme sus partes deshonestas en la sacristía para explorarla a placer y constatar hasta qué punto el diablo ya se había metido a su cuerpo, al extremo de atreverse a robar a una pobre anciana.

—¿Y entonces?

—Me desnudé, recordándole que Dios todo lo sabía, y que no temiera porque estábamos en su casa y yo era el consentido del Señor.

—¿Y accedió...?

—Por supuesto —aclaró ufano—, y fue cuando yo la purifiqué con mi pene recorriendo su cuerpo virginal con lujo de detalle hasta extirpar todo signo de herejía mientras ella apretaba las quijadas y cerraba los párpados como si no quisiera volver a abrirlos jamás. ¡Claro que repetimos la sesión durante muchos días para dejarla bien purgada y limpia de cualquier mal…! Quedó encantada, Mati, hasta volvía a buscarme para continuar el proceso de saneamiento… ¡El Diablo es muy pertinaz!

Yo negaba con la cabeza. No podía creer lo que escuchaba. Menuda combinación la de una bruta con un maldito, y cuántos había de ambos casos. Me llamaba particularmente la inexistencia total de remordimientos de parte de mi hermano; en cambio parecía disfrutar intensamente sus aventuras, con las que, era claro, podía hacer un libro. No solo no se reprochaba nada, sino que tampoco le importaba el Juicio Final ni pasar encima de sus juramentos de castidad y de pobreza ni haber violado deliberada y descaradamente todos los mandamientos.

¿Qué remedio se tenía al alcance para saciar a la fiera que todos llevamos adentro, alegaba Patricio en su defensa, si estaba prohibida la masturbación, hacer el amor y hasta tener malos pensamientos, y no estaba dispuesto a formar parte del clero homosexual, con una pequeña aunque verdadera red de sodomitas que ejercían la prostitución, con todo el sistema de complicidades, compromisos y corrupción que tal actividad supone?

¿A quién le temían entonces los sacerdotes si no les alarmaba la eterna condena? ¿A la autoridad civil? ¡Pamplinas! Esa no estaba en su esquema de preocupaciones. ¿A la religiosa? Menos, mucho menos, ahí estaban las evidencias. ¿A la divina, a la supuesta ira del Señor? ¡Qué va! Si temieran la furia de Dios, desde luego no estarían cometiendo esos abusos ni engañando a la gente inocente o idiota que creía que el vello púbico era una señal inequívoca de la presencia del diablo en el cuerpo…

Patricio me contó entonces, después de jurarle guardar, como siempre, el secreto, con lo cual me llenaba de odios y venenos sin que él lo supiera, cómo obligaba a las mujeres pecadoras a flagelarse desnudas en su presencia hasta sangrarse las carnes con los latigazos; cuando acariciaba los senos de las devotas alumbradas, dándoles a entender que los tocamientos no eran pecado sino una ayuda para alegrarlas, consolarlas y ayudarlas, y que de llegar a sentirse preñadas le avisasen porque él les daría con qué echasen a las criaturas o les conseguiría a alguien para unirlas en matrimonio para toda la eternidad; solo confesaba a las mozas de buen ver y obligaba a las tales beatas que le prestasen obediencia prohibiéndoles que se confesasen con otro, so pena de ser víctimas de mil calamidades; nada más en una ocasión sufrió la vergüenza de un «destierro temporal» por haberse entendido con una monja que, embarazada, reveló la identidad del padre, claro, mi hermano, entre otras tantas novias de Dios a quienes sedujo diciéndoles que «todas y cada una estaban muy avanzadas en la vida espiritual, pero les faltaba superar la sensualidad debido a su juventud, robustez y gracias naturales...» Después volvió a la parroquia porque ningún otro sacerdote entregaba tanto dinero a la arquidiócesis como Patricio. Menudo castigo, ¿no...? A saber a cuántas otras dejaría embarazadas en su «destierro» ordenado para meditar y purgarse de todo pecado. Otras tantas lo buscaban por ser sacerdote y además bien parecido al ser alto, mucho más que la estatura media de la población, de piel blanca, abundante pelo negro, ojos azules, buena figura y mucha labia con los pretextos de la salvación, el purgatorio y el paraíso.

Un pasaje de la vida de mi hermano que realmente lo pinta de verde y oro lo conocí cuando él mismo me contó que supo de unos indios renegados alzados en armas contra el virrey; siendo su propio objetivo hacerse de méritos ante el señor arzobispo, para hacerlos desistir de sus planes les pidió que se rindieran, «ofreciéndoles mis bienes —dijo—, mis pontificales, mis ornamentos para celebrar los oficios divinos, y mis lágrimas en remuneración de tan fiel y leal demostración como la que esperaba de sus humildes y rendidos corazones». Al convencerlos con tan piadosa y caritativa demostración, dejó abierto el camino para que el oidor pudiera aprehender a los líderes de la rebelión y sentenciarlos, según el caso, a la muerte con descuartizamiento, azotes, trabajos forzados o mutilación corporal, amputación de las orejas y la mano derecha. «Su Majestad, en premio de sus grandes servicios y celo de tener pacificada esta parte de la Nueva España, le dio las gracias en cédula especial que le remitió de Madrid con fecha 2 de octubre de 1807, donde le nombró obispo de México». Eso era amor al prójimo, lo demás eran cuentos con los que nos dormían desde niños.

¿De Socorro? Es hora de hablar de ella: Patricio solo me reveló su nombre en un principio, cuando todo era alegría, placer y dicha por haberla conquistado después de recurrir a diferentes estrategias, una más audaz e ingeniosa que la otra. Las furtivas entrevistas amorosas, las visitas injustificadas, el pánico a ser descubiertos, la febril curiosidad por conocer las formas idealizadas que esa santa mujer, perteneciente a la orden de las carmelitas descalzas, escondía bajo sus hábitos; el encantador despertar del cuerpo bajo la sotana al imaginar los tesoros intocados de la monja, el surgimiento de una sexualidad reprimida por siglos, las confesiones de los deseos prohibidos, el lenguaje mudo de la carne, cada vez más explícito, los pretextos interminables para salvarla de las espantosas tinieblas del purgatorio ante la escéptica actitud de la madre superiora, quien no dejaba de levantar la ceja ante tantas solicitudes, los encuentros arrebatados y precipitados en los túneles que comunicaban el monasterio con el convento, se convirtieron de la noche a la mañana en una terrible pesadilla.

Patricio no dejaba de sorprenderse ante las facciones virginales de Socorro, María del Socorro del Sagrado Corazón de Jesús, mejor conocida como la hermana Socorro, cuando la vio por primera vez, con el rostro estrictamente enmarcado por un tocado muy ajustado, y la confesó en el patio de los naranjos del convento, prosternada ante él con ambas rodillas en el piso, suplicando una bendición, comprensión divina, apoyo y perdón mientras se persignaba. Su cara, pálida y sin afeites, era de piel tan blanca como la conciencia de esa doncella milagrosamente inocente como la soñara Patricio después de conocer a tantas beatas idiotas o hipócritas. La novicia le despertaba un especial hechizo: vestida eternamente de bodas para no perder jamás de vista que para siempre sería la novia de Cristo, le revivía un morbo exquisito, la atracción era total. ¡Cuánta tentación le producía no poder desprenderla del velo, el símbolo de humildad y modestia a través del cual podía advertir las hermosas líneas de esa hembra divina! Su voz no podía ser más sensual y atractiva. María del Socorro, como todas las de la orden, había sacrificado su cabello, la gloria de una mujer, uno de los depósitos de su vanidad, para pertenecer a Cristo y vivir solo para Él y en Él. Ahí, en el anillo colocado por un obispo en el cuarto dedo de su mano izquierda, en una simple argolla, con la siguiente inscripción, estaba la evidencia de su compromiso espiritual: «Para Jesús, mi corazón, mi todo, por siempre». De una simple cuerda azul colgaba del cuello de la profesa una medalla con la efigie de la Inmaculada Concepción, imagen milagrosa, así como un rosario, copia del que le entregara la Santísima Virgen a Santo Domingo como arma que la Santísima Trinidad utilizaría para reformar el mundo, obtener la paz y consolar a los pecadores. Finalmente, no podía faltar la cruz pectoral, un crucifijo de oro macizo, recuerdo de que Jesús nos amó tanto que dio su vida por nosotros, y un escapulario en señal de consagración a Nuestra Señora.

Más señales de pureza y convicción espiritual no podía ostentar la hermosa profesa, devota y entregada a la causa divina, fervor religioso que detonó la atracción de Patricio por ella. ¡Cómo disfrutaba derrumbar las barreras ajenas para demostrar de qué estaba hecha la gente, el prójimo, según su punto de vista, del mismo material corrompido que él! Mi hermano no podía sentirse solo en su podredumbre ni en su maloliente purulencia moral, tenía que destruir cuanto encontrara a su paso para reconciliarse con su existencia. ¡Ay de aquel, y sobre todo de aquella que llegaba a cruzarse en su camino y mostraba una tenaz resistencia a aceptar sus sugerencias, mandatos, amenazas o hasta acatar sus imposiciones! María del Socorro fue el caso: estaba firmemente convencida de su vocación, tan era así que también podía rezar horas enteras en cruz, o amarrada y tirada en el piso boca abajo sobre las lajas heladas del convento donde inició su noviciado. Se sangraba la piel con cadenas o cinturones metálicos dotados de puntas atadas fuertemente al muslo o a la axila; se quemaba el pecho y los brazos con sellos ardientes con la santa figura de Jesús o hacía que la colgaran en la noche de una cruz de madera a pesar de los riesgos de morir asfixiada, sacrificios obsequiados en el nombre de Dios, para combatir así las tentaciones de la carne con mortificaciones corporales.

Patricio intuyó que la feroz oposición de la monja a tener siquiera fantasías eróticas, la lucha interna que sostenía para no solo apartarse de ellas sino para no sentirse culpable al dejar entrar a su mente, ya no se diga a su cuerpo, a Satanás, era prueba más que suficiente de la intensidad con que vivía los apetitos sexuales que atacaba con cilicios, sangre, fuego y dolor. Él únicamente tendría que liberarla, convencerla de que si Dios le había concedido tanta belleza y pasión era la hora de dejar aflorar sus sentimientos como algo natural, evidentemente solo frente a él, porque para algo el Señor creó al ser humano a Su imagen y semejanza y no para que renunciáramos a las bendiciones corporales con que nos había premiado; eran para gozarlas aquí, en este valle de lágrimas, en tanto las condiciones nos lo permitieran. Una mujer como ella, tan guapa, que debería tener unos senos hermosos, unas caderas maravillosas, una piel mágica, una cabellera inspiradora, unos dientes como perlas, ¿el Señor la había dotado con tantas gracias para que se desperdiciaran miserablemente, escondidas bajo sus negros hábitos, o para sacarles provecho a su lado...?

—Disfruta tus sagradas prendas, hija mía, con las que te benefició el Señor con Su inmensa sabiduría y virtud... Yo te concedo permiso, en el nombre del Padre, del Hijo y del Espíritu Santo... Ven, ven, vayamos a la sacristía...

Cuando Patricio se desplazaba entre las bancas de la iglesia acompañado de María del Socorro, recordó las explicaciones vertidas por los maestros del seminario relativas a la belleza femenina, misma que no debían gozar los hombres comunes porque las mujeres hermosas estaban reservadas a Jesucristo, en el claro entendido de que éstos, en el mejor de los casos, debían conformarse con las feas. ¡Qué equivocados estaban sus maestros! Si Dios hizo al hombre a Su imagen y semejanza, bien podría disfrutar de los bienes terrenales que Él mismo creara en Su inmensa sabiduría; lo otro era un desperdicio injustificado. La fruta se debía comer cuando estaba madura, en su punto, mucho antes de empezar a podrirse o convertirse en un mero conjunto de pellejos despreciables... ¡Claro que las guapas eran para el Altísimo y mientras más, mejor, mil veces mejor...! ¿Por qué no poder compartir los bienes del Creador...?

Cuando comenzó el proceso de seducción ella se negó rotundamente, pero Patricio alegó ante la superiora que Socorro debía confesarse una y otra vez porque Belcebú la estaba invadiendo día con día y muy pronto podía contagiar a todas sus hermanas.

—Regrésela al redil, madre, antes de que la perdamos...

Con el tiempo ella volvió y en cada ocasión le exigía más detalles en lo que hacía a las fantasías carnales que la asaltaban, sobre todo de noche, y que la conducían a acariciarse la entrepierna para liberarse de Satán o acercarse mucho más a él. Los tocamientos de sus partes deshonestas no eran permitidos por la Iglesia, salvo que estos fueran llevados dulcemente a cabo por un representante de

Dios, como era su caso personal, y siempre y cuando lo hiciera después de lavarse las manos con agua bendita.

—Nadie mejor que yo, hija mía, para espantar al demonio de tus santas carnes...

María del Socorro se flagelaba después de cada confesión con Patricio. Se sentía más propensa a caer en la tentación después de sus interminables entrevistas, que la dejaban más inquieta que nunca. Él la consolaba y la invitaba a aceptar su error: Dios castigaba los sacrificios inútiles, más aún cuando Él mismo había creado el cuerpo para disfrutarlo y no para renunciar a él, actitud que equivalía a rechazar las virtudes y méritos del Creador.

—¿De eso se trata, de desafiar a Dios? Cuidémonos de despreciarlo, hija mía... recuerda que la incredulidad es una gravísima herejía.

Todo comenzó cuando la consoló con unas breves palmaditas en las manos. Más tarde le acarició las mejillas con las yemas de los dedos. Después rozó su tocado hasta atreverse a besar piadosamente sus párpados para que pudiera, según él, dormir en paz... Ella huía, pero volvía, al principio acatando las instrucciones incuestionables de la madre superiora, apercibida de que el incumplimiento traería aparejadas penas como pasar varios días en cuclillas encerrada en un calabozo y sin alimentos. Imposible olvidar que Patricio había donado importantes cantidades de dinero para arreglar la capilla del convento, que goteaba durante la temporada de lluvias. A continuación, convencida de que le hablaba un representante del Señor aquí en la tierra, María del Socorro empezó a ceder a las pretensiones de Patricio en la habitación adyacente al refectorio donde se guardaban las hostias sin consagrar, los cálices, las casullas, entre otros elementos imprescindibles para la misa, un espacio reservado al propio padre o las hermanas que requerían más auxilio espiritual. Grandes trabajos tuvo que llevar a cabo mi hermano para evitar el sentimiento de culpa o la idea del pecado en María del Socorro. Día con día la exorcizaba, llevaba a cabo ritos complejos para conjurar la acción de Mefistófeles, que siempre estaba oculto y presente. *Desdemoniaba* la estancia, a ella la bendecía pasando la Santa Cruz por encima de su pelo, de su rostro, de sus senos, de su espalda y de sus caderas, hasta convencerla de la necesidad de ponerse de pie para bendecirla de cuerpo completo, solo que para deshechizarla requería que se desprendiera de la ropa, de tal suerte que los efluvios divinos pudieran alcanzar sus partes más profundas y ocultas, las nobles, donde sin duda se alojaba el diablo con sus cuernos endemoniados...

Patricio le pidió guardar silencio y la desprendió de los hábitos después de cerrar muy bien la puerta. Sabía que la tenía en sus manos cuando no se quejó al momento en que él corrió el pestillo y ambos se quedaron a solas, iluminados por la luz de una vela con una llama amarilla, azul y café muy intensa. Mientras la desprendía de sus hábitos, ella cerraba los ojos con crispación y Patricio rezaba: «Gloria a Dios en el cielo, y en la tierra paz a los hombres que ama el Señor. Por tu inmensa gloria te alabamos, te bendecimos, te adoramos, te glorificamos, te damos gracias, Señor Dios, rey celestial, Dios Padre todopoderoso; Señor, Hijo único, Jesucristo. Señor Dios, Cordero de Dios, Hijo del Padre; tú que quitas el pecado del mundo, ten piedad de nosotros; tú que quitas el pecado del mundo, atiende nuestra súplica; tú que estás sentado a la derecha del Padre, ten piedad de nosotros; porque solo tú eres Santo, solo tú Señor, solo tú Altísimo, Jesucristo, con el Espíritu Santo en la gloria de Dios Padre».

—No te muevas, Soco, quédate quieta —agregó Patricio al tenerla completamente desnuda, en tanto sus prendas yacían en el piso como rotas partituras de un gran músico—. Estoy muy cerca de Satanás, en cualquier momento lo expulsaré de tu cuerpo y de tu mente, aunque debes saber que el rey de las tinieblas es muy terco y tenaz y volverá solo para que lo combatamos de nueva cuenta...

Cruz pectoral en mano, la abrazó por atrás, acariciándola furtivamente en tanto le suplicaba a María del Socorro que rezara, una y otra vez, el Padrenuestro. Como Lucifer, irremediablemente necio, no se apartaba, él lo sentía, constataba su indeseable presencia, Patricio se desprendió de la sotana y del crucifijo, en realidad de toda la ropa, para exorcizarla, como era su costumbre, con el pene, la herramienta divina. Primero practicó una aspersión con agua bendita; acto seguido, interpretó letanías, recitó salmos para implorar la intercesión del Altísimo, de los santos y alabar la victoria de Cristo sobre el maligno. Proclamó el Evangelio como signo de la presencia de Cristo, e impuso entonces sus santas manos sobre los senos de la obsesa, el depósito de todo mal. Recitó el Credo y el Padrenuestro rogando a Dios la liberación de todo lo perverso, en tanto le presentaba a María del Socorro la cruz del Señor y bendecía, una y otra vez, su cuerpo entero con el dorado crucifijo en la mano. Oró y suplicó en nombre de la Santísima Trinidad para que el diablo se apartara de ella, de la atormentada, y quedara libre de la posesión diabólica.

Él sabía mejor que nadie cómo expulsar los demonios del alma y del cuerpo del energúmeno. Cuando tomó a María del Socorro por atrás, ella estuvo a punto de gritar como si le hubieran quemado el rostro con un hierro incandescente, tal como los inquisidores castigaban a los herejes. Patricio le cubrió la boca y le ordenó que continuara elevando todas las plegarias imaginables, porque para ese momento él ya las había olvidado todas. En esta nueva batalla entre Dios y el maligno, ese maldito ángel caído, sin duda tendría que salir airoso el Señor, todo bondad y generosidad...

—Acuérdate, hija mía, que cualquiera que ceda ante las tentaciones del negrísimo se separa de Cristo y jamás volverá a salir del infierno.

Patricio la besó en la boca para purificar sus expresiones, introdujo la lengua en sus oídos de modo que el demonio no pudiera darle malos consejos ni invitarla a hacer algo indebido, se trataba de apartarla del mal; la abrazó desnudo para sanearla y apartarla de toda tentación. Jamás habría ya el menor espacio para la maldad. Volvió a santificar su cuerpo en tanto le pedía que se recostara sobre un camastro para administrarle los santos óleos, el aceite santo, bendecido, el mismo que utilizaba en las ceremonias religiosas, el que se usaba en el sacramento de la unción de los enfermos, ya debidamente consagrado por él en su carácter de obispo en la misa Crismal celebrada el Jueves Santo. Con sus manos llenas de ese exquisito lubricante, debidamente calentado hasta quedar tibio, recorrió todo su cuerpo, palmo a palmo, pliegue por pliegue, parte por parte, fragmento por fragmento, en tanto María del Socorro se retorcía y gemía de placer alegando que ese sentimiento, esa sensación estaba prohibida por la Iglesia, que siempre la había preparado para el dolor.

—¿Crees acaso que Dios nos entregó un cuerpo tan hermoso solo para sufrir? —cuestionó Patricio mientras introducía en el cuerpo virgen de la doncella el instrumento de Dios para perpetuar a la especie y ella se quejaba del dolor, sin ocultar su fascinación—. Ves cómo Dios está con nosotros, Soco, primero nos hace padecer antes de alcanzar la gloria —alcanzó a decir en el momento en que «le vino una polución», es decir, se estremeció, se convulsionó, gimió, balbuceó, se lamentó como si quisiera llorar, se quejó entre palabras incomprensibles, vociferó sin que nadie pudiera entenderlo, suspiró, se sujetó de María del Socorro sin que ella entendiera lo que estaba aconteciendo, se estiró, tembló, se sacudió hasta llegar a un tremendo estremecimiento que la arrastró también a ella hasta conocer un sentimiento de gratitud y paz que ambos ni siquiera habían imaginado. No cabía duda, Dios estaba en todas partes.

Mi hermano alegaba que Pedro, el primer papa, y los apóstoles escogidos por Jesús eran en su gran mayoría hombres casados. Que el celibato no estaba contenido en ningún documento de la Iglesia. Que san Agustín se equivocaba totalmente cuando escribió aquello de que «Nada hay tan poderoso para envilecer el espíritu de un hombre como las caricias de una mujer». El de Hipona era un amargado, y pensar que antes se decía que todo sacerdote que durmiera con su esposa la noche antes de dar misa perdería su trabajo, sería excomulgado por un año y reducido al estado laico... ¡Cuánta estupidez, Dios mío, cuando el Creador decretara como primer mandato y sin limitación alguna aquello de «creced y multiplicaos» y él, Patricio, no podía desobedecerlo! ¿Cómo estar de acuerdo con el papa Gregorio Magno cuando sentenció que «todo deseo sexual es malo en sí mismo por ser intrínsecamente diabólico»? ¿Para qué Dios había creado al hombre y a la mujer, dos seres complementarios y, sin embargo, se les prohibía disfrutar de los placeres de la carne con que el Señor bendijera el cuerpo de los mortales? ¡Toda una contradicción! Ahí estaban los papas que fueron hijos de otros papas como san Damasco I, san Inocencio I, Anastasio I, san Félix, Marino, san Silverio, san Hormidas y Sergio, entre otros tantos más, para ya ni hablar de los pontífices que tuvieron hijos ilegítimos. ¡Qué bueno que existían tribunales eclesiásticos especiales, porque era mucho mejor caer en manos de un obispo misericordioso y fraterno, lleno de piedad cristiana, que en un juzgado civil...!

Patricio hizo mucho dinero como obispo auxiliar durante varios años porque recibía bienes «adquiridos por patrimonio», o «por merced del rey», y otros «por la industria y trabajo de personas y por las oblaciones y limosnas de los fieles, además de los generosos donativos entregados por personajes muy ricos, deseosos de que se les cantaran misas de muerto por los próximos cien años, de modo que se garantizara su eterno descanso en el más allá». «En esta san-

ta casa, la casa de Dios, no se regala nada», afirmaba sonriente, por
ello cobraba diferente un bautismo simple y uno solemne con pila
adornada, más aún en los que participara el Ilustrísimo señor obispo. Fijaba aranceles por los repiques en la catedral, en las parroquias, por un certificado de nacimiento simple, por uno legalizado,
por tocar el órgano en cualquier ceremonia, sobre todo en las de
matrimonio; por una misa rezada en cualquier iglesia, con un incremento en el precio si era con responso y otro adicional si era cantada
y además con revestidos, haciendo uso de adornos; por inhumacio-
nes de restos en matinés o vespertinos, sin olvidar los cobros por
funerales, bautizos o matrimonios en las capillas de las fincas o
en las filiales de la iglesia, en cuyo caso habría una cuota adicional por cada tres leguas a recorrer... lo cual no los excluía de los
más espantosos castigos. El comercio espiritual era muy lucrativo.

Siempre me vi obligada a disimular mis sentimientos con Patricio, de modo que no me perdiera la confianza y cancelara sus conversaciones conmigo. Él no hubiera soportado la menor crítica ni
aceptado rechazo alguno de mi parte, por lo que tenía que mostrarme invariablemente receptiva y festiva, celebrar sus «hazañas
y heroicidades» por más que sus comentarios me produjeran una
náusea infinita. Mi hermano, invariablemente satisfecho y gozoso,
se había convertido en otro encumbrado jerarca eclesiástico, tan corrupto y podrido como los demás. Dinero, mujeres, poder político y
espiritual, privilegios jurídicos e impunidad garantizada, ¿qué más
le podía pedir a la vida el hijo del verdugo? Por todo ello, Patricio
inventó diversos negocios que administraba desde el más oscuro y
denso anonimato. Uno de ellos, sin duda de los más rentables, consistía en el contrabando y venta de libros prohibidos, muy cotizados
en el mercado. Tenía amenazado de muerte a su agente vendedor,
el mismo que traía los textos a escondidas desde Veracruz, donde
sobornaba a los agentes empleados en las garitas del puerto, o bien
se las arreglaba para robarlos de las bodegas del Tribunal del Santo
Oficio, cuyos jueces tenían que leer los impresos para prohibirlos,
o los mandaba copiar en una imprenta clandestina. Nadie como él
más interesado en publicar edictos para denunciar a quienes pose-
yeran libros prohibidos y así pagaran la pena impuesta. Lo mejor,
como él me explicaba, es que conocía como nadie los nombres de
quienes compraban los volúmenes, sus propios clientes, a los que
amenazaba a través de interpósitas personas con denunciarlos salvo

que le pagaran cantidades de dinero para comprar su silencio: una doble transacción económica. Por un lado la venta de los ejemplares, y por el otro los jugosos ingresos derivados de los chantajes y por la imposición de multas.

¿Qué ventaja indirecta representó para mí el mercado negro de libros que controlaba Patricio Cervantes, mi hermano, en la Nueva España? Pues que escondía cajas enteras de libros prohibidos en nuestra casa en Texcoco, de modo que nadie los descubriera y pudiera venderlos a su paso a lo largo y ancho de la colonia. El acceso a dichos textos cambió para siempre mi vida y me dio una visión moderna del mundo, de la que quise dejar constancia en estas páginas llenas de historia negra de México. No hay mejor escuela para un escritor respetable que la lectura. El libro es el gran maestro de todo autor, y su imaginación la gran aliada para encender las antorchas que conducen a la evolución y al progreso.

Los autos de fe, según pude rescatar del *Manual del inquisidor* que mi padre tenía guardado en un baúl en la catacumba de nuestra casa, constituían la cara pública del Santo Oficio y tenían como objeto imponer ciertos códigos de comportamiento ortodoxo sobre el público tanto como sobre el individuo. La finalidad primera de los procesos y de la condena a muerte no era salvar el alma del acusado, qué va, sino aterrorizar a la gente para tenerla controlada en el puño. «Los autos de fe eran las manifestaciones más grandiosas del poder del Santo Oficio. En los autos generales se decretaba un día de fiesta, con la asistencia obligatoria de prácticamente toda la población local y aledaña, y la participación activa de todos los oficiales religiosos tanto como seculares de la colonia... Era la ceremonia que acompañaba la celebración del juicio de la Inquisición, y estaba seguida por la ejecución de las sentencias por las autoridades seculares... Primero había la llamada procesión de la Cruz Verde, el lema del Santo Oficio, donde participaban los frailes, los oficiales reales y los reos. Después había la presentación pública de los reos, quienes tenían la oportunidad de "reconciliarse" o sea de confesar sus errores y recibir el perdón y un castigo que incluía desde las penas espirituales como oraciones, misas y limosnas, hasta la imposición de llevar el sambenito, la confiscación de bienes, los castigos corporales, las multas y el destierro. En caso de no confesar o de no arrepentirse, o si el reo había reincidido en la herejía, el penitente era "relajado", o entregado a las autoridades seculares para ser quemado en una de las hogueras… Nadie podía faltar al auto general porque era castigado».

Mientras en Europa se inauguraba la Edad de la Razón, la Nueva España permanecía sumergida en oscuras tinieblas; en tanto en Francia el pueblo se había levantado en armas contra los anacronismos de la antigua sociedad, en la Nueva España las masas se movían nada más cuando el hambre las llevaba al umbral de la tumba. Las ideas modernas llegaban a la Nueva España de contrabando. Solo en cenáculos de iniciados circulaban las obras prohibidas por la Santa Inquisición. A cuentagotas llegaron a este territorio las ideas de la Ilustración, los avances científicos y menos todavía los tecnológicos. Nos asfixiábamos bajo el yugo del incoherente imperio hispánico, que arrastraba a sus colonias en su inevitable decadencia. Tres siglos de dominación colonial habían destruido la vieja sociedad indígena, de cuyas ruinas emergía difícilmente la nueva. Tres siglos de prohibiciones, de proteccionismos, de monopolios, de absolutismo político, de sufrido catolicismo y racismo, habían producido estancamiento económico y atraso, inferioridad mental y marginación social. Un horror.

Y cómo no iba a haber marginación social si los españoles, los invasores, no solo habían destruido con peste, pólvora y el fuego de la hoguera toda una civilización precolombina que habría sorprendido al mundo con sus adelantos, sino que todavía pensaban así: «soy del sentir que los indios han nacido para la esclavitud y solo en ella los podremos hacer buenos. No nos lisonjeemos; es preciso renunciar sin remedio a la conquista de las Indias y a los provechos del Nuevo Mundo si se deja a los indios bárbaros una libertad que nos sería funesta… Si en algún tiempo merecieron algunos pueblos ser tratados con dureza, es en el presente, porque los indios son más semejantes a bestias feroces que a criaturas racionales. Se pretende hacerlos cristianos, casi no siendo hombres. Sostengo que la esclavitud es el medio más eficaz y añado que es el único que se puede emplear. Sin esta diligencia, en vano se trabajaría en reducirlos a la vida racional de hombres y jamás se lograría hacerlos buenos cristianos», según insistían en la Madre Patria, y aun las propias autoridades virreinales.

En lugar del sentimiento de invencibilidad de los tenochcas, la grandeza imperial mexica, la deslumbrante civilización del Anáhuac, aparecieron los injustificados sentimientos de inferioridad, la subordinación obligatoria, la imposición del silencio, el acatamiento incondicional de las órdenes del invasor, el traumático sometimiento, la tristeza masiva, los miedos endémicos, el escepticismo crónico, la inseguridad incontrolable y la castración del intelecto. Se prohibió el uso de muchas de nuestras plantas medicinales, como los hongos alucinógenos, el ololiuhqui y el peyote, una fuente de revelaciones, de conocimiento, de comunicación con los dioses que no solo fue rechazada al ser vista como una locura, sino llegó a convertirse en una sangrienta causal de herejía. ¿Su Dios, acaso, era mejor que todos los nuestros? ¿Un dios que quemaba vivas a las personas y ordenaba su mutilación y tortura, era o podía ser bueno? Se le extraía el corazón a los guerreros, doncellas y elegidos como una ofrenda a los dioses, pero jamás como un castigo. El nombre de «sacrificios humanos» fue otro invento pérfido de los españoles, los vencedores, quienes como siempre escribieron la historia hasta que algún día los larguen de este territorio mágico y surjan nuevos investigadores del pasado que divulguen el grito desgarrador contenido en estas páginas.

Los franciscanos, los dominicos y los agustinos, las llamadas órdenes mendicantes, mantenidas supuestamente solo por la caridad, los *milites dei*, es decir, los salvajes soldados de Dios, vinieron a convertir a los vencidos a sangre y fuego. La conquista espiritual fue la continuación ideológica de la obra militar y mucho más brutal que ésta, ya que derribó templos, destruyó estatuas, quemó manuscritos, bibliotecas, archivos y personas, atavíos, vestimentas y adornos, además de todo tipo de documento cultural de la antigua civilización a la vez que eliminó a los detractores de la nueva religión, acusados de apostasía y de reincidencia idolátrica. Según la Iglesia, en realidad un aparato represivo e ideológico al servicio del rey, la historia de México empezaría con la conquista, los otros dos mil quinientos años habría que olvidarlos. Antes no había ocurrido nada. Salvo actos infinitos de barbarie, impiedad y atraso que más valía la pena olvidar.

Quién se negaba a recordar que Hernando Alonso, un joven y próspero ganadero, fue quemado vivo en la hoguera en 1528, convirtiéndose en el primer mártir judío. Quién, por otro lado, podría olvidar que Caltzontzin, jefe de los purépechas que ocultaba la ubicación del tesoro formado por varias generaciones de los suyos, fue sentenciado a muerte por garrote, estrangulación y posterior quema del cuerpo. ¿Eso deberían entender los indios por catequizar? ¿Así se abría paso la palabra de Dios? ¡Claro que también «quemáronse gran número de libros de estas sus letras, y porque no tenían cosa en que no hubiese superstición y falsedades del demonio»! De la misma manera fueron «destrozados unos a golpe de mazo y quemados otros ídolos de distintas formas y tamaños, piedras grandes que servían de altares, pequeñas de varias formas, rollos de signos y jeroglíficos en piel de venado, vasos de todas dimensiones y figuras», sí, así fue, pero los ídolos de oro macizo, plata y piedras preciosas, idolatría o no, los sacerdotes se abstenían de destruirlos a marrazos y, en cambio, decían guardarlos «como recuerdo a ciertas convicciones espirituales o como obras de arte, muestras escasas de belleza impropias de una civilización en decadencia...» Alabado sea el Señor que iluminaba con tanta sabiduría nuestros pasos a seguir...

Imposible olvidar a fray Diego de Landa, otro de los sacerdotes salvajes, que azotaba «al indio si no confesaba tener ídolos. Lo colgaban públicamente en la ramada de la iglesia por las muñecas y echábanle mucho peso a los pies, y quemábanle las espaldas y barrigas con hachas de cera encendidas hasta que confesaban los ídolos y de estos fueron más de diez mil, y muchos no tenían ídolos; y otros, iban veinte y treinta leguas a buscar ídolos por los campos y milpas viejas y los traían. Otros los hurtaban a los que los tenían. Otros los hicieron de nuevo. Fue tanto el exceso que andaban atónitos los indios que no sabían qué se hacer. Y más hizo desenterrar muchos muertos sin averiguar bien si murieron idólatras y los huesos con sus estatuas los hizo quemar más de setenta. Prendió a muchos señores y principales que los colgados encartaron e hízoles procesos... Lo que de aquí resultó de estos castigos sin discreción fue que muchos se huyeron a los montes de miedo de los tormentos. Otros murieron de éstos en las cárceles. Otros se ahorcaron; otros se mataron a sí mismos de ver que habían levantado muchos testimonios a sí y a los demás principales». ¿A quién se le iba ocurrir participar en las ceremonias relacionadas con la cosecha del maíz y con la sequía, si los que danzaran desvestidos y pintados sus cuerpos con formas de tigres serían quemados al descubrirse los hechos? «Los indios trayendo ydolos a cargas y montones, y diciendo que allí estavan, que los quemassen todos y no a ellos, aprendieron a ser sumisos al ver que a aquellos que se habían resistido o que habían intentado resistirse, sin misericordia los esclavizaban y les marcaban el rostro con un hierro al rojo vivo. Si bien los americanos tal vez eran humanos para ellos, su cultura y religión propias los reducían a la condición de bestias, siervos del demonio, estúpidos, perdidos, perversos: su existencia, en suma, era apenas un inconmensurable error. Por todo ello no debían estudiar, porque ningún fruto se esperaría de su estudio, porque son viciosos, imposibles de confiar la predicación del evangelio y carecen de habilidad para entender».

«¿Qué futuro le espera a este país en semejantes circunstancias...?», me preguntaba a cada paso, según aprendía y aprendía, leía y leía para convencerme de mi realidad.

La crueldad no puede tener jamás justificación alguna, sobre todo no una justificación moral. La «evangelización» no era sino una política de sometimiento, el aniquilamiento mental y cultural de una población ya de suyo masacrada. Resultó falso que la obra esencial, el fin único que buscaban los apasionados religiosos era evangelizar a los indios para crear un mundo cristiano ideal y así preparar el Millennium, que antecede al reino de Dios. Mentiras, embustes, patrañas: solo buscaban el poder, los privilegios y la riqueza al costo que fuera. Los disfraces eran evidentes y descarados.

Su Dios todopoderoso, eterno, único, absoluto y obligatorio, todo Él sabiduría y bondad infinitas, Creador de todas las cosas buenas que descendía del altar para derramar las gracias necesarias sobre sus siervos, el Gran Velador de la inmortalidad del alma, ¿por qué permitía que quemaran y torturaran a los indios indefensos, supuestamente atrasados, salvo que quemar vivas a las personas fuera una señal de progreso? ¿Cómo entender al Señor...?

Yo copiaba y copiaba citas, fuentes, notas y párrafos para dar credibilidad a mi relato, hechos descritos por personas que habían conocido o padecido los acontecimientos o habían sido testigos de ellos:

Al pueblo español nada podía importar que hubiesen muerto millones de indígenas. Éstos eran idólatras y debían morir. Satanás no se desterraría de la América sino cuando cesase y acabase la vida a los más de los indios. Dios mismo les aborrecía: Su voluntad era que estas gentes de indios se acaben totalmente, o por los pecados de sus pasados o suyos o por otra causa... de otra forma no habría bajado a las Indias la Virgen María, ya sola, ya acompañada del apóstol Santiago, a auxiliar a los españoles en su obra de exterminio, dando aquel a los indígenas terribles cuchilladas y echándoles Nuestra Señora «polvo por las caras para cegarlos». En Caxamalca, a los inermes muy numerosos acompañantes de Atahualpa, el propio apóstol se enardeció tanto, que él solo mató «más indios... que todos los españoles juntos». La guerra que se hizo a los yndios fue toda hecha por Dios...[28]

Pero había otras formas muy eficaces para destroncar, para desmantelar a la gran familia mexica, a la anahuaquense, como la de recoger, secuestrar y enclaustrar a niños nobles, descendientes de los reinos conquistados, para ayudar a catequizar a sus padres y parientes: «al principio se les hizo tan cuesta arriba que algunos señores escondían sus hijos y en su lugar ataviaban y componían algún hijo de su criado o vasallo o esclavillo, y enviábanle acompañado con otros que le sirviesen por mejor disimular, y por no dar el hijo propio». ¿Resultado? Los niños mexicas catequizadores, con el tiempo, mataron a pedradas a los antiguos sacerdotes prehispánicos al estar convencidos de que asesinaban al diablo, la encarnación del mal. Estos niños debidamente «cristianizados» dejaron de asistir a las escuelas existentes en los calpullis, mismas que fueron sustituidas por iglesias construidas en el interior de las encomiendas, la nueva organización agrícola de la que surgieron los analfabetos y los esclavos, el gran lastre para el futuro. ¿Quién iba a educar entonces a la población indígena que antes sí podía asistir a las escuelas, el origen de la fortaleza del imperio azteca?

Después de investigar y de estudiar a fondo las estrategias de los curas españoles en relación a los aborígenes, entendí que la severa fractura en los lazos familiares había tenido consecuencias muy graves. Privar a los progenitores del derecho natural de educar a sus hijos; separar a niños y niñas de toda actividad en común que no estuviera estrictamente vigilada, marcando una diferencia entre géneros, y la concepción cristiana medieval de la honra femenina, perturbaron a las nuevas generaciones de mestizos. La mujer fue contemplada como un sujeto siempre proclive a caer en la tentación sexual. Por otro lado, los menores fueron simbólicamente castrados: es decir, se les cortó el pelo y se les vistió a la usanza es-

---

[28] García, 1990: 8.

pañola. Desaparecieron los colores, penachos, plumas, tilmas, huaraches, mantos y el pelo largo. Esta represión corporal fue señal de un rasgo ideológico hispano de la época que ingresó en la cultura de los vencidos: la vergüenza ante su propio cuerpo y la idea del pecado de la desnudez. Inmediatamente después apareció también el diablo. A los niños que recibían fundamentalmente instrucción religiosa se les habló de los pecados, las tentaciones y los castigos infernales como parte integral de su educación; después se les utilizó para transmitir este conocimiento a los macehuales, personas de la clase humilde, así como para vigilar a sus familias y denunciarlas en caso de reincidencia en la «idolatría», práctica religiosa perteneciente al demonio, por lo que se le debía «extirpar». La devastación social fue pavorosa, más aún si «diablos» como Pedro Cabeza de Vaca se jactaban, como el propio Hernán Cortés, de haber tenido más de trescientos hijos. ¿Qué quedó de la unidad familiar en los tiempos de la grandeza del Anáhuac? Cada mestizo nació y creció con más resentimientos y rencor que otro. Nos llenamos de odios y de venenos que llevará años, tal vez siglos excretar a partir, claro está, del momento en que alguien comience a hacerlo...

¿Y cómo no crecer en un ambiente de inquina, aversión y rabia, cómo no tratar de ejercer una venganza anónima si por ejemplo, fray Juan de Zumárraga, el inquisidor apostólico en 1542, tal y como me lo explicó mi padrino a escondidas cuando dejé de ser una niña y me convertí en mujer, ante quien supuestamente se presentó Juan Diego para anunciarle que se le apareció una virgen, la de Guadalupe, mandó quemar vivo en la plaza principal de la ciudad de México al gobernante de Texcoco Chichimecatecuhtli, nieto del gran Netzahualcóyotl e hijo natural de Netzahualpilli, con asistencia obligatoria, bajo pena de excomunión, de todos los habitantes de la capital? Este acontecimiento histórico que jamás consignó en sus muy abundantes escritos como si hubiera sido un hecho irrelevante, en realidad constituyó la columna vertebral de la conquista espiritual de México. ¿Eso era un principio de reconciliación y encuentro? Entre los delitos que cometió el gran Chichimecatecuhtli se encontraba no haber demostrado respeto por la religión de los españoles, sosteniendo el derecho de los mexicanos a conservar la propia, así como negar el derecho de los invasores para gobernarlos. Evidentemente que Zumárraga se quedó con los abundantes bienes del ajusticiado, según había dispuesto el rey de España.

Y ya que hablamos de reconciliación y encuentro para crear un ambiente de confianza y certeza en la comunidad, según encontré en los archivos secretos de mi padre, no debo ignorar a Aldonza de Vargas, quien fue denunciada por sonreír equívocamente cuando la Virgen María fue mencionada en su presencia, ni a otra muchacha de singular belleza llamada Manchita, encarcelada por la Inquisición al afirmar que no era pecado mortal tener cuenta carnal con una mujer, ni a Juan Fino, encomendero, residente de Michoacán, preso por declarar en el íntimo círculo de su familia que teniendo un libro de los Evangelios no había necesidad de ir a misa, ni a los reos penitenciados que hicieron saber que la simple fornicación no era pecado mortal, por lo que fueron castigados con vela, soga y mordaza, ni a Gaspar de los Reyes, boticario mestizo, porque hizo que su mujer se comenzase a confesar con él, ni a María de Arteaga, por ofrecerse a enseñar oraciones que debían decirse en misa para que el galán volviese, ni a Fructuoso García, licenciado en Artes, natural de Valladolid, confesor del Monasterio de las Vizcaínas, por solicitar favores a las monjas... ¿Más? ¿Qué tal recordar a un tal Federico Ponce, obispo, que yendo de camino para su diócesis por tierra, pretendió hacer visita en Toluca con título de inquisidor sin serlo, «usando de excomuniones y censuras en cosas leves y el haberse partido de esa provincia sin pagar algunas cosas que quedó debiendo, por lo que murió en la pira sin proferir un solo lamento, como mueren los hombres de verdad»? ¿Y cuando Rodrigo de Évora, «escribano de su magestad, residente en la Nueva España, fue quemado por ridiculizar a un prelado, habiendo sido previamente descoyuntado en la garrucha, como lo fueron quienes esperaban la venida del Mesías, que les habría de dar riquezas y llevarles a la gloria»?

Bueno, pero si de anécdotas hablamos, ¿por qué entonces no traer a colación el caso de los tres borrachos que se reunían una vez al mes a decir que podían hablar directamente con Dios sin confesarse y alegaban que si no hubiere Inquisición en estos reinos, contarían ellos con los dedos de sus manos los católicos cristianos, y que no podían aceptar como verdaderas todas las enseñanzas de la Santa Iglesia ni creer que el hombre debía adorar y reverenciar las imágenes religiosas, ni conceder que el pontífice romano tuviera poder para perdonar los pecados ni mucho menos tragarse sin procesar los dogmas del catolicismo romano, puesto que ellos confesaban en secreto su calvinismo, a más de otras creencias protestantes

que tenían mucho que ofrecerle al hombre en su camino de la salvación. Un día que uno acusó a los otros dos, los otros se acusaron
entre sí para lograr la absolución total, con lo cual los tres fueron
condenados al mismo tiempo a la hoguera. ¿Y Gregoria de Silva,
sevillana, por haber usado de hechicerías, sortilegios e invocación
de demonios para traer hombres a su amistad? ¿E Inés Osorno, que
rezaba muchas oraciones para saber el porvenir y atraerse a los
hombres? ¿Y doña Juana de Aguirre, mujer casada, que dijo que
no era pecado tener acceso carnal con una comadre? ¿Y Juanes de
Arrieta, porque reprendido de su mujer de que andaba con otras
hembras, respondió que no era pecado tratar con ellas? ¿Y Miguel
Redelic, bohemio, hombre maldiciente, colérico y entrometido que
dijo que en la hostia consagrada no estaba la Santísima Trinidad y
que el diablo se solía meter en el cáliz y estar al pie del altar? ¿Y Alberto Navarro, arrestado y torturado porque los sábados no quería
vender y se le presumió judío? Y Carlos Obert, natural de Iguala,
de edad de treinta años, cristiano bautizado, hereje luterano, re-
vocante, ficto y simulado confitente, ¿no fue condenado por cuestionar el santísimo sacramento del altar y alegó que el clérigo no
consagraba el verdadero cuerpo de Cristo, sino que lo hacía por be-
berse aquel vino? ¿No es cierto entonces que todo podía ser causal
de herejía y por ende se estaba en manos de la Iglesia, que escapaba a cualquier ordenamiento legal? ¿No había motivos para el resentimiento?

¿Acusaciones ante el rey de España por los abusos de los sacerdotes? Las hubo, claro que las hubo, como la siguiente misiva que
llegó a Madrid con eficacia sorprendente y que mi hermano Patricio me leyó en voz alta, dejándome absolutamente atónita y muda:
«Muy Soberano Señor: Con mucha lástima y dolor nuestro damos
cuenta a Vuestra Alteza de la frecuencia que hemos experimentado
en cometer el nefando crimen en esta ciudad y reino, donde parece
que uno alto prelado llamado Patricio Cervantes, saciado del apetito sensual de las mujeres, las busca y abusa de ellas, como todo
solicitante, con no pocos artilugios y sin castigo ni temor que los
refrene, como vemos sucede en esta ciudad. Vemos de tres o cuatro años a esta parte en las causas que han ocurrido, principalmente de religiosos, que se halla comprehendido en este crimen mucho
número de personas eclesiásticas y seculares y además pasan al crimen de la bestialidad, con tanto desorden que por las confesiones

de Alberto Henríquez, preso en cárceles secretas y que dice ser religioso de los descalzos del señor San Francisco, consta haber cometido ambos crímenes nefando y bestial con cuarenta personas, poco más o menos, y con tres o cuatro mulas y dos o tres gallinas; y lo mesmo consta de la causa de Diego Romero, vecino del Nuevo México, asimesmo preso en cárceles secretas. Y hallamos en otras muchas testificaciones de delictos tocantes a nuestro fuero, muchas personas testificadas del crimen dicho, como el tal Patricio Cervantes, de que nos ha parecido dar cuenta, porque si a este cáncer no se pone remedio, según cunde, parece muy dificultoso que después lo pueda detener. Y así lo decimos a Vuestra Alteza por parecernos convenir para el descargo de nuestra conciencia, y que si en Santo Oficio no lo remedia, la justicia seglar no parece que ha de ser suficiente. Vuestra Alteza mandará lo que fuere servido. Guarde Dios a Vuestra Alteza».

Patricio se quejó de la traición e invirtió tiempo y dinero para descubrir al autor de la terrible felonía de la que, por supuesto, salió nuevamente airoso al llenar de oro y plata los bolsillos de sus juzgadores, que le otorgaron de inmediato la indulgencia plenaria, la remisión extrasacramental de la pena temporal debida, según la justicia de Dios, por el pecado que ha sido ya perdonado. Patricio convenció al jurado eclesiástico de que jamás cometió el dicho pecado, por lo que no requería de perdón alguno, sino para quienes lo habían denunciado asestándole injustamente una puñalada por la espalda. Cuando tuvo el expediente en sus manos y conoció la identidad de los delatores, uno por uno fueron arrestados por el Tribunal del Santo Oficio con arreglo a diferentes cargos, unos más ingrávidos que los otros, hasta que no se volvió a saber de ellos nunca jamás… A los obispos de su diócesis que ante su fe eran acusados de sodomía, los enviaba «castigados» temporalmente a otras parroquias en lo que se disminuía la furia social, y un tiempo razonable después les permitía volver a sus sedes con la súplica justificada de comportarse en el futuro con la debida discreción, previa multa insignificante de cien pesos, sanción incomparable con la que se impondría a un civil.

¡Qué difícil resulta en la vida controlar los impulsos a cambio de alcanzar un objetivo determinado! ¿Que a los curas degenerados solo se les cambiara de adscripción temporalmente para que siguieran causando daño, mientras yo tenía que permanecer sonriente y complaciente ante el monstruo de mi hermano mientras me contaba sus depravadas aventuras? Con cuánto gusto lo habría arañado y escupido en el rostro, además de calificarlo como la encarnación misma de la maldad. Por el momento me resignaba pensando que buscaría la forma de exhibir su conducta envilecida, corrupta y viciosa, como la de la inmensa mayoría de los delincuentes integrantes de la jerarquía católica. En el momento más oportuno asestaría la puñalada y publicaría mi obra de modo que se supiera lo que acontece en la institución favorita del demonio, su Santa Inquisición. Quien ríe al último ríe mejor y yo reiría a carcajadas, nadie mejor para reír que yo. Al tiempo...

Si en algún momento entendí las dimensiones diabólicas de Patricio, con las cuales accedería hasta la cúspide de su carrera, fue cuando apuñalaron a uno de los inquisidores de su diócesis mientras rezaba de rodillas ante el altar mayor. Antes de morir, en tanto agonizaba, pudo delatar la identidad de los asesinos. Durante la localización de los culpables para propinarles un castigo proporcional a su fechoría, Patricio ordenó que no dejaran de doblar todas las campanas de día y de noche y se dijera que ya nadie les daba vuelo porque el espíritu del inquisidor muerto era quien lo hacía desde el cielo. Acto seguido, pidió al pueblo que limpiara con sus pañuelos la sangre del difunto derramada en las losas, que mojaran paños y escapularios y así obtendrían indulgencia plenaria. El sacerdote muerto bien pronto sería santo, por lo que había que depositar muchas limosnas en las urnas abajo de un nicho especialmente dedicado a él, mismo que debería estar cubierto de flores y veladoras de modo permanente. Cuando hallaron a los criminales y confesaron el proditorio delito, mi padre les extrajo lentamente la lengua hasta arrancárselas por completo y murieron desangrados en la Plaza del Volador ante la vista de miles de personas que disfrutaron la ejecución, sobre todo cuando a los asesinos les cortaron las manos, los instrumentos del delito. La voz popular proclamó la santidad del inquisidor, quien muy pronto fue elevado a todos los altares.

Solo supe de un sacerdote que fue a dar a las salas de tortura de la Inquisición, y ello porque mi hermano descubrió una carta enviada nada menos que al rey en los siguientes términos:

Muchos de los sacerdotes e inclusive los prebendados tienen relaciones ilícitas con mujeres e inclusive tienen hijos con ellas...

el decano de la capilla no va a las juntas, en vez de eso fornica con cuatro mujeres y les da pensiones... el archidiácono también tiene una amante con quien fornica... el maestrescuela también tiene una amante con quien fornica, una mujer mestiza llamada Josefa Montalvo, a quien él ofreció informalmente como prostituta a un miembro del cabildo secular. Todos ellos fornican con mestizas e indias... pero ya no debería decir más pues no quiero ofender los castos oídos de Su Majestad.[29]

PD: Solo los curas pueden fornicar sin que una sola palabra se diga al respecto. Si cualquier otra persona hace eso, los curas siempre le castigan inmediatamente. Dios quiera que la varicela ataque a sus penes. Amén. Yo, el informador de la verdad.

—La gente debe entender, Mati, lo que implica meterse conmigo, por las buenas o por las malas, con razón o sin ella, me es igual —se desahogaba conmigo, haciéndome saber cada vez más verdades y realidades que invitaban a vomitarle en pleno rostro.

¿Y qué suerte corrió Soco, la famosa sor María del Socorro? Pues bien, María del Socorro resultó, claro está, preñada. ¿Acaso podía haber sucedido algo diferente? Esa infeliz novicia tardó en embarazarse a pesar de un innumerable intercambio de arrebatos carnales a los que ella se entregaba feliz de contenta en los sótanos del convento o en los pasillos que lo comunicaban con el monasterio, que mi hermano visitaba de manera recurrente para salvar las almas de las hermanas. ¡Claro que para aquel entonces Patricio ya no recurría al truco del exorcismo! Simplemente la poseía de manera apresurada con tal de evitar, en la medida de lo posible, el riesgo de encontrar a otros religiosos en busca de un lugar idóneo para tener relaciones amorosas, ya fueran sacerdotes y monjas o entre ellos o ellas mismas. ¿Hasta dónde podía llegar el obligado celibato? ¿Por qué no cancelarlo para que hombres y mujeres gozaran libremente de su sexualidad en lugar de caer en desviaciones o depravaciones, y todo por dinero, por preservar el patrimonio de la Iglesia de modo que los religiosos no tuvieran familia a la cual heredarle sus bienes? ¿Que no tenían familia? ¿A quién trataban de engañar...? ¿Cómo supe el desenlace de la relación entre Patricio y María del Socorro? Al igual que mi padre, Patricio cayó en el alcoholismo al extremo de que en ocasiones ni siquiera recordaba lo que dijera el día anterior en nuestra casa.

[29] Chuchiak, 2007: 95.

El embarazo de Socorro hizo que Patricio perdiera los estribos. La reprendió, la golpeó, la insultó mientras la amenazaba con todo género de castigos y sanciones para su familia si alguien llegaba a enterarse o ella se atrevía a denunciarlo. Primero recurrieron a los rezos, a las plegarias, a las oraciones, a los más extraños rituales, hasta llegar a una misa negra. Nada. Más tarde procedieron a aplicar ungüentos, pociones y líquidos fabricados por herbolarios y hasta por brujas. Nada. Luego la obligó a saltar, a hacer ejercicios bruscos, a brincar del armario de su celda hasta caer bruscamente sobre el piso. Nada. Cuando Patricio sugirió la posibilidad del aborto a través de la introducción de instrumentos punzocortantes o de la misma pera inquisitorial, ella se opuso por el riesgo de contraer fiebres agónicas o morir desangrada, según escuchara de otros casos. Mi hermano creía perder la razón cuando alguien se atrevía a contradecirlo; ella lo hizo. Para suavizar la conversación adujo que la opción más viable consistía en permitir el nacimiento del niño y luego darlo en adopción. Patricio lo sacaría a través de los túneles subterráneos y lo entregaría a una casa de asistencia. Sobra decir que ya para entonces las palabras dulces, tiernas, comprensivas y seductoras con que Patricio se dirigía a María del Socorro habían desparecido para siempre. Ahora ella descubría a un hombre violento, enervado y grosero, dispuesto a todo con tal de salvar su nombre, su carrera y su imagen, lo único importante en su existencia. Disimularía su estado de gravidez gracias a la indumentaria de las profesas, diseñada especialmente para ocultar las formas del cuerpo. Nadie lo sabría, se fajaría bien la ropa, se oprimiría el vientre, se ajustaría bien el tocado, comería con más moderación que nunca para aumentar su volumen corporal lo menos posible. En fin, sabría cuidar bien el secreto para que su hijo naciera bien y ella no incumpliera con el quinto santísimo mandamiento: *No matarás…* Ella no mataría, menos, mucho menos a un ser nacido de sus propias entrañas.

—Júrame que mi nombre jamás saldrá a colación como padre de la criatura —exigió mi hermano dejándose convencer en apariencia, ocultando la existencia, como siempre, de otro juego—. Si incumples veré la manera de quemarte viva como bruja y hechicera en la hoguera —amenazó furioso.

María del Socorro aceptó todas las condiciones sin mostrar sorpresa alguna al contemplar y oír la calidad del monstruo que tenía frente a sí. Todas las personas invariablemente se presentaban con un antifaz en el rostro. La vida era un baile de máscaras.

El alumbramiento se dio una mañana en el baño del convento, de manera inesperada. Patricio estaba de visita con la madre superiora para analizar aspectos financieros. Ambos intercambiaban puntos de vista en el refectorio cuando María del Socorro interrumpió la conversación para solicitar la bendición del señor obispo antes de que se retirara, a lo que mi hermano, buen actor, accedió sin mostrar la menor emoción en su rostro. El niño vivía, era hombre. Ella se las arregló para cortar el cordón umbilical, limpiar cualquier rastro de sangre, y sobre todo, evitar que el llanto repentino y natural del recién nacido delatara toda la trama, para lo cual ahogó su grito envolviéndolo entre las humildes sábanas de su catre; la hubieran quemado viva. Patricio la buscó en su celda; ante la imposibilidad de violar su juramento de reclusión perpetua, la monja le pidió que lo bautizara con el nombre de Patricio, a lo que mi hermano contestó con frialdad diabólica:

—¿Dónde está el niño?

—Ahí, en mi lecho…

—¿Cómo me lo llevo a la casa de asistencia sin que haga ruido ni llore?

—Tengo lista esa bolsa de tela donde guardamos las naranjas que cortamos en el patio, llévatelo envuelto en ella, como si fueran alimentos de los que les regalamos a los confesores cuando nos visitan. Nadie sospechará.

Después de darle el pecho al menor para que no pasara hambres y llorara, lo envolvió amorosamente para que no tuviera frío, lo guardó con cuidado de manera que no se asfixiara, y se lo entregó a Patricio con los ojos llenos de lágrimas sin que el instinto materno la engañara: de sobra sabía que jamás volvería a saber de su hijo.

Patricio salió apresuradamente de la celda sin despedirse ni garantizarle nada ni enternecerse por llevar a alguien de su estirpe, de su sangre, en una bolsa, para salvarlo y que tuviera una vida decorosa y feliz. En el camino, a bordo de su diligencia, mi hermano asfixió al niño con una de las colchas cuando empezó a llorar y estuvo a punto de ser descubierto por el caballerango que conducía el vehículo. Momentos después, con el pretexto de apearse para satisfacer una repentina necesidad, lo arrojó sin más a un despeñadero y continuó el viaje después de santiguarse en repetidas ocasiones. Asunto terminado.

Con lo que no contó Patricio fue con la posibilidad de que María del Socorro lograra fugarse del convento y exclaustrándose violara todos sus juramentos con tal de volver a ver a su hijo y dedicar su vida a hacerlo un hombre productivo y responsable. Patricio se negó a recibirla en el Palacio del Arzobispado. Cuando después de varios días ella materialmente lo asaltó en la puerta para requerirle información de su vástago, Patricio la empujó, se limpió las manos como si hubiera tocado carroña y abordó su carruaje ignorándola como si se tratara de una loca más.

—Denle algo de comer —ordenó fastidiado—, tal vez tiene hambre y está perdiendo la razón...

En ese momento, tras tanto tiempo de infructuosa espera, sin nadie a quién recurrir, víctima de la desesperación, María del Socorro cometió un error imperdonable:

—No estoy loca, solo quiero que me digas dónde está nuestro hijo, por mí te puedes morir un millón de veces, pero ahora no niegues que eres el padre... Al menos llévale este muñequito para que nunca se olvide de mí...

El vehículo se detuvo de inmediato ante los gritos tan rabiosos como suplicantes de la mujer. Patricio descendió y la amordazó con furia incontrolable después de golpearla. Era ya de noche cuando ordenó a dos guardias del palacio que la llevaran presa a las mazmorras de la Inquisición. Ahora se acordaba, aclaró a los guardias a título de justificación, de que esa mujer estaba loca, era una bruja y el muñequito era un fetiche con el que producía grandes males y daños a quien lo tocaba. Mi hermano permaneció todavía de pie para contemplar cómo entre cuatro oficiales se llevaban a María del Socorro, la arrastraban entre empellones en tanto ella trataba de defenderse inútilmente gruñendo e intentando arañar o gritar sin poder pronunciar una sola palabra.

—Que no le quiten la mordaza ni le aflojen las sogas de las manos hasta mañana que yo la entreviste —alcanzó a decir cuando el grupo se perdió por la calle de Moneda rumbo al otro palacio negro, el de la Inquisición.

Años después, un buen día —¿buen día?—, Patricio fue invitado como integrante del Tribunal del Santo Oficio. Era el primer domingo de Cuaresma por la tarde, los funcionarios se presentaban en la morada del comisario en su indumentaria oficial, o sea el hábito de San Pedro Mártir, con sus veneras en forma de cinta negra colgada al cuello, de la cual pendía una medalla de plata dorada con una cruz verde sobre esmalte blanco y una corona real encima. Uno de los propósitos de los autos de fe era reivindicar los fueros, la autoridad, el prestigio y el temor por el Santo Oficio. Para tan solemne fiesta se invitó a los caballeros y a lo más distinguido de la ciudad, para que se presentaran adornados con sus mejores galas y ocuparan el anfiteatro decorado con pedestales y barandillas. Al fondo se encontraba un majestuoso altar en el que sobresalía una hermosísima cruz de verde y oro que podían admirar a la distancia más de cincuenta mil almas que habían acudido a la ciudad para asistir a la ceremonia de la hoguera. Don Manuel Paullada, el alguacil mayor, vestido de chamelote pardo de flores moradas, guarnecido con alamares y lentejuelas de plata, la capa adornada de lo mismo, con espada y cintillo de diamantes, precedido de dos alabarderos de librea imperial, verde y negra con galón de oro y plata y seguido de pajes y lacayos, esperaba a la entrada con un estandarte de la fe, acompañado de caballeros de órdenes militares y de la nobleza de México que arribaron también en sus carrozas...

Al ritmo del fúnebre tañido de las campanas de todas las iglesias de la ciudad, que duró el tiempo que tardó la procesión en llegar a su destino, empezaron a desfilar doce alabarderos para despejar el paso, seguidos de los ministros de varas del Santo Oficio, luego los familiares y comisarios, todos con sus respectivas insignias y bastones dorados; luego la nobleza con la cruz de la Inquisición agregada a sus respectivos hábitos, y detrás de ellos, el conde de Santiago con el estandarte...

Inmediatamente después iban las comunidades religiosas seguidas de los principales ministros del tribunal, consultores y calificadores con sus insignias en las capas y veneras, y más atrás los frailes de Santo Domingo con velas de cera encendidas, acompañando al prior fray Gonzalo Madrazo que llevaba la cruz verde, de cuyos clavos pendía un velo negro en señal de luto, marchando todos al compás del cántico *Vexilla Regis* que entonaba la capilla de la catedral... Eran entonces las siete de la noche. El teatro estaba profusamente alumbrado y en el altar, donde se enarboló la cruz, ardían en blandones y candeleros de plata considerable número de cirios y velas de cera. Luego que el concurso acabó de tomar colocación en el teatro, puestos todos de rodillas oyeron cantar a la capilla la antífona y el versículo de la cruz y su oración a fray José de Legarrea...

A los reos, vestidos con sus sambenitos pintados con llamas y figuras de demonios, los condenados a morir vivos en la hoguera, se les notificó su sentencia. A los catorce, así hombres como mujeres, se les colocó en la boca, de la misma forma que se hace con el freno a los caballos, una barra de hierro atornillada ferozmente a la nuca de modo que no pudieran hablar ni protestar.

De los sentenciados, el que llamaba la atención de la gente era Alberto Buzali, el escritor e investigador, que a pesar de ir amordazado como una fiera salvaje no cesaba de articular las voces que podía, gesticulando de manera desesperada; muchos le dirigían denuestos, imprecaciones y consejos, si bien seguía fiero su camino. A él, precisamente a Buzali, lo habían declarado hereje judaizante, apóstata de la fe católica, protervo y pertinaz en la observancia de la ley de Moisés, fautor y encubridor de herejes judaizantes, maestro de dicha ley y pervertidor de personas católicas, por lo que fue condenado a ser relajado, con confiscación de bienes, por leer libros prohibidos y divulgarlos.

Patricio, elevado ya a su calidad de arzobispo antes de cumplir los cuarenta años de edad, se situó ceremoniosamente debajo de un baldaquín de terciopelo con cenefas y goteras de brocado de oro, amarillo y negro, con flecadura también de oro. A ambos lados los inquisidores con el fiscal, que seguía enarbolando el estandarte, observaban a otros reos al salir en forma de penitentes, en cuerpo sin cinto, sin bonete, con sambenito de media aspa y vela verde en las manos. Se trataba de individuos condenados al destierro perpetuo de las Indias Occidentales y los que tenían bienes en multas más o menos cuantiosas...

Puesto de pie con la debida solemnidad, mi ya santísimo hermano pronunció contra los reos las sentencias definitivas de muerte condenándolos al brasero, donde fuesen quemados después de haberles dado garrote excepto Alberto Buzali, escritor, coleccionista de libros prohibidos, relapso y rebelde, sentenciado a quemarlo vivo por la obstinación diabólica en su sacrilegio y perfidia, sin que para ablandarlo bastase el verse condenado a tan doloroso suplicio, ni los ruegos y exhortaciones que el mismo general y los circundantes le hacían. Había aprendido a leer y escribir y la gramática en su ciudad natal con un ayo, fraile agustino, que le puso su padre; enseguida pasó a Londres, en cuya universidad cursó matemáticas y lengua griega con Gabriel Sandoval; a la edad de doce años escribió y publicó un folleto contra el rey de Inglaterra y por haberlo publicado salió huyendo porque no lo matasen. No puede dudarse que poseía una ilustración vastísima, como que conocía a fondo el inglés, el italiano, el francés, el castellano, el latín y el griego, y los poetas y filósofos de la antigüedad. Había llegado a la conclusión de que los soberanos españoles eran injustos detentadores de sus colonias de América en vista de que derivaban dicha posesión de una bula pontificia que debía considerarse nula, pues los papas carecían de potestad temporal. Pronunciadas que fueron las sentencias, pusieron a los ajusticiados caballeros en bestias de albarda y con la escolta de las compañías de milicia y acompañamiento de los ministros ejecutores y oficiales de la justicia seglar, con trompeta y voz de pregonero, pasearon a los condenados sacándolos por la calle de San Francisco que es la de la platería, la vuelta que sale a la de Tacuba, por la esquina del convento de religiosas de Santa Clara hasta la esquina de la caja maestra de agua en que remata la suntuosa arquería de los caños de esta ciudad, y por la vuelta de la Sequía y Alameda salieron a la plaza del convento de religiosos franciscanos descalzos de San Diego, donde estaba fabricado y para esta ocasión renovado el capacísimo brasero del Santo Oficio en un anchuroso cuadro de cal y canto, con sus cuatro remates esféricos de lo mismo... Juzgo haber en plaza, Alameda y arcos, de treinta mil personas para arriba, siendo más de quinientas las carrozas que hallaron comodidad. Habiéndose dado el último pregón, los fueron subiendo al brasero donde estaban clavados catorce palos. Como los iban subiendo les fueron dando garrote, ayudándolos los confesores con la última diligencia de persuadir a su arrepentimiento y actos de contrición, llegándoles el Santo Cristo de la Cofradía de la Misericordia, que vino con ellos y les andaba convidando con el remedio de su preciosísima sangre. Echaron la leña en el brasero y subieron el último al infeliz Buzali, a quien le aplicaron fuego a la barba y rostro para ver si la pena lo hacía cuerdo y el dolor desengañado, mas él con las palabras y acciones consumó su impenitencia final, y atrayendo leña y sus propios libros con los pies se dejó quemar vivo sin dar un solo indicio de arrepentimiento; desde la llama se le veía hacer muecas con la cabeza y manos, como quien decía que no a la voz común que le aclamaba su conversión...

Ahí, con él y sus ideas, ardieron sus adorados libros, la mayoría de los cuales le había vendido Patricio a través de sus agentes secretos, quienes le informaron del enorme patrimonio que detentaba don Alberto y que envidiaba mi hermano. Algunos de los ejemplares que se convirtieron junto con él en cenizas fueron: *De ratione studii*, de Erasmo; *Obras*, de Platón; *Elementos*, de Euclides; *Opera omnia*, de Arquímedes, además de las obras de Apolonio de Perga, Boecio, Niccolò Tartaglia, Pietro Cataneo, William Barley, Alfonso el Sabio, Sacrobosco, Copérnico, Pedro de Medina, Pedro de Rivas, Bartolomé Hidalgo, Francisco Hernández de Toledo, Nicolás Monardes, Miguel de Cervantes, el *Palmerín de Oliva*, Jerónimo Fernández, Alonso Álvarez de Soria, Quevedo, entre otros cientos más...

Ardió la espantosa hoguera y resolvió en pavesas y humo las estatuas, las cajas de huesos y los cuerpos miserables de los apóstatas, siendo la vengadora llama la ejecutora de la divina justicia y forja de los trofeos que el Tribunal Sagrado de la Fe levantaba aquel día en crédito de la persona de Cristo crucificado, y en honra y gloria de su eterno Padre y de su santísima Ley. En el impresionante auto de fe celebrado ese día fueron condenadas a larguísimas penas carcelarias cincuenta y un personas; quemadas vivas once, post mortem una, y una joven que expió su alma durante la horripilante tortura inquisitorial por haber tenido un Cristo con telarañas. Entre las incineradas se encontraba una monja, sor Socorro, que perdiera la razón y se convirtiera en bruja, en hechicera que causaba males por doquier. Sus cenizas fueron quemadas de nueva cuenta junto con un muñequito, un fetiche, la herramienta del mal, para que no quedara huella de su paso por la tierra ni sus familiares pudieran conocer su paradero.

Gracias a que anunciaron los nombres de las herejes que serían ejecutadas, logré identificar a María del Socorro, antes de que se extraviara entre las llamas y constatara cómo se incendiaba su humilde sambenito sin poderse mover por estar firmemente atada a un mástil de madera, ni gritar por tener colocado un freno de acero en la boca de la que salía sangre por la fuerza con que se lo habían colocado, la angustia que viví me llevó al extremo de perder el sentido. Me desmayé sin poder oír su voz ni escuchar sus maldiciones. Si yo había vivido en carne propia el horror de la impotencia al saber quiénes eran mi padre y mi hermano sin poder protestar ni quejarme de sus abusos, todo sufrimiento era insignificante con tan solo ver el rostro desesperado de aquella pobre mujer al sentirse devorada por el fuego sin razón alguna. ¿Habría castigos aquí en la tierra como en el cielo para los culpables de semejante canallada? Por supuesto que no: la venta de indulgencias estaba a la orden del día, autorizada por la pandilla de purpurados que administraban y dirigían los destinos de la Nueva España.

Muchos meses después, con gran asco y repulsión, logré ser invitada, a través de mi hermano, al palacio tan negro como siniestro de la Santa Inquisición. ¿Cómo no hacerlo, para darle todo el realismo a mi relato? Desde el día anterior decidí no ingerir alimentos para tener controlado mi estómago durante la visita a las galeras terrenales construidas por Mefistófeles. «A la derecha de la escalera, en el corredor que mira al poniente, había una puerta que daba entrada a la sala de audiencia y demás departamentos de oficiales y de ministros. En la primera pieza estaban los retratos de los inquisidores, que llegaban a cuarenta, con sendos rotulones en que se decía el lugar de su nacimiento, los años en que murieron y aun la enfermedad, año y día de su colocación en esta casa… En el extremo del salón que mira al sur había un altar bastante bien decorado, y en su centro, San Ildefonso recibiendo la casulla de la Santísima Virgen María. En el lado opuesto y después de una gradería de poco más de una vara de altura estaba la mesa de los inquisidores con sus tres sillones cubiertos de terciopelo carmesí, con franjas y recamos de oro y sus tres cojines o almohadones correspondientes aforrados en lo mismo. Un dosel clavado en la pared, también de terciopelo del mismo color con franjas y borlas de oro. En él estaban las armas reales y apoyado en el globo de la corona un crucifijo y alrededor: *Exurge, Domine, et judica causam tuam.* A su lado dos ángeles: uno tenía en una mano una oliva y con otra sostenía una cinta en que se leía: *Nolo mortem impii, sed ut convertatur impius a via sua et vivat* «No quiero la muerte del impío, sino que regrese a su camino y viva». En el otro lado había otro ángel con una espada en la mano derecha y en la izquierda otra cinta con este mote: *Ad faciendam vindictam in nationibus; increpationes in populis* «Para ejecutar venganza entre las naciones y castigo a los pueblos», todo lo cual está recamado de oro y seda. En la pared de dicho salón que miraba al sur había una puertecilla que conducía a las prisiones; otra en la que miraba al poniente con este título: "Mandan los señores inquisidores que ninguna persona entre de esta puerta para adentro aunque sean oficiales de esta Inquisición, si no lo fueran del Secreto, bajo pena de excomunión mayor". Otra, junto al dosel, llena de escopleaduras circulares y oblicuas para que el delator y testigos pudiesen ver desde dentro al reo, sin ser vistos por él».

Sobra decir que salí deshecha y empezando a sentir un creciente rencor por mi hermano, quien nunca se pareció a fray Bartolomé de las Casas, a fray Bernardino de Sahagún o a fray Diego Durán. ¿Por qué no se habría convertido en un verdadero amante de los indios, en un ser respetuoso de sus votos de pobreza y castidad? ¿Pero qué podíamos esperar del hijo de un verdugo que, a su manera, decidió superar el oficio del padre? Ahora lucraba con la fé, el dolor ajeno y la esperanza, que lo hicieron absurdamente rico y poderoso.

El desastre económico de la Nueva España empezó a gestarse a partir de los sistemas de tenencia de la tierra predominantes en el siglo XVII. En las trece colonias norteamericanas se privilegiaba la propiedad privada y la creación de pueblos nuevos con la condición de que en una comunidad de más mil personas se fundara obligatoriamente una escuela. En México, la tenencia de la tierra estaba reservada a los españoles, en la inteligencia de que los indios quedaban reducidos a la esclavitud y a la ignorancia. Ni consumían ni se ilustraban ni se capacitaban: comenzaba el atraso y el empantanamiento social. Con la sustitución de escuelas por iglesias inició la catástrofe humana, cuando la inmensa mayoría de nosotros nos convertimos intelectualmente apenas en algo más que animalitos de corral porque comíamos las sobras de los amos y vivíamos a la intemperie sin saber leer ni escribir, y sin haber lastimado a nadie empezamos a pedirle perdón llenos de culpa a un Dios que no conocíamos. ¿A cuántos pensadores destacados y científicos sobresalientes no mandó quemar vivos la Inquisición porque, según ella, sus conocimientos y descubrimientos eran heréticos? ¿Cómo evolucionar si asesinaban o incineraban a quien pensara peligrosamente o dudara de los dogmas?

¿Y el teatro? La Iglesia proscribió casi todo tipo de teatro como fuente de pecado y lascivia. Se preocupaba por los bailes de máscaras y por las coplas desvergonzadas interpretadas por coros que cantaban «deshonestidades muy ajenas al teatro, antes bien muy contrarias al decoro público». La sana alegría como manifestación de la libertad humana se nos escapaba; el regocijo del cuerpo o la risa carnavalesca, el juego como expresión de distanciamiento, no solo en sus formas más directas de sátira, burla o caricatura, estaba ausente. Se silenció la risa. Sin embargo, la prosa libertina circuló clandestinamente por el virreinato, en tanto el clero insistía en congelar el júbilo de la nación y lo conseguía.

En los años posteriores a la así llamada conquista, la población colonial disminuyó a causa de nuevas enfermedades, la desintegración de la economía nativa y las malas condiciones de vida. La peste era un fenómeno sanitario desconocido en estas tierras. De tarde en tarde las pavorosas epidemias, una consecuencia de la indolencia sanitaria, mataban literalmente a millares, cuyos cuerpos llenaban los camposantos, las calles y los caminos... Durante las pestilencias se organizaban procesiones de sangre. Las monjas enclaustradas, al no poder salir, organizaban procesiones en los claustros, flagelándose y cargando pesadas cruces. Se pedía misericordia a las vírgenes y sobre todo a la Virgen de Guadalupe, madre de los indios.

No se debe olvidar que las enfermedades mortales provocadas formaban parte de las estrategias guerreras del Medievo europeo, según aprendí de uno de los libros que Patricio había robado de las bodegas de libros prohibidos por la Inquisición. En 1422 el ejército lituano catapultaba cadáveres y excrementos a los defensores de Carolstein, Austria, para iniciar terribles procesos infecciosos. El ejército británico practicó sistemáticamente la propagación de viruela entre los indios desde 1755, a propósito del brote que diezmó en 1757 a los potawatomis, a la sazón aliados de los franceses, sus adversarios en la colonización de Norteamérica. Los españoles en 1495, a su vez, entregaban vino contaminado con sangre de leprosos a sus adversarios franceses. Por lo anterior, el traslado de estas tácticas al Nuevo Mundo no debería extrañarnos, pues los ibéricos se formaron en el arte de la guerra tratando de contaminar a sus vecinos.

En efecto, cuando los españoles arribaron a estas tierras en 1518, la población aborigen ascendía a unos veinticinco millones de habitantes; diez años después había disminuido a menos de diecisiete millones; para 1568 a tres, y para 1618 a solo un millón y medio. Así, desde la llegada de Colón, los europeos, por medio de sus infecciones además de otros recursos no menos deleznables, exterminaron prácticamente a noventa y cinco por ciento de la población indígena y destruyeron sus culturas ancestrales.

Hace casi tres siglos arribaron al Nuevo Mundo los invasores europeos junto a los que serían sus mayores aliados en la conquista del continente: la viruela, el sarampión y la influenza. Los españoles primero, y luego los británicos, utilizaron fundamentalmente a la viruela para realizar una guerra biológica contra los indios americanos, lo que a la larga significó la mayor catástrofe poblacional que jamás haya sufrido América en toda su historia. He ahí la conclusión más dolorosa a que llegué en soledad y en secreto, después de años de estudio y de redactar a escondidas estas páginas que nunca saldrán a la luz, al menos mientras yo viva, salvo que se publiquen con un seudónimo, en la inteligencia que mi editor me denunciará tan pronto lo acuesten en la rueda y lo aporreen, para luego descuartizarlo después de tres pavorosos tirones.

La población blanca contaba con un sinnúmero de sirvientes, criados indígenas que pululaban en las casas españolas, donde hasta el peninsular más pobre podía relevarse de las tareas domésticas. La población blanca y casi blanca habitaba en las ciudades españolas, sostenida por el trabajo y el tributo de los indios. Las labores manuales y aun muchos oficios eran considerados indignos de un europeo, de manera que los blancos urbanos, con un número relativamente pequeño de artesanos y esclavos negros, comían los alimentos cultivados por los indios, se vestían con tejidos producidos por los indios, habitaban en casas construidas por los indios y en parte amuebladas por ellos mismos, y remitían a Europa los metales extraídos y procesados en parte por los indios, que morían como moscas en las minas, en los campos o en las ciudades víctimas de las epidemias. A los «yndios bajábanlos en las minas a unos sótanos profundos de veinte o treinta estados, oscuros, tenebrosos y humildísimos y a la luz de unas malas teas, con una gruesa barreta, cuñas y mazas en las manos y bajando y subiendo por unas malas escalerillas postizas de una mesa a otra en el centro... La mayoría salía desmayada de hambre, garleando de sed, traspirados de sudor, deslumbrados de la oscuridad y cargados de sacos llenos de metal, trepando por tan manifiestos peligros, que eran sinnúmero los que desfallecían y los que escapaban con vida la llegaban a perder en su choza...» Las dificultades económicas de la Corona española la llevaron a exigir más a fondo a la colonia, y por ende a los indios. Aumentó los impuestos; vendió los cargos; recibió dinero por prebendas, favores y perdones de toda clase; mendigó préstamos y donaciones, introdujo las alcabalas, bulas de la cruzada, compensaciones de tierras, venta de cargos públicos, préstamos generales y forzosos, medias anatas, mesadas, papel sellado, extensiones y aumentos de contribuciones más antiguas, como el tributo y el almojarifazgo, y la creación de los monopolios de la sal, la pólvora y el mercurio para las minas, todo lo cual constituía una carga adicional para todos nosotros. ¿Y los piratas ingleses y franceses? Ellos se dieron cuenta de los altos precios de los productos importados de la metrópoli y recurrieron al contrabando para vender a mucho menos de la mitad sus bienes con el consecuente daño para la economía colonial. El vino, el aceite, los textiles de toda naturaleza, el tabaco, así como otras manufacturas europeas, se podían adquirir a valores muy inferiores en los mercados negros. La clausura, la absoluta cerrazón comercial y política, serían poderosos enemigos a vencer en el futuro si se comparaba con la apertura liberal en todos los órdenes prevaleciente en Estados Unidos.

¿Los indígenas soportaron pasivamente el terror y las persecuciones inquisitoriales, las muertes, las torturas y los encarcelamientos, además de las explotaciones laborales, las imposiciones autoritarias, sin protestar jamás ni levantarse en armas? ¿Se resignaron a su suerte? ¡Qué va! Hubo sublevaciones indígenas, brutalmente reprimidas, en la región del Pánuco, en Oaxaca, en Chiapas, en la ciudad de México, en Campeche, en Sinaloa, en Nayarit, en Zacatecas, en Mérida, en Nueva Galicia, en Durango, en Sinaloa, en Yucatán, en Sonora, en Chihuahua, en Nuevo México, en Nuevo Reino de León, en Guanajuato y en San Diego, California, a lo largo del los siglos XVI, XVII y XVIII. Todas fracasaron en su intento por restaurar la antigua organización. Punto y aparte requiere el año de 1692, cuando los aborígenes incendiaron Palacio Nacional a consecuencia de los desastres naturales, el hambre y las privaciones, y de la ineptitud de las autoridades virreinales.

«Con cuánta frecuencia vemos ponderar la influencia que tuvieron las ideas de la Ilustración y el triunfo de la Revolución francesa en la lucha por la independencia de México», leí en unas hojas sueltas escritas con mano temblorosa que localicé en uno de los libros confiscados por mi hermano, seguro de un lector liberal que se jugó la vida, sin saberlo, a la hora de adquirirlo. ¿Cuál influencia? Todo un embuste más porque 1821, el año de su consumación, significó la derrota de los ideales ilustrados y republicanos, y por ende el triunfo de una contrarrevolución antiliberal, reaccionaria de punta a punta además de monárquica y clerical, que hubiera avergonzado sin duda alguna a Juan Jacobo Rousseau, Montesquieu, Voltaire, Diderot y D'Alembert, entre otros filósofos más. ¿Acaso el alto clero de México, retardatario, retrógrado y conservador, enemigo de la evolución y del progreso, feroz opositor a todo tipo de cambio, no combatió con las armas en la mano el nacimiento de los primeros brotes insurgentes a partir de 1808? ¿No torturó e hizo fusilar a Hidalgo y a Morelos, entre otros sacerdotes más, por sus ideas políticas de vanguardia con las que conminaban sus cuantiosos intereses y privilegios? Los Padres de la Patria, ¿no fueron acusados de herejes y apóstatas de la santa fe católica, así como excomulgados por sediciosos y cismáticos y comparecieron ante el Santo Oficio de la Inquisición, el cual ordenó su inmediata ejecución? ¿La Inquisición no intervino de manera definitiva en la degradación, fusilamiento y decapitación de Hidalgo? ¿El Santo Oficio no intentó detener el torrente ideológico progresista que amenazaba inundar a la Nueva España, imponiendo castigos tan vandálicos como crueles? ¡Cuántos negocios hizo mi hermano vendiendo obras literarias prohibidas y condenadas por el tribunal, pero que despertaban una viva curiosidad en el público lector! ¿Cuál debía ser la suerte de la colonia cuando Fernando VII, el imbécil Narizotas, fue capturado por Napoleón, quedando acéfala la monarquía española? Ahí estuvieron presentes el Santo Oficio y el alto clero colonial reprobando públicamente la doctrina de la soberanía del pueblo, declarándola herética y anatemizada. Los liberales mexicanos, sacerdotes o no, fueron pasados por las armas sin piedad alguna en tanto el papa Pío VII ordenaba a todos los católicos del mundo pelear contra Napoleón I, «la Bestia Apocalíptica». Quisiera que la vida me alcanzara para saber cómo tratarán estos temas históricos tan reveladores y cruciales cuando yo ya no esté en el reino de los vivos. Apuesto a que la Iglesia católica, eternamente vinculada con el más fuerte, hará lo imposible por esconder su responsabilidad, de modo que humilde, pobre e indefensa, sea reconocida como una abnegada divulgadora del Evangelio y feroz defensora de los desamparados: en el nombre del Padre, del Hijo... Bienaventurados los pobres de espíritu porque de ellos será el Reino de los Cielos...

Me puedo imaginar con meridiana claridad la cara que habrían puesto Matías Monteagudo, la máxima autoridad clerical en la Nueva España, y mi hermano Patricio, su brazo derecho, cuando las Cortes de Cádiz resolvieron en 1813 que el Tribunal de la Inquisición era incompatible con la Constitución de Cádiz. Solo que Fernando VII no tardaría en volver a ocupar transitoriamente el trono de España con las consabidas consecuencias, entre ellas la indeseable reinstalación del maldito y perverso Santo Oficio —¿santo?—, que en dicha ocasión todavía pudo intervenir como jurisdicción unida con las autoridades virreinales para fusilar al cura José María Morelos y Pavón. El hombre que había prohibido la tortura en su Constitución de Apatzingán fue torturado por su propia Iglesia, según consta en la siguiente acta que habla de la vesania de los execrables purpurados, sus colegas:

> Quiero suponer el hereje más obstinado, el más descarado apóstata... O es confeso o es convicto. En el primer caso se le sentencia después de mil preguntas misteriosas: mas en el segundo, además de la prisión... destituido de todo humano consuelo, se emplean con él horribles tormentos... Una garrucha colgada en el techo por donde pasa una gruesa soga es el primer espectáculo que se ofrece a los ojos de aquel infeliz. Los ministros lo cargan de grillos, le atan a las gargantas de los pies cien libras de hierro, le vuelven los brazos a la espalda asegurados con un cordel y le sujetan con una soga las muñecas, lo levantan y dejan caer de golpe hasta doce veces... Si no confiesa lo que quieren los inquisidores, ya le espera la tortura del potro, atándole los pies y las manos. Ocho garrotes sufría esta triste víctima y si se mantenía inconfeso, le hacían tragar gran porción de agua para que remedase a los ahogados... Completaba últimamente esta escena sangrienta el tormento del brasero, con cuyo fuego lento le freían cruelmente los pies desnudos, untados con grasa y asegurados en un cepo...[30]

Una vez declarado confeso, antes de ser fusilado, los magistrados del Santo Oficio dictaron la sentencia en contra de Morelos que si bien sirvió para justificar de manera alevosa su ajusticiamiento, fue particularmente útil para condenar a sus verdugos, sus hermanos de profesión, los pastores de almas, de cara a la historia:

[30] Torres, 2000: 49-50.

Considerando que incurrió notoriamente en gravísimos crímenes, confesados por él mismo, con los cuales ofendió «no solamente a Su Majestad Divina, sino que ha escandalizado, conmovido, trastornado y desolado este pacífico reino...» y cometió también el más escandaloso, enorme y calificado delito de alta traición, por haber querido sustraerse del gobierno y dominación de nuestro legítimo soberano, el señor don Fernando Séptimo... el Derecho «expresamente ha impuesto la pena de deposición perpetua y degradación real y solemne».[31]

El regreso de Fernando VII y la restauración del régimen absolutista propiciaron que los partidarios del Santo Oficio volvieran a elogiarlo públicamente y a dar gracias al cielo por «el restablecimiento glorioso del Santo Oficio de la Inquisición», alegría y reconciliación que les duró hasta 1820 cuando los liberales españoles volvieron a hacerse del poder y lo volvieron a suprimir. En México, el mismo día 31 de mayo cesó en sus funciones el Tribunal de la Inquisición, con la consecuente felicidad de la mayoría en la todavía Nueva España. ¿Por qué todavía? Pues porque cuatro meses después, al celebrarse las juntas de La Profesa, presididas, entre otros salvajes, por el propio Matías Monteagudo, el oidor Bataller y obviamente mi hermano Patricio, se acordó segregar a la Nueva España de la metrópoli. Para ello, sacaron de la chistera a un capitán tan ambicioso como cruel y corrupto llamado Agustín de Iturbide, por supuesto un fanático religioso, un déspota, una triste marioneta al servicio de la alta jerarquía eclesiástica, que lograría la independencia sobre la base de que el país naciente estuviera ferozmente sometido a los dictados de la Iglesia, institución que en ningún caso perdería el control de los acontecimientos. México se liberaría de España, sí, pero no del clero ni de sus militares ni de su aristocracia ni de sus sistemas de explotación ni tendría garantizados los derechos universales del hombre consignados por la Revolución francesa, como la libertad de expresión, de educación, la separación Iglesia y Estado, entre otras garantías individuales que elevan a las personas a la altura mínima exigida por la más elemental dignidad humana.

Cuando desapareció finalmente el Tribunal del Santo Oficio, había juzgado a cinco millones trescientos mil individuos. Los ar-

[31] Herrera, 1985: 150.

chivos que contenían todas sus vilezas y atropellos se extraviaron
en la noche de la historia para evitar que cayeran en manos perversas movidas por el demonio. ¡Claro que jamás dejarían pruebas de
su salvajismo! El daño fue devastador. Aprendimos a delatar a lo
largo de tres siglos a nuestro padre y a nuestra madre, a hermanos
y amigos, para ya ni hablar de los enemigos. No nos dimos cuenta pero desconfiábamos hasta de nosotros mismos. He ahí uno de
los grandes daños que sufrimos como nación a manos de la Iglesia
católica durante los años interminables de la colonia. ¿Adónde va
un país que no cree en sí mismo ni se acepta indígena ni español,
y escasamente se ve mestizo por más que la realidad así lo imponga? La Santa Inquisición nos rompió por dentro y destruyó hasta
el sentimiento interior de la esperanza. La Iglesia, la responsable de
la educación durante los trescientos años de existencia de la Nueva España, produjo un escandaloso y no menos trágico noventa y
ocho por ciento de analfabetos a la fecha en que Iturbide se convirtió en emperador de México. ¿Adónde íbamos con una gigantesca
masa de ignorantes, además reprimidos y resignados, supersticio-
sos, escépticos y desconfiados? ¿Esa era la materia prima para construir un nuevo país? ¿De qué nos sirvió tener la primera imprenta
de América en 1534, a menos de veinte años de la conquista, antes
que Lima, la Ciudad de los Reyes en el Perú, y cien años antes que
la de Harvard, en Cambridge, Massachusetts, si la Santa Sede, por
ejemplo, prohibió la lectura nada menos que de *El Quijote* y de la
propia Biblia, entre otros miles de títulos más, mientras no fueran
bendecidos para permitir su lectura: *donec corrigatur,* hasta que
fueran corregidos o expurgados y suprimidos determinados pasajes
juzgados como peligrosos. La catástrofe no se hizo esperar.

Los españoles impusieron la censura, con la consecuente incapacidad de expresión; nos impidieron protestar, comunicarnos y
denunciar. La represión fue brutal. Nos quemaron vivos junto con
nuestra creatividad y visión de la vida, para enseñarnos un mundo salvaje y autoritario, intolerante e intransigente, aumentando
los prejuicios y taras heredadas de las generaciones precolombinas
que tampoco conocieron la libertad ni la democracia. Cerraron las
puertas a las ideas refrescantes de la Ilustración, al Enciclopedismo,
a los derechos universales del hombre y a las corrientes filosóficas
de la Revolución francesa, en otras palabras, se cerraron a la razón
y nos encerraron en la sinrazón. Nos llenaron de miedos paralizan-

tes y de desconfianza y escepticismo acerca de nuestra existencia. Cancelaron la libertad de comercio y de industria, impusieron barreras aduanales para impedir el libre flujo de mercancías, controlado por un Estado opresor e inamovible, amante de monopolios reñidos con la evolución económica; persiguieron y quemaron a los judíos, eficientes generadores de empleos y de riqueza. Los españoles importaron la corrupción, la descomposición social desconocida entre los aborígenes. Los españoles nos impidieron forjarnos como nación en universidades y academias a las que pudiera acceder toda la población. Nos obligaron a pensar como ellos, a ser como ellos, a hablar como ellos, a vivir como ellos y hasta a hacer el amor como ellos...

Patricio murió años después que Monteagudo, precisamente el día en que las tropas norteamericanas abandonaron México después de arrebatarnos medio territorio nacional en 1848. ¿El que la hace la paga? ¡Pamplinas! Mi hermano murió en una cama y no en la pira ni descoyuntado después de ser torturado en la rueda ni colgado de la garrucha, y además ampliamente reconfortado con todos los auxilios espirituales, habiendo recibido la extremaunción y las bendiciones e indulgencias plenarias del caso para garantizar el eterno descanso de su alma. Yo tuve en mis manos el acuerdo que firmó con el ejército norteamericano en que constaba lo siguiente: «El ejército de Estados Unidos se compromete a respetar el patrimonio y la liturgia de la Iglesia católica siempre y cuando ésta, a su vez, se comprometa a excomulgar a todo aquel mexicano que atente en contra de la vida de un soldado norteamericano». Las razones del convenio eran muy sencillas: al clero católico le interesaba sobremanera que los yanquis abandonaran el país a la brevedad antes de que nos absorbieran por completo e impusieran la religión protestante, lo cual significaría el final del catolicismo mexicano. ¿No es claro por qué la alta jerarquía ha sido, es y será la peor enemiga de México a lo largo de su historia? ¿Quién quería más pruebas?

Yo heredé la mayor parte de los bienes ocultos de mi hermano, una riqueza asquerosa y excepcional que no se pudo llevar al otro mundo, así como todo el patrimonio de mi padre, ambos haberes secretos; los dediqué a construir escuelas, para hacer obras blancas con dinero negro.

Cuando las fuerzas de mi cuerpo agotado me abandonaron en tropel, todavía tuve la fortuna de saber que Juárez había ganado la guerra de Reforma y que sería el gran líder mexicano de todos los tiempos que regresaría a las sacristías —¿para siempre?— a la Iglesia católica, de modo que se dedicara únicamente a la divulgación del Evangelio sin torturar ni quemar ni enriquecerse ni asestar golpes de Estado ni controlar a través de la culpa ni convertirse en el gran censor de la nación ni atreverse a volver a ser la gran maestra de México. Ahora podía morir en paz, sobre todo cuando supe que estas líneas ya se encontraban contenidas en un texto que muy pronto saldría a la luz pública. ¡Qué tranquilidad me proporcionó el hecho de que jamás me encontraría otra vez con Patricio! ¿Cómo creer en el paraíso o en el infierno? ¡Bendita sea la muerte con la pérdida total de conciencia!

Felipe Carrillo Puerto

EL HALACH UINIC, EL HOMBRE VERDADERO, EL ABRAHAM LINCOLN DEL MAYAB

Los mayas no podían tener otro sueño de alegría que el del alcohol, ni otra esperanza de liberación que la muerte.

SALVADOR ALVARADO

Entre los gobiernos que no educaron a la gente, la Iglesia que los ha embrutecido y los hacendados que los han esclavizado junto con el alcohol, estamos absolutamente perdidos.

Si los comerciantes acaparan los víveres y a ustedes les falta pan, pues ir a las tiendas, a demoler las puertas y saquear todas las existencias. Dinamitemos la Cámara de Diputados, para que ya no haya más holgazanes, exterminemos cuanto antes el Senado, acabemos con la Suprema Corte, ya no más manifestaciones pacíficas, ya no más palabrería, lo que el pueblo necesita es imponerse.

FELIPE CARRILLO PUERTO

A mi querido tío Luis, porque nunca dejó de
apretarme firmemente el antebrazo para repetirme
con los ojos inundados: escribe, escribe, escribe...

Me llamo Alma María Sullivan Reed, sí, la amante norteamericana de Felipe Carrillo Puerto, la gringuita rubia, la que pasó a la historia de Yucatán, entre otras razones, gracias, mil veces gracias, a la música de *Peregrina*, compuesta por nuestro inmortal Ricardo Palmerín. ¿Cómo olvidar la letra de mi canción favorita con la que deseo ser enterrada?

> *Peregrina que dejaste tus lugares,*
> *los abetos y la nieve,*
> *y la nieve virginal*
> *y viniste a refugiarte en mis palmares,*
> *bajo el cielo de mi tierra,*
> *de mi tierra tropical.*

Nunca, a lo largo de los ya casi tres cuartas partes de un siglo de mi vida, conocí a un pueblo tan generoso, cándido y noble como el yucateco; entre todos los generosos, cándidos, nobles y bien intencionados de sus pobladores, sin duda se encuentra mi adorado Felipe, mi Dragón Rojo, el gobernador asesinado por pretender la superación material, política y espiritual de los suyos.

Mis vínculos y mi historia con México comenzaron cuando, una vez divorciada e independizada también de mis padres, ingresé como periodista en el *San Francisco Call Bulletin*, en donde escribía una columna diaria todavía con mi apellido de casada, Reed. Corría en aquel entonces el año 1921. Álvaro Obregón, un criminal despiadado de quien me ocuparé más tarde, acababa de tomar posesión como presidente de la República, después de haber mandado matar a Venustiano Carranza en Tlaxcalantongo para instalarse como un golpista más de los tantos que han existido en México. ¿Suenan muy fuertes los cargos? ¿Sí...? ¿Por qué los mexicanos dirán «a la muerte de Madero», en lugar de «cuando Madero fue asesinado» a manos de Victoriano Huerta y de nuestro demoníaco embajador Lane Wilson, de la misma manera en que Zapata también fue asesinado por el propio Carranza, asesinado, sí, asesinado con todas sus letras, al igual que Villa, Francisco Serrano y Arnulfo Gómez fueron arteramente asesinados por Obregón, entre otros cientos de víctimas propias del indeseable despertar del México bronco? Los mexicanos siempre evitarán las palabras rasposas y agresivas, le darán la vuelta, como ellos mismos dicen, a las confrontaciones, pero eso sí, una vez agotada la cortesía a la que son tan proclives, instalados en la arena del irremediable enfrentamiento, desprendidos de las máscaras, surgirá la sanguinaria personalidad labrada durante siglos, tanto en la piedra de los sacrificios como en la pira de la Santa Inquisición, las fuentes de rencor y de resentimiento que hará de ellos individuos violentos e irreconocibles como sus verdugos precolombinos y novohispanos. Nunca amenaces a un mexicano y menos, mucho menos, en su propia tierra. De la misma manera que son exquisitos y corteses, pueden llegar a ser absolutamente salvajes si se les toca las fibras de su pasado bárbaro.

Si algo me sorprendió al pisar este país fue el poco apego que se tiene a la verdad. No hay quien no se queje de las mentiras de los políticos o las mujeres de los engaños de los hombres o de los embustes de los comerciantes, pero al final de cuentas todos viven en una farsa feliz, unas magníficas fantasías particularmente útiles para huir de la realidad, de la misma manera en que huyen de ella después de varios cruzaditos de tequila. Basta con oír sus canciones populares para poder entender cabalmente a nuestros pintorescos vecinos. Cualquiera que escuche la trova yucateca en una noche de estío quedará tocado para siempre. *Touché*... Como este pequeño relato no tiene por objetivo describir lo mexicano a través de su música, sino revelar secretos, hasta ahora escrupulosamente guardados en torno al vil asesinato de mi amado, un líder político de esos que nacen cada mil años, solo quisiera recordar una tonada más que refleja el «claro apego a la vida» de los ejemplares habitantes de este «Valle de lágrimas», como bien los llamara uno de sus tantos poetas que ya soñaríamos tener en Estados Unidos para enseñarnos otro concepto de la existencia, divorciado del apetito concupiscente, el material, el que llama al estúpido acaparamiento de bienes del que no pueden prescindir los yanquis.

> No vale nada la vida
> la vida no vale nada
> comienza siempre llorando
> y así llorando se acaba
> por eso es que en este mundo
> la vida no vale nada...

¿De verdad no vale nada la vida? ¿Comienza siempre llorando y así, llorando, se acaba? ¿Estamos frente a una convicción popular? ¿Todos los mexicanos van entonces de luto por las calles? ¿Visten de negro permanentemente? ¿Están condenados al dolor eterno y subsisten penosamente integrando una procesión luctuosa solemne, dolorida, rígida y resignada, en la que está prohibido sonreír, beber, amar, tirar cuetes, chiflar, engañar y bailar? ¡Falso, absolutamente falso! Si los mexicanos nos admiran en algunos aspectos, los yanquis envidiamos su manera de ser. ¿Quién de nosotros puede lanzar un grito doloroso al aire, eterno y desgarrador, íntimamente contagioso con tan solo escuchar la melodía interpretada por un nutrido grupo de mariachis, que le recuerde la pérdida del ser amado y acto seguido, soltar una sonora carcajada o caer presa de un ataque de llanto entre amigos que lo consuelan? Un país en el que se encuentran conjuntos de mariachis por doquier y que pueden encender el entusiasmo popular al primer guitarrazo, aliento de trompeta o rasguño del tololoche, ya es diferente por ese solo hecho. México lindo y querido... I really love you!

Desde un principio y con el nombre de «Señora Goodfellow», comencé a ocuparme del sufrimiento de las familias mexicanas pobres de San Francisco. Una inercia inentendible me orientaba diariamente en dirección al sur de la frontera. Se trataba de una fuerza superior incontrolable, imponente, inconsciente, que me atrapaba y me enganchaba sin entender las razones de mi atracción. Todo comenzó con el sonado caso de Simón Ruiz, un chamaco mexicano que conocí a raíz de mis visitas recurrentes a la penitenciaría de San Quentin, California, en donde cada miércoles teníamos conversaciones de «misericordia última» con hombres sentenciados a morir la mañana del viernes siguiente. Los reos me conocían como la Rosa de la Fila de los Asesinos. Durante mi visita semanal, el 19 de enero de 1921, vi por accidente una invitación dirigida al jefe de la prisión para presenciar el ahorcamiento de un muchacho de diecisiete años llamado Simón Ruiz, quien no solo no hablaba inglés, sino que ninguna persona le había dirigido la palabra durante sus dos meses de encarcelamiento. En su expediente constaba que un año antes había viajado desde su hogar, en Sonora, a trabajar en Bakersfield como ayudante de carpintero y, desde entonces, su residencia había sido intachable. Como consecuencia de un altercado con el dueño del taller, éste había fallecido tres semanas después por las supuestas heridas recibidas. Una vez concluidos dos juicios muy breves, Simón había sido sentenciado a muerte, de lo cual el condenado no estaba enterado porque su abogado de oficio no se había molestado en informarle del contenido del veredicto ni, mucho menos, en traducírselo. A unos días de su ejecución, el sonorense, menor de edad, conoció su suerte desplomándose en un espantoso ataque de llanto. No pude consolarlo ni impedir que golpeara el piso con cabeza y manos en tanto gritaba enloquecido:

—Yo no fui, no, por favor, yo no fui, ayúdeme por lo que más quiera...

—Pero entonces, ¿quién fue? —cuestioné intrigada.

—Le juro que yo no fui, *miss*, cuando llegué al taller el patrón tenía encajado un formón en el mero pescuezo y me acusaron a mí, cabrones, cabrones, cabrones...

A través del *San Francisco Call* armé un escándalo mayúsculo para diferir el ajusticiamiento. El periódico apenas había salido a las calles cuando telegramas, cartas y llamadas telefónicas empezaron a inundar las salas de redacción, así como la oficina del gobernador, en Sacramento. A última hora logré retrasar treinta preciosos días el destino del muchacho rumbo al cadalso y no solo eso, gracias al poder de la prensa, en un plazo tan perentorio, también tuve éxito y se pudo cambiar la ley que establecía la pena de muerte a partir de los catorce años de edad. Simón salvó la vida gracias a mí, hecho que no escapó a la atención de Obregón, quien, junto con su esposa, María Tapia, a través del cónsul general, Alejandro Lubbert, me propuso visitar México como invitada semioficial. Simón Ruiz fue liberado. Hasta la fecha, gracias a mi gestión, la legislación de California prohíbe la ejecución de menores.

En agosto de 1922, a sabiendas del odio del que hacían gala los porfiristas en contra del nuevo orden revolucionario y de la feroz oposición de mis padres, quienes tenían la idea de que México era un país de salvajes violentos, decidí finalmente visitar ese país no sin antes haber leído el libro de John Kenneth Turner, *México bárbaro*, donde el autor hacía constar las inhumanas condiciones de auténtica esclavitud sufrida por los indígenas mayas y yaquis a manos de los latifundistas cultivadores de henequén en Yucatán, durante la dictadura de Díaz. Turner alegaba que México era un país con una Constitución y leyes; sin embargo, la ilegalidad dominaba por excelencia partiendo del propio gobierno que impedía la libertad política, la de palabra, el ejercicio de la prensa libre y la ejecución de elecciones creíbles y efectivas. Hacía constar la inexistencia de partidos políticos independientes, así como de un sistema judicial que impartiera realmente justicia sin recibir consignas e hiciera valer las garantías individuales indispensables para respetar la más elemental dignidad humana. La lectura de dicha obra me permitió tener contacto, a la distancia, con los cincuenta reyes del henequén que vivían en ricos palacios en Mérida, sin olvidar sus ostentosas casas ni sus voluminosas cuentas de cheques en el extranjero, particularmente en Nueva Orleans y La Habana. ¿Cómo no escandalizarme al descubrir el precio corriente de cada esclavo en pleno siglo XX, valuado en cuatrocientos pesos dependiendo de su fortaleza física y de su edad, variables que podían hacer descender el valor hasta los sesenta y cinco pesos? ¿Sería posible si todos eran supuestamente tan católicos...?

Cuando llegué en tren a la estación de Buenavista tuve un primer contacto con los mexicanos que me marcó para siempre. En la estación creí ser recibida por un grupo de mariachis que cantaba *Alma de mi alma* con una fuerza y una convicción conmovedoras. En un país mecanizado como el mío es imposible la existencia de músicos contratados para brindarle una recepción a cualquier viajero. En Nueva York se hubieran perdido en la marea humana o hubieran sido empujados hasta caer en los rieles por las muchedumbres enloquecidas que se dirigen compulsivamente a sus centros de trabajo. En México se canta, se vive, se disfruta, sin esa fiebre espantosa que surge cuando la gente se obsesiona con el acaparamiento de dinero, para lo cual vive, mata y muere; si no, basta preguntarle a Al Capone o a cualquier magnate petrolero o henequenero de Wall Street, que es lo mismo... ¡Claro que al escuchar Alma, mi nombre, seguido de un «de mi alma», empecé a llorar convertida en sensible mujer mexicana, sin saber en ese momento, que la recepción se había organizado para homenajear a un empresario que regresaba de una gira exitosa! De cualquier manera, ¡cuál no sería mi sorpresa al distinguir la figura de Álvaro Obregón y de su esposa que estaban ahí para recibirme no por haber salvado la vida de un joven compatriota, sino porque sabían de un contrato firmado por mí con el *New York Times* para llevar a cabo unos reportajes en Yucatán meses más tarde! Sin dejar de gimotear abracé a la señora Obregón y le extendí la mano izquierda al Manco, quien me lanzó una mirada paternal y cariñosa impropia de un hombre con sus inclinaciones criminales, según descubrí posteriormente. A continuación saludé uno a uno de los mariachis sin dejar de limpiarme las lágrimas con un pañuelo bordado que llevaba en la bolsa.

En aquellos días visité el esplendoroso centro de la ciudad de México, una capital deslumbrante llena de palacios, como el Nacional, en donde me retrataron en el despacho presidencial; estuve en el castillo y en el bosque de Chapultepec para conocer los famosos baños de Motecuhzoma, además del acueducto construido por Nezahualcóyotl. Descubrí los *floating gardens* de Xochimilco, las pirámides de Teotihuacan, la catedral de México, la impresionante Casa de los Azulejos, el templo de La Profesa, el Palacio de Iturbide y el de Correos, entre otros tesoros más. Pasé buen tiempo en diferentes sitios para conocer los tesoros del México precolombino; disfruté la cerveza y el tequila, el mole, la sopa de fideos secos con queso y chile pasilla en la Posada de Santo Domingo y las enchiladas, los huevos rancheros, la fruta jugosa del trópico en el Café de Tacuba, además de la calidez hospitalaria de los mexicanos; me admiré al presenciar sus bailes, asombrarme ante el vuelo de los indios de Papantla y escuchar el interminable repertorio de canciones que solo pude oír desde afuera del Tenampa, una cantina reservada para hombres, en donde cantaba sin parar el mariachi Coculense, uno de los más conocidos. Descubrí, en fin, que los mexicanos habían decidido que me enamorara de su país y lo lograron. México me dejó tocada para siempre. Si llegué llorando, regresé en la misma condición, embelesada y deseosa de conocer la verdad oculta en esta pintoresca y no menos compleja personalidad nacional que confunde a propios y extraños. Muy pronto habría de volver a este enigmático país del que tanto teníamos que aprender los «carapálidas», como ellos me decían entre jocosas carcajadas.

De regreso a Estados Unidos logré una licencia de tres meses por parte de mis editores, además de entregas adicionales para ser publicadas por el *New York Times Magazine*, con el propósito de recoger una serie de expresiones culturales, sociales y económicas de la nación, en particular las de Yucatán. Algo me decía que mi vida daría un giro espectacular. ¡Y pensar que creía que jamás volvería a enamorarme, sobre todo después de la decepción amorosa sufrida a raíz del descubrimiento de una relación extraconyugal de mi exmarido con mi mejor amiga…!

Como bien dicen en México, no hay fecha que no se cumpla ni plazo que no se venza ni deuda que no se pague, otra mentira más de aquellas que «me hacen tu maldad feliz». El 8 de febrero de 1923 inicié mi segundo viaje a México, durante el cual conocí a una inmensa cantidad de políticos, hombres de negocios, líderes sindicales, directores de periódicos, escritores, poetas y pintores, como el famoso Dr. Atl, el verdadero pionero del movimiento mural, quien me hizo saber que dormía diariamente en un ataúd para acostumbrarse a «sentir la muerte…» También me encontré, tiempo después, con José Clemente Orozco, con José Vasconcelos, el Secretario de Instrucción Pública obregonista, el constructor de mil escuelas al año, una proeza para rescatar a México del analfabetismo y del atraso. Vasconcelos había convocado a los pintores sobresalientes de la nación, incluido Diego Rivera, para que pintaran paredes de nuevos edificios públicos y de algunas iglesias coloniales, que habían sido convertidas en librerías y salones de clases. Rivera me aterrorizó al confesarme no solo que era caníbal, sino que devoraba muslos de niños… ¡Qué atractivo era ese hombre con cara de sapo y más de cien kilos de peso! No sé todavía cómo pude escapar antes de caer en sus manos y de descubrir que si algo devoraba era gringuitas como yo… En una ocasión, cuando visitaba el patio de la Escuela Nacional Preparatoria, en donde José Clemente Orozco estaba pintando sus poderosos frescos, escuché los términos en que Vasconcelos se dirigía al famoso muralista: «De corazón que me disgusta lo que estás haciendo. ¡Es terrible! Pero la pared es tuya, ¡adelante!»

Días después me vi zarpando de Veracruz a Puerto Progreso acompañada de reporteros y sus respectivos hombres de cámara, varios científicos distinguidos representando museos americanos, universidades y sociedades intelectuales que habían sido invitados para asistir a un apetitoso intento por explorar Chichén Itzá, la más emblemática de las ciudades mayas, gracias al patrocinio de la Carnegie Institution. Yo acompañaba a este grupo no únicamente como corresponsal del *New York Times*, sino también de *Collier's Magazine,* para hacer un perfil personal del gobernador socialista de Yucatán, Felipe Carrillo Puerto, cuya administración radical estaba causando controvertidas polémicas. ¿Quién era ese demonio de Carrillo Puerto que unos condenaban y otros santificaban?

Nuestra llegada a Mérida fue ceremoniosamente organizada para halagarnos con bandas musicales nativas, además de grupos de bailarines locales y de niños que agitaban rítmicamente banderas de Estados Unidos y de México, al tiempo que arrojaban flores a nuestro paso. El representante personal del gobernador Carrillo, Manuel Cicerol, nos condujo de inmediato a los cuarteles generales del gobierno socialista del estado de Yucatán, mientras nos sorprendía con su dominio del inglés. No obstante su título de gobernador del estado, Felipe despachaba en unas oficinas austeras, verdaderamente humildes, sin decoración alguna, propiedad de la Liga Central de Resistencia del Partido Socialista, puesto que el Palacio de Gobierno había sido convertido en una enorme librería pública, así como también en un centro de información arqueológica. No despachaba en donde tantos de los jefes ejecutivos explotadores de Yucatán, financiados por los hacendados multimillonarios y latifundistas, habían gobernado o mejor dicho, se habían enriquecido gracias a sus alianzas inmorales con los potentados del henequén, el oro verde de la península. En el modesto edificio de la Liga, hecho de madera y de dos pisos, después de dos buenos tragos de Xtabentún, servidos por jóvenes muchachas mayas vestidas con huipiles blancos decorados con grandes flores multicolores como si fueran a empezar a bailar en cualquier momento la jarana yucateca, apareció finalmente Felipe Carrillo Puerto. El gobernador de aproximadamente cuarenta y cinco años de edad, unos quince más que yo, nos recibió con frases cálidas y simples que venían de un hombre con un magnetismo excepcional y belleza física inusual. Vestido con un fresco traje de lino blanco y midiendo más de un metro ochenta, extendió su mano a los catorce miembros de nuestro grupo. El fideicomisario del Carnegie, el de más edad de los nuestros, me mencionó al oído:

—Este es el Dragón Rojo más agradable con el que me he encontrado de todos mis safaris… ¿Qué piensa usted, jovencita?

—Él es mi idea de un dios griego —repuse fascinada sin retirar la mirada del rostro de esta deidad maya cuya sola visión me había producido un estremecedor vacío en el estómago.

Afortunadamente, el factor sorpresa jugó a mi favor, porque lo había visto mucho antes de que él pudiera fijarse en mí. Mientras saludaba de mano a los distinguidos arqueólogos estadounidenses que integraban la comitiva, como el doctor John C. Merriam, presidente de la Carnegie Institution, al general William Barclay Parsons, entre otros, me dí el tiempo suficiente para guardar la debida compostura y esconder mis emociones.

Cuando finalmente llegó a mi lado y me saludó, pude leer en su mirada inquieta y nerviosa que compartíamos los mismos sentimientos. La atracción mutua fue instantánea e intensa desde la primera vez que nos vimos. Felipe no me soltaba la mano ni yo deseaba que lo hiciera. Era Carrillo Puerto un hombre alto, como ya dije, bien parecido, tez blanca bronceada por el sol y cabello castaño, ojos verdes penetrantes y elocuentes, dueño de una simpatía irresistible. Su porte irradiaba gran magnetismo, de conductor de multitudes, y su palabra era convincente y subyugadora. Tenía una seguridad natural, espontánea, que conquistaba a quienes tenían ocasión de tratarlo y su sonrisa era el puente de enlace para ganar amigos en todas partes. Su rostro y hablar juvenil —él jamás envejecería— su humildad, su facilidad de palabra, su simpatía natural, su deseo de halagar a propios y extraños, su estilo de seductor profesional conocedor de sus poderes, la elegancia de su indumentaria, su aliento cuidado, al igual que su arreglo personal, me cautivaron desde un principio.

—Mucho gusto en conocerlo —aduje en mi español tembloroso.

Felipe no me contestó y continuó con el protocolo para saludar a Claudette Martin, la directora del Comité Financiero de Investigaciones de la Carnegie. Solo en ese momento el gobernador dejó de mirarme. ¿Acaso me faltaba más información? Nos lo habíamos dicho todo con un mero intercambio de miradas.

Después de un corto discurso de rigor pronunciado por Carrillo Puerto deseándonos éxito en nuestros trabajos, momento que aprovechó para denunciar el escandaloso robo de reliquias mayas llevado a cabo por investigadores principalmente norteamericanos, quienes sacaban los objetos en valija diplomática y los vendían luego a la Universidad de Harvard (un delito que perseguiría hasta sus últimas consecuencias), el doctor Merriam extendió las debidas garantías de respeto hacia el acervo cultural maya, un auténtico tesoro que debería conocer el mundo entero, en la inteligencia de que estábamos en Yucatán para tratar de preservarlo y, en ningún caso, para demeritarlo o saquearlo.

Acto seguido, fui escoltada personalmente por el señor Cicerol hasta la mansión de Felipe G. Cantón, un rico hacendado y notable académico, presidente de la Sociedad de Arqueología de Yucatán. No pasó más de media hora cuando de pronto, mientras empezaba a sacar mi ropa del baúl, tres sirvientas mayas subieron corriendo por las escaleras exclamando clamorosamente:

—Señorita, señorita, el gobernador está aquí en la casa y desea verla, ¿qué respuesta ordena usted que le llevemos? —me preguntaron con un nerviosismo desbordado. Entendí a esas muchachas pueblerinas, porque si a mí me había impresionado Felipe, muy a pesar de mi trayectoria internacional, ¿qué no les habría ocurrido a ellas que lo contemplarían mucho más que a un semidiós?

Felipe venía por mí. No deseaba perder tiempo. Había organizado una comida hecha a base de faisán y venado en una aldea socialista ubicada a dos horas de Mérida, era una oportunidad única para comprobar los alcances de su gobierno y la realidad yucateca en su máxima expresión.

—Ningún guía de turistas mejor que yo —me dijo sonriente exhibiendo una mirada juvenil, llena de esperanza e ilusión que me contagió de inmediato. ¿Cómo entender que me encontraba frente al gobernador del estado si este resultaba ser un chamaco juguetón?

—No me he arreglado, quisiera al menos tomar un baño —repuse para darme algo de tiempo para acicalarme.

—A su regreso, Alma —respondió con familiaridad, tratando de romper el hielo—. Los dramas sociales que debe conocer no pueden aguardar, las duchas de agua caliente, sí… Además, la comitiva nos esperará a partir de la una de la tarde en el Palacio de Gobierno. En invierno anochece más temprano y sin luz habremos perdido una oportunidad dorada de contemplar un momento inolvidable.

Tal pareciera que el mundo se fuera a acabar mañana y resultaba imperativo salir de inmediato antes de que nos tragara la tierra en Mérida. Imposible decepcionar a nuestro anfitrión. Subí a mi habitación, me cambié el vestido, busqué uno que pudiera agradarle y escogí el más adecuado, uno azul con un breve escote, una exquisita insinuación, me amarré el pelo con una horquilla para colocarme un hermoso sombrero stetson de ala ancha, me lo sujeté con una pañoleta, me di un par de toques estratégicos de perfume y bajé la escalera dándome cuenta de que solo pensaba ya en Felipe. Se había hecho dueño en un santiamén de mis pensamientos y, ¿por qué no decirlo?, de mi mundo.

Me senté a un lado del gobernador de Yucatán en su gran carro rojo oficial. Con ánimo contagioso admitimos libremente que congeniábamos más de lo que teníamos razón para esperar... Le aseguré al bien parecido y dinámico don Felipe que el proyecto de entrevistar a «un dragón carmesí con ojos verdes» me había causado momentos ansiosos... De su parte, él estaba encantado de descubrir que Alma Reed no era una versión femenina de aquellos mañosos y malintencionados periodistas americanos que uno encontraba durante la Revolución tan solo unos años atrás. Un número de ellos, él confesó, resultaron ser genuinos, verdaderos, monstruos del norte...

Al abandonar Mérida y salir a campo abierto en su automóvil descapotable, Felipe me dijo abruptamente:

—Desde el momento que entraste a la Liga, estaba desesperado por hablar contigo... Estoy solo...solo...¡solo!

Me quedé muda sin saber qué contestar. Sentía muy apresurado su comportamiento, pero al mismo tiempo, me encantaba su naturalidad. No sentía la sensación de un acercamiento vulgar e indeseable, sino todo lo contrario.

—¿Está usted casada, Almita? —preguntó sencillamente.

—No —respondí—. Ya no... hace algunos meses que me divorcié de mi marido.

—Pero usted es joven. Se casará de nuevo.

Sentí que su propio estatus civil estaba en terreno delicado... Por lo menos una docena de chismes a bordo del vapor *México* y, desde mi llegada, habían esparcido la noticia de que ya no vivía con su esposa. Él mismo me confesó que estaba casado legalmente, pero se había separado desde hacía tres años de la señora Isabel Palma, quien vivía en Cuba. Sin pedirme autorización y restando importancia a su comentario, tomó mi bloc de notas y escribió con su pluma fuente cargada con tinta roja, «H'pil», su nombre en maya. Con una sonrisa melancólica, me explicó porqué lo había hecho:

—Cuando estés de regreso en tu enorme Nueva York y yo, maya infeliz, te escriba desde mi infinita soledad, sabrás que esta carta es mía, de Felipe, aunque te la firme de este modo.

Yo tenía una enorme lista de preguntas que había preparado a bordo del barco, sí, pero él contaba con un arsenal de temas que hubiera deseado tratar simultáneamente. Su ansiedad era patente y contagiosa. Sin dejarme buscar siquiera mi cuestionario mecanografiado, disparó a quemarropa para hacerme saber los avances de su gobierno, sus objetivos centrales, su ideología socialista, las necesidades de rescatar de la miseria, del analfabetismo y de la superstición religiosa a cientos de miles de indios, sus «inditos», que habían construido un impresionante imperio, una esplendorosa civilización que se remontaba tres mil años en el tiempo y que abarcaba cinco estados del sureste mexicano como Campeche, Chiapas, Quintana Roo, Tabasco y Yucatán, además de los territorios actuales de Belice, Guatemala, Honduras, y El Salvador y, que después de sorprender al mundo con sus avances, ahora se habían convertido en esclavos de los hacendados y de las empresas norteamericanas, tales eran los explotadores de los mayas resignados de nuestros días. Entendí que no solo deseaba enamorarme con su obra grandiosa, sino con su manera de ser y de contar su historia con orgullo desbordado. Sí que había encontrado la justificación de su existencia.

Me dijo que en la Liga el tema de su vida, la justificación de su proyecto político, era «Tierra y Libertad», el mismo de Zapata, que habían llevado en el corazón por varios años, a través de luchas amargas e incontables sacrificios: «¡Son objetivos que no nos darán descanso ni paz hasta que sean logrados!»

Mi incredulidad en relación a las panaceas, dada mi experiencia como periodista, no hubieran influido en mi juicio acerca de su programa socialista hasta que lo hubiera investigado personalmente. Pero ya había entendido la calidad del hombre que lo había concebido y ejecutado. Mi intuición femenina me decía que era inexorablemente sincero. Ahora era consciente de la presencia de un personaje que había nacido grandioso...

—Nuestros indígenas, pobrecitos —agregó Felipe—, aun siendo nominalmente libres, fueron poseídos en cuerpo y alma primero por los encomenderos españoles y, en la actualidad, por los hacendados, sus nuevos amos. ¿De qué les ha servido la independencia de España si después de tantos años siguen en indignante condición de esclavos? Sobreviven en vastas plantaciones de henequén bajo el ojo siempre vigilante del mayordomo armado con un feroz látigo. Trabajan inhumanamente durante largas horas bajo el sol a cambio de la humillación, la miseria y la crueldad... Como árboles están enraizados a la tierra que trabajan. Como árboles se van con la tierra cuando esta es vendida.

Mencioné que algunos yucatecos de clase aristocrática, que habían zarpado con nuestro grupo de Nueva York, hablaban de escuelas para indígenas, dibujando un retrato más favorable de la vida en las haciendas.

Sí, existían escuelas, me explicó Felipe, pero para el indígena ninguna digna de tal nombre. Cualquier esfuerzo se hacía con el fin de evitar que el conocimiento le ayudara a desarrollarse. La Iglesia fomentaba su ignorancia. Los sacerdotes de las haciendas llenaban sus mentes con miedo supersticioso. El indígena estaba atrapado en una astuta y perversa organización de explotación extrema. De ahí que el socialismo fuera la fórmula idónea para destruir para siempre este inhumano estado de cosas.

La palabra «comunista» tenía para mí vagas implicaciones siniestras y rechazaba su énfasis en la reglamentación mecánica de la vida. Pero, como otras mujeres jóvenes del periodo de posguerra, leí con aceptación conmovedora a Bernard Shaw, a Tolstói, a Ibsen, a Carlyle, a John Stuart Mill, Havelock Ellis y Olive Schreiner, a nuestros Emerson, Jefferson y Thomas Paine. Influida por mi padre, era una ardiente defensora del *Single Taxer* —en el entendido de que el impuesto de buena voluntad debía servir a los más desposeídos—, y de *Progress and Poverty* de Henry George, considerada una biblia familiar en nuestro hogar... A pesar de esto, todavía era una «católica biológica».

Felipe me explicó su reforma penitenciaria, sus sanas leyes de matrimonio y divorcio, el sufragio, el respeto a la voluntad popular, la justicia económica, la promoción del arte, el control de los nacimientos, la educación racionalista. Precisó que desde los virreyes y los grandes señores de la Colonia, los rurales de Díaz, los actuales presidentes municipales, los caciques, los jefes políticos, el ejército, los distintos gobiernos de todos los niveles, el clero voraz y los jueces corruptos, todos habían estado en contra de los indios, sus pobrecitos indígenas que ya no tenían fuerza ni para levantar la cabeza. Ahí estaba el derecho de pernada de los hacendados para pasar la primera noche de bodas con la futura esposa de un peón, los castigos en las cárceles de las fincas, las eternas deudas impagables, los peligros de un intento de fuga, las condiciones sanitarias y de trabajo que ignoraban lo dispuesto por la recién promulgada Constitución de 1917, la suerte de los hijos, la mortandad insufrible, los horrores de la ignorancia, su irritante comparación con las condiciones en las que vivían los animales sin atención alguna, la obligación de callar a la que se sumaba el clero católico, aliado de los poderosos, informados de todo cuanto acontecía a través de los confesionarios...

La experiencia en la comunidad socialista fue estremecedora porque los peones y sus familias se distribuían, como en una gran cooperativa, las ganancias colectivas del trabajo en conjunto. Él había iniciado el reparto agrario en Yucatán antes que ningún líder de la Revolución, con excepción de Zapata y de Salvador Alvarado, había empezado a dotar de tierras a sus indios, había creado tecnológicos agrícolas y escuelas para enseñar técnicas de cultivo y alfabetizar a los niños, así como normales para capacitar a los maestros, había construido carreteras para unir centros de producción con los de consumo y con los puertos exportadores, había traducido al maya la Constitución de la República para difundir los derechos de los indígenas, había establecido los «lunes culturales» para orientar a los trabajadores y mostrarles las posibilidades de acceder a un nuevo mundo, había fundado una universidad para crear expertos y acabar con las dependencias nacionales o internacionales y permitido el acceso de las mujeres al servicio público para que entre todos se edificara un Yucatán más próspero. Felipe Carrillo Puerto estaba rescatando del medievo a los suyos...

Durante la comida en la comunidad nos sirvieron antojitos como panuchos, vaporcitos, horoches, tocxeles, siquipaques y tamales colados. Continuaron la gran fiesta gastronómica con zic de venado, pollo pibil, pipián de res y pescado Tikin-xic, para rematar, antes de que muriéramos por una indigestión, con los postres. Circuló la torta de cielo, el atropellado de coco y el dulce de papaya, sin faltar el tanchucuá y la horchata. Sobra decir que la inmensa mayoría de la comitiva no pudo dormir el resto del viaje, de la misma manera en que no dejé de hacerlo al sentir implacable la pierna de Felipe rozando la mía durante toda la velada. ¡Qué hombre! ¡Qué impaciencia que yo debía disimular! La verdad, sus convicciones sociales, su carácter emprendedor y su vocación reformista para construir el México nuevo, me habían convencido y ahora, como todos los presentes, experimentaba una poderosa atracción hacia ese hombre llamado a cambiar el rumbo de su país con un golpe de timón. Me encontraba frente a un mexicano del siglo XXI...

De regreso a Mérida, contemplando el cielo estrellado de la península, Felipe no dejaba de hablar apasionadamente de sus planes y proyectos, oportunidad que aprovechaba para poner su mano distraídamente en mi rodilla, cuando no me acariciaba la mano o me arreglaba el cabello para que no se metiera en mis ojos. Me tocaba, me miraba, me devoraba, en tanto yo ponía lo mejor de mi atención para seguir su conversación atropellada, dejándolo hacer, sin evitar cuestionar, con breves intervenciones, la justificación y factibilidad de sus decisiones. No deseaba ser ante sus ojos una pobre gringuita idiota con una cara y un cuerpo bonitos. Subía el listón a cada instante: lo cuestionaba, le rebatía, le preguntaba detalles desconocidos para mí, con el propósito de hacerme de más argumentos y entender cabalmente la situación para tener mejores oportunidades de opinar y de escribir con más sustancia mis reportajes para el *New York Times*. Él callaba a ratos, reconstruía su discurso, lo vertebraba de otra manera sin dejar de lucirse y exhibirse como un maestro conocedor como nadie de su tierra, hasta que llegamos a la residencia, en realidad al palacete del hacendado en busca de algo de descanso que Felipe, por lo visto, nunca había necesitado. Nos despedimos con la debida cortesía y él retuvo mi mano de modo que no me quedara la menor duda de sus intenciones. ¿Me quedaba...? El día siguiente estaba llamado a ser muy pesado: visitaría una finca henequenera propiedad de la familia Molina, la más poderosa del estado y que había forjado una escandalosa fortuna durante el porfiriato asociado a la International Harvester, alianza celosamente protegida por Díaz y por el clero católico, que como siempre había ayudado a la resignación de los peones en tanto eran explotados en vida con la esperanza de una recompensa divina en el más allá. A escasas horas de haber conocido a Felipe, ya era yo una carrillista...

Cuando finalmente me despedí, me dijo al oído:

—Doña Alma, la semana entrante habrá luna nueva, luna negra en Chichén Itzá. Un espectáculo que toda persona sensible debe presenciar antes de morir.

Acto seguido se retiró sonriente, dejándome intrigada con aquello de la luna negra...

Pasé buena parte de la noche redactando pasajes de mis conversaciones con Felipe, así como anotando mis impresiones respecto a nuestra visita a la comunidad socialista, un experimento político y económico digno de ser imitado no solo en otras partes de México, sino también en aquellas latitudes en donde se dan tan patéticos programas de miseria y desesperación. En lugar de que el gobierno mexicano se hubiera sometido a las presiones de la International Harvester en Nueva York y se hubiera entregado a los malos hombres de negocios de Wall Street en contra de la prosperidad y bienestar de los indígenas mexicanos, todo ello para lograr el apoyo político y militar de la Casa Blanca, hubiera resultado mucho más conveniente, desde el punto de vista social, crear cooperativas propiedad de los indios mayas, para encaminarlos a la superación material, cultural y educativa sin dejar de ver por su desempeño y crecimiento moral. Los niños aborígenes debían estar en la escuela y no en los surcos en donde se cultivaba el henequén, de otra manera jamás se rompería el círculo perverso de la explotación y de la marginación. Felipe tenía razón: únicamente la escuela laica y el sometimiento del clero católico al liberalismo juarista y a las normas constitucionales, podrían ayudar a rescatar a los suyos de la pobreza centenaria en la que se encontraban postrados. Solo el tiempo me daría la posibilidad de entender esos conceptos.

Tal vez alteré el orden de mis visitas a Yucatán. Mi primer objetivo para entender el mundo maya debería haber sido conocer una hacienda henequenera para poder palpar una dolorosa realidad inocultable y vergonzosa y, a continuación, asistir a una comunidad socialista para constatar las estrategias orientadas a cambiar ese catastrófico estado de cosas imposible de soportar en pleno siglo XX. La verdad es que yo ya estaba en Mérida en ese 20 de febrero de 1923, amanecía y en poco tiempo pasarían por mí para ir a la hacienda de Chunchucmil, de la familia Peón de Aranda, ubicada a un par de horas de la capital. Felipe no me acompañaría por atender «asuntos públicos», según me hizo saber, cuando en realidad, era tal el odio y el asco que sentía por los grandes hacendados —sentimientos de furia y venganza con los que ellos también le correspondían—, lo cual hubiera complicado mi investigación, al extremo de haber podido caer en la violencia. El gobernador Carrillo Puerto no soportaba asistir, una vez más, a la vejatoria explotación de los indios, a su salvaje utilización, al abuso de su ignorancia y de su nobleza, a su concepción como animales de carga o de trabajo, a su cruel sumisión apartada de cualquier garantía constitucional.

Saber que su gente estaba sometida a la esclavitud sin derechos ni posibilidad de protestar; que los indios vivían sujetos a un yugo que solo les sería retirado el día de su muerte; que la gloriosa civilización maya subsistía penosamente dominada por unos patrones carentes del menor sentimiento de respeto y consideración en relación al ser humano y él, titular del Poder Ejecutivo del estado, permanecía con los brazos cruzados, lo que le resultaba una carga mucho más que insoportable. Con gusto les hubiera sacado los ojos con los pulgares a los dueños de Chunchucmil; por ello y solo por ello, era mucho mejor que atendiera sus supuestos «asuntos públicos».

El calor era de tal manera agresivo que resultaba obligatorio comenzar cualquier actividad al alba. Antes de las nueve de la mañana, con la blusa y ropa empapada de sudor, llegamos a la hacienda henequenera. Había leído que Porfirio Díaz, el tirano, la había visitado casi al final de su dictadura para comprobar la falsedad de las declaraciones propagadas en México y en el extranjero, en el sentido de que se cometían crímenes en contra de los mayas que eran sometidos a condiciones inhumanas de trabajo. Él viajaría hasta el corazón de la península yucateca para «ver con sus propios ojos» la realidad y demostrar que en su gobierno democrático no se daban semejantes barbaridades propias de países africanos y que todo respondía a rumores vertidos por los mismos deslenguados de siempre. La crónica a la que tuve acceso decía así:

Nunca se habían visto tales festejos; la noche se convirtió en día [...] Un almuerzo costó cincuenta mil dólares; una cena, sesenta mil. Parecía un cuento de *Las mil y una noches* [...] El camino de la estación de ferrocarril a la hacienda estaba cubierto de flores y a trechos se levantaban arcos triunfales [...] Los trabajadores de la hacienda, alineados a lo largo de casi dos millas de camino, agitaban banderitas y arrojaban flores al paso del carruaje [...] El presidente recorrió la finca, inspeccionó la maquinaria desfibradora, visitó el hospital y la gran capilla donde rendían culto los pobladores católicos [...] Díaz honró a varios trabajadores visitando sus chozas de techo de palma construidas en los bien cultivados terrenos de sus ocupantes. Más de doscientas de esas casitas constituían la hermosa aldea de esta hacienda que respira una atmósfera de felicidad general. Sin duda es un bello espectáculo el que se ofrece al visitante de esta finca con sus caminos rectos, su bonita aldea agrupada alrededor del edificio central rodeado de jardines de flores y de huertos de frutales. Durante el almuerzo, el presidente dijo que solamente viéndolo se podía tener idea de lo que años de energía y perseverancia pueden lograr: "Algunos escritores que no conocen el país, que no han visto, como veo a los trabajadores, han declarado que Yucatán está mancillado con la esclavitud. Sus afirmaciones son una burda calumnia, como lo demuestran los mismos rostros de los trabajadores, su felicidad tranquila. El esclavo necesariamente se ve muy distinto de los trabajadores que he visto en Yucatán." Los vivas prolongados y el desmedido entusiasmo que provocaron estas palabras [...] fueron agradablemente interrumpidos por un viejo indígena que pronunció un discurso en su propia lengua y ofreció al presidente un ramo de flores y un álbum lleno de fotografías de la finca...[32]

Terminaba el mensaje del indígena con estas palabras:

Besamos a usted la mano, deseando que viva largos años para bien de México y de sus estados, a los cuales se honra en pertenecer el antiguo e indómito territorio de los mayas...[33]

Hay que señalar que las chozas de los trabajadores indígenas que el presidente visitó eran falsas, las amueblaron con muebles norteamericanos de madera. A cada madre de familia le dieron una máquina de coser; a las jóvenes indígenas les proporcionaron elegantes atuendos y, según se dice, algunas tuvieron sombreros europeos... no bien les volvió la espalda cuando máquinas de coser, muebles, sombreros regresaron a las tiendas de Mérida y los indios volvieron a los horrores de su vida.

Según Felipe, «Díaz se valió de los periodistas para que defendiesen su política, santificasen sus errores, legitimaran sus atentados, escarneciesen a sus enemigos y entonaran himnos constantes a su gloria. En lo personal y de corazón, les profesaba el más profundo desprecio. Los juzgaba como gente sin pudor ni conciencia, baja y servil, capaz de patrocinar todas las causas y arrastrarse a los pies de todos los poderosos [...] Tenía a los periodistas a su servicio como a perros dogos, listos para saltar al cuello de la persona que él designara [...] Cuando bajaba de palacio la consigna de destrozar una reputación, hacían las plumas su oficio...»

[32] Chaning, 2002.
[33] Chaning, 2002.

¡Claro que los patrones quisieron mentirme por igual y enseñar-
le a mi fotógrafo lo que ellos deseban exhibir en el *New York Times*!
No era Porfirio, pero sí algo parecido para ellos, solo que yo contaba con información privilegiada, la que Felipe me había dado en
las últimas veinticuatro horas, sin olvidar el libro *México bárbaro*,
además de otras obras. No me engañaran, no lo lograrían. Mientras me regalaban un huipil de gala, me servían un gran banquete y
me obsequiaban vinos exquisitos servidos en cristalería europea, me
mostraban sus ostentosas obras de arte, y me enseñaban las instalaciones preparadas especialmente para impresionar a los turistas,
ordené a mis fotógrafos que se perdieran en la hacienda y retrata-
ran todo aquello que se ocultaba tras bambalinas. El plan resultó
de maravilla, porque después de la comida solicité que fuera foto-
grafiado todo el escenario y que se me permitiera hablar a solas con
algunos de los peones en los campos de cultivo. Mi español era lo
suficientemente bueno para expresarme puntualmente y para entender las respuestas y poder leer las entrelíneas.

De esta suerte me hicieron saber que en la hacienda el día comenzaba cuando todavía era de noche, a las tres de la mañana, el
momento mismo en que el capataz, llamado «mayocol» por los esclavos, tocaba una campana similar a la que se usaba para convocar
a la misa en las parroquias. Era algo así como un llamado de Dios, a
quien se le debía obedecer sin pretexto alguno, so pena de recibir un
castigo terrenal que se remontaría por toda la eternidad. Lo primero era la fajina, la limpieza del casco y la casa del patrón sin remuneración alguna. Los peones salían al campo con una jícara de agua
caliente, llena de algo parecido al café, y unos bizcochos, en realidad, una bola de masa de maíz medio fermentada que comían a lo
largo del día. La jornada terminaba con la puesta del sol, cuando
resultaba imposible intentar siquiera levantar los brazos para dar
un machetazo y cortar una hoja más.

Quien no se presentaba a trabajar por haberse emborrachado
o no cumplía con su cuota de trabajo, recibía doce azotes con soga
vaquera remojada, además de varios días de encarcelamiento en el
calabozo, porque el capataz invariablemente gritaba: «Los indios
no oyen sino por las nalgas...»

Dado que la cuota de hojas a cortar impuesta por el patrón, conocido como «papá», resultaba imposible de alcanzar, el esclavo, su
mujer y sus hijos ayudaban como jornaleros en el campo para cum-

plir la tarea y evitar las consecuencias de la falta de rendimiento. Los muchachos de doce años eran considerados hombres de trabajo sujetos a todas las obligaciones propias de los adultos de la finca y debían contraer nupcias, en su momento, con quien el patrón indicara, sin poder hacerlo con mujeres de otras haciendas, las que tenían que ser compradas con el incremento indeseable de costos.

En la tierra, quebrada y rocosa que acababa con los pies, los hombres, mujeres y niños, y a veces niñas de ocho o diez años, andrajosos y descalzos, trabajaban sin descanso para librarse del látigo. Bastaba con ver las manos y las espaldas de un cortador para entender por qué se decía que el cultivo del henequén era un trabajo de esclavos. Mientras unos muchachos chaponaban las malas hierbas que crecían entre los agaves, otros cortaban con machetes las enormes hojas de henequén que cargaban hasta la desfibradora, de donde salía la fibra procesada rumbo a Progreso, para su exportación. Si el esclavo no llegaba a cortar dos mil hojas erizadas de espinas, se le azotaba; si no recortaba bien la orilla de las hojas, se le azotaba; si llegaba tarde a la revista, se le azotaba; se le azotaba por cualquier otra falta que alguno de los jefes imaginaba haber descubierto en su carácter o en su aspecto.

Los peones temporales estaban obligados a trabajar más de la mitad del año, sin permitírseles buscar empleo en otro lugar ni visitar a sus familias, a las que se les entregaba diariamente doce centavos y medio para que no murieran de hambre. Los enfermos trabajaban en el patio de secado, desarrollando un trabajo menos rudo pero bajo un sol igual de inclemente y cobrando solo media paga por su evidente bajo rendimiento. Quien intentaba fugarse era devuelto a la hacienda por las autoridades municipales o por las guardias blancas o por los cazadores de hombres para ser sometido a castigos corporales brutales, en la inteligencia de que los gastos de captura incrementarían su deuda con «papá». Las autoridades políticas colaboraban eficientemente a cambio de dinero. ¡El círculo perfecto!

¡Pobre de aquel indio maya que se resistiera a ser devuelto a la hacienda porque, una vez inmovilizado con grillos y azotado con alambres, podía ser colgado de un árbol a la vista de todos y posteriormente decapitado como escarmiento a los demás por órdenes del patrón! Me informaron de un infeliz cuyo cuerpo fue arrojado a un lado del camino y la cabeza al otro. Se salvó de la última humillación de que le comieran la cabeza los zopilotes porque un perro la encontró y la llevó a Tekax. Un escalofrío me recorrió cuando me mostraron los árboles de los que colgaban a los rebeldes para que nadie perdiera de vista la satánica medida ejemplar ejecutada por los dueños de sus vidas y las de sus familias. Me imaginé a los «inditos» de Felipe, bajos de estatura, pendiendo de la rama del Laurel de la India ubicado en el centro del patio de la hacienda, vestidos con sus humildes trajes de manta, sin huaraches, y con los pies llenos de costras de lodo. Un marrano o una mula valía más que ellos.

El castigo era severo, frecuente y fríamente calculado de modo que los peones no fallecieran ni por los golpes ni por los latigazos ni por las infecciones o las hemorragias.

«Son demasiado valiosos para despacharlos irreflexivamente —me dijo un mayordomo cuando sintió que nadie lo escuchaba—. Si bien —agregó ufano y satisfecho—, la Constitución prohíbe la pena de azotes, los palos y los tormentos de cualquier especie, esa limitación legal está dirigida exclusivamente a las autoridades civiles y militares impedidas de torturar supuestamente, pero de ningún modo es aplicable a los padres, a los amos o a los mayordomos, a nosotros, quienes podemos utilizar correctivos más eficaces para evitar las faltas domésticas...»

¿Qué cara hubieran puesto cualquiera de la hijas del hacendado si las hubieran latigueado desnudas ante el pueblo y luego las hubieran ahorcado entre gritos de horror? ¡Miserables!

En la tienda de raya se endeudaban los peones de por vida. Si algo le interesaba vender al patrón era precisamente alcohol porque se trataba del consumo más requerido y el que más nutría la cuenta que jamás se lograría saldar. Nunca alcanzaban a pagar porque no sabían ni cuánto debían y, además, se les pagaba con fichas canjeables por bienes o víveres. Si se evidenciaba que alguien estaba ahorrando para reunir la suma adeudada, se falsificaban deliberadamente los libros de la hacienda, de manera que cuando el indio se presentara ante el magistrado a pagar y obtener su libertad, el hacendado presentaría pruebas apócrifas que acreditarían el doble o el triple de la deuda. Los libros valían más que la palabra del indio, quien tenía que volver a su esclavitud en la hacienda, donde se le enseñaba con crueles azotes que la libertad no era para gente como él.

Más tarde me dijo Felipe que la Constitución mexicana establecía, en su artículo segundo, que la esclavitud estaba prohibida en

México y que los esclavos del extranjero que se introdujeran en el país, por ese solo hecho, alcanzarían su libertad y recibirían la protección de las leyes y que nadie podía ser obligado a prestar trabajos personales sin la justa retribución y sin su pleno consentimiento. ¿Por qué el atraso mexicano?, me pregunté entonces, pues porque nadie en este país respeta la ley y, como bien decía Obregón, las cárceles estaban llenas de puros pendejos...

Llegada la hora de dormir, más de trescientos esclavos descansaban en hamacas casi tocándose unas a otras dentro de una gran construcción de piedra y argamasa, rodeada de un sólido muro de cuatro metros de alto, con bardas rematadas por trozos de vidrio. A este recinto se entraba tan solo por una puerta, en la que había un guardián armado de porra, sable y pistola. Tal era el dormitorio de los hombres solteros de la finca, mayas, yaquis y chinos, y también de los que trabajan medio tiempo, esclavos, a quienes se empleaba solo medio año, algunos de ellos casados, cuyas familias vivían en pequeños poblados en los alrededores de la finca.

Detrás del dormitorio había media docena de mujeres que cocinaban en unas hornillas primitivas. Los peones hacían círculo alrededor de la cocina sencilla y extendían las manos sucias para recibir la cena que comían de pie: dos grandes tortillas de maíz, una taza de frijoles cocidos, sin condimento, y un plato de pescado rancio que despedía un gran hedor vomitivo. La hacienda contaba con un «hospital» en el sótano, donde existía una hilera de estancias sin ventanas y con el piso de tierra, parecidas a calabozos. En lugar de camas acolchonadas cubiertas por edredones de seda, como las de los hacendados, existían tablas sin sábanas para cubrir el cuerpo o mitigar la aspereza o la incomodidad.

En fin: «así lo quería Dios», según les decían los sacerdotes para apagar cualquier chispa de rebeldía. El clero se sumaba, como siempre, a la inmovilización de la víctima. Por eso aumentaban repentinamente los aranceles parroquiales y se acababa de revocar el privilegio de los indios de no pagar impuestos y obvenciones. La fiesta mayor duraba nueve días en honor de la patrona de la hacienda, la Virgen María. En dicha ocasión, una gran oportunidad de negocio, se vendían, al por mayor, esculturas, escapularios, rosarios, pinturas o simples ilustraciones de ella, en el entendido de que la compra era obligatoria por decreto del arzobispo que mandaba a «adquirirla dedicándole, si posible fuere, un altar.» Es por ello que se puede ver «en humildes hogares, adoratorios de elevado costo», dedicados a esta deidad milagrosa.

¿Qué decir de los peones que se casaban sin conocerse, porque el papá-patrón había decidido con quién unirlos, siempre y cuando él hubiera probado a la novia la noche anterior?

¿Para qué decir el estado de depresión y furia con el que abandoné la finca de Chunchucmil? Y yo jugándome mi prestigio en San Francisco para salvar la vida de ese joven muchacho llamado Simón Ruiz a quien evité la horca, cuando aquí constituía una rutina el exterminio de los mayas... ¿Por qué Obregón no se enfrentaba a los hacendados henequeneros como lo hacía Felipe? Porque implicaba desafiar a la International Harvester y confrontar a esta última equivalía a golpear a Wall Street y golpear a sus malos hombres de negocios significaba chocar con la Casa Blanca, de la que dependía su reconocimiento diplomático, el que requería para poder comprar armas y tener acceso a préstamos indispensables para poder imponer, en su momento, a Plutarco Elías Calles, su paisano, en la presidencia de la República. La fibra del henequén, adicionalmente, era vista en mi país como una materia prima de primera importancia y un asunto de seguridad nacional, por lo que el Departamento de Estado manifestó, siempre que fue preciso, a lo largo de la Revolución, su mejor disposición a estacionar barcos de guerra y a desembarcar *marines*, antes que prescindir de la fibra. De modo que los mayas podían seguirse jodiendo...

Los días siguientes no me separé de Felipe. Nos tomábamos de la mano cuando podíamos escapar al escrutinio de los curiosos, jugábamos con nuestros pies debajo de la mesa, cruzábamos miradas cargadas de picardía en cualquier momento del día, confesábamos nuestro hechizo en silencio, nos sentábamos juntos en los banquetes de forma en que nuestros cuerpos tuvieran contacto indirecto, asistimos a tantos bares, cantinas y parques en donde pudiéramos escuchar a la trova yucateca, íbamos a ágapes generosamente servidos por los indios beneficiados por sus políticas, recorrimos la legendaria tierra del Mayab, el nombre indígena de Yucatán, el lugar en donde hay gente escogida; caminamos, una y otra vez el famoso paseo de Montejo, así llamado en honor al conquistador que aniquiló mayas para apoderarse de esa región en representación del rey de España y que a Felipe ya no le dio tiempo de cambiar el nombre... ¡Una vergüenza para el pueblo yucateco! En su palacio, a la entrada, ¿no se encontraba la escultura de un español aplastando la cabeza de un maya? Vimos con horror los auténticos palacetes construidos por los hacendados en dicha avenida, *similares* a los apestosos jacales en que perecían los indígenas... Recorrimos diferentes sitios arqueológicos, la mayor parte ocultos bajo tierra y maleza que serían descubiertos por su gobierno para demostrar que la cultura maya había sido portentosa y sus alcances universales. Me llevó a ciudades señoriales llenas de historia, a puertos como Sisal y Progreso, de donde se exportaba el henequén cuando los precios habían alcanzado el estrellato durante la Primera Guerra Mundial, a grutas, cenotes, playas configuradas por auténtico talco celestial y a muchas más comunidades mayas que él estaba rescatando del atraso centenario. Felipe era un profesional de la sorpresa, sobre todo cuando en las noches, un par de horas después de despedirnos, llegaba a la casona del hacendado para obsequiarme una serenata cuando yo ya descansaba después de jornadas demoledoras. El orgullo por su tierra era contagioso. Amaba la gastronomía, su música, su gente, sus costumbres, sus fiestas, su porvenir, sus paisajes, las ruinas que le concedían la esperanza necesaria para aspirar a construir un futuro mejor. ¿Cómo teniendo tanto, tenían tan poco?, me preguntaba una y otra vez.

—¿Por qué hemos visto casi todo y no me has llevado a Chichén Itzá? —le pregunté en una ocasión llena de curiosidad—. ¿Acaso es más impresionante que Uxmal? —continué mi interrogatorio, dicho sea con toda sinceridad, sin lograr entender en ese momento por qué no me había tomado después de besarnos tantas veces en las calles aledañas al palacete de los Peón. Felipe había desaprovechado increíbles oportunidades de hacerme suya y, por alguna extraña razón, se había resistido. ¿Sería tímido? ¿No habría superado su separación matrimonial? No podía insinuarme más, ni dejarlo hacer más, ni facilitarle más el camino, a pesar de que llevábamos escasos días de habernos conocido. El hechizo ahí estaba y no podíamos desperdiciarlo ni ignorarlo. ¿Qué acontecía...?

—Chichén es distinto, Almita —respondió acariciándome las mejillas—. A la pirámide de Kukulcán, a la representación maya del refinado Quetzalcóatl, debemos ir de noche, como te lo había dicho —agregó clavándome una mirada llena de brillo que nunca había advertido en él—. El martes entrante habrá luna negra, la nueva, la que ya te había contado, en la Boca del Pozo, de los brujos de agua, según se traduce «Chichén» del maya y entonces te regalaremos un cielo estrellado como jamás lo has visto en tu existencia.

El comité de hospitalidad yucateca que no me dejaba ni a sol ni a sombra, curiosamente no hizo acto de presencia el martes en la noche, su lugar lo ocupó el propio gobernador Carrillo Puerto, quien me esperaba en la puerta de la casona, vestido con una espléndida filipina blanca con pliegues a ambos lados y zapatos y pantalones del mismo color, además de un sombrero estilo Panamá. Yo iba vestida con mi huipil blanco de seda, el mismo que me había obsequiado a días de conocerme. Deseaba halagarlo. De camino a la ciudad de los itzaes, Felipe cantó todo el repertorio de canciones de su tierra, como si en alguna ocasión se hubiera integrado a un trío de trovadores que dominaran el Bambuco. Hablaba maya a la perfección, según él, la única forma de comunicarse con los desamparados. Me explicó las razones de su amor a los indios que se remontaban a su infancia. No dejó de reír al recordar cómo había sido regañado cuando todavía muy niño le regaló a un indígena una vaca propiedad de su padre. No podía tolerar la miseria ajena.

—No me mates, papacito —adujo en medio de los gritos y de los golpes—, porque voy a inmortalizar tu nombre...

Me hizo saber el tamaño de su familia integrada por catorce hermanos, todos nacidos en Motul, el más próspero de los centros de producción de agave y semillero fértil de millonarios. Ahí había tenido contacto por primera vez con la explotación de los indígenas. Esa experiencia había cambiado su vida. Había tratado no solo con indios mayas, sino con yaquis traídos de Sonora por impedir la privación de sus tierras a manos de latifundistas apoyados igualmente por la dictadura porfirista. Díaz los había mandado por la fuerza a Yucatán para tratar de matar de raíz el problema, a sabiendas, de acuerdo a la experiencia, de que dos terceras partes de ellos perderían la vida en medio de los surcos heneequeneros en el primer año, la misma suerte que compartirían miles de chinos importados también durante la dictadura, ante la falta de mano de obra mexicana en la península. Felipe había estado en la cárcel durante cuatro ocasiones por defender intereses de los indígenas, más las que le faltaran, como él decía. Le habían dado series de cincuenta azotes hasta dejarle la espalda marcada con largas cicatrices que jamás desaparecerían, solo por alebrestar a los indios. Se había fugado del hogar paterno con la hija de un cirquero cuando ambos no rebasaban los dieciséis años. Había decidido ser trapecista. La reprimenda, de nueva cuenta, fue terrible cuando su padre lo regresó al seno de la familia a bordo de su famoso bolán. ¿Pero qué se podía hacer cuando el amor tocaba a la puerta? Lo mismo había acontecido cuando cayó a los pies de Mercedes Pachón, una mujer de treinta y tantos años de edad quien, de acuerdo a sus padres, nada tenía que hacer con un menor que estaba naciendo al mundo de los arrebatos carnales. Su vida sentimental se había resuelto al casarse con Isabel Palma, motuleña por la que había perdido, en su momento, la razón asegurando: «si me debo arrojar a un pozo para casarme con ella lo haré.» Contrajo matrimonio con Isabel y procreó seis hijos de los que sobrevivieron tan solo cuatro, a los que adoraba.

Reíamos, reíamos gozosos contándonos nuestras historias juveniles, aun cuando, justo es decirlo, las mías eran ciertamente aburridas si las comparaba con las de Felipe. Él había sido carretillero, chalán, vaquero —nadie lazaba reses y caballos como él—, leñador, cartero rural, además de carpintero, operador de vías de ferrocarril, comerciante, periodista, agrónomo, diputado y gobernador de su estado, todo menos estudiante… Al escucharlo sonreía sin atreverme a preguntarle si después de ejercer tantos oficios, sabía el de amante: la pregunta constituía toda una imprudencia. Esa noche Carrillo Puerto estaba exultante. Pasaba de un tema al otro con una festividad contagiosa sin soltarme la mano, salvo cuando resultaba imprescindible para conducir y acariciando mi rodilla cuando las circunstancias lo permitían, hasta que dio un giro al volante y entramos por un camino de terracería más oscuro que el hocico de un lobo que desembocó hasta la pirámide de Kukulcán, el famoso Castillo, según era conocida popularmente.

No creo que nunca nadie hubiera escuchado un silencio parecido al de Chichén Itzá, solo interrumpido por los insectos y los animales de la selva. La temperatura no podía ser más gratificante en febrero, en los últimos días del invierno yucateco. La bóveda celeste, en efecto, integraba un espectáculo nunca visto. Felipe me observaba emocionado. Yo imaginaba ver descender por los noventa y un escalones, ubicados a cada uno de los cuatro lados de la pirámide y uno más que conduce al templo superior para llegar a un total de trescientos sesenta y cinco, a Isadora Duncan, cubierta por una de sus gasas transparentes hasta llegar a la base del templo y después de dar unos breves saltos de gacela contemplar cómo era absorbida por el viento.

Pude tocar con mis manos las colosales cabezas de serpientes emplumadas, las efigies del dios Kukulcán, el cuerpo de la serpiente-dios que bajaba a la Tierra para anunciar el inicio de la temporada de lluvias y de siembra de las milpas con el que comienza otro ciclo de vida. En ese momento de éxtasis, Felipe, con una frazada al hombro, me abrazaba por atrás y me encaminaba lentamente hacia la escalinata, mientras me besaba la nuca y se envolvía en mi cabellera, mi amoroso Dragón Rojo con ojos de jade. Lo dejé hacer porque ambos estábamos esperando este feliz momento que no requería solicitudes ni licencias ni autorización alguna. Nuestro entendido era evidente, impostergable, necesario y profundamente deseado. Ya no se trataba de insinuaciones ni de provocaciones. Estábamos finalmente solos en Chichén Itzá con decenas de miles de testigos llamados estrellas, cometas y meteoros que cruzaban el firmamento sin que nada ni nadie pudiera alcanzarlos. Al ascender adiviné sus intenciones: haríamos el amor en la cúspide del templo. Nuestra habitación sería la selva, las paredes, las ceibas, los laureles de la India, el piso del templo sagrado de Kukulcán y el techo, la bóveda celeste, inmensa y nuestra, infinita y luminosa.

Al llegar a la cima y girar para ver el horizonte en una oscuridad misteriosa y estimulante, sentí en mi garganta y en mis ojos el privilegio de la existencia. Estados Unidos era una civilización que no tenía más de trescientos años, en tanto las culturas mesoamericanas podían alcanzar hasta tres mil años o más de antigüedad. Y ahí estábamos Felipe y yo como si los mayas de todos los tiempos hubieran construido ese escenario, el espacio mágico para nuestro exclusivo deleite que el resto de la humanidad nos hubiera envidiado. De pie sobre la plataforma ceremonial del templo, nos dispusimos a estar, a oír, a oler, a percibir, a sentir el peso de la historia sobre nuestros hombros. La selva, los perfumes de la maleza, el paso errático de las luciérnagas, los grillos, la presencia oculta de los dioses, la temperatura del paraíso, la oscuridad, el lenguaje de la naturaleza, el silencioso hablar de la noche, la complicidad de millares de estrellas, la seducción nocturna, la ausencia de la luz de luna, los colores extraviados y el amor todavía inconfeso de los amantes, nos invitaron a acercarnos, unirnos, desafiarnos y finalmente entregarnos.

Felipe se acercó a mí y juntó sus manos como si las uniera para recoger agua de un río y así las subió hasta rodear mis mejillas con sus dedos. Tal pareciera que estaba enmarcando mi rostro. Un estremecimiento me recorrió el cuerpo despertando hasta el último de mis poros. El beso tan esperado de mi Dragón Rojo finalmente se dio. ¡Cuántas noches me había ido a la cama escuchando solo el ritmo de su respiración tropical, percibiendo su emoción contenida, sintiendo en el íntimo abrazo del adiós temporal los latidos de su corazón, pero sin llegar a nada más ya fuera por timidez o cualquiera otra razón inentendible para mí! Cuando mordió mi labio con ternura infinita, comprendí que todas las emociones habían sido contenidas para poder expresarlas esa noche en Chichén Itzá, en lo alto del templo de Kukulcán, en plena noche negra únicamente dedicada a nosotros. Felipe había esperado a que desapareciera por completo la luna para que nuestro encuentro bajo la luz de las estrellas fuera único e inolvidable, en lugar de haberlo consumado en el palacete de los Peón o en cualquier fonda de Motul, su tierra, en donde estuvimos a punto de caer en la tentación sin poder contener la fuerza de la sangre. Ahora, ante la presencia invisible de los dioses mayas, como Hunab o Hunab Ku, Itzam Ná, Ix Chel, Ix-Tab, Chaac, Yum Kax, Xaman Ek, Ek Chuah, Ah Puch, Felipe me besaba en tanto yo agradecía su paciencia para podernos obsequiar este momento.

Muy pronto improvisamos un lecho para consumar nuestro amor. Arrojé al piso la frazada y mi chal y me colgué de su cuello, uniendo mi cuerpo al de ese dios maya con ojos color de jade. Me estrechó como yo había soñado, mientras una suave y cálida brisa nos acercaba aún más y nos animaba a desprendernos del huipil y de la filipina, de mis broches y de su sombrero, de sus pantalones y de mi fondo, de mis sandalias y de sus botas, todo ello sin separar nuestros labios en ese beso eterno que solo concluiría cuando la muerte y solo la muerte nos apartara para siempre.

El viento recorría goloso nuestros cuerpos desnudos, nos tocaba sin pudor, nos quemaba, festejaba, reía a la distancia y volvía sobre nosotros para envolvernos como si intentara apagar una sed que nos incendiaba. Los dos lo dejábamos hacer a nuestro refrescante aliado.

Mientras Felipe empezaba a acariciarme, me murmuró al oído algo que nunca me había dicho hombre alguno:

—Sabes, Almita...

—¿Qué dragón, mi dragón...?

—Al tocarte siento que tus senos resumen todos los frutos de la tierra...

Su comentario fue una chispa. Nos encendimos, abrimos las compuertas a la pasión contenida. Nuestras manos, nuestros labios, nuestras salivas, nuestros sudores, nuestras humedades, el rigor acerado de nuestros cuerpos nos delataba, solo que ninguna delación podía ya detenernos ni ningún prurito podía limitarnos: era el momento de la libertad, de la confesión abierta y genuina, de la espontaneidad, de la consumación de la magia, de la realización de las fantasías nocturnas, de los ayes agónicos, de las sonrisas traviesas, de la ensoñación declarada, de la imaginación desencadenada, de los suspiros reconciliadores, de la música muda, de las súplicas que impiden continuar y que animan a proseguir, de los delirios, de los sabores ahora también a selva, pero de los cuerpos.

Entre su frazada y mi chal, nuestros ímpetus sin brida, el fulgor y los perfumes de la noche, le concedí a Felipe el privilegio de contemplar las estrellas, mientras me sentaba en un trono improvisado con sus piernas recogidas, como si fuera un fabuloso Chac Mool de nuestros días. Me veía, me tocaba los senos, aduciendo que nunca nada había llenado de manera tan perfecta y espléndida su manos. Me acariciaba las mejillas, el pelo, la cabeza, hasta que me atrajo para besarnos como quien desea abrazar a alguien antes de partir de este mundo en una contagiosa convulsión previa a la expiración infinita. Movida por un impulso incontenible de euforia lo agité, lo aplasté, lo sentí, giré, intenté levantarme, grité, me sacudí, me empapé, oí como galopaba, galopamos al paso, al trote hasta desbocarnos, acicateé sin darme cuenta que nos acercábamos en nuestra carrera despavorida hacia un abismo, a un despeñadero en el que caímos dominados por una sensación de vértigo, envueltos en lamentos, sujeciones y arrebatos interminables. Al caer desmayados uno sobre el otro, sin fuerza para sostenerme en mi cabalgadura imperial, solté una grandiosa carcajada compartida con Felipe y con Kukulcán, que nos contemplaba risueño y envidioso...

«Esa fue la hora cuando me di cuenta por primera vez que no podía pedir mayor privilegio que adorar a Felipe todos los días que restaban, de trabajar a su lado en su labor mesiánica, servirlo mientras luchaba para ganar para los necesitados de la tierra su derecho tanto tiempo negado a la belleza, a la dignidad y a la alegría creativa [...] Esa noche quise compartir con mi diario los sentimientos que me tomaban en la sombra de la inmensa pirámide de Chichén Itzá [...] el 22 de febrero de 1923 [...] registré en una oración breve toda la experiencia emocional [...]: "¡El amor, más allá de cualquier esperanza o sueño, ha venido a mí al fin!".»

Felipe no dejaba de mirarme de perfil en tanto recuperaba la respiración. Sonreía, me acariciaba la frente, me acomodaba el pelo agitado por el estruendo interior de la batalla, me secaba el sudor de la comisura, tocaba mis mejillas con el dorso de su puño cerrado de modo que sus vellos me volvieran a recordar la presencia del hombre, del macho; me rozaba los párpados con las yemas tibias de sus dedos, cubría con su mano derecha todo mi cuello que hubiera podido romper con tan solo apretarlo levemente, me mostraba agradecimiento, confirmaba la esperanza de nuestra relación en el futuro, disfrutaba en silencio el hechizo, se felicitaba por haberme conocido, adoraba y odiaba al *New York Times* que me había puesto indirectamente en sus brazos; con su dedo índice jugaba con mi mentón, recorriéndolo de un lado al otro para bajar, acto seguido, haciendo breves círculos juguetones alrededor de mis aureolas y otros tantos, cada vez más lentos en torno a mis senos, en tanto se acomodaba subiendo su pierna derecha sobre mi vientre y apoyaba su cabeza sobre su brazo izquierdo en la inmensidad de la noche yucateca. Me hacía sentir una diosa del Mayab. Uno de los momentos estelares de la existencia consistía, sin duda alguna, en encontrar un amor intenso y correspondido con la misma fortaleza: era nuestro caso.

—¿Dónde habías estado todo este tiempo, gringuita horrible? —me preguntó acercándose a mi oído y murmurándome tan cerca que el vaho de su aliento me estremecía—. ¿Por qué no te conocí antes, güerita mía?

—¿Sabes cuándo se cae una manzana del árbol? —le pregunté para jugar con él.

—No...

—Cuando está madura. El proceso biológico determina el momento exacto en que la fruta se precipita al piso, pues lo mismo acontece, a veces, en las relaciones humanas: antes tal vez ninguno de los dos estábamos listos para esta aventura.

—¿Aventura? ¿Quién te ha dicho que esta es una aventura? Salvo que el hecho de que vayas a ser mi mujer para siempre, lo entiendas como una simple aventura.

—No soy propiedad de nadie, Felipe, las estadounidenses somos independientes y no toleramos que nadie nos imponga nada —aduje para poner límites desde el principio.

—Pues aquí, en mi tierra, te chingas, gringuita, aquí mando yo y serás mi mujer para siempre, por las buenas o por las malas —agregó sonriente—. ¿Sabes lo que quiere decir, te chingas, *mare...*?

Como era obvio que esperaba una andanada me cubrió la boca con besos jamás sentidos. ¡Claro que sería suya para siempre pero jamás se lo reconocería a ese monstruo de vanidad que ya adoraba!

—Sí, sé lo que quiere decir chingas, Felipe, pero me enseñaron a contestar que chingas tú...

—Pos sí —aclaró mi hombre—, y vaya que si ya chingué... —adujo, en tanto estallaba en una carcajada incomprensible para mí.

Mientras Felipe caía de espaldas nuevamente y ambos volvíamos a deleitarnos contemplando la bóveda celeste, sentimos cómo el viento nos recorría impúdico, sin respetar territorio alguno. Nos estimulaba, nos animaba, nos refrescaba, nos gratificaba. A pesar de la realidad incontestable, todavía me parecía increíble estar acostados, desnudos, de espaldas, en la noche, en Chichén Itzá, en lo alto del templo de Kukulkán y mirando las estrellas. Al tiempo que acomodaba mi cabeza sobre su pecho le dije que era un hombre admirable, que me encantaba su amor a los indígenas, que me fascinaba la lucha que había emprendido para devolverles la dignidad perdida, que su batalla era tan genuina como peligrosa porque se enfrentaba a intereses creados como los de los hacendados prepotentes y salvajes, los de la Iglesia católica eternamente aliada con los dueños del dinero y del poder político, los de la International Harvester y sus vínculos temerarios en Wall Street y el Departamento de Estado norteamericano, como los del gobierno federal encabezado por Obregón, quien había mostrado ya su proclividad hacía los grandes capitales y no en dirección a los desamparados, a pesar de ser uno de los grandes líderes de la Revolución.

Felipe guardó silencio y se sorprendió por mi capacidad de síntesis. En tres palabras había expresado una puntual composición del lugar. Apoyada mi cabeza en su brazo, colocados ambos de costado, viéndonos cara a cara, escasamente cubiertos por su frazada y mi chal, me explicó cómo desde 1823 Yucatán se había declarado independiente del resto de México y había hecho valer la libertad de cultos de modo que pudieran venir protestantes a ayudar a la construcción de un nuevo país.

—Compara el crecimiento de un país católico con uno protestante, Almita, tú mejor que nadie lo puedes comprobar. Los yucatecos siempre hemos sido rebeldes y, por ello, promovimos la inmigración de extranjeros laboriosos que vinieran a enriquecernos con sus ideas y sus conocimientos. ¿A dónde vamos hoy con 75% de la población maya y de este porcentaje, el 80% analfabeto? Entre los gobiernos que no educaron a la gente, la Iglesia que los ha embrutecido y los hacendados que los han esclavizado junto con el alcohol, estamos absolutamente perdidos.

—¿Por esa razón fundaste el Partido Socialista de Yucatán y adoptaste la bandera bolchevique de Lenin? —pregunté con la debida claridad, acariciando su frente. Existen hombres con los cuales se habla de amor, del futuro de una relación romántica, pero con Felipe, un ideólogo absolutamente politizado, solo cabía un monólogo: sus indios, más tarde llegaría el momento de hablar de nosotros.

—Claro, Alma, ¿acaso crees que los hacendados van a abrir el puño voluntariamente para repartir su riqueza entre los peones? ¿Crees que conocen la generosidad? ¿Crees que van a entregar sus tierras ociosas por su gusto? ¿Crees que los hombres de negocios de Wall Street se van a convertir en Carmelitas Descalzas de un día para otro, así porque sí y que Obregón me va a apoyar ratificando todas las expropiaciones que ya he ejecutado en el estado para enfrentarse a los henequeneros que le pagan altos impuestos a su gobierno? ¿Crees que la Iglesia va a resignarse a perder las millonarias limosnas que recibe de los señores feudales y del pueblo solo porque yo lo digo? ¿Crees que la International Harvester y la Ward Line van a renunciar a sus ganancias solo porque un pinche maya iletrado se les pone enfrente y los cachetea? ¿Crees que van a dejar que les esculque los bolsillos y les quite el dinero malhabido para devolvérselo en parte justa a quien ayudó a generarlo con su sudor y agachado en los surcos? Por todo ello, nada más justo que crear un sistema de cooperativas...

Me percaté que había dado una vez más en el centro de las angustias de Carrillo Puerto. Lanzaba ideas y respuestas con la intensidad de una ametralladora. Su desesperación era evidente, al igual que sus convicciones muy arraigadas. No tenía otra alternativa que ayudar a su gente al costo que fuera, exponiendo su vida, si ese llegaba a ser el caso, como, sin duda, ya lo era. ¿Qué podía hacer Felipe si no dedicarse a la política? ¿Continuar de carretillero o volver de cirquero? ¿Tener alcances tan limitados para ayudar? ¿Instalarse como periodista en un país en donde el crimen político no era sancionado? ¿Vender automóviles? ¡Ni hablar! Su enemigo no era uno e insignificante, sino muchos y muy poderosos y además, dispuestos también a lo que fuera con tal de no ver menguado su patrimonio. Las posiciones eran muy claras, los jugadores ya estaban sentados a la mesa. Las cartas se habían distribuido. El juego había comenzado de buen tiempo atrás y los únicos perdedores, como siempre en la historia dolorida de México, habían sido los indios, sus indios, ahora ya nuestros.

—¿Y estás solo en todo esto? ¿Nadie te ayuda, amor? —me dirigí a él usando por primera vez esa expresión para llegarle al alma.

—Me hice gran amigo de Emiliano Zapata porque su propuesta de «Tierra y Libertad» me entusiasmó desde un principio. Los productores de caña se quedaron con todas las tierras de indios para alimentar sus ingenios, claro está, en contubernio con el gobernador porfirista y obviamente con el tirano y, por supuesto con la Iglesia. Las máquinas modernas productoras de azúcar devoraban cada día más materia prima y requerían, por lo tanto, más tierras y, en lugar de asociarse con los indios, sus propietarios, decidieron robárselas, tal y como acontece aquí en Yucatán, en donde los jueces sobornados también están a favor de los latifundistas.

En ese momento guardamos un breve silencio.

—Pasó un ángel —aduje sonriente.

—No se te olvide que en junio de 1910, cuando unos cuatro mil indios mayas mataron a machetazos a un cacique político, asesino y corrupto, el malvado tirano del tal don Porfirio, ordenó sofocar a balazos el levantamiento de esos muertos de hambre mandando al cañonero *Morelos* y a la corbeta *Zaragoza* llenos de soldados, además de movilizar a la guardia nacional para batir a los rebeldes de Valladolid. Finalmente todo se resolvió cuando fusilaron en caliente a los cabecillas, a nuestros líderes indígenas, en el patio de la excapilla de San Roque y los valientes cayeron muertos bajo una lluvia de plomo. ¡Cabrones!, Almita, son unos cabrones: que se jodan con mi socialismo, no hay otra opción, salvo la violencia...

La ley, me dije, la ley es la clave de una armónica y respetable convivencia. Mientras en México no se respeten las leyes y resuelvan con las manos sus diferencias, seguirán en el peligroso atraso, hasta caer en una nueva revolución, consecuencia de más protestas de insatisfacción social que producirán otra dictadura y otra revolución y así hasta el infinito, un círculo infernal pavoroso...

—¿Zapata fue tu mentor? —pregunté para saber mucho más de Felipe.

—Zapata fue mi mentor y acabó acribillado por defender a los suyos con ejemplar tenacidad.

—¿Y tú no crees que corres esa suerte? El zapatismo y el carrillismo persiguen lo mismo, con la diferencia de que en un caso se trata del azúcar y en el otro, del henequén.

—¿Cómo puedo detenerme? ¿Voy a renunciar por miedo a mis principios e ideales y regresar a Motul a poner un taller para manufacturar huipiles? ¿Voy a corromperme y aceptar los sobornos de los henequeneros para permitirles continuar con la explotación de mis indios? Si me traiciono por la razón que sea, me muero y si no me traiciono y continúo con mi labor, entonces ellos me matarán. ¿Qué hago? Seguiré mi camino, Alma, a sabiendas de que acabaré como Zapata, pero habré impuesto un ejemplo: no, no puedo desviarme ni parar la marcha me llamen o no bolchevique o socialista o lo que sea —agregó después de darme un último beso y de ponerse de pie para empezar a vestirse, ejemplo que seguí. Tratar desnudos semejantes temas resultaba francamente incómodo, además, la noche refrescaba cada vez más y la respiración de la selva me empezaba a helar.

—¿Pero Carranza estuvo de tu lado, no…?

—Carranza fue un traidor, reaccionario, que se espantó con el avance del partido socialista en el sureste mexicano, ya no solo en Yucatán. Mis ideas permeaban en toda la región y pronto se podrían expandir por todo el país. Carranza no expropió ni distribuyó más allá de un milímetro cuadrado de tierra y no solo eso, decapitó los movimientos agrarios, junto con los que habían impulsado la Revolución y mandó a asesinar a mi amigo Zapata, además de ordenar el fusilamiento de líderes obreros. ¿Para eso fue el movimiento armado? ¿Para eso entregaron su vida más de un millón de mexicanos? Yo mismo tuve que exiliarme en Estados Unidos durante su gobierno.

—Al menos reconoce que te mandó a Salvador Alvarado para ayudarte a materializar tu proyecto izquierdista —insistí, al empezar a ponerme lentamente la falda.

—¿Qué…? Si Carranza envió a Alvarado a Yucatán con una gran fuerza militar fue precisamente para tratar de desmantelar mi movimiento, solo que él era igual de socialista que yo y coincidimos en la conveniencia de ayudar a nuestra gente —repuso echando mano de su mejor paciencia a sabiendas de que yo no era docta en cuestiones históricas mexicanas. Sin dejarme replicar, agregó—: No pierdas de vista, Almita, que en México, a quien protesta lo matan y eso que dicen que la Revolución se hizo para ayudar a los jodidos y, como ves, cada día hay más jodidos que ahogan sus gritos a balazos. Si no eras porfirista estabas muerto y, por ello, desde entonces, me volví anarquista, contestatario y rebelde. ¿Cómo aceptar que o te callas o te mato o haces lo que te digo o te mueres, o te sometes o te ahorco o dejas de protestar o te mando a San Juan de Ulúa para que te mueras de tuberculosis o de hambre...? No, no, así no se puede: Yo sí sé cómo...

—Entonces, ¿Salvador Alvarado desobedeció a Carranza cuando no cumplió con las instrucciones de someterte? —cuestioné, entendiendo cada vez más el origen de la indocilidad, la indomabilidad de Felipe, pero sin perder el hilo de la conversación.

—Cierto —respondió Felipe entusiasmado, sentándose en la orilla de la crestería del templo de Kukulkán, dispuesto a contemplar la selva y disfrutar sus aromas como si fuera parte de ella—. Salvador vino supuestamente a desmantelar el socialismo yucateco con siete mil soldados constitucionalistas, sin que nadie pudiera suponer que llegaba a Yucatán para tratar, solo tratar, de liberarlo de sus males en 1915. ¿Qué tal, Alma? Tan fue así que pude regresar de mi breve exilio en Nueva Orleans porque, de otra manera, el gobernador militar carrancista me hubiera asesinado. Lo único que exigía el Barbas de Chivo a Alvarado era dinero a raudales, porque bien sabía que el henequén había alcanzado un precio estratosférico en la Primera Guerra Mundial debido a la manufactura de costales para transportar granos a los frentes militares y para fabricar cuerdas, cordelería en general, indispensables para la armada y la marina.

Después de arreglar sus pensamientos y de guardar un breve silencio, Felipe me detalló que Alvarado había ido a Yucatán de 1915 a 1918 a acabar con los privilegios del pasado, a concluir con la explotación de los indios, a aplicar las leyes de Reforma, a promulgar leyes de gran contenido social, precursoras de la Constitución de 1917, a fundar escuelas, a iniciar el reparto de tierras, a sentar las bases de lo que más tarde sería el Partido Socialista Obrero del Sureste, hermanándose políticamente con él para impulsar la libertad municipal como la base de una reorganización política nacional y a regresar al clero a las sacristías. ¿Cómo olvidar que Alvarado había hecho de Yucatán el primer estado seco de la República, había obligado a los estudiantes a elegir democráticamente a sus dirigentes y combatido la prostitución en todos los lupanares? ¿Suficiente? No, claro, que no, por si fuera poco, había tenido tiempo para restaurar la Comisión Reguladora de Mercado del Henequén, de triste recuerdo, para garantizar un precio competitivo de la fibra en el mercado y poder, de esta suerte, mandar cuantiosos recursos a Carranza para ayudar al sostenimiento del constitucionalismo y también dotar de ingresos propios a Yucatán.

Alvarado y Felipe se habían tomado de la mano para proteger a los pueblos débiles del expansionismo salvaje y para demostrar que la ignorancia y la vagancia eran los caminos abiertos a la criminalidad, al caciquismo y al caudillismo. ¿Cómo había acabado sus días don Salvador? Pues como la de tantos constructores del México moderno: obviamente asesinado por la oligarquía obregonista, dispuesta a echar mano de cualquier recurso con tal de proteger sus intereses reñidos con las penurias populares. Curioso el pueblo mexicano que contempla y sabe cómo asesinan a quienes podrían rescatarlo y no se inmuta ni protesta...

¿Se podían tratar otros temas con Felipe Carrillo Puerto? ¡Por supuesto que no!

La noche yucateca había alcanzado su máxima oscuridad y hasta los insectos parecían haber desaparecido. A Felipe lo habían acusado de pertenecer al naciente régimen soviético, de instaurar el bolchevismo en Yucatán y de ser el hijo político de Lenin, sobre todo después de haber invadido Campeche con mil quinientos elementos de sus ligas para establecer la hegemonía del Partido Socialista del Sureste. Lo confirmaban a diario como una creciente amenaza nacional en un país, en el cual el 5% de la población acaparaba el 98% de la riqueza.

—Al igual que un grupo reducido de españoles había sido dueño prácticamente de toda la colonia en detrimento del resto de la población indígena, en el porfiriato se había repetido el fenómeno porque ochocientas familias se habían apoderado de la economía del país. En nuestros días, los latifundistas, ciertos industriales y banqueros son los dueños del país, en tanto el resto de la nación subsiste en el hambre y sepultada en la ignorancia —me insistió dolorido, subrayando cómo nada había cambiado en tantos siglos—.

No tengo estudios, lo sabes, pero la mejor escuela ha sido mi propia experiencia, la que me abrió los ojos y me humanizó, salvo que exista una academia en donde te enseñen a tener rabia y desesperación —agregó sonriente, mientras me llamaba para sentarme a su lado.

—¿Y cómo te dejaron llegar a ser gobernador si te acusaban de bolchevique cuando organizabas los famosos «lunes rojos»?

Una sonrisa maligna apareció en su rostro.

—Creo, en primer lugar, que no tenían opción, porque en Yucatán las clases desamparadas, la inmensa mayoría, votarían por mí y, en segundo lugar, porque estaban convencidos de que podrían controlarme políticamente, tarea de la que se ocupó amañadamente Salvador Alvarado, entonces aliado mío, cuando el presidente Adolfo de la Huerta lo nombró Secretario de Hacienda en 1920. Además, no era fácil deshacerse de mí, porque me había hecho de una gran base social en mis años de líder agrario y más tarde como caudillo regional. Nadie mejor que yo para intimidar a quienes se resistían a abrir el puño...

—Pero, explícame, ¿por qué Obregón no se opuso a que fueras gobernador si conocía tus convicciones socialistas, si estabas a favor del derecho de huelga y se rumoreaba que deseabas escindir Yucatán de México y crear una nueva República con cuatro estados sureños y varios países centroamericanos? —pregunté, a sabiendas de la intolerancia política del Manco.

—Después de haber padecido una sangrienta revolución cabía el discurso socialista, el de la gente necesitada que exigía reivindicaciones —me explicó con gran sobriedad. En ese momento solemne hablaba el gobernador y líder político—. Les convenía como bandera del gobierno triunfante que hablaba de restaurar el orden social a favor de los desposeídos siempre y cuando no se me pasara la mano, lo de la nueva República se debió a la imaginación perversa y calenturienta de la Iglesia que ya no sabe ni como deshacerse de mí. ¿Crees que la Casa Blanca o el presidente Obregón lo iban a permitir?

Felipe volteó a verme. Era necesario un paréntesis... Me besó, me dijo que jamás dejaría yo de ser periodista y mientras alegaba que lo cuestionaba más que un aduanero, mirándome a la cara y halagando mi perfil, me volvió a besar y acariciar mis senos, al tiempo en que me juraba amor eterno. A escasos días de conocerme ya deseaba casarse conmigo. ¿Para qué esperar? Tocarme empezaba a constituir para él un vicio, me decía al oído. Era cierto, hacía contacto conmigo al poner furtivamente su mano encima de la mía cuando me contaba alguna anécdota, de la misma manera en que colocaba las yemas de los dedos sobre mi rodilla, bajo la mesa, durante un banquete, como si no se diera cuenta y sin pedir permiso. Gozaba su audaz acercamiento a la hora de bailar y me dejaba anhelante cuando, en las noches, se despedía con un simple *good night kiss* en la mejilla, como si los dos no hubiéramos deseado perdernos en un beso eterno. Me encantaba, me encantaba que me rozara con la mirada cuando comía un panucho para medir mi placer al probar algo de lo suyo, de su tierra. Me fascinaba que devorara con la vista a toda la mujer que habita en mí, que pudiera despertar en él tantas emociones e ilusiones que lo animaban a vivir y a disfrutar mundos inexplorados que ya daba por perdidos.

—Eres la mujer con la que siempre soñé, sabía que llegarías a mi vida y llegaste, amor de mis amores.

Apreté su mano sobre mi pecho para hacerle sentir al tacto que yo sería también suya para siempre, que nunca había pensado conocer ni comprometerme con un Dragón Rojo con ojos verdes de fuego pero que, por supuesto, me casaría con él a la brevedad posible para ayudarlo también en su obra titánica.

Después de los arrumacos, un auténtico alimento de alma —cuánta satisfacción puede vivir una mujer al saberse deseada por un hombre y descubrir que con sus prendas femeninas puede hechizarlo y atraerlo para siempre—, recordó su discurso en Palacio Nacional el 1 de mayo de 1920, una oportunidad única en su vida que jamás olvidaría. Hasta la fecha continuaba sin entender cómo se había atrevido a convocar a los obreros para que abrieran y saquearan los almacenes, en lugar de organizar marchas callejeras para pedir control de precios. ¿De dónde había sacado arrestos para proponer dinamitar el recinto del Senado, porque los trabajos del congreso, ayer y hoy, eran tan inútiles como el arzobispado que tenía que ser demolido, al igual que el propio Palacio Nacional y la sede de la Suprema Corte, para que ya no hubiera más holgazanes ni corruptos ni palabrería, porque era la hora de que el pueblo se impusiera harto de tanta estafa, puesto que la Revolución no había servido para nada? Ahí estaban las evidencias con tan solo salir a la calle...

«¿Ven las campanas de la catedral? —había gritado desaforado—, pues bajémoslas para fundirlas y hacer con ellas centavos de cobre.»

Si los comerciantes acaparaban los víveres y a los trabajadores les faltaba pan, me contó como si se hubiera tratado de una travesura política, pues entonces tenían el derecho de derribar las puertas de las tiendas para saquear todas las existencias. Había que poner en práctica los principios bolcheviques haciendo ondear la bandera roja de las reivindicaciones...

«Incendiemos, exterminemos», demandó furioso, según me hizo saber, para alcanzar los altos ideales del comunismo y ejecutar la repartición de tierras; el aumento de los jornales únicamente se obtendría por medio de la fuerza, sin absurdas marchas callejeras de protesta por más pacíficas que fueran...

¿Se daría cuenta Felipe del alcance de sus palabras? ¿Sería medianamente consciente de que provocaba a los grandes poderes mexicanos que tenían las manos llenas de sangre y que no les importaba manchárselas una vez más? ¡Claro que el congreso y el clero habían traicionado hasta el cansancio a la nación, bien, pero de ahí a proclamarlo nada menos que en el balcón de Palacio Nacional, era demasiado, sobre todo que era un secreto a voces que quien alebrestara a la gente o atentara en contra del poder del grupo sonorense o le hiciera sombra, estaría firmando su sentencia de muerte! ¿Desearía convertirse en mártir para que su ejemplo fuera imitado por generaciones y más generaciones por venir? ¿Sería mi amor un suicida iluso?

Pero, como él bien me explicaba, ¿qué otro recurso podía utilizar, si muchos poderosos comerciantes de Yucatán solo aceptaban dólares para vender sus mercancías, las que, como en el caso del azúcar de primera necesidad, se enajenaba a noventa centavos la libra, cuando su precio en Estados Unidos era apenas de seis? ¿Por qué tolerar el rechazo del peso, nuestra moneda, por unos barbajanes? ¿Cómo ignorar que a los chicleros, convertidos en miserables parias, les pagaban si acaso diez dólares el quintal cuando en Estados Unidos se cotizaba a cientos de dólares? ¿El gobierno no sabía que los empresarios yanquis alquilaban locales a un lado de sus haciendas para instalar prostíbulos y abrían cantinas para que los peones se gastaran su dinero y sus ahorros en alcohol y putas, de modo que al próximo corte tuvieran que emplearse con el sueldo y las condiciones que fueran para no morir de hambre junto con sus familias?

¿Tenía que resignarse a contemplar la tala irracional de las selvas ricas en maderas preciosas yucatecas y sobre todo ignorar cómo eran asesinados los campesinos que se resistían a abandonar sus tierras? ¿Dónde quedaba la justicia? ¡Claro que Felipe estaba de acuerdo con la violencia controlada ante la falta de autoridad o el contubernio de esta con los potentados! En honor a la verdad, Roberto Haberman, paisano mío, periodista radical y hombre aparentemente perseguido en mí país, en realidad un agitador y falso comunista, un personaje siniestro, fue, desafortunadamente, uno de los hombres más cercanos a mi Felipe desde 1918 y pieza central en el afianzamiento del socialismo en el sureste mexicano. Era el vínculo, además, entre Felipe, Luis N. Morones, el líder obrero corrupto de México, y la American Federation of Labor, de Samuel Gompers, nada menos que la instancia desde la cual mi gobierno pretendía «organizar» y «coordinar» el movimiento obrero en todo el continente americano... Felipe pagaría caro este error, pues, como pude saber de boca del dueño del propio *New York Times*, Haberman fungía como espía del FBI, filtrando información sobre sus planes y sus acciones, ni más ni menos que a Edgar Hoover, el jefe del Buró de Investigación. La nobleza de Felipe no le dejó ver detrás de la máscara de este miserable, a quien incluso, contra toda razón, designó agente de la Comisión Exportadora del Henequén en Estados Unidos...

Por ello, a partir de su llegada al gobierno en febrero de 1922, junto con el Partido Socialista que ganó las posiciones en el estado, todo cambiaría radicalmente y nada mejor que haber comenzado por meter en cintura a los henequeneros y sus relaciones de trabajo con los indios... La guerra mundial había producido enormes ganancias a los productores de la fibra, sin embargo, el bienestar jamás había llegado a los miserables jacales yucatecos y escasamente a las arcas del gobierno local.

Ambos guardamos silencio sin dejar de tomarnos de la mano. Contemplábamos el horizonte en busca de la luz del amanecer y escuchábamos los estertores de la noche. La selva respiraba pesadamente. Yo no dejaba de pensar en el futuro de ese hombre, todo él humanidad y auténtico amor al prójimo, ni me permitía dejar de imaginar mi vida a su lado. ¿Tendríamos hijos? ¿Cómo serían? ¿Podrían vivir en un estado tan violento? ¿Y su educación? ¿Era mejor prescindir de la ilusión de tener una familia en semejantes circunstancias? Sí, sí, lo que fuera, pero no podía sustraerme al magnetismo que me inspiraba ese hombre lleno de vigor, entereza y convicciones sociales admirables y ejemplares. ¿Por qué torturarme con planes, en lugar de vivir intensamente el día a día? Ya vería qué me deparaba el destino...

Como un volcán en permanente erupción, me contó cómo había sacudido a los indios zarandeándolos de sus trajes de manta cuando, ungido ya gobernador, pronunció su discurso de toma de posesión en maya, toda una arenga incendiaria en la que les recordó que la tierra era de ellos, que habían nacido ahí, crecido ahí, gastado su vida encorvados en el campo, cortando pencas para el amo que se había apoderado del producto de su trabajo y de sus familias... «Pero ustedes han de recuperarla de acuerdo con las nuevas leyes que reconocen ese derecho legítimo a emanciparse económicamente, a instruirse, a capacitarse y a alejarse de los templos, de las cantinas y de los garitos.» ¡Claro que pidió un «viva» para el presidente Obregón!

A partir de ese momento viajó por pueblos, rancherías, centros ejidales, casi no despachaba en el gobierno. Parecía tener las horas contadas. Despreciaba las reuniones de gabinete, de escritorio, los trámites burocráticos, las antesalas, las corbatas, los zapatos boleados, la brillantina, los perfumes, las telas de seda, trataba a los campesinos como amigos, compañeros, hermanos o padres. Mientras recorría el estado incansablemente de arriba a abajo, tejió una red de familiares y amigos íntimos en Motul, el corazón de la organización de su partido y de la administración... Veintisiete de sus parientes directos tomaron posiciones en el gobierno estatal para garantizarse lealtad y confianza y purgar su entorno de traidores. No se movería una hoja sin su conocimiento y aprobación. Tres de sus hermanos lo acompañaron en su apresurada gestión: Wilfrido, el jefe de la policía secreta; Benjamín, el secretario de la Liga de Resistencia Central y Edesio, presidente municipal y de la Liga de Resistencia en Motul, además de Elvia, de sobresaliente inteligencia, responsable de las ligas feministas, directora de los ferrocarriles y tesorera del estado. Felipe era informado regularmente de los cientos de asesinatos entre socialistas y liberales; sí, la sangre corría, pero resultaba imposible detener la marcha socialista de Carrillo Puerto, que yo aprobaba parcialmente.

Mi formación humanística y mi concepción de la ley me impedía pensar siquiera en el uso de la fuerza para imponer mis ideas, solo que, ¿cómo extinguir o extirpar la barbarie medieval en que estaban instalados los latifundistas henequeneros y chicleros? Nunca se someterían a la Constitución ni mucho menos a los decretos de Felipe en términos civilizados. ¿Hablar? Resultaba inútil. ¿Negociar el quebranto de su patrimonio? No pasaría de ser una pérdida de tiempo. ¿Convencerlos de la necesidad de ayudar a la gente que les proporcionaba tanta riqueza y bienestar? Mejor ni intentarlo, dado que partían del supuesto que se trataba de animalitos incapaces de saber lo que más les convenía.

Por todo ello, para cambiar actitudes, alterar valores, mover principios y sacudir conciencias publicó y divulgó masivamente sus textos impresos en *Tinta Roja*, en donde dejaba bien asentadas algunas de sus convicciones y escandalizaba a los hombres de negocios y a los políticos convencionales: «La clase obrera sin un partido político organizado no es sino un cuerpo sin cabeza.» «El partido debe crear en el interior de sus filas un orden militar férreo.» «Cuando el proletariado se organiza en partido político, la conquista del poder público no será episodio accidental, sino punto de partida para la continuación comunista.» «Huye de la religión, especialmente de la católica, como de la peor plaga.» «Trabaja para ti, no dejes que otro explote tu trabajo.» «Haz lo posible por emanciparte de los amos.» «Toda lucha de clases es una lucha política, el fin de esa lucha que se transforma inevitablemente en guerra civil, es la conquista del poder político.»

¡Claro que en Wall Street pensaron de inmediato en llamar otra vez a la Casa Blanca para echar mano de los *good old marines*; en la capital de la República muchos políticos empezaron a acariciar las cachas de sus pistolas; en Yucatán, los henequeneros, los chicleros y el clero se reunieron en sus pretenciosos salones, en donde sostenían sus consejos de administración y pensaron en poner dinero sobre las mesas de caoba perfectamente barnizadas; los potentados de la International Harvester, los comercializadores internacionales de la fibra, después de levantar la ceja y fruncir el ceño, urdieron las primeras estrategias para desestabilizar su gobierno y acabar con él, en tanto los muertos de hambre, los que llegaban a saber de sus textos en *Tinta Roja*, aplaudían a rabiar con sus manos encallecidas, calientes, que ya habían adquirido el color de la tierra.

Al pisar de nueva cuenta las calles de Manhattan y entrar a las oficinas del *New York Times*, toda la urbe de acero parecía caérseme encima. La ciudad me aplastaba. ¿Y la selva, la música, la trova, los panuchos, el calor del trópico, las pirámides, la calidez yucateca, el paisaje agreste, la lucha por ser, la batalla por la conquista de la dignidad? ¿Qué hacía extraviada en esa marea humana carente de sentimientos, ávida de más dinero todos los días, quién sabe para qué...? En una carta de abril de 1923, Felipe dio en la diana:

> Si no aceptas pasar el resto de tu vida a mi lado, por lo menos, te lo ruego, vuelve unos cuantos días a Yucatán y si sientes que no puedes permanecer más tiempo, regresa a tu Manhattan enfebrecida, donde nadie conoce a su vecino, donde uno pasa inadvertido, donde la humanidad no existe y sin embargo la gente vive y trabaja y prospera y muere...

No tardé en darme cuenta de que ya estaba inoculada de *carrillismo*, contagiada de su lucha, aun cuando no de los métodos, sin que yo pudiera aportar unos mejores. Quería regresar a los escenarios yucatecos aunque tuviera que renunciar a mi trabajo o acaso pedir licencia por tiempo indeterminado. El vacío me mataba. Extrañaba los besos de Felipe, su olor salvaje, su mirada que me incineraba, su voz, sus manos, su aliento, su garra, el poder de sus convicciones, la fuerza de su tierra, inimaginable para un neoyorkino. Me escribió reclamándome por qué había tenido que regresar a Estados Unidos a periódicos capitalistas, si no tenía hijos que cuidar ni marido que acompañar. «¿Por qué no consideras una nueva vida, una que siento te traerá una satisfacción más profunda e incluso un éxito literario más rápido que el que prometen tus ocupaciones presentes?» Nos expresamos por carta nuestras emociones íntimas por la separación, nuestra mutua adoración, nuestros deseos insatisfechos, nuestra fe en una necesidad predestinada el uno por el otro y una relación dispuesta. Las hojas con mi letra escritas con tinta aparecían manchadas con mis lágrimas. Un día me llegó un sobre con un mensaje amoroso:

> Alma inolvidable: estoy pensando con gran intensidad en la simpatía que ya existe entre los dos. Pero tomando en consideración tu vida pública y el trabajo que estás haciendo para la prensa neoyorquina, a veces pienso que no puedo importarte ni

creer en el amor que nosotros, como latinos, sentimos apasionadamente por la mujer que adoramos. Desde el día que te conocí
hasta este momento en que te escribo esta carta, vives perpetuamente en mi mente. Estoy tremendamente desesperado por verte
y las únicas cosas que me dan un poco de consuelo son tus fotografías y el mechón de cabello que me dejaste. No sé cuándo
te vuelva a ver, pero me conformo con amarte hasta quién sabe
cuándo [...] Recibe mi cariño y mi deseo de que no te demores
en responderme, en tu español delicioso [...] No firmo esta carta a mano ya que tiene tres días que me he roto el brazo.

La mañana siguiente, recibí un telegrama:

Almita, espero ansiosamente la noticia de tu seguridad. Me has
dejado el corazón sobrecogido... Te amo profundamente. Todos mis pensamientos están contigo... Felipe.

Le correspondía en los mismos términos, dándome cuenta que mis
días en Nueva York estaban contados. Acababa de llegar y ya pensaba en el regreso. Felipe, Felipe, mi dragón del alma, de mi Alma...

Mientras Felipe hacía aprobar una nueva ley para regular el divorcio en el estado, en la que bastaba la petición de una de las
partes para disolver el vínculo matrimonial sin que fuera necesaria la presencia ni siquiera el conocimiento del otro cónyuge, así de
urgencia tenía para casarse conmigo, yo publicaba artículos en el
New York Times mediante los cuales manifestaba a la Casa Blanca
la necesidad inaplazable de reconocer diplomáticamente al gobierno de Obregón.

Cuando navegaba de regreso a México en julio en 1923, supe
que Mérida, la Ciudad Blanca, no era conocida como «blanca» precisamente por la limpieza de sus calles o por el color de la indumentaria propia de los yucatecos, sino por el racismo existente impuesto
por la maldita y despreciable Casta Divina, como la bautizó Alvarado con profundo desdén, integrada por los henequeneros, quienes,
como secuela de la guerra de castas y de la «pacificación» porfirista, restringían la entrada de mayas o indígenas de piel oscura a la
capital del estado. Imposible ignorar que llegaba en un año crítico
en la historia de México: Obregón ya había designado a Plutarco
Elías Calles, otro sonorense, su querido secretario de Gobernación,
como sucesor en la presidencia de la República. Sí, sus intenciones
eran obvias, según las interpretaba a la perfección la mayoría de los

integrantes del ejército, decidido a impedir la imposición del candidato, cuya identidad se haría pública una vez suscritos o acordados formalmente los Tratados de Bucareli, es decir, garantizado el apoyo militar y financiero de la Casa Blanca. Las fuerzas armadas preferían una nueva revolución antes que aceptar la imposición de Calles, el odioso Turco de todos los demonios. Obregón percibió con meridiana claridad el estallido de la violencia. Que el electorado nacional votara por el mejor candidato, que se aceptara el arribo de la democracia, que se respetara la Constitución y las leyes que de ella emanan, que se hicieran valer las garantías individuales y el postulado del «Sufragio Efectivo», eran principios liberales y republicanos absolutamente reñidos con la intolerancia del Manco. La Revolución había servido para centralizar otra vez el poder y no para que la mayoría de los mexicanos participara en la construcción del México del futuro. Obregón deseaba eternizarse en el cargo, de la misma manera en que lo había hecho Porfirio Díaz y lo había intentado Carranza. ¿Obstáculos?

Para que Obregón pudiera imponer a Calles en el Palacio Nacional tendría que someter a la inmensa mayoría del ejército que se levantaría en armas con toda seguridad, por lo que requeriría del apoyo financiero y militar que solo la Casa Blanca podía proporcionarle y esta no se lo otorgaría a menos que pasara por alto el artículo 27 Constitucional. ¿Cómo que el suelo y el subsuelo eran propiedad de la nación? En dicho caso, ¿en qué calidad quedaba el patrimonio de los inversionistas norteamericanos, el de los petroleros, el de los mineros, el de los ferrocarrileros y el de los hacendados? ¿De qué eran finalmente dueños? Si Obregón requería dinero y armas en términos perentorios y para disponer de ello era menester ser reconocido diplomáticamente por el Departamento de Estado, entonces tendría que aceptar, a través de los Tratados de Bucareli, que la Carta Magna no sería aplicable en lo relativo a los intereses del Tío Sam, es decir, el presidente de la República, el gran líder revolucionario, tendría que traicionar los máximos postulados del sangriento movimiento armado mexicano, para contar con pertrechos de guerra y dólares para fusilar a los militares inconformes con sus deseos e intenciones. La gran purga militar comenzaría muy pronto.

Albert Fall, el influyente senador estadounidense que acabaría en la cárcel por corrupto, no se cansó de repetir la posición política de nuestro gobierno:

Para que los Estados Unidos reconozcan al gobierno actual de
México debe firmarse un tratado en que su país se comprometa
a no dar nunca una ley, menos de carácter constitucional, que
moleste a los ciudadanos norteamericanos o a sus intereses en
México.

Los delegados mexicanos replicaron declarando que nunca acep-
tarían «una condición tan humillante, pues México no permitiría
jamás que se discutiera su derecho a dictar sus propias leyes y a administrar su destino soberano». Fall repuso en aquella ocasión:

Entonces, jamás se recibirá a un embajador mexicano en la
Casa Blanca y tampoco Estados Unidos mandará a México un
embajador suyo. Y no solamente las relaciones diplomáticas,
también las comerciales quedarán interrumpidas.

La respuesta de este lado del Río Bravo no se hizo esperar: si se
llegara a ese extremo, no solo México, sino también Estados Unidos resultarían perjudicados en sus intereses. La conclusión de Fall,
nuestro legislador pasó a la historia en estos términos:

No, Estados Unidos no se perjudicará. Somos los amos del mundo. Todas las naciones son nuestras deudoras...

Cuando Adolfo de la Huerta, expresidente y secretario de Hacienda del propio Obregón, supo que el Manco ya había autorizado la
suscripción de los Tratados de Bucareli y decidido en la intimidad,
la candidatura de Calles, presionado por colaboradores, consejeros,
colegas y amigos; Fito, el hombre conciliador, bien intencionado,
un respetado político, el gran pacificador, amante de la legalidad
constitucional, decidió, por lo pronto, marcar una distancia con el
Manco y renunció a su gabinete el 26 de septiembre de 1923. No
tardaría en producirse el movimiento armado. Imposible aceptar
en los hechos y por intereses políticos de Obregón y de Calles, la
derogación de la Constitución que tanta sangre, destrucción, mutilación, luto, incendio y atraso, había costado. ¿Cómo tolerar semejante felonía cometida en contra de la patria? ¡A las armas para
enfrentar al nuevo Porfirio Díaz que intentaba poner a Calles en el
poder para volver al Castillo de Chapultepec en 1928! Otro pale-

ro como Manuel González o Ignacio Bonillas impuestos ambos por don Porfirio y Carranza respectivamente. Él, Adolfo de la Huerta, no lo consentiría. ¡Fuera Obregón y fuera Calles! El tiempo tendría la última palabra...

Para mi gran desilusión, cuando regresé a Yucatán no encontré a Felipe en el puerto de Progreso, a treinta kilómetros de Mérida. Me negué a desembarcar y a cruzar por un enorme arco de bugambilias y tulipanes que habían colocado para darme la bienvenida. El sol abrasaba en el verano yucateco. El piso quemaba, el viento erosionaba y mordía. Me obsequiaron de su parte un *bouquet* enorme de rosas rojas, además de una carta de mi adorado dragón, en donde expresaba su «remordimiento» por no darme la bienvenida, a causa de sus «obligaciones morales con los inditos, quienes llegaban a cada hora por cientos de todo Yucatán.» Tuve que continuar mi viaje a la ciudad de México por razones profesionales, por lo que le pedí a Felipe que me alcanzara, en lugar de hacer el viaje hacia Mérida. Llegó el 31 de julio, en la mañana, según lo acordado. Cuando nos volvimos a ver, en esta ocasión en la Casa de Yucatán en el Distrito Federal, al tiempo que me daba la mano, ordenaba a sus ayudantes que nos dejaran solos, que nadie entrara ni tocara, que cerraran las puertas con llave y no le pasaran llamadas. Requeríamos, al menos, unos minutos de soledad para que nuestros cuerpos hablaran, nuestros labios se juntaran, nuestras manos nos reconocieran, nuestras salivas se identificaran, nuestros alientos se cruzaran, nuestras voces se escucharan, nuestros ojos se llenaran, nuestras ansias se saciaran, nuestras palabras se silenciaran y nuestros sudores se comunicaran. Estábamos juntos de nueva cuenta. ¡Dios de los mortales: no permitas que nos volvamos a separar por nada de este mundo...!

Su antesala estaba rebosante de paisanos deseosos de verlo. No contábamos con mayor tiempo para un arrebato carnal como el de Chichén Itzá: mi feliz reencuentro con Kukulkán tendría que esperar. Ya habría una nueva oportunidad esa misma noche, a la hora que fuera. Por lo pronto me hizo saber que Obregón y Calles habían mandado asesinar la semana pasada a Pancho Villa, porque tiempo atrás había declarado a la prensa que apoyaría con cincuenta mil de sus dorados a Fito de la Huerta para la presidencia.

Sus palabras le costaron la vida. Estaban persiguiendo y matando a los opositores sin consideración alguna a la voz obregonista de «Gobierna más quien mata más...» Ahí estaba el caso de Lucio Blanco, Hermilo Herrero, Francisco Murguía y Juan Carrasco, todos enemigos de Obregón y que perdieron la vida por esa razón. Lo mismo podía acontecer con Adalberto Tejeda, en Veracruz, con Primo Tapia, en Michoacán y con él mismo, con mi Dragón Rojo, en Yucatán, si seguían aproximándose en un grado u otro al populismo radical, según entendían esos bandidos el rescate de los jodidos. Tenía que prepararme porque Obregón nos había invitado a cenar ese mismo día en el restaurante Chapultepec a las ocho de la noche. ¡Claro que el presidente sabía de mis publicaciones en el *New York Times* y quería agradecérmelo con mil zalamerías! Ningún político mexicano, tal vez ninguno en el mundo entero, da un solo paso sin huarache, pensé ocultando una sonrisa sardónica y disfrutando, una vez más, la sabiduría popular.

Obregón me trató en la cena con gran familiaridad. No dejó de llamarme como siempre la atención, el hecho de ver un vacío en la manga derecha de su saco. En ningún momento se abstuvo de bromear ni de repetir su conocida anécdota relativa a la pérdida de su brazo en la batalla de Celaya contra Pancho Villa. Nos volvió a contar la historia con su conocido sentido del humor:

—Estoy en desventaja con mis colegas del gobierno porque ellos pueden robar con las dos manos y yo solo con una...

Obregón parecía radiante, como si hubiera salido de la ducha. No se sorprendió de vernos juntos a Felipe y a mí, porque su servicio de inteligencia ya le habría informado de nuestra relación amorosa. Su bigote al estilo de los káiseres alemanes lucía espléndidamente bien. Deseaba dejar en claro que no temía nada ni a nadie y, no solo eso, sino que deseaba evidenciar que se comportaba como un ciudadano más que salía a cenar con unos amigos. Puse particular atención en escrutar su rostro cuando Felipe inquirió por el asesinato de Villa y cuando solicitó el retiro de las tropas federales estacionadas en Yucatán, porque era bien sabido que no serían leales en el caso de un levantamiento armado del que se hablaba en voz alta de cara a la sucesión presidencial. Jamás se le movió un músculo de la cara ni expresó emoción alguna en su mirada.

—No queremos soldados, queremos armas para mi Liga de Resistencia, Álvaro —adujo el gobernador, expresándose abiertamente—, de los hombres me encargo yo. El propio Diego Rivera me ha dicho que no regrese sin ellas o pereceré crucificado, lo cual me importa solo por la tragedia que representaría para mis indios. Acuérdate —concluyó—, que hace tres años Plutarco me dio cuando menos dos mil escopetas para que nos pudiéramos defender de nuestros enemigos durante el levantamiento de Agua Prieta.

—No hagas caso de los artistas, viven en otro mundo, Felipe, su imaginación calenturienta los obliga a perder todo contacto con la realidad —repuso sonriente Obregón, mientras jugaba con una pelotita de migajón y evitaba hacer referencia alguna a las armas enviadas por Calles—, además, las tropas federales estacionadas en Yucatán no son lo suficientemente numerosas como para lanzarse en contra de tus ligas —agregó, para que no hubiera duda de la información que tenía en las yemas de los dedos respecto al desequilibrio de fuerzas en el estado.

En efecto, a Felipe se le dejó hacer, en tanto a las mismas tropas federales ahí asentadas, se les dio orden expresa de limitarse a presenciar la limpieza que él, sus hermanos y sus seguidores realizaban a lo largo y ancho de la península. El apoyo federal, en aquel entonces, era evidente.

—De acuerdo —repuso Felipe en tanto yo tomaba un curso intensivo de alta política—, somos más los indios que los soldados federales, pero con dos inconvenientes: uno, que están armados con machetes y tal vez con alguna piedra y dos, que el coronel Ricárdez Broca, antes jefe militar de Victoriano Huerta en Yucatán, un soldado despreciable, excarrancista, curiosamente adscrito a Yucatán desde hace varios meses, se levantará en contra mía y, por lo tanto, en contra de tu gobierno, porque es bien sabida su influencia en toda la península... Sábetelo, Álvaro, no nos será leal jamás, créeme.

Se hablaba sin ambages. No había tiempo para más.

—Tienes en muy mal concepto a mi coronel Juan Ricárdez Broca, Felipe, él es de los nuestros...

—Estás en un error, Álvaro, créeme que estás equivocado, a mi escala también tengo que estar bien informado —repuso el gobernador, sin revelar que él mismo le daba fuertes cantidades de dinero a Ricárdez para comprar y asegurar su lealtad en lugar de destinarlas a la adquisición de armas.

—¿En qué te fundas para decir que estoy equivocado? Al Jefe de la Nación no se le anda con secretitos —tiró Obregón de la lengua al gobernador, buscando tener todos los hilos en la mano.

—Sé que los henequeneros, los grandes latifundistas, los chicleros, los plantadores titulares de la Casta Divina, la reacción misma, Álvaro, el clero incluido, capitaneado por el arzobispo Martín Tritschler, le dan generosas cantidades de dinero a Ricárdez, por favor créeme, lo sé porque lo sé. Ellos tienen el dinero para aplastarme y si lo logran habrás perdido un fuerte aliado en todo el sureste del país —exclamó alarmado por primera vez exhibiendo su desesperación—. Recuerda, Álvaro, que el Partido Socialista del Sureste, te garantizó, como lo hace ahora con Plutarco, recursos económicos y votos seguros en Yucatán, Campeche y Tabasco...

—Chismes, chismes, Felipe, como los que circulan en relación a tu persona y que afirman tus deseos de llegar a ser el inquilino más importante del Castillo de Chapultepec en las elecciones de 1928, para competir con Plutarco.

—¿Pero quién dice esa infamia, Álvaro...? Fui el primero en apoyar la candidatura de Plutarco.

—Los mismos que alegan que nuestro Ricárdez es un traidor. ¿Lo ves...? ¿Qué tal que te doy gusto, saco a la tropa y armo a tus indígenas de la Liga para que después te levantes en contra de mi gobierno? ¿Y si lo de Ricárdez no es más que un pretexto tuyo para unir fuerzas en el sureste que luego utilizarías para derrocarme?

—Tú me conoces, Álvaro, ¿cómo me supones capaz de esa canallada?

—Si quieres te cuento otra que dicen de ti...

—¿Otra...?

—¡Claro!, se dice que tu partido socialista ya se apoderó de Tabasco, Campeche, tiene ramificaciones en Chiapas, Quintana Roo y empiezas a tener miles de adeptos en Guatemala, El Salvador y Nicaragua, en Centroamérica, en general, que todos juntos quisieran crear una gran república centroamericana de la cual serías el presidente —disparó Obregón a quemarropa.

—¡Ay, Álvaro!, ni un lactante se creería esa barrabasada.

—Pues no te hagas chiquito, Felipe, tu fama ya rebasa las fronteras, basta con que leas los periódicos: te respetan y admiran en buena parte del mundo.

—¿Pero tú crees que yo, en el caso de ser cierta mi fuerza y mi popularidad, la usaría para hacerte daño? —cuestionó con astucia mi dragón.

—Claro que no lo creo, hermano, solo que tu propuesta de retirar la guarnición de Mérida a cambio de darte solo armas, tiene varias lecturas dentro de mi círculo cerrado de colaboradores, entre otros agentes...

—¿Pero tú qué piensas? ¡Dímelo! —exigió Felipe.

—Creo que eres de los nuestros, mi querido gobernador, solo que en este medio de la política tiras una piedra y matas a un hijo de la chingada, con el perdón de la señorita —contestó con el lenguaje críptico de los políticos.

Después de exhibir muecas de insatisfacción, mi dragón volvió a la carga:

—¿Crees o no que habrá un movimiento armado porque el ejército no quiere a Calles en la presidencia? —preguntó Felipe ocultando, como podía, su malestar y su apoyo sin reservas a los sonorenses.

—¿Y si lo hubiera de qué lado estarías, Felipe?

—Del tuyo, claro, Álvaro, del lado de Plutarco, mi gran amigo, antes me muero que traicionar a los padres de la Revolución. Soy el menos favorecido con la inestabilidad nacional. Mi proyecto requiere de un Estado federal sólido, no podemos volver a los cuartelazos.

—Lo sabíamos, Felipe, lo sabíamos, por ello estoy sentado a la mesa contigo y con Alma, la gran admiradora de México —repuso Obregón aduciendo que, en efecto, ya no habría cuartelazos, de eso se ocuparía él...

—Pues sí, solo que para defender tu gobierno, el de Calles y el mío, necesito armas, de otra suerte, de llegarse a dar el levantamiento armado solo podremos defendernos a pedradas de los federales rebeldes.

—Hablas como si el levantamiento fuera un hecho.

—¿Y tú, presidente, no crees que es un hecho?

—Comparto tu punto, solo que entre todos los generales mexicanos no haces uno como yo y eso que nunca estudié en una academia militar...

—No hay enemigo pequeño, Álvaro...

—No, claro, no hay enemigos pequeños, pero en tu tierra, menos los encontrarás.

—¿Por qué? —cuestionó Felipe, confundido por el giro de la conversación.

—En Yucatán no puede haber revoluciones simplemente porque no hay cabecillas —adujo el presidente de la República, soltando a continuación una sonora carcajada que lo hizo llorar de la risa, obligándolo a secarse las lágrimas con la servilleta—. Tú mejor que nadie sabes que tus paisanos son cabezones... ¿no...?

Sobra decir que Felipe y yo apenas probamos la crema de elote y la carne asada a la tampiqueña que se veía suculenta con sus frijoles, su guacamole servido con totopos y su enchilada verde con queso espolvoreado. No compartimos el postre de chicozapote y, si acaso, dimos un par de tragos al café y al agua de jamaica. No podíamos ignorar la presencia del peligro ni de las intenciones ocultas de Obregón. Habíamos perdido el apetito. A nosotros nos correspondía leer e interpretar las entrelíneas de todo lo dicho. ¿Por qué no sacar la tropa federal de Yucatán? Pamplinas: más que temer un golpe de Estado de Felipe, la verdad consistía en dejarlo indefenso, como parte de una estrategia política, para acabar con él. A sabiendas de que Obregón ya contaría con armas y dólares de Estados Unidos y que con ellas, y solo con ellas, podría aplastar la asonada, entendí que dejar a Felipe no solo sin apoyo militar, sino con un militar como Ricárdez Broca, alevoso, venal y traidor, al frente de la zona militar yucateca, era parte de un plan para deshacerse del gobernador, que ya era una amenaza en la carrera de Obregón.

Momentos después, sin dejar de evaluar los riesgos, las trampas, las felonías, los ardides y la cara oculta de las conversaciones, llegamos al hotel Regis, a un lado de la Alameda, en donde pasaríamos la noche. ¡Pobre, realmente pobre de aquel que ya no tiene tiempo para el amor ni desea disfrutar el máximo placer de los placeres: un colosal arrebato carnal! Parecíamos un par de chiquillos revoltosos que había perdido toda la propiedad y la figura al cerrarse la puerta del elevador. Felipe se lanzó encima de mí como si el viaje en el ascensor fuera a durar lo mismo que llegar al último piso de un rascacielos neoyorquino y durante el trayecto tuviéramos tiempo de desahogar nuestras fiebres amorosas. Cuando llegamos al quinto nivel estábamos tirados sobre el piso sin poder controlar nuestras carcajadas, haciéndonos cosquillas por todos lados, como si fuera la gran travesura de la existencia. Le habíamos perdido el respeto a las formas. Si me hubiera encontrado Adolph Ochs Sulzberger, el dueño del *New York Times*, en semejante circunstancia o el presidente Obregón hubiera estado en el pasillo esperándonos ceremoniosamente, cómo hubiera cambiado su imagen de nosotros.

Arrastrándonos entre risotadas, jugando a una carrera de lagartijas, llegamos a mi habitación desfallecientes y eufóricos y todavía echamos un volado, muy a la mexicana, para ver quién abría la puerta, como si ese hecho fuera algo importante. Una vez adentro, nos cubrimos de besos, nos estrechamos, suspiramos, nos abrazamos como nunca, nos arrebatamos la ropa, nos contemplamos y volvimos a caer al piso; Felipe no pudo zafarse los pantalones a tiempo y rodó a un lado del escritorio del cuarto. Lo alcancé sin aguantar la risa e hicimos el amor sobre el tapete, con la falda levantada yo y él con sus calzones en los tobillos. No alcanzamos ni a llegar a la cama. Fue un delirio. La experiencia más hermosa de nuestras vidas. Ya teníamos derecho a morir, sobre todo después de habernos obsequiado ese paréntesis en un momento tan complejo de nuestras vidas. Felipe me pidió matrimonio, a lo cual accedí besándole los párpados, las manos, las mejillas y la boca como una colegiala católica que decide acabar con las mojigaterías.

—¿Nunca te dijeron en la escuela de monjas en la que estudiaste en Estados Unidos, que a un hombre nunca se le toca ahí...? —me dijo al oído, con toda picardía, tratando de recuperar la respiración.

—Ya hubieran querido las monjas hipócritas tener este señalado privilegio al atrapar a un dragón —repuse apretándolo mucho más, hasta que me pidiera piedad entre más carcajadas.

Pasamos un breve tiempo en la ciudad de México, la que Felipe no había disfrutado desde sus años de diputado federal en 1920 y 1921, entre visitas idílicas a Xochimilco y a las pirámides de Teotihuacan, cenas elegantes dispuestas en su honor por parte de sus admiradores, el presidente y la señora de Obregón y su gabinete. En todas partes Felipe era encomiado como servidor público consagrado y como amigo de los indios, era una figura pública muy respetada y reconocida. Debo recordar aquí la advertencia que le hizo una magnífica vidente, doña Juana, quien había profetizado las muertes de Madero, Pino Suárez, Carranza y demás funcionarios, y ante cuya casa sobre la calle de Donato Guerra, había siempre una larga fila de carruajes de lujo. Ella me había hablado de acontecimientos pasados y presentes de mi propia vida, así que le insistí a Felipe que fuera a verla y fue, a pesar de su visión racionalista, para darme gusto. Salió pálido. Doña Juana le había hablado con todo detalle de situaciones que solo él conocía, de peligros presentes, de maquinaciones de sus enemigos políticos y le advirtió que su vida corría grave peligro. La expresión de su rostro me congeló el ánimo. ¿Era más conveniente no haberlo hecho? ¿Por qué ignorar las señales? No creía en la brujería, la desechaba por irracional, pero algo me atraía de los videntes. Por otro lado, Felipe estaba seguro de que no moriría en la cama, según me lo había hecho saber muchas veces.

El viaje de Veracruz a Progreso se llevó a cabo en medio de un norte terrible. La prensa de la capital nos había reportado perdidos, pero el *Jalisco* logró vencer la tormenta esa noche y, al volver la calma chicha, escuché por primera vez la hermosa melodía de mi canción *Peregrina*. La interpretó un cuarteto que Felipe había enviado para darme una serenata sorpresa afuera de mi camarote. Ya conocía la letra, pero no el arreglo. Pocas veces en mi vida lloré de emoción como en ese momento. Sobra decir que nuestra alegría hubiera sido mucho mayor de no haber estado Felipe tan alarmado por las noticias provenientes de la capital. Adolfo de la Huerta, un paisano incondicional de Obregón, había renunciado, por lo pronto, a su cartera. Él no pasaría a la historia como un traidor a la patria.

¿Cómo era posible que junto a tanta violencia, se diera simultáneamente tanta ternura? En aquel entonces ya me sentía afortunadamente yucateca y cantaba, cantaba y cantaba, cantaba hasta en sueños:

Peregrina, de ojos claros y divinos
y mejillas encendidas de arrebol,
mujercita de los labios purpurinos
y radiante cabellera como el sol.

Cuando dejes mis palmares y mi sierra,
peregrina del semblante encantador,
no te olvides, no te olvides de mi tierra...
no te olvides, no te olvides de mi amor.

Las últimas líneas parecían un ruego reiterado de Felipe para cuando volviera a Estados Unidos...

De regreso en Mérida, en los primeros días de septiembre, después de los inolvidables días que pasamos en la capital de la República y de haber escuchado el informe presidencial de Obregón, Felipe organizó una espléndida recepción de cientos de delegados a la primera conferencia de prensa del continente americano. Sin embargo, a pesar del éxito, vivía con una obsesión: «Armas, armas, Almita, necesito armas o destruirán mi obra junto con mi vida. No le creo nada a Obregón, tan no le creo que ni siquiera ha sancionado las expropiaciones de tierras ociosas que he hecho en el estado. De la misma manera en que Carranza frenó la reforma agraria de Salvador Alvarado, el Manco frena la mía... No me apoya en mis políticas ni con el retiro de la tropa ni con rifles modernos ni con dinero, muy a pesar de los inmensos recursos que le enviamos de la Comisión Exportadora del Henequén. ¿Te das cuenta cómo me deja solo y a mi suerte entre bromas, burlas y risas?».

Mis colegas estadounidenses de otras revistas y medios escritos que habían asistido a la conferencia, me confirmaron muchos de los temores abrigados por Felipe. Habían leído la carta abierta publicada por Felipe dirigida al arzobispo Tritschler, de Yucatán y a toda la curia, alegando que ninguno de ellos había estado «a la altura de su gran misión, de imitar a nuestro Amado Maestro y Señor Jesucristo, uno de los primeros socialistas del mundo, que imbuía en los trabajadores el amor y el deber.» Sabían también que Felipe afirmaba que su Liga de Resistencia era más espiritual que la Iglesia. Me confirmaron que las políticas de Felipe afectaban severamente los intereses clericales, porque Su Señoría era inversionista en múltiples negocios administrados por hombres de paja del arzobispado. Si la cervecería yucateca ya era propiedad de Su Ilustrísima y se promulgaba la ley seca, se veían lastimados los ingresos del clero; si divulgaba secretos que revelaban la participación de Tritschler, el santo no beatificado, en el Banco Yucateco, el escándalo llegaría a ser mayúsculo; si se expropiaban tierras e inmuebles propiedad de la Iglesia o del propio Tritschler o de las Siervas de María, o de las josefinas, las vicentinas, las teresianas o de las órdenes de los maristas o de los jesuitas, siempre camuflados, para beneficiar en apariencia a los desposeídos, aunque juraban adhesión, el daño económico era evidente para los ensotanados. Jamás permitiría Felipe gravámenes como el que el clero impuso al henequén y que debía ser pagado de acuerdo a la «conciencia del causante...» ¿Cómo ignorar la furia de los purpurados cuando Felipe instauró la educación racionalista laica en todos los niveles, incluida la universidad de Yucatán que él mismo fundó? Las pérdidas económicas fueron cuantiosas porque desde la primaria empezaba el ciclo económico lucrativo de la Iglesia, ciclo perverso que él había cancelado. ¿Qué iban a hacer si se acababan los bautismos, las primeras comuniones, las confirmaciones, los matrimonios religiosos y la extremaunción, entre otras tantísimas obvenciones más?

¡Claro que se enfurecieron con Felipe cuando prohibió el pago obligatorio de las limosnas a cargo de los indígenas; claro que perdieron toda la compostura cuando Felipe limitó a seis el número de sacerdotes que podían oficiar en el estado; claro que protestaron cuando Felipe promulgó la Ley del Trabajo para impedir la explotación inhumana de los indígenas, la Ley de Moratoria, la Ley del Inquilinato, la Ley del Catastro, la Ley de Expropiación, la Ley de Protección a la Mujer, la ley que establece las penas para el que trabaje, proporcione, comercie, aplique y use sustancias intoxicantes, la Ley de Divorcio que les quitó otro próspero negocio, la ley que limita el comercio de alcoholes y bebidas embriagantes y la Ley de Revocación del Mandato Público que establecía el retiro obligatorio de todo gobernador, senador, diputado o presidente municipal que no cumpliera con sus obligaciones y que hubiera enajenado sus facultades para proteger al clero y otros grupos privilegiados! ¿Cómo no lo iban a odiar si la jerarquía católica sostenía un contubernio financiero con los piadosos esclavizadores del indio maya, eso sí, muy creyentes en su Dios, que quién sabe cuál sería? ¿Tal vez Satanás?

¿Cómo no lo iban a querer asesinar los latifundistas de la Casta Divina si durante los «jueves agrarios» estaba expropiando medio millón de hectáreas, por lo pronto las ociosas, que el presidente Obregón, se negó a ratificar, en la inteligencia de que iba por todas...? Si los presidentes municipales, los jefes políticos, algunos miembros destacados del ejército, caciques, los jueces y la prensa, todos ellos vinculados económicamente al poder de los latifundistas y de la alta jerarquía católica y el propio Vaticano que recibía a través de Tritschler grandes cantidades de dinero de Yucatán, todos estaban en contra de los indígenas, ¿cómo no iban a ser de inmediato los enemigos naturales y mortales de Felipe? ¿Cómo no lo iban a querer desaparecer de este mundo los accionistas transnacionales de la International Harvester o de la Plymouth Company, que monopolizaban en todo el planeta el comercio del henequén, o de la

Ward Line, la fletera, además de los hombres de negocios de Wall Street, los mismos criminales que acabaron con la vida de Madero y derrocaron a Díaz, sin olvidar a la Casa Blanca, todos afectados en sus intereses multimillonarios por este indio maya extraído del infinito? ¿Cómo el clero yucateco no iba a estar dispuesto a pagar cantidades enormes de dinero a cambio de deshacerse a balazos de un enemigo que cada día le cortaba las uñas, le extraía los dientes y los colmillos y le impedía hacerse de cuantiosas limosnas y donativos, parapetado en sentimientos de caridad y de amor al prójimo?

Cuando a principios del maldito diciembre de 1923, me tuve que despedir de Felipe para regresar a Estados Unidos, zarpé hundida en un mar de confusiones. ¿Lo volvería a ver? Como hombre de valor que era hizo todo lo posible por esconder sus sentimientos de modo que no me preocupara y viajara con las menores angustias posibles. No dejamos de tomarnos de la mano ni de cruzar miradas desde que salimos de Mérida. Nos juramos amor eterno, nos intercambiamos seguridades en torno a nuestro feliz reencuentro para casarnos el mes entrante, en enero de 1924. Nos besamos apasionadamente en público, ¿qué más daba? Me despidió en Progreso con la trova, me cantaron la *Peregrina* una y otra vez, me arrojaron rosas y claveles, pasé por arcos hechos con todas las flores imaginables de ese hermoso jardín yucateco, hasta que un grupo de mariachis interpretó *Las golondrinas*, melodía que me derrumbó al escucharla porque mis piernas se negaron a sostenerme y me traicionaron. ¡Qué pueblo tan maravilloso el mexicano! ¡Cuánto vigor, cuánto sentimentalismo, cuánta amistad, cuánta solidaridad, cuánto amor, generosidad y cariño pueden comunicar en su música y en su vida diaria! Cuando el barco se apartaba del muelle y vi a Felipe de pie agitando su sombrero con una mano, mientras que con la otra mantenía el puño cerrado para transmitirme entereza, se me borró la visión por completo. Lloré y lloré mi suerte, la de él, la nuestra, la de los indios, la de esta tierra mágica de gigantes desperdiciados, mi futuro, mi esperanza, mi pérdida, mi compañero de esos que nacen cada mil años o lloraba, tal vez la incertidumbre, la desazón o mi desasosiego. Al igual que la *Peregrina*, esta letra no la olvidaré jamás:

A donde irá veloz y fatigada
la golondrina que de aquí se va
¡oh, si en el viento, se hallara extraviada!
buscando abrigo y no lo encontrará.
Junto a mi pecho hallará su nido
en donde pueda la estación pasar
también yo estoy en la región perdida
¡oh, cielo santo! y sin poder volar.

¿Felipe, mi dragón, mi Halach Uinic, el hombre verdadero, mi Kukulkán, podría volar...?

Lo que no sabía en ese momento, ni podía saberlo Carrillo Puerto, era que para imponer por la fuerza de las armas la candidatura de Plutarco Elías Calles y para poder aplastar la voluntad política de la alta jerarquía militar, Obregón requería contar con un hombre leal, un incondicional mucho más que probado, en la Secretaría de Guerra. La designación había recaído, desde 1922, en un pariente muy cercano, Francisco Serrano, otro sonorense, querido paisano, cuyo hermano estaba casado con una hermana de Álvaro Obregón. Un vicioso, mujeriego, jugador, golpeador, sí, pero alguien que había seguido a Obregón en todas sus andanzas revolucionarias como parte de su Estado Mayor. La confianza, la indeclinable lealtad, estaban garantizadas.

Un año después de que el general Francisco Serrano ocupara la cartera de guerra, fue invitado por Obregón a un almuerzo en el Castillo de Chapultepec. Se venían encima las elecciones presidenciales de 1924. Al concluir el suculento desayuno confeccionado a base de machaca norteña con huevo y salsa molcajeteada, frijoles de la olla y tortillas de harina, un recuerdo gastronómico de su infancia, una vez limpia la mesa de platos y vasos, cuando habían desaparecido los meseros, el presidente dejó muy en claro la justificación de la reunión clavando una mirada helada y enigmática en los ojos de su subordinado:

—Panchito, tú estás llamado a ocupar algún día mi lugar en el castillo y, como tal, debes conocer todas las claves y secretos de mis estrategias políticas...

—Sí... —repuso cuidadoso Serrano, sin agradecer la mención relativa a su promisorio futuro. De sobra conocía los extremos en que se movía el Jefe de la Nación, por lo que no podía perder atención ni dejar de interpretar los dobles o triples sentidos de sus palabras.

—Quiero que te encargues de tranquilizar a Felipe Carrillo Puerto. ¿Me entiendes, no...? A ese hombre debemos controlarle la lengua y los movimientos antes de que se nos venga encima una gigantesca marea que nos arrollará y sepultará si no sabemos detener oportunamente el alud socialista que se está precipitando en el sureste por su culpa. Si se entromete en mis planes y me los obstaculiza al provocar y despertar a tanto pinche indio yucateco, pronto no quedará nada de mí ni de Plutarco y, por ende, nada de ti... No puedo permitir, ni tú tampoco, que se convierta en un poderoso adversario en las elecciones presidenciales de 1928, como tampoco puedo tolerar que con sus estúpidas políticas confiscatorias, me meta ruido con los gringos en un momento completamente inoportuno, ni puedo privar a la hacienda nacional de los recursos que los heneemqueneros aportan al fisco ni menos que la contaminación socialista se extienda por todo el sureste y el resto del país: ¡Se acabó! No quiero oír más rumores de una secesión yucateca de México como se solicitó reiteradamente el siglo pasado. Al carajo con esas tentaciones independentistas... Hay un momento en el que acaba la culpa de Carrillo y comienza la mía y sé asumir la que me corresponde.

—A tus órdenes Álvaro. ¿Qué sugieres? —contestó Serrano sorprendido por la falta de claridad. «¿Tranquilizarlo...?», pensó el militar recién ascendido.

—¿Cómo que a mis órdenes...? Adió..., si lo que quiero saber es lo chingón que eres en el cargo, ya no te tengo que enseñar el ABC, ¿o sí, Panchito...?

—Solo quería saber si me dabas alguna directriz, algún dato más, tal vez un plazo o algo por el estilo.

—La única directriz que te puedo dar es que no falles, hermanito... A estas alturas no se valen las pendejadas Panchito, porque no solo las pagarías con tu carrera, ni siquiera con tu vida, las pagaría el país en su conjunto y yo, por delante, cabrón. No te equivoques porque nos llevas a todos entre las patas del caballo.

Serrano guardaba un escrupuloso silencio. Aprendía del maestro las artes del asesinato, es decir, la habilidad de aventar la piedra y esconder la mano.

—Mira, Panchito querido, Calles es el bueno, no te confundas, luego, lo más probable es que sigas tú, pero tendremos que tener mano dura para que los pendejos que se levanten en contra de Plutarco, los podamos someter con la zurda, y digo con la zurda porque no sé si ya te diste cuenta que no tengo derecha...

—Estoy listo, Álvaro, para dispararle al del penacho blanco y para espantar al resto de los indios —repuso sin hacer la menor alusión al sentido del humor del presidente. No era momento para festejar broma alguna.

—Pues en este caso el del penacho se llama Felipe Carrillo Puerto. Cuando acabemos con él provocaremos una estampida de quesque socialistas que se esconderán como ratones cuando les eches encima al pinche gato. Lo que tenemos que hacer es crear el conflicto y adelantarnos a quienes suponemos se rebelarán en contra de la candidatura de Plutarco. Escúchame bien —agregó con la debida precisión para no dejar malentendido alguno—, tenemos que aplastarlos en el piso como las cucarachas antes de que se empiecen a trepar por las paredes.

—¿Pero tú crees, Álvaro, que Carrillo Puerto será uno de esos pendejos que se atreverán a rebelarse contra Plutarco?

—¡Claro que no!, tienes razón, él siempre estará de nuestro lado, pero lo que tenemos que hacer es aprovechar el levantamiento armado que se producirá cuando se conozca mi decisión de entregar el poder a Calles —se detuvo entonces Obregón para escrutar el rostro de Serrano y detectar algún rechazo o incomodidad. Al no percibir ninguna consternación, continuó—: Ahí se presentará la coyuntura ideal para deshacernos de él, procediendo de tal manera que aparezcan los militares rebeldes como los asesinos de Felipe. Ninguno de nosotros puede cargar con esa culpa porque nos llenaríamos de mierda. ¿Clarines...? A nosotros que nos esculquen, tenemos que saber sacar las castañas con las manos del gato... ¿Verdad que no puedo aparecer en la historia? Te lo chingas sobre la base de que la culpa es de los rebeldes... ¿Eh...?

Serrano no dejaba de sorprenderse ante la audacia, determinación política y la sabiduría de Obregón. No cabía duda: ningún pendejo llegaba a la presidencia de la República, solo que él se sabía seguro y protegido por Obregón, de quien solo podía esperar buenas intenciones, respeto y proyección meteórica en su carrera.

—Nos vamos a cubrir de gloria, Álvaro, cuando maten a Felipe

Carrillo Puerto y nos erijamos como jueces para condenar ante la sociedad ese despreciable asesinato... Hay muchos hijos de la chingada sueltos, ¿no, jefe...?

—Ya nos vamos entendiendo, paisanito querido...

Dicho lo anterior, Obregón acompañó del brazo a su flamante secretario de Guerra por la explanada del Castillo de Chapultepec hasta donde se encontraba el Cadillac negro propiedad del ejército. Cuando el uniformado, chofer de Serrano, cerró la puerta del vehículo, se abrió una nueva página de la historia de México.

¡Qué útil resultaría para Serrano una de las primeras decisiones que tomó en abril de 1922, cuando nombró al coronel Hermenegildo Rodríguez, muy a pesar de sus pésimos antecedentes consignados en su cartilla de servicios, como militar adscrito al Consejo de Guerra de Yucatán! Gracias a él contaba con escuchas y orejas que seguirían con lupa todos los pasos de Carrillo Puerto. Obregón no podía estar más satisfecho, tenían al hombre indicado. Empezaba el ajedrez político y militar...

A principios de diciembre de 1923 era un sonoro secreto a voces el levantamiento armado para impedir el arribo del Turco al máximo poder de la República. Don Adolfo de la Huerta, quien había renunciado tres meses antes a la secretaría de Hacienda y fuera luego postulado por el partido cooperatista, como candidato opositor de Calles a la presidencia de la República y después de rechazar una y otra vez diversas invitaciones para encabezar un golpe de Estado en contra de su ya odiado paisano, Álvaro Obregón, todavía vacilaba respecto a las consecuencias de dar el paso funesto de ensangrentar al país. El 5 de diciembre de ese mismo año, mientras yo zarpaba de regreso a Estados Unidos, de la Huerta se trasladaba a Veracruz intimado por el jefe de las operaciones militares del puerto, el general Guadalupe Sánchez, quien lo convenció, a través de un enviado, de la necesidad inaplazable de abandonar la ciudad México en los siguientes términos:

—Hoy van a matarlo a usted, don Fito, se lo digo de una fuente inmejorable —dijo el militar uniformado—: me manda mi general Sánchez que lo lleve a Veracruz antes de que sea demasiado tarde. Los asesinos bien pueden ya estar en las puertas de su casa. No me diga que no conoce cómo se las gasta Obregón... ¿A poco ignora el atentado sufrido por Prieto Laurens en el centro de la ciudad de México?

De la Huerta se aterrorizó. Por su mente pasaron las fotos de los cadáveres de Carranza y de Villa, entre muchos otros más. ¡Claro que sabía cómo se las gastaba el Manco endiablado…! ¡Con él no se jugaba! De inmediato atendió la súplica y se trasladó al puerto so pretexto de asistir a un mitin, pero a la mañana siguiente de su llegada, cuando le trajeron los diarios del día, a la hora del desayuno, para su inaudita sorpresa, al leer la cabeza de *El Dictamen*, decano de la prensa nacional, se enteró nada menos que él, Adolfo de la Huerta, el expresidente de la República, se hallaba al frente de la revolución que ese mismo día hacía estallar Guadalupe Sánchez desconociendo al gobierno del general Obregón. Era el 6 de diciembre de 1923, es decir mientras yo navegaba rumbo a mi querida y pacífica patria, jamás asolada por estas funestas costumbres golpistas en lo doméstico, claro está, porque para desestabilizar a otros países ahí estaban los *marines*, tan odiados en América Latina. Pobre de don Fito: ni idea tenía que iban a utilizar su nombre y su buena fe para ponerlo al frente de un movimiento armado que, a su gusto no estaba debidamente cocinado, se requería tiempo y organización, solo que «alguien» ya lo había aventado a la arena y sin capote…

El 11 de diciembre, en su desesperación, Felipe tomó finalmente la decisión de extender la política expropiatoria a las haciendas henequeneras, un golpe inaceptable para los latifundistas de la Casta Divina, incluido el propio arzobispo Tritschler. La bomba estalló en el altar de la catedral yucateca y en las salas de consejo de los productores de fibra, tanto en Estados Unidos como en México. Baste imaginar el escándalo que se dio en el seno de la International Harvester, acreedora de inmensas cantidades de hectáreas de henequén, de espolones, de furgones y locomotoras de ferrocarril, así como maquinaria y equipo, al saberse de la decisión de Felipe. ¿Lo darían todo por perdido? Antes muertos o muerto Felipe: la alternativa no era difícil de entender…

Juan Ricárdez Broca, el coronel sanguinario, corrupto y traidor, acomplejado como todos los cojos, el mismo hombre que Felipe siempre sobornó para tratar de comprar su lealtad de la que invariablemente desconfió, fue designado por Adolfo de la Huerta para encabezar la rebelión en la península, por lo cual días después fue elevado al rango de gobernador militar del estado de Yucatán, por lo que bien abastecido de dólares y pesos pagados por los esclavistas, latifundistas y por supuesto el clero, una semana después del levantamiento de Sánchez, en Veracruz, se fue encima de un Carrillo Puerto desarmado e indefenso que lo vio venir con horror justificado. Las fuerzas militares estacionadas en Yucatán, tal y como lo había previsto Felipe y se lo había manifestado a Obregón durante nuestra cena en Chapultepec, se unieron a Ricárdez, tras desconocer y asesinar al único jefe militar leal a Carrillo, el coronel Carlos Robinson, quien había sido enviado por Felipe, acatando órdenes expresas de Obregón a Campeche para sofocar la insurrección en ese estado. ¿Cuál fue la jugada del presidente de la República? Muy sencillo: distraer las escasas tropas con las que contaba Felipe y privarlo del único hombre leal dispuesto a defenderlo a toda costa. La toma de Mérida era inminente. ¿Resultado? Su propio batallón, después de asesinar a Robinson en Chocholá de los Venados, a tan solo tres kilómetros de Mérida, notificó falsamente a Carrillo Puerto que los rebeldes se habían dispersado y que todo se encontraba bajo su control. Felipe intuyó la maniobra, supo que se trataba de una patraña y se supo en manos de los chacales. No tenía duda de que ahora venían por él. Era la hora de huir a como diera lugar.

En ese momento, el todavía gobernador yucateco, Felipe, mi Felipe, obregonista a ultranza y por conveniencia, que ingenuamente había mandado días antes a su querido amigo y secretario particular, Manuel Cicerol a comprar armas a Estados Unidos, sabía que tenía los días contados ya no solo como gobernante, sino que su vida misma estaba abiertamente amenazada. De llegar a dar con él, bien lo sabía Felipe, lo matarían donde se encontrara como un perro callejero infestado de rabia, salvo que Tomás Castellanos, gerente de la Comisión Exportadora del Henequén en Nueva York, empresa pública creada por Felipe en sustitución de la empresa reguladora de Salvador Alvarado, le proporcionara a Manuel Cicerol, su agente, los recursos indispensables provenientes de la venta de henequén para la compra del armamento que Obregón le había negado. El tal Castellanos, hombre de confianza de Carrillo a pesar de tratarse de un connotado hacendado, se hizo perdedizo para no aportar el dinero solicitado, el que sí le entregó en cantidad de trescientos mil pesos a Ricárdez Broca para matar a quien le había depositado toda su confianza y la riqueza del estado.

¿Qué hacer? Naturalmente acudir a los ochenta mil miembros de las ligas de resistencia, pero, ¿con qué elementos de guerra? ¿Con piedras? ¿Con cocos y bambúes? Llamar al pueblo indio a la defensa del gobierno, era arrojarlo a una muerte segura. No, esto no podía ser de ningún modo. No quedaba más que escapar y evitar otro baño de sangre a costa de los indígenas.

—Los que estén armados, síganme —dijo mi dragón, al tiempo que llamó a no hacer resistencia a la cobarde traición militar. En ese caso todos serían masacrados.

¡Y pensar que unas horas antes había amenazado al arzobispo Tritschler y a los latifundistas concediéndoles ocho horas para abandonar Yucatán o de otra forma él no respondería por sus vidas! Estaba harto de la presencia indeseable de los traidores en su propio estado. O se largaban los explotadores o los mataba... ¡Lástima que ya era demasiado tarde!

Al saber que las tropas de Ricárdez Broca avanzaban apresuradamente sobre Mérida, comprendió que a él sus históricos enemigos no le concederían ni un minuto de gracia, por lo que de inmediato tomó el camino de Oriente acompañado de tres de sus hermanos y de su gente más leal y cercana, incluido su antecesor en el puesto, su querido amigo Manuel Berzunza, entonces presidente municipal de Mérida. Era el 12 de diciembre de 1923. En Motul, su querida Motul de tantas aventuras y recuerdos, rechazó el ofrecimiento de su gente a resistir «como fuera», manifestando que no quería que en Yucatán se derramase sangre inútilmente, y prefirió continuar para alcanzar la costa oriental con el fin de ver si lograba embarcarse, cruzar el canal de Yucatán y llegar a Cuba.

Los fugitivos siguieron hacia El Cuyo, donde desesperados trataron de embarcarse en una lancha, la *Manuelita*, que lamentablemente se encontraba con el motor descompuesto. Acto seguido abordaron un bote, ésta vez *El Salvamento*, ¡Ay, ironías de la vida!, ¿cómo *El Salvamento*...?, con el que trataron de hacerse a la mar mientras contemplaban risueños cómo las tropas de Ricárdez Broca disparaban inútilmente desde la costa sin que pudieran alcanzarlos las balas. Sin embargo, el rostro se les empezó a congelar a todos los carrillistas al percatarse de que la barcaza hacía aguas a babor y estribor. Entre gritos, reclamaciones y lamentos, no tuvieron más remedio que entregarse llegando a nado hasta la playa y descubrir que habían sido localizados gracias a una delación de otro traidor,

José Eligio Rosado. Mi dragón y lo suyos, según lo supe después, fueron detenidos el 21 de diciembre de 1923, en las inmediaciones del ingenio de San Eusebio, muy cercano a Holbox, casi en la frontera de Quintana Roo. Curiosamente, todo esto había acontecido el día de la entrada en vigor del férreo embargo de armas decretado por el gobierno de Estados Unidos, para impedir que los rebeldes delahuertistas pudieran defenderse... Obregón ganaría de todas todas gracias al apoyo incondicional de la Casa Blanca y gracias también a que había entregado el petróleo mexicano a los yanquis olvidándose de la Constitución por la que tanto había luchado...

Más paradójico aún fue el hecho de que en plena persecución ordenada por el presidente Obregón en contra de Felipe, aquel se hubiera atrevido a mandar un telegrama, recibido por Ricárdez Broca en su carácter de gobernador golpista, concebido en los siguientes términos que demuestran el temperamento sarcástico de este malnacido:

> Palacio Nacional
> Diciembre 20 de 1923
> Señor Felipe Carrillo Puerto
> Gobernador del estado. Mérida, Yuc.
>
> Estimado y fino amigo: De manos del señor diputado Iturralde tuve el gusto de recibir los aderezos que con toda fineza se sirvió usted mandar obsequiar a mi esposa y a mi hija Cuquita y los cuales son muy bonitos y de muy buen gusto. Sírvase aceptar, en nombre de ellas y en mío propio, las gracias más cumplidas. Lo saludo con afecto y me repito su atento amigo y seguro servidor.[34]

Los ahora prisioneros fueron trasladados en un convoy fuertemente custodiado a Mérida dos días más tarde, y una vez ahí, Ricárdez Broca ordenó que fueran encerrados en la penitenciaría Juárez; Felipe ocupó la celda 43 de la galera 2, donde pasaría la Navidad y el Año Nuevo entre la tortura, la impotencia y la rabia, en tanto los hacendados y el clero descorchaban sus reservas de Dom Perignon para brindar por la captura de una fiera dotada de poderes que amenazaba su estado de bienestar. La infamia estaba a punto de consumarse. Faltaba solo, para complacer a la asquerosa reacción

---

[34] Archivo General de la Nación, Fondo Obregón/Calles, 103-C-24.

yucateca, la peor en la historia moderna de México, la simulación
de un Consejo de Guerra contra el legítimo gobernador, es decir, la
apariencia aleccionadora de que se obraba con arreglo a la ley...
una verdadera burla que Felipe soportó estoicamente como el auténtico guerrero que era. Sus partidarios ofrecieron cien mil pesos
por la liberación de su caudillo, pero la Unión de Productores de
Henequén, el organismo representante de los grandes plantadores,
había reunido un millón de pesos destinado explícitamente a «apoyar la rebelión de De la Huerta». Ricárdez ya no tenía espacio para
guardarse el dinero en los bolsillos.

Era hora de que entraran en acción los hombres de Serrano, en
especial el recién, abrupta y sorpresivamente ascendido a general
Hermenegildo Rodríguez, quien repentinamente demostró mucho
más interés en acabar con los días del gobernador socialista que Ricárdez Broca, convertido en un simple empleado de la Casta Divina, con el aval de los diplomáticos yanquis, contratado para cegar
la vida de Felipe y de hacer regresar al estado de Yucatán a la idíli-
ca condición de tierra de esclavos indefensos. Hermenegildo Rodríguez se había encargado de exhibir sus credenciales políticas ante
Ricárdez, quien al distinguir la representación que exhibía de parte
de Obregón y de Serrano, intimidado y acobardado, una vez convencido de que los delahuertistas perderían el movimiento armado,
cedió sus poderes ante el hombre que podía garantizarle la fuga una
vez fusilado Carrillo Puerto.

—Hermanito de mi vida —precisó Hermenegildo con una sonrisa chimuela y sarcástica en la que se distinguían dos dientes de
oro—, te recomendaría, en el entendido de que tú y yo sabemos que
estás forrado de dinero por los henequeneros y el clero, que me ayu-
des pacíficamente a coordinar el fusilamiento de estos perros, en especial de Carrillo *Puerco*, y luego te largas del país con esa hermosa
mujer peruana que todos me dicen que es una aparición. En resumen: o te largas y vas con el hocico bien cerrado, porque si hablas
te mueres, o me quedo con la lana y con la nalga. De modo que esco-
ge sobre la base de que no debes olvidar que el pinche Manco tiene
la única mano que le queda muy pesada y muy, muy larga.

Ricárdez Broca había declinado, en privado y en secreto, todos
los mandos otorgados por De la Huerta a favor de Hermenegildo.
Cumpliendo las órdenes de Serrano, a su vez vertidas por Obregón
desde Chapultepec, Rodríguez ordenó el 2 de enero se procediera

al Consejo de Guerra contra mi Felipe. Naturalmente hubo oficiales que se negaron a seguir semejante procedimiento contra civiles, como lo eran Felipe y sus acompañantes, pero Rodríguez amenazó con que correrían «la misma suerte de los que van a ser juzgados», quienes se negaran a proceder como él lo disponía. O sea que, o lo juzgaban sobre las bases que él ordenaba, o los fusilaba a todos. La alternativa estaba muy clara. Ricárdez ya solo pensaba en la fuga con una maleta llena de dólares y su hermosa mujer al lado. ¿Para qué jugarse el pellejo si lo tenía todo...?

El primero en ser presentado ante ese tribunal espurio e improvisado fue Felipe, quien apareció en el miserable cuartucho esposado de pies y manos y con su guayabera antes blanca impoluta, ahora llena de sangre, saliva y mocos con la que se había manchado después de las palizas nocturnas.

—¿Qué funciones desempeñabas en el estado? —le preguntó el coronel Israel Aguirre, presidente del supuesto consejo, dirigiéndose a él irreverentemente, en la segunda persona del singular.

—No desempeñaba, desempeño el cargo de gobernador constitucional del estado de Yucatán —repuso Felipe con el rostro desfigurado y un ojo amoratado por la golpiza recibida la noche anterior—. Además, este tribunal es incompetente para juzgar a un civil, como es mi caso. Todos los militares están violando la ley y deberían ser sometidos, ustedes sí, a un Consejo de Guerra —los desafió sin dejarse intimidar ni doblegar.

—Cállate, pendejete —ordenó impaciente Hermenegildo Rodríguez, urgido de jalar todos los gatillos posibles y de presentarse como el gran héroe ante Serrano.

Cuando exhortaron a Felipe para que denunciara a sus cómplices, contestó que no tenía ninguno; que él era el único responsable de lo que había ocurrido en Yucatán; cuando le preguntaron que si no deseaba un confesor, dijo que no tenía ninguna religión, y cuando le ofrecieron un notario para que hiciera su testamento, contestó que no necesitaba notario, puesto que no poseía bienes. Así desafió a la muerte el gran apóstol del socialismo mexicano en Yucatán, el Lincoln del Mayab.

La condena, que no le fue leída, era previsible: debía morir fusilado junto con sus acompañantes.

Supe que Felipe pensaba más en mí que en sus hijos. Soñaba verme vestida de novia y llevarme del brazo ante el altar frente a un

Dios en el que él sí creía, no así en sus supuestos representantes aquí en la Tierra. Felipe sabía que ya nunca me vería embarazada ni disfrutaría mi maternidad ni me vería llorar otra vez cuando me cantaran la *Peregrina*. Al conocer que sería condenado a muerte, me dijeron que se besaba las yemas de los dedos índice y anular aventando esos besos al aire para mandarme cariños a donde quiera que yo me encontrara. ¡Cuánta impotencia había sentido mi adorado dragón al saberse rodeado de perros mastines que lo iban a devorar a mordidas sin que pudiera defenderse!

¡Qué daño resentiría México en su futuro al verse privado de hombres de la talla de un Felipe Carrillo Puerto, de la misma manera que el país había visto torcido su destino con el asesinato de Pancho Madero! ¿Por qué los mexicanos tenían que resolver sus diferencias a balazos y asesinando precisamente a quienes podían rescatarlos? ¿Por qué decir que «pobre México tan lejos de Dios y tan cerca de Estados Unidos», cuando tenían que decir «pobres de los mexicanos, tan lejos de Dios y tan cerca de los mexicanos»? Pobres de los mexicanos, un país tan rico con gente pobre y con políticos venales, corruptos y traidores que solo ven por su propio beneficio, sin pensar jamás en el bien de la nación.

Cuando iba a ser fusilado Felipe junto con tres de sus hermanos, además de sus leales colaboradores, el 3 de enero de 1924 a las cinco de la mañana, se presentó ante el paredón en el cementerio general de Mérida sin hacer el menor aspaviento ni comentario alguno, muy a pesar de que antes de recibir la descarga su hermano Wilfrido le preguntó:

—¿Cómo le vamos a decir esto a mamá?

Otro de sus hermanos, Edesio, dijo a un conocido que fungió como testigo de los fusilamientos, que por favor se despidiera, en su nombre, de su madre y hermanas, pero Felipe se abstuvo de contestar ninguna pregunta y de formular ninguna observación. Por él podían dispararle a la cara, a diferencia de los demás, al pecho, a las piernas o a los testículos. Todo le era igual en ese su máximo momento de gloria. En su silencio podía haberse escuchado que con la vida de un millón de Ricárdez Broca o con la de millones de Hermenegildos Rodríguez no se pagaba la vida de un solo indio maya.

Cuando el miserable mayor Bielmas ordenó aquello de «Preparen, apunten...», se escuchó la voz de Felipe que gritaba desaforadamente:

—¡Cuiden a mis indios!

—¡Fuego...!

El general Álvaro Obregón, presidente de la República, en un telegrama, lamentó los sucesos:

> El asesino de Felipe Carrillo Puerto lleva el dolor a los hogares del proletariado y muchos millones de seres humanos, al recoger la noticia, sentirán rodar por sus mejillas lágrimas sinceras de dolor. Don Adolfo de la Huerta se dará cuenta de la magnitud de su crimen cuando recoja las protestas viriles del proletariado universal. La sangre generosa de Felipe Carrillo Puerto y compañeros, es el testimonio de la apostasía de don Adolfo de la Huerta.[35]

«Bienaventurados aquellos —prorrumpió el arzobispo Tritschler en su homilía dominical— que arrepentidos de sus ofensas al Señor todopoderoso, gozan ya de Su gracia infinita en el más allá... Una sola cosa pido a los ricos: amor, y a los pobres, resignación. Descanse en paz nuestro amado hijo Felipe Carrillo Puerto, que Dios, nuestro Señor, lo acoja en Su santa gracia y vea por él en toda la eternidad...»

EPÍLOGO

Cuando recibí la noticia del fusilamiento de Felipe, en el hotel Fairmont de San Francisco en el momento en que me probaba, ¡ay, paradojas de la vida!, el vestido de novia que luciría en nuestra boda, sentí cómo me desvanecía hasta caer de rodillas en el piso. Lo sabía, lo sabía, lo sabía, me dije en mi desesperación y tristeza que muy pronto se convertiría en rabia furiosa:

—¡Cabrones, cabrones, los mexicanos son unos cabrones! —grité desconsolada—, ese hombre bien podría haber cambiado el destino negro de México —me lamenté extraviada en un ataque de llanto—. Con hombres como Felipe es como se puede construir un país respetable y no de asesinos y rateros —maldecía haciendo jirones mi vestido blanco que jamás estrenaría.

¿Qué sería de Yucatán y de sus indios, de la gente, de ese país desdichado en donde se mataba a quienes podían ayudar a resca-

---

[35] Castro, 1998: 236.

tarlo de todos sus males...? ¿Qué hubiera sido de mi querido México, el México de mi Felipe, si no hubieran asesinado a Melchor Ocampo, Santos Degollado, Francisco I. Madero, Pino Suárez, Belisario Domínguez, Serapio Rendón, Emiliano Zapata, Venustiano Carranza, Pancho Villa, Francisco Field Jurado, Salvador Alvarado, Arnulfo Gómez, Fortunato Maycotte, entre otros tantos hombres ilustres más? ¿Por qué tenían que decapitar a los forjadores del México del futuro? ¿A dónde va un país que asesina a sus mejores hombres?

Debo decir que, a partir de entonces, lloré externa e internamente a Felipe todos los días de mi vida. Sobra decir que jamás me volví a casar porque no me pude recuperar de la pérdida de mi Abraham Lincoln del Mayab, ni abandoné jamás este país que aprendí a amar entrañablemente a pesar de todos sus defectos. ¿Cuál no los tiene? Luché con toda mi energía por repatriar el patrimonio arqueológico maya saqueado por los norteamericanos y que se exhibe, hasta hoy día, en el museo Peabody de Harvard. Mi Dragón Rojo me lo exigía desde el más allá...

Antes de que se aplacara la furia por el asesinato del gobernador Carrillo Puerto, el gordo Morones, Luis Napoleón Morones, mejor conocido como el Marrano de la Revolución, el millonario líder obrero, el gatillero de Calles y posteriormente su ilustre secretario de Industria y Comercio, amenazó de muerte desde la tribuna del Congreso a los asesinos del gobernador yucateco. Cumplió su amenaza en la persona de don Francisco Field Jurado, el legislador campechano de excepción, quien dirigía una exitosa oposición desde el senado para negarse a ratificar los antipatrióticos Tratados de Bucareli... Nada tenía que ver Field Jurado con el asesinato de Felipe, por supuesto que nada, sin embargo, también fue asesinado como un perro en las calles de la colonia Roma en la capital del país, el 23 de enero de 1924, tan solo veinte días después del fusilamiento de mi amado Felipe. Se le asesinó por patriota, he ahí el destino de los patriotas mexicanos. Solo así, a balazos, como siempre a balazos, fueron ratificados los vergonzosos Tratados de Bucareli.

Durante la efímera e ignominiosa gestión de Ricárdez Broca, apoyado siempre por De la Huerta y por el cónsul estadounidense en Progreso, el gobernador usurpador persiguió —sin suerte— a los hermanos de Felipe, abolió las leyes confiscatorias del gobierno socialista, decretó el mercado libre del henequén, es decir, que la

Harvester decidiera el precio de la fibra, sin la intervención del gobierno de Yucatán y acordara también cuándo comprarlo, en qué cantidades y por qué puertos debía embarcarse, a cambio de un nuevo empréstito, mejor conocido como «mordida», a cargo de los plantadores; volvió a poner la Exportadora en manos de los hacendados y, en Mérida y otras poblaciones, colgó de los árboles a los indios como medida ejemplar para garantizar la tranquilidad pública... Todo esto al tiempo que preparaba su salida no sin antes exigir nuevos préstamos con qué solventar sus futuras aventuras... Con el nombre de Rodrigo García, radicó en Honduras, fingiendo su suicidio el 2 de agosto de 1925 y trasladándose, hasta donde se le pudo seguir la pista, a Belice, donde vivía con su peruana millonaria. Naturalmente, no se le abrió jamás proceso militar por su infidencia ni por el brutal asesinato de Felipe y de trece civiles.

Hermenegildo Rodríguez, a quien tampoco se le abrió proceso militar, murió en Estados Unidos sin que se sepa más... Salvo el hecho de que los únicos sujetos a proceso fueron, como siempre, los soldados de más bajo rango, algunos de los cuales permanecían en prisión en el año de 1947, con excepción del mayor Bielmas, quien fue muerto a palos en la misma penitenciaría en que pasó sus últimas horas trágicas mi Felipe, mi inovidable Felipe.

Llegado el momento de la sucesión de 1928, Serrano reclamó su cuota de poder, incapaz de ver que seguiría los pasos de Felipe cuando, en 1927, Obregón le recetara la misma dosis de plomo al orillarlo a sublevarse para ejecutarlo en Huitzilac, junto con... lo que son las cosas: ¡trece acompañantes más!

Tras finalizar la misa en la catedral de Mérida el domingo posterior al asesinato de Felipe, los hacendados, conmovidos por las palabras del divino arzobispo, coincidieron en que Felipe había sido un muchacho bueno, un poco agitado, que lamentablemente no había entendido la realidad de su tiempo, despreciando en su confusión los parabienes con que el Señor insistentemente favorecía a la blanca Mérida y a sus consentidos hijos de Yucatán. Ellos sabrían cómo darles su merecido a los indios tan amados por Carrillo Puerto. ¡Hijos de la gran puta: han de pasar la eternidad en la galera más recalcitrante del infierno...!

El general Salvador Alvarado, fundador del Partido Socialista Obrero en Yucatán, igualmente defensor de los indios, un liberal de grandes vuelos, también cayó asesinado por las balas de Álvaro

Obregón seis meses después del fusilamiento de Carrillo Puerto y sus hermanos, a quienes tanto quise.

La rebelión delahuertista cobró siete mil vidas entre las que se encontraban muchos valientes compañeros de armas de Álvaro Obregón, auténticos constructores del futuro de México, que se jugaron con él la vida en el campo del honor durante los años aciagos de la Revolución, tales como Manuel Diéguez y Fortunato Maycotte, a quienes persiguió y ejecutó a balazos con una saña que jamás empleó para rastrear a Ricárdez Broca y a Hermenegildo Rodríguez.

El archivo de la gestión de Felipe como gobernador constitucional de Yucatán, fue entregado, por órdenes de Adolfo de la Huerta, al Departamento de Estado del vecino país, donde puede ser consultado en sus National Archives. ¿Quién fue finalmente Adolfo de la Huerta...? *Sweet Lord*!

¿Por qué el obispo Pascual Díaz de Tabasco salvó la vida de Garrido Canabal, gobernador tabasqueño, también detenido por los delahuertistas, y Martin Tritschler, el príncipe de una Iglesia tan enriquecida como envilecida, no solo no hizo nada para salvar a Carrillo Puerto, sino que participó activamente con dinero para que lo mataran?

El que a hierro mata, a hierro muere. Debo confesar que me invadió una profunda alegría cuando leí la noticia de que Álvaro Obregón no había de escapar a esta sentencia fatal. El miserable asesino afortunadamente fue acribillado a balazos en el restaurante La Bombilla el 17 de julio de 1928. ¡Qué malsano placer experimenté cuando supe a detalle que el primer disparo que recibió entró a la altura de la nuca y salió por la base de la lengua, al fin ya no podría volver a matar a nadie! Entre los conspiradores debe destacarse la presencia de Plutarco Elías Calles, ciudadano presidente de la República, su querido paisano, Luis N. Morones, su pistolero, sin olvidar a la madre Conchita ni al arzobispo de Jalisco, Francisco Orozco y Jiménez, ni al ilustre prelado de Morelia, el también arzobispo Leopoldo Ruiz y Flores, es decir, la alta jerarquía católica, todos nuevamente implicados en los hechos de sangre con los que se escribe la historia de México.

BIBLIOGRAFÍA

Gustavo Díaz Ordaz

1968 Supplement to the Statistical Abstract of Latin America, Latin America Center, UCLA, Estados Unidos, 1970.

Agee, Philip, *Inside the company: CIA Diary*, Bantam Books, Estados Unidos, 1978.

——, *On the run*, Lyle Stuart, Estados Unidos, 1987.

Aguayo, Sergio, *1968: Los archivos de la violencia*, Reforma-Grijalbo, México, 1998.

——, *Vuelta en "U". Guía para entender y reactivar la democracia estancada*, Taurus, México, 2010.

Ai Camp, Roderic, "El sistema mexicano y las decisiones sobre el personal político", *FI*, no. XXVII, jul-sep, México, 1976.

Alonso, Antonio, *El movimiento ferrocarrilero en México*, Era, México, 1986.

Alva, Luis Fernando, *La sucesión presidencial de 1964*, Gobierno del Estado de Puebla, México, 1992.

Álvarez Garín, Raúl y Gilberto Guevara Niebla, *Pensar el 68*, Cal y Arena, México, 2008.

Barros Sierra, Javier, *1968. Conversaciones con Gastón García Cantú*, UNAM, México, 1998.

Barry, Tom, *Dollars and dictators. A guide to Central America*, Grove Press, Estados Unidos, 1983.

——, y Deb Presusch, *The Central America Fact Book*, Grove Press, Estados Unidos, 1986.

Buendía, Manuel, *La CIA en México*, Fundación Manuel Buendía, México, 1996.

——, *Pensamiento y acción de la derecha poblana*, BUAP/Fundación Manuel Buendía, México, 1984.

Caballero, Alejandro y Álvaro Delgado, "En el clímax, los odios en el sistema priista: los viejos políticos contra los tecnócratas", *Proceso*, México, 25 de septiembre de 1995.

Cabrera Parra, *José, Díaz Ordaz y el 68*, Grijalbo, México, 1982.

Camacho, Zósimo, "Militares, autores de la masacre de Rubén Jaramillo en 1962: testigos", en http://contralinea.info/archivo-revista/indez. php/2009/05/24/militares-autores-de-la-masacre-de-ruben-jaramillo-en-1962-testigos/

Campos Lemus, Sócrates Amado, *Tiempo de hablar*, Sansores & Aljure, México, 1998.

Cárdenas, Cuauhtémoc, *Sobre mis pasos*, Aguilar, México, 2010.

Carey, Elaine y Lyman Johnson, *Plaza of Sacrifices: Gender, Power and Terror in 1968 Mexico*, University of New Mexico Press, Estados Unidos, 2005.

Carrasco Aráizaga, Jorge, "Roban archivos de la guerra sucia a la historiadora Ángeles Magdaleno", *Proceso*, México, 4 de diciembre de 2004.

Castañeda, Jorge G., *La herencia. Arqueología de la sucesión presidencial en México*, Alfaguara, México, 1999.

Castellanos, Laura, *México armado 1943-1981*, Era, México, 2007.

Castillo García, Gustavo, "El halconazo, historia de represión, cinismo y mentiras se mantiene impune", *La Jornada*, México, 9 de junio de 2008.

——, "Probada, la colusión de militares y líderes priistas en matanza del 68", *La Jornada*, México, 4 de octubre de 2009.

Castro, Pedro, "Carlos A. Madrazo y la reforma imposible del PRI", *Polis: Investigación y Análisis Sociopolítico y Psicosocial*, UAM-Iztapalapa, año/vol. 3, México, 2007, pp. 161-189.

Central Intelligence Agency, Office of National Estimates Memorandum. "Implications of Economic Nationalism in the Poor Countries", en www.faqs.org/cia/docs/58/0000251186/IMPLICATIONS-OF-ECONOMIC-NATIONALISM-IN-THE-POOR-COUNTRIES*.html

Chávez, Elías, "Sinaloa en manos de narcos aliados a políticos", *Proceso*, México, 27 de abril de 1985.

Chirinos Lizares, Guido, *El Septenato 1968-1975*, Alfa, Perú, 1987.

Cochcroft, James, "América Latina y Estados Unidos: historia y política país por país", Siglo XXI, México, 2001.

Corona del Rosal, Alfonso, *Mis memorias políticas*, Grijalbo, México, 1995.

Cosío Villegas, Daniel, "Frente a los hechos, examen de conciencia", *Excélsior*, México, 16 de agosto de 1968.

Dávila Peralta, Nicolás, *Las santas batallas: la derecha anticomunista en Puebla*, UAP, Cuadernos del Archivo Histórico Universitario, México, 2003.

Del Río, Pascal, "Informes del Pentágono apuntaban ya la responsabilidad de Gutiérrez Oropeza", *Proceso*, México, 27 de junio de 1979.

Del Toro Rosales, Salvador, *Testimonios*, Sindicato de Trabajadores de la UANL, México, 1996.

Díaz Ordaz, Gustavo, *Discursos*, Asociación Nacional de Estudios de las Ciencias Políticas y Sociales, México, 1967.

Fuentes, Carlos, *Los 68. París-Praga-México*, Debate, México, 2005.

Galeano, Eduardo, *Las venas abiertas de América Lanita*, Siglo XXI, México, 1990.

Gérard, Pierre-Charles, *El Caribe contemporáneo*, Siglo XXI, México, 1983.

Glockner, Fritz, *Memoria Roja, historia de la guerrilla en México*, Ediciones B, México, 2007.

Granados Chapa, Miguel Ángel "Un siglo de la Universidad Nacional, o de cómo emerger de la crisis perpetua", en www.cableducacion.org.mx/content/un-siglo-de-la-universidad-nacional-o-de-cómo-emerger-de-la-crisis-perpetua

Guevara Niebla, Gilberto, *1968. Largo camino a la democracia*, Cal y Arena, México, 2008.

——, *La libertad nunca se olvida. Memoria del 68*, Cal y Arena, México, 2004.

Gup, Ted, *The Book of the Honor*, Random House, Estados Unidos, 2001.

Gutiérrez Oropeza, Luis, *Díaz Ordaz. El hombre, el gobernante*, Gustavo de Anda, México, 1988.

Hajek, Jiri, *Praga, diez años después*, Laia/Paperback, España, 1979.

Hellman, Lillian, *Tiempo de canallas*, FCE, México, 1981.

Helms, Richard, *A look over my shoulder. A life in the Central Intelligence Agency*, Ballantine Books, Estados Unidos, 2003.

Hernández García, Nieves, *Los errores de Díaz Ordaz*, Costa Amic, México, 1984.

Hernández, José Alarcón, "El Sol de Puebla, 65 aniversario", *El Sol de Puebla*, México, 4 de mayo de 2009.

Jiménez, Gerardo, "Díaz Ordaz se hartó de los insultos en 68. La matanza fue planeada un mes antes", "La CIA evaluó que la matanza fue planeada", *El Independiente*, México, 3 de octubre de 2003.

Kessler, Ronald, *Inside the CIA*, Pocket Books, Estados Unidos, 1994.

Kornhblu, Peter, "Documentos de la CIA: en 1960 López Mateos ofreció Cozumel como trampolín para la invasión de Bahía de Cochinos", *Proceso*, México, 14 de junio de 1998.

Klahr, Marco, "A 25 años del inicio del movimiento de 1968", *El Financiero*, México, 26 de julio de 1993.

Krauze, Enrique, *La presidencia imperial*, Tusquets, México, 2009.

Lagarda, Ignacio, "El asalto al cuartel de Ciudad Madera", en http://todopormexico.foroactivo.com.mx/t280-grupo-popular-guerrillero-y-asalto-al-cuartel-madera

López Aretche, Leobardo, "El Grito" (documental), CUEC-UNAM, México, 1968.

Manjarrés, Froylán y Rubén M. Jaramillo, *Rubén Jaramillo. Autobiografía y asesinato*, Nuestro Tiempo, México, 1967.

Mattelart, Armand, *Un mundo vigilado*, Paidós, España, 2009.

Mejía Madrid, Fabrizio, *Disparos en la oscuridad*, Suma de Letras, México, 2011.

Mendoza, Carlos, *La conexión americana* (documental), México, 2008, en www.canalseisdejulio.org

——, *Halcones, Terrorismo de Estado* (documental), México, 2006, en www.canalseisdejulio.org

——, *Operación Galeana* (documental), México, 2000, en www.canalseisdejulio.org

——, *Tlatelolco: las claves de la masacre* (documental), México, 2003, en www.canalseisdejulio.org

Monsiváis, Carlos, *El 68. La tradición de la resistencia*, Era, México, 2008.

Montemayor, Carlos, *La violencia de Estado en México*, Debate, México, 2010.

Mora, Juan Miguel, *Tlatelolco 68*, Edamex, México, 1987.

Morley, Jefferson, "LITEMPO: los ojos de la CIA en Tlatelolco", en www.gwu.edu/~nsarchiv/NSAEBB/NSAEBB204/index2.htm

——, *Our man in Mexico. Winston Scott and the Hidden History of the CIA*, University Press of Kansas, Estados Unidos, 2008.

Padilla, Tanalís, "Rubén Jaramillo: el muerto incómodo", *La Jornada*, México, 19 de mayo del 2007.

Pansters, Wil G., *Política y poder en Puebla. Formación y ocaso del cacicazgo avilacamachista, 1937-1987*, UAP/FCE, México, 1998.

Paseman, Floyd, *A spy's journey*, Zenith Press, Estados Unidos, 2009.

Pastor y Carreto, Luis G., *Los presidentes poblanos*, Costa Amic, México, 1965.

Pérez Gay, Rafael, "Breve recuerdo del progreso urbano", *El Universal*, México, 9 de octubre de 2006.

Ramírez, Ramón, *El movimiento estudiantil de México*, Era-UAP, México, 2008.

Ranelagh, John, *The Agency; The Rise and Decline of the CIA*, Simon & Schuster, Estados Unidos, 1986.

Rivero Collado, Carlos, *Los sobrinos del tío Sam*, Editorial de Ciencias Sociales, Cuba, 1976.

Rodríguez Munguía, Jacinto, *1968: Todos los culpables*, Random House Mondadori, México, 2008.

Rosas, Alejandro, "Un diplomático sin diplomacia", en http://bicentenario.com.mx/?p=16894

Scherer García, Julio, "La historia criminal", en http://www.proceso.com.mx/rv/modHome/detalleExclusiva/25593

——, *Los presidentes*, Grijalbo, México, 1986.

Scherer García, Julio y Carlos Monsiváis, *Parte de guerra*, Aguilar-Nuevo Siglo, México, 1999.

Sefchovich, Sara, *La suerte de la consorte*, Océano, México, 1999.

Selser, Gregorio, *La CIA en Bolivia*, Hernández Editor, Argentina, 1970.

——, *Enciclopedia de las intervenciones extranjeras en América Latina*, Monimbó e.v, Dietzenbach, Alemania, 1992.

Semo, Enrique, *México, un pueblo en la historia,* Alianza Editorial Mexicana, v. 3, México, 1991.

Silva-Herzog, Jesús, *La historia de la Universidad de México y sus problemas,* Siglo XXI, México, 1974.

Solís Mimendi, Antonio, *Jueves de Corpus sangriento,* Talleres Offset Alfaro, México, 1975.

Swift, John, *Atlas Histórico de la Guerra Fría,* Akal, España, 2008.

The National Security Archive en www.gwu.edu/~nsarchiv/index.html

Torre, Wilberg, "Traición mexicana a Cuba", en *El Universal,* México, 3 de febrero de 2008.

Torres, Jorge, *Nazar, la historia secreta,* Random House Mondadori, México, 2008.

Trejo, Raúl, *De Adolfo Ruiz Cortines a Adolfo López Mateos,* Siglo XXI, México, 1981.

Urrutia Castro, Manuel, *Trampa en Tlatelolco: síntesis de una felonía sobre México,* s.e., México, 1969.

Valdés Salmerón, Verónica, *Ética ciudadana: de lo individual a lo social: de lo social a lo global,* Pearson Educación, México, 2003.

Vela, Sergio, *et. al., 1968: un archivo inédito,* CNCA, México, 2008.

Volpi, Jorge, *La imaginación y el poder. Una historia intelectual de 1968,* Era, México, 1998.

Zemelman, Hugo, "Acerca del fascismo en América Latina", en *Nueva Política,* no. 1, ene-mar, México, 1976.

Melchor Ocampo

André, Miche, *Diccionario de Derecho Canónico: Traducido del que ha escrito en francés el Abate Andrés,* Imp. De José C. de la Peña, Universidad Complutense de Madrid, España, 1848.

Arreóla Cortés, Raúl, *Melchor Ocampo. Textos políticos,* SEP, México, 1975.

Blázquez Domínguez, Carmen, Concepción Hernández Ramírez y Aurelio Sánchez Durán, *Veracruz liberal. 1858-1860,* Gobierno del Estado de Veracruz/El Colegio de México, México, 1986.

Bravo Ugarte, José, *Munguía. Obispo y arzobispo de Michoacán.* Jus, México, 1967.

Cámara de Diputados, *Los presidentes de México ante la Nación: informes, manifiestos y documentos de 1821 a 1966,* XLVI Legislatura, vol. 1, México, 1966.

Contreras Estrada, Tomás, *Melchor Ocampo; el agrarista de la Reforma,* Talleres Gráficos, México, 1970.

Cue Canovas, Agustín, *Juárez, los EEUU y Europa,* Grijalbo, México, 1970.

Cuevas, Mariano, "Historia de la nación mexicana", en Josefina Zoraida Vázquez, *Mexicanos y norteamericanos ante la guerra del 47,* Ediciones Ateneo, México, 1977.

De la Maza, Francisco, "Melchor Ocampo, literato y bibliógrafo", *Historia Mexicana*, El Colegio de México, vol. 11, no. 1, México, 1961.

Díaz, Lilia, ed., *Versión francesa de México*, Secretaría de Relaciones Exteriores, vol. 1-2, México, 1958.

Fernández Ruiz, Jorge, *Juárez y sus contemporáneos*, UNAM, México, 1986.

——, *Un reformador y su reforma*, Sociedad Mexicana de Geografía y Estadística, México, 1981.

Fuentes Díaz, Vicente, *La intervención norteamericana en México. 1847*, Imprenta Nuevo Mundo, México, 1947.

García Cantú, Gastón, *El pensamiento de la Reacción Mexicana. Historia documental 1810-1962*, Empresas Editoriales, México, 1965.

Guerra, Sergio, *Benito Juárez en América Latina y el Caribe*, UNAM, México, 2006.

Hamnett, Brian, "La presidencia de Comonfort", *Bulletin of Latin American Research*, vol. 15, no. 1, Inglaterra, 1996.

Herrera Peña, José, *La biblioteca de un reformador*, Universidad Michoacana de San Nicolás de Hidalgo, México, 2005.

——, "Juárez y el destierro (1853-1855)" en Sergio Guerra, *Benito Juárez en América Latina y el Caribe*, UNAM, México, 2006.

Jasso Espinosa, Rodolfo, *Grandeza de Michoacán*, Costa Amic, México, 1969.

Juárez, Benito, *Documentos, discursos y correspondencia*, selección y notas de Jorge L. Tamayo, s.e., vol. 15, México, 1972.

Knauth, Josefina Zoraida de, "McLane y la intervención Norteamericana", en *Historia Mexicana*, El Colegio de México, vol. 16, no. 2, México, 1966.

Knott, Stephen F., *Secret and sanctioned Covert operations and the American presidency*, Oxford University Press, Estados Unidos, 1996.

Lafragua, José María, *Miscelánea de política*, Instituto Nacional de Estudios Históricos de la Revolución Mexicana, México, 1987.

Livermore, Abiel, "La guerra con México revisada", en Josefina Zoraida Vázquez, *Mexicanos y norteamericanos ante la guerra del 47*, Ediciones Ateneo, México, 1977.

Los millones de la Mesilla, Imprenta de José María Macías, México, 1855.

Malo, José Ramón, *Diario de sucesos notables*, Patria, vol. 1, México, 1948.

Mateos, José María, *Historia de la masonería en México desde 1806 hasta 1884*, Herbasa, México, 2003.

Mena, Mario, *Melchor Ocampo*, Jus, México, 1959.

Morales, Francisco, *Clero y política en México (1767-1834)*, Sepsetentas, México, 1975.

Muñoz y Pérez, Daniel, *Ensayos Biográficos: Melchor Ocampo, Santos Degollado, Leandro Valle*, Secretaría de Hacienda y Crédito Público, México, 1961.

Ocampo, Melchor, *Obras completas*, F. Vázquez Editor, vol. 4, México, 1901.

——, *Testimonios*, Comisión Nacional para la Conmemoración del Centenario del fallecimiento de don Benito Juárez, México, 1972.

Ochoa, Alvaro, *Repertorio Michoacano*, El Colegio de Michoacán, México, 1995.

Orozco, Fernando, *Gobernantes de México*, Panorama, México, 2004.

Pantoja Morán, David, "La Constitución de 1857 y su interludio parlamentario", *Historia Mexicana*, El Colegio de México, vol. 57, no. 4, México, 2008.

Pineda, Salvador, *Vida y pasión de Ocampo*, LibroMex, México, 1959.

Pola, Ángel, *Don Melchor Ocampo*, Gobierno del Estado de Michoacán, México, 1964.

Price, Glenn W., *Los orígenes de la guerra con México*, FCE, México, 1986.

Quirarte, Martín, *Relaciones entre Juárez y el Congreso*, Cámara de Diputados, México, 1973.

Rivera, Agustín, *La Reforma y el Segundo Imperio*, Comisión Nacional para las Conmemoraciones Cívicas de 1963, México, 1963.

Roeder, Ralph, *Juárez y su México*, FCE, México, 1972.

Romero Flores, Jesús, *Melchor Ocampo. El filósofo de la Reforma*, Secretaría de Educación Pública, México, 1944.

Sánchez D., Gerardo, "Los vaivenes del proyecto republicano. 1824-1855", en Enrique Florescano, coord., *Historia General de Michoacán*, Gobierno del Estado de Michoacán, v. 3, México, 1989.

Scholes, Walter V., "Church and State at the Mexican Constitutional Convention, 1856-1857", *The Americas*, vol. 4, no. 2, Estados Unidos, 1947.

Sierra, Justo, *Obras Completas, t. XIII Juárez: su obra y su tiempo*, UNAM, México, 1991.

Valadés, José C., *Melchor Ocampo. Reformador de México*. Cámara de Diputados, México, 1972.

——, Mario Melgar y Andrés Lira, *Orígenes de la República Mexicana: la aurora constitucional*, UNAM, México, 1994.

Zarco, Francisco, *Las matanzas de Tacubaya*, Ediciones del Boletín Bibliográfico de la SHCP, México, 1959.

Venustiano Carranza

Alanís, Armando, "Historias de familia", *Milenio*, en http://impreso.milenio.com/node/8868107#

Alessio Robles, Miguel, *Historia política de la Revolución*, Ediciones Botas, México, 1946.

Almanza Huesca, Beatriz, "La entrada de los ejércitos revolucionarios a la ciudad de México (1913-1915)", *Revista Mexicana de Sociología*, UNAM, v. 56, no. 3, jul-sep, 1994.

Balderrama, Luis, *El clero y el gobierno de México: apuntes para la historia de la crisis en 1926*, Cuauhtémoc, México, 1927.

Barragán, Juan, *Historia del ejército y de la revolución constitucionalista*, Stylo, v. 2, México, 1946.

Beezley, William, "*Governor Carranza and the Revolution in Coahuila*", *The Americas*, v. 33, no. 1, Estados Unidos, 1976.

Blanco Moheno, Roberto, *Crónica de la Revolución mexicana*, LibroMex t. 1, México, 1958.

Blidstein, Marcelo, "Política y caudillismo en el Congreso Constituyente mexicano de 1917", *Mexican Studies/Estudios Mexicanos*, v. 16, no. 1, Estados Unidos, 2000.

Breceda, Alfredo, "Rasgos biográficos de don Venustiano Carranza" en Isidro Fabela, *El Primer Jefe*, Jus, México, 1980.

Burkholder de la Rosa, Arno, "El periódico que llegó a la vida nacional. Los primeros años del diario *Excélsior* (1916-1932)", *Historia Mexicana*, El Colegio de México, v. 58, no. 4, abr-jun, 2009.

Cabrera, Luis, *La revolución es la revolución*, Gobierno del Estado de Guanajuato, México, 1977.

——, *Obra política de Luis Cabrera*, UNAM, México, 1992.

Carmona, Doralicia, "Carranza Garza, Venustiano", en www.memoria-politicademexico.org

Carr, Barry, *El movimiento obrero y la política en México 1910-1929*, Era, México, 1981.

Carranza Castro, Jesús, *Origen, destino y legado de Carranza*, s.e., México, 1977.

Constantine, Arthur, "Carranza: At Close Range", *The North American Review*, University of Northern Iowa, Estados Unidos, 1917.

Cumberland, Charles E., "Dr. Atl and Venustiano Carranza", *The Americas*, v. 13, no. 3, enero, 1957.

De cómo vino Victoriano Huerta. Y como se fue..., Caballito, México, 1978.

De Fornaro, Carlo, *Carranza and Mexico*, Mitchell Kennerley, Estados Unidos, 1915.

Fabela, Isidro, *Documentos históricos de la Revolución Mexicana. Las Relaciones Internacionales en la Revolución y Régimen Constitucionalista y la Cuestión Petrolera. 1913-1919*. Jus, t. 2, México, 1971.

Garcíadiego, Javier, *La revolución mexicana: crónicas, documentos, planes y testimonios*, UNAM, México, 2006.

Gilderhus, Mark, "Carranza and the Decision to Revolt, 1913: A Problem in Historical Interpretation", *The Americas*, v. 33, no. 2, Estados Unidos, 1976.

——, "The United States and Carranza, 1917: The Question of the jure recognition", *The Americas*, v. 29, no. 2, Estados Unidos, 1972.

Glaser, David, "1919: William Jenkins, Robert Lansing, and the mexican interlude", *The Southwestern Historical Review*, v. 74, no. 3, Estados Unidos, 1971.

González-Blanco, Edmundo, *Carranza y la Revolución de México*, Helénica, México, 1916.

Grieb, Kenneth, "The Causes of the Carranza Rebellion: A Reinterpretation", *The Americas*, v. 25, no. 1, Estados Unidos, 1968.

Hall, Linda y Don M. Coerver, "Oil and the Mexican Revolution: The Southwestern Connection" *The Americas*, v. 41, no. 2, Estados Unidos, 1985.

Harris III, Charles H. y Louis Sadler, "The 1911 Reyes Conspiracy: The Texas side", *The Southwestern Historical Quarterly*, v. 83, no. 4, Estados Unidos, 1980.

Hernández Chávez, Alicia, "Militares y negocios en la Revolución mexicana", *Historia Mexicana*, El Colegio de México, v. 34, no. 2, oct-dic, México, 1984.

Iglesias González, Román, recop., *Planes políticos, proclamas, manifiestos y otros documentos de la Independencia al México moderno, 1812-1940*, UNAM, Instituto de Investigaciones Jurídicas, no. 74, México, 1998.

Junco, Alfonso, *Carranza y los orígenes de su rebelión*, Jus, México, 1955.

Katz, Friedrich, "Alemania y Francisco Villa", *Historia Mexicana*, El Colegio de México, v. 12, no. 1, México, 1962.

——, *La guerra secreta en México*, Era, México, 1998.

Kelley, Francis Clement, *México, el país de los altares ensangrentados*, Polis, México, 1945.

Krauze, Enrique, *Venustiano Carranza. Puente entre siglos*, FCE, México, 1987.

Leal, Juan Felipe, *Agrupaciones y burocracias sindicales en México 1906-1938*, PINEM-Terranova, México, 1985.

List Arzubide, Germán, "La rebelión constituyente de 1917", *Historia Mexicana*, El Colegio de México, v. 1, no. 2, México, 1951.

Machado, Manuel, "Tempest in a Tea Pot? The Mexican-United States Intervention Crisis of 1919", *The Southwestern Historical Quarterly*, Julio, Estados Unidos, 1970.

Magaña, Gildardo, *Emiliano Zapata y el agrarismo en México*, Secretaría de Educación Pública, v. 3, México, 1946.

Manero Suárez, Adolfo y José Paniagua Arredondo, *Los Tratados de Bucareli. Traición y sangre sobre México*, s.e., v. 2, México, 1958.

Manifiesto al pueblo mexicano de la junta central revolucionaria felicista, en www.biblioteca.tv/artman2/publish/1919_206/Manifiesto_al_Pueblo_Mexicano_de_la_Junta_Central__1886.shtml

Meyer, Michael, "The Mexican-German Conspiracy of 1915", *The Americas*, v. 23, no. 1, Estados Unidos, 1966.

Moreno, Pablo, *Galería de coahuilenses distinguidos*, Mayagoitia, v. 1, México, 1996.

Moguel, F., J., *Venustiano Carranza*, Planeta de Agostini, México, 2002.

Niemeyer, Vic, "Frustrated invasión: The Revolutionary attempt of General Bernardo Reyes from San Antonio en 1911", *The Southwestern Historical Quarterly*, v. 67, no. 2, Estados Unidos, 1963.

Paz Sánchez, Fernando, *La política económica de la Revolución mexicana, 1911-1924*, UNAM, México, 2006.

Ponce, Grecia, "Cuando Martí se enamoró de México", *Cambio de Michoacán*, México, 23 de febrero de 2007.

Revueltas, J., *Ensayo sobre un proletariado sin cabeza*, Logos, México, 1962.

Reyes, Alfonso, "A propósito de Bernardo Reyes", *Historia Mexicana*, El Colegio de México, v. 7, México, 1957.

Richmond, Douglas, "Intentos externos por derrocar a Carranza", *Historia Mexicana*, El Colegio de México, v. 32, México, 1982.

——, *La lucha nacionalista de Venustiano Carranza, 1893-1920*, FCE, México, 1986.

Robles de la Torre, José León, *Cinco coahuilenses presidentes de México*, Gobierno del Estado de Coahuila, México, 2000.

Ross, Stanley R., "La muerte de Jesús Carranza", *Historia Mexicana*, El Colegio de México, v. 7, no. 1, México, 1957.

Sandos, James A. "German Involvement in Northern Mexico, 1915-1916: A New Look at the Columbus Raid", *The Hispanic American Historical Review*, Duke University Press, v. 50, no. 1, 1970, pp. 70-88.

Santos Moray, Mercedes, "El poema de Ana Martí", en www.cmbfradio.cu/cmbf/marti/marti_00000067.html

Sefchovich, Sara, *La suerte de la consorte*, Océano, México, 1999.

Sikirus, John, "Railroad, Oil and another foreign interests in the Mexican revolution, 1911-1914", *Journal of Latin American Studies*, Cambridge University Press, v. 35, Inglaterra, 2003.

Silva Herzog, Jesus, *Breve Historia de la Revolución mexicana*, FCE, México, 1962.

Sheman, William y Richard Greenleaf, *Victoriano Huerta. A reappraisal*, Centro de Estudios Mexicanos, México, 1960.

Smith, Michael M., "Andrés G. García: Venustiano Carranza's eyes, ears, and voice on the border", *Estudios Mexicanos*, University of California Press, Estados Unidos, 2007.

Taibo II, Paco Ignacio, *Pancho Villa. Una biografía narrativa*, Planeta, México, 2006.

Taracena, Alfonso, *La verdadera Revolución mexicana, 1912-1914*, Porrúa, México, 1991.

——, *La verdadera Revolución mexicana, 1916-1918*, Jus, México, 1979.

——, *Venustiano Carranza*, Jus, México, 1963.

Trow, Clifford, "Woodrow Wilson and the Mexican Interventionist Movement of 1919", *The Journal of American History*, Organization of American Historians, v. 58, no. 1, junio, Estados Unidos, 1971.

Tucker, Robert, "Woodrow Wilson's 'New Diplomacy'", *World Policy Journal*, The Mit Press, v. 21, no. 2, Estados Unidos, 2004.

Ulloa, Bertha, "Militares y negocios en la Revolución mexicana", *Historia Mexicana*, El Colegio de México, v. 34, México, 1984.

——, *Veracruz, capital de la nación, 1914-1915,* El Colegio de México/ Gobierno del Estado de Veracruz, México, 1986.

Urrea, B., *La herencia de Carranza,* PRI, México, 1982.

La Santa Inquisición

Alberro, Solange, *Inquisición y Sociedad en México 1571-1700,* FCE, México, 1988.

Alvar, Alfredo, *Isabel la Católica. Una reina vencedora, una mujer derrotada,* Temas de Hoy, España, 2004.

Águeda, María, *Secretos del Oficio,* UNAM, México, 2001.

Antin, Felipe, *Vida y Muerte de la Inquisición en México,* Posada, México, 1973.

Baudot, Georges, ed., *Historia de los Indios de la Nueva España,* Castalia, España, 1985.

Benitez, Fernando, *Los demonios en el convento,* Era, México, 1985.

Bernat, Gabriel, "La Inquisición Española (1478-1813)", en www.gabrielbernat.es/espana/inquisicion/index.html

Bleznick, Donald W., "Furió Ceriol y la controversia sobre la traducción de la Biblia", *Revista Hispánica Moderna,* University of Pennsylvania Press, año 34, no. 1-2, Estados Unidos, 1968.

Borah, Woodrow, *El Juzgado General de indios en la Nueva España,* FCE, México, 1985.

——, *El siglo de la depresión en Nueva España,* Era, México, 1982.

Bosco, Juan, *Historia de América,* Ariel, España, 2006.

Burton, Jeffrey, *El príncipe de las tinieblas,* Andres Bello, Chile, 1995.

Carreri, Gemelli, *Viaje a la Nueva España,* Editora Ibero Mexicana, Serie Biblioteca Mínima Mexicana, no. 14, México, 1955.

Carver, Alexander B., "Esteban Martín: el primer impresor en el hemisferio occidental: un estudio de documentos y una opinión", *The Library Quarterly,* University of Chicago, vol. 39, no. 4, Estados Unidos, 1969.

Chuchiak, John, "Sexual encounters/Sexual collisions", *Etnohistory,* Duke University Press, vol. 54, no. 1, Estados Unidos, 2007.

Comella, Beatriz, *La Inquisición española,* Rialp, España, 1998.

Croft, Pauline, "Englishmen and the Spanish Inquisition 1558-1625", *The English Historical Review,* Oxford Journals Past & Present, vol. 87, no. 343, Estados Unidos, 1972.

Dávila, Arturo S., "¿Conquista espiritual o satanización del panteón aztekatl?", *Revista de Crítica Literaria Latinoamericana,* año 24, no. 49, Lima-Hanover, 1999.

Diomedi, Alexis, "La guerra biológica en la conquista del nuevo mundo. Una revisión histórica y sistemática de la literatura", en www.scielo.cl/ pdf/rci/v20n1/art03.pdf

Durán Luzio, Juan, "Michel de Montaigne ante sus censores hispánicos", *Revista Chilena de Literatura*, Universidad de Chile, no. 50, Chile, 1997.

Escudero, José Antonio, *La Inquisición en España*, Cuadernos de Historia, no. 16, México, 1985.

Esquivel Otea, María Teresa, *Índice del ramo edictos de la Santa y General Inquisición*, Archivo General de la Nación, México, 1981.

Farriss, N. M., *La corona y el clero en el México colonial*, FCE, México, 1995.

Fernández, María, *La sentencia inquisitorial*, Universidad Complutense, España, 2000.

Ferrer Muñoz, Manuel, *La Constitución de Cádiz en la Nueva España*, UNAM, México, 1993.

Fo, Jacopo, *El libro prohibido del cristianismo*, Lectorum, México, 2006.

García, Genaro, *Carácter de la conquista española en América y en México según los textos de los historiadores primitivos*, Biblioteca de la Fundación Miguel Alemán, México, 1990.

——, *Documentos históricos mexicanos*, INEHRM, vol. 8, México, 1985.

——, *Tumultos y rebeliones acaecidos en México*, Centro de Estudios Históricos del Agrarismo en México-Secretaría de la Reforma Agraria, México, 1986.

García Martínez, Bernardo, "La historia de Durán", *Historia Mexicana*, El Colegio de México, vol. 16, no. 1, México, 1966.

González Obregón, Luis, *D. Guillén de Lampart: La Inquisición y la independencia en el siglo* XVII, Librería de la Vda de Ch. Bouret, México, 1908.

——, *El proceso inquisitorial del cacique de Texcoco*, Gobierno del Distrito Federal, México, 2009.

González, Victoria, *¿Judíos o cristianos?*, Universidad de Sevilla, España, 2000.

Greenleaf, Richard, *La Inquisición en Nueva España. Siglo* XVI, University of New Mexico Press, Estados Unidos, 1981.

——, *Zumárraga y la Inquisición mexicana, 1536-1543*, FCE, México, 1992.

Gutiérrez Casillas, José, *Historia de la Iglesia en México*, Porrúa, México, 1984.

Hamnett, Brian, "Antonio Bergosa y Jordán, Obispo de México: ¿Ilustrado? ¿Reaccionario? ¿Contemporizador y oportunista?", *Historia Mexicana*, El Colegio de México, vol. 59, no. 1, México, 2009.

Hernández Sánchez Barba, Mario, *Reformismo y progreso en América Latina. 1840-1905*, Rialp, México, 1989.

Huerta, María Teresa y Patricia Palacios, recop., *Rebeliones indígenas de la época colonial*, SEP/INAH, México, 1976.

Jouve, Marguerite, *Torquemada, Gran Inquisidor de España*, Ercilla, Chile, 1935.

Kamen, Henry, *La Inquisición española*, Grijalbo, España, 1972.

Klein, Rainer, *Diablos, Demonios y Ángeles Caídos*, Imaginador, Argentina, 2004.

Konove, Andrew Philip, *The Devil and the Irish King: Don Guillén Lombardo, the Inquisition and the Politics of Dissent in Colonial Mexico City*, Haverford College, Estados Unidos, 2004.

Lewin, Boleslao, *Los judíos bajo la Inquisición en Hispanoamérica*, Dédalo, España, 1960.

Lewis, Laura, "Sodomy to Superstition", *Etnohistory*, Duke University Press, vol. 54, no. 1, Estados Unidos, 2007.

Llorente, Juan Antonio, *Historia crítica de la Inquisición en España*, Hiperión, vol. 4, España, 1981.

López Fanego, Otilia, "Montaigne y la Inquisición. Una coincidencia con Cervantes", *Anales Cervantinos*, no. 24, España, 1986.

Manning, Patricia, *Voicing Dissent in Seventeenth-Century Spain: Inquisition, Social Criticism and Theology in the Case of el Criticón*, Brill Academic Publishers, Estados Unidos, 2009.

Martínez Fernández, Primitivo, *La Inquisición, el lado oscuro de la Iglesia*, Lumen, España, 2009.

Masson, H., *Manual de herejías*, Rialp, España, 1989.

Maza, Francisco de la, *El palacio de la Inquisición*, UNAM, México, 1951.

McLoughlin, Emmett, *Crime and Inmorality in the Catholic Church*, Lyle Stuart, Estados Unidos, 1964.

Medina, José Toribio, *Historia del Tribunal del Santo Oficio de la Inquisición en México*, Elzeviriana, Chile, 1905.

Mejías-López, William, "El Tribunal del Santo Oficio y sus sistema opresivo en América: herejía, sodomía y brujería en Santo Domingo, Puerto Rico y Cartagena de Indias en tres novelas latinoamericanas", *Revista de Crítica Literaria Latinoamericana*, año 25, no. 49, Lima-Hanover, 1999.

Monter, William, *La otra inquisición*, Crítica, Barcelona, 1992.

Morgan, Lewis, *México antiguo*, Siglo XXI, México, 2003.

Pérez Escohotado, Javier, *Sexo e inquisición en España*, Temas de Hoy, España, 1992.

Puyol Buil, Carlos, *Inquisición y política en el reinado de Felipe IV. Los procesos de Jerónimo de Villanueva y las monjas de San Plácido*, Consejo Superior de Investigaciones Científicas, España, 1993.

Ramírez Montes, Guillermina, *Catálogo del ramo de Inquisición*, Archivo General de la Nación, t. 1, México, 1982.

Ricard, Robert, *La conquista espiritual de México*, FCE, México, 2010.

Rilova Jericó, Carlos, "De nuevo sobre el tema de la brujería. El problema de la incredulidad en el siglo XVIII", en *Historia Social*, Fundación Instituto de Historia Social, no. 38, España, 2000.

Robin, Gerald D. "The Executioner: His Place in English Society", *The British Journal of Sociology*, vol. 15, no. 3, Inglaterra, 1964.

Ryley Scott, George, *History of torture throughout the ages*, Torchstream, Inglaterra, 1940.

Sanchiz, Javier, "Funcionarios inquisitoriales en el tribunal, Siglo XVI" en *Inquisición Novohispana,* UNAM, México, 2000.

Santos Zertuche, Francisco, "La Inquisición en el mundo barroco de la Nueva España", Universidad Autónoma Metropolitana, en www.upo. es/depa/webdhuma/areas/arte/3cb/documentos/013f.pdf

Sanzoni, Luigi, *La inquisición,* GRM, España, 2004.

Sigüenza y Góngora, Carlos, *Relaciones históricas*, México, UNAM, 1940.

Sluhovsky, Moshe, *Believe not Every Spirit: Possession, Mysticism and Discernment in Early Modern Catholisism*, University of Chicago Press, Estados Unidos, 2007.

Stresser-Péan, Guy, *El Sol-Dios y Cristo. La cristianización de los indios de México vista desde la sierra de Puebla*, FCE/CNCA/Centro de Estudios Mexicanos y Centroamericanos, México, 2011.

Torres Puga, Gabriel, *Los últimos años de la Inquisición en la Nueva España*, Conaculta, 2004.

——, *Nota sobre el desprestigio de la Inquisición en la Nueva España*, Academia Mexicana de la Historia, México, 2000.

Tropé, Hèlené, *Locura e inquisición en la España del siglo XVII*, Centre de Recherche sur l'Espagne des XVI et XVII siècles. Université de la Sorbonne Nouvelle. UFR d'Etudes Ibériques et latino-américaines, Francia, 2009.

Zavala, Iris M. "Viaje a la cara oculta del setecientos", *Nueva Revista de Filología Hispánica*, El Colegio de México, vol. 33, no. 1, México, 1984.

Felipe Carrillo Puerto

Abreu Gómez, Ermilo, *Leyendas y consejas del antiguo Yucatán*, FCE, México, 1985.

Almada Bay, Ignacio, "El discreto encanto de las dos mitades de Plutarco Elías Calles", *Historia Mexicana*, El Colegio de México, v. 58, no. 3, ene-mar, México, 2009.

Alvarado, Salvador, *Mi actuación revolucionaria en Yucatán*, Librería de la Vda. de Ch. Bouret, México, 1918.

Andrews, Gregg, "Robert Haberman, Socialist Ideology, and the Politics of National Reconstruction in Mexico, 1920-25", *Mexican Studies,* vol. 6, no. 2, Estados Unidos, 1990.

Antoinette, May, *Passionate Pilgrim: The Extraordinary Life of Alma Reed*, Marlow and Co., Estados Unidos, 1993.

Benavidez C., Antonio, *Palacio Cantón, Mérida Yucatán. Una visión del Museo Nacional de Antropología*, INAH, México, 1981.

Bernstein, Harry, "Marxismo en México, 1917-1925", *Historia Mexicana*, El Colegio de México, vol. 7, no. 4, abr-jun, México, 1958.

Berzunza Pinto, Ramón, "El constitucionalismo en Yucatán", *Historia Mexicana*, El Colegio de México, no.46, oct-dic, México, 1962.

——, "Las vísperas yucatecas de la Revolución", *Historia Mexicana*, El Colegio de México, jul-sep, 1956.

Betancourt, Antonio y Rodolfo Ruz, comps., *Yucatán: textos de su historia*, Instituto de Investigaciones doctor José María Luis Mora/Gobierno del Estado de Yucatán, v. 2, México, 1988.

Bolio Ontiveros, Edmundo, *De la Cuna al paredón: anecdotario de la vida, muerte y gloria de Felipe Carrillo Puerto*, Compañía Periodística del Sureste, s.p.i.

——, *Yucatán en la dictadura y en la Revolución*, INEHRM, México, 1967.

Brunk, Samuel y Ben Fallaw, *Heroes and Hero Cults in Latin America*, University of Texas Press, Estados Unidos, 2006.

Cámara Alberto, "La obra revolucionaria de Carrillo Puerto", *Revista de la Universidad de Yucatán*, México, 1974.

Caparroso, Amado Alfonso, *Tal cual fue Tomás Garrido Canabal*, s.e., México, 1985.

Castillo Torre, José. *A la luz del relámpago. Ensayo de biografía subjetiva de Felipe Carrillo Puerto*, Ediciones Botas, México, 1934.

Castro Martínez, Pedro, *Adolfo de la Huerta*, Siglo XXI, México, 1998.

Chaning, Arnold, "Porfirio Diaz visits Yucatán", en Joseph Gilbert, *The Mexico Readers: History, culture and politics*, Duke University, Estados Unidos, 2002.

Civeira Taboada, Miguel, *Felipe Carrillo Puerto, mártir del proletariado nacional*, PRI, México, 1986.

——, *Tekax. Cuna e inspiración de Ricardo Palmerín*, s.e., México, 1974.

Díaz de Cossío, Martín, *Henequén: riqueza yucateca*, El Mundo, México, 1938.

Echeverría, Pedro, *La política en Yucatán en el siglo XX (1900-1964)*, Maldonado, México, 1985.

Fallaw, Ben, "Dry Law, Wet Politics: Drinking and Prohibition in Post-Revolutionary Yucatan, 1915-1935", *Latin American Research Review*, The Latin American Studies Association, v. 37, no. 2, Estados Unidos, 2002.

García Cantón, Albert, *Memorias de un exhacendado henequero*, s.e., México, 1965.

García Mundo, Octavio, *El movimiento inquilinario de Veracruz, 1922*, Sepsetentas, México, 1976.

Gilbert M., Joseph, "Mexico's Popular Revolution: Mobilization and Myth in Yucatan, 1910 1940", *Latin American Perspectives*, vol. 6 no. 3, Estados Unidos, 1979.

——, "The Fragile Revolution: Cacique Politics and Revolutionary Process in Yucatan", *Latin American Research Review*, v. 15, no.1, Estados Unidos, 1980.

——, y Allen Wells, "Un replanteamiento de la movilización revolucionaria mexicana: los tiempos de sublevación en Yucatán, 1909-1915", *Historia Mexicana*, El Colegio de México, v. 43, no. 3, ene-mar, 1991.

González Navarro, Moisés, *Raza y tierra. La guerra de castas y el henequén*, El Colegio de México, México, 1979.

Heller, Carl Bartholomeaus, *Viajes por México en los años 1845-1847*, Banco de México, México, 1987.

Hijuelos, Fausto A., "En razón de justicia", *Revista de la Universidad de Yucatán*, México, 22 enero de 1967.

Jiménez Placer, Susana, *Katherine Anne Porter y la Revolución Mexicana: de la fascinación al desencanto*, Universidad de Valencia, España, 2004.

Katz, Friedrich, *La servidumbre agraria en México en la época porfiriana*, Era, México, 1984.

Kenneth Turner, John, *México bárbaro*, Gobierno del Estado de Yucatán, México, 1979.

Lie Johansson, Rosa, *Alma Reed, el gran amor de Felipe Carrillo Puerto*, Porrúa, México, 2007.

López Portillo y Rojas, José, *Elevación y caída de Porfirio Díaz*, Librería Española, México, 1921.

Macías Richard, Carlos "El territorio de Quintana Roo. Tentativas de colonización y control militar en la selva maya (1888-1902)", en *Historia Mexicana*, El Colegio de México, v. 49, no. 1, jul-sep, México, 1999.

Martínez Assad, Carlos, "Del fin del porfiriato a la Revolución en el sursureste de México", *Historia Mexicana*, El Colegio de México, v. 43, no. 3, ene-mar, 1994.

Mediz Bolio, Antonio, *A la sombra de mi ceiba*, Dante, México, 1987

Menéndez, Conrado, "Felipe Carrillo Puerto Campeón de la Libertad", *Revista de la Universidad de Yucatán*, México, 1960.

——, "La labor periodística de Felipe Carrillo Puerto", *Revista de la Universidad de Yucatán*, México, 1959.

Menéndez, Hernán, *Iglesia y Poder. Proyectos sociales, alianzas políticas y económicas en Yucatán (1857-1917)*, Nuestra América/CNCA, México, 1995.

Montalvo, E. y F.J. Paoli, *Carrillo Puerto: líder popular*, SEP-Conasupo, México, 1985.

Negron, Mario, "El Humanismo de Felipe Carrillo Puerto", *Revista de la Universidad de Yucatán*, México, 1971.

Orosa Díaz, Jaime, *Felipe Carrillo Puerto*, Fondo Editorial de Yucatán, México, 1982.

Pacheco, Cruz, *Felipe Carrillo Puerto*, s.e., México, 1953.

Paoli Bolio, Francisco José, *Salvador Alvarado y la revolución en Yucatán*, Ayuntamiento de Mérida, México, 1981.

——, *Yucatán y los orígenes del nuevo Estado mexicano*, Era, México, 1984.

Pasos Peniche, Manuel, *La intervención estatal en la industria del henequén*, Imprenta Moctezuma, México, 1951.

——, *Yucatán en el mercado de las fibras duras,* Círculo de Estudios Políticos y Sociales de Yucatán, México, 1951.

Peniche Rivero, Piedad, "La comunidad doméstica de la hacienda henequenera de Yucatán, México, 1870-1915", *Mexican Studies/Estudios Mexicanos,* v. 15, no. 1, Estados Unidos, 1999.

Pérez Soler, Bernardo, "La reducción colonial en Yucatán y la herencia precolombina entre los mayas macehualob", Laboratoire d'Anthropologie Sociale/Universidad de París, Francia, 2010.

Plasencia de la Parra, Enrique, *Personajes y escenarios de la rebelión Delahuertista. 1923-1924,* Instituto de Investigaciones Históricas-UNAM, México, 1998.

Porter, Katherine Anne y Ruth M. Alvarez, Thomas Francis Walsh, *Uncollected early prose of Katherine Anne Porter,* University of Texas Press, Estados Unidos, 1993.

Reed, Alma, "Felipe Carrillo Puerto, el Abraham Lincon del Mayab", *Revista de la Universidad de Yucatán,* México, 1964.

——, y Michael K. Schuessler, *Peregrina: Love and Death in Mexico,* University of Texas Press, Estados Unidos, 2007.

Ross-Merrimer, Ruth, *The tragic love story of Alma Reed and Felipe Carrillo,* New York Times, Estados Unidos, 1966 y en www.mexconnect.com/articles/363-the-tragic-love-story-of-alma-reed-and-felipe-carrillo

Ruibal Corella, Juan Antonio, *Los tiempos de Salvador Alvarado*; Gobierno del Estado de Sonora, México, 1982.

Savarino Roggero, Franco, *Pueblos y nacionalismo, del régimen oligárquico a la sociedad de masas en Yucatán,* INEHRM, México, 1997.

——, "Religión y sociedad en Yucatán durante el porfiriato (1891-1911)", *Historia Mexicana,* El Colegio de México, v. 46, no. 3, ene-mar, 1997.

Sierra, Carlos J., "El Partido Socialista del Sureste", en *Historia Mexicana,* El Colegio de México, v. 9, no. 4, abr-jun, México, 1960.

Sosa Ferreyro, Roque Armando, *El crimen del miedo. Cómo y por qué fue asesinado Felipe Carrillo Puerto.* Costa Amic, México, 1969.

Taracena, Alfonso, *La verdadera revolución mexicana,* Porrúa, México, 1992.

Torres, Rosa, "Datos biográficos de Felipe Carrillo Puerto", en *Felipe Carrillo Puerto,* Departamento del Distrito Federal, México, 1985.

Várguez Pasos, Luis A., "Élites e identidades. Una visión de la sociedad meridana de la segunda mitad del siglo XIX", *Historia Mexicana,* El Colegio de México, v. 51, no. 4, abr-jun, México, 2002.

Velador Castañeda, Ascencio, *Manuel Romero Rubio: factor político primordial del porfiriato,* tesis de Maestría en Historia, UNAM, México, 1990.

Velasco, Jesús, "Reading Mexico, Understanding the United States: American Transnational Intellectuals in the 1920s and 1990s", *The Journal of American History,* v. 86, no. 2, Estados Unidos, 1999.

Victoria, Nidia G., "Colonización e importación de trabajadores, Yucatán 1865-1910", *Boletín de la Escuela de Ciencias Antropológicas de la Universidad de Yucatán,* may-jun, México, 1984, p. 23.

Vidal, Miguel, "Dos aspectos de la vida de Felipe Carrillo Puerto", *Revista de la Universidad de Yucatán*, México, 1962.

Villanueva Mukul, Eric, *Así tomamos las tierras: henequén y haciendas en Yucatán durante el porfiriato*, Maldonado, México, 1984.

——, coord., *El henequén en Yucatán. Industria, comercio y campesinos*, Maldonado, Yucatán, 1990.

——, *La formación de las regiones en la agricultura. El caso Yucatán*, Maldonado, México, 1990.

Vizcaino, Rogelio y Paco Ignacio Taibo II, *El socialismo en un solo puerto. Acapulco (1919-1923), El movimiento escuderista*, Extemporáneos, México, 1983.

Walsh, Thomas F., "'That deadly female accuracy of vision': Katherine Anne Porter and *El Heraldo de México*", *Journal of Modern Literature*, Temple University, v. 16, no. 4, Estados Unidos, 1990.

Wells, Allen, "El bautismo político de las clases obreras yucatecas", *Eslaboones*, no. 5, junio, México, 1993.

En la página

www.arrebatoscarnales.com

podrá encontrar una versión

más extensa de esta bibliografía

ÍNDICE

Agradecimientos
7

Un introito íntimo, audaz y genuino
9

∽

Gustavo Díaz Ordaz
EL TERRORISMO DE ESTADO
13

Melchor Ocampo
EL GRAN FILÓSOFO DE LA REFORMA
161

Venustiano Carranza
EL CONSTITUCIONALISTA QUE NO AMABA LA CONSTITUCIÓN
237

La Santa Inquisición
EL GRAN ORGULLO DE SATANÁS
323

Felipe Carrillo Puerto
EL HALACH UINIC, EL HOMBRE VERDADERO,
EL ABRAHAM LINCOLN DEL MAYAB
391

❧

Bibliografía
467